清代驻藏大臣奏折全集 4

主编　牛创平

副主编　拥巴　王巨荣

中国藏学出版社

历史的记录　真实的凭据

为《清代驻藏大臣奏折全集》出版而作

拉巴平措

几年前，《清代驻藏大臣奏折全集》的三位编纂者向我介绍了这一课题的设想和打算，引起了我的强烈兴趣，因为：

第一，这个题目具有很强的吸引力。课题取名《清代驻藏大臣奏折全集》，顾名思义是在过去诸多有关奏折的著作和成果的基础上，汇总、整理、编辑出一部较为全面系统的奏折全集，是对以往成果的继承和发展。虽然不可能做到百分之百的收全，但就目前条件下，能收的全收，这当然具有开拓性的意义。

第二，选择课题的方式以问题为导向，很有创意。他们介绍：课题确定前，进行了专门的可行性考证，在现有馆藏图书和已有的出版物目录中，寻找驻藏大臣奏折全集这类书籍，确信无误后再确定立项并拟定实施方案。

第三，课题组成员的组合非常有意义。这一成果的三位承担者中，牛创平先生长期从事档案工作，是中国第一历史档案馆的研究馆员，是一位成绩突出的老学者，有丰富经验和渊博的学识；而拥巴和王巨荣同志则是中国藏学研究中心图书资料馆的副研究馆员，刻苦钻研，各有专长。他们虽然年龄不同、民族成分不同，但结合成一个课题组，相互学习、取长补短，共同攻关，体现了中国藏学的一大特点和优势。

听完他们的介绍，我表示支持，并建议申请列入中国藏学研究中心应急性课题计划，争取作为自治区成立五十周年献礼出版发行。当经费遇到困难时，我还专门请中国西藏文化保护与发展协会给予支持。现在，在三位编纂者的艰苦努力下，在中国藏学研究中心有关部门的支持下，尤其是在西藏文化保护与发展协会的关怀与资助下，这一成果终于同广大读者见面了，我感到由衷的高兴并表示祝贺！

习近平总书记提出："要系统梳理传统文化资源，让藏在禁宫里的文物、陈列在广阔大地上的遗产、书写在古籍里的文字都活起来。"① 这一成果是响应习主席号召的一个具体行动，它的出版发行将会产生积极的作用。因为，自19世纪末西方列强入侵西藏以来，本来不成问题的西藏历史，却被某些人故意歪曲，随意篡改，造成恶劣影响。西藏历史到底是怎样的？你说了不算，我说了也不算！历史就要靠历史本身说话！所谓历史本身就是当时那个时代的人们所留下的反映历史本来面貌的文物古迹、文献档案等历史记录以及那个时代的人们整理成文字的历史书籍。而本成果就是从驻藏大臣奏折这一角度，帮助人们搞清楚清代西藏历史的方方面面。

首先，这是学习研究清代西藏历史的重要史料。这一课题叫作《清代驻藏大臣奏折全集》，清代作为中国历史长河中的一个重要组成部分，和历代中央政府一样在西藏实行了完全的主权管辖，采取了一系列的管理措施，实施了系统的治藏方略。清朝从顺治元年（1644年）开始到宣统三年（1911年）共统治中国长达二百六十多年。在这期间，对于西藏的管理，经历了不断完善、不断制度化和法制化的过程。而驻藏大臣制度作为中央政府管理西藏的一种体制，是在治理西藏的历史实践中产生、发展和完善的，有一个从偶然到常态的发展过程。此前，清朝中央政府认可蒙古和硕特部固始汗力量和藏传佛教格鲁派势力的联盟，对于达赖喇嘛和固始汗同时加封即说明这一问题。固始汗去世后，在和硕特部内部出现了争夺汗位的权利之争。五世达赖喇嘛圆寂后，西藏地方上层又隐瞒真相，出现了严重的匿丧不报事件。而蒙藏之间的矛盾又愈加激烈，最终刀刃相见。

---

① 2013年12月30日，在中央政治局第十二次学习时的讲话。

围绕五世达赖喇嘛的转世灵童，几股力量相互争夺，最终演绎出了三位六世达赖喇嘛相继出现在历史舞台上。如此这般的乱象中，清朝中央政府做出了派遣驻藏大臣，与达赖喇嘛共同管理西藏事务的重大决定。体现了中央政府的主权管辖，也体现了治藏方略的进一步完善和强化。这不仅有利于西藏局势的稳定，更着眼于整个国家大局的安宁。

其次，建立驻藏大臣制度本身就是清朝中央政府管理西藏的一项重大制度建设。本书前言说：清代自雍正五年至宣统三年的 184 年间，清朝中央政府共任命了 139 名驻藏大臣（协理西藏事务大臣、帮办大臣、参赞大臣），其中 18 人未赴任，赴任视事而无奏折的 9 人。"驻藏大臣"在当地政府和民众眼里，他是中央政府的代表；在朝廷眼里，他是任何人也不可替代的。例如，1904 年英国第二次侵略西藏时，十三世达赖喇嘛来到内地"亲自向皇帝禀报藏事"，并对光绪和慈禧太后提出"允许直接上奏藏事"的请求。朝廷的回答非常干脆：不行！为什么呢？虽然没有明说，但意思非常清楚：你只是地方上层利益的代表或宗教领袖，所以不能替代中央派出的代表。① 学术界对于设立驻藏大臣的时间众说纷纭，但对于设立这一制度的重要性和必要性，给予了一致的肯定评价。为了更好地了解驻藏大臣的有关情况，本书还给每个驻藏大臣撰写了生平简历，对于学习和研究，提供更多的参考信息。

再次，驻藏大臣奏折是驻藏大臣履行职责的具体体现，也是真实的历史凭据。驻藏大臣的主要职责是对西藏地方工作实施监督和管理，掌握信息、动态并提出治藏政策措施建议，维护中央权威。"奏折"是驻藏大臣履行这些职责的具体体现和历史记录，具有重要的史料价值和很高的可信度。它跟一般书籍、一般史料相比，有着显著的区别，因为它是公文，它是官方文书；而且，它又与一般官方文书不完全相同，因为它是专门向皇帝或朝廷上报的奏章，所以它所反映的问题，应该更加准确和客观；他所提出的建议，应该具有全局性和权威性。本全集共收录到任的 112 名驻藏大臣的独奏、与协理或帮办大臣合奏的奏折、奏片、函、咨、电文及相关

---

① 见藏文《十三世达赖喇嘛传》。

上谕等五千多件。虽然已经有多部驻藏大臣奏折编辑出版，而且在学术研究和涉藏工作中发挥了重要作用，但是就全面性而言，这本书略胜一筹，超过了以往所有的同类书籍。本书还把清代与西藏相邻的川、滇、甘三省川陕总督、四川巡抚，陕甘、云贵总督、将军及中央大员等51名大臣对西藏事务的奏折、上谕，因与驻藏大臣奏折内容有密切的联系，所以从中选择编辑了两册，作为本全集的附录。相信对学习研究清代西藏情况，对于全面了解当时的历史全貌，了解清代治藏方略会提供更全面的信息。

当然，如果我们能够结合浩如烟海的藏文档案和文献进行学习和研究，我们可以更全面地相互印证，加深对历史的理解。

总之，历史是祖先的足迹。尊重历史就是尊重祖先，也就是尊重我们自己的血脉！

2016 年五一国际劳动节

前　言

　　明代、清代中央政府的主要官员，如大学士、尚书、侍郎，地方上的总督、巡抚将其向朝廷报告、请示工作等情况的奏疏（奏折）汇编成册刊行于世者并不少见。如明代《于谦奏疏》10 卷，《李东阳奏疏》90 卷，《杨一清奏议》30 卷，熊廷弼《经辽奏疏》5 卷（89 件）等，计有 80 多人写就的 1000 多卷、1 万多件。清代如《靳文襄公奏疏》8 卷，朱昌祚《抚浙疏草》8 卷，《左文襄公奏疏》120 卷，《曾国藩奏稿》32 卷等，共计 91 人，1000 多卷、2 万多件。但如此众多奏疏中却未见地方上历任巡抚、历任总督，中央政府某机构之历任尚书或侍郎的奏疏（奏折）全集。尤其是我们经过调研查证，发现至今尚无清代驻藏大臣奏折全集时，即于2010 年初毅然而然地开始了有关驻藏大臣的档案文献史料的搜集、编辑、电脑录入等工作。

　　牛创平同志负责搜集清代驻藏大臣之奏折、奏片、咨、函，及相关上谕、檄文等档案文献史料、标点及审校，拥巴、王巨荣同志负责编辑、电脑录入、核校、查重，以及部分标题的拟定与标点、核实原稿、最终电子版的排编等工作。112 位驻藏大臣的生平简传由三人分别撰写，并辑录于每个大臣奏折汇编之前。此书为驻藏大臣的全部奏折，故定名为《清代驻藏大臣奏折全集》（以下简称《全集》）。

　　清代自雍正五年至宣统三年（1727—1911）的 185 年间，中央政府共任命了 139 名驻藏大臣（协理西藏事务大臣、帮办大臣、参赞大臣），其中18人未赴任，赴任视事而无奏折的9人。本《全集》共收录到任的112名驻藏大臣的独奏、与协理或帮办大臣合奏的奏折、奏片、函、咨、电文及相关上谕等五千多件。另外，清代与西藏相邻的川、滇、甘三省四川巡抚，陕甘总督（陕西总督、川陕总督）、云贵总督、成都将军及中央大员对西藏事务的奏折、上谕也常与驻藏大臣奏折内容有密切的联系，是研究清代西藏地方事务不可缺少的档案文献，我们选择编辑了两册，作为本全集的附录。2014年春，我们将辑录的自嘉庆至光绪的驻藏大臣奏折及上谕等史料与吴丰培先生的《清代藏事奏牍》逐件对照，凡吴书中有、我们未收录的各件均补录入本《全集》，并在各件末尾注明出处来源于《奏牍》（即《清代藏事奏牍》）。在此，对吴丰培先生表示谢忱。

　　本《全集》有以下主要内容：平定祸乱，制订藏内善后章程，稳定社会秩序；立定章程，张贴告示，减免农牧民赋税、乌拉徭役，世族、官员之家不得滥行派令牧农等人户为其差夫劳役。由于被免税赋的权贵、富户数目日增，政府的税赋年年递减，驻藏大臣松筠商同达赖喇嘛、班禅额尔德尼奏请皇上，订立章程，权贵、富户均须依章交纳税赋，以增加西藏地方政府的财政收入。乾隆帝为清除吹忠妄说指定世袭贵族权势之子弟为达赖喇嘛、班禅之呼毕勒罕，并辈辈相传之弊端，钦定以金奔巴瓶掣定达赖喇嘛、班禅及各大呼图克图呼毕勒罕之制度。其他还有驻藏大臣看视达赖喇嘛、班禅额尔德尼之呼毕勒罕等坐床，颁赐金册、金印、宝印，任免西藏地方政府的重要官员，办理对外交涉，稽核财政，监制铸币，整治地方，巡阅边防，调遣营伍，抗击外患，调整和抚绥地方，等等。

　　在这套包含着近200年历史的《全集》中，朝廷驻藏大臣、藏蒙汉文武官员与西藏民众息息相关的重大历史事件一一展现，充分反映了清代中央政府对西藏地方全面行使主权的原貌及治藏的过程，亦为其原始凭证，更是此185年间西藏社会诸多方面的缩影。《全集》以历史唯物主义的观点，全面梳理和研究西藏历史，对藏学研究具有重要的学术价值；对发展繁荣西藏特色经济文化，更好传承西藏特色优秀文化，巩固边防，都有着无可替代、无可比拟的史料价值和现实意义。

　　我们本想以《全集》向西藏自治区成立五十周年献礼，但却遇到立项、出版经费、录校等困难；在辑录过程中遇到查找资料过于广泛而耗费时间太长等难题。我们于 2014 年初向中国藏学研究中心领导拉巴平措汇报，他听了我们的简述，对《全集》给予了充分肯定。受到他的鼓励、支持，并得到中央统战部及西藏文化保护与发展协会的大力支持，此《全集》历时 7 年终于得以出版；同时感谢中国藏学研究中心图书馆的同志，在我们查找资料时给予多方便利，在此一并致以崇高谢意。对我们在出版方面给予支持的中国藏学研究中心拉巴平措等领导，中央统战部、西藏文化保护与发展协会及中国藏学研究中心科研办、中国藏学出版社的同志表示衷心感谢。

由于我们的编辑人力和水平有限，难免有遗漏、不当之处，请专家学者指正、补充。

编者
2016 年 7 月

编辑例言

　　一、本全集所辑史料，均录自已经公开出版发行的各类汉文档案文献图书。入辑官员为清朝中央政府任命已经到职，且有奏折的 112 名驻藏大臣，凡一人独奏、二人或三人合奏，或与当时朝廷大臣或地方督抚等文武大臣合奏的西藏事务奏折，均收入本全集。

　　二、本全集采用编年体例，按照驻藏大臣奏折的时间顺序依次排列。在目录中标明皇帝纪年的年、月、日之后，根据 1981 年 10 月中华书局出版、郑鹤声编的《近世中西史日对照表》换算成公元年月日，少量原文无时间或时日不明的，由编者根据内容等考证，在正文后加注说明。

　　三、本全集为了避免同一文档分归两位大臣，即凡是合奏的奏折，一件上谕中同时谕令两三名大臣，一件呈禀、咨、函、电，如标有"诸驻藏大臣"的，将该件（包括附件）归入列名于前的大臣奏折汇编内。

　　四、一名或数名驻藏大臣与钦差大臣、督抚等合奏的奏折，即使驻藏大臣名列于钦差大臣、督抚之后，该奏折（包括附件）均收入第一位列衔的驻藏大臣奏折汇编内。

　　五、前三、四两项内所指合奏的奏折、奏片、电、函（含附件）及上谕等史料，均已收入列名于最前一名大臣奏折汇编内，不再另入合奏大臣名下。

　　六、本全集中部分驻藏大臣的名字有多种写法，在编写标题、简传等时，统一使用同一称谓。

七、收录与驻藏大臣奏折息息相关的谕、旨。驻藏大臣奏折与谕、旨常有因果关系，故予以收录。一是朝廷谕令驻藏大臣执行、办理、遵守事项；二是由驻藏大臣汇报工作情况、请示事项等的奏折而产生的谕令、旨令。

八、全集中各驻藏大臣奏折收录的时间界限，与其任命、离职时间不完全相符。有的驻藏大臣先有任命谕令，而后有奏折，到职后奏报抵藏到任日期、沿途经过情形、与前任交接情况，再有接任后的奏折。有关谕令驻藏大臣升迁、调职、免职、离职等文献，并非该驻藏大臣的最后奏折或谕旨，因该谕旨到达西藏需要数月乃至半年时间，其间，驻藏大臣仍不断有奏折上报，朝廷也有谕令向其下达。一般情况下，只有交接完卸任离职奏折才可作为该大臣终止职务的最后奏折或谕旨。但也有例外，如在卸任后回京途中遇有尚需处理的西藏事务奏折，有些因为离职后被查处的文献等，也列入该大臣奏折汇编中。

九、驻藏大臣中有未任命前先派入藏工作时的奏折，亦有驻藏大臣卸任后或调任他职，仍有关于西藏事务的奏折，本全集均收入其奏折汇编中。

十、朝廷大臣对驻藏大臣奏折的议复（议奏、奏议），连同传谕，均属与驻藏大臣奏折联系密切而不可分离的档案文献，也收入被议奏折之后。

十一、本全集所收驻藏大臣的奏折，多为奏折原文。而《钦定廓尔喀纪略》《清代蒙藏回部典汇》等历史典籍中的驻藏大臣某某的"奏""奏言"，是经过删削的奏折，虽多为无头无尾，但其所"奏""奏言"，仍为奏折原文，不失原奏折的品格，也予以收录。如《清实录》中的谕军机大臣"据某某奏"中，某某即驻藏大臣姓名，姓名之后的奏语，均为驻藏大臣原奏折的内容摘要，语言文字虽较简短，都说明了原奏折的主题，说明该谕是根据奏折而发，是驻藏大臣向朝廷报告、请示工作的历史实录。这类文献、档案史料，具有奏折和谕旨的双重特征，其标题多有奏折和谕旨的双重标识。特别是清代前、中期该类奏折部分原件，因"史成档销"之误而不复存在，令人慨叹。至今我们能借此"据某某奏"而见众多大臣奏折的主题大意，这也是对慨叹者的一点抚慰。

十二、西藏地方各有关官员给驻藏大臣的呈、禀，或请其转奏的文书，当时有两三名大臣同时驻藏，且其级职同等，或因此不便、不知将该呈禀给某一名驻藏大臣，而写有"诸驻藏大臣"的文书，皆根据时间等情况判定列名先后顺序，收入列名于先的驻藏大臣奏折汇编。

十三、本全集收入的史料，因出处不同，驻藏大臣本身对自己的称呼也有不同。如《清实录》《宫中档某某朝奏折》等中称"奴才"，而在《清代藏事奏牍》《清代蒙藏回部典汇》等中称为"臣"。此类词语，在本全集中保留原稿字词，均未做改动。

十四、达赖喇嘛、班禅额尔德尼的转世灵童呼毕勒罕，因其年幼，给皇上的呈奏文书，均由驻藏大臣代奏、转奏，其遣使朝贡入京以及皇上颁赐敕书、回赏金银、缎匹等物件方面的诏书、谕旨，与藏事有着密切的关联，也均收入相应的驻藏大臣奏折汇编内。

十五、本全集中有个别折谕内容略有重复，但出处不同，且属有代表性的档案史料，可对研究当时的概况有所裨益，因此，作为对比参照，均辑录保留。

十六、本全集所辑史料，部分为原有标题，部分标题为编者所拟，其中有改动或加注解释、按语的，均不另加说明。

十七、本全集史料中的错字，在其后加〔〕，将改正的字填入〔〕内；脱漏的字填入〈〉号内；衍字、词在原文后加（）内标明；原文无法辨明或缺字用原文中的□表示；原文中的○未做改动。

十八、本全集收入的史料中有污蔑、贬损西藏官员和藏族民众的字词，为了保持档案史料的原貌，未予改动。特此说明。

十九、本全集在各驻藏大臣奏折汇编之前，均附"简传"，对该大臣的生平予以简介，对在藏工作直述其事，对其奏折，根据件数多寡等不同情况，分别予以综合点述、列述、摘要叙述等方法予以介绍，也算是其小传或传略。对于无独奏、合奏文件甚少，或在他人奏折、传记中亦很少提及的驻藏大臣，因史料缺少，其小传只能更为简略。

二十、中央官员，地方督抚、将军等大臣关于西藏事务的奏折、奏片、函、电及相关上谕等，因臣官数目众多，编者只选择了部分有代表性的朝臣、督抚的有关西藏事务奏折、上谕，并按照时间顺序排列汇集成册，作为本全集的附录。

二十一、本全集所有辑录的史料均有一个或数个出处。同一内容，包括各书中的文字表述互有差异的在内，若出自两个以上出处时，均以原文书名、原书页码一一标出，附于正文后面。同时，保留原书中括号内的原出处，使本书兼具索引作用。如《元以来西藏地方与中央政府关系档案史料汇编》（五）中的原出处为"一史馆藏军机处录副奏折"，我们以"（一史馆藏军机处录副奏折）《元以来西藏地方与中央政府关系档案史料汇编》（五）"作为出处表示。又，本书《清实录》史料来自《清实录藏族史料》《清实录·高宗实录》。另，所有史料出处的标注均依各书原版本写法，未作统一。

二十二、本全集的目录，按照被任命为驻藏办事大臣或帮办大臣，以及到藏任职和有奏折大臣顺序分册排列。每个大臣奏折汇编，包括简传和奏折正文两部分；同时，每位大臣的奏折依时间顺序排列编入各册目录，方便读者查阅检索。

二十三、本全集使用的文献史料如下：

1. 中国第一历史档案馆编：《雍正朝汉文朱批奏折汇编》，江苏古籍出版社，1989 年 8 月出版。

2. 中国第一历史档案馆、北京大学图书馆、故宫博物院图书馆、中华书局合编：《清实录》（影印），中华书局，1985 年 8 月～1987 年 7 月出版。

3. 赵尔巽等撰：《清史稿》，中华书局，1986 年 8 月出版。

4. 蒋良联原纂，朱寿朋纂修，王先谦改修：《十二朝东华录》，台北文海出版社，1963 年 9 月印行。

5. 台北故宫博物院编：《宫中档乾隆朝奏折》，台北故宫博物院，1982 年 5 月—1986 年 7 月出版印行。

6. 中国第一历史档案馆编：《乾隆朝上谕档》，中国档案出版社，

1998 年 4 月出版。

7. 中国第一历史档案馆编：《嘉庆道光两朝上谕档》，广西师范大学出版社，2000 年 11 月出版。

8. 中国第一历史档案馆编：《光绪朝朱批奏折》，中华书局，1995 年 2 月出版。

9. 《西藏研究》编辑部编辑，陈家琎等编：《清实录藏族史料》，西藏人民出版社，1982 年 9 月出版。

10. 北京天龙长城文化艺术公司编：《清季内阁档案全辑》，学苑出版社，1999 年 7 月出版。

11. 吴燕绍纂：《清代蒙藏回部典汇》（国家清史编纂委员会·文献丛刊），中华书局，2005 年 4 月出版。

12. 西藏自治区档案馆编：《西藏历史档案荟萃》，文物出版社，1995 年 9 月出版。

13. （清）王彦威纂辑、王亮编、王敬立校：《清季外交史料》，书目文献出版社，1987 年 9 月出版。

14. 西藏社会科学院西藏学汉文文献编辑室编，（清）方略馆纂：《钦定巴勒布纪略》，全国图书馆文献缩微复制中心，1991 年 2 月出版。

15. 西藏社会科学院西藏学汉文文献编辑室编，（清）方略馆纂：《钦定廓尔喀纪略》，全国图书馆文献缩微复制中心，1991 年 2 月出版。

16. 西藏社会科学院西藏学汉文文献编辑室编：《卫藏通志》，全国图书馆文献缩微复制中心，1991 年 2 月出版。

17. （清）张其勤原稿，吴丰培增辑：《清代藏事辑要》（《西藏研究》丛刊之七），西藏人民出版社，1983 年 10 月出版。

18. 吴丰培辑：《清季筹藏奏牍》，国立北平研究院史学研究会出版，民国二十七年（1938）商务印书馆发行。

19. 吴丰培编辑，赵慎应校对：《清代藏事奏牍》（西藏学汉文文献汇刻第三辑），中国藏学出版社，1994 年 10 月出版。

20. 中国第二历史档案馆、中国藏学研究中心合编：《西藏亚东关档案选编》，中国藏学出版社，2000 年 4 月出版。

21. 中国藏学研究中心、中国第一历史档案馆、中国第二历史档案馆、西藏自治区档案馆、四川省档案馆合编：《元以来西藏地方与中央政府关系档案史料汇编》，中国藏学出版社，1994 年 10 月出版。

22. 中国第二历史档案馆、中国藏学研究中心合编：《中国第二历史档案馆所存西藏和藏事档案汇编》（第一册），中国藏学出版社，2009 年 9 月出版。

目　录

七十四、钟方 ……………………………………………………………（ 1 ）

　　钟方奏报到任日期折

　　　　道光二十三年六月十八日 （1843.7.15） …………………（ 1 ）

　　钟方奏到藏领赏谢恩折

　　　　道光二十三年六月十八日 （1843.7.15） …………………（ 2 ）

七十五、琦善 ……………………………………………………………（ 3 ）

　　琦善奏接据班禅额尔德尼第穆呼图克图商上总堪布等疑控

　　　　萨玛第巴克什贪黩营私各情折

　　　　道光二十四年六月初七日 （1844.7.21） …………………（ 4 ）

　　诺们罕阿旺降白楚臣被控贪黩营私各节著琦善等确查参办

　　　　并现在商上事务令七世班禅暂行兼管谕

　　　　道光二十四年六月初七日 （1844.7.21） …………………（ 5 ）

　　琦善奏办理驻防弁兵换防各情片

　　　　道光二十四年七月初一日 （1844.8.14） …………………（ 5 ）

　　　　著准琦善奏嗣后遇有换防之期即照例更换以杜弊端谕

　　　　道光二十四年七月初一日 （1844.8.14） …………………（ 6 ）

　　户部移会琦善钟方奏西藏诺们罕擅给外番印照住牧案据实

　　　　查询奏闻折

　　　　道光二十四年七月二十七日 （1844.9.9） …………………（ 7 ）

　　琦善钟方奏接据乍丫大呼图克图及番目夷民控诉叠被援害

　　　　案情折

　　　　道光二十四年七月二十七日 （1844.9.9） …………………（ 8 ）

琦善奏布赍绷寺内番僧互斗情形片

　　道光二十四年七月二十七日（1844.9.9）…………………（ 9 ）

琦善奏查明诺们罕所办违例事开单密陈折

　　道光二十四年七月二十七日（1844.9.9）…………………（ 10 ）

据琦善等奏乍丫两呼图克图欲打仗著派员驰往查办谕

　　道光二十四年七月二十七日（1844.9.9）…………………（ 10 ）

诺们罕阿旺降白楚臣擅给洛敏达部长住牧孟保办理错谬交部

　　严处其余所参各款著琦善等究办具奏谕

　　道光二十四年七月二十七日（1844.9.9）…………………（ 11 ）

著琦善会同班禅秉公查办诺们罕擅给外番印照住牧案谕

　　道光二十四年八月初三日（1844.9.14）…………………（ 12 ）

琦善钟方奏掣定哲布尊丹巴呼毕勒罕蒙恩赏班禅等谢恩折

　　道光二十四年八月初五日（1844.9.16）…………………（ 12 ）

琦善钟方奏土尔扈特喀屯来藏熬茶饬商上修造寓所善为管带折

　　道光二十四年八月二十二日（1844.10.3）………………（ 13 ）

琦善奏报前任文蔚等六任大臣将火药等项滥行借支著照数

　　计价银赔交工部并交部议处谕

　　道光二十四年八月二十二日（1844.10.3）………………（ 14 ）

琦善钟方奏七世班禅暂兼商上事务达赖喇嘛班禅等请

　　代奏谢恩折

　　道光二十四年八月二十三日（1844.10.4）………………（ 14 ）

琦善钟方奏将哲布尊丹巴呼图克图饬接藏北居住照料折

　　道光二十四年八月二十七日（1844.10.8）………………（ 15 ）

经部议具奏对孟保等前六任大臣分别革职等处分谕旨

　　道光二十四年九月初四日（1844.10.15）…………………（ 15 ）

琦善奏量惩贪僧宽予藏众片

　　道光二十四年九月二十二日（1844.11.2）………………（ 16 ）

琦善钟方奏酌拟裁禁商上积弊章程二十八条折

　　（附 酌拟唐古特商上裁禁章程）

　　道光二十四年九月二十六日（1844.11.6）………………（ 16 ）

清代驻藏大臣奏折全集·四

理藩院议复琦善班禅等会同查办萨玛第巴克什被控各款

　　讯取确供拟议折

　　　道光二十四年十月初六日（1844.11.15）……………（23）

著琦善班禅将噶勒丹锡呼图萨玛第巴克什被控各款审实即将

　　其褫革剥黄并晓示各呼图克图等务令各守清规谕

　　　道光二十四年十月初七日（1844.11.16）……………（25）

琦善参奏孟保钟方借银请饬赔缴折已经归款迅速完缴谕

　　　道光二十四年十一月初一日（1844.12.10）…………（26）

著该旗饬传孟保交军机大臣取确供具奏谕

　　　道光二十四年十一月初一日（1844.12.10）…………（27）

著查清琦善奏参事项毋得稍有不实不尽谕

　　　道光二十四年十一月初四日（1844.12.13）…………（27）

据琦善奏已革诺们罕差人驮载银两回籍著富呢扬阿沿途密查谕

　　　道光二十四年十一月二十二日（1844.12.31）………（27）

琦善奏布赉绷寺喇嘛围攻驻藏大臣衙门应将孟保罚俸一年加

　　等降一级留任折

　　　道光二十四年十二月初一日（1845.1.8）……………（28）

理藩院议复据琦善奏济咙呼图克图原有寺院庄田被占夺案

　　将作为官产折

　　　道光二十四年十二月初二日（1845.1.9）……………（29）

理藩院议复琦善钟方酌拟裁禁商上积弊章程二十八条折

　　　道光二十四年十二月初四（1845.1.11）……………（30）

理藩院议复琦善奏诺们罕专差喇嘛前往青海应查其寻找

　　何人报闻折

　　　道光二十四年十二月初十日（1845.1.17）……………（41）

据琦善等奏洛敏达部长著准其来藏瞻礼谕

　　　道光二十四年十二月十二日（1845.1.19）……………（42）

琦善奏第穆呼图克图欲往工布第穆寺坐静虔修折

　　　道光二十四年十二月十二日（1845.1.19）……………（42）

著琦善将所参之阿旺降白楚臣逐款取具确供并将已革诺们罕

　　小心看管谕

　　　　道光二十四年十二月十二日（1845.1.19）……………（42）

理藩院议复琦善奏西藏通制应改各条统俟新章抄咨到日核办折

　　　　道光二十四年十二月十二日（1845.1.19）……………（43）

理藩院议复琦善奏崇寿寺荣增圆寂既例不准其转世其所遗印信

　　遇便送院办理折

　　　　道光二十四年十二月十二日（1845.1.19）……………（45）

琦善钟方奏请呼图克图转世成立后撤销扎萨克喇嘛等职衔片

　　　　道光二十四年十二月十二日（1845.1.19）……………（45）

琦善奏遵旨讯取萨玛第巴克什供词褫革名号查封财产折

　　　　道光二十四年十二月二十六日（1845.2.2）……………（46）

商上布施仍著听该喇嘛自行经理谕

　　　　道光二十四年十二月二十七日（1845.2.3）……………（49）

阿旺降白楚臣之弟擅敢纠众将其抬回著琦善等将该犯罪名

　　从重定拟具奏谕

　　　　道光二十五年二月初五日（1845.3.12）……………（49）

班禅应换金册由驻藏大臣转交祇领并金印应换仍照式铸造领回

　　给用谕

　　　　道光二十五年二月初六日（1845.3.13）……………（49）

琦善奏遵旨查封阿旺降白楚臣资产折

　　　　道光二十五年二月初七日（1845.3.14）……………（50）

琦善瑞元奏请拣派热振阿旺益西楚臣坚赞掌办商上事务折

　　　　道光二十五年二月初七日（1845.3.14）……………（51）

派文庆会同宝兴审理孟保等滥提官物案谕

　　　　道光二十五年二月十六日（1845.3.23）……………（52）

琦善瑞元奏噶伦策垫夺结因病出缺请旨补放折

　　　　道光二十五年三月初一日（1845.4.7）……………（53）

琦善等奏十一世达赖喇嘛为处理阿旺札木巴勒楚勒齐木谢恩折

　　　　道光二十五年三月初二日（1845.4.8）……………（53）

清代驻藏大臣奏折全集·四

著将查封已革诺们罕之资产分别赏给前后藏寺庙官兵谕

　　道光二十五年四月十二日（1845.5.17）　……………（54）

阿旺益西楚臣坚赞为祗领掌办商上事务印信代转谢恩事

　　致琦善等呈

　　藏历木蛇年四月二十六日（1845.5.31）　…………（54）

准琦善奏将纠抢人犯除情节较重者外其余人犯均从轻处理谕

　　道光二十五年五月初九日（1845.6.13）　…………（55）

噶厦为奉驻藏大臣命将查抄阿旺降白楚臣之产分赏各寺及

　　官兵事给各宗谿令

　　藏历木蛇年六月十二日（1845.7.16）　……………（55）

准琦善等奏所有该犯等一百七十八名著即全行免罪谕

　　道光二十五年八月初六日（1845.9.7）　……………（56）

琦善瑞元奏盘获传教法人并起出书文录供呈览折（附 上谕二件）

　　道光二十六年四月初四日（1846.4.29）　…………（56）

琦善奏请免裁济咙第穆热振呼图克图名下所设扎萨克

　　喇嘛达喇嘛片

　　道光二十六年四月初四日（1846.4.29）　…………（58）

据琦善等奏将弗兰西人来历及经过处所详细研鞫具奏谕

　　道光二十六年四月初五日（1846.4.30）　…………（59）

琦善瑞元代奏十一世达赖喇嘛受持小戒同班禅等敬递佛匣

　　谢恩折

　　道光二十六年五月十五日（1846.6.8）　……………（59）

据琦善等奏唎嘛西人仅为传教即著斟酌情形妥协办理谕及

　　耆英寻奏

　　道光二十六年闰五月二十一日（1846.7.14）　……（60）

琦善等奏请允准达赖喇嘛派人赴京附近购备礼物片

　　道光二十六年闰五月二十四日（1846.7.17）　……（61）

琦善等奏藏兵一切操防事宜拟责成噶伦经理片

　　道光二十六年闰五月二十四日（1846.7.17）　……（62）

据琦善瑞元等奏达赖由班禅受戒著赏物分给谕

　　道光二十六年闰五月二十九日（1846.7.22）　……（63）

琦善瑞元为改进藏军武器等事致噶伦札

　　道光二十六年六月二十四日（1846.8.15）……………（63）

理藩院会同兵部议复琦善奏报前后藏番弁兵丁操防拟由

　　噶布伦经理及官兵操练由驻防将备管理折

　　道光二十六年六月三十日（1846.8.21）……………（64）

琦善奏请定章程凡西藏世职准分别戴用顶戴已袭头等台吉敦珠

　　玉阶即可按章戴用片

　　道光二十六年十二月十九日（1847.2.4）……………（65）

琦善奏辅国公策旺珠美病辞请以其子承袭折

　　道光二十六年十二月十九日（1847.2.4）……………（66）

琦善奏英人投禀欲向西藏交易并现在探听筹备情形片

　　（附 代营官拟寄库鲁部长信稿）

　　道光二十六年十二月二十六日（1847.2.11）……………（67）

据琦善奏英人请与西藏通商事已令耆英坚守成约并著暂缓

　　赴川新任谕

　　道光二十六年十二月二十六日（1847.2.11）……………（69）

令琦善密防并著晓谕该夷应赴广东与耆英商办等情谕

　　道光二十六年十二月二十六日（1847.2.11）……………（70）

琦善奏披楞即英吉利国现战胜森巴并拉达克克什米尔已被

　　管辖折

　　道光二十六年十二月二十六日（1847.2.11）……………（71）

琦善瑞元奏接廓尔喀国王禀称披楞战胜森巴恐觊藏地折

　　（附 廓尔喀国王来禀　檄谕廓尔喀王文）

　　道光二十六年（1847）……………（71）

琦善耆英代营官拟寄库鲁部信稿（附 上谕一则）

　　道光二十六年（1847）……………（73）

热振呼图克图阿旺益西楚臣坚赞请转奏十世达赖喇嘛之侄

　　索南坚赞承袭头品顶戴事致驻藏大臣呈稿

　　藏历火马年（1847 年）……………（74）

理藩院遵旨议奏琦善等奏达赖喇嘛等派人购买礼物章程折

　　道光二十七年正月初九日（1847.2.23）……………（75）

据琦善奏达赖班禅差人往附京地方购备物件应指明地方

　　确切奏明谕

　　　　道光二十七年正月初九日（1847.2.23）　…………………（77）

字寄耆英英人在西藏定界通商之请既有转圜已著琦善妥办

　　克什米尔与藏贸易等事

　　　　道光二十七年正月初十日（1847.2.24）　…………………（77）

字寄琦善英人以西藏定界通商系循旧章著相机妥办谕

　　　　道光二十七年正月初十日（1847.2.24）　…………………（78）

琦善奏遵查访英人欲于后藏通商实情折

　　　　道光二十七年二月十三日（1847.3.29）　…………………（79）

字寄琦善英人请于后藏通商著照前旨相机办理妥为防范谕

　　　　道光二十七年三月二十三日（1847.5.7）　………………（81）

准琦善奏请西藏辅国公病退由伊子札喜热布丹承袭谕

　　　　道光二十七年三月二十四日（1847.5.8）　………………（82）

理藩院议复准琦善奏请西藏公爵台吉戴用顶戴折

　　　　道光二十七年三月二十四日（1847.5.8）　………………（82）

琦善遵查复奏边外各部落情形并绘图呈览令琦善相机办理谕

　　　　道光二十七年五月十二日（1847.6.24）　…………………（82）

著琦善可仍于西藏指明旧界酌情办理谕

　　　　道光二十七年七月二十四日（1847.9.3）　………………（83）

琦善奏披楞界连各部安静如常现与读然打仗并与古浪森争战折

　　　　道光二十七年八月初五日（1847.9.13）　…………………（84）

字寄琦善等仍遵前旨密探英人动静谕

　　　　道光二十七年八月初五日（1847.9.13）　…………………（85）

准琦善等奏请番目兵丁操练技艺鸟枪刀矛各五成并撤

　　木弓竹箭项谕（附 原折）

　　　　道光二十七年八月二十二日（1847.9.30）　………………（85）

准琦善等奏赏给廓尔喀国王之子宝石顶戴谕

　　　　道光二十七年八月二十二日（1847.9.30）　………………（87）

琦善斌良穆腾额奏晓谕额鲁特不法弁兵咸知悔悟现已酌办

　　完竣折

　　　　道光二十七年九月十一日（1847.10.19）……………（87）

琦善等奏屡派人探听边外俱属安静并即日束装赴任片

　　　　道光二十七年九月十一日（1847.10.19）……………（88）

廉敬琦善奏乍丫喇嘛互争平息地方平静驿路疏通情形折

　　　　道光二十七年十月初三日（1847.11.10）……………（89）

廉敬琦善奏请奖赏开导乍丫两活佛有功噶伦土司等折片

　　　　道光二十七年十月初三日（1847.11.10）……………（91）

据廉敬琦善奏将办理乍丫案出力藏员分别给予奖赏谕

　　　　道光二十七年十月二十六日（1847.12.3）……………（92）

琦善奏已移咨斌良等如英国差人来藏通商迅速知会筹办折

　　　　道光二十七年十月二十六日（1847.12.3）……………（93）

著琦善毋庸往云南办案俟剿番事竣即回省接印署成都将军谕

　　　　道光二十九年二月十七日（1849.3.11）……………（93）

据琦善裕诚奏野番滋事著琦善速将该番渠首歼厥办竣谕

　　　　道光二十九年二月十七日（1849.3.11）……………（94）

据琦善奏报亲督汉土官兵进剿中瞻对野番大获胜仗著

　　交部议叙谕

　　　　道光二十九年闰四月十四日（1849.6.4）……………（94）

据琦善奏官兵续获胜仗攻破碉卡夺取隘口著一鼓作气使

　　诸番望风慑服谕

　　　　道光二十九年闰四月十七日（1849.6.17）……………（95）

据琦善奏中瞻对悔罪投诚并附近之卓巴塞尔塔倾心效顺著

　　迅速蒇功交部从优议叙谕

　　　　道光二十九年五月十四日（1849.7.3）……………（95）

据琦善奏请颁给匾额著发去御书匾额二方交该督敬谨悬挂谕

　　　　道光二十九年五月十五日（1849.7.4）……………（96）

据琦善奏参疏防马匹被抢之游击著即照议令罗提督及疏防司

　　牧各员弁分成陪缴谕

　　　　道光三十年四月十一日（1850.5.22）……………（96）

据琦善奏搜捕柯柯乌苏群贼并剿灭雍沙番贼著遵照前旨

　　查明具奏谕

　　　　道光三十年十月二十一日（1850.11.24）……………（96）

据琦善奏著将番夷善后事宜悉心体察酌定章程具奏谕

　　　　咸丰元年三月二十日（1851.4.21）……………………（97）

七十六、瑞元 ………………………………………………（98）

驻藏帮办大臣瑞元奏报校阅后藏三汛营伍尚有山路可通外番

　　即饬该管员弁留心防范折

　　　　道光二十六年闰五月二十四日（1846.7.17）…………（98）

据瑞元奏乍丫为西藏进出要路断难梗塞著廉敬等设法筹议止

　　其争端谕

　　　　道光二十六年十一月初六日（1846.12.23）……………（99）

七十七、斌良 ………………………………………………（100）

命斌良为驻藏办事大臣谕

　　　　道光二十六年十二月十九日（1847.2.4）………………（100）

驻藏大臣斌良奏报抵任后情形折

　　　　道光二十七年八月初五日（1847.9.13）…………………（101）

斌良奏报处理额鲁特案僧俗等各已悦服情形折

　　　　道光二十七年八月二十二日（1847.9.30）………………（101）

斌良穆腾额奏查阅夷务遵旨商同核办折

　　　　道光二十七年九月二十日（1847.10.28）………………（101）

斌良奏乍丫案结道路畅通片

　　　　道光二十七年十月十二日（1847.11.19）………………（103）

斌良穆腾额复奏遵旨办理廓尔喀入贡额鲁特抗拒二案

　　商办完结折

　　　　道光二十七年十一月十九日（1847.12.26）……………（103）

英国委员如未至后藏著斌良确查克什米尔与西藏旧界加意

　　防范并咨耆英驳斥谕

　　　　道光二十七年十二月二十五日（1848.1.30）…………（105）

据耆英奏英国请西藏指明旧界已谕知斌良等查访办理谕

 道光二十七年十二月二十五日（1848.1.30）……………（105）

著斌良将办事拟奖各员核实秉公酌量保奏谕

 道光二十七年十二月二十五日（1848.1.30）……………（106）

协尔邦嘎细色为护送斌良灵柩回内地途中支差事致噶厦呈

 藏历火羊年十二月三十日（1848.2.4）……………（107）

据斌良等奏班禅为哲布尊丹巴剃发受戒著赏给物品转交谕

 道光二十八年正月十四日（1848.2.18）……………（107）

七十八、穆腾额 ………………………………………………（108）

穆腾额奏驻藏办事大臣斌良病故折

 道光二十七年十二月初七日（1848.1.12）……………（108）

赏穆腾额副都统为驻藏大臣谕

 道光二十八年正月十四日（1848.2.18）……………（109）

准照穆腾额保奏驻防前后藏赏戴顶翎谕

 道光二十八年三月二十八日（1848.5.1）……………（110）

穆腾额奏英国委员并未到藏各处边界安静情形片

 道光二十八年五月二十七日（1848.6.27）……………（110）

穆腾额代十一世达赖喇嘛为其父策旺顿柱奏请赏戴花翎折

 道光二十八年六月二十七日（1848.7.27）……………（111）

据穆腾额奏查明上年办理番务朦蔽著照将噶布伦戴琫营官等

 分别惩处并著穆腾额派员妥办谕

 道光二十八年七月初五日（1848.8.3）……………（112）

著将假借贸易欲赴藏传教之洋人妥为解粤核办谕

 道光二十八年八月初二日（1848.8.30）……………（112）

准穆腾额奏恩赏达赖喇嘛之父宝石顶戴谕

 道光二十八年八月初二日（1848.8.30）……………（113）

穆腾额奏四朗班足策里因病开缺请以嗣子辖札策垫伦珠承袭折

 道光二十八年八月十六日（1848.9.13）……………（113）

穆腾额奏就近将弗兰西人解川办理折

 道光二十八年八月十七日（1848.9.14）……………（114）

穆腾额崇恩奏总堪布罗藏甲错因病出缺请旨补放折

　　道光二十九年二月十四日（1849.3.8）……………………（115）

据穆腾额奏帕克巴拉圆寂著准锡瓦拉罗布藏敦珠卜甲木瑳

　　接办谕

　　道光二十九年三月十七日（1849.4.9）……………………（115）

赏穆腾额镶蓝旗蒙古副都统谕

　　道光二十九年四月十六日（1849.5.8）……………………（115）

照准穆腾额奏哲孟雄部长恳赴后藏瞻礼事毕饬即回牧谕

　　道光二十九年闰四月二十三日（1849.6.13）……………（115）

穆腾额鄂顺安奏前藏戴本札喜汪结身故遗缺请旨补放折

　　（附 上谕 履历清单）

　　道光三十年正月二十四日（1850.3.7）……………………（116）

穆腾额鄂顺安奏校阅前藏汉番官兵春操情形折

　　道光三十年二月二十七日（1850.4.9）……………………（117）

穆腾额鄂顺安奏驻防兵丁戮伤同伍兵丁毙命审明按律定拟折

　　道光三十年二月二十七日（1850.4.9）……………………（117）

据穆腾额奏达赖喇嘛等为皇太后升遐恭请圣安著传谕其皇帝

　　大故遣派堪布一分来京即可并赏物谕

　　道光三十年三月二十二日（1850.5.3）……………………（118）

穆腾额鄂顺安奏定日守备与番官戴琫互相禀讦审系虚诬折

　　道光三十年六月初七日（1850.7.15）……………………（119）

穆腾额鄂顺安接据廓尔喀王递表代奏折（附 上谕 廓尔喀王禀）

　　道光三十年七月二十一日（1850.8.28）…………………（121）

据穆腾额等奏访得哲布尊丹巴之呼毕勒罕二名著请班禅来

　　前藏与达赖喇嘛驻藏大臣会同将二童名归入金瓶唪经

　　以便定掣谕

　　道光三十年十月初一日（1850.11.4）……………………（122）

穆腾额鄂顺安奏西藏夷情德兴班满委派照料贡物入京

　　并委濮诒孙兼署片

　　道光三十年十月二十六日（1850.11.29）…………………（123）

穆腾额鄂顺安奏札萨克喇嘛出缺拣选补放折

  道光三十年十二月初三日（1851.1.4）………………………（123）

穆腾额鄂顺安奏噶布伦出缺拣选补放折

  道光三十年十二月二十七日（1851.1.28）………………（124）

穆腾额鄂顺安转奏廓尔喀王来禀译文

  咸丰元年正月十六日（1851.2.16）………………………（124）

穆腾额鄂顺安奏粮员濮诒孙三年期满出具考语请奖折

  咸丰元年正月十六日（1851.2.16）………………………（125）

穆腾额奏请准鄂顺安开缺调理片

  咸丰元年正月二十四日（1851.2.24）……………………（126）

据穆腾额奏掣得哲布尊丹巴呼毕勒罕著加恩赏物并交库伦

 办事大臣德勒克多尔济妥为办理谕

  咸丰元年二月初五日（1851.3.7）………………………（126）

据穆腾额奏班禅患腿疾著转谕其安心调理以副朕期念谕

  咸丰元年二月初五日（1851.3.7）………………………（127）

穆腾额鄂顺安奏拨兑库伦四部落来藏布施银两折

  咸丰元年四月初五日（1851.5.5）………………………（127）

户部移会穆腾额奏本年商上专人采买绸缎等物已逾限期恳请

 仍准前往采买折

  咸丰元年闰八月十九日（1851.10.13）…………………（128）

准穆腾额奏请达赖喇嘛前往齐齐克等寺时派恩特亨额妥为

 保护谕

  咸丰元年十一月初十日（1851.12.31）…………………（129）

据穆腾额奏藏属边界寺院喇嘛互斗抗断不遵著拣员妥办谕

  咸丰元年十二月十七日（1852.2.6）……………………（130）

据穆腾额奏噶布年辞退出缺请旨补放著原拟陪策垫升补谕

  咸丰元年十二月二十六日（1852.2.15）…………………（130）

穆腾额奏报校阅前藏官兵春操情形折

  咸丰二年三月二十三日（1852.5.11）……………………（130）

驻藏大臣穆腾额因病解职海枚为驻藏办事大臣

  咸丰二年六月二十三日（1852.8.8）……………………（131）

著照穆腾额奏请加恩准哲孟雄部长赴藏瞻礼谕

　　咸丰二年九月初二日（1852.10.14）……………………（131）

据穆腾额奏著其详查乍丫复起衅端原因令两造相安倘不遵断

　　即镇静弹压以绥边围谕

　　咸丰二年九月二十二日（1852.11.3）…………………（131）

据穆腾额奏委员查办打旺寺喇嘛互斗案完结著革去班垫曲丕

　　商卓特巴交诺们罕惩办并务获在逃犯谕

　　咸丰二年十一月初八日（1852.12.18）…………………（132）

据穆腾额奏委办乍丫夷务之噶布伦预筹办理著晓谕两造照旧

　　相安支应差使傥不遵即慑以军威谕

　　咸丰二年十一月初八日（1852.12.18）…………………（132）

准照穆腾额奏班禅七旬生辰受赏呈请谢恩著交明年年班代呈谕

　　咸丰二年十一月二十二日（1853.1.1）…………………（133）

乍丫一案不难克期了结著穆腾额察看情形如该喇嘛桀骜不遵

　　即遵前旨慑以兵威谕

　　咸丰二年十二月二十三日（1852.1.31）………………（133）

著照所议完结并著穆腾额择尤为出力者酌保数员毋许冒滥谕

　　咸丰三年三月二十九日（1835.5.6）……………………（133）

据穆腾额奏七世班禅圆寂命谆龄前往后藏祭奠并赏银五千两及

　　缎匹等事谕

　　咸丰三年四月初一日（1853.5.8）………………………（134）

后藏扎萨克朗结曲丕能否于班禅圆寂后妥为代办著穆腾额

　　访察办理谕

　　咸丰三年四月初二日（1853.5.9）………………………（134）

敕谕达赖喇嘛派谆龄祭奠七世班禅

　　咸丰三年四月初五日（1853.6.12）………………………（135）

穆腾额谆龄查办乍丫夷务完案即将凶犯分别治罪折并将其

　　调用之土兵分撤归牧谕

　　咸丰三年五月初一日（1853.6.7）………………………（136）

据穆腾额等奏十一世达赖喇嘛诵经祝告速灭太平军著赏给

哈达戒珠谕

咸丰三年八月二十日（1853.9.22）……………………（137）

准照穆腾额谆龄奏颁给呼征呼图克图名号敕书印信并赏

其管事喇嘛扎萨克喇嘛名号谕

咸丰三年十一月十九日（1853.12.19）………………（137）

据穆腾额谆龄奏第穆呼图克图不守僧规著撤去第穆及其属下

管事扎萨克名号并按款亲提严讯具奏谕

咸丰三年十一月十九日（1853.12.19）………………（137）

据穆腾额等奏七世班禅金塔寺工竣著赏给哈达念珠谕

咸丰三年十二月十三日（1854.1.11）………………（138）

据穆腾额谆龄奏审明第穆等供词著将第穆及其管事分别发往

宗喀琼结交该营官管束并照达赖喇嘛吁恳准第穆故后

转世谕

咸丰三年十二月十三日（1854.1.11）………………（138）

据穆腾额等奏审拟呼图克图罪名其代经管人应认真体察是否

为众僧俗所信服并攒招期间务宜凯切晓谕妥为弹压谕

咸丰三年十二月十三日（1854.1.11）………………（139）

军机大臣会同理藩院遵旨议复穆腾额等奏西藏与廓尔喀互争

边界现已划界办结案折

咸丰三年十二月二十七日（1854.1.25）……………（139）

七十九、崇恩 ………………………………………………（141）

赏崇恩蓝翎侍卫为驻藏帮办大臣谕

道光二十八年正月十四日（1848.2.18）……………（141）

八十、谆龄 …………………………………………………（142）

命驻藏大臣谆龄往奠故后藏班禅额尔德尼

咸丰二年四月十九日（1852.6.6）……………………（142）

赏谆龄副都统衔为驻藏帮办大臣谕

咸丰二年九月初六日（1852.10.18）…………………（142）

谆龄奏驻藏大臣海枚行抵打箭炉病故出缺折

　　咸丰三年二月二十九日（1853.4.8）……………（143）

谆龄奏廓尔喀察木多商人索债起衅案办结请旨鼓励承办

　　出力官员折

　　咸丰四年五月初二日（1854.5.28）…………………（143）

据谆龄奏廓尔喀递表请派兵助剿著檄知该国无须派兵

　　以绝觊觎谕

　　咸丰四年五月初二日（1854.5.28）…………………（144）

著照谆龄奏请赏给札萨克名号谕

　　咸丰四年五月初二日（1854.5.28）…………………（144）

著照谆龄奏请加恩赏给帕克巴拉呼图克图等物件交驻藏

　　帮办大臣转行赏给谕

　　咸丰四年五月初二日（1854.5.28）…………………（145）

据谆龄奏给重修古寺颁赏匾额赏给汪曲结卜虚衔公爵等项谕

　　咸丰四年五月初二日（1854.5.28）…………………（145）

谆龄奏达赖喇嘛正师傅济隆呼图克图圆寂

　　咸丰四年五月初二日（1854.5.28）…………………（146）

谆龄奏总堪布罗布藏热布结因病具辞遗缺请旨补放折

　　咸丰四年七月十六日（1854.8.9）…………………（146）

著照谆龄奏请按所提人名分别为达赖喇嘛正副传经师傅谕

　　咸丰四年闰七月廿四日（1854.9.16）………………（147）

著照所请准商上三品总堪布一缺由四品岁本阿旺丹达补授

　　咸丰四年闰七月二十五日（1854.9.17）……………（147）

谆龄奏十一世达赖喇嘛年已及岁宜即接管藏中事务折

　　咸丰四年八月十五日（1854.10.6）…………………（147）

谆龄奏十一世达赖喇嘛等捐银熬茶念经以期早日殄灭太平军折

　　咸丰四年八月十五日（1854.10.6）…………………（149）

理藩院议复谆龄所奏已革诺们罕不准仍回西藏谕

　　咸丰四年八月十八日（1854.10.9）…………………（150）

据谆龄奏达赖喇嘛等诵经祈速殄灭太平军著赏给哈达谕

　　咸丰四年九月十九日（1854.11.9）…………………（150）

著照谆龄奏请即行受戒传习经咒谕

    咸丰四年九月十九日（1854.11.09）……………………（150）

驻藏帮办大臣谆龄因病解任

    咸丰四年九月十九日（1854.11.09）……………………（151）

著谆龄将军机大臣代拟檄谕及谆龄所拟业已发出檄谕

    仍恭录宣示谕

    咸丰四年九月十九日（1854.11.09）……………………（151）

令谆龄承办达赖喇嘛年已及岁应宜任事之一切事件谕

    咸丰四年十月初十日（1854.11.29）……………………（151）

著谆龄将所拟未行檄谕底稿即照拟发去暗地设防谕

    咸丰四年十二月二十三日（1855.2.9）……………………（152）

谆龄著交部议处谕

    咸丰四年十二月二十三日（1855.2.9）……………………（153）

谆龄奏十一世达赖喇嘛遵旨接管事务日期折

    咸丰五年正月二十八日（1855.3.16）……………………（153）

据谆龄奏报情形当将所有藏属要隘密加防范处以镇静谕

    咸丰五年二月十六日（1855.4.2）……………………（154）

谆龄奏报廓尔喀王递呈表章及十一世达赖喇嘛咨报边情等事折

    咸丰五年二月十八日（1855.4.4）……………………（154）

照呈奏请给该呼图克图住寺恩赏匾额交谆龄等转行领给悬挂谕

    咸丰五年三月初四日（1855.04.19）……………………（156）

著谆龄所拟撤回番兵札拿凶犯秉公讯断并随时速奏谕

    咸丰五年三月初四日（1855.04.19）……………………（157）

著谆龄按此次谕旨大意秉公办理及权令达赖喇嘛支应骑驮

    不得援以为例谕

    咸丰五年三月二十三日（1855.5.8）……………………（158）

八十一、赫特贺 ………………………………………………（160）

调赫特贺为驻藏办事大臣谕

    咸丰三年五月十四日（1853.6.20）……………………（160）

赏赫特贺镶白旗蒙古副都统谕

　　咸丰四年十月二十日（1854.12.9）……………………（160）

廓尔喀侵占济咙等地著赫特贺晓以大义速行撤回听候秉公

　　查办勿轻议征剿谕

　　咸丰五年四月初九日（1855.5.24）………………………（161）

赫特贺奏廓尔喀复占边地拟定断牌八款饬令遵断撤兵情形折

　　（附 抄录廓尔喀国王禀底 抄录断牌八款稿底）

　　咸丰五年五月十六日（1855.6.29）………………………（162）

赫特贺奏请饬调川军著黄宗汉酌拨三千名交乐斌赴藏察看

　　情形相机办理谕

　　咸丰五年五月十六日（1855.6.29）………………………（168）

据赫特贺奏廓尔喀如仍要求给银让地著据理驳斥如不知

　　悛悔不得不摄以兵威谕

　　咸丰五年五月十六日（1855.6.29）………………………（169）

据赫特贺奏廓尔喀反复无常已著乐斌带兵驰藏川兵未到之前

　　著示以羁縻不得任其猖獗谕

　　咸丰五年六月二十三日（1855.8.5）……………………（170）

据赫特贺奏前谕调拨川兵入藏迄今未见具奏著黄宗汉即将

　　谕调之兵照数拨交乐斌带往迅速复奏谕

　　咸丰五年六月二十三日（1855.8.5）……………………（171）

准乐斌奏川军暂缓启程赴藏并令赫特贺满庆熟察情形悉心

　　计议谕

　　咸丰五年七月初七日（1855.8.19）………………………（171）

据赫特贺奏廓尔喀禀词愈加狂悖著示以镇静严加防备随时

　　察看情形奏明办理谕

　　咸丰五年九月二十六日（1855.11.5）……………………（172）

据赫特贺奏俟廓尔喀奉到第二次檄谕后再视情形具奏谕

　　咸丰五年九月二十七日（1855.11.6）……………………（173）

赫特贺奏抵后藏委员查看定结并筹办防务折

　　咸丰五年十月二十四日（1855.12.3）……………………（173）

据赫特贺奏著黄宗汉速筹银两解往后藏为犒赏之需谕

　　咸丰五年十一月十二日 （1855.12.20）······················（174）

著赫特贺晓谕朗结曲丕毋庸遣堪布入京谕

　　咸丰五年十一月十二日 （1855.12.20）······················（175）

著赫特贺扼要严防相机进剿谕

　　咸丰五年十一月十二日 （1855.12.20）······················（175）

据赫特贺奏官兵迭获胜仗次第克复所失营寨著不可因此

　　稍涉大意谕

　　咸丰五年十一月二十日 （1855.12.28）······················（176）

赫特贺奏报察看定结并筹防御情形并得旨批

　　咸丰五年十一月三十日 （1856.1.7）·······················（177）

乐斌等所议控制情形六条著赫特贺遵照妥办谕

　　咸丰五年十二月初五日 （1856.1.12）······················（177）

据赫特贺奏聂拉木官军失利著满庆调兵亲赴后藏会商妥办

　　所请调川省土兵已谕令乐斌等商酌谕

　　咸丰五年十二月十二日 （1856.1.19）······················（178）

据赫特贺奏廓尔喀来禀有恳求格外施恩之语著即乘机开导

　　并将侦探情形迅即驰奏谕

　　咸丰六年正月二十五日 （1856.3.1）·······················（179）

赫特贺满庆奏廓尔喀与西藏地方议定合同十条和息了事情形折

　　（附 抄录唐古特廓尔喀公同议立合同底稿）

　　咸丰六年六月十一日 （1856.7.12）·······················（180）

据赫特贺满庆奏廓尔喀与西藏所拟合同自应俯顺舆情

　　从权处理谕

　　咸丰六年七月十八日 （1856.8.19）·······················（186）

赫特贺奏扎什伦布扎萨克喇嘛郎结曲批禀报访获

　　班禅转世灵童情况清单折

　　咸丰六年九月初一日 （1856.9.29）·······················（186）

据赫特贺奏班禅转世灵童现访得二名著准掣签以定呼毕勒罕谕

　　咸丰六年九月初一日 （1856.9.29）·······················（188）

赫特贺奏巡阅后藏核销官兵例赏片

　　咸丰六年十一月十一日（1856.12.8）…………………（189）

据赫特贺奏奖励办理廓尔喀侵扰案出力各员谕

　　咸丰六年十二月初三日（1856.12.29）…………………（189）

据赫特贺满庆奏赏乍丫掌教诺们罕禅师名号谕

　　咸丰六年十二月初三日（1856.12.29）…………………（191）

据赫特贺奏认定掣得拉木结旺堆嘉木参为班禅呼毕勒罕著

　　即颁赏谕

　　咸丰六年十二月十九日（1857.1.14）…………………（191）

赫特贺等条陈变通西藏藏兵营制章程清单折

　　咸丰七年三月（1857.4）…………………（191）

著赫特贺查明前已被参发遣之病故尸身焚化第穆现在赴京

　　自称未死真假具实奏报谕

　　咸丰七年四月二十九日（1857.5.22）…………………（194）

彭蕴章等遵旨会议赫特贺等奏整饬藏兵营制章程折

　　咸丰七年五月二十四日（1857.6.15）…………………（194）

赫特贺因病解任驻藏大臣谕

　　咸丰七年闰五月十五日（1857.7.6）…………………（200）

著赫特贺满庆檄谕该国王嗣后但当谨守藩封自能长邀庇佑谕

　　咸丰七年闰五月十六日（1857.7.7）…………………（200）

著照准赫特贺满庆奏请因办事粗率交部议处谕

　　咸丰七年十二月二十三日（1858.2.6）…………………（200）

祭葬赫特贺如都统例谕

　　咸丰八年三月初十日（1858.4.23）…………………（201）

八十二、满庆 …………………（202）

满庆谆龄奏十一世达赖喇嘛咨请拨火药铅子分发各隘防御折

　　咸丰五年九月初十日（1855.10.20）…………………（203）

据奏著满庆晓谕达赖喇嘛等毋庸遣堪布进京等事谕

　　咸丰五年十月十五日（1855.11.24）…………………（203）

准照满庆奏严行督饬操练团练旨

    咸丰六年正月二十五日（1856.3.1）……………………………………（204）

著满庆悉心察看该呼图克图能否胜任掌办商上事务再行

  具奏等事谕

    咸丰六年二月初四日（1856.3.10）………………………………………（204）

谕满庆奠祭十一世达赖喇嘛

    咸丰六年二月二十四日（1856.3.30）……………………………………（205）

据奏著满庆赫特贺函商斟酌熟筹妥办等事谕

    咸丰六年二月二十八日（1856.4.3）……………………………………（205）

据满庆奏廓番求和著赫特贺办理以期日久相安为要谕

    咸丰六年三月初三日（1856.4.7）………………………………………（205）

调满庆为镶白旗汉军副都统谕

    咸丰七年二月十二日（1857.3.7）………………………………………（206）

满庆奏噶伦策垫斥革遗缺请旨补放折

    咸丰七年七月初四日（1857.8.23）………………………………………（206）

满庆奏驻藏大臣赫特贺起程回京片

    咸丰七年七月（1857.8）…………………………………………………（207）

满庆奏请免行变通西藏藏兵营制章程折

    咸丰七年十月二十四日（1857.12.9）……………………………………（207）

著满庆遵成例掣定十二世达赖喇嘛呼毕勒罕谕

    咸丰七年十一月十七日（1858.1.1）……………………………………（209）

满庆为新定驻藏官兵乌拉章程转饬一体遵行事给噶厦札

    咸丰七年十二月十八日（1858.2.1）……………………………………（210）

满庆奏因重修布达拉宫等藏民苦累请恩赏银两折

    咸丰八年正月二十四日（1858.3.9）……………………………………（212）

著准照满庆所请办理札萨克喇嘛因病告休各项事务谕

    咸丰八年三月初一日（1858.4.14）………………………………………（214）

著满庆妥办达赖喇嘛呼毕勒罕及岁后坐床之一切事务谕

    咸丰八年三月初一日（1858.4.14）………………………………………（215）

著满庆奏重修布达拉宫唐古忒番民苦累赏银一万两谕

    咸丰八年三月初一日（1858.4.14）………………………………………（215）

据满庆奏假第穆已身故前辈第穆有劳绩著准其转世谕

    咸丰八年五月十五日（1858.6.25）……………………（216）

满庆奏请准令阿旺益西楚臣坚赞继续掌办商上事务

    并赏给敕书折

    咸丰八年八月初四日（1858.9.10）………………（216）

满庆奏噶伦汪曲结布辞退遗缺请旨补放折

    咸丰八年八月初四日（1858.9.10）………………（217）

据满庆奏著阿旺益西楚臣坚赞办理商上事务谕

    咸丰八年九月初九日（1858.10.15）………………（217）

满庆奏噶伦四郎各吉辞退遗缺请旨简放折

    咸丰九年正月二十七日（1859.3.1）………………（218）

著准满庆保奏驻藏粮员循例量予奖叙谕

    咸丰九年四月二十三日（1859.5.25）………………（218）

著派满庆恩庆前往看视十二世达赖喇嘛坐床谕

    咸丰九年十月初三日（1859.10.28）………………（219）

特派驻藏大臣看视达赖喇嘛呼毕勒罕坐床谕

    咸丰九年十月十一日（1859.11.5）………………（219）

据满庆奏著派呼征阿奇图呼图克图赴扎什伦布照料

    八世班禅坐床受戒谕

    咸丰十年三月初一日（1860.3.22）………………（220）

著满庆将察木多工布汪曲仇杀案中全案人证押赴藏中

    秉公审断谕

    咸丰十年三月十七日（1860.4.7）………………（220）

著准满庆所奏班禅专差由川进京谕

    咸丰十年三月十七日（1860.4.7）………………（221）

准满庆奏察木多与工布汪曲仇杀案完结永不再肇衅端谕

    咸丰十年十一月初三日（1860.12.14）……………（221）

以办理察木多出力各员赏叙谕

    咸丰十年十一月初三日（1860.12.14）……………（221）

四噶伦为认定并派驻藏大臣看视十二世达赖喇嘛坐床

　　谢恩奏书稿

　　藏历铁猴年（1860 年）　………………………………………（222）

满庆恩庆奏请旨简放八世班禅经师并赏加名号折

　　咸丰十一年十一月初九日（1861.12.10）　………………（222）

据满庆等奏达赖喇嘛等为咸丰帝逝世念经修福著准遣堪布

　　来京并分别赏赐谕

　　咸丰十一年十二月初九日（1862.1.8）　…………………（223）

著照满庆所拟选定噶青罗布藏丹巴坚参为班禅师傅

　　并赏给名号留心教习经典谕

　　咸丰十一年十二月十七日（1862.1.16）　…………………（224）

准满庆奏请察木多案出力各员分别选用奖励谕

　　同治元年正月二十九日（1862.2.27）　……………………（224）

著准满庆等奏于劝捐京饷项下弥补归款并派妥员做好劝捐谕

　　同治元年正月二十九日（1862.2.27）　……………………（224）

著满庆等奏西藏僧俗请派员审办喇嘛布施争讼派京中喇嘛

　　接替热振掌办商上事务著审断此案谕

　　同治元年五月初五日（1862.6.1）　………………………（225）

满庆恩庆奏哲蚌寺喇嘛布施争讼并不愿热振掌办事务等情折

　　同治元年五月初八日（1862.6.4）　………………………（226）

满庆恩庆奏十二世达赖喇嘛等为咸丰帝逝世讽经受赏谢恩折

　　同治元年六月十六日（1862.7.12）　………………………（228）

据满庆等奏喇嘛互斗酿成巨案满庆等办理不善著遵前旨秉公

　　审断若不听禁约即咨骆秉章拨兵弹压谕

　　同治元年六月二十二日（1862.7.18）　……………………（229）

据满庆所奏两寺斗杀著景纹驰赴藏中秉公办理查明有无

　　滥保徇庇情弊谕

　　同治元年六月二十二日（1862.7.18）　……………………（231）

著照满庆恩庆所奏准将带印逃去之呼征查拿究办注销名号

　　并由汪曲结布协理藏务并赏名号谕

　　同治元年八月初五日（1862.8.29）　………………………（231）

满庆等奏人情稍定众心是否悦服汪曲结布著景纹一并具奏谕

    同治元年八月初五日（1862.8.29）……………………（232）

字寄满庆恩庆热振潜逃著革去名号通饬查拿并准汪曲结布

    协理商上事务谕

    同治元年八月初五日（1862.8.29）……………………（232）

满庆恩庆奏代十二世达赖喇嘛请赏正师傅名号并另拣副师傅

    请旨折

    同治元年闰八月二十八日（1862.10.21）…………（233）

满庆恩庆奏二等台吉策垫边觉尔病辞请允其子策忍汪曲承袭折

    同治元年十月二十八日（1862.12.19）……………（234）

满庆恩庆复奏奉查热振携印逃走未及追获缘由折

    同治元年十月二十八日（1862.12.19）……………（235）

满庆恩庆奏为审明不称职僧俗革罚安置并缉在逃喇嘛折

    同治元年十月二十八日（1862.12.19）……………（237）

满庆奏请赏达赖喇嘛师傅著福济景纹抵藏后详查情形

    据实具奏谕

    同治元年十一月初七日（1862.12.27）……………（242）

满庆恩庆奏为杜绝弊窦因时制宜筹议变通章程五款折

    同治元年十二月初四日（1863.1.22）………………（242）

满庆恩庆奏噶伦拉旺工布等员斥革遗缺请旨补放折

    同治元年十二月初四日（1862.3.22）………………（247）

据满庆奏已革热振阿旺益西楚臣坚赞潜逃等情著文祥

    秉公审办谕

    同治二年正月二十三日（1863.3.12）………………（247）

据满庆奏请拣员督领番众清剿瞻逆著福济景纹遵旨查明办理谕

    同治二年二月二十日（1863.4.7）…………………（248）

文祥等奏会同都察院查核满庆奏报热振呼图克图各情形

    碍难拟结缘由折

    同治二年三月二十八日（1863.5.15）………………（249）

文祥等奏热振不能约束僧俗实有应得之咎惟伊称满庆纳贿

　　著福济等详讯不准稍有回护谕

　　同治二年三月二十八日（1863.5.15）……………………（251）

藏军前奉旨会同攻剿瞻对而甫入其境即肆行抢掠伤毙人命

　　著满庆等严为备御并福济景纹赴藏后严行惩办谕

　　同治二年五月初七日（1863.6.22）………………………（252）

著满庆传知粮员李玉圃迅即来京质对并赴川各兵撤回

　　防守藏地谕

　　同治二年五月十八日（1863.7.3）………………………（253）

满庆崇实骆秉章史致康等所奏各项事著福济景纹速进藏

　　各臣遵旨办妥谕

　　同治二年十月十一日（1863.11.21）……………………（254）

据满庆恩庆奏代进达赖喇嘛奏书各事著福济早日入藏

　　妥速办结谕

　　同治二年十月十一日（1863.11.21）……………………（256）

照准满庆恩庆奏请达赖喇嘛专差赴京沿途各地照料谕

　　同治二年十月十一日（1863.11.21）……………………（257）

满庆恩庆奏办理商上事务诺们罕汪曲结布呈请严禁法国教士

　　入藏传教折（附上谕二则）

　　同治二年十月二十一日（1863.11.31）…………………（258）

据满庆恩庆奏著福济等星驰赴藏著骆秉章委员接管粮务俾

　　李玉圃交卸起程并派兵前往瞻对剿办谕

　　同治二年十一月二十八日（1864.1.7）…………………（259）

著满庆等列陈藏务情形各节务遵旨办理谕

　　同治二年十一月二十八日（1864.1.7）…………………（261）

满庆恩庆代奏八世班禅为简派经师并赏加诺们罕名号谢恩折

　　同治二年十二月十八日（1864.1.26）……………………（262）

著满庆恩庆所奏呼征捏词诬控剿办瞻对委员妄禀等各折片

　　遵旨办理福济等即速赴藏谕

　　同治三年正月初三日（1864.2.10）………………………（262）

清代驻藏大臣奏折全集·四

满庆恩庆奏十二世达赖喇嘛择期延师传授小戒折

　　同治三年正月二十五日（1864.3.3）……………………（263）

据满庆恩庆奏已革总堪布脱逃案毋令再生事端及粮员暂依所

　　请余均俟福济等到藏后速办谕

　　同治三年三月初九日（1864.4.14）………………………（264）

据满庆恩庆奏已革总堪布身死等项著崇实严密访查

　　并遵旨办理谕

　　同治三年三月初九日（1864.4.14）………………………（265）

著满庆恩庆所报刑赏事宜俟福济景纹到藏后再请旨办理谕

　　同治三年六月初三日（1864.7.6）………………………（265）

据满庆恩庆奏刑赏二人事著崇实骆秉章密筹并催福济景纹

　　迅速赴藏办结各事谕

　　同治三年六月初三日（1864.7.6）………………………（266）

著照满庆等奏报恩赏达赖喇嘛物件并谕知其祇领谕

　　同治三年七月二十五日（1864.8.26）……………………（267）

著照准满庆恩庆所拟呼征前管寺院土地等归达赖喇嘛收管

　　俟景纹到藏即回京等情谕

　　同治三年八月初一日（1864.9.1）………………………（267）

满庆恩庆奏达赖喇嘛咨请严禁外人由打箭炉等地入藏传教折

　　同治三年十月初九日（1864.11.7）……………………（268）

满庆恩庆为奏请以罗布藏青饶汪曲掌办商上事务事

　　致达赖喇嘛咨（附 奏折抄件）

　　同治三年十月十九日（1864.11.17）……………………（269）

满庆恩庆奏转呈十二世达赖喇嘛谢赏匾额之奏书及哈达等物折

　　同治三年十月二十日（1864.11.18）……………………（270）

敕谕罗布藏青饶汪曲著办理商上事务并赏给诺们罕名号

　　同治三年十一月三十日（1864.12.28）…………………（271）

满庆恩庆代奏十二世达赖喇嘛因受小戒蒙赏谢恩折

　　同治四年正月二十六日（1865.2.21）……………………（271）

满庆恩庆代奏八世班禅谢赏三摩正觉匾额呈递奏书及

  哈达等物折

    同治四年三月初十日（1865.4.5）……………………（272）

满庆恩庆奏前藏差人赴川承领炮位药铅等价银折

    同治四年三月初十日（1865.4.5）……………………（272）

满庆恩庆奏代达赖喇嘛谢将热振寺院地土人民赏其收管事折

    同治四年三月初十日（1865.4.5）……………………（273）

满庆恩庆奏布鲁克巴与披楞交战藏地边境已妥为防御折

  （附 上谕）

    同治四年四月初七日（1865.5.1）……………………（273）

满庆恩庆奏掣定乍丫呼图克图呼毕勒罕折

    同治四年四月二十七日（1865.5.21）………………（275）

满庆恩庆代奏升补噶伦彭错策旺夺吉等谢恩折

    同治四年闰五月初八日（1865.6.30）………………（275）

满庆恩庆奏噶伦拉木结汪堆多尔济病故遗缺请旨补放折

    同治四年闰五月二十八日（1865.7.20）……………（276）

满庆恩庆奏戴本夺吉顿珠升补噶伦遗缺请旨补放折

    同治四年闰五月二十八日（1865.7.20）……………（276）

著满庆恩庆所有扎什伦布扎萨克喇嘛进贡俟下届呈进谕

    同治四年七月初三日（1865.8.23）…………………（277）

著满庆恩庆将吐多卜降巴妥为羁禁俟景纹到任后遵旨办理谕

    同治四年七月十九日（1865.9.8）……………………（277）

著满庆等将掌办商上印信会同达赖喇嘛封存商库谕

    同治四年七月二十三日（1865.9.12）………………（278）

满庆奏交卸驻藏大臣关防折

    同治四年八月二十六日（1865.10.15）………………（278）

满庆恩庆奏藏军已分布各边防御折（附 上谕）

    同治四年九月二十六日（1865.11.14）………………（279）

八十三、恩庆 ···（281）

    著派恩庆等前往看视班禅坐床并颁给敕书赏物及银万两谕

        咸丰十年二月二十二日（1860.3.14）·············（281）

八十四、崇实 ···（282）

    赏崇实为镶黄旗汉军副都统谕

        咸丰十年正月初二日（1860.1.24）·············（282）

    以崇实署四川总督谕

        咸丰十年七月十五日（1860.8.31）·············（283）

    据崇实等奏情形著福济驰藏会同景纹查办布赉绷喇嘛

    挟制事件谕

        同治元年八月十七日（1862.9.10）·············（283）

    据崇实骆秉章密陈西藏情形著福济景纹遵前旨赴藏密速查办谕

        同治二年五月十八日（1863.7.3）·············（283）

    据崇实骆秉章密陈著济福景纹迅速赴藏暗中查明陈奏谕

        同治三年正月初三日（1864.2.10）·············（284）

    准照崇实骆秉章密奏所请办理并著迅即行文满庆等知照谕

        同治三年二月十四日（1864.3.21）·············（285）

    著崇实骆秉章福济景纹满庆恩庆遵照前旨速妥办理谕

        同治三年二月十四日（1864.3.21）·············（286）

    著崇实骆秉章福济景纹查明各情具奏并将原禀抄崇实等阅看谕

        同治三年五月十三日（1864.6.16）·············（286）

    著崇实骆秉章饬藏中先筹款拨给唐古特银两俟解饷到藏后

    归款谕

        同治三年八月初一日（1864.9.1）·············（287）

    崇实骆秉章所奏已革总堪布身死案著俟福济景纹入藏后再将

    有关人等解藏质对谕

        同治三年十一月初一日（1864.11.29）·············（287）

    著崇实骆秉章责令速将瞻对案办理完结谕

        同治三年十二月初八日（1865.1.5）·············（288）

著崇实骆秉章查明从前成案现在出兵回疆是否相宜均奏

    明候旨办理谕

    同治四年正月十八日 （1865.2.13） ……………………（289）

著崇实骆秉章遵前旨妥办土司等具结息争速办完竣等事谕

    同治四年三月二十六日 （1865.4.21） …………………（290）

崇实骆秉章前奏与景纹所奏瞻对情形互异著查探确情具奏谕

    同治四年七月初七日 （1865.8.27） ……………………（290）

据崇实等奏瞻对善后事宜著令史致康妥为办理毋令别滋事端谕

    同治四年八月十二日 （1865.10.1） ……………………（291）

崇实骆秉章奏瞻对剿平著赏给达赖喇嘛派堪布管理并

    拟奏奖励史致康等谕

    同治四年十二月十四日 （1866.1.30） …………………（292）

据崇实等奏瞻对事竣善后事宜著饬史致康悉心办理谕

    同治四年十二月十四日 （1866.1.30） …………………（292）

骆秉章崇实奏剿平瞻对善后事竣官兵一律凯撤疏

    同治四年十二月 （1866.1.17—2.14） …………………（293）

八十五、景纹 …………………………………………………（295）

    景纹为驻藏办事大臣谕

    咸丰十一年七月二十二日 （1861.8.27） ………………（295）

景纹奏行抵川省接奉寄谕并筹备饷需以冀早结布施争讼案折

    同治元年六月二十日 （1862.7.16） ……………………（296）

著景纹迅即调齐兵丁驰赴藏中相机筹办谕

    同治元年七月初六日 （1862.8.1） ………………………（297）

著景纹抵藏后查明骆秉章满庆所奏喇嘛互斗案启衅迥异原因

    并迅速具奏谕

    同治元年八月初十日 （1862.9.3） ………………………（297）

著福济景纹抵藏后将喇嘛起衅情由查明秉公办理并著

    骆秉章密访具奏谕

    同治元年十月二十八日 （1862.12.19） …………………（298）

藏犯吐多卜降巴仍著景纹研讯请旨并应行奖励僧人亦交查明
具奏谕
同治四年七月十九日 （1865.9.8） ……………………（299）
景纹恩庆代奏新放噶布伦策汪边坝尔谢恩折
同治四年八月初三日 （1865.9.22） ………………（300）
据景纹奏报著就近体察情形相机妥办俾藏地得以安谧并将
应办事件查明复奏谕
同治四年八月二十三日 （1865.10.12）……………（301）
景纹奏抵藏接印任事日期及谢赏福字等物折
同治四年八月二十六日 （1865.10.15）……………（301）
据景纹奏著饬令史致康督催藏兵进攻以期早日藏事并著
克日赴藏谕
同治四年八月二十八日 （1865.10.17）……………（302）
景纹恩庆奏挈定察木多锡瓦拉呼图克图折
同治四年九月初一日 （1865.10.20）………………（302）
景纹奏到任接印查明西藏僧俗相安情形折
同治四年九月初一日 （1865.10.20）………………（303）
景纹奏委冯会署拉里粮务陈堉接署后藏粮务片
同治四年九月初一日 （1865.10.20）………………（304）
景纹奏以驻藏游击怀唐武暂署西藏夷务片
同治四年九月初一日 （1865.10.20）………………（304）
景纹奏藏兵攻剿瞻对擒获工布朗结地方肃清折
同治四年九月初一日 （1865.10.20）………………（305）
景纹奏布鲁克巴与披楞启衅东南藏边严密防范片
同治四年九月初一日 （1865.10.20）………………（306）
景纹恩庆奏后藏戴本策旺彭错病故遗缺请旨补放折
（附 上谕 拟定清单）
同治四年十月初九日 （1865.11.26）………………（307）
景纹恩庆奏审讯要犯吐多卜降巴请处决并请赏给夷喜
罗布汪曲公爵折（附 上谕）
同治四年十月初九日 （1865.11.26）………………（308）

景纹奏酌拟奖励僧俗捐输京饷等情片

    同治四年十月初九日（1865. 11. 26）……………………（311）

景纹代奏达赖喇嘛之兄请承袭公爵片

    同治四年十月初九日（1865. 11. 26）……………………（311）

景纹恩庆代奏阖藏安静谢恩呈进佛匣折

    同治四年十月初九日（1865. 11. 26）……………………（312）

景纹恩庆奏请领商上承办藏务印信折（附 上谕）

    同治四年十月二十五日（1865. 12. 12）…………………（313）

景纹恩庆奏以五品营官济克美曲觉尔升补颇琫折

    同治四年十二月初三日（1866. 1. 19）…………………（315）

景纹恩庆遵旨复奏热振骨殖回藏掩葬其徒众在藏安置折

    同治四年十二月初三日（1866. 1. 19）…………………（315）

景纹复奏帕克巴拉诺们罕换给呼图克图敕印并前藏戴琫

    请奖俟并案酌拟片

    同治四年十二月初三日（1866. 1. 19）…………………（317）

景纹奏驻藏帮办大臣恩庆病故折

    同治四年十二月十八日（1866. 2. 3）……………………（318）

达赖喇嘛为瞻对基巧噶伦平措次旺多吉不能胜任请以

    次旺边巴接任请速转奏补放事致驻藏大臣咨

    藏历木牛年（1866. 1. 27—2. 29）………………………（319）

景纹奏补放管理番兵生息银两颇琫折

    同治五年正月二十四日（1866. 3. 10）…………………（320）

景纹奏布鲁克巴与披楞构衅披楞大股压境边界震动并仍

    巡阅春操亲到隘口相机筹办折

    同治五年三月初七日（1866. 4. 21）……………………（320）

景纹奏要犯吐多卜降巴正法阖藏安静片

    同治五年三月初七日（1866. 4. 21）……………………（322）

景纹奏呼征寺财产等赏给诺们罕噶勒丹池巴罗布藏青饶汪曲片

    同治五年三月初七日（1866. 4. 21）……………………（322）

景纹奏将遗漏上谕未经发传之满庆及满印房帖写苏赛等

　　三名惩治片

　　同治五年三月初七日（1866.4.21）……………………（323）

据景纹奏布置尚属妥协均著照所拟办理俾两造消释旧怨

　　永息争端谕

　　同治五年四月二十四日（1866.6.6）………………………（324）

景纹奏会剿瞻对在事出力汉番文武员弁请奖折

　　同治五年四月二十六日（1866.6.8）………………………（325）

景纹奏田秀栗李赞元童星魁王虎臣等分别保奏片

　　同治五年四月二十六日（1866.6.8）………………………（327）

景纹奏各处呼图克图暨在藏诺们罕噶布伦等据情奏请分别

　　奖励片

　　同治五年四月二十六日（1866.6.8）………………………（327）

景纹奏查办披布两造大概情形并报起程日期及捐廉赏给

　　布番物件片

　　同治五年四月二十六日（1866.6.8）………………………（329）

景纹代奏十二世达赖喇嘛为堪布赍回敕书赏项事谢恩折

　　同治五年五月十六日（1866.6.28）………………………（330）

据景纹奏披楞布鲁克巴既经息争即当予行抵隘口后相机

　　妥办以靖边徼谕

　　同治五年六月十五日（1866.7.26）………………………（331）

景纹奏亲赴帕克里地查办披楞与布鲁克巴构衅及犒赏两造

　　息兵回牧并请奖出力人员折

　　同治五年七月二十六日（1866.9.4）………………………（331）

景纹奏瞻对案内除达赖认捐不敷外请由川省筹拨片（附上谕）

　　同治五年七月二十六日（1866.9.4）………………………（334）

景纹奏瞻对案内戴瑈顿柱策忍带兵不力请降五品营官片

　　同治五年七月二十六日（1866.9.4）………………………（335）

景纹奏廓尔喀贡使行抵前藏恭报起程日期折

　　同治五年九月二十六日（1866.11.3）……………………（336）

景纹奏拿获抢劫首犯先行正法余俟缉获再拟片

    同治五年九月二十六日（1866.11.3）……………（337）

景纹奏剿办博窝劫匪获胜生擒凶犯台站肃清并请将出力

    人员奖励折（附 上谕）

    同治五年十二月初八日（1867.1.13）……………（338）

景纹奏瞻对案内保奏陈廷杰等三员折（附 吏部奏折）

    同治五年十二月初八日（1867.1.13）……………（341）

景纹奏第穆呼图克图所属札萨克喇嘛遗缺拣员请旨简放折

    同治五年十二月初八日（1867.1.13）……………（342）

景纹奏委许觐光兼署后藏粮务片

    同治五年十二月初八日（1867.1.13）……………（343）

景纹奏赴京换班堪布等改由川道行走片

    同治五年十二月初八日（1867.1.13）……………（343）

景纹奏协理商上事务罗布藏青饶汪曲因赏给呼图克图谢恩

    呈进贡物据情代奏折

    同治五年十二月初八日（1867.1.13）……………（344）

景纹奏呼征寺仓储巴札克巴协捻援案请赏给札萨克名号片

    同治五年十二月初八日（1867.1.13）……………（345）

景纹代奏十二世达赖喇嘛谢赏匾额贡进哈达等物折

    同治六年正月二十七日（1867.3.3）……………（346）

景纹奏拿获劫盗就地正法片

    同治六年二月二十日（1867.3.25）……………（347）

景纹奏下瞻对番目暗投云南杜文秀纠众谋衅当即扑灭片

    同治六年二月二十日（1867.3.25）……………（348）

景纹奏后藏戴琫顿柱策忍因案降革遗缺请旨补放折

    （附 拟定清单）

    同治六年二月二十七日（1867.4.1）……………（349）

景纹奏噶伦白玛结布因病辞退遗缺请旨补放折（附 拟定清单）

    同治六年二月二十七日（1867.4.1）……………（350）

景纹奏粮员许觐光等捐输青稞还仓片

    同治六年四月二十日（1867.5.23）……………（351）

清代驻藏大臣奏折全集·四

景纹奏接陕抚咨折匣途次被掳情形折

　　同治六年四月二十七日（1867.5.30）…………………（352）

景纹奏保奏披布构衅案内出力各员片

　　同治六年四月二十七日（1867.5.30）…………………（352）

景纹奏校阅前藏汉番官兵春操情形折

　　同治六年四月二十七日（1867.5.30）…………………（353）

景纹奏章嘉呼图克图抵藏学经代呈谢恩佛匣折

　　同治六年六月二十六日（1867.7.27）…………………（354）

景纹代奏罗布藏青饶汪曲等请准达赖喇嘛坐床后仍用

　　前辈金册折

　　同治六年七月初三日（1867.8.2）………………………（355）

景纹代奏新补噶伦密玛策忍谢恩折

　　同治六年八月初六日（1867.9.3）………………………（356）

景纹奏保奏截获下瞻对逆贼并出力之夷喜罗布汪曲及

　　策忍班垫赏给翎衔片

　　同治六年十一月初六日（1867.12.1）…………………（356）

景纹奏连年丰收阖藏僧俗人等公恳十二世达赖喇嘛下山攒招折

　　同治六年十一月初六日（1867.12.1）…………………（357）

景纹奏审结里塘案内各犯并请宽东登工布等死罪折

　　同治六年十一月初六日（1867.12.1）…………………（359）

景纹奏帕克巴拉呼图克图进藏受戒入寺开用印信片

　　同治六年十一月初六日（1867.12.1）…………………（361）

景纹奏管解瞻对案内要犯出力请将恩承赏加知府衔片

　　同治六年十一月初六日（1867.12.1）…………………（361）

景纹奏奏请驻藏帮办大臣恩麟迅速赴藏片

　　同治六年十二月十八日（1868.1.12）…………………（362）

景纹奏商同达赖喇嘛等择吉讽经恭设覆锅大会折（附 上谕）

　　同治六年十二月十八日（1868.1.12）…………………（363）

景纹奏世袭札萨克台吉妥美占堆患病改请以其弟汪青占堆

　　承袭折

　　同治六年十二月十八日（1868.1.12）…………………（364）

里塘案中各犯均已分别办理外东登工布一犯由景纹发交

一千里外严饬营官照例圈禁以示朝廷法外之仁谕

同治七年正月十三日 （1868.2.6） …………………（365）

据景纹奏西藏丰收安乐公请达赖喇嘛下山诵经著景纹妥为

照料并发去御物多件传谕祇领谕

同治七年正月十三日 （1868.2.6） …………………（365）

兵部咨据景纹奏饬催帮办大臣赴任奉旨咨照文

同治七年二月二十二日 （1868.3.15） …………………（366）

理藩院咨景纹奏承袭台吉遵旨知照文

同治七年二月二十二日 （1868.3.15） …………………（366）

景纹奏后藏戴本滚桑格旺因病辞退遗缺请补放折

同治七年二月二十九日 （1868.3.22） …………………（367）

景纹奏前藏戴本期美夺结因案革职遗缺请旨补放折

同治七年二月二十九日 （1868.3.22） …………………（367）

景纹奏参噶伦彭错策旺夺吉等侵吞公项折

同治七年二月二十九日 （1868.3.22） …………………（368）

景纹奏遵旨酌核办理披布和约案内出力人员折

（附 上谕 清单）

同治七年二月二十九日 （1868.3.22） …………………（370）

景纹奏粮员许觐光三年期满循例保奏折

同治七年二月二十九日 （1868.3.22） …………………（374）

景纹代奏十二世达赖喇嘛因准其使用前辈金册谢恩折

同治七年闰四月十八日 （1868.6.8） …………………（374）

景纹奏总堪罗布藏汪垫因病辞退遗缺请旨补放折

（附 拟定清单）

同治七年闰四月二十七日 （1868.6.17） …………………（375）

景纹奏生母在旗病故请先行回旗穿孝折

同治七年闰四月二十七日 （1868.6.17） …………………（376）

噶厦为驻藏大臣奉旨赏十二世达赖喇嘛之兄益西诺布旺秋等

顶戴事致达赖喇嘛咨

同治七年六月七日 （1868.7.26） …………………（377）

景纹代奏十二世达赖喇嘛为领到御赐熬茶赏项谢恩折

　　同治七年六月初九日（1868.7.28）……………………（378）

景纹奏以试用通判何炳曦调管拉里粮务片

　　同治七年九月初二日（1868.10.17）…………………（379）

景纹奏西藏僧俗为瞻对案内于藏臣及办理出力请奖据情代奏折

　　同治七年十二月十八日（1869.1.30）…………………（380）

景纹奏西藏堪布专差请领敕印并恭赍贡物奏报起程日期折

　　同治七年十二月十八日（1869.1.30）…………………（381）

景纹代奏十二世达赖喇嘛八世班禅因坐床御赐封号赏物谢恩折

　　同治七年十二月十八日（1869.1.30）…………………（382）

景纹代奏新补总堪布班垫顿柱谢恩折

　　同治八年正月二十七日（1869.3.9）……………………（383）

景纹于交卸之先自行乞恩陈请实属卑鄙无耻著交部严加议处谕

　　同治八年二月初九日（1869.3.21）……………………（383）

景纹奏噶伦彭错策旺夺吉因案革职遗缺请旨补放折

（附　拟定清单）

　　同治八年三月初四日（1869.4.15）……………………（384）

景纹奏粮员管解藏饷并护送御赐箱只至藏交收援案请奖折

　　同治八年三月初四日（1869.4.15）……………………（385）

景纹奏培修扎林喀舒尔古塔完工商上捐资报效并免造册报部折

　　同治八年三月初四日（1868.4.15）……………………（386）

景纹奏廓尔喀贡使回国日期片

　　同治八年三月初四日（1868.4.15）……………………（387）

八十六、恩麟 ……………………………………………………（389）

赏恩麟三等侍卫为驻藏帮办大臣谕

　　同治六年三月二十五日（1867.4.29）…………………（389）

赏恩麟副都统衔为驻藏办事大臣谕

　　同治七年六月十七日（1868.8.5）………………………（390）

恩麟奏报抵藏接任日期折

　　同治八年四月十三日（1869.5.24）……………………（390）

据恩麟奏著务当妥为驾驭毋使别生枝节等情谕

    同治八年六月初一日（1869.7.9）…………………………（391）

照恩麟奏请著吴棠于每年额解饷银如数报解以应西藏急需谕

    同治八年六月初一日（1869.7.9）…………………………（391）

据恩麟奏收存银五万两俟达赖喇嘛到藏时如数给发应用谕

    同治八年六月二十六日（1869.8.3）………………………（391）

据恩麟奏派员抚谕三岩并拟亲往交界禁约著于巡阅后将

    详细情形具奏谕

    同治八年六月二十九日（1869.8.6）………………………（392）

著恩麟前往边界妥为筹办潜消衅隙以安边境藏中事务著

    德泰妥慎办理谕

    同治八年十一月十二日（1869.12.14）……………………（392）

据恩麟奏班禅例贡准照达赖喇嘛进贡例改道由川陕晋

    直隶赴京谕

    同治八年十二月十八日（1870.1.19）……………………（393）

据恩麟奏著派干员妥为开导以申旧约并德泰于藏中事宜

    认真筹办谕

    同治八年十二月十八日（1870.1.19）……………………（393）

据恩麟德泰奏著吴棠先行拨银十余万两解交恩麟收用谕

    同治九年三月十六日（1870.4.16）………………………（394）

据恩麟等代奏达赖喇嘛讲经熬茶请旨著随时妥为照料谕

    同治九年四月二十三日（1870.5.23）……………………（394）

恩麟等奏陈巴塘地震现在筹办赈恤折

    同治九年九月十七日（1870.10.11）………………………（394）

据恩麟等奏达赖喇嘛至大招晬经是否赏物著查明从前

    循例速报谕

    同治十年二月初十日（1871.3.30）………………………（395）

据恩麟德泰奏噶布伦密玛策忍不遵节制著革去噶布伦并

    东科尔交达赖喇嘛按例严惩等情谕

    同治十年三月二十九日（1871.5.18）……………………（395）

恩麟德泰奏先行革去总堪布班垫顿柱等人职名折

　　同治十年四月十八日（1871.6.5）……………………（395）

据恩麟德泰奏著将总堪布班垫顿柱等职名一并斥革并会同

　　达赖喇嘛讯明确供具奏谕

　　同治十年六月初八日（1871.7.25）………………………（397）

恩麟德泰奏噶伦密玛策忍因案革职遗缺请旨补放折

　　同治十年七月十五日（1871.8.30）………………………（398）

恩麟德泰奏总堪布班垫顿柱因案革职遗缺请旨补放折

　　同治十年八月二十六日（1871.10.10）……………………（398）

恩麟德泰奏头等台吉坚参欧柱出缺请以其长子洛布占堆承袭

　　并请赏二品顶戴折

　　同治十年九月初四日（1871.10.17）………………………（399）

著照恩麟德泰所奏对各犯照拟办理治罪并对出力伤亡人员

　　分贝奖恤谕

　　同治十年九月初四日（1871.10.17）………………………（400）

据恩麟等奏访出哲布尊丹巴呼图克图呼毕勒罕著会同

　　达赖喇嘛敬谨掣定谕

　　同治十年十月十三日（1871.11.25）………………………（401）

据恩麟德泰奏四川积欠银三十三万余两著吴棠遵旨先拨

　　十余万两解藏应用谕

　　同治十年十月十九日（1871.12.1）………………………（401）

恩麟德泰奏噶伦策忍汪曲因案革职遗缺请旨补放折

　　同治十年十一月十六日（1871.12.27）……………………（401）

恩麟德泰代奏新授噶伦策旺洛布谢恩折

　　同治十年十一月十六日（1871.12.27）……………………（402）

恩麟德泰奏戴本策旺洛布升补噶伦遗缺请旨补放折

　　同治十年十一月十六日（1871.12.27）……………………（403）

恩麟德泰代奏协理商上事务罗布藏青饶汪曲谢颁敕书印信折

　　（附 罗布藏青饶汪曲奏书）

　　同治十一年二月十三日（1872.3.21）………………………（403）

据恩麟等奏著加赏物件迎接哲布尊丹巴呼毕勒罕事宜均

　　照例办理谕

　　　　同治十一年四月初一日（1872.5.7）……………………（405）

据恩麟德泰奏仍著恩麟等随时弹压妥为驾驭弭边衅靖地方谕

　　　　同治十一年四月初一日（1872.5.7）……………………（405）

恩麟德泰代奏新授噶伦仑珠策垫谢恩折

　　　　同治十一年五月二十八日（1872.7.3）…………………（405）

恩麟德泰代奏新授总堪布罗布藏荣垫谢恩折

　　　　同治十一年五月二十八日（1872.7.3）…………………（406）

恩麟德泰奏德泰查阅后藏三汛起程日期折

　　　　同治十一年五月二十八日（1872.7.3）…………………（407）

据恩麟德泰奏著照成案免予廓尔喀进贡一次并达木蒙古连年

　　被灾先行挪用军饷核实散放赈灾谕

　　　　同治十一年七月初七日（1872.8.10）……………………（408）

据恩麟德泰奏著于巡阅事毕据实具奏所有应办事件仍

　　认真经理谕

　　　　同治十一年七月十六日（1872.8.19）……………………（408）

据恩麟德泰奏定日汉营防兵额缺著挑补足数实力操防并仍著

　　将应办事宜务宜妥善谕

　　　　同治十一年十月二十三日（1872.11.23）………………（409）

著恩麟于新任驻藏大臣未到前仍认真办事并德泰逼索关防等

　　件著革职即行回旗谕

　　　　同治十一年十二月十三日（1873.1.11）…………………（409）

即著恩麟等前往布达拉山妥为照料并发去赏物多件传谕

　　达赖喇嘛祇领谕

　　　　同治十二年二月初六日（1873.3.4）……………………（410）

恩麟为开炉鼓铸银钱事复十二世达赖喇嘛咨

　　　　同治十二年三月（1873.3—4）…………………………（410）

赏恩麟副都统衔并承继到任后护送哲布尊丹巴之呼毕勒罕前赴

　　库伦再行回京谕

　　　　同治十二年七月二十七日（1873.9.18）…………………（410）

据恩麟奏著提同革员王来仪等按照指供各情按律定拟具奏

    并俟交卸藏务即遵前旨起程赴库伦谕

    同治十二年八月二十一日（1873.10.12）………（411）

据恩麟奏著护送呼毕勒罕回库坐床沿途小心照料并饬令

    哨探勤加侦探稳慎行走谕

    同治十三年八月二十九日（1874.10.9）………（411）

赏恩麟正黄旗汉军副都统谕

    光绪元年正月十八日（1875.2.23）………（412）

八十七、德泰 ………（413）

德泰奏抵藏任事日期折

    同治八年七月二十二日（1869.8.29）………（413）

据德泰参奏恩麟各事著恩麟按所奏各节据实回奏谕

    同治十一年四月初一日（1872.5.7）………（414）

据德泰参奏恩麟各节著将恩麟交部议处并即来京当差谕

    同治十一年七月十六日（1872.8.19）………（414）

德泰复奏巡视边隘查明防守疏懈并陈管见折

    同治十一年九月初十日（1872.10.11）………（415）

德泰奏请拨银著吴棠如数筹拨并藏中事务承继未到前仍著

    恩麟认真筹办谕

    同治十一年十二月十三日（1873.1.11）………（418）

八十八、承继 ………（420）

承继为驻藏办事大臣谕

    同治十一年七月十七日（1873.8.20）………（420）

承继奏抵藏接印任事日期并领恩赏物件谢恩折

    同治十二年七月二十二日（1873.9.13）………（420）

承继恩麟代奏十二世达赖喇嘛及岁任事遣专差贡物谢恩折

    同治十二年八月二十七日（1837.10.18）………（421）

承继恩麟代奏十二世达赖喇嘛及其正师傅谢恩进物折

    同治十二年十一月二十二日（1874.1.10）………（422）

承继恩麟奏前藏戴本拉旺夺结升补噶伦及后藏戴本夺吉结布

　　辞退请旨分别补放折

　　　同治十二年十二月十六日（1874.2.2）……………………（423）

照承继等奏即著前往布达拉山妥为照料并将恩赍各物转谕祗领

　　　同治十三年正月初十日（1874.2.26）…………………（423）

穆宗皇帝为十二世达赖喇嘛亲赴大昭攒招啐经为国祈福加

　　恩赏赐谕

　　　同治十三年正月初十日（1874.2.26）…………………（424）

承继恩麟代奏新授噶伦拉旺夺结谢恩折

　　　同治十三年二月初十日（1874.3.27）…………………（424）

著照承继恩麟奏将冒领饷银之员革职家产查封讯明定拟具奏谕

　　　同治十三年五月二十七日（1874.7.10）………………（425）

八十九、希凯 ………………………………………………………（426）

赏希凯头等侍卫为驻藏办事大臣谕

　　　同治十一年十二月十四日（1873.1.12）………………（426）

希凯奏抵藏接任视事日期折

　　　同治十三年六月二十日（1874.8.2）…………………（427）

据希凯奏即著前往布达拉山妥为照料并发去赏物传谕

　　达赖喇嘛祗领用昭恩赍谕

　　　光绪元年二月十五日（1875.3.22）……………………（427）

希凯奏祗领赏物谢恩折

　　　光绪元年三月初十日（1875.4.15）……………………（428）

希凯奏报十二世达赖喇嘛圆寂折

　　　光绪元年四月二十八日（1875.6.1）…………………（428）

希凯奏僧俗番官等念经熬茶布施并呈进哈达佛尊代进折

　　　光绪元年四月二十八日（1875.6.1）…………………（429）

希凯代奏十二世达赖喇嘛等为同治帝逝世念经熬茶进贡请安折

　　　光绪元年四月二十八日（1875.6.1）…………………（430）

希凯为已革诺们罕阿旺降白楚臣转世须待奏闻遵办事致噶厦札

　　　光绪元年五月二十四日（1875.6.27）…………………（431）

希凯奏恭奉恩诏谒胜欢感折

　　光绪元年六月初一日（1875.7.3）……………………（432）

希凯奏噶伦等遵十二世达赖喇嘛遗嘱将其生前供奉佛尊等

　　物代进折

　　光绪元年七月二十八日（1875.8.28）……………………（432）

希凯奏校阅前藏汉营官兵春操情形折

　　光绪元年七月二十八日（1875.8.28）……………………（433）

希凯奏拟保呼图克图代办商上事务折

　　光绪元年九月十五日（1875.10.13）……………………（434）

希凯奏请因患病赏假调理折

　　光绪元年九月十五日（1875.10.13）……………………（434）

希凯奏校阅前藏汉番官兵秋操情形折

　　光绪元年十月初八日（1875.11.5）……………………（435）

希凯奏委员代阅后藏三汛边伍片

　　光绪元年十月初八日（1875.11.5）……………………（436）

希凯奏请以阿旺班垫曲吉坚参代办商上事务折

　　光绪元年十一月初一日（1875.11.28）……………………（436）

希凯奏商上总堪布因病辞退循例拣选番目请旨补放折

　　光绪元年十一月十五日（1875.12.12）……………………（437）

希凯乞休赏桂丰副都统衔充驻藏帮办大臣谕

　　光绪二年四月十三日（1876.5.6）……………………（437）

希凯奏报由藏起程回京折

　　光绪二年八月初七日（1876.9.24）……………………（438）

七十四、钟方

钟方简传

钟方，字午亭，汉军正黄旗人。道光二十二年十一月初七日，以正红旗汉军副都统（正二品）衔命为驻藏帮办大臣。二十三年六月十二日抵藏。二十四年五月二十四日，调任哈密领队大臣。在藏著有《入藏须知》二卷，《番僧源流考》二卷，《西竺辑要》四卷，《驻藏程站》四卷及《小桃源记》十六卷。钟方和琦善合奏的奏折及谕旨，均归入琦善奏折全集内。

钟方奏报到任日期折

道光二十三年六月十八日（1843.7.15）

为奏报接任日期，恭叩天恩事。

上年十一月内荷蒙皇上天恩，将奴才钟方作为驻藏帮办大臣，彼时恭谢天恩请训，于十二月初十日由京起程，沿途兼程行走，于本年六月十二日到藏。奴才孟保率领文武官员及呼图克图、噶布伦等跪请皇上圣躬万安。本日奴才钟方恭设香案望阙叩谢天恩接任。恭查卫藏与四川、甘肃两省连界，番夷杂处地方最为紧要，奴才惟有一切事务与奴才孟保相商，尽心谨慎办理，加意操演官兵，以图仰副皇上抚绥外夷、安守边疆之至意。

为此，恭叩天恩，谨奏等因。

本年八月初三日奉到朱批：知道了。钦此。

《清代藏事奏牍》247 页

钟方奏到藏领赏谢恩折

道光二十三年六月十八日（1843.7.15）

奏，为恭谢天恩事。

奴才钟方至藏，由奴才孟保处将皇上颁赏荷包、银课、银钱、莲子等件捧交奴才跪领，奴才钟方随即望阙叩谢天恩祇领。伏思奴才钟方尚未至藏，荷蒙皇上上年终加恩赏给许多奇珍，实不胜感激悚惶之至。奴才惟有顶戴重恩，一切事务竭力黾勉学习办理，以图报于万一。

为此恭叩天恩，谨奏等因。

本年八月初三日奉到朱批：知道了。钦此。

《清代藏事奏牍》247 页

七十五、琦善

琦善简传

琦善，字静庵，博尔济吉特氏，满洲正黄旗人。父成德，热河都统。琦善由荫生授刑部员外郎（从五品），累迁通政司副使（正四品）。嘉庆十九年，为河南按察使（正三品），历江宁、河南布政使（从三品）。嘉庆二十四年至道光四年，先后任河南巡抚（从二品）等职。父逝，袭侯爵。道光五年，京察，诏嘉其明干有为，能任劳怨，加总督衔，寻擢两江总督（正二品）、漕运总督。此后至二十二年，先后任山东巡抚、四川总督、两广总督等职。亦曾因政被撤职、藉没家产。二十二年秋，予四等侍卫（从五品）。

二十三年十月十一日，命驻藏大臣孟保回京，赏已革热河都统琦善二等侍卫（正四品），为驻藏办事大臣。二十六年十二月十九日，赏驻藏办事大臣琦善二品顶戴，为四川总督。二十九年五月十四日，因中瞻对工布朗结滋事，经琦善督兵征剿，现递结投诚，各土司照旧各安住牧。谕令交部从优议叙。咸丰二年，因与太平军战事，用琦善为河南巡抚，以其捐饷加为都统，授钦差大臣。四年秋，卒于军。赠太子太保，依总督例赐恤，谥文勤。

琦善奏接据班禅额尔德尼第穆呼图克图商上总堪布等
疑控萨玛第巴克什贪黩营私各情折

道光二十四年六月初七日（1844.7.21）

琦善奏，接据班禅额尔德尼、第穆呼图克图、商上总堪布等各列疑控新噶勒丹锡呼图萨玛第巴克什擅作威福、贪黩营私各重情。窃奴才到任后连日接见班禅额尔德尼、第穆呼图克图、商上总堪布等，询以僧俗利弊，据伊等先后向奴才面递呈词各一纸。奴才详细阅看，尽系指讦现在掌办商上事务之噶勒丹锡呼图萨玛第巴克什狂妄贪奸、不公不法之事。

查该诺们罕系甘肃洮眠夷僧，于嘉庆二十三年奏令掌办达赖喇嘛商上事务，道光九年两次奏请赏加呼图克图名号，均蒙特旨驳饬，未允所请，仰见皇上事烛机先、综核名实之至意，奴才不胜钦服。当就所指各情密加谘访，佥称诺们罕贪鄙阴险，工于钻刺、巧于弥缝、植党树私、道途侧目，只缘从前曾有控伊舞弊之人。驻藏诸臣仍交伊督讯，报复倾陷专拿者不止于班禅额尔德尼呈内所指之数。故虽有不平之心，不能不存身家之念，即升调各事，亦不任大臣少酌。奴才与诺们罕素昧平生、毫无嫌怨，接见时告以大皇帝恩重如山，皆为保护达赖喇嘛爱恤百姓而然，如果从前有措施未善事宜，仅可趁奴才甫到开来，代为更正，今已半月之余，未见提及一字。闻与班禅谈及藏中事务，伊极感天恩相待之厚情，现乎词拟云：伊已年余六旬，以静修之人仰蒙如此恩遇，只恐今生报答不尽，尚复何求。所虑者诺们罕心行如此，恐黄教从此不振，地方因而多事，关系至重，犹不止于达赖之一身，只求将所递之字代为呈进，尽伊之心等语。奴才询以用汉文之故，但称异奴才便于检阅，窥其意，似亦知奴才衙门人役夙昔，即声息相通，一经翻译，动致漏泄，而不肯明言。伏思前后藏及内外各部落所最为崇信者，达赖喇嘛而外，惟班禅额尔德尼一人，今藏中情形若此，奴才受恩深重，实不敢壅于上闻，谨将所递字据及总堪布呈词恭呈御览。

至第穆呼图克图系属夷呈，奴才未敢令人翻译，致召洩漏，仅就其面述之语记出，一并奏闻。事属密陈，未经会衔，伏乞皇上圣鉴训示。

《清代蒙藏回部典汇》第七十五册34285—34286页

诺们罕阿旺降白楚臣被控贪黩营私各节著琦善等确查
参办并现在商上事务令七世班禅暂行兼管谕

道光二十四年六月初七日 （1844.7.21）

谕军机大臣等：琦善奏接据班禅额尔德尼等控诉诺们罕贪黩营私各情一折，并将所递各呈分缮呈览。该诺们罕噶勒丹锡呀图萨玛第巴克什现在掌办商上事务，如果实有狂妄贪奸各情，于黄教大有关系，著琦善会同班禅额尔德尼，并率同第穆、济咙呼图克图、呀征诺们罕等，逐款确查，据实参办。其商上事务著照议准令班禅额尔德尼暂行兼管。第穆、济咙、呀征三人并令随同学习，俟一二年后，由该大臣会同班禅额尔德尼酌保一人掌办商上事务。将此谕令知之。

（《宣宗实录》卷四○六）《元以来西藏地方与中央政府关系档案史料汇编》（三）926 页；《清代蒙藏回部典汇》第七十五册34289 页

琦善奏办理驻防弁兵换防各情片

道光二十四年七月初一日 （1844.8.14）

再，驻防弁兵原系三年一换，例准雇役番妇代司缝纫樵汲，迨后留防过多，更换日少，怨女旷夫，不能无染，奸生之子在营食粮者已十居二三，藏中百物昂贵，各弁兵以一身兼赡数口，时形拮据之困。差来岁之弁兵，本应遣回，并无留防之例，乃相因姑息，率难留藏候补，竟有待至二三年方得轮补缺粮者，衣食无资，不得已而豫借盐折，迨至得缺补粮之后，负累已深。奴才等初访弁兵欠项，及商上采买米石草料价值与公帮故丁等项到手，竟有二三钱及数分者，实不敷日月之食，若照例查办，原不难骤加厉禁，窃恐无以自安，而内地相去七千余里，更有鞭长莫及之势，然仍归因循年复一年，不但帑项日亏，尤恐在营弁兵久之俱成唐古忒之族类，设有如康熙阅年间之阿尔布巴（甚有关系，所见是）、乾隆年间之珠尔墨特那木札勒潜肆逆谋，而欲以唐古忒之戚属底定番众，难保无心怀顾忌，未必尽左祖我师，似亦不可不虑。奴才等再四思维，欲额兵之悉归清白，惟有照例更换，少准留防。惜本年八月正值换防之期，孟保已先准留防弁兵，悉知难于挽正，为合之计，只可渐次裁革，其弁兵有欠项者，糊口无资，奴才等现在分别实缺候补，有米无米，无论欠项多寡，每月酌给自二两至一两不等，总以仅敷其食为度，余均尽数扣还欠项，并向各弁兵百方开导，设法驾驭。近日已多半退去番妇，归营差操，嗣后兵粮缺出，奴才等慎自遴择，凡身家不清者，概不挑入，以截其流。惟营房向住扎什城中，相距奴才等衙署七里有余，房间既少，塌损渗漏者极多，向由商上兴修，若达赖喇嘛年长，原可相筹，今则碍难商办，惟有稍事变通，而奴才钟方署中又无隙地，现惟拣择兵丁数十名，令在奴才琦善署中暂为楼止，朝夕教练，庶勉竭奴才等驾驭之力，或兵技微长，渐收实效。

所有藏中情形，及酌办缘由，理合附片陈明。

《清代蒙藏回部典汇》第七十五册34287—34288页

著准琦善奏嗣后遇有换防之期即照例更换以杜弊端谕

道光二十四年七月初一日 （1844.8.14）

谕军机大臣等，琦善等奏，西藏驻防弁兵原系三年一换，例准雇役番妇代司缝纫樵汲，迨后留防过多，更换日少，该弁兵奸生之子在营食粮者现已十居二三，兼之因差来藏之弁兵，并无留防之例，亦准留藏候补，竟有待至二三年方得轮补粮缺，各弁兵日形苦累，等语。内地赴藏驻防弁兵，原以备缓急之用，此时若照例查办，自必骤加属禁，恐难相安，然仍旧因循，年复一年，不但帑项有亏，且恐在营弁兵渐成唐古特族类，倘遇有事端，难资得力，此事甚有关系，自当渐次裁革。著该大臣等嗣后遇有换防之期，即行照例更换，少准留防，其有欠项者，酌量给发，俾令糊口有资，余均尽数扣还，如遇兵粮缺出，即著慎加遴择，凡身家不清者，概不准其挑入，并著拣择兵丁若干名，暂留琦善署中，勤加教练，以收实效而杜弊端。

《清代蒙藏回部典汇》第七十五册34289—34290页

户部移会琦善钟方奏西藏诺们罕擅给外番印照住牧案据实查询奏闻折

道光二十四年七月二十七日 (1844.9.9)

户部为移会事。

四川司案呈内阁抄出驻藏大臣琦等奏，诺们罕擅给外番印照住牧，现在查询缘由一折，道光二十四年七月二十七日奉上谕：琦善等奏诺们罕擅给外番印照住牧，现在查询缘由一折，前任驻藏大臣孟保等于该诺们罕擅请发给牌照住牧，既不详查，又不请旨，率以均属合宜，任听发给办理，实属错谬。孟保著交部严加议处，海朴业已革职，着俟定案时再降谕旨。钦此。钦遵。于本月初二□①抄出到部，相应抄录。②

奴才琦善、钟方跪奏，为诺们罕擅给外番印照住牧，现在查询缘由，恭折奏祈圣鉴事。

窃奴才等接据署定日守备马国安禀报：有拉达克喇嘛跟役执持诺们罕路票，欲由济咙回归原牧，迨经阻挡，又称欲赴东藏，请示前来。奴才等现调路票查验，另行办理外，惟查卷内有道光二十三年洛敏达部长给诺们罕夷信内称：该部长所属尚有百姓在布竹草厂牧放，近有百姓将草厂卖与扎什伦布之人在彼牧放，伊心不□□前商上给有红黑图记为凭，请将布竹草厂住所地方□□赏给管理，盖印断牌，不准扎什伦布百姓在彼牧放，等情。今诺们罕以自乾隆五十八年仰蒙大皇帝定立章程，分别内外边界以来，唐古特界址以外从无发给断牌之例，姑念该部长恭顺商上，供商属扎什伦布地草厂牧放百生〔姓〕之处，将执照盖印发给承领，咨明前任驻藏大臣孟保、海朴，以为均属合宜，译复在案。奴才等伏查唐古特原系达赖喇嘛地方，故向由大臣会同商办。至诺们罕系代办之人，即不应以达赖喇嘛地方去留自便，至界外部落，乃属外夷，从前私行通信，弊窦丛生。如廓尔喀之滋事，即由寄信讲论银钱不协，致滋边衅，节经奉旨饬令福康安酌定章程，嗣后书函俱送驻藏大臣代为酌定发给，此指布施通问而言。若事有关系，即应请旨遵行，不但界外部落从无商上发给印照断牌之例，亦无大臣会同发给之条。况洛敏达原禀称：有红黑图记□□究系何辈达赖喇嘛？何年所给？有无案据？是否假□且现有图记仅可为凭，又何用另换印照，既称本系在彼牧放，又何用另行赏给管理。前大臣均未查询，率以均属合宜，任听诺们罕擅行印给，并未奏明。设将来遇有争执，如何办理。当经咨询班禅额尔德尼，兹据复称：布竹草厂地方系达赖喇嘛萨噶营官所属，向有扎什伦布百姓在彼牧放牛羊，所得酥油以资众僧念经之用。核其草厂之宽阔，按年付给价值，交萨噶营官收领，既已给价，自应扎什伦布百姓在彼牧放，前大臣办理时至今，并未向其查询。该处在后藏迤西二千余里，并非洛敏达地方，若要深悉情形，伊再详细咨明等语。咨复前来。查布竹草厂既系扎什伦布久已租定，每年付给价值，该部长禀内又有卖与扎什伦布之言，后藏亦孟保等所属，何难一向询问乃既不详查，又不请旨，率以均属合宜，妄准诺们罕任意径行。两处百姓均关生计，势必争执，内有外番从何定断？此时即向商上调核底案。诺们罕既已妄为于前，势必多方廻护于后。奴才等不谙夷字，设再少有错误，所关匪细。现据班禅额尔德尼咨称，尚有详细情形另行咨复之语，应俟其咨来，再行酌量商办。事关擅给外番印照，现在查询缘由，不揣冒昧。

谨据实奏闻，伏乞皇上圣鉴训示。谨奏。

《清季内阁档案全辑》第 15 册 5772—5773 页

① "□" 原文如此。
② 原文 "相应抄录" 后有 "（下缺）" 两字。

琦善钟方奏接据乍丫大呼图克图及番目夷民控诉叠被援害案情折

道光二十四年七月二十七日（1844.9.9）

琦善、钟方奏，据乍丫大呼图克图等呈诉，叠被扰害各缘由。

窃奴才琦善于春间赴藏，路经乍丫，据该处大呼图克图及番目夷民等分起呈诉，被喇嘛罗桑丹臻江错所属番众不还断牌，节次焚掠，祈请查案究办等情。当谕令各自安业，不准互相残杀，俟到任查案再行饬知。迨奴才琦善接篆后检查档册，乍丫附近川省所属之巴里二塘，距藏较远，向召大呼图克图图布丹济墨吹济加木参，其前辈曾奉敕印掌管地方。道光十九年剿办博番案内，该呼图克图调派土兵捐助军需，奏蒙圣恩赏给敕书，交理藩院办理在案。其徒罗桑丹臻江错亦转世数辈，世为师徒，历经帮办，不属唐古特所辖。该处路当孔道，为进藏往来要衢，该呼图克图于道光十

六年与其徒罗桑丹臻江错因派充头人细故，各被夷人怂恿，挟忿争斗，其徒手下番目白马奚等遂抢劫杀人、焚毁寺宇，以致道途梗塞，饷鞘军火，每多阻拦，叠经委员查办，迄未就绪。二十一年九月钦奉上谕，据孟保等奏，乍丫大二两呼图克图彼此不睦，欲图打仗，以致往来差使每多阻滞，等语。该处乍丫、阿足王卡一带为前藏通衢，未可阻梗，孟保等派员前往开导，仅止会同粮员，不足以资弹压，著保兴即委干员驰往，会同妥协办理，等因，钦此。当经宝兴奏，委现任成都府知府瑞光等驰往查讯，断令照旧，仍为师徒，遇有差务，催令属番各出乌拉，听候雇用，责令大呼图克图专管，勿庸再行帮办，并将各番目分别斥革、赔罚，声明具结。罗桑丹臻江错虽仍狡执，未具遵依，惟道路已不致梗塞，应即就案完结。该委员等于二十二年十一月内奉经大学士四川总督臣宝兴会同前任驻藏大臣孟保、海朴奏，奉谕允在案。

兹据大呼图克图及该管番目夷民诉称，罗桑丹臻江错抗不遵断，时肆抢劫。检阅前此斥革赔罚各事，亦均未照案遵依，虽文报系官设塘马弁兵递送，尚未迟误，而现在饷鞘赏需各件，复又梗阻。该处接连六站，距藏较远，藏库前贮饷银早被支借一空，奴才等节经奏参在案。现在待放孔殷，藏属察木多游击及夷情司员尚系守备、笔帖式暂护，其后藏都司、察木多粮员及千总又先径派赴德尔格特办理夷务，实缺半属虚悬，奴才等实深焦急。

除咨四川督臣并严饬该大呼图克图将饷鞘等项乌拉妥为应付，勿得耽延外，所有接据乍丫大呼图克图及番目夷民控诉，叠被扰害缘由，理合恭折具奏，伏乞皇上圣鉴。谨奏。

《清代蒙藏回部典汇》第七十五册34291—34293页

琦善奏布赍绷寺内番僧互斗情形片

道光二十四年七月二十七日（1844.9.9）

再，上年十月二十九日，有布赍绷寺内卡尔冻寺众蒙古喇嘛千余人，以伊等师傅曲觉尔正坐之间见布赍绷寺管事小协鄂，未经起身，被小协鄂将曲觉尔之手打断，因伤身死等情赴孟保衙门连日围聚喊冤，经孟保等会同诺们汗，札饬将小协鄂斥革，判稿存案。布赍绷寺喇嘛又聚众群围衙署，呈称如果斥革协鄂恐怕激成大事，连日吵闹，不成语言，孟保差人邀约诺们汗前来旁观，不发一语，迨至事急，始出外挥散，旋据诺们汗以按佛经不应斥革，分别罚令熬茶，咨复迄今含混。奴才检阅其前后咨文，牵强挟制之词与市井并无少异，而于会稿斥革一层似若无其事者。再，番僧互斗又系诺们汗掌办商上事务之专责，奴才到任在后，不识当日之情由，何敢妄议其是非，惟喇嘛势日益骄纵，诺们汗又不能正已率属，一经互相纷争，动辄群聚围署，实属不成事体。奴才叨蒙荃养多年，自问不敢不肖，而情形若此，深恐重负天恩，不得不据实陈明，谨奏。

《清代蒙藏回部典汇》第七十五册34293—34294页

琦善奏查明诺们罕所办违例事开单密陈折

道光二十四年七月二十七日（1844.9.9）

琦善奏，查明诺们罕所办违例之事，开单密陈。

窃奴才前抵藏中，据班禅额尔德尼等列欵控讦掌办商上事务之诺们罕阿旺札木巴勒楚勒齐木贪奸不法之事，业经奴才恭折密陈，伏候训示在案。惟所控是否属实，奴才有稽核之责，未便仅就人言即以暧昧之事信为必然，以防是非出于恩怨之口。而事关番僧现定掌印信，未奉谕旨之先又不敢稍露声色，只可就现存档案核其历办公事有无偏倚，即可比类参观，略知梗概。当复检查较对，凡升调黜陟之事大率任意径行，未循例理，何恤人言，迨至事有为难或喇嘛互相争斗，则诿之大臣代为筹办。奴才识见庸昧，犹妄异其改移，间以事非定章行文商榷，揆其答复之词似属罔知悔改，西藏孤悬夷境，奴才不敢不时深危惧，谨就查明之事，另缮清单，恭呈御览。

奴才现仍力加挽正，竭此心之所能为，不敢丝毫懈忽，合并密陈。

《清代蒙藏回部典汇》第七十五册34294—34295页

据琦善等奏乍丫两呼图克图欲打仗著派员驰往查办谕

道光二十四年七月二十七日（1844.9.9）

谕军机大臣等：前因孟保等奏乍丫地方两呼图克图彼此不睦，欲图打

仗，以致往来差使每多阻滞。当经降旨令宝兴派员前往会同妥办。兹据琦善等奏称，该大呼图克图及该管番目、夷民诉称，罗桑丹臻江错抗不遵断时肆抢劫，现在饷鞘赏需各件复又梗阻。该处接连六站，距藏较远，著宝兴遴派妥员驰往秉公查办，务须折服其心。其过境之文报、饷鞘等项，务当妥为经理，毋得稍有梗阻，是为至要。将此谕令知之。

《清实录藏族史料》（八）4050 页

诺们罕阿旺降白楚臣擅给洛敏达部长住牧孟保办理错谬交部严处其余所参各款著琦善等究办具奏谕

道光二十四年七月二十七日（1844.9.9）

又谕：琦善等奏，诺们汗擅给外番印照住牧，现在查询缘由一折。据称拉达克喇嘛跟役执持诺们汗路票，欲由济咙回归原牧，迨经阻挡，又称欲赴前藏。经该大臣等查有诺们汗曾请将布竹草厂住所地方赏给洛敏达部长管理，盖印断牌，不准札什伦布百姓在彼牧放，经前任驻藏大臣孟保等任听擅行发给印照等情。界外部落从无商上发给印照断牌之例，亦无大臣会同发给之条，前任驻藏大臣孟保等于该诺们汗擅请发给牌照住牧，既不详查，又不请旨，率以均属合宜，任听发给办理，实属错谬。孟保著交部严加议处；海朴业已革职，著俟定案时再降谕旨。其案内各情著琦善等会同班禅额尔德尼秉公查办，务臻妥善。又琦善奏密陈诺们汗所办违例各款开单呈览一折，又另片奏：布赍绷寺内卡尔冻寺众蒙古喇嘛呈控伊等师傅曲觉尔被管事小协鄂打伤身死，诺们汗办理含混，等语。著琦善等一并会同班禅额尔德尼确究办理，据实具奏。将此谕令知之。

寻奏：查向来外番路票，系驻藏大臣印发，此次诺们汗所给拉达克喇嘛路票，系自行印给。守口各员不敢违例放行，请示前来，现已饬回原牧。其私给洛敏达部长印照一案，已饬噶布伦等派员前往妥善开导办理。又查诺们汗违例私放各缺，及将俗人营官缺补放喇嘛，又将业已降补斥革之营官旋又补放原官，均系违例办理。惟查各番之升调，尽由诺们汗所为，未便咎归属吏，此时若概行更换，未免办事乏人，拟请暂留原任，停其升转，以观后效。至喇嘛所占俗人营官，既系兼管养赡之缺，地方为重，应撤出归还俗人，以符定制。又查卡尔冻寺喇嘛曲觉尔被管事小协鄂打伤身死，经前任驻藏大臣孟保将小协鄂斥革，当有布赉绷寺喇嘛桑拉木率领众喇嘛围聚孟保衙署，嗣由诺们汗私议熬茶了结，实属妄谬。现在各喇嘛等深知悔悟，佥称不敢再有妄为，可否免其深究，仍通饬各寺喇嘛勤修静业，不准妄干一事。下理藩院议。

从之。

《清实录藏族史料》（八）4050—4052页；《元以来西藏地方与中央政府关系档案史料汇编》（三）926—927页

著琦善会同班禅秉公查办诺们罕擅给外番印照住牧案谕

道光二十四年八月初三日（1844.9.14）

谕军机大臣等，琦善等奏诺们罕擅给外番印照住牧一折，据称拉达克喇嘛跟役，执持诺们罕路票，欲由济咙回归原牧，迨经阻挡，又称欲赴前藏。经该大臣查，有诺们罕曾将布竹草厂地方赏给洛敏达部长管理，盖印断牌，经前任驻藏大臣孟保等任听擅行发给印照等情，著琦善等会同班禅额尔德尼秉公查办，务臻妥善。又琦善奏，密陈诺们罕所办违例各款，著琦善等一并会同班禅额尔德尼确究办理，据实具奏。

《清代蒙藏回部典汇》第七十五册34290页

琦善钟方奏掣定哲布尊丹巴呼毕勒罕蒙恩赏班禅等谢恩折

道光二十四年八月初五日（1844.9.16）①

琦善、钟方奏，掣定哲布尊丹巴呼图克图之呼毕勒罕，蒙恩赏班禅额尔德尼等谢恩。

据班禅额尔德尼、哲布尊丹巴呼图克图呼毕勒罕、噶勒丹锡哷图萨嘛第巴克什呈称，鄙托津班禅额尔德尼、哲布尊丹巴呼图克图之呼毕勒罕，于道光二十四年四月二十六日据驻藏大臣差员传圣主恩施，掣定哲布尊丹巴呼图克图之呼毕勒罕，鄙托津班禅额尔德尼来至前藏念经，特降恩旨，并赏给缎子诸珍物，敬谨祇领。伏思鄙托津班禅额尔德尼受圣主恩施至深且重，难以缕举，哲布尊丹巴呼图克图之呼毕勒罕因掣签来至前藏念经，系分内之事，蒙圣主恩施，赏给鄙托津缎子诸珍物，实感激不尽。鄙托津

哲布尊丹巴呼图克图之呼毕勒罕，兹蒙圣主恩施，始将鄙托津掣定即赏给佛缎诸珍，实为逾格鸿恩，不胜感悦。鄙托津班禅额尔德尼、哲布尊丹巴呼图克图呼毕勒罕惟终日诵经，恭祝大皇帝万寿垂至亿万年、永久康强。再鄙托津噶勒丹锡呼图萨玛第巴克什，于道光二十四年宗喀巴坐床期满，蒙圣主恩施，特降恩旨，并赏给玉如意、珊瑚朝珠诸珍，于四月二十三日由驻藏大臣特赏鄙托津，敬谨祗领。

伏思鄙托津受圣主恩施至深且重，毫无报效，惟终日诵经恭祝大皇帝万寿无疆、永久康强，并留心藏务、敬谨办理，以仰答大皇帝阐扬禅教之至意。兹鄙托津班禅额尔德尼、哲布尊丹巴呼图克图呼毕勒罕等，谨叩谢天恩，所贡哈达一端、寿佛一尊。再鄙托津噶勒丹锡呼图萨玛第巴克什，谋谨叩谢天恩，所贡哈达、寿佛装盛报匣，各粘签记，敬呈御览。为此谨奏。

道光二十四年八月初五日奉朱批：知道了。

《清代蒙藏回部典汇》第七十五册34368—34371页

① 为奉到朱批时间。

琦善钟方奏土尔扈特喀屯来藏熬茶饬商上修造寓所善为管带折

道光二十四年八月二十二日（1844.10.3）

琦善、钟方奏，土尔扈特喀屯来藏熬茶，饬商上修造寓所，查伊犁将军布彦泰奏，给达赖喇嘛叩头来藏熬茶之喀喇沙尔所属土尔扈特盟长福晋喇皮什勒带领伊孙等，于本年十月二十一日到藏，奴才等仰副圣主体恤外夷之意，当交管理商上事务班禅额尔德尼，照旧修造寓所令寓，仍令喇皮什勒将带往之人善为管带，毋许滋事，为此奏闻。

《清代蒙藏回部典汇》第七十五册34371页

琦善奏报前任文蔚等六任大臣将火药等项滥行借支
著照数计价银赔交工部并交部议处谕

道光二十四年八月二十二日 （1844.10.3）

谕内阁：琦善等奏前藏应存火药、铅子等项因滥行借支不敷操演一折。西藏为极边要地，操防最关紧要。每年前后藏应用火药向由四川制造运解，统交前藏分拨，自应妥为收贮，以期有备无患。兹据琦善等查明前驻藏大臣文蔚等各任内，并未奏明请旨，辄敢私行借给诺们汗火药、火绳、铅子、炮子等项，仅据收还一次，尽系灰渣，不堪应用。此外尚欠未还火药四千一百六十斤、火绳一千六百盘、铅子三万四千粒、炮子二百颗，总未催饬交还，以致营中不敷操演。总缘历任驻藏大臣不肯实心任事，以致诸务如此弊坏，天良何在！著工部即查明历欠药斤等项，照数估计价值银两，饬令前驻藏大臣文蔚、庆禄、关圣保、鄂顺安、孟保、海朴将应赔银两统于四个月内如数解交工部。仍均著交部议处。傥限满不完，著该部严参具奏。其现在不敷操演之火药、铅子等项，著宝兴速饬照数制造，委员解交前藏应用，以实军储而重武备。

《清实录藏族史料》（八）4053—4054 页

琦善钟方奏七世班禅暂兼商上事务达赖喇嘛班禅等
请代奏谢恩折

道光二十四年八月二十三日 （1844.10.4）

奴才琦善、钟方跪奏，为达赖喇嘛等进递佛匣、奏书，叩谢天恩，恭折代为呈进事。

窃奴才等接据达赖喇嘛、班禅额尔德尼咨称：小僧达赖喇嘛仰蒙大皇帝派令师傅传习经典，并因诺们罕噶勒丹锡呼图萨玛第巴克什舞弊营私，特派班禅额尔德尼暂行兼管[①]，会同查办，俾以后番民均归乐业。凡此鸿慈逾格，实在报答不尽，惟有用心勤学，虔诵经典，恭祝大皇帝万福万寿。小僧班禅额尔德尼仰蒙大皇帝派令暂行兼管商上事务，自当力除积弊，冀归妥善，以期仰副大皇帝振兴黄教之至意，现与达赖喇嘛各具佛

匣、奏章，只求代为呈进。并据济咙呼图克图禀称：小僧阿旺罗布藏丹贝嘉木磋，亦当勤慎启迪，诸事学习。今小僧济咙呼图克图阿旺罗布藏丹贝嘉木磋随同达赖喇嘛、班禅额尔德尼敬备吉祥哈达、古佛一份，叩谢天恩。恳请代为奏进。等情前来。

奴才等谨将佛匣分别粘签妥贮，恭折代为呈进，伏乞皇上圣鉴。

再，达赖喇嘛、班禅额尔德尼奏书，据称已各恭贮佛匣之内，无从译汉，合并陈明。谨奏。

道光二十四年十月初二日奉朱批：知道了。钦此。

（一史馆藏军机处录副奏折）《元以来西藏地方与中央政府关系档案史料汇编》（五）2022 页

①原注：掌办商上事务之诺们罕噶勒丹锡呼图萨玛第巴克什阿旺降白楚臣于是年被琦善等参劾，于同年六月初七日奉旨革职，其掌办商上事务"准令班禅额尔德尼暂行兼管，第穆、济咙、呼图征三人随同学习，俟一二年后，由该大臣会同班禅额尔德尼酌保一人掌办商上事务"。关于阿旺降白楚臣被参一案，另立专节。

琦善钟方奏将哲布尊丹巴呼图克图饬接藏北居住照料折

道光二十四年八月二十七日 （1844.10.8）

又奏，哲布尊丹巴呼图克图之呼毕勒罕已饬接往北藏。准。道光二十四年八月初七日奉旨，哲布尊丹巴呼图克图呼毕勒罕年幼未克，由库伦接取，以前责成班禅额尔德尼照顾，俟呼毕勒罕五岁时，由班禅额尔德尼受戒，钦此，钦遵前来。奴才等当照谕旨译成唐古忒文行知班禅额尔德尼，今据说班禅额尔德尼遵旨将哲布尊丹巴呼图克图呼毕勒罕之父母一并接往北藏居住，责令善为照旧，为此奴才等恭折奏闻。

《清代蒙藏回部典汇》第七十五册34371—34372 页

经部议具奏对孟保等前六任大臣分别革职等处分谕旨

道光二十四年九月初四日 （1844.10.15）

谕内阁：前应驻藏大臣将应存火药等滥行借支，以致不敷操演，当将历任驻藏大臣交部议处。兹据该部遵议具奏，三等侍卫孟保著即革职，前任兵部右侍郎关圣保现已告病开缺，著革去顶带，并另案革职之文蔚、海朴现议革职之处，均著照例注册。河南巡抚鄂顺安本应革职，惟现在督办大工，若遽予罢斥，转得置身事外，著暂行革职留任。所办大工能否妥善，届时再降旨。

《清实录藏族史料》（八）4055 页

琦善奏量惩贪僧宽予藏众片

道光二十四年九月二十二日（1844.11.2）

再，奴才悉心察看，番目、番僧之馈遗，率多由于畏威，初非甘心冒法。愚民趋权附势，更属出于无知。其情形迥异内地，若一一按律究追，是安分自守，既难脱贪僧之陷阱，而幸图苟免，复又罹今日之刑章，其心恐有难安，其情不无可悯。且贪僧籍隶甘肃，在财帛各物，或尚可藉为己有，而地土、人民本属达赖喇嘛，似难久假而不归。合无仰恳我皇上法外施仁，所有馈遗之番目、番僧，准照刑律抑勒强索与者不坐之例，量惩贪僧而示儆，宽予愚番以自新。凡此鸿慈逾格，皆出圣主天恩。奴才为绥靖边隅起见，不揣冒昧，附片妄陈，伏候圣裁。谨奏。

道光二十四年九月二十二日奉朱批：览。钦此。

（一史馆藏军机处录副奏折）《元以来西藏地方与中央政府关系档案史料汇编》（三）928 页

琦善钟方奏酌拟裁禁商上积弊章程二十八条折
（附 酌拟唐古特商上裁禁章程）

道光二十四年九月二十六日（1844.11.6）

奴才琦善、钟方跪奏，为酌拟裁禁商上积弊章程，敬缮清单，恭折具奏，仰祈圣鉴事。

窃查西藏辟处极边，为喇嘛住锡之地。我皇上振兴黄教，抚育众生，既设驻藏大臣统率官兵，为之防卫；复因达赖喇嘛幼小，又择喇嘛为之掌办，恩施稠迭，有加无已。膺兹宠命者，宜如何感激图报。乃现查诺们罕被控各款，其贪黩妄为，有出乎情理之外者。推原其故，盖缘科条未备，遂得高下其手。而藏番素信佛教，牢不可破，见其为掌办喇嘛，一言一动，咸疑例或应然，惟恐逢迎之落后；该喇嘛夜郎自大，妄谓权由己出，竟似无事不可为。大臣等语言不通，文字不识，商上之出纳全从夷俗，势不能代为转筹。喇嘛之贤愚，尽凭经典，更无由悉其通否。与其逐事查询，徒滋纷繁，曷若明定章程，俾知遵守。奴才等悉心筹计，博采群论，不揣冒昧，酌拟章程，敬缮清单，恭呈御览。

应请嗣后除事关外番及六品以上番目，与有关地方之七品营官升调，无论僧俗，均应会同拣放外，其余悉令遵照章程，自行秉公办理，攸关黜陟者，按季呈报，以备考核。如有改易弊混，分别查参。并拟俟奉到谕旨准行后，各公所及三大寺，均令印译发一份，俾众咸知，凛遵法守，庶以后按册可稽，无虞弊混，而僧俗就范，益加畏怀，地方更臻静谧，仰副我皇上抚绥番夷、保卫黄教之至意。

谨将酌拟缘由，会同班禅额尔德尼恭折具奏。是否可行，伏乞皇上圣鉴，训示遵行。谨奏。

道光二十四年十一月初四日奉朱批：该部议奏，单并发。钦此。

附 酌拟唐古特商上裁禁章程

谨将掌办商上事务积弊酌拟裁禁章程，恭呈御览。

一、乾隆五十七年奉上谕：闻向来驻藏大臣不谙大体，往往过于谦逊，授人以柄，致为所轻，诸事擅专。鄂辉、和琳均系钦差大臣，其办事原应与达赖喇嘛、班禅额尔德尼平等。等因。钦此。著有成例。嘉庆十九年又经前大臣瑚图礼以办事大臣与达赖喇嘛平等，非与代办事之呼图克图平等，奏明在案。诚以大臣有考核之责，代办之人非达赖喇嘛可比，使知如敢营私舞弊，立可参奏，有所惮而不敢妄为，初非争此礼节。迨后只知谦抑沽名，渐致趋承恐后，遂使夜郎自大，诸事擅专，妄作威福，肆行无忌。应请嗣后仍钦遵特旨，驻藏大臣与达赖喇嘛、班禅额尔德尼平等，其掌办之呼图克图，大臣照旧案仍用札行，不准联络交接，以肃政体。

一、西藏地方与廓尔喀、布鲁克巴、哲孟雄、洛敏达、拉达克各部落接壤，该外番人等或来藏布施，或遣人通问，事所常有。应请悉遵定例，无论事之大小，均呈明驻藏大臣代为酌定发给，不准私相授受；违者参革，以重边疆。

一、地方遇有不靖，无论唐古特所属及外番构难，均先详查起衅根由，是否由于官民偾事激成，严行惩办，再行核定。不准如前，率先用兵，冀图冒功；违者参革，以慎军旅。

一、达赖喇嘛正、副师傅，乾隆年间并未动辄保奏。应请嗣后如果教授多年，俟达赖喇嘛任事之时，仰候恩出自上，不准驻藏大臣如前滥行保奏，以崇体制。

一、达赖喇嘛年至十八岁，应请仿照八旗世职之例，由驻藏大臣具奏请旨即行任事，其掌办之人立予撤退。所有掌办印信，或照成案送京，或封贮商上，请旨遵行；不得仍前捺压、专为掌办之人，以杜结纳。

一、达赖喇嘛之父母，向由商上拨给庄田、房屋，用资养赡。其父策旺登柱本属贫寒，于道光二十一年随侍赴藏，荷蒙圣恩，赏赐公爵，仰见锡髋推仁，至优极渥，而商上应给庄房，诺们罕延搁三年，致令待哺嗷嗷。屡次呈恳，于上冬始行拨给，仍系城薄。及查达赖喇嘛商上班垫孜地土四十余岗，早经诺们罕私给其侄婿萨迦呼图克图为业。两相比较，无怪群情愤怒，众怨沸腾。应请嗣后达赖喇嘛呼毕勒罕出世，一经入瓶掣定奉旨准作呼毕勒罕，其父母应得庄房，即由商上拨给，不准借故推延，以示体恤。

一、掌办印务威权已重，而一兼师傅，达赖喇嘛即须推让，其噶勒丹池巴又系喇嘛中最尊职分，权要并于一人，易滋舞弊，而莫敢谁何。应请嗣后掌办商上事务之人，不准保充正、副师傅及噶勒丹池巴，以昭限制。

一、噶勒丹池巴请照后开旧规，于年久苦修、深通经典喇嘛中保充，不准以呼图克图诺们罕充补，但计职衔大小，不论品行高低之弊。

一、掌办事务手下之札萨克喇嘛、达喇嘛，只准管其本寺事务，不准丝毫干预商上公事；同其余喇嘛，均只准补其本寺之缺，不准补商上之缺，与占他寺差使；其商上当差之人，亦不准补掌办事务寺中之缺，庶界限得以划清。

一、掌办事务之人，各有庄田、百姓，尽可役使，不准再用商上乌拉，以苏民困。其熬茶布施，应自出己资办理，不准交商上番目代办，以免商上贴补。

一、掌办印信存掌办之人寺中，其钥匙照旧交总堪布佩带，遇有文书，眼同钤用；其商上办事中译，仍住公所，不准移赴掌办之人私寺，以免滋弊。

一、掌办之人不准将商上田地、人民擅行给与寺院及送与亲友。各寺院亦不准向掌办之人私行呈请，将商上庄田赏作香火养赠〔赡〕。违者将掌办参革，公〔分〕别退还商上，以儆专擅。

一、达赖喇嘛从前赏给世家及百姓田地，不准私行呈送及典卖与掌办寺院。违者追出归还商上，以杜贪营。

一、商上仔仲喇嘛，应照嘉庆十一年奏定一百六十名定额，不准再有增益。刻下达赖喇嘛尚幼，无需多人，即以现在一百四十名为度，俟年至十八岁任事时，再行照额挑补。该仔仲系闲散喇嘛，并无品职，未便如乾隆年间福康安所奏，骤补四、五品大缺，应请俟该仔仲充当三年后，以七品执事及七品喇嘛营官补用。

一、商上仔仲乏人，从无向外寺挑取旧规，自诺们罕掌事以来，方行创始，而各寺静修者均非情愿，噶布伦曾经劝阻不听。今查商上原有拉木结札仓寺一所，现有学经喇嘛，应请嗣后仍循旧规，不准向外寺挑取，倘商上人数不敷，只准向拉木结札仓寺内挑取。以商上寺中之人当商上之差，既符旧规，且杜流弊。

一、僧俗番目，除营官、番弁外，等第额数，率多牵混。现今按旧章详加考订，总堪布统管商上僧官，视〔秩〕三品，与噶布伦相等。其四品者，系僧官岁琫、森琫、曲琫各一员，近身服侍达赖喇嘛之大堪布五名，小堪布内缮书中译四名，俗人仔琫三名，商上、大昭商卓特巴各二名，又俗人商卓特巴各一名，小岁琫一名，管理番兵生息颇琫僧俗各一名，商上大卓尼尔一名，大医生一名，又近身服侍之小堪布八名。其五品者，商上仔仲、卓尼尔十名，翻话罗藏娃四名，小医生一名，商上业尔仓巴三名，大昭一名，又俗人业尔仓巴二名，俗人协尔帮二名，僧俗硕第巴三名，俗人密琫二名。其六品者，噶厦俗人大中译二名，俗人卓尼尔三名，俗人管马达琫二名，仔仲管理经卷二名，管理彩缎二名，德垫溪庙宇堪师〔布〕一名。其七品者，噶厦俗人小中译三名，管门第巴三名，柴斤、草束、糌粑第巴僧俗各一名，俗人管帐房第巴二名，牛羊厂第巴三名，仔仲商上管门第巴四名，经管铸佛等项匠役第巴二名，管理成衣第巴一名，管理造香及经理供献第巴各一名，看守大昭及洛尔布岭岗房屋康尼尔各一名。

一、喇嘛升转向无一定，即福康安当日原奏亦未分晰清楚。应请嗣后总堪布缺出，以大岁琫、森琫、曲琫及大堪布五名内拣选升补。大岁琫缺出，以小岁琫升补。森琫缺出，以大堪布调补，如不得其人，于小堪布内升补。曲琫缺出，以深通经典法事大堪布调补及小堪布升补。其大堪布缺出，以小堪布升补。至小堪布内之商上、大昭商卓特巴，管理番兵生息之颇琫，商上卓尔尼缺出，以小堪布调补及五品执事、五品营官内升补。五品执事及五品营官缺出，以六品各员升补。六品缺出，以七品各员升补。七品执事及七品营官缺出，方准以闲散仔仲喇嘛拣选补用。不准先给虚衔及越级升调委署，违者查参。

一、福康安原定条例内载：仔琫、商卓特巴缺出，以业尔仓巴、协尔帮、大中译及济仲喇嘛升补。今查仔琫、商卓特巴系四品之缺，大中译系六品，即升四品，已觉过优；且前藏并无济仲喇嘛，只有仔仲，乃未经授职之人，骤升四品，更属躐等。应请嗣后仔琫、商卓特巴缺出，以五品之业尔仓巴、协尔帮、硕第巴、密琫升补。

又载：硕第巴、密琫、达琫缺出，以边缺、大缺营官升补。今查达琫系六品管马之官，其边缺、大缺营官，均系五品，以五品转升六品，又似太抑。应请嗣后硕第巴等项缺出，以五品人员调补及六品人员升补。其达琫缺出，以六品人员调补及七品人员升用。

又载：边缺、大缺营官缺出，以小缺营官调补及小中译补放。今查边缺、大缺营官系五品，其小缺营官与小中译均系七品，骤予调补、升补，亦似过优。应请嗣后边缺、大缺营官缺出，以六品中缺营官及六品执事人员升补。其中缺营官缺出，以小缺营官及七品人员升用。

又载：代办噶厦小中译、卓尼尔随同噶布伦办事，关系紧要，由东科尔挑补。今查噶厦小中译本有实缺三名，无庸代办。其卓尼尔系属六品，骤以东科尔挑补，亦与例载东科尔只准补七品小缺营官之例矛盾。应请嗣后噶厦卓尼尔缺出，以七品人员升补，其东科尔仍照例补七品之缺，不准越级挑用，与喇嘛升调之阶，庶归一律。

一、商上缮〔潘〕书中译缺出，应以深通夷文、心行端方之小堪布调补及五品执事、五品营官内升用。其大医生须明白医理药性，惟只许加至小堪布虚衔，不准升用别缺。小医生亦只准兼五品执事，一俟升至大医生而止，不准升调别缺。传话之罗藏娃，原属差使，与实任不同，应以熟悉

各语、品行老成之人充当，不必拘定六品、七品及闲散仔仲。惟既得罗藏娃后，仍应视其原挑品级升转，不得即照五品之例升调。以上僧俗各缺，凡六品以上及有关地方之七品营官升调，均应呈请大臣会同拣放外，其余悉遵照章程，自行秉公办理，按季报查，违者查参。

一、商上厨房供差人等，向由闲散仔仲层次拔擢，升至小岁瑃而止。原取其调和适口，冀如达赖喇嘛之意，应请照旧办理；其管门第巴，须高大有力者，只系微职，难拘资格，亦听其便。

一、僧俗营官，各应归还本缺，不准互相侵占。其有从前将喇嘛营官作为寺院香火养赡者，即作为占一僧缺，不准又以俗缺令喇嘛管理。

一、各寺补放堪布，大寺拣拟五名至七名，小寺拣拟三四名至五名不等，以及拣补、调补、轮署等项，各寺均向有成规，应仍其旧外，应请嗣后必须查其出家实在已逾二十余年，确系经典深通，攒大、小昭时曾经考取格昔蓝占巴名色者，方准开单呈请补放。不准以年轻资浅、经典欠深、并未考取格昔蓝占巴者越次补放，致启夤缘之弊。其充当堪布缘事具辞者，或回籍，或静居本寺，不准擅行他往营谋升调。违者斥革，逐出寺院，将掌办之人参奏，以肃清规。

一、补放布赍绷寺、色拉寺、噶勒丹寺格斯贵之缺，向由各寺内拣拟僧人三名、五名至七名不等，或以本寺之人补放，或以他寺之人轮流充当，均向有成规，应仍其旧外，应请嗣后必须查其出家实逾二十余年，确系通晓清规，众心悦服，曾经管事无误，及充业尔巴，较量卸事日期先后，或博窝、贡茹二班轮充者，方准秉公开单呈送补放。不准如前不计年分浅深，曾否通晓清规，贿买贿卖，越次补放，致坏清规。违者革去喇嘛，逐出寺院，将掌办之人参奏，以肃清规。

一、补放噶勒丹池巴，应请照旧。先择其自幼曾在布赍绷、色拉、噶勒丹三大寺为僧，安静焚修二十余年，攒大、小昭时考取蓝占巴名色，再入上、下温都逊寺内学习，法事深通之后充补格昔，推次已深至七八年，方准入选。属上温都逊寺者，选放掌教喇嘛翁则，由翁则拣升该寺堪布，由堪布升补辖尔孜曲结，再轮升噶勒丹池巴。属下温都逊寺者，由格昔推次年久轮充格斯贵，由格斯贵年满选放掌教喇嘛翁则，由翁则选该寺堪布，由堪布升补降孜曲结，再轮升噶勒丹池巴。不准越次超升，以杜夤谋，致坏清规之弊。

一、嗣后建修寺院，无论职分大小，一遵理藩院定例，不准有碍民地、民房。违者许被害之人告发，处分退还。其喇嘛只准在寺焚修，不准如前干预公事，动辄联名具呈，或代人乞恩，或代人报复，效讼棍所为。违者将该寺堪布及掌教之喇嘛斥革，仍查明起意之人，严行治罪。

一、理藩院例载：番民争讼，分别罚赎，不得私议抄没。等语。自诺们罕掌事以来，任情爱憎，借事查抄，莫能禁阻，与其逐案娇正，曷若明定规条。应请嗣后唐古特议罚之案，自一两至二十两，但期示惩而止。即至重之案，番民所罚，连什物各项，至多不得逾番平三十两；番目所罚，连什物各项，至多不得逾番平三百两。其查抄家产，除娶索赃数过多确有实据者，方准籍没外，其余公私罪犯辄议查抄者，永行禁止，以符定例。不准借称商上曾经赏过田房，以抄没为追缴，违者治罪。

一、乌拉出自番民，最为困苦。福康安原议但禁番目，未及掌办之人，亦未定有数目。且弁兵、番目均散处汛地，有相距二三千里内外者，势不能尽由大臣给照，致有延滞。除掌办之人自有田土、人民，不准仍用商上乌拉，及紧急事件，本非常有外，应请嗣后驻防官兵应用乌位〔拉〕，照嘉庆二十三年玉麟等所定，按品级应付章程办理，不准逾额；番目应用乌拉，照嘉庆二年松筠等所拟，按照官职大小定数应付，毋许增添；其番目族戚及跟役等，均不准擅用乌拉，以苏民困。违者分别斥革处分。

一、唐古特番兵应照额挑补足数，以重操防。除老弱兵丁，业俱查出更换外，应请嗣后责成该管各员，认真训练，不得稍形短少苦累。其有相沿各处当差出资雇替者，均责成戴琫查明撤退归伍。违者照例治罪，以实兵额。其来藏贸易之外番，应抽收税课，现在悉令噶布伦等查照旧章，毋许增添勒索，以示怀徕，而免争端。

朱批：览。

（一史馆藏军机处录副奏折）《元以来西藏地方与中央政府关系档案史料汇编》（三）928—935 页

理藩院议复琦善班禅等会同查办萨玛第巴克什
被控各款讯取确供拟议折

道光二十四年十月初六日 （1844.11.15）

先是驻藏大臣琦善两次复奏，会同班禅额尔德尼督率各该呼图克图及噶布伦等，先后查明噶勒丹锡呼图萨玛第巴克什被控各款讯取确供，拟议奏闻。均得旨：理藩院议奏至是，理藩院遵旨议复。臣院议得噶勒丹锡呼图萨玛第巴克什额尔德蒙诺们罕阿旺扎木巴勒错齐木，本系不入册档一微末喇嘛，自伊前辈起，历受三朝重恩，在雍和宫传经，旋命赴藏坐宗喀巴床，派充达赖喇嘛师傅并敕赣谥诺们罕萨玛第巴克什，递加衍宗翊教、靖远懋功字样，给予敕印，又加赏达尔汗名号，屡颁御书匾额以荣之。此诚皇上俯顺蒙古番众舆情，所以振兴黄教之至意。该诺们罕分当如何清洁潜修，公正自矢，以期保卫达赖喇嘛，抚恤属下番众，方是仰报国恩于万一。乃不知守分，胆敢需索番属财物，侵占百姓田庐，私拆达赖喇嘛所建房间擅用未蒙恩赏轿伞，更强据商产，隐匿逃人，钤用印信。不在公所，独断独行，进呈贡物不出己货，滥支滥取，任性听断，恣意欺凌。甚至达赖喇嘛起居不能加意照料，房内服侍无人，以致达赖喇嘛颈上带伤流血，尤复不知究办，轻议完结。种种鸱忍狼贪，实属有负圣恩，大辱宗教，为自来呼图克图诺们罕中所未有，诚如圣谕，于黄教大有关系。前准班禅额尔德尼等控，经驻藏大臣琦善奏闻，奉旨交琦善会同班禅额尔德尼等查办，复据琦善遵旨会查明确，两次复奏，奉旨交臣院议奏。所有该诺们罕所犯各情既该大臣琦善会同班禅额尔德尼，率同第穆呼图克图、济咙呼图克图、呼征诺们罕、该噶布伦等按照控款一一查明属实，自无枉纵。

惟查该诺们罕放一扎萨克喇嘛即勒取财物，几及盈千累万，已属骇人听闻，至改桑拉木结，以一寻常喇嘛何来若干赀财，且不过图升一扎萨克喇嘛，又何以肯轻出如许钜资以图进取，并自招亦曾收受罗布桑曲批等元宝、大缎等物。臣等即以为难保平日非伊二人表里为奸，其所索赃款或尚不止此数。今据该大臣续参赃款累累，几于无事非弊，无弊非赃，欲壑之深，莫此为甚，犹谓事出糊涂贪鄙，番僧乌知大体。至于达赖喇嘛为黄教掌教正宗，无论蒙古番众罔不爱戴尊崇，况达赖喇嘛年在冲幼，全靠掌办商上事务之人平日维持呵护，方保有安无危。乃该诺们罕于达赖喇嘛颈上受伤流血不止，始则略而不防，继且知而不办，且值达赖喇嘛受伤时面前只有随侍森琫一人，而此森琫即为该诺们罕之随侍，然则近两辈之达赖喇嘛，每届接办印务以前辄即圆寂，不得安享遐龄，其中情节，殆有不可问者。据此则该诺们罕情罪甚重，若不就现在被控各款研讯确切供词而后拟罪，断不足以折服其心，且无以释全藏一切无知番民疑虑。

查臣院例载，凡喇嘛等因事拘审，先行革退喇嘛，罪犯应抄财物者，将所抄财物送院收存，作为赏给各寺庙喇嘛之用，如讯明无罪，乃复其喇嘛。等语。今该诺们罕已经该大臣等摘取掌办商上事务印信，扎萨克喇嘛改桑拉木结亦先行斥革，相应请旨即交驻藏大臣琦善会同班禅额尔德尼，率同第穆呼图克图、济咙呼图克图、呼征诺们罕及各该噶布伦等传到该诺们罕，并提同改桑拉木结及全案人证就原奏查明各款，逐一再加严讯取具该诺们罕确切供词。一经审实情真罪，当即将该诺们罕历得萨玛第巴克什诺们罕、达尔罕等职衔名号全行褫革，仍追夺敕印，剥去黄衣，所有名下徒众全行撤出，庙内赀财先行严密查封。至达赖喇嘛颈上受伤流血不止一节，首先查见者何人，因何受伤，所受者系何物，伤分寸若干，伤痕轻重，系属自伤，抑被他人致伤，距受伤若干日平复，是否因伤圆寂。以上情节，在在均关紧要，不可任其含混。所有随侍达赖喇嘛之森琫既在同房服侍，应知其详情，敕提森琫并当年服侍达赖喇嘛之堪布，以及徒众人等悉心研鞫质之，务令该诺们罕从实供吐，俾成信谳，迅速奏闻。所有该诺们罕应得罪名并同谋取财之改桑拉木结，馈送财物罗布桑曲批等亦有应得罪名，统俟该大臣复奏到日，听候谕旨办理。所有应得敕印，请遇有进京便员赍京销毁，应撤徒众请交琦善、班禅额尔德尼妥为抚驭安插，务期安静。侵占商上产业请按数清还，强霸民人田庐请查明复业，祝庆寺所占商上地基既已建盖房间，请免其拆毁，即归商上管理，查封赀财如应抄没，请无庸送交理藩院，俟结案后听候谕旨遵办。其庙中所存一切恩赏物件、御书匾额，请交达赖喇嘛商上敬谨尊藏，仍造册报院备查。其偏断之案概予平反，苦累之人优加抚恤，滥取之供应，苛派之差徭，查明永行禁止。以上事宜并悉，请敕下驻藏大臣琦善会同班禅额尔德尼慎密镇静，妥为经理，迅速结案，无任另生枝节。至班禅额尔德尼为后藏掌教办事之人，久任前藏，难期兼顾，自应仍旋后藏，以昭慎重。

所有商上事务印信，请敕下驻藏大臣琦善等会同班禅额尔德尼，于现在驻藏之呼图克图诺们罕内择其平日清心洁行，为番众僧俗军民人等素有崇信者一人管理。是否有当，恭候命下，钦遵办理。

《清代蒙藏回部典汇》第七十五册34301—34306页

著琦善班禅将噶勒丹锡呼图萨玛第巴克什被控各款审实即将其褫革剥黄并晓示各呼图克图等务令各守清规谕

道光二十四年十月初七日（1844.11.16）

谕内阁：理藩院奏遵议诺们罕被控各款，请饬讯取确供定罪一折。此案噶勒丹锡呼图萨玛第巴克什被控需索财物，侵占田庐，私拆房间，擅用轿伞，强据商产，隐匿逃人，奸贪狂妄各款，均经驻藏大臣会同班禅额尔德尼等按款查明，自无枉纵。惟该诺们罕勒取财物盈千累万，改桑拉木结以寻常喇嘛，何能出如许巨赀图升扎萨克？并自供曾受罗布桑曲批等财物，即难保非伊二人表里为奸，并恐所索赃款不止此数。至达赖喇嘛颈上受伤，流血不止，该诺们罕知而不办，其中情节尤属可疑。仍著该大臣会同班禅额尔德尼等，提集全案人证，逐一严讯，取具确切供词。一经审实，即将该诺们罕历得职衔、名号全行褫革，仍追敕剥黄；名下徒众全行撤出，庙内赀财先行查封。其达赖喇嘛受伤情由，并著提同随侍之森琫及服侍之堪布等悉心研鞫，各得实情具奏，其商上事务印信，即著该大臣会同班禅额尔德尼于呼图克图、诺们罕内选择一人管理。余依议。（起居注）①

又谕②：前据琦善等奏班禅额尔德尼等呈控前藏噶勒丹锡呼③图萨玛第巴克什额尔德蒙额诺们罕阿旺扎木巴勒粗④勒齐木种种欺压达赖喇嘛、残害全藏生灵等情一折⑤。当交琦善会同班禅额尔德尼明白查办。兹据琦善、班禅额尔德尼等逐款确切⑥查明，该诺们罕原系微贱喇嘛，因其熟习经咒，是以屡施深恩⑦，乃该喇嘛不知感恩图报⑦，胆敢心存傲慢，藐视达赖喇嘛，动辄贪婪，扰害藏内人民⑧。且达赖喇嘛乃宗喀巴之徒⑨，总领天下黄教，岂可为凶残所凌？该喇嘛如此胆大，可恶已极。兹据⑩琦善会同班禅额尔德尼查出该喇嘛实迹⑪，已有旨著⑫琦善、班禅额尔德尼严审取供，照例定拟。因思黄教清高⑬，岂容稍存⑭残恶之渐，著理藩院将该喇嘛劣迹转行晓谕各呼图克图喇嘛等，务令恪守黄教之清规，诚遵⑮宗喀巴之正教，咸以该喇嘛为戒，俾各知之。⑯

（《宣宗实录》卷四一〇）《元以来西藏地方与中央政府关系档案史料汇编》（三）936—937页；（起居注）《清代蒙藏回部典汇》第七十五册34306—34308页

① 《元以来西藏地方与中央政府关系档案史料汇编》（三）中无"起居注"。
② 《清代蒙藏回部典汇》中为"同日谕"。
③ 《清代蒙藏回部典汇》中为"勒"字。
④ 《清代蒙藏回部典汇》中为"楚"字。
⑤ 《清代蒙藏回部典汇》中为"并酷虐阖藏生灵等因一折"。
⑥ 《清代蒙藏回部典汇》中为"据实"二字。
⑦ 《清代蒙藏回部典汇》中"是以屡施深恩，乃该喇嘛不知感恩图报"这句为"频加恩施至优极渥，讵意该喇嘛并不思报答朕恩"。
⑧ 《清代蒙藏回部典汇》中为"苦累藏众"。
⑨ 《清代蒙藏回部典汇》中为"乃宗喀巴之大徒弟"。
⑩ 《清代蒙藏回部典汇》中为"今"字。
⑪ 《清代蒙藏回部典汇》中为"恶虐实据"。
⑫ 《清代蒙藏回部典汇》中为"已降旨交……"。
⑬ 《清代蒙藏回部典汇》中为"因思考黄教清静无为"。
⑭ 《清代蒙藏回部典汇》中为"启"字。
⑮ 《清代蒙藏回部典汇》中为"遵奉"二字。
⑯ 《清代蒙藏回部典汇》中为"各宜凛遵传知"。

琦善参奏孟保钟方借银请饬赔缴折已经归款迅速完缴谕

道光二十四年十一月初一日（1844.12.10）

又谕（内阁）：琦善奏：滥借无著之款，请饬赔缴等语。前任察木多游击多乐安委办夷务，经孟保、钟方准借库银四百两。多乐安业已勒休，所有借项自应著落赔缴。除钟方应赔银二百两业经归款外，至孟保应赔银两，著该旗即行饬令迅速完缴。

《清实录藏族史料》（八）4058页

著该旗饬传孟保交军机大臣取确供具奏谕

道光二十四年十一月初一日 （1844.12.10）

又谕：琦善等奏，查明孟保任内于汉番弁兵应得赏需，前经嵩禄印给空票未经补给，并自行提用缎匹、银两等语。著该旗即行饬传孟保、嵩禄，交军机大臣讯取确供具奏。

《清实录藏族史料》（八）4058 页

著查清琦善奏参事项毋得稍有不实不尽谕

道光二十四年十一月初四日 （1844.12.13）

军机大臣等：前据琦善等奏，查明孟保任内于汉、番弁兵应得赏需，经嵩禄印给空票未经补给，并自行提用缎匹、银牌等语。当交军机大臣讯供具奏。兹据将孟保、嵩禄亲供进呈，朕详加披览。此项例赏绸缎、茶、布何以嵩禄印给空票不行补给？该员有无侵吞入己情事？已革驻藏大臣孟保何以任听嵩禄发给印票不行查明参办？至提用缎匹、银牌等件，该大臣等奏称并无会衔提用印文，亦无因公动用案据，何以该革员供称有奏案及存稿可查？是否有影射朦混情事？该员等一面之词殊难凭信，著该大臣再行确切查明，据实具奏，务期水落石出，以成信谳，毋得稍有不实不尽。孟保、嵩禄原供著钞给阅看。将此谕令知之。

《清实录藏族史料》（八）4059 页

据琦善奏已革诺们罕差人驮载银两回籍著富呢扬阿沿途密查谕

道光二十四年十一月二十二日 （1844.12.31）

谕军机大臣等：前据琦善奏查办诺们汗被控各款，已明降谕旨严讯办理矣。该大臣等奏称：风闻该已革诺们汗差人驮载银两先往青海，向其弟工布商谋觅人设计。等语。事关外番差人赍赀夤缘控案，不可不严行查办。本年年班堪布来京，恐该已革诺们汗所遣之人混入大队私行，著富呢扬阿、德兴各委干员沿途密查。如该堪布尚未过境，即按册核对人名，但有混迹其间者，一经盘获，即著亲提严讯，是否系该诺们汗所遣，其人数若干，查明具奏。至工布一名，亦即于原籍缉拿，确询有无设计及带银使用之处，一并具奏，倘已随堪布过境，查有确据，即一面奏闻，一面飞行前途一体遵办。将此谕令知之。

（《宣宗实录》卷四一一）《元以来西藏地方与中央政府关系档案史料汇编》（三）937 页

琦善奏布赉绷寺喇嘛围攻驻藏大臣衙门应将孟保
罚俸一年加等降一级留任折

道光二十四年十二月初一日（1845.1.8）

先是驻藏大臣琦善奏，上年十月二十九日，有布赉绷寺内卡尔冻寺众蒙古喇嘛千余人，以伊等师傅曲觉尔正座之间见布赉绷寺管事小协鄂，未经起身被小协鄂将曲觉尔之手打断，因伤身死等情，赴孟保衙门连日围聚喊冤。经孟保会同诺们汗，札饬将小协鄂斥革，副稿存案。布赉绷寺喇嘛又聚众群围衙署，呈称如果斥革协鄂恐怕激成大事，连日吵闹不成语言。孟保差人邀约诺们汗前来旁观，不发一语，迨至事急，始出外挥散。旋据诺们汗以按佛经不应斥革，分别罚令熬茶，咨复迄今含混。奉上宣宗命琦善会同班禅额尔德尼查办寻由，琦善等查明，拟议奏闻。得旨：该部议奏。至是理藩院遵旨议复，臣等议得查协鄂职分，虽据称循照五辈达赖喇嘛所立规条办理，格斯贵有管束僧众之责，亦止应于大众之修持道场之规范稽查约束，不应枉作威福，辄以起立小节、肇衅维时。已革诺们汗总办商上事务，理应镇静弹压，会同驻藏大臣查办，乃仅于斥革，旋复示罚完结，殊属轻率荒谬。至于该札萨克喇嘛改桑拉木结纵恿众僧围聚办事大臣衙门，该已革诺们汗先事毫无见闻，不知拦阻，尤属昏聩，亟应示以重惩。惟现据该大臣声明，该已革诺们汗及已革札萨克喇嘛所犯贪黩狂妄各款较重，现犯系属轻罪，所有已革诺们汗、已革札萨克喇嘛应得罪名，请俟该大臣等讯取供词定案具奏到日，遵旨拟议。至布赉绷寺众喇嘛以小协鄂格斯贵改桑汪青被革，辄纠众围聚该管大臣衙门，殊属倚众滋事，亦应治以应得之罪。惟既经驻藏大臣琦善等声明，由于已革诺们汗之札萨克喇

嘛主使，且为首之堪布沙嘉饶垫已故，其随行各喇嘛并无姓名可指，设一一究办，良莠难分，且既示罚于前，亦难重科于后，更加阖藏僧俗近年为已革诺们罕种种苦累，几于人不聊生，再加事事苛求，窃恐人心益生危惧。可否仰恳皇上天恩，俯如该大臣所请，姑免深究，咸予自新之处出自圣裁。如蒙俯准并请敕下该大臣等凯切严明，通行晓谕，俾各寺喇嘛嗣后务各清静焚修，不准轻举妄动，即或遇有屈抑，亦只准受害之一二人赴该管番官衙门呈诉，听候转呈办事大臣指示遵办，不得擅至办事大臣衙门纷渎，倘有不遵，无论情节轻重，即将该寺堪布斥革，妄为之人逐出寺院治罪，以杜冒越，而肃体制。至改桑汪青将曲觉尔打伤身死，虽据原奏内称，现饬噶布伦等讯据该寺喇嘛等金称，各寺念经向皆循照五辈达赖喇嘛所立条规办理，格斯贵有管束僧众之责，如有过犯理应责罚。等语。惟不能如法责罚，以致打伤身死，人命至重，似亦未便略而不议，相应请旨交驻藏大臣转交该噶布伦等，再行确查，其所称五辈达赖喇嘛所立条规内究竟如何开载，有无因有过犯打伤身死不论专条，设无打伤身死不论专条，其擅将曲觉尔打伤身死之改桑汪青应得罪名请由该大臣定拟，具奏请旨办理。

至前任驻藏大臣孟保办理此案，亦只应交番目讯明虚实，按照僧规夷例办理，乃并不详查，率引理藩院所载京师喇嘛因事拘审之例，会同已革诺们罕将改桑汪青小协鄂职分先行斥革，办理错误，以致该寺众喇嘛围聚该大臣衙署，喧嚷争求免革，有乖体制。应将孟保照处理事件错误罚俸一年例上，加等议以降一级留任。

得旨：依议。

《清代蒙藏回部典汇》第七十五册34337—34340页

理藩院议复据琦善奏济咙呼图克图原有寺院庄田被占夺案将作为官产折

道光二十四年十二月初二日（1845.1.9）

先是驻藏大臣琦善等奏，济咙呼图克图呈诉，原有寺院庄田屡被占夺，恳请转奏退还，兹谨查明拟议具奏请旨。得旨：该部议奏。

至是理藩院遵旨议复，臣等议得此案济咙呼图克图以原有寺院庄田屡被占夺等情，差人向驻藏办事大臣琦善等呈诉，经该大臣查得，阳八井庙宇楼房一所、江洛井庄田一处均系当年查抄沙玛尔巴叛产入官之项，并非商上庄田。乾隆五十七年因济咙呼图克图帮办藏务，交其管理后，于嘉庆十五年经该呼图克图恳求，作为永远管业奉旨准行，次年济咙呼图克图圆寂，督率无人，交掌办商上事务第穆呼图克图管理，迨嘉庆二十四年已革诺们罕接办商上事务，即交该诺们罕管理在案。现经济咙呼图克图以前项庄田屡被占夺等情，在驻藏办事大臣琦善等前呈诉。查西藏通制载，藏内噶布伦等拨给房屋、庄田，照内地衙署廉俸之例给现充之人居住管理，一经缺出即行交代新任，不许稽迟等语。是商上庄田尚应轮管，今以入官之产，自不得作为该济咙呼图克图恒产，且核以前历次接管缘由，亦无占夺情形。现经该大臣请将前项庙宇庄田嗣后作为官产，何人掌办商上事务即交何人管理，其寺内喇嘛仍旧住持，不必更换，致令失所。如达赖喇嘛年长自行任事，无需掌办之人，即交商上管理，正与定例吻合，应请如该大臣所奏办理。

得旨：依议。

《清代蒙藏回部典汇》第七十五册 34340—34341 页

理藩院议复琦善钟方酌拟裁禁商上积弊章程二十八条折

道光二十四年十二月初四（1845.1.11）

理藩院遵旨议复驻藏办事大臣琦善、钟方等奏酌拟裁禁商上积弊章程。

一、琦善等奏，乾隆五十七年奉上谕：闻向来驻藏大臣不谙大体，往往过于谦逊，授人以柄，致为所轻，诸事专擅，鄂辉、和琳均系钦差大臣，其办事应与达赖喇嘛、班禅额尔德尼平等，等因。钦此。著有成例。嘉庆十九年又经前大臣瑚图礼以办事大臣与达赖喇嘛平等，奏明在案。诚以大臣有考核之责，代办之人，非达赖喇嘛可比，始知如敢营私舞弊，立可奏参，有所惮而不敢妄为。初非争此礼节，迨后只知谦抑沽名，渐至趋承恐后，遂使夜郎自大，诸事擅专，妄作威福，肆行无忌。应请嗣后倘钦遵特旨，驻藏大臣与达赖喇嘛、班禅额尔德尼平等，其掌办之呼图克图、大臣照旧案仍用札行，不准联络交接，以肃政体一条。臣等查臣院西藏通制载，驻藏大臣总办阖藏事务，与达赖喇嘛、班禅额尔德尼平行，噶布伦以下番目，及管事喇嘛分系属员，无论大小事务，俱禀明驻藏大臣核办。至札什伦布诸务，亦一体禀知驻藏大臣办理，不准岁璕堪布等代办，该大臣巡边之便稽查管束。等语。今核该大臣等所奏系属申明旧典，慎肃官方，为整饬卫藏体制起见，应如所请。

一、琦善等奏，西藏地方与廓尔喀、布鲁克巴、哲孟雄、洛敏达、拉达克各部落接壤，外番人等或来藏布施，或遣人通问，事所常有。应请悉遵定例，无论事之大小，均呈明驻藏大臣代为酌定发给，不准私自授受，违者参革，以重边疆一条。臣等查西藏通制载，西藏地方遇有廓尔喀禀请之事，均由驻藏大臣总理，其呈送达赖喇嘛、班禅额尔德尼土物，应给谢礼回物，亦由驻藏大臣代为酌定给发。如有关系地方事件，及通问布施，均报明驻藏大臣听候办理。其布鲁克巴素信红教，每年遣人来藏向达赖喇嘛呈递布施。哲孟雄、宗木、洛敏达等小部落差人来藏，均由边界营官查明人数，禀明驻藏大臣验放进口，并令江孜、定日驻扎备弁实力稽查。其到藏瞻礼后，该部落差人禀明驻藏大臣，由驻藏大臣给谕。其呈达赖喇嘛等禀启，俱应呈送驻藏大臣译出查验，由驻藏大臣与达赖喇嘛将谕帖酌定给发，查点人数，再行遣回。其噶布伦虽系达赖喇嘛管事之人，不准与各部落私行通信，即各部落有寄信噶布伦者，亦令呈送驻藏大臣与达赖喇嘛商同给谕，仍不准噶布伦等私行发给。倘有私行往来暗通信息之事，驻藏大臣即将噶布伦革退。今核该大臣等所奏，意在控制外番，肃清边界，可期杜绝流弊，亦正符合旧章，应如所请。

一、琦善等奏，地方遇有不靖，无论唐古特所属及外番构难，均先详查起衅根由，是否由于官民债事激成，严行惩办，再行拟定，不准如前先用兵，冀图冒功，违者参革，以慎军旅一条。臣等查西藏为黄教清净修持之地，无论大小僧众，首在安常守分，不应好大喜功。近年已革诺们罕掌办事务以来，偶遇藏中不靖，无不藉端邀恩，我皇上不忍没其微劳，该诺们罕遂得售其冀倖。嗣后自应如该大臣等所请，先查起衅根由，公同详慎核办，不得遇事冒功，以昭核实，而慎军旅。

一、琦善等奏，达赖喇嘛正副师傅，乾隆年间并未动辄保奏，应请嗣后如果教授多年，俟达赖喇嘛任事之时，仰候恩出自上，不准驻藏大臣如前滥行保奏，以崇体制一条。臣等查达赖喇嘛正副师傅，教授达赖喇嘛经卷是否精通，即驻藏大臣亦无从深悉，既不深悉，即无由保奏。该大臣所奏系为杜冒滥起见，应如所请。

一、琦善等奏，达赖喇嘛年至十八岁，应请仿照八旗世职之例，由驻藏大臣具奏请旨，即行任事。其掌办之人，立予撤退。所有掌办印信，或照成案送京，或封贮商上请旨遵行，不得仍有挟压专为掌办之人，以杜结纳一条。臣等查臣院蒙古例载，呼图克图涅槃后，如徒众过五百名，而庙宇相距该旗在五百里以内者，责成该盟长于徒众内择其明干一人，赏给札萨克喇嘛职衔，督率徒众。如徒众过五百名，而庙宇相距该旗在五百里以外者，并准其给与印信，以资弹压，俟该呼图克图转世成立后，督率有人，仍行撤销。是蒙古地方呼图克图等转世成立，接印任事，尚有定限。达赖喇嘛为西方阐教正宗，其转世任事，自应限以定制，本不应任听掌办之人挟压滋弊。今核该大臣等所奏，请俟达赖喇嘛十八岁即由驻藏大臣具奏请旨任事，其掌办之人立予撤办，系为慎事权而杜结纳起见，应如所请。至所遗掌办之印信，西藏距京窎远，请毋庸送京，即由该大臣等会同达赖喇嘛加封存贮商库，仍奏明并知照理藩院存案备查。

一、琦善等奏，达赖喇嘛之父母向由商上拨给庄田房屋，用资养赡，其父策旺登柱本属贫寒，于道光二十一年随侍赴藏，荷蒙圣恩，赏赐公爵。而商上应给庄房，诺们罕延搁三年，致令待哺嗷嗷，屡次呈请，于上年冬始行拨给，仍系碱薄。及查达赖喇嘛、商上班垫孜地土四十余岗，早经诺们罕私给其侄婿萨迦呼图克图为业。两相比较，无怪群情愤怒，众怨沸腾。应请嗣后达赖喇嘛呼毕勒罕出世，一经入瓶掣定，奉旨准作呼毕勒罕，其父母应得庄房，即由商上拨给，不准借故推延，以示体恤一条。臣等查达赖喇嘛之父母准其随同赴藏，拨给庄田以资养赡，诚属我皇上振兴黄教，锡类推仁至意。乃该已革诺们罕不即拨给，迟至三年。而所拨给者，仍系碱薄庄田，转以商上班垫孜四十余岗地亩，早经私给伊侄婿为业，除该诺们罕应得罪名归入结案办理外，所有前拨给达赖喇嘛之父母碱薄庄田，应如何另行换给，已革诺们罕私给伊侄婿班垫孜地亩应如何撤回，请敕下该大臣等归入应办事宜内，妥为清理。并请嗣后达赖喇嘛呼毕勒罕一经出世，入瓶掣定，奉旨准行，即将其父母应得庄田，由商上妥为拨给，俾沾实惠。

一、琦善等奏，掌办印务威权已重，而一兼师傅，达赖喇嘛即须推让，其噶勒丹池巴又系喇嘛中最尊职分，权要并于一人，易滋舞弊而莫敢谁何。应请嗣后掌办商上事务之人，不准保充正副师傅及噶勒丹池巴，以照限制一条。臣等查掌办印务握总理藏务之权，正副师傅任教授达赖喇嘛经典之重，噶勒丹池巴具管束僧众坐床开讲之威仪，公务禅规，权要归一，在笃实自爱者，尚能恪守成规，其贪鄙性成者易致无所顾忌，不惟无益，适以滋弊。今核该大臣所奏，请嗣后三项不得兼充，务在分事权而孚名实，应如所请。

一、琦善等奏，噶勒丹池巴请照后开旧规，于年久苦修深通经典喇嘛中保充，不准以呼图克图诺们罕充补，致滋但论职衔大小，不论品行高低之弊一条。臣等查噶勒丹池巴坐床开讲之责，自应以深通经典、明晰觉范、清静潜修、年高望重者充当。今核该大臣等所请，洵为核实办法，嗣后缺出，当视年齿戒行之高低，不必计职衔、名号之大小，慎选补放，以免滋弊。

一、琦善等奏，掌办事务手下之札萨克喇嘛，只准其管本寺事务，不准私毫干预商上公事，同其余喇嘛均只准其补本寺之缺，不准补商上之缺与占他事差使。其商上当差之人，亦不准补掌办事务，寺中之缺，庶界限得以划清一条。臣等查各寺庙事务繁简不同，喇嘛缺分大小亦异，各司各事，责有攸归，不惟藏中当然，即在京及蒙古番子地方各庙无不一体遵照办理。今核该大臣等所奏，请嗣后掌办事务所属之札萨克喇嘛、达喇嘛等只准管本寺事，占本寺缺，不得干预他寺事，占商上缺。其商上当差之人，于掌办事务，寺中亦如之，既可明专责成，且可暗杜勾串，洵为有益，应如所请。

一、琦善等奏，掌办事务之人，各有庄田百姓尽可役使，不准再用商上乌拉，以苏民困。其熬茶、布施，应自出己资办理，不准交商上番目代办，以免商上贴补一条。臣等查公田、私田各专承应，公项、私项不得牵缠该掌办事务之人，虽不无公事，既有庄田百姓役使，自不得再用商上乌拉。至布施、熬茶，系属私事，尤不得擅交商上代办，以致苦累番民。今核该大臣等所奏，系为革除近年流弊，节省商上津贴，应如所请。

一、琦善等奏，掌办印信存掌办之人寺中，其钥匙照旧交总堪布佩带，遇有文书，眼同钤用。其商上办事中译仍住公所，不准移赴掌办之人私寺，以免滋弊一条。臣等查收贮印信之所，与佩带印钥之人，及缮写公事中译，自应各有专司，仍归公所，以照慎重。乃自近年已革诺们罕为便于弊混，遂任意妄为。今核该大臣等所奏，请嗣后印信存掌办寺中，印钥交总堪布佩带，仍似不足以昭慎密。查在京总理各寺庙喇嘛班第札萨克、达喇嘛印信，以前即随该掌印呼图克图本庙存贮，后经章嘉呼图克图请立公所，作为印务处，专人看守。其印钥由该呼图克图自行佩带，每遇用印，凡在印务处之人公同钤用，甚合体制。所有前藏掌办印信，应请嗣后于商上就近拣择清静房间作为印务公所，无庸另行建造，即于属僧内视其职衔相当、老成懂事者派令分班看守，其印钥由该掌办之人自行佩带，印信启闭钤用，交总堪布专司监视，其中译仍饬令公所居住，以杜弊窦而专责成。

一、琦善等奏，掌办之人不准将商上田地人民擅行给与寺院，又送与亲友，各寺院亦不准向掌办之人私行呈请，将商上庄田赏作香火养赡，违者将掌办参革，分别退还商上，以儆专擅一条。

一、琦善等奏，达赖喇嘛从前赏给世家及百姓田地，不准私行呈送及典卖与掌办寺院，违者追出归还商上，以杜贪营一条。臣等核以上二条，该大臣等所奏，系为慎重商上产业，清厘商上赋役起见，均应如所请。

一、琦善等奏，商上仔仲喇嘛，应照嘉庆十一年奏定一百六十名定额，不准再有增益，刻下达赖喇嘛尚幼，无须多人，即照现在一百四十人为度，俟年至十八岁任事时再行照额挑补。该仔仲系闲散喇嘛，并无品职，未便如乾隆年间福康安所奏骤补四、五品大缺。应请俟该仔仲充当三年后，以七品执事及七品喇嘛营官补用一条。臣等查仔仲一项系何职分，并额设若干，西藏通制内未经载明。今核该大臣等所奏，声称嘉庆十一年奏定一百六十名，现在一百四十名，俟达赖喇嘛年至十八挑补足数，并称仔仲系属闲散，未便如前骤升四、五品大缺，请俟充当三年以七品执事及喇嘛营官补。用示限制而禁躐等，洵足以去滥幸之弊，应如所请。

一、琦善等奏，商上仔仲乏人，从无向外寺挑补旧规。自诺们罕掌事以来方行创始，而各寺静修者均非情愿，噶布伦曾经劝阻不听。查商上原有拉木结札仓寺一所，现在学经喇嘛应请嗣后仍循旧规，不准向外寺挑取，倘商上人数不敷，只准向拉木结札仓寺内挑取，以商上寺中之人当商上之差，既符旧规，且杜流弊一条。臣等查既据该大臣声称，外寺挑取仔仲，各寺喇嘛均非情愿，嗣后缺出，倘商上人数不敷，请只准向拉木结札仓寺内挑取，仍以商上人当商上差，既符旧章，且免流弊，洵为公允，应如所请。

一、琦善等奏，僧俗番目除营官番弁外，等第额数率多牵混，现今按旧章详加考订，总堪布统管商上僧官秩三品，与噶布伦相等。其四品者系僧官岁琫、森琫、曲琫各一员，近身服侍达赖喇嘛之大堪布五名，小堪布内缮书中译四名，俗人仔琫三名，商上、大昭商卓特巴各二名，俗人商卓特巴一名，小岁琫一名，管理番兵生息颇琫僧俗各一名，商上大卓尼尔一名，大医生一名，又近身服侍之小堪布八名。其五品者商上仔仲、卓尼尔十名，翻话罗藏娃四名，小医生一名，商上业尔仓巴三名，大昭一名，又俗人业尔仓巴二名，协尔帮二名，僧俗硕第巴三名，俗人密琫二名。其六品者噶厦俗人大中译二名，卓尼尔三名，俗人管马达琫二名，仔仲管理经卷二名，管理采缎二名，德垫溪庙宇堪师一名。其七品者噶厦俗人小中译三名，管门第巴三名，柴斤、草束、糌粑第巴僧俗各一名，俗人管帐房第巴二名，牛羊厂第巴三名，仔仲商上第巴四名，经管造佛等项匠役第巴二名，管理成衣第巴一名，管理造香及经理供献第巴各一名，看守大昭及洛尔布岭岗房屋康尼尔各一名一条。臣等详阅原奏，并核之臣院现行西藏通制，如折内所称，大堪布、小堪布为通制所载，查无总堪布名目。又岁琫、仔俸、达琫为通制所载，查无森琫、颇琫、曲琫、密琫等名目。又商卓特巴，业尔仓巴，管门、柴草、牛羊、糌粑第巴为通制所载，查无硕第巴、铸佛、造香、成衣第巴名目。又噶布伦、协尔帮、大小中译、卓尼尔为通制所载，查无罗藏娃、仔仲、大小医生等名目。而通制内开之戴琫、如琫、甲琫、定琫、希约第巴、朗仔辖、济仲、密琫等名目，又为该大臣等原奏内所无。至于品级，虽有条例而不能全备，孰为番官、孰为僧目，某项系属职任、某项系属差使，尤未分晰。推缘其故，盖西藏事宜向由该大臣奏奉谕旨遵办，臣院通制一书，但备考订，无可援引。其历届改定者或未准历任该大臣等专案咨明，即无凭更改。即如现在该大臣原奏内亦称，僧俗番目除营官番弁外，等第额数率多牵混等情，一时自难期例案相符。惟既据该大臣按照旧章详加考订，系为更正划一、因时制宜起见，应如所请。并请嗣后即遵照此次奉旨新定章程，以昭法守。

一、琦善等奏，喇嘛升转向无一定，即福康安当日原奏，亦未分晰清楚，应请嗣后总堪布缺出，以大岁琫、森琫、曲琫及大堪布五人内挑选升补。大岁琫缺出，以小岁琫升补。森琫缺出，以大堪布调补，如不得其人，于小堪布内升补。曲琫缺出，以深通经典法事大堪布调补，及小堪布升补。其大堪布缺出，以堪布升补。至小堪布内之商上大昭商卓特巴、管理番兵生息之颇琫、商上大卓尼尔缺出，以小堪布调补，及五品执事五品营官内升补。五品执事及五品营官缺出，以六品各员升补。六品缺出，以七品各员升补。七品执事及七品营官缺出，方准以闲散仔仲喇嘛拣选补用，不准先给虚衔及越级升调委署，违者查参一条。

一、琦善等奏，原定条例内载，仔琫、商卓特巴缺出，以业尔仓巴、协尔帮、大中译及济仲喇嘛升补。今查仔琫、商卓特巴系四品，大中译系六品，即升四品已觉过优，且前藏并无济仲喇嘛，只有仔仲乃未经受职之人，骤升四品，更属躐等。应请嗣后仔琫、商卓特巴缺出，以五品之业尔仓巴、协尔帮、硕第巴、密琫升补。又载，硕第巴、密琫、达琫缺出，以边缺、大缺营官升补。今查达琫系六品管马之官，其边缺营官均系五品，以五品转升六品，又似太抑。应请嗣后硕第巴等项缺出，以五品人员调补，及六品人员升补。其达琫缺出，以六品人员调补，及七品人员升补。又载，边缺、大缺营官缺出，以小缺营官调补，及小中译补放。今查边缺、大缺营官系五品，其小缺营官与小中译均系七品，骤予调补、升补，亦似过优。应请嗣后边缺、大缺营官缺出，以六品中缺营官，及六品执事人员升补。其中缺营官缺出，以小缺营官，及七品人员升用。又载，代办噶厦小中译、卓尼尔随同噶布伦办事，关系紧要，由东科尔挑补。今查噶厦小中译本有实缺三名，无庸代办，其卓尼尔系属六品，骤以东科尔桃补，亦与例载东科尔只准补七品营官之例矛盾。应请嗣后噶厦卓尼尔缺出，以七品人员升补，其东科尔仍照例补七品之缺，不准越级挑用，与喇嘛升调之缺，庶归一律一条。

一、琦善等奏，商上潘书中译缺出，应以深通夷文、心行端方之小堪布调补及五品执事、五品营官内升用。其大医生须明白医理药性，惟只许加至小堪布虚衔，不准升用别缺。小医生亦只准兼五品执事，一俟升至大医生而止，不准升调别缺。传话之罗藏娃原属差使，与实任不同，应以熟悉各语、品行老成之人充当，不必拘定六品、七品。及闲散仔仲，惟既得罗藏娃后，仍应视其原挑品级升转，不得即照五品之例升调。

以上僧俗各缺，凡六品以上及有关地方之七品营官升调，均应呈请大

臣会同拣放外，其余悉遵照章程自行秉公办理，按季报查，违者查参一条。

一、琦善等奏，商上厨房供差人等向由闲散仔仲层次拔擢，升至小岁琫而止，取其调和适口，冀如达赖喇嘛之意，应照旧办理。其管门第巴须高大有力者，只系微职，难拘资格，亦听其便一条。

臣等查西藏通制载，噶布伦缺出，驻藏大臣会同达赖喇嘛于戴琫及商上仔琫、商卓特巴内择其才具优长、著有劳绩者，拟定正陪，奏请补放。戴琫缺出，先尽新设管领番兵之如琫内拣选，如一时不得其人，再以边缺营官内拣选奏补。商上仔琫、商卓特巴缺出，以业尔仓、协尔帮、大中译及济仲喇嘛升补。希约第巴、密琫、达琫缺出，以大缺、边缺营官及噶厦卓尼尔升补。其业尔仓、希约第巴两项，向有喇嘛者，亦准挑选喇嘛补用。大中译缺出，以小中译、噶厦卓尼尔升补。大缺、边缺营官缺出，以小缺营官调补，及小中译补放。其管理兵丁甲琫番目，亦准调补边缺营官。惟小缺营官，始准于东科尔及喇嘛内拣选补用。所有营官缺分，分别大缺、边缺、小缺，详细造具册档，驻藏大臣存案办理。其喇嘛补放营官者，多系达赖喇嘛随侍之人，因其勤劳年久，不能远离左右，酌量派管地方，藉资养赡，由驻藏大臣另派妥协明干之人前往署理，该喇嘛营官不得私行派人代办。噶厦小中译、卓尼尔随同噶布伦办事，关系紧要，由东科尔拣选心地明白者挑补。至前藏商上铸造银钱，专派铸钱仔琫二名、济仲二名，责成办理。凡大小各缺，均由驻藏大臣会同达赖喇嘛挑选。如达赖喇嘛徇私不公，准驻藏大臣驳正，秉公拣补。除噶布伦、戴琫奏明补用外，其余各缺，由驻藏大臣会同达赖喇嘛发给清、汉、西番字印照为据。至管理柴草、门户、糌粑、帐房第巴及管理牛羊、草厂头人等缺，悉听达赖喇嘛自行拣选。又藏内管兵番目向设戴琫五人，于乾隆五十七年添设戴琫一人，仍照旧例，设立大小番目逐层管束。于戴琫之下，设立如琫十二人，每人管兵二百五十名；如琫之下，设立甲琫二十四人，每人管兵一百二十五名；甲琫之下，设立定琫一百二十人，每人管兵二十五名，与绿营兵丁一例，均由驻藏大臣会同达赖喇嘛拣选年力精壮之人充补，给发委牌。倘敢废弛军律，即行革退，并将本管番目从严惩治。遇有戴琫缺出，以如琫拔补。其余各缺，均择技艺娴熟、操防认真者，以次递升。至世家东科尔有情愿充当番兵及定琫兵目者，准其充伍，按次升用，不许躐等超越。番兵中如有材技出众之人，亦准按次擢用，升至戴琫，不得以非东科尔世家阻其上进之路。又后藏札什伦布旧设商卓特巴一人，增设四品虚衔业尔仓巴一人，四品虚衔小商卓特巴一人，五品虚衔管马达琫一人，作为定额，由驻藏大臣发给执照，出缺时查照旧章拣选补放，不准私行挑补，各等语。臣等以该大臣原奏四条参阅，与臣院西藏通制多不相符。查西藏历届放官均系奏放，其官职较小者，竟由藏拟放，非如蒙古、索伦等缺，向归臣院查核，即西藏通制亦由远年照案纂记备考。现据该大臣等声明，喇嘛升转向无一定，即臣福康安原奏亦未分晰清楚。是其折内所请系属现在按品重定，自难执与旧例相衡。复核该大臣所请四条内，叙阶升调均属公允，应如所请。惟例须画一，嗣后遇有缺出，即请遵照此次奉旨新定章程办理，以免歧误。

一、琦善等奏，僧俗营官各应归还本缺，不准互相侵占，其有从前将喇嘛营官作为寺院香火养瞻者，即作为占一僧缺，不准又以俗缺令喇嘛管理一条。臣等查臣院西藏通制内载，江卡等处营官一百二十六员，何营为俗人，何营为喇嘛，分晰尚清。惟近年有无更改，无凭考核。今核该大臣等所奏各应归还本缺，不得互相侵占，系为整饬营制，应如所请。其与西藏通制是否相符，应俟该大臣将章程册档移送到时察核办理。

一、琦善等奏，各寺补放堪布，大寺拣拟五名至七名，小寺拣拟三四名至五名不等，以及拣补、调补、轮署等项，各寺均向有成规，应仍其旧外，应请嗣后必须查其出家实在已逾二十年，确系经典深通，攒大、小昭时曾经考取格西蓝占巴名色者，方准开单呈请补放，不得以年轻资浅，经典欠深，并未考取格西蓝占巴者越次补放，致启夤缘之弊。其充当堪布缘事具辞者，或回藉，或静居本寺，不准擅行他往，营谋升调。违者斥革逐出本寺，将掌办之人参奏，以肃清规一条。

一、琦善等奏，补放布贲绷寺、色拉寺、噶勒丹寺格斯贵之缺，向由各寺院内拣拟三五名至六名、七名，或以本寺之人补放，或以他寺之人轮流充当，均向有成规。应仍其旧外，应请嗣后必须查其出家逾二十余年，确系通晓清规、众心悦服、曾经管事无误及曾充业尔仓巴，较量卸事日期先后，或博窝、贡茹二班轮充者，方准秉公开单呈送补放。不准如前不计年分浅深，曾否通晓清规，贿买贿卖，越次补放，致坏清规，违者革去喇嘛，逐出寺院，将掌办之人参奏，以肃清规一条。

一、琦善等奏，补放噶勒丹池巴应请照旧，先择其自幼曾在布赍绷、色拉、噶勒丹三大寺为僧，安静焚修二十余年，攒大小昭时考取蓝占巴名色，再入下温都逊寺内学习法事深通之后，充补格昔堆次已深至七八年，方准入选。属上温都逊寺者，选放掌教喇嘛翁则，由翁则拣升该寺堪布，由堪布升补辖尔孜曲结，再轮升噶勒丹池巴。属下温都逊寺者，由格昔堆次年久轮充格斯贵，由格斯贵年满选放掌教喇嘛翁则，由翁则选该寺堪布，由堪布升补降孜曲结，再轮升噶勒丹池巴。不准越次超升，以杜营谋，致坏清规之弊一条。

臣等查以上三条，核之臣院则例、西藏通制，均未备载，即各项名目亦多为例中所无，惟既称向有成规，藏中自有一定办法。其请各寺拣放堪布务须资深业精，曾经考取格昔蓝占巴名号者，三大寺拣放格斯贵，务须年高望重，曾经管事者。拣放噶勒丹池巴，务须三大寺出身考取名号，经历各学资格应升者，均不外为有阶可循，无路可倖。以期克遵功令，不坏清修起见，应如所请。

一、琦善等奏，嗣后修建寺院，无论职分大小，一遵理藩院定例，不准有碍民地民房，违者许被害之人告发处分退还。其喇嘛只准在寺焚修，不准如前干预公事，动辄联名具呈，或代人乞恩，或代人报复，效讼棍所为。违者将该寺堪布及掌教之喇嘛斥革，仍查明起意之人严行治罪一条。臣等查蒙古例载，建造庙宇有碍民地者，永行禁止，等语。今核该大臣等所奏，系虑构衅涉讼，易起刁风，严科条以清讼蔓，于藏卫地方殊为有益，应如所请。

一、琦善等奏，理藩院例载，番民争讼分别罚赎，不准私议抄没，等语。自诺们罕掌事以来，任情爱憎，藉事查抄，莫能禁止，与其逐案较正，曷若明定规条。应请嗣后唐古特议罚之案，自一两至二十两，但期示惩而止，即至重之案，番民所罚连什物各项，至多不得逾番平三十两。番目所罚连什物各项，至多不得逾番平三百两。其查抄家产除娄索赃物过多，确有实据者，方准籍没外，其余公私罪犯，辄议查抄者，永行禁止，以符定例。不准藉称商上曾经赏过田房，以抄没为追缴，违者治罪一条。臣等查西藏通制载，卫藏唐古特番民争讼，分别罚赎，将多寡数目造册呈驻藏大臣存案。如有应议罪名，总须禀明驻藏大臣核拟办理。其查抄家产之例，除娄索赃数过多，应禀明驻藏大臣酌办外，其余公私罪犯凭公处治，严禁私议查抄，各等语。今核该大臣等所奏，系申明成例，厘定罚数，可期禁私抄而免滥罚，亦体恤番众，杜绝弊端之意，应如所请。

一、琦善等奏，乌拉出自番民，最为困苦，福康安原奏但禁番目，未及掌办之人，亦未定有数目，且弁兵番目均散处汛地，有相距二三千里内外者，势不能尽由大臣给照，致有延滞。除掌办之人自有田土百姓，不准仍用商上乌拉，及紧要事件，本非常有外，应请嗣后驻防弁兵应用乌拉，照嘉庆二十三年玉麟等所定，按品级应付章程办理，不准逾额。番目应用乌拉，照嘉庆二年松筠等所拟，按官职大小定数应付，勿许增添。其番目族戚及跟役等，均不准擅用乌拉，以苏民困，违者分别斥革处分一条。臣等查番地番民率多瘠苦，本不能滥供乌拉，从前臣松筠、臣玉麟屡次厘定规条，自为体恤番民起见，倘一一由驻藏大臣给照，番目散处各汛，相距远近不一，势又有所不能。今核该大臣等所奏，自系实在情形，除驻防官员以及番目应用乌拉照案办理外，其掌办事务之人并番目戚族跟役人等，一概不准擅用之处，应如所请。

一、琦善等奏，唐古特番兵应照额挑补，以重操防，除老弱兵丁业俱查出更换外，应请嗣后责成该管各员认真训练，不得稍形短少苦累。其有相沿各处当差出资雇替者，均责成戴瑞查明，撤退归伍，违者照例治罪，以实兵额。其来藏贸易之外番，应行抽办税课，现在悉令噶布伦等查照旧章，毋许增添勒索，以示怀徕，而免争端一条。臣等查设兵所以卫民，况卫藏重地尤须一兵得一兵之用，不特不容雇替应差，亦不得老弱充数。今核该大臣等所奏，老弱者业已查出另挑，各处当差者并已撤回归伍，以前废弛之由，官非一任，请免深究，嗣后务当操之以渐，持之以恒，以重操防而巩藏卫。应请敕下该大臣恪遵实行。其抽办税课，并应如所请办理。

抑臣等更有请者，所有臣等拟议该大臣所定以上章程二十八条，如蒙谕允，所有臣院西藏通制所载条款，多与章程不符，且多未备，请即将不符条款删除，自奉旨后，统以新定各章为断。

所有此次新章，并该大臣折内所称旧有成规各事宜，及前后藏一切现行规则，请旨敕下驻藏大臣琦善等造具汉字清册一分，钤盖印信，移咨臣院，以便稽核，而备考订。余均如所请办理。

得旨：依议。

《清代藏事辑要》（一）第417—431页；《清代蒙藏回部典汇》第七

十五册 34312—34336 页

理藩院议复琦善奏诺们罕专差喇嘛前往青海应查其寻找何人报闻折

道光二十四年十二月初十日[①]（1845.1.17）

理藩院议复，驻藏大臣琦善奏，风闻已革诺们罕曾专差喇嘛札坝三丹、老叶连楚及其三弟，跟役胆卓等四人驮载银两，有先住〔往〕青海，向其弟工布谋商，再行觅人设计之传言，等语。果所闻属实，该已革诺们罕鬼域〔蜮〕情形益属万恶，惟查例载，有唐古忒喇嘛徒众非奉旨调取，不准私来专条，又有格隆班第等不得将游方喇嘛擅行收留专条，辇毂之下，该已革诺们罕未必敢明目张胆差人到处夤缘，自取溃败。即有其事，不惟圣明在上，于此等案件烛照如神。即臣等议奏，该诺们罕被控、被参各折内比拟例案亦法未尝宽诚如该大臣所奏，其所觅何人，所设何计，银两在何处使用，均可听其自然，第事关外番差人赍赀夤缘控案，似亦未便任其诪张，肆行无忌。且在京雍和宫四学向有西番钱粮八十四分及待补钱粮，各堪布所遗徒众各人，并访得已革踪诺们罕向来亦有徒众在京，虽人数无多，亦无辎重，难保遣来之人不无潜踪私匿，更兼本年年班堪布来京，或该已革诺们罕所遣之人溷入大队私行，亦所未定。臣等窃以为该已革诺们罕仅于遣人进京，希图翻控，事属易为，特该大臣折内所称伊弟工布者，素闻其每年常同堪布买卖来京，人甚狡诈，而原奏又有觅人设计之语。查杨土司向与大小金川人声气相通，该已革诺们罕本籍徒众良莠不齐，万一持其狡诈，稍有在籍惑众纵听情形，纵然癣疥无虞，终须惩创费力，应请旨可否密饬陕甘总督及西宁办事大臣委派文武干员严密确查，如该堪布尚未过境，即按册核对人口，但有溷迹其闻者，不难立获，一经就获立即亲提严讯是否该诺们罕遣来之人，并所遣系属何等人，其若干名是否与原奏姓名相符，其工布一名犹不难于该籍缉获，并确讯所商何事，所觅何人，所设何计，所带银两何处使用，以杜夤缘而警险诈。设已随堪布过境，查明确据，即飞行前途，一体遵办，仍奏明请旨办理。其京中各庙，请由臣院密行札知掌办喇嘛印之章嘉呼图克图派人密查，倘查有踪迹，即行盘获，知照臣院奏请交刑部讯办。

再，核该已革诺们罕情罪现已拏问，其西藏赀财例在必抄之列，其原籍赀财可否就缉拏工布之便严密查抄，伊在京徒众虽财产无多，亦应一体查抄，其徒众查明共有几人，暂交地方官管押。俟该已革诺们罕案结后分别办理，俾藏匿无所，自免旁生枝节矣，如蒙俞允并请交章嘉呼图克图慎密妥办。

得旨：依议。

《清代蒙藏回部典汇》第七十五册 34309—34311 页

①编者按：《清代蒙藏回部典汇》中该折为十一月壬寅，经查该年十一月无壬寅日，十月壬寅日为初九日，十二月壬寅日为初十日。《宣宗实录》卷四一一为十二月二十四日，"谕军机大臣等：对琦善奏报风闻已革诺们罕差人驮银两先往青海，向其弟商谋设计，著理藩院议复"，应为十二月壬寅初十日。

据琦善等奏洛敏达部长著准其来藏瞻礼谕

道光二十四年十二月十二日（1845.1.19）

谕：琦善等奏，洛敏达部长缴回印照，恳请来藏瞻礼一折。该洛敏达部长著准其来藏瞻礼，余著照所议办理。该部知道。

《清代蒙藏回部典汇》第七十五册 34341 页

琦善奏第穆呼图克图欲往工布第穆寺坐静虔修折

道光二十四年十二月十二日（1845.1.19）

驻藏大臣琦善奏，据第穆呼图克图面禀，伊向来在藏学经未深，欲前往工布所属之第穆原寺坐静虔修。

得旨：该部知道。

《清代蒙藏回部典汇》第七十五册 34341 页

著琦善将所参之阿旺降白楚臣逐款取具确供并将
已革诺们罕小心看管谕

道光二十四年十二月十二日（1845.1.19）

谕军机大臣等：前据琦善奏查办诺们汗被控各款，已交该大臣严讯办理矣。兹据理藩院奏称：已革诺们汗驻藏掌事有年，与边外及该土司原籍声息相通，藏卫番民杂处，良莠不齐，该已革诺们汗甫经失势，未必无同恶相济之人，应及早妥为羁縻，等语。已革诺们汗被控各款案情重大，傥日久防疏，难保无乘间潜逃情事。著琦善一面将所参各项逐款研讯，取具确供，务期水落石出，以成信谳，一面体察情形，将已革诺们汗派委妥员小心看管，无任稍有疏虞，是为至要。将此谕令知之。

（《宣宗实录》卷四一二）《元以来西藏地方与中央政府关系档案史料汇编》（三）937—938 页

理藩院议复琦善奏西藏通制应改各条统俟新章
抄咨到日核办折

道光二十四年十二月十二日 （1845.1.19）

理藩院遵旨议复，驻藏大臣琦善等奏①，商上收受布施，自嘉庆十四年以来，每隔六个月具奏一次，奴才等检查，并无根据，当令噶布伦等②向商上详查，据禀系前驻藏大臣文弼等面谕开报，旋即具奏，嗣后率以为常，并非旧制，等语。奴才等查商上出纳全从夷俗，向非国帑，势难代为握算。既系从前文弼等随意增添，嗣后拟即不令呈报，以归简易。

又理藩院例载，商上各公所一切公用收支，均责成驻藏大臣稽核出纳，札什伦布出入连布施亦交驻藏大臣稽查，其达赖喇嘛、班禅额尔德尼平素自奉以及例应需用各项，仍听其便，等语。究竟何者为其自奉，何者系属例应需用，例内并未一一胪列，从何区分？且青稞、糌粑、奶渣、酥油、羊腔、果木、盐斤各项，琐细异常，而折色、本色、采买、变卖、回礼、番平、番钱，名目互异。前后藏各只粮员一人，并无候补试用闲职，与内地各有专责、层层握算者迥不相同，全责成大臣持筹代为经理，又系番语番文，目所未经，只不过依样葫芦，有名无实。即如诺们罕索用商上各物，亦系出纳，并未造报，可见历次咨送理藩院册籍，徒属具文。在福康安当日奏请改例之意，原欲仿照回疆，而回疆大臣又何曾有伯克管帐〔账〕之事？况代司出纳，如有盈余，固属甚善；设有不敷，又将如何办理？奴才等愚昧之见，以为如系国帑，丝毫为重，必当实力稽核，即关系外番及升调黜陟，并互控案件，亦应秉公详慎，务期明允。若稍涉商上银钱之事，大臣理应避嫌，国家大体所关，何可转图经手，致滋流弊，我皇上至圣至明，无待奴才等之琐屑渎陈。可否仰恳天恩，嗣后商上及札什伦布一切出纳，仍听该喇嘛等自行经理，无庸驻藏大臣经手③，以崇政体之处，出自圣主鸿慈。等因具奏④。奉旨：交臣院议奏⑤。臣等查臣院⑥西藏通制载，商上一切公用，悉责成驻藏大臣会同济咙呼图克图实力稽核出纳，如有侵鱼舞弊之人，济咙呼图克图即告知驻藏大臣查办，照例治罪，至札什伦布每年出入，连布施亦交驻藏大臣及济咙呼图克图实力稽查，以归划一。其达赖喇嘛、班禅额尔德尼平素自奉以及例应需用各项，仍听其自便。又，无论大小事务，俱禀明驻藏大臣核办。至札什伦布诸务，亦一体禀知驻藏大臣办理，各等语。推原例意，大抵藏卫当甫经底定之初，一切理财用人，不能不略设防闲，是以凡事悉责成驻藏大臣稽查，以崇体制而归钤束，迨后各任，遇事历有变通，往往日久奉为故事。其当日设例及日后所以变通，本意转无可考。迄今承平日久，又与当年设例时势，益不相侔。

至如臣院则例内载西藏通制一门，凡事关藏卫者，本系查照历奉圣谕及各驻藏大臣奏折纂入，例条但求全备，连缀成篇，有似记事册档，实非如律例之有例条律文者比。前曾于议复该大臣等奏折内声明，即如此次条例⑦内所称，究竟何者为达赖喇嘛自奉，何者系属例所应需，当年亦系由稿案纂入，例文实无从一一区分指实。至所称历次咨送理藩院籍册，该大臣但凭商上呈开，臣院亦只凭该大臣咨转行知户部，其册籍以外有无滥支，无从稽考，诚如该大臣所称，有名无实，徒属具文。

今既据该大臣等奏称青稞、糌粑、奶渣、酥油、羊腔、果木、盐斤各项，琐屑异常，而折色、本色、采买、变卖、回礼、番平、番钱，名目互异，又系番语番文，目所未经，有名无实。恳请嗣后商上及札⑧什伦布一切出纳仍听该喇嘛自行经理，无庸驻藏大臣涉手，自因今昔情形不同，为因时制宜起见，应否如该大臣所请，伏候圣裁。如蒙俞允，所有西藏通制应改各条，统俟藏中此次所定新章抄咨到日，另行核办，余均如所议办理⑨。

得旨：知道了⑩。

（一史馆藏军机处录副奏折）《元以来西藏地方与中央政府关系档案史料汇编》（五）2298—2300页；《清代蒙藏回部典汇》第七十五册

34341—34345 页

①《元以来西藏地方与中央政府关系档案史料汇编》（五）中为"再，又据该驻藏大臣琦善等片奏内称"。

②《元以来西藏地方与中央政府关系档案史料汇编》（五）中无"等"字。

③《元以来西藏地方与中央政府关系档案史料汇编》（五）中为"涉手"二字。

④《元以来西藏地方与中央政府关系档案史料汇编》（五）中无"具奏"二字。

⑤《元以来西藏地方与中央政府关系档案史料汇编》（五）中为"于道光二十四年十二月十二日奉朱批：该部议奏。亲自。钦遵。一并抄出到院"。

⑥《元以来西藏地方与中央政府关系档案史料汇编》（五）中为"查臣院则例"。

⑦《元以来西藏地方与中央政府关系档案史料汇编》（五）中为"即如此条例"。

⑧《元以来西藏地方与中央政府关系档案史料汇编》（五）中为"扎"字。

⑨《元以来西藏地方与中央政府关系档案史料汇编》（五）中此处有"所有臣等拟议缘由，是否有当，伏乞皇上圣鉴，训示遵行，谨奏请旨"几句。

⑩《元以来西藏地方与中央政府关系档案史料汇编》（五）中为"朱批：览"。

理藩院议复琦善奏崇寿寺荣增圆寂既例不准其转世
其所遗印信遇便送院办理折

道光二十四年十二月十二日（1845.1.19）

理藩院遵旨议复，驻藏大臣琦善奏，崇寿寺荣增诺们罕嘉木巴拉依喜丹贝甲木磋圆寂，查该诺们罕于道光六年甫蒙赏给诺们罕职衔，未经转世，可否将所遗敕印遇便送部，或暂交商上收管请旨，等语。查荣增诺们罕既例不准其转世，其所遗印信应如该大臣所请，遇便送院办理。

得旨：知道了。

《清代蒙藏回部典汇》第七十五册 34345 页

琦善钟方奏请呼图克图转世成立后撤销
扎萨克喇嘛等职衔片

道光二十四年十二月十二日（1845.1.19）

再，呼图克图管事札萨克喇嘛、诺们罕管事达喇嘛，道光二年经理藩院议定章程，钦奉上谕：理藩院请定喇嘛章程，其所议赏给诺们罕职衔之达尔汉喇嘛等，未经转世者，不准给与名号印敕，均著照所议办理。惟呼图克图、诺们罕涅槃后，择人给与札萨克喇嘛、达喇嘛职衔，原为督率徒众起见，若该呼图克图、诺们罕转世成立，则督办有人，著即将札萨克喇嘛、达喇嘛各职衔即行撤销，以昭核实。等因。钦此。仰见皇上综名核实，赏不滥逮之至意。

伏查呼图克图、诺们罕涅槃后，择人给与札萨克喇嘛、达喇嘛职衔，原为督率徒众起见。自道光二年钦奉谕旨后，如诺们罕早已掌办商上事务，可谓督办有人，不但未经遵旨撤销，转复托词不能兼顾，遽请赏给札萨克喇嘛，代管本寺私事。乃此次查办被控之案，诺们罕二十余年以来，专务营私，于商上事务并未认真管理。其札萨克喇嘛亦一味聚敛，干预公事。甚至诺们罕出入，洁道清尘，自大无外，与原奏迥不相符。即检查嘉庆年间，济咙、第穆呼图克图掌办商上事务之时，其札萨克喇嘛或建盖寺院，侵占民地，或诸事专擅，俱有前驻藏大臣英善、瑚图礼等旧稿可凭。且察木多、乍丫同系呼图克图，只有商卓特巴，并无札萨克喇嘛、达喇嘛，亦照旧住持，未见不能管理。一事两岐，应否划一，用昭公允。其济咙、第穆呼图克图、呼征诺们罕三人，早已成立，乃二十余年，亦未遵旨查办。究竟呼图克图、诺们罕成立之后，所有管事之札萨克喇嘛、达喇嘛应否遵旨撤销，相应请旨饬下理藩院，一并核议示复。

至我皇上拣派达赖喇嘛正、副师傅，原为教习圣典，俾其成立。而历次但保师傅，乞恩无已，总称其经典深通，教授有方。当其尚未成立，便以见其深通？迨至年届二十，既称经典深通，何以又奏请令其掌事？其中情形，更难逃圣明洞鉴。是以奴才等前拟章程内，声请嗣后仰候恩出自上，不准如前滥行保奏，合并陈明。谨奏。

道光二十四年十二月十二日奉朱批：该部议奏。钦此。

（一史馆藏军机录副奏折）《元以来西藏地方与中央政府关系档案史料汇编》（三）938—939 页

琦善奏遵旨讯取萨玛第巴克什供词褫革名号查封财产折

道光二十四年十二月二十六日（1845.2.2）

奴才琦善跪奏，为遵旨讯取诺们罕确切供词，褫革查封缘由，先行奏祈圣鉴事。

窃奴才于十一月二十二日，接准四川督臣咨到理藩院奏遵议诺们罕被控各款一折，钦奉上谕：理藩院奏遵议诺们罕被控各款请饬讯取供定罪一折，此案噶勒丹锡咈图萨玛第巴克什被控需索财物，侵占田庐，私拆房间，擅用轿伞，强据商产，隐匿逃人，奸贪狂妄各款，均经驻藏大臣会同班禅额尔德尼按款查明，自无枉纵。惟该诺们罕勒取财物，盈千累万，改桑拉木结以寻常喇嘛，何能出如许巨资图升札萨克，并自供曾受罗布藏曲批等财物；即难保非伊二人表里为奸，并恐所索赃款不止此数，著该大臣会同班禅额尔德尼等，提集全案人证，逐一严讯，取具确切供词。一经审实，即将该诺们罕历得职衔名号全行褫革，仍追敕剥黄，名下徒众全行撤出，庙内资财先行查封。至达赖喇嘛受伤情由，并著提问随侍之森琫及服侍之堪布等，悉心研鞫，务得实情具奏，其商上事务印信，即著该大臣会同班禅额尔德尼，于呼图克图、诺们罕内选择一人管理。余依议。钦此。行知前来。

仰见我皇上明罚敕法，期无枉纵之至意，奴才不胜钦服。当即先将诺们罕被控查明各款，于二十九日讯取亲供，一一承认，是其贪奸妄为、营私舞弊，为自来呼图克图、诺们罕中所未有，大辱宗教，已属确有实据。遂钦遵谕旨，将该犯阿旺甲木巴勒楚勒齐木历得萨玛第巴克什额尔德蒙额诺们罕职衔，衍宗、翊教、靖远、懋功、达尔汉名号，全行褫革剥黄；将祝庆寺内资财严密查封；所得敕印与前革札萨克喇嘛印信俱行追夺，交达赖喇嘛商上暂行存贮，遇有便员赍京销毁。该寺僧俗均各贴服。距〔讵〕于是日秉烛后，忽有买巴寺喇嘛多人拥至，将阿旺甲木巴勒楚勒齐木用轿抬去。奴才已将缉犯讯办缘由，呈片奏明。

兹复将九辈、十辈达赖喇嘛未享遐龄一节，向该犯究诘。据供：九辈达赖喇嘛因病圆寂，在该犯未经掌事之先。其十辈达赖喇嘛，于道光四年十月二十三日颈上带伤、流血不止一节。原控之觉普策丹札喜，于九年监毙，并无后嗣。同房服侍之森琫罗布藏曲札，亦于十八物故。检查前任驻藏大臣松廷、广庆原讯供情，系由达赖喇嘛起早在木架上提取满达盘，自行失足，磕伤腮下，于二十五日尚赴布达拉各寺朝佛念经，至道光十七年十月初二日方行圆寂。其间相距十四年，自非因伤致误无疑。惟闻十七年，前任驻藏大臣关圣保、鄂顺安有封存汉印房公文一包，询系十辈达赖喇嘛圆寂之事。取出查看，系该犯因达赖喇嘛圆寂后，有仔仲罗布藏楚称，疑系饮食有故，禀请查办，以致僧俗人等同声恳求。经该犯查无别故，取有甘结。仔仲罗布藏楚称自认怀疑妄言，拟以罚服金子三两。禀经关圣保、鄂顺安提讯相同，照拟完案。伏思唐古特僧俗于达赖喇嘛圆寂之时，既有怀疑之词，正可将该犯掌办立予撤退，俾僧俗无可顾虑，虚实不难立辨。此时事阅多年，寂然已久，又在其自行查讯具结之后，若遽然审问，设或实无他故，诚恐难尽释群疑，而毗连外域素崇佛教，以讹传讹，关系非细。因向各番目密加咨饬，佥称系久病圆寂，实无别故。询之济咙呼图克图，据云，伊是年由原寺假满回藏，达赖喇嘛因病总未传见，后即圆寂，彼时虽有讹言，毫无证据。质之班禅额尔德尼、呼征诺们罕，亦未闻其事。因令噶布伦向仔仲罗布藏楚称盘问，诱令直言。自认妄语，实无情弊，结甚结实。是此事毫无罅漏可寻，未便冒昧吹求，致拟罪无据，欲罢不能，冀释群疑，而反滋众惑，有负皇上绥靖边隅、安抚黄教之至意。除将关圣保、鄂顺安判立原稿，与现讯仔仲罗布藏楚称供结，并十七年查讯各供结，封送军机处外，谨将该犯阿旺甲木巴勒楚勒齐木先后两次供词，照录恭呈御览。

惟该犯狙诈百出，其寺内资财大半寄于买巴寺内，现亦查封。因讯缉各犯尚未亲行查点，容再开单奏闻。

至改桑拉木结以寻常番僧，图升札萨克喇嘛，竟出巨万之资，自何而来。据供：先系承受其戚绝产，租田耕种，放债取利。于道光十年充当阿旺甲木巴勒楚勒齐木岁琫，甚见宠信，番目番僧多半给其财物，伊借此生理，大获厚利。于道光二十二年补放札萨克喇嘛时，均送入祝庆寺库内，供情皆已讯定。

惟阿旺甲木巴勒楚勒齐木，于其弟纠约喇嘛滋事，坚供并不知情，尚须研究，是以未敢拟议复奏。

谨将讯取该犯确切供词、褫革查封缘由，会同班禅额尔德尼，先行恭折具奏，伏乞皇上圣鉴。谨奏。

朱批：另有旨。

（一史馆藏宫中朱批奏折）《元以来西藏地方与中央政府关系档案史料汇编》（三）939—941 页

商上布施仍著听该喇嘛自行经理谕

道光二十四年十二月二十七日 （1845.2.3）

谕军机大臣等：前据琦善等奏，商上布施请仍归商上经理等语。当交该部议奏。兹据奏称，商上布施出纳向由驻藏大臣稽查核办，但凭商上呈开，仍属有名无实。嗣后商上及扎什伦布一切出纳，著仍听该喇嘛自行经理，驻藏大臣毋庸经管。将此谕令知之。

《清实录藏族史料》（八）4062 页

阿旺降白楚臣之弟擅敢纠众将其抬回著琦善等
将该犯罪名从重定拟具奏谕

道光二十五年二月初五日 （1845.3.12）

谕军机大臣等：琦善奏讯取诺们汗供词褫革查封一折。此案阿旺扎木巴勒粗勒齐木贪奸舞弊各款，业据该大臣讯取确据，褫革查封。其达赖喇嘛圆寂缘由，既无罅漏可寻，著即无庸再行根究。至该犯之弟擅敢纠约喇嘛，将该犯抬回，实属藐法。著琦善会同班禅额尔德尼，即将该已革诺们汗罪名从重定拟具奏，并将所有财物一并查明请旨。该处喇嘛众多，该大臣务须斟酌情形，妥慎办理，毋致滋生事端。将此谕令知之。

（《宣宗实录》卷四一四）《元以来西藏地方与中央政府关系档案史料汇编》（三）942 页

班禅应换金册由驻藏大臣转交祗领并金印应
换仍照式铸造领回给用谕

道光二十五年二月初六日 （1845.3.13）

内阁谕：理藩院奏请换赏班禅额尔德尼金册一折。所有班禅额尔德尼应换金册，著各该衙门于本年三月内赶办完竣，即交该堪布等敬谨赍回，由驻藏大臣转交祗领。至应换金印，著琦善等传知班禅额尔德尼，于下届后藏年班堪布进京时，将现用金印交该堪布赍京，以便照式铸造，仍发给该堪布等领回转给开用。

琦善奏遵旨查封阿旺降白楚臣资产折

道光二十五年二月初七日（1845.3.14）

奴才琦善跪奏，为遵旨查封已革喇嘛阿旺札木巴勒楚勒齐木赀产，谨拟分别办理缘由，敬缮清单，恭请圣训事。

窃奴才钦奉上谕：理藩院奏遵议诺们罕被控各款一折。此案噶勒丹锡呼图萨玛第巴克什被控需索财物，侵占田庐，私拆房间，擅用轿伞，强据商产，隐匿逃人，奸贪狂妄各款，经驻藏大臣会同班禅额尔德尼按款查明，自无枉纵。惟该诺们罕勒取财物，盈千累万，仍著该大臣会同班禅额尔德尼提集人证，讯取确切供词，一经审实，即将该诺们罕历得职衔、名号全行褫革，追敕剥黄，庙内赀财，先行查封，等因。钦此。

奴才遵即会同提讯，业据逐一供认，据实复奏在案。查该犯寄顿之买巴寺，系聚众抢夺滋事之庙宇，赀财未便久贮，且续接理藩院行知，其原籍家产已饬查抄，则该犯寺中之物，诚如部示例在必抄之列。是以奴才于讯定犯供后，即率同噶布伦等，先赴买巴等所属之寿凝寺，将寄顿之物逐一搜出运回，同祝庆寺赀财一并查封。遵照部示，先将恩赏物件、御书匾额查出，差官赍交商上敬谨尊藏，并造册咨部外，计祝庆寺内外楼房群房共三百八十四间，生金麸金并金器八百三十九两，泥金二十四两，元宝及碎银七万七百六十两，银器折实银五千六十九两八钱五分，并借给各番民番商资本银一万七千六百四十九两，妆蟒、绸缎、布匹、珊瑚、茶叶等项为数不少。除祝庆等庙宇房间，经部臣奏明免其拆毁，蒙恩赏给商上管理，其玉佛、玉塔七尊，大小镀金及铜佛二千四百八十尊，泥佛六千七百三十五尊，画佛像六百二十轴，未便估变，可否一并赏给商上供奉之处，恭候谕旨遵行。至抄没财物，经部臣奏明，毋庸送院。原以西藏地处边远，深恐运送维艰，其中又喇嘛番民服物居多，亦属无裨实用。

伏思我皇上之查办喇嘛，正所以惩奸除慝，安全善良，原不屑较计锱铢。而奴才愚昧之见，以为侵占商产民产，均已分别清还复业，其余金银什物牛马羊只，似应分别估变充公。查前后藏兵饷岁需银十万两，历由四川按年解送，转运不易。今查出银两银器七万五千七百余两，金两金器又可估变一万一千余两，同收回借项及什物估变价值，计可敷岁饷年余之用。又驻防弁兵每岁所需米豆、青稞、麦石，向系扣存兵饷，交商上采买散放，岁需银五千一百余两。今查出米二百八十七石，麦豆、青稞共六千九百四十九石，除米石仅可支放三个月有余，仍应采买外，其余粮石足敷接济五年兵糈。现拟交商上出陈易新，按月散给官兵，节出采买麦豆青稞价值，归还正项，以资节省。似此稍为变通，在兵饷可暂省解送之烦，沿途乌拉转运亦免苦累，且麦豆等项更无虞卖贱买贵者诸多折耗，于经费、地方似不无裨益。所有侵占商上田房牲畜应清还者，侵占番民产业应复业者，均已逐款列入清单。其应变各物内，有牛羊马匹喂养无资，酥油果品易致霉烂，若俟部复到日再行估计，恐多伤耗，是以奴才不揣冒昧，饬令噶布伦等预为一并核实估计，造册咨部，听候核示外，敬缮清单，声明分别拟办缘由，恭呈御览，伏候训示遵行。

除将查出银七万七百六十两已封贮夷情司员衙门外，其余什物均封寺中，交噶布伦等派人看守，未敢擅动。至鸟枪战箭各械，皆军中利器，地属荒徼，未便估变，可否赏给营中操防，俾各弁兵益加感奋，出自天恩。

所有遵旨查封已革喇嘛阿旺扎木巴勒楚勒齐木寺中赀产，谨拟分别办理缘由，会同班禅额尔德尼，恭折具奏，伏乞皇上圣鉴训示。谨奏。

朱批：军机大臣会同该部议奏。

（一史馆藏宫中朱批奏折）《元以来西藏地方与中央政府关系档案史料汇编》（三）942—944 页

琦善瑞元奏请拣派热振阿旺益西楚臣坚赞掌办商上事务折

道光二十五年二月初七日 （1845.3.14）

奴才琦善、瑞元跪奏，为遵旨会同选择掌办商上事务印信，恭折复奏，仰祈圣鉴事。

窃奴才等钦奉上谕：理藩院奏，遵议诺们罕被控各款，请饬讯取确供定罪一折。其商上事务印信，即著该大臣会同班禅额尔德尼，于呼图克图诺们罕内选择一人管理。余依议。钦此。

奴才等伏查掌办商上事务责任綦重，若选择非人，公务必致弊坏。且因阿旺札木巴勒楚勒齐木上年被控各款，情节甚巨，藏中各呼图克图年俱三十上下，阅历未深，不得不请旨派班禅额尔德尼兼管，藉资治理。现在案情俱已审结，班禅额尔德尼为后藏掌教办事之人，久住前藏，势难兼顾，自应遵旨会同选择一人掌办，以便班禅额尔德尼转回后藏。

奴才等于各呼图克图诺们罕内详加选择，查济咙呼图克图曾蒙圣恩派充达赖喇嘛正师傅，奴才琦善前于裁禁商上积弊章程条内奏明，掌办印信之人不准保充达赖喇嘛正副师傅，以免权要并于一人，易滋舞弊，甫由理藩院议准，自应照行；其第穆呼图克图，于上年禀请前往工布第穆原寺坐静潜修，亦经奏闻在案，未便阻其进修之念。惟查呼征阿齐图诺们罕阿旺伊喜楚称嘉木参，年二十九岁，明白安详。询据班禅额尔德尼报称，该诺们罕经典深沉，为僧俗素所信服，以之掌办商上事务，实堪胜任。合无仰恳天恩，将阿旺伊喜楚称嘉木参赏准掌办商上事务，仍俟达赖喇嘛年至十八岁即行交卸之处，出自圣主鸿慈。如蒙俞允，俟奉到谕旨，即令班禅额尔德尼将掌办商上事务印信饬交接管，仍回后藏札什伦布办事，各专责成。

所有遵旨会同选择掌办商上事务印信，谨会同班禅额尔德尼恭折具奏，伏乞皇上圣鉴，训示遵行。谨奏。

朱批：另有旨。

（一史馆藏宫中朱批奏折）《元以来西藏地方与中央政府关系档案史料汇编》（五）2023—2024 页

派文庆会同宝兴审理孟保等滥提官物案谕

道光二十五年二月十六日（1845.3.23）

谕军机大臣等：据琦善奏参孟保等提官物一案，已明降谕旨，将孟保、海朴、嵩禄解赴四川，派文庆驰驿前往，会同宝兴审讯矣。所有前任驻藏帮办大臣钟方，如经过四川境内，或业已过境，著宝兴传旨沿途截留，饬回四川归案质讯。将此谕令知之。

《清实录藏族史料》（八）4064 页

琦善瑞元奏噶伦策垫夺结因病出缺请旨补放折

道光二十五年三月初一日 （1845.4.7）

奴才琦善、瑞元跪奏，为噶布伦因病出缺，拣选合例番目，请旨补放事。

窃据兼管商上事务班禅额尔德尼咨称：噶布伦策垫夺结因病出缺，所遗噶布伦应行请旨补放，等因。前来。

查理藩院例载：噶布伦缺出，驻藏大臣会同达赖喇嘛于戴琫、仔琫、商卓特巴内，择其才具优长、著有劳绩者，奏请补放，等语。奴才等会同兼管商上事务班禅额尔德尼，公同拣选得四品仔琫吉嘉顿柱多布结，才具老练，办事认真，曾于道光十九年请补噶布伦拟陪一次，资格较深，谨以拟正；四品颇琫白觉尔伦布四郎各吉，心地明白，办事详细，历俸十年，谨以拟陪。敬将该员等履历缮具清单，恭呈御览，伏候简放一员，俾资治理。为此恭折具奏，伏乞皇上圣鉴。谨奏。

朱批：另有旨。

（一史馆藏宫中朱批奏折）《元以来西藏地方与中央政府关系档案史料汇编》（五）2056 页

琦善等奏十一世达赖喇嘛为处理
阿旺札木巴勒楚勒齐木谢恩折

道光二十五年三月初二日 （1845.4.8）

奴才琦善跪奏，为达赖喇嘛恭递佛匣，叩谢天恩，据情代奏，仰祈圣鉴事。

窃据达赖喇嘛咨称，伏查已革喇嘛阿旺札木巴勒楚勒齐木，曾经掌办商上事务，应办一切公事，理应秉公详慎，以期仰副大皇帝委任重恩。乃该已革喇嘛阿旺札木巴勒楚勒齐木，专务贪赃，任意妄为，徇私不公，以致商上事务诸多废驰，库项虚空，番民困苦。仰蒙大皇帝格外施恩严行查办，饬复旧规，嗣后阖藏僧俗番民均得安居乐业。又将祝庆寺院赏给小僧管理，借为补苴亏累，如此恩施优渥，小僧毫无报答，惟有朝夕虔心念诵经典，恭祝大皇帝万福万寿，以期稍图报效。今备叩谢天恩吉祥哈达一方、镀金释迦古佛一尊，装贮佛匣，祈请代为奏进，等因前来。

奴才等查其欢感情词，出于至诚。谨将递到佛匣，妥固粘签，恭折代为奏进，伏乞皇上圣鉴。谨奏。

朱批：知道了。

（一史馆藏宫中朱批奏折）《元以来西藏地方与中央政府关系档案史料汇编》（三）944—945 页

著将查封已革诺们罕之资产分别赏给前后藏寺庙官兵谕

道光二十五年四月十二日（1845.5.17）

谕内阁：穆彰阿等奏，遵旨会议查封已革诺们汗赀产，请援照前案分别赏给各寺庙喇嘛，等语。西藏地处边陲，该喇嘛等素蒙赏赍，此次查封已革诺们汗阿旺扎木巴勒楚勒齐木金银估变等项共银十四万四千余两。著该大臣勘明西藏各寺庙应行修理者，即于此项内动用兴修，所余银两分别赏给前后藏各寺庙喇嘛，以示优恤。至所称抄出米二百八十七石，麦、豆、青稞共六千九百四十九石，并著赏给前后藏番官兵丁，俾得均沾惠泽。所有前项分别给赏名数，仍著该大臣查明开单具奏。

（《宣宗实录》卷四一六）《元以来西藏地方与中央政府关系档案史料汇编》（三）945 页

阿旺益西楚臣坚赞为祇领掌办商上事务印信代转谢恩事致琦善等呈

藏历木蛇年四月二十六日（1845.5.31）

驻藏大臣鉴：

卑职小喇嘛阿旺益西楚臣坚赞仰蒙大皇帝高厚隆恩，经驻藏大臣奏准，授予掌办商上事务。钦遵圣旨，即于四月二十六日恭设香案，叩谢皇恩，祇领印信。卑职年幼，习经甚浅，且从未负此重任，但为感谢皇上对黄教及众生之无上恩德，遵循圣谕，虔诚效劳于功业。嗣后为达赖喇嘛和西方众生安乐，望大皇帝复赐鸿恩。

兹谨备恭礼：吉祥哈达一方、印度响铜释迦牟尼佛像一尊，妥为包装后，经仲尼尔嘎久邓巴托美验收，由罗扎瓦益西交衙门，祈请驻藏大臣转献圣上。谨呈。

（西藏馆藏　原件藏文）《元以来西藏地方与中央政府关系档案史料汇编》（五）2025 页

准琦善奏将纠抢人犯除情节较重者外其余人犯均从轻处理谕

道光二十五年五月初九日（1845.6.13）

谕内阁：前据琦善奏查办已革诺们汗并纠众抢夺各犯罪名一折，当交军机大臣会同该部议奏，业已降旨分别办理。兹据奏称：上年冬间拿获纠抢人犯二百一十名内，除情节较重者分羁朗仔辖、硕里两处外，其余喇嘛一百八十名暂交回寺拘管，俱极安贴。现据公递甘结，自称不敢脱逃，尚知畏惧，自宜量加未减。所有原议各犯罪名应如何酌拟从轻之处，著该大臣悉心酌核，再行定拟具奏。

（《宣宗实录》卷四一七）《元以来西藏地方与中央政府关系档案史料汇编》（三）946 页

噶厦为奉驻藏大臣命将查抄阿旺降白楚臣之产分赏各寺
及官兵事给各宗豁令

藏历木蛇年六月十二日（1845.7.16）

各宗豁：

钦差驻藏大臣琦善、钦差帮办大臣瑞元札称：本大臣就清查已革诺们罕阿旺降白楚臣之赀产业已查清具奏。奉上谕：西藏地处边陲，该喇嘛等素蒙赏赉。此次查封已革诺们罕阿旺降白楚臣之金银估变共银十四万余两，著该大臣勘明西藏各寺庙应行修理者即于该项内动用兴修，其余银两分赏给前后藏各寺庙喇嘛僧众，以示优恤。至所称抄出米二百八十七石，麦、豆、青稞共六千九百四十九石，并著赏给前后藏番官兵丁，俾得均沾惠泽。所有前项分别给赏名数，仍著该大臣查明开单具奏。钦此。

　　为此，须知此乃皇帝广衍黄教，弃恶扶善之鸿恩。上述款项内应扣除当初调查缉拿并押送诺们罕赴京时，由理藩院垫给囊锁次典之一千六百六十八两六千七厘五毫银外，目前，对西藏各应修缮寺庙若干，赏各寺之款项若干，赏给前后藏番官兵丁之米、麦、豆、青稞等数额，已遣官员前往核查，以便遵旨开单具奏。特札饬尔等前后藏僧俗民众知晓。为此，特转发各宗谿遵照办理。此令。

　　（西藏馆藏　原件藏文）《元以来西藏地方与中央政府关系档案史料汇编》（三）946—947 页

准琦善等奏所有该犯等一百七十八名著即全行免罪谕

道光二十五年八月初六日（1845.9.7）

　　又谕：琦善等奏喇嘛余犯罪名恳恩宽免一折。所有该犯等一百七十八名著即全行免罪，仍督饬噶布伦等饬交各寺堪布领回，严行管束。倘稍有不悛，即由该堪布禀请从重治罪。

　　（《宣宗实录》卷四二〇）《元以来西藏地方与中央政府关系档案史料汇编》（三）947 页

琦善瑞元奏盘获传教法人并起出书文录供呈览折
（附 上谕二件）

道光二十六年四月初四日（1846.4.29）

　　窃西藏年班堪布等由京回藏，奴才等风闻有随行可疑之人，当饬噶布伦汪曲结布查获三人，呈送前来。奴才等公同查验，俱系蒙古喇嘛打扮，讯问皆能汉语，于清文蒙古文字均能讲诵。惟唐古特文字语言尚未熟悉。一名约则噶毕，一名额洼哩斯塔，共祖弟兄，佛兰西人，在所属之奔底舍哩地方居住，素习天主教。约则噶毕于道光十六年由福建起程，经江西、湖北等省至京。其弟额洼哩斯塔，于道光二十一年由广东起程，经湖北至京。在盛京地方彼此会遇，遂一同行住，于热河、察哈尔、归化城及蒙古地方，均经往来。至二十二年，在察哈尔地方雇用现获之甘肃碾伯县番民萨木丹尽巴为之服役。上年行至西宁，闻唐古特番商由京回藏，遂一同前来，即被拿获。诘以该国距中华路途险远，人地生疏，不在本处焚修，转复前来何为？且藏经传自西域，与该夷住址匪遥，何必舍近而图远？金供：中国各处均有学习彼教之人，冀图益广其传。而讯以同教姓名，又称未能记忆。检其行李，清字蒙古字及印板夷文、天主教经典甚多，无甚关要，当即发还。惟内有夷字二张，讯系该犯等家信，并该国携来传教凭据夷字五张。又夷字二十一本，其中是何语言，无人识认。质之服役之番民萨木丹尽巴，据供：受雇佣工属实，不能知其底里。奴才等查该犯等甫经至藏，即被盘获，既无可质讯之人，即所供经过各处，亦系一面之词。而起出夷书夷字，又复无人辨识。若悬揣推求，转不足以成信谳。

再，口外道路弯远，跬步皆山，一径奉提，解送耽延。西藏既无可质讯之处，谨不揣冒昧，于讯供后，即分起委员解交四川督臣，暂为收管。俟命下之日，由彼提解，较为便捷。合并陈明。

附1　上谕

谕军机大臣等：琦善奏盘获佛兰西夷人，并起出夷书夷文，录供呈览一折。据称该夷人等由福建、广东等处至京，复由盛京会遇，经历口外，同至西藏，冀图传教，现将该夷人等于讯供后委员解川，等语。该夷人于汉语、清文、蒙古文字皆能通晓，恐未必实系佛兰西人。著宝兴于解到川省时，将其来历及经过处所，详细研鞫，务得确情，即行具奏。原折并供单，均著抄给阅看，木匣所贮夷信夷书等件，著一并发给。

附2　上谕

谕军机大臣等：前据琦善等盘获佛兰西夷人至藏传教，将该夷人于讯供后，委员解赴四川。当降旨令宝兴于该夷解到时，将其来历及经过处所，详讯确情具奏。兹据奏称：严讯该夷人等，所供与驻藏大臣所讯大略相同。察其须眉眼色，确系夷人，并非内地奸徒假冒等语。该夷远涉重洋，经历数省，学习各处文字语言，意究何居？所供仅止劝人为善，别无他意，所传人数姓名，不能记忆，恐难凭信。至该国王发给戒表，持赴广东，交与驻扎总管，前往各处传教，是否实有其事，著耆英、黄恩彤于解到时，将该夷等详细严鞫，并暗加体访。该夷人是否实系该国所遣，及有无送银接济之事，并将匣内所贮夷信夷书等件，交通晓夷字之人，逐件译明，庶可得其底细。如果确系佛兰西夷人，仅为传教，并无别项情节，即著斟酌情形，妥为办理。原折及供单，均著钞给阅看。

《清代藏事奏牍》293—295 页

琦善奏请免裁济咙第穆热振呼图克图名下所设扎萨克喇嘛达喇嘛片

道光二十六年四月初四日 （1846.4.29）[①]

再，奴才等接准理藩院来咨，以济咙呼图克图、第穆呼图克图名下所设之扎萨克喇嘛，呼征诺们罕名下所设之达喇嘛，均系乾隆、嘉庆年间奏蒙□□在道光二年定例以前，该扎萨克喇嘛、达喇嘛已递更十二次。呼征诺们罕现亦掌办商上事务，其本庙势难兼顾，可否比照驻京之呼图克图等本游牧处所徒众设商卓特巴管辖之例，即作为该呼图克图之商卓特巴扎萨克喇嘛，其诺们罕名下所设之达喇嘛即作为该诺们罕之商卓特巴达喇嘛，奏交奴才等体查情形，奏明办理，等因前来。

奴才等伏查济咙、第穆呼图克图、呼征诺们罕三人名下所设扎萨克喇嘛、达喇嘛，事阅多年，该呼图克图、诺们罕均转世八九辈，庙宇既多，徒弟亦众，不惟呼征诺们罕现派掌办商上事务，即济咙呼图克图亦充达赖喇嘛师傅，第穆呼图克图又赴原寺静修，均属势难兼顾。西藏为阐扬黄教之地，视蒙古地方喇嘛尤繁。部臣所议，洵属实在情形，应请照部议，免其裁撤。

除咨明理藩院外，理合遵照部示，附片陈明。谨奏。

道光二十六年四月初四日奉朱批：该部知道。钦此。

（一史馆藏军机处录副奏折）《元以来西藏地方与中央政府关系档案史料汇编》（五）2163 页

①原注：朱批时间。

据琦善等奏将弗兰西人来历及经过处所详细研鞫具奏谕

道光二十六年四月初五日（1846.4.30）

谕军机大臣等，琦善等奏：盘获咈嚩西夷人，并起出夷书夷文录供呈览一折，据称该夷人等由福建、广东等处至京，复由盛京会遇，经历口外同至西藏，冀图传教，现将该夷人于讯供后委员解川等语。该夷人于汗语、清文、蒙古文字均能通晓，恐未必实系咈嚩西人，著宝兴于解到川省时，将其来历及经过处所详细研鞫，务得确情，即行具奏，原折并供单均著抄给阅看，木匣所贮夷信夷书等件，著一并发给，将此谕令知之。

《清代蒙藏回部典汇》第七十五册 34476 页

琦善瑞元代奏十一世达赖喇嘛受持小戒同班禅等敬递佛匣谢恩折

道光二十六年五月十五日（1846.6.8）

奴才琦善、瑞元跪奏，为达赖喇嘛受持小戒，同班禅额尔德尼等敬递佛匣，叩谢天恩，据咨代为具奏事。

窃达赖喇嘛受持小戒，择定吉期，照例延班禅额尔德尼来藏传授各缘由，前经附片奏明在案。兹据达赖喇嘛、班禅额尔德尼、呼征阿齐图诺们罕阿旺伊喜楚称嘉木参报称，本年五月初八日为释迦牟尼佛降世吉辰，小僧班禅额尔德尼照依佛法，敬谨与达赖喇嘛传授格隆小戒。是日天气清和，诸事吉祥，此皆仰赖大皇帝振兴黄教，鸿慈庇佑所致。小僧等实在感激不尽，谨循照成案，小僧达赖喇嘛恭递奏书一分，敬备吉祥哈达一方，连龛甲噶尔琍玛观音古佛一尊、琍玛连衣释迦古佛一尊、镶嵌珍珠金法轮一个、珊瑚佛头椰子念珠一挂。小僧班禅额尔德尼恭递奏书一份、吉祥哈达一方、琍玛释迦诸佛五尊、珊瑚珠一挂。小僧阿旺伊喜楚称嘉木参谨具吉祥哈达一方、连衣古佛一尊、珊瑚珠一挂，叩谢天恩，祈为奏进。并据声明，达赖喇嘛尚有应进吉祥哈达一方、连龛连衣长寿佛九尊、珊瑚蜜蜡珠各一挂、大小藏香百束、氆氇五十个，交来年班禅额尔德尼年班堪布恭赍赴京，等情前来。

奴才等查达赖喇嘛等恭进贡品，均系循照成案，理合妥贮粘签，代为奏进。其达赖喇嘛尚有例进贡物，请交班禅额尔德尼年班堪布赍京之处，俟奉到谕旨，再行饬知遵办。为此恭折具奏，伏乞皇上圣鉴。谨奏。

道光二十六年闰五月二十五日奉朱批：钦此。

（—史馆藏军机处录副奏折）《元以来西藏地方与中央政府关系档案史料汇编》（五）1810 页

据琦善等奏咈囒西人仅为传教即著斟酌情形
妥协办理谕及耆英寻奏

道光二十六年闰五月二十一日 （1846.7.14）

谕军机大臣等，前据琦善等奏：获咈囒西夷人至藏传教，将该夷人于讯供后委员解赴四川，当降旨令宝兴于该夷解到时，将其来历及经过处所详讯确情具奏。兹据奏称，研讯该夷人等所供，与驻藏大臣所讯大略相同，察其发眉眼色确系夷人①，并非内地奸徒假冒等语。此人远涉重洋，经历数省，学习各处文字、言语，意究何居，所供仅止劝人为善，别无他意，所传人数、姓名不能记忆，恐难凭信。至该国王发给戒表，持赴广东交与驻扎总管，前往各处传教是否实有其事，著耆英、黄恩彤于解到时，将该夷②等详细研鞫，并暗加体访。该夷人③是否实系该国所遣，及有无送银接济之事，并将匣内所贮夷信夷书④等件交通晓夷字⑤之人，逐件译明，庶可得其底细。如果确系咈囒西夷人⑥，仅为传教⑦并无别项情节，即著斟酌情形妥协办理。原折及供单均著钞给阅看，将此谕令知之。

寻由耆英等遵旨复奏，讯据该夷等供称，盘费系由募化，并无驻扎总管接济，前在川省实系妄供，臣等将戒表等件交咪唎坚夷目识认，据称戒表即该国王所给传教文凭，夷信乃前在澳门接得家信，夷书系天主教常行之书，西洋名为福音，均尚无违悖字句，臣等复暗加体访，该夷等实系咈囒西夷人，并非奸徒冒混，当即发咈囒夷目收领，转交咈囒西夷目管束。报闻⑧。

《清实录藏族史料》（八）4103—4104 页；《清代蒙藏回部典汇》第七十五册 34477—34478 页

①《清实录藏族史料》（八）中为"洋人"二字。

②《清实录藏族史料》（八）中为"将洋人"。

③《清实录藏族史料》（八）中为"洋人"二字。

④《清实录藏族史料》（八）中为"洋信洋书"。

⑤《清实录藏族史料》（八）中为"洋字"二字。

⑥《清实录藏族史料》（八）中为"洋人"二字。

⑦《清实录藏族史料》（八）中无"仅为传教"四个字。

⑧《清实录藏族史料》（八）中无"寻由耆英等遵旨复奏，讯据该夷等供称……转交哷嘛西夷目管束。报闻"这段。

琦善等奏请允准达赖喇嘛派人赴京附近购备礼物片

道光二十六年闰五月二十四日（1846.7.17）①

再，据达赖喇嘛、班禅额尔德尼咨称：窃查前后藏按年专差堪布赴京进贡，原因小僧等世受大皇帝覆育之恩，借以稍伸蚁忱。乃蒙大皇帝恩施逾格，于道光二十年特颁谕旨，著每间二年入贡一次。小僧等顶感皇仁，报答不尽。惟前后藏时有各处施主来藏瞻礼，递送布施，商上回答礼物，如哈达、章嘎、蟒缎、锦缎之类，向系堪布等由京购买带回。近来前后藏堪布每间二年始得进京，不惟驮骡例有定额，即包驮斤重亦有定数，以一年所买之物不足供数年之用，祈请发给路照，准其差人自带骡马，由草地前往归化城、张家口附近京城地方购备，以资应用，等情前来。

奴才等查外番来藏瞻礼，达赖喇嘛、班禅额尔德尼等回送各物，从前均系专人随同堪布赴京购备。近因贡期系间隔二年入都一次，以一次带来之物备三年应用之需，势有不敷，而回答外番又为礼节所关，不能节省。今据咨请路照，奴才等未敢擅行给与，谨据咨具奏，可否准令达赖喇嘛、班禅额尔德尼遇短缺回答礼物之年，自备骑驮，专人由草地前往京城附近地方购买之处，出自皇上天恩。如蒙俞允，再行饬令遴择妥人自备骑驮前往，其余各随从之人均留于西宁，并发给路照，限以往回日期，毋许在途逗留生事。至差去之人，系属商上私事，非堪布赴京进贡可比，途中责令自行防护，所有西藏、西宁均毋庸拣派官兵护送，以符体制。是否可行，理合附片奏阅，伏乞训示遵行。谨奏。

（一史馆藏军机处录副奏折）《元以来西藏地方与中央政府关系档案史料汇编》（五）1811 页

①原注：朱批日期。

琦善等奏藏兵一切操防事宜拟责成噶伦经理片

道光二十六年闰五月二十四日 （1846.7.17）[①]

　　再，唐古特番兵从前皆系于番民内遇事摊派。乾隆五十七年大学士福康安因其未谙操防，奏明于前后藏安设番兵三千名，作为定额，设立戴琫等官，逐层管束，交驻防将备教演，遇有缺出，亦由将备等禀请拔擢，不由噶布伦等经理。原因番兵新设，事属创始，既未谙悉操练，不得不令官兵指授。

　　惟查番兵弓箭均系竹木为之，夷俗相沿，本未改易。其学习枪炮，已知演放。此外，如军械锈损者应如何修整，铅弹、火药应如何配造，锣锅、帐房应如何置备，庄田、口粮应如何按时给发，事属商上，非驻防将备所能理料。而商上一切事务，均归噶布伦等筹办，遇有军务，亦系噶布伦等带兵征剿。是噶布伦一官，为达赖喇嘛手下统辖文武之员，若于操兵一事令其置身局外，不惟遇有征调，兵将素不相习，难期得力；即平日修制军装各项，亦恐推诿有词；且驻防将备仅止数人，川省距藏窎远，每值更换，动辄经年，遇有缺出，往往以千、把、外委越级暂护，官卑职微，不但难资统驭，且亦呼应不灵，况前后藏所辖地方，自江卡至定日，绵亘五千余里，跬步皆山，安驻官兵虽有一千余名。若分设塘汛，或接送文报，以及各项匠役、字识并各衙门按例当差、看守仓库兵丁而外，所余无几，尤须番兵互相捍卫。

　　今昔情形不同，且演习枪炮之法已明悉，似当量为变通，以期共济。应请嗣后番弁兵丁一切操防事宜，均责成噶布伦等经理，经禀驻藏大臣核办，倘有废驰疏懈，即行参奏；其官兵操练，责成驻防将备管理，庶营务各有专责，遇事不致推诿。

　　奴才等愚昧之见，是否可行，伏候圣裁。为此附片陈明。谨奏。

　　道光二十六年闰五月二十四日奉朱批：该部议奏。钦此。

　　（一史馆藏军机处录副奏折）《元以来西藏地方与中央政府关系档案史料汇编》（五）2245—2246页

　　①原注：朱批日期。

据琦善瑞元等奏达赖由班禅受戒著赏物分给谕

道光二十六年闰五月二十九日 （1846.7.22）

谕：琦善等奏，达赖喇嘛由班禅额尔德尼受比丘小戒，并达赖喇嘛等呈进佛座、哈达等件奏闻一折。本年五月初八日，达赖喇嘛由班禅额尔德尼已受比丘小戒，实属吉祥之事，朕甚欣悦。达赖喇嘛嗣后益专经咒，善守黄教，永受朕之眷注加恩，著赏给达赖喇嘛黄哈达一条、环子念珠一串、玉碗一个、玉盒一个、大荷包一对、小荷包二对，赏给班禅额尔德尼黄哈达一条、菩提子念珠一串、玉盒一个、大荷包一对、小荷包二对，琦善接奉此旨晓谕达赖喇嘛、班禅额尔德尼，即将所赏哈达等物分给。

再，达赖喇嘛请将例应呈进之贡物著交班禅额尔德尼年班之堪布带京呈进之处，即著照所请办理。

《清代蒙藏回部典汇》 第七十五册34481页

琦善瑞元为改进藏军武器等事致噶伦札

道光二十六年六月二十四日 （1846.8.15）

钦差驻藏大臣琦善、驻藏帮办大臣瑞元为札行事。

窃查乾隆五十七年，因西藏发生对外战争，每户派支兵差。头人借派兵差之名，行占役为奴之实，故无士兵与百姓之分。士兵常不操练，行事无章可循。因是福中堂原奏拟定酌改前例，番兵定额三千名，由戴本和各级官员统率操练。惟恐枵腹从公，特给官员发放薪饷，士兵按体质强弱发放口粮。此项粮饷悉从没收庄园财物中支付，未动支商上银粮。然制造火药、弹丸、火绳及其他所需兵器，无专项资金，自不便由士兵自行负担，故前大臣海朴曾奏，没收沙玛尔巴喇嘛牦牛，设差户按月轮流管理。每年按酥油定额，征收酥油，折价银五百五十两，作为制造火药、弹丸、火绳、弓箭、刀矛之费，并规定为每年专项开支，以资保护卫藏疆土。但因时隔已久，在选拔兵丁时，不查体质强弱、技能是否熟练，升补之人均限于本部，从未改动，乃至父子任何一人葬身疆场，非但无任何抚恤，却只令其子孙以继承之名义接班代替。官员不重军械制造，以朽劣之刀代之，火药、弹丸、火绳等均由士兵自支，是此则难以御敌。上述银粮不知用往何处，办事头目惯于承袭旧规，不思前朝之变革。昔日卫藏诸事及所属百姓等均由顾实汗及拉藏汗掌办，达赖喇嘛专心佛事，不管世俗杂务。今汗王已撤，其所属地区及百姓由达赖喇嘛一人掌管。一人掌两权，既勤奋经典，又掌办公务，从未延误，番民安乐，造福众生，此乃习经积德所至。诸噶伦只任各文武官员之总头目，无须习理佛事，故更应照顾各项事业。如若按现在情形，贻误诸务，一但出事，如何处理。又，大皇帝为昌隆黄教，虽施恩无量，然京城相隔万里之遥，若闻有战乱，即便派兵救援，亦恐不及。本大臣为尔等之事甚感不安，故不畏困难，不失言教，特札诸位噶伦即刻饬令卫藏戴本熟酌，现有藏兵中，如何考察体力强弱及战术优劣，以定去留。嗣后募兵及遴选官员，均须依其才能，而不限于出身。至如何制造军器、火药、弹丸、火绳，如何指导操练，对技术优秀士兵如何奖赏，对技术差者如何处罚等，均应酌情商讨，制定完善规章呈报。嗣后如有军饷，噶伦遴选官员在本大臣衙门领取委补号纸，本大臣将核查尔等行事，尔等不得放任。为便于达赖喇嘛、班禅额尔德尼及阿齐图诺门罕查阅，特札知之。

（西藏馆藏　原件藏文）《元以来西藏地方与中央政府关系档案史料汇编》（五）2246—2247 页

理藩院会同兵部议复琦善奏报前后藏番弁兵丁操防拟由噶布伦经理及官兵操练由驻防将备管理折

道光二十六年六月三十日（1846.8.21）

理藩院会同兵部议复驻藏大臣琦善奏，前后藏番弁兵丁操防事宜，均责成噶布伦经理，其官兵操练责成驻防将备管理，庶营务各有专责，遇事不致推诿等因，具奏。奉旨交臣院议奏。

查臣院西藏通制内载，前后藏各设番兵一千名，此外冲途要隘之定日、江孜地方安设番兵各五百名，其额设番兵三千名，此项番兵即于安设处所就近挑补，以省调戍之烦，设立戴琫四人，以二人驻扎后藏，以一人分驻定日，一人分驻江孜，管理所设兵丁。即令各处驻防将弁督率管束、教演技艺，前藏番兵归游击统辖，后藏及江孜、定日番兵归后藏都司统辖，所有挑补番兵造具花名清册，交该管游击都司及戴琫稽查，等语。臣等查藏卫地方远在边陲以外，番兵技艺必须教练娴熟，方能得力，当年安设番兵之始，所立规制虽属详备，而事历年久，难免渐生疏懈。兹据驻藏大臣琦善等奏称，前后藏安设番兵三千名作为定额，设立戴琫等官逐层管束，交驻防将备教练，遇有缺出亦由将备等禀请拔补，不由噶布伦等经理，其军械钱粮事隶商上均归噶布伦等办，遇有军备亦系噶布伦带兵往剿。是噶布伦一官为达赖喇嘛手下统辖文武之员，若于操兵一事令其置身事外，不惟遇有征调兵将素不相习、难期得力，即平日修制军装，亦恐推诿有词。且驻防将备仅此数人，川省距藏窎远，每值更换，动辄经年，遇有缺出，往往以千把外委，越级暂获，官卑职微，不但难资统驭，且亦呼应不灵，似当量为变通。应请嗣后番弁兵丁一切操防事宜，均责成噶布伦等经理，往禀驻藏大臣核办，倘有废弛疏懈，即行参奏。其官兵操练责成驻防将备管理，庶营务各有专责等语。兵部查前后藏驻防将备，向系兼管番兵官兵操练。今据该大臣奏称，番弁兵丁一切操防事宜责成噶布伦等经理。至官兵操练自应责成驻防将备管理，俾各有专司，不致诿卸。倘于所管兵丁不能认真操练，即将驻防将备从严参办。臣等详加核议，该大臣所奏系属历时制宜、整饬操防起见，应如所请办理。

得旨：依议。

《清代蒙藏回部典汇》第七十五册34478—34480页

琦善奏请定章程凡西藏世职准分别戴用顶戴已袭头等台吉敦珠玉阶即可按章戴用片

道光二十六年十二月十九日（1847.2.4）

再，据阿齐诺们罕禀称：已袭札萨克头等台吉敦珠玉阶，自承袭台吉以来，未有顶戴，应否准其戴用之处，请示遵行。等情前来。奴才查敦珠玉阶之高祖诺彦和硕齐，系郡王职衔颇罗鼐之弟，因防守准噶尔著有劳绩，于征剿布鲁克巴身先士卒，奋勇打仗，蒙赏札萨克头等台吉。乾隆四十八年军机大臣会同理藩院将西藏公札萨克等源流分别议奏，奉旨：索诺木拉西之札萨克头等台吉著加恩世袭罔替。钦此。递传至敦珠玉阶，于道光八年奏奉谕旨：惠显等奏西藏札萨克头等台吉策凌汪楚克多尔济病故，所遗之缺请令伊子敦珠玉阶承袭等因请旨一折，着照惠显等所奏，策凌汪楚克多尔济所遗札萨克头等台吉之缺，准令伊子敦珠玉阶承袭。钦此。是其世职系由军功所立。伏查因事立功蒙恩赏延世及者，中外皆有，一经恩准承袭，即照品级戴用顶戴，原所以别于齐民，即吏、兵二部选补各缺，亦各按照品级即行戴用，从无必须文内指出顶戴字样方准戴用之理。乃西藏自已革诺们罕掌事以来，无处不肆其娄索，遂有原奏内并未指出不得戴用之说，致令国家奖功议能之盛典，竟成无实之具文。今据阿齐图诺们罕请示前来，查西藏世职只有公与台吉二项，奴才愚昧之见，拟请嗣后凡公爵一经奏蒙恩旨，即准戴用头品顶戴，其台吉无论头等、二等，俱准戴用二品顶戴，似此明立章程，不肖之员既无由串同愚〔娄〕索，而朝廷爵秩之荣，名实亦可相符矣。如蒙俞允，其现在头等台吉敦珠玉阶，即照此办理。合并附片陈明。谨奏。

道光二十七年正月二十八日奉朱批：该部议奏。钦此。

（一史馆藏军机处录副奏折）《元以来西藏地方与中央政府关系档案史料汇编》（五）2164—2165页

琦善奏辅国公策旺珠美病辞请以其子承袭折

道光二十六年十二月十九日 （1847.2.4）

奴才琦善跪奏，为西藏辅国公策旺珠美因病具辞，请以其子承袭，恭折奏祈圣鉴事。

窃据阿齐图诺们罕阿旺伊喜楚称嘉木参禀，据公策旺珠美禀称，该员现经染患中风病症，不能供职，祈准辞退。伊之长子札喜热布丹，现年十八岁，能以当差，请将所遗公爵准令札喜热布丹承袭。等情。由阿齐图诺们罕查明属实，禀请转奏前来。

奴才伏查，该员原是公爵，系因其始祖珠尔墨特车卜登不肯从逆，致被戕害。乾隆四十八年军机大臣会同理藩院将西藏公札萨克等源流分别议奏，奉旨：诺尔布彭楚克承袭辅国公，系伊祖珠尔墨特车卜登军功所得，著加恩世袭罔替。钦此。嗣经核次承袭。至嘉庆二十一年，凌沁彭楚克出缺，前驻藏大臣喜明等奏请，以其子策旺珠美承袭。奉旨：喜明等奏，西藏辅国公凌沁彭楚克病故。等语。此公爵原因军功奋勉赏赐，著加恩即令凌沁彭楚克之子策旺珠美承袭。钦此。

今策旺珠美既患病，不能供职，呈请辞退。其所遗世袭辅国公爵，应否照案恩准，赏给其子札喜热布丹承袭，戴用头品顶戴之处，出自圣主天恩。理合恭折具奏，伏乞皇上圣鉴，训示遵行。谨奏。

道光二十七年正月二十四日奉朱批：[1]

（一史馆藏军机处录副奏折）《元以来西藏地方与中央政府关系档案史料汇编》（五）2165 页

①原注：朱批原折未录。

琦善奏英人投禀欲向西藏交易并现在探听筹备情形片
（附 代营官拟寄库鲁部长信稿）

道光二十六年十二月二十六日 （1847.2.11）[1]

驻藏大臣琦善奏，据唐古特西界堆噶尔本营官禀报：有披楞所属库鲁部，遣人投递披楞兵目夷禀一件，文义皆不通晓。询据来人口述：披楞战胜森巴，已经归附，并将所属之拉达克、克什米尔分与管辖。又欲向唐古特交易，定有章程，不准再由拉达克转卖，令派人前往会议。等语。此外有何干求，未能深知。该营官以与披楞向无交往，且大雪封山，不能代递，向其婉辞。其来人声称：披楞已知大雪封山，约定来春听信，夏间再说。委书而去。该营官以库鲁向有交往，信致库鲁部长，询以应否代递，令其酌定回复等情。由诺们罕等面禀请示前来。

奴才查唐古特与外番交易，向有成规，其西界货物由拉达克转卖，由来已久。道光二十二年孟保、海朴任内，森巴战败拉达克，占据唐古特营官衙署之时，曾经议和，言明拉达克已归森巴，货物仍由拉达克转卖，不得卖与他人，与唐古特立有字约。今披楞即英吉利，果只欲图交易，无论库鲁本其所属，拉达克又已归附，混迹其间，尽可买卖，且新属之克什米尔回民，在前后藏携眷为商者不下千户，往返运送货物，更无虞缺乏，何必定欲彰明较著与唐古特觌面交易，复私定章程，令派员前往会议？情有可疑。此外禀内有何干求，尚复不知。揆厥情形，难保无藉端寻衅，暗图西招情事。当差番目前往边界探访。回称：拉达克自被森巴蹂躏以后，官民穷困，无力支持，与克什米尔已归披楞属实，其森巴部落有三：曰然吉，曰古浪，曰协勒。内然吉较大，古浪、协勒均其所属，现惟古浪森、协勒森投归披楞，其然吉森并未依从，等语。

唐古特本崇佛教，素不知兵，适遇此事，群求奴才指画。似此情形，若峻词拒绝，英夷恃其强梁，来春恐肆滋扰，断难操必胜之权，设彼时少有失挫，其挟制妄求，自更甚于今日，何以盈其欲壑？如竟允其所请，又不知尚有何求？且恐然吉森又以违议负约为词，兴兵构难，交攻互斗，兵连祸结，何时可已？况达赖喇嘛并无余财力，实难以相支。然若如该管〔营〕官所禀，向库鲁部长商议。该部落本其所属，岂有不偏袒英夷之理？今准驳事出两难，不得已代营官酌拟一信，由噶布伦等寄交，令其寄与库鲁部长，全系喻以情理，托言势难负约，令向披楞回复。使其无衅可寻，必向森巴争议，自相蛮触，俟其胜负区分，或可相机酌办。

窃惟驾驭外夷之道，羁縻与备防不可偏废，现将行军进退，阵势止齐，步队刀矛击刺，马队枪箭冲突之法，向前后（藏）番目兵丁日夕教授，并将口粮、乌拉、锅帐、军器、火药、铅丸应如何运贮制备。均已代为筹定。惟番兵三千，除分守要隘塘汛及廓尔喀边界汛地未便调遣外，实计步队不过二千，酌添兵力，亦只千数有奇。复密饬在唐古特游牧之达木蒙古与青海移来番民，喻以唇亡齿寒，亟宜护卫之理，歆以奋勇出力，国家优奖之荣，令其预遴马队，遇事相助，俱各应允，先自演习，其边界英夷前来，如何先向羁縻，坚壁清野，如何防范，亦令噶布伦向营官密谕寄知。山川道路，已派番目前往查勘绘图。奴才拟于开篆后，前赴后藏阅伍，将前项兵民调至有草宽阔地方，再行亲加教练。就近探听消息，事缓则暂行遣回，事急则管带前进，相机酌办。

所有代营官拟寄信稿，照译汉字，恭呈御览。

附　代营官拟寄库鲁部长信稿

字寄库鲁部长知悉：

尔部长身体平安，爱惜百姓，我们两个营官，蒙大皇帝恩，达赖喇嘛慈，身子很好。今于八月二十日，库鲁使臣宁巴之弟，名叫们打然，连随从人等，来至堆噶尔本地方，带有披楞头人萨海万阿古鲁巴都尔与我营官二人寄来信字一件，又该披楞头人萨海呈投藏中夷禀一封，照抄夷信一件，一并呈阅前来。无论并无尔部长封函，难以凭信，即以情理而言，唐古特从来未与披楞通过信息，碍难凭空代为转禀。且本年天气已迟，大雪

封山，是以暂将夷禀存留，曾致信寄尔部长，询问原由去后。

随后我们营官再四细想，虽抄来夷信，字义不清，不能通晓，而据来人口述话语，不过以茶叶、褐子等项，以后不拘卖给何人，均准交易之意。但是藏属茶叶、盐斤、褐子等项，向由拉达克转卖，系从前旧规，并不始于今日。况三年前与森巴议和时，立有字据，所有买卖，仍照旧由拉达克转卖之语。今披楞头人萨海并未向森巴等处说明，就私下写一信来，我们唐古特素以信义为重，平空失信于人，岂是情理？倘森巴、拉达克问我们因何负约，我们如何回答？不但贻笑邻封，就是你们披楞必也笑我们无礼，此信我实在不便转递。但披楞与我们素无交往，也无仇怨，即是尔部长之人带来之信，故仍赶紧寄知与尔，烦尔部长向披楞头人萨海好为开导，自向森巴、拉达克部长商议妥协。治国全凭信义，想披楞亦当讲究也。

朱批：览

（《筹办夷务始末》道光朝卷七七）《元以来西藏地方与中央政府关系档案史料汇编》（三）949—952页

①原注：奉旨日期。

据琦善奏英人请与西藏通商事已令耆英坚守成约
并著暂缓赴川新任谕

道光二十六年十二月二十六日（1847.2.11）

军机大臣字寄驻藏大臣新授四川总督琦，道光二十六年十二月二十六日奉上谕①：琦善奏接据唐古特西界堆葛尔本营官禀报，有披楞所属库鲁部落遣人投递披楞兵目夷禀②，并现在探听筹备情形。览奏均悉。此事前经耆英奏称，英夷③请于后藏定界通商，业经耆英谕以西藏本有定界，无庸再勘，通商系原约所无，不得违背等语，备文照会。当降旨令耆英援据条约正言拒绝，持以镇静，勿为所摇。兹据该大臣奏称，已代营官酌拟回信，并密为筹备，以防不虞。办理甚为妥善。惟英夷④诡谲异常，自应训练兵丁，预为防范。如果狡焉思逞，该大臣惟当因时制宜，相机筹备⑤，切不可孟浪从事，有伤国体。仍一面广为侦探，随时斟酌情形，妥协办理；一面谕以通商事宜，现系钦差大臣耆英专管，如有禀请事件，可赴广东商量。已由四百里谕知耆英，曲加开导，俾令坚守成约，毋得别生枝节。该大臣现已简放四川总督，著暂缓前往，俟斌良到任时，倘所办夷务⑥尚未完竣，仍著留藏数月，再行前赴新任。将此谕令知之。钦此⑦。

遵旨寄信前来⑧。

（一史馆藏军机处上谕档）《元以来西藏地方与中央政府关系档案史料汇编》（三）952—953 页；《清实录藏族史料》（八）4115—4116 页；《清代藏事奏牍》300 页

① 《清实录藏族史料》（八）中为"又谕"二字。
② 《清实录藏族史料》（八）中为"洋禀"。
③ 《清实录藏族史料》（八）中为"英国"。
④ 《清实录藏族史料》（八）中为"英国"。
⑤ 《清实录藏族史料》（八）和《清代藏事奏牍》中均为"筹办"。
⑥ 《清实录藏族史料》（八）中为"洋务"。
⑦ 《清代藏事奏牍》中无"将此谕令知之。钦此。"
⑧ 《清代藏事奏牍》和《清实录藏族史料》（八）中均无"遵旨寄信前来"。

令琦善密防并著晓谕该夷应赴广东与耆英商办等情谕

道光二十六年十二月二十六日（1847.2.11）

军机大臣字寄协办大学士两广总督耆，道光二十六年十二月二十六日奉上谕①：前据耆英奏，英夷②请于西藏定界通商，业经正言拒绝，当有旨著该督坚守成约，勿为摇惑。兹据琦善奏称，据唐古特西界堆葛尔本营官禀报，有披楞人投递夷禀③，据来人口述，系披楞战胜，森巴已经归附，并将所属之拉达克、克什米尔分与管辖，欲向唐古特交易，定有章程，令人前往会议。等语。与该督前奏大略相同。本日已降旨，令琦善严密防范，并著晓谕该夷④，以办理夷务⑤系钦差大臣之事，应由该夷⑥自赴广东与耆英商办。著该督仍遵前旨，申明条约，毋任狡执，俾知成约坚明，五口通商之外不得再生枝节，是为至要。原片及信底俱著钞给阅看。将此由四百里谕令知之。钦此⑦。

遵旨寄信前来⑧。

（一史馆藏军机处上谕档）《元以来西藏地方与中央政府关系档案史料汇编》（三）953 页；《清实录藏族史料》（八）4115 页；《清代藏事奏

《牍》299—300 页

① 《清实录藏族史料》（八）和《清代藏事奏牍》中为"谕军机大臣等"。
② 《清实录藏族史料》（八）中为"英国"。
③ 《清实录藏族史料》（八）中为"洋禀"。
④ 《清实录藏族史料》（八）中为"该国"。
⑤ 《清实录藏族史料》（八）中为"洋务"。
⑥ 《清实录藏族史料》（八）中为"该商"。
⑦ 《清实录藏族史料》（八）中无"钦此"二字。
⑧ 《清实录藏族史料》（八）和《清代藏事奏牍》中无"遵旨寄信前来"。

琦善奏披楞即英吉利国现战胜森巴并拉达克克什米尔
已被管辖折

道光二十六年十二月二十六日 （1847.2.11）

驻藏大臣琦善奏，披楞即英吉利国，现战胜森巴，并森巴所属之拉达克、克什米尔地方俱已归披楞管辖，报闻。

《清代蒙藏回部典汇》第七十五册34480 页

琦善瑞元奏接廓尔喀国王禀称披楞战胜森巴恐觊藏地折
（附 廓尔喀国王来禀 檄谕廓尔喀王文）

道光二十六年① （1847）

奴才等近接廓尔喀国王来禀，译汉内称：披楞现与森巴打仗，胜过森巴一次。该国与森巴系属邻封，若披楞将森巴之地占去，恐其觊觎藏地，该国力小，无能把守南方门户等语，请示前来。并钞呈披楞与森巴打仗情形清单一纸。又照钞披楞贸易头人，由广东寄彼信底一纸。奴才等溯查近年该国屡次来禀，或请赏银两，或请换地方，甚至于表文内任意书写干求之事，不一而足。虽节经驳饬，而乞恩之念总不能已。现复藉披楞与森巴交战之事，禀请指示，并钞录在粤东贸易披楞头人信底寄阅，隐约其词，用意极为狡狯。总缘该国向有披楞之人，住居贸易，声息相闻，遂致启其奢望。奴才等再三筹商，批答未便著迹，是以于檄谕中反复开导，使知保护南方门户，即保护该国之疆宇，不致肆其虚疑恫喝之词，妄冀逞其所欲。除严饬文武及番弁认真训练，小心防守外，谨将该国王呈递原禀一件，并奴才等发给檄谕，照录并呈御览。

再，讯据现获之佛兰西夷人约则噶毕等，佥供英吉利国夷名昂格勒，其披楞系唐古特统呼外国之番语，并非是国名。廓尔喀所指之披楞，自系英吉利可知。又访知在藏回商，森巴乃西路涅都斯坦所属地方，亦非国名，合并陈明。

附1　廓尔喀国王来禀

廓尔喀额尔德尼王热尊达尔毕噶尔玛萨野具禀钦差驻藏二位大人台前。

敬禀者：窃小的前闻大皇帝禁止鸦片烟来往买卖，刻下接得中国广东擦巴玛地方住的英吉利国人写来信字一个云：说近来通卖鸦片烟，并未阻止等事。今又接得英吉利所属噶哩噶达、狄里玛两处的小的廓尔喀之人来信云：说英吉利同森巴打仗，前已打过数次，刻下英吉利胜过森巴一次。想小的与森巴乃是邻封，若英吉利再胜，将森巴之地占去，那时只剩小的极小之地，恐他还有贪想大皇帝中国地方哩。况从前五六年上，有英吉利在我国中住的头人名哈杂萨纳，向小的回称：我们帮你四千兵马，你们去取西藏地方。小的回向该头人云：说我系投诚大皇帝之人，你这些话，我是不能听你的，所有大皇帝南方之门，小的仍前把守。这些情节小的在表上写的有，就是一切好歹苦楚，在二位大人近前，也是禀明过的。刻下恐英吉利胜过森巴，还要贪中国地方。若由廓尔喀经过，奈小的缺乏军器，所有南方之地，小的无能把守。想小的屡接二位大人来谕：总令保守地方，诸事均要遵照向例。我感二位大人恩典，只得遵例办事。奈何小的国小无力，倘英吉利叫小的借让南方之路，那时小的怕难把守。今大皇帝若能怜悯小的乃系投诚之人，所有南方之门，我就能苦守，若不怜悯之时，南方之门，小的实难把守了。从前凡遇大小事件，都是禀求二位大人指示，今闻此信，禀明二位大人商筹如何指示前来，小的以得遵循办理，把守南方之门矣。为此于道光二十五年十二月二十八日自阳布具。

附2　檄谕廓尔喀国王文

檄谕廓尔喀额尔德尼王热尊达尔毕噶尔玛萨野知悉。

兹据尔王禀报，披楞与森巴近日接仗情形，并钞单二纸前来。查森巴系温都斯坦所属地方，偶尔失机，亦未必即甘心任令占据。尔国与披楞正在和好，互相交易，岂能无端侵犯。尔王但当力敦和睦，自可立释嫌疑。至唐古特与披楞，素不相涉，何致远道相犯。况唐古特南方门户，即尔国之疆土也，披楞纵肆强梁，岂不虑唐古特截其前，尔王断其后，自取危亡。至所称借让尔国地方行走，更难保不先扰尔国，又焉肯舍近求远。尔王明白事理，必早料及，此等虚喝之言，彼能欺骗尔王乎！是尔王保护南方，即保护尔国之土地人民也。惟望尔王时加留意，永敦和睦，是为至嘱。尔王前在各大臣任内禀诉之事，均经各前任屡次明白晓谕，当已早悉，本大臣毋庸再述，特此谕知。顺问尔王好。

朱批：是。

《清代藏事奏牍》296—297 页

①时间为编者考证。

琦善耆英代营官拟寄库鲁部信稿（附 上谕一则）

道光二十六年①（1847）

字寄库鲁部长知悉：尔部长身体平安，爱惜百姓，我们两个营官，蒙大皇帝恩，达赖喇嘛慈，身子很好。今于八月二十日，库鲁使臣宁巴之弟，名叫们打然，连随从人等，来至堆噶尔本地方，带有披楞头人萨海万阿古鲁巴都尔与我营官二人寄来信字一件，又该披楞头人萨海呈投藏中夷禀一封，照钞夷信一件，一并呈阅前来。无论并无尔部长封函，难以凭信。即以情理而言，唐古特从来未与披楞通过信息，碍难凭空代为转禀。且本年天气已迟，大雪封山，是以暂将夷禀存留，曾致信寄尔部长，询问原由去后。

随后我们营官再四细想，虽钞来夷信，字义不清，不能通晓。而据来人口述话语，不过以茶叶金子等项，以后不拘卖给何人，均准交易之意。但是藏属茶叶盐斤金子等项，向由拉达克转卖，系从前旧规，并不始于今日。况三年前与森巴议和时，立有字据，所有买卖，仍旧由拉达克转卖之语。今披楞头人萨海并未向森巴等处说明，就私下写一信来。我们唐古特素以信义为重，平空失信于人，岂是情理？倘森巴、拉达克问我们因何负约，我们如何回答？不但贻笑邻封，就是你们披楞必也笑我们无礼，此信我实在不便转递。但披楞与我们素无交往，也无仇怨，既是尔部长之人带来之信，故仍赶紧寄知与尔，烦尔部长向披楞头人萨海好为开导，自向森巴、拉达克部长商议妥协。治国全凭信义，想披楞亦当讲究也。

朱批：览。

附1　上谕一[②]

又谕：本日据琦善奏，唐古特西界营官禀报：有披楞人投递夷禀，欲向唐古特交易等语。披楞即英吉利国，现经战胜森巴，并森巴所属之拉达克、克什米尔地方，俱已归披楞管辖。向来唐古特交易，由拉达克转卖，今披楞欲觌面交易，复私定章程，令人前往会议，其意殊属叵测，难保无藉端寻衅情事。现在琦善即赴后藏阅伍，就近探访信息，训练巡防。拉达克、克什米尔是否系卡外回子？曾否归服披楞及现与披楞有无交结同谋情事？著赛什雅勒太等严密探访，如有其事，著即豫行校练，一体防范，以期有备无患。断不准稍涉张皇，亦不准稍有泄漏。琦善原折，著钞给阅看。

《清实录藏族史料》（八）4115—4117 页；《清代藏事奏牍》299—300 页

① 时间为编者考证。

② 附件一与《清实录藏族史料》（八）4115—4117 页谕同。

热振呼图克图阿旺益西楚臣坚赞请转奏十世达赖喇嘛之侄索南坚赞承袭头品顶戴事致驻藏大臣[①]呈稿

藏历火马年（1847 年）

钦差驻藏大臣尊前：

顷接诸噶伦转来之十世达赖喇嘛之母朗杰普迟宇托家主仆同声呈请（全文引），等语。

本诺门罕与诸噶伦议商，查雍正七年（藏历土鸡年）七世达赖之父索朗达杰进宫觐见龙颜，赏封图萨拉齐公（即辅国公）名号及头品顶戴，佩带双眼花翎；乾隆九年（藏历木鼠年）索朗达杰卒，七世达赖喇嘛之弟贡嘎丹增袭封辅国公；乾隆三十二年（藏历水蛇年）[②]贡嘎丹增卒，其侄扎西朗杰袭封辅国公；乾隆五十六年（藏历铁猪年）扎西朗杰卒，其子恰多尔旺曲袭封头等台吉，准世袭冈替；嘉庆十二年（藏历火兔年）恰多尔旺曲卒，其子色农平措袭封头等台吉；道光十一年（藏历铁兔年）色农平措卒，道光十二年（藏历水龙年）其子坚考欧珠袭封头等台吉，赏二品顶戴。

八世达赖喇嘛之父于灵童未认定前去逝〔世〕，其兄索南扎西为喀尔喀哲布尊丹巴四世之父，因为同父，故赐封辅国公爵位；乾隆四十七年（藏历水虎年）索南扎西卒，其侄绕丹朗杰袭封辅国公；嘉庆八年绕丹朗杰卒，因其无子嗣，故未承袭公爵。

九世达赖之父灵童未认定前去世。嘉庆十三年（藏历土龙年），其叔罗桑年扎南杰赏给头品顶戴，因不服水土，道光二年奏请返原籍邓柯调养，旋即奉旨：准在籍五年，头品顶戴自不应在籍戴用。后卒于邓柯，故顶戴未能承袭。

十世达赖之父罗桑年扎，道光二年赐封头品顶戴，道光四年（藏历木猴年）罗桑年扎卒，十世达赖之弟格桑平措赐封头品顶戴。据册载：今格桑平措病故之事已呈奏在案。循大皇帝对历辈达赖喇嘛近亲赐封名号、顶戴之例，若能在十世达赖之侄索朗坚赞今年满十岁之时准袭头品顶戴，定能满足阖藏僧俗笃信达赖喇嘛之心，定能消除十世达赖之母朗杰普宇托家主仆之痛哀。本诺门罕与诸噶伦念及十世达赖喇嘛之恩德及声誉，恳求二位钦差大臣代为奏明大皇帝，恩准为感。此呈。

（西藏馆藏　原件藏文）《元以来西藏地方与中央政府关系档案史料汇编》（五）2166—2167页

①编者按：本文台头"钦差驻藏大臣"为琦善。

②原注：此处年代有出入，乾隆三十二年应为藏历火猪年，藏历水蛇年应为乾隆三十八年（1773）。据《高宗实录》卷九三一页，贡嘎丹增卒于乾隆三十八年，故此处应以水蛇年为准，乾隆三十二年误。

理藩院遵旨议奏琦善等奏达赖喇嘛等派人购买礼物章程折

道光二十七年正月初九日（1847.2.23）

管理理藩院事务户部尚书臣赛尚阿等谨奏，为遵旨议奏，仰祈圣鉴事。

内阁抄出驻藏大臣琦善奏，达赖喇嘛、班禅额尔德尼差人赴附京地方办买哈达、缎匹等物，遵照部示，酌拟人马骑驮数目缘由复奏一折，道光二十六年十二月二十六日奉朱批：该部议奏。钦此。钦遵。于十二月二十八日抄出到院。

臣等查前于二十六年六月间，据驻藏大臣琦善奏称，因达赖喇嘛、班禅额尔德尼商上回答各外藩礼物，向系堪布赴京进贡专人随同前往购备，近因贡期蒙恩宽展，以一次所买之物不足供数年之用，请嗣后自备骑驮，专人由草地前往附京地方购买，等因。当经臣院以该大臣所奏，系属抚恤外夷，应照所请办理。惟买物年限、人马、骡驮数目及路照应如何办给，经过处所应如何查验放行，往返日期应如何定限，途次行程应如何稽查，均未声明。行令妥议章程，复奏到日，再行核议。等因具奏。奉旨：依议。钦此。钦遵。行令遵照在案。

兹据该大臣琦善奏称，查从前前后藏按年专差堪布赴京进贡，商上所需缎匹，均系按年专人随往采办。今系专人自备骑驮前往附京地方购备，应请嗣后除进贡之年仍照旧例采办外，其非进贡之年，商上差人前往，自前藏至青海，系属常川贸易，向由草地行走，自有定章，毋庸再议。其行抵青海赴附京地方人数，无论前后藏，均各止准二十名，此外随从之人概留于该处，不得额外加增。计由草地至附京一带，达赖喇嘛准雇骆驼一百五十只、骑骡二十头、驮行李骡二十五头；班禅额尔德尼准雇骆驼一百二十只、骑骡二十头、驮行李骡二十头，俱令自行雇备，沿途自行防护。届时由商上各将人名及准雇骑驮数目具报，驻藏大臣衙门填给往返路照，造册咨明陕甘总督、青海办事大臣查验放行，并咨理藩院备查。如有人数或名字不符，及骑驮浮多之处，即由青海办事大臣扣留，移咨驻藏大臣，将派去之人分别严惩。往返日期，每次定于四月自藏起身，十一月至附京地方，买办物料完毕，限于十二月起身，次年九月回藏。如敢在途逗留，逾期不回，亦即查明惩处。其余途次均系草地，既限有往返程途，应请毋庸再议，等语。

臣等详核该大臣所拟，自系体察该处实在情形，均应如该大臣所拟办理。至所赴地方，应如前奏，在附近京城归化城、张家口购备回答各外藩礼物，以资应用。并请敕下陕甘总督、西宁办事大臣，届期详查奏定章程，逐一稽查人驮数目，不得漫无限制，致令外藩多人散赴附京地方，以滋流弊。

所有臣等遵旨议奏缘由，是否有当，伏乞皇上圣鉴训示遵行。谨奏请旨。

（一史馆藏军机处录副奏折）《元以来西藏地方与中央政府关系档案史料汇编》（五）1812—1813 页

据琦善奏达赖班禅差人往附京地方购备物件应指明地方
确切奏明谕

道光二十七年正月初九日（1847.2.23）

谕军机大臣等：前据琦善奏达赖喇嘛、班禅额尔德尼差人赴附京地方办买哈达、缎匹等物，酌拟人马骑驮数目一折。当交该部议奏。兹据奏称：详核该大臣所拟，系体察该处实在情形，均著照该大臣原拟办理。惟所带人马骑驮既经酌定数目，以后应令永远遵守，不得漫无限制。并著西宁办事大臣届期详查，奏定章程，逐一稽查。傥日后擅自增添，即著据实参奏。至原奏所称专人前往附京地方购备物件之处，究系在何处购买，并著该大臣指实地方确切奏明，概不准以附京地方一语含糊入奏。将此谕令知之。

《清实录藏族史料》（八）4117 页

字寄耆英英人在西藏定界通商之请既有转圜已
著琦善妥办克什米尔与藏贸易等事

道光二十七年正月初十日（1847.2.24）

军机大臣字寄协办大学士两广总督耆，道光二十七年正月初十日奉上谕：耆英奏，英夷定界通商之请已有转圜一折，又另片奏请饬驻藏大臣就近体察情形，酌量妥办，等语。览奏均悉。英夷定界通商之请，既系祇欲指明旧界，并非另立新界，通商系仍照旧章，亦不异议新条，与来五口通商之夷无涉等情，此皆该督信义相示，善为开导，该夷屈于正论，妄念已息，似不至另生枝节。其西藏地方是否与加治弥耳毗连，有无旧界可循，及加治弥耳夷人是否向与西藏贸易之处，已谕知琦善体察情形，酌量妥办，并将加治弥耳夷人等合谋聚众欲行驱逐夷酋等事，确切侦探，迅速复奏矣。

又另片奏法英两夷留人居住琉球，前已谕令撤回，法酋尚未复到，英酋复称医生前往，未便阻止，并琉球附近日本，等语。夷情变幻难测，或其欲通日本，而借琉球为东渡津梁，亦未可知。现在英酋既藉词推宕，著俟法酋复文到日，如果尚无狡执，再向德酋相机开导，务期易于转圜，该两夷遣往琉球之人，何时撤回，该督即随时驰奏。

又另片奏，解往湖北传教夷人已交西洋夷目收管，未便过事追求，该夷居住香港，甚为安静，等语。现既安静，想系知所警畏。此后惟严饬地方官于关津渡口随时盘查，自不至任意混入。发去梁宝常封缴朱批原折等件，著阅看，仍行封缴。将此谕令知之。钦此。

遵旨寄信前来。

（一史馆藏军机处上谕档）《元以来西藏地方与中央政府关系档案史料汇编》（三）956 页

字寄琦善英人以西藏定界通商系循旧章著相机妥办谕

道光二十七年正月初十日 （1847.2.24）

军机大臣字寄驻藏大臣升任四川总督琦，道光二十七年正月初十日奉上谕：前因琦善奏有披楞人欲向唐古特交易，与耆英前奏英夷请于后藏定界通商等情大略相同，当降旨令琦善相机筹办，并谕知该夷通商事宜系耆英专管，如有禀请事件，可赴广东商办。兹据耆英奏称，夷酋顿易前言，又以定界通商均系循照旧章。该夷犬羊性成，真伪殊难凭信，著琦善就近体察情形，酌量妥办，总在因时相机开导，务使该夷无可藉口，不致于旧制之外别启纷更，是为至要。

至加治弥耳夷人与西刻夷人是否实有合谋聚众欲行驱逐夷酋擒去夷目之事，著一面确切侦探实在情形，并查明西藏地方与加治弥耳毗连，有无旧界可循，及加治弥耳是否向与西藏贸易之处，一并迅速复奏。

原折片及该夷来文来信，并耆英复文复信，均著抄给阅看。将此谕令知之。钦此。

遵旨寄信前来。

（一史馆藏军机处上谕档）《元以来西藏地方与中央政府关系档案史料汇编》（三）957 页

琦善奏遵查访英人欲于后藏通商实情折

道光二十七年二月十三日（1847.3.29）[①]

奴才琦善跪奏，为查访英夷请于后藏通商实情，恭折奏祈圣鉴事。

窃奴才钦奉寄谕：琦善奏，接据唐古特西界堆噶尔本营官禀报，有披楞所属库鲁部落，遣人投递披楞兵目夷禀，并现在探听筹办情形。览奏均悉。此事前经著英奏称，英夷请于后藏定界通商，业经著英谕以西藏本有定界，无庸再勘，通省〔商〕系原约所无，不得违背等语，备文照会。当降旨令著英援据条约正言拒绝，持以镇静，勿为所摇。兹据该大臣奏称，已代营官酌拟回信，并密为筹备，以防不虞。办理甚为妥善。惟英夷诡谲异常，自应训练兵丁，预为防范。如果狡焉思逞，该大臣惟当因时制宜，相机筹办，切不可孟浪从事，有伤国体。仍一面广为侦探，随时斟酌情形，妥协办理；一面谕以通商事宜现系钦差大臣著英专管，如有禀请事件，可赴广东商量。已有四百里谕知著英，曲加开导，俾令坚守成约，毋得别生枝节。该大臣现已简放四川总督，著暂缓前往。俟斌良到任时，倘所办夷务尚未完竣，仍著留藏数月，再行前赴新任。将此谕令知之。钦此[②]。

除另折叩谢天恩外[③]，其[④]英夷欲来通商一事，奴才因无辨识夷字之人，不知通商之外尚有何求，迄今怀疑。兹蒙圣明指示，该夷已先向著英恳请于后藏定界通商，仰荷饬令著英援据条约，正言拒绝，奴才始得明白所有实在情形，不敢不敬陈天听。

查堆噶尔本有大小五处营官，系达赖喇嘛所属，均与拉达克及英夷所属之库鲁、农底泥底、噶尔厦加木比、作木朗、降纳乌、比宁巴奔阿辖果、觉拉木、聪萨各部落犬牙相错，并无要隘可守，距前藏四十九站。路径纷歧，沙漠广阔[⑤]，虽有买卖，初无厚利，番民自相交易，时来时往，向不抽收税课，营官衙署迤西二三站，尚系唐古特地面，贸迁〔易〕甚微，该夷何所羡慕？既无税分可抽，何用会议？本有界址，安用再定？

其所以诡词通商求定地界者，盖以堆噶尔本迤北，峻岭相连，下有金矿，又地尽斥卤，挖即成盐。虽金矿迥不如前，而外间传扬甚大。其盐斥则拉达克、森巴、克什米尔、库鲁、噶尔厦加木比、降纳乌、觉拉木、农底泥底、比宁巴奔阿辖果、聪萨、作木朗以及廓尔喀、洛敏达，皆赖此以资食用。英夷惟利是图，自系⑥垂涎此地，冀图赏伊经管垄断居奇⑦。故通商必欲定界，且既为原约所无⑧，已向唐古特递有夷禀，何又向耆英恳求？盖明不得卖与他人⑨，系森巴与唐古特先有成约。伊未能向然吉森说明，若强行买卖，恐有争执。耆英不知原委，若骗其允许，则诿卸有词，然吉森不能向耆英理论，自寻唐古特滋扰，该夷脱身事外，嫁祸于人。

奴才初以为该夷不过意在贸易，时往时来，然吉森方与争战，未必即敢前来。今该夷如此诡诈多端，是其立志已定，不得不休⑩。而古浪协勒又已潜行归附，求之不获，势必强占。前车不远，可为明证。倘恃众长驱，其属部多与唐古特毗连。如耆英能向阻止，全赖圣主如天之福⑪。倘竟冥顽难化，则此间财乏兵单，甚属可虑。设坚执不肯回粤，奴才惟有竭尽心力，钦遵谕旨，因时制宜，相机筹办，不敢孟浪从事，有伤国体。

至该夷如何计较，奴才已于年前差人分路直至森巴等处访询。现在大雪封山，不能即得复音。原拟开春后即赴后藏阅伍，就近再行教练。惟青草尚未萌芽，马队既难以牧放，而日久等待⑫，商上又力难支持⑬。计该夷前来，似在五六月山雪化尽之时，奴才先派番目分路〈就〉近教演⑭，拟改于四月青草方生，再行前往探听消息，以为进止。即斌良到任时，倘英夷已来，夷务尚未办理完竣，奴才必留藏数月，一手经理，再行前赴新任。以副委任之恩。

所有堆噶尔本等处连界地势情形，谨绘图贴说，恭呈御览，伏乞皇上圣鉴。谨奏⑮。

道光二十七年三月二十三日奉朱批：钦此。

（一史馆藏军机处录副奏折）《元以来西藏地方与中央政府关系档案史料汇编》（三）957—959 页；《清代藏事奏牍》300—301

①《清代藏事奏牍》中日期为奉朱批时间。

②《清代藏事奏牍》中无"奴才琦善跪奏，为查访英夷请于后藏通商实情，……将此谕令知之。钦此"两段。

③《清代藏事奏牍》中无此句。

④《清代藏事奏牍》中为"查"字。

⑤《清代藏事奏牍》中为"河汉广阔"。

⑥《清代藏事奏牍》中为"定系"。

⑦《清代藏事奏牍》中为"冀图垄断居奇"。

⑧《清代藏事奏牍》中为"且通商既为原约所无"。

⑨《清代藏事奏牍》中为"盖以不得卖与他人"。

⑩《清代藏事奏牍》中为"不得中休"。

⑪《清代藏事奏牍》中为"多赖圣上洪福"。

⑫《清代藏事奏牍》中为"又未便日久等待"。

⑬《清代藏事奏牍》中无此句。

⑭《清代藏事奏牍》中为"奴才先派番目分路教演"。

⑮《清代藏事奏牍》中无"以副委任之恩。所有堆噶尔本等处连界地势情形，……。谨奏"几句。

⑯《清代藏事奏牍》中无"道光二十七年三月二十三日奉朱批：钦此"。

字寄琦善英人请于后藏通商著照前旨相机办理妥为防范谕

道光二十七年三月二十三日 （1847. 5. 7）

军机大臣字寄驻藏大臣升任四川总督琦，道光二十七年三月二十三日奉上谕①：前据耆英奏称，英夷前请已有转圜，请饬驻藏大臣就近体察情形，已有旨谕知琦善遵照办理矣。兹据琦善奏查访英夷请于后藏通商实情一折，览奏并图说均悉。堆噶尔本迤北峻岭，下有金矿，又地尽斥卤，挖即成盐。该夷惟利是图，自系垂涎此地，希图居奇。其前请定界通商，继复祇欲指明旧界，仍照旧章之处，未必非有意含混，潜肆贪求。著琦善仍遵前旨，体察情形，就近酌办，即于四月青草方生之时，派人前往探听消息，相机办理，一面仍教练弁兵，妥为防范②，毋有疏虞。至前令侦探加治弥耳③夷人等，是否实有合谋驱逐夷酋等事，并西藏与加治弥耳④有无旧界可循，是否向系通商，著仍详细查明，迅速复奏。将此谕令知之。钦此⑤。

遵旨寄信前来⑥。

（一史馆藏军机处上谕档）《元以来西藏地方与中央政府关系档案史料汇编》（三）960 页；《清代藏事奏牍》301—302 页

①《清代藏事奏牍》中无"军机大臣字寄驻藏大臣升任四川总督琦，……奉上谕"。

②《清代藏事奏牍》中为"防备"。

③《清代藏事奏牍》中为"克什米尔"。

④《清代藏事奏牍》中为"克什米尔"。

⑤《清代藏事奏牍》中无"将此谕令知之。钦此。"

⑥《清代藏事奏牍》中无此句。

准琦善奏请西藏辅国公病退由伊子札喜热布丹承袭谕

道光二十七年三月二十四日（1847.5.8）

谕琦善奏请承袭公爵一折，西藏辅国公策旺珠美现在因病呈请辞退，所遗世职辅国公爵即令伊子札喜热布丹承袭，该部知道。

《清代蒙藏回部典汇》第七十五册34505—34506页

理藩院议复准琦善奏请西藏公爵台吉戴用顶戴折

道光二十七年三月二十四日（1847.5.8）

理藩院遵旨议复，驻藏大臣琦善奏，西藏世职只有公与台吉二项，拟请嗣后公爵一经奏蒙恩旨，即准戴用头品顶戴，其台吉无论头、二等俱准戴用二品顶戴等语。查西藏通制内，并无西藏世袭公、扎萨克台吉顶戴，专条蒙古例戴未入八分公顶用珊瑚，内外札萨克各族，头二三四等台吉，应用顶戴，照依内地一二三四等官戴用。惟西藏唐古忒世职难与蒙古世职并论，详核该大臣奏请赏给西藏世袭公台吉等顶戴之处，诚为抚恤外夷起见，自应为该大臣所请西藏公爵一经奏蒙恩旨，即准戴用头品顶戴。其台吉无论头、二等，俱准戴用二品顶戴，恭候命下，俟臣院修办则例时，纂入则例永远遵行。

得旨：依议。

《清代蒙藏回部典汇》第七十五册34506页

琦善遵查复奏边外各部落情形并绘图呈览令琦善相机办理谕

道光二十七年五月十二日（1847.6.24）

谕军机大臣等：琦善奏遵查复奏并访闻边外各部落情形，绘具图说呈览。览奏均悉。克什米尔向与西藏贸易，加治弥耳无此部落，或即克什米尔之讹音。该处边界毗连，方言不一。其从前所递之禀。捏称总督哈丁之名，又与耆英所奏之函互异。洋情叵测，或欲藉拉达克现归所属曾经占据为名，竟欲骗赖，或藉克什米尔向在前藏贸易为词，欲前来垄断居奇，均未可知。总之，彼等狡狯性成，惟利是视。琦善现已密行筹议，妥为豫备。如彼等前来，著即因时制宜相机筹办，以消其桀骜之气而杜奸诈之萌。嗣后彼处情形及酌量办理之处，著随时具奏。原折已钞给耆英阅看矣。另片奏携带火药教练等语。唐古特火药、铅丸不敷应用，琦善此次前往教练，著即将库贮赢余之火药、铅丸酌量携带，以资操演，不可浪费。将此谕令知之。又谕：本日琦善复奏西藏边外各部落情形一折，已有旨令琦善相机办理矣。著将琦善原折钞给耆英阅看，并谕令耆英知之。

《清实录藏族史料》（八）4121 页

著琦善可仍于西藏指明旧界酌情办理谕

道光二十七年七月二十四日（1847.9.3）

军机大臣字寄驻藏大臣升任四川总督琦，道光二十七年七月二十四奉上谕：本日据耆英奏，续接英夷德酋来文，仍请于西藏指明旧界一折，又片奏接奉寄谕抄折，应随时体察酌办。等语。该夷诡谲百出，据称已派夷目前往查明旧界办理。该藏果否已有夷目前往，是否祗欲查明旧界，抑别有隐射情事，著琦善随时密探。如所请果系旧制，自可照旧办理；倘所请另有枝节，即著该督酌量择其可行者通融商办，仍将情形随时奏闻；若别有诡谋，著即据理驳斥，以服其心，无令藉口。耆英等折片著抄给阅看。将此谕令知之。钦此。

遵旨寄信前来。

（一史馆藏军机处上谕档）《元以来西藏地方与中央政府关系档案史料汇编》（三）961 页

琦善奏披楞界连各部安静如常现与读然打仗并与古浪森争战折

道光二十七年八月初五日（1847. 9. 13）

二品顶带四川总督琦善奏^①：

窃照英夷现向西藏通商定界一事，奴才于前〔二十六年〕^②及正月，屡经差人前往探访，并因界连处多，且有寺院，番情愚蠢，或为财利所诱，弋为暗递消息，或牲畜粮草不知搬移，以资之用。又不便明示晓谕，致令张皇，复派噶布伦诺依金彭错前往，藉以查边为由，暗为没〔设〕法开导，先行固结民心，以免致为英夷所用，并令就近访查情形。

节据禀称：差赴边外查访之人，陆续回归，披楞所属界连各部落，如常安静，并无备办兵马消息，唐古特地方仍系拉达克番民来往通商，亦无披楞之人。惟据披楞所属库鲁部内之人向去人告知：披楞现与读然部落打仗，彼此各不相下，恐一二年间不能了结。至克什米尔部落，痘疹与瘟疫流行，未能前往。惟探闻该夷与古浪森争战尚未止息，此外毫无动静，等语。

奴才复谕以上年十月，代营官寄给库鲁部长令其开导披楞之信，究竟是否递到，有无回答？其前奉谕饬访克什米尔与西刻夷人，合谋驱逐夷酋，擒去威连律保善之事，与奴才所向藏中回商所访情形，是否相符？该噶布伦向喇嘛堂（番）民设法开导，遇事早行内移之处，能否醒悟听从？令其逐细禀复，尚未禀到。至读然系属回子部落，奴才第二次进呈图中，已经绘入。

奴才自后藏阅伍事毕，已于五月二十五日回至沃欲草厂，唐古特土番各兵皆已齐集，现将战守趋避之方，枪炮刀矛击刺之法，均已教练熟习，俱甚踊跃。

〔《筹办夷务始末》（道光朝）卷七八〕《元以来西藏地方与中央政府关系档案史料汇编》（三）962 页；《清代藏事奏牍》302 页

① 《清代藏事奏牍》中无该句。

② 《元以来西藏地方与中央政府关系档案史料汇编》（三）中无"二十六年"。

字寄琦善等仍遵前旨密探英人动静谕

道光二十七年八月初五日（1847.9.13）

军机大臣字寄驻藏大臣升任四川总督琦、驻藏大臣斌、帮办大臣穆，道光二十七年八月初五日奉上谕[①]：谕军机大臣等：前据耆英奏，续接英酋来文，仍请于西藏指明定界，已有夷目前往一折。业谕琦善随时密探，酌量办理。兹据琦善奏称：差赴边防查访之人回称：披楞界连各部落，如常安静，并无备办兵马消息，唐古特地方亦无披楞之人。惟据闻披楞现与读然打仗，又克什米尔与古浪森争战，此外毫无动静。至令噶布伦向喇嘛番民设法开导，遇事早行内移，能否听从等情，尚未禀复，等语。琦善赴任，自应将从前所办各情节，告知斌良、穆腾额，俾心中了然。惟该夷诡谲多端，必宜预为防范，该督虽已将番土各兵教练熟悉，著仍遵前旨，沿途随时密探，夷目果否前往？夷情有无动静？上年〔二十六年〕[②]代营官寄信库鲁部长，令其开导披楞，日后或有回信，斌良等接著后，飞咨琦善，商同核办具奏。至琦善将赴四川新任，所有藏内寻常事件，仍由斌良、穆腾额自行照例妥办。如有关涉夷务及应作主张之事，并须知照粤东等情，著迅速知照琦善，一面商同办理，一面具奏，毋得冒昧。将此各谕令知之。钦此。

遵旨寄信前来。

（一史馆藏军处上谕档）《元以来西藏地方与中央政府关系档案史料汇编》（三）963 页；《清代藏事奏牍》302—303 页

[①]《清代藏事奏牍》中无"军机大臣字寄驻藏大臣升任四川总督琦……，道光二十七年八月初五日奉上谕"几句。

[②]《元以来西藏地方与中央政府关系档案史料汇编》（三）中无"二十六年"。

准琦善等奏请番目兵丁操练技艺鸟枪刀矛各五成
并撤木弓竹箭项谕
（附 原折）

道光二十七年八月二十二日（1847.9.30）

谕[①]琦善等奏请变通唐古特番目兵丁操练技艺一折。西藏设立番兵，前于道光二十一年间将刀矛一项裁撤，现据该督等查明，该弁兵近来熟习刀矛，可期得力，著照所请，嗣后该番兵三千名，准其以鸟枪、刀矛各五成，分别挑选。其该管弁目亦著照额选拔，施放大炮位，即于鸟枪兵丁中择人兼习，遇春秋操演，即照现习阵势，另呈该大臣阅看，所有旧设木弓、竹箭一项，著即裁撤。该部知道②。

附　原折③

圣鉴事。

窃据掌办商上事务阿齐图诺们罕率同番目兵丁禀称，西藏自乾隆四十七年设立番兵三千名，原议系鸟枪五成，弓箭三成，刀矛二成，春秋操演，至道光二十一年孟保、海朴以刀矛番兵陈迹相沿，空托架式，奏明将刀矛裁撤，均以鸟枪挑补，在案。惟西藏地居边要，处处界连外夷，或一望平阳，或跬步皆山，防卫必须因地因时，庶可冀收实效。查弓箭一项，均系竹木为三，向系乍丫夷民赴藏售卖，西藏历无制造之人，近年因该处大小喇嘛互相争斗，即无前来贩卖者，是不惟教练乏人不能得力，且时有时无难资应手，其刀矛出自前藏，力能採造，于山冈平地俱可得力，今教习刀矛，击刺迅利、跳跃趫捷，马上亦可运用，与从前空托架式不同，其鸟枪旧系卧地施放，今改为站立，进退由人，复添设马队，操纵自如，该番弁兵丁，均知得力，情愿学习，应请嗣后唐古特番兵三千名，改为鸟枪五成，刀矛五成，其演放炮位，即于鸟枪兵内择令兼习，俾收实用，凡遇弁兵缺出，按鸟枪刀矛额数禀请挑补，至春秋操演，亦照现习阵式呈请阅看，所有木弓箭一项，既不得力应即裁撤。禀请具奏前来。奴才等查西藏情形，或地多旷野，或小路崎岖，番俗民情迥与内地互异，木弓竹箭制程窄小，又产自他方，实不得力，旧设刀矛，原只结执木杆，毫无手法拳法，是以孟保等奏请更易。第弓箭既不得力，刀矛又行裁撤，专恃火器一项，向远固前施放设猝过强敌，或路逢狭隘，怎何抵御，是以奴才照直隶所练刀矛进退击刺，逢避胜挪与马上运用之法，并增添炮位，教以攻守，选战阵式奇正相生之理，该弁兵俱已热习，既据公同禀恳前来，相应据情具奏，合无仰恳圣恩，俯准照该弁兵等所请，嗣后番兵三千名以鸟枪刀矛各五成，分别挑选，其该管弁目亦照额选拔，施放炮位即于鸟枪兵丁中择人兼习，遇春秋操演亦照现习阵式另呈大臣阅看，所有木弓竹箭一项应即裁撤，庶可因地制宜，顺番情而收实效。所有接据唐古特番目兵丁奏请将操练技艺酌量变通缘由，谨恭折具奏伏乞皇上圣鉴谨奏。

《清代蒙藏回部典汇》第七十五册 34498—34499 页；《清实录藏族史料》（八）4126 页

① 《清实录藏族史料》（八）中为"谕内阁"。
② 《清代蒙藏回部典汇》中无该句。
③ 《清实录藏族史料》（八）中无该附件。

准琦善等奏赏给廓尔喀国王之子宝石顶戴谕

道光二十七年八月二十二日（1847.9.30）

谕军机大臣等，琦善等奏，据廓尔喀国王之子禀称，拣派噶箕呈进贡物及该嗣王袭爵缘由一折。又，另片查开廓尔喀国王向蒙赏给宝石顶戴成案。览奏均悉。廓尔喀国王之子已遵伊父印书袭爵，现在拣派噶箕呈进贡物，足见恭顺输忱，惟据称尚有面禀苦楚，求其教导之事，难免别无妄渎。据该督等颁给檄谕，俟该噶箕到藏时即当晓以大义，杜其妄念，如别无妄求，著即宣示恩旨，赏给该嗣王宝石顶戴，令其恪守藩服，断不可别生枝节，是为至要。

《清实录藏族史料》（八）4126—4127 页；《清代蒙藏回部典汇》第七十五册 34508 页

琦善斌良穆腾额奏晓谕额鲁特不法弁兵咸知悔悟现已酌办完竣折

道光二十七年九月十一日（1847.10.19）①

窃额鲁特蒙古屡次侵占唐古特人民后抗调不赴，沃欲盘营操演，经掌办商上事务阿齐图诺们罕率僧俗奏请攻剿。奴才等以该厄鲁特虽属不法，惟查询为首之人为数无多，其系或惑于邪说或被逼勉滋，既无出巢焚掠与滋扰重情，未便良莠不分逐加攻剿，当即拟就示稿申明例案，派固山达朗噶等特往，遍加晓谕，并将维令跟彼降巴前往煽惑之已革固山达噶玛顿柱拏获，责令交出各缘由，恭折奏明在案。

兹据随同朗噶前往晓谕之骁骑校四仁侵回藏秉称，该固山达等持示前往逐处晓谕，该八旗蒙古咸知悔惧情愿遵依，不敢随同抗违，各具结存案，惟为首煽惑之民人策垫仁侵、策忍朗结、夺尔结、干布、富洛甲多等五犯，犹称必须得上年追还商上之唐古特人民仍令为该蒙古当差方肯具结，该固山达等正欲缉拏即行逃逸，其降巴亦隐匿无踪等情，面字前来。奴才公同筹划唐古特僧俗之所以秉请攻剿者，原因其屡次收留人民与抗不遵檄随同操演，恐启番兵效尤之渐，并有滋扰重情，而该蒙古之屡次妄为亦由从前在各衙门当差遂致凭籍声势，今已遵照奏定章程按年两次更换随操，各衙门无需役使已无声势可援，且收留之人上年已追还商上，即或再敢侵占无难随时惩办，其未经遵调赴操，亦因误听出征即是毙命之邪说，心存畏葸，一经开导即已悔悟，而煽惑之犯又已惧罪潜逃，未便悬案莫结。该蒙古本属愚番，既已畏法驯顺，仍愿按时随操，应请滋宽免议俾令自新，并严饬如敢再行侵占人民定行从重治罪。至策垫仁侵、策忍朗结、夺尔结、干布、窝洛卑多与降巴等六犯，祇以仍欲唐古特人民服役未具遵依，即畏拏脱逃亦非别有能为，不值充业内地徒劳解道，应饬严缉获得后由奴才斌良等按照夷例交噶布伦等发往该蒙古牧场较远地方安置，以绝煽惑之根株。其已革固山达噶玛顿柱供认系唐古特纳仓营所属人冒充达木，应将其家属仍交该营官领回，严加管束，不准复出滋事。各蒙古均已悔惧随掺，而为首煽惑之犯缉获又严行治罪亦无虞番兵效尤，如再敢收留逃民必从重究办。所有商上应给口粮，仍当发给毋庸收回牧场以免失所之虞，亦向唐古特僧俗详晰谕知，佥恳及早完结，未敢烦渎宸聪。

奴才等已照所请结案，谨将酌办完竣缘由，理合恭折具奏，伏乞皇上圣鉴，谨奏。

道光二十七年九月十一日奉朱批：所办好，钦此。

《清代蒙藏回部典汇》第七十五册 34509—34511 页

① 朱批日期。

琦善等奏屡派人探听边外俱属安静并即日束装赴任片

道光二十七年九月十一日 （1847.10.19）①

再，据差委堆噶尔本探访之噶布伦诺依金彭错禀称，屡次派人前往边外探听，俱属安静，即前来唐古特边界贸易之外番，亦无可疑形迹，其应

行防备事宜，亦遵札竭力办理，等情。禀复前来。伏查边外既屡次探访，悉属安静，如将来设有事故，应行羁縻防范之处，亦连日筹商，奴才琦善无可等待。而前奉谕令会同署督臣廉敬查办乍丫大小喇嘛互争致大路梗阻之案曾否完结，尚未据派往之噶布伦汪曲结布禀报。奴才琦善即日束装赴任，路经该处再行相机督办完竣，会同廉敬具奏。合并附片陈明，谨奏。

道光二十七年九月十一日奉朱批：览，钦此。

《清代蒙藏回部典汇》第七十五册34512页

①朱批日期。

廉敬琦善奏乍丫喇嘛互争平息地方平静驿路疏通情形折

道光二十七年十月初三日（1847.11.10）

署理四川总督将军臣廉敬、二品顶戴新任四川总督臣琦善跪奏，为乍丫大小喇嘛震慑天威，拜认师徒，退还侵占地土，情愿当差，出具永不翻悔甘结，地方平静，驿路疏通，谨将分别革黜治罪完结缘由，并照译该喇嘛等甘结，恭呈御览事。

窃乍丫大小喇嘛，自道光十六年因争放头人，各受属下挑唆，互相仇杀，历经委员查办，总未遵依，甚至阻滞官兵，道途梗塞。经科布多参赞大臣瑞元路过该处，目击情形，据实具奏，奉旨交臣等会同查办。当将乍丫路当孔道，历经委断，并未遵依。既已扎营聚兵撤站要求，若再空言开导，难期慑服。且内地文武不谙夷俗僧规，应专派番目前往查办；檄调附近土兵，用资驾驭缘由，会同奏明在案。

兹据噶布伦汪曲结布禀称，该番目带同德尔格特土司及察木多呼图克图、各大头人与唐古特番弁，于四月行抵乍丫，按照敕书、经典，向该大小喇嘛及头人、百姓等严行查讯。该喇嘛等感激天恩，咸知省悟，情愿痛改前非，一心恭顺，出具甘结，设誓认罪。当将占据地土退还，各头目分别定罪，给发断牌去后。忽有小喇嘛之商卓特巴彭错达尔结所管夺瓦地方之奸民布厥，刁唆番民，以革退彭错达尔结商卓特巴不具遵依，纠众抗违。该小喇嘛闻之，带同彭错达尔结前来请罪。该噶布伦将彭错达尔结解交巴克硕寺院暂行监禁，一面设法开导查拿，夷民全行归服，将为首纠众抗违之布厥及随同抗拒之人，全数拿获。布厥于审明后身死，枭首示众。

89

其随同滋事之人，分别发往各处永远锁禁。其彭错达尔结之亲戚，亦分发各处管束，永绝祸根。

复有小喇嘛之商卓特巴彭错所管擦南多地方夷民二百一十六家内，头目工布为首，袒护彭错，不准革退充发。经唐古特作岗营官差土兵二名前往开导，被其枪伤毙命。该营官奋力截拿，将为首之头目工布及随同滋事之夷民奸毙八名，余众尽行投顺，各在神前举誓，出具遵依。

查乍丫本系现在诺们罕罗布藏图布丹济墨吹济嘉木参之头辈罗布藏札克巴嘉木磋化导收服地方，小喇嘛伊喜罗布藏丹臻嘉木磋之头辈桑结札喜，只系徒弟，并无寸土。且诺们罕之前辈罗布藏拉木结，于康熙五十八年因供应大兵出力，得受诺们罕之敕封，将乍丫地土人民赏给管理，颁有印信，雍正、乾隆年间均赏有敕书，我皇上于道光二十六年亦赏有敕书。只因小喇嘛之前辈，于乾隆年间乘前辈诺们罕圆寂，夤缘游击，妄禀驻藏大臣奏令代办，遂相沿占据。头人等借两大之名，肆行无忌。今彻底查明，各知前非。小喇嘛已拜认其师，除其私置庄田外，所有地土、百姓俱仍归诺们罕一人管理。计断回山场地土二千六百里，夷民三千七百三十九家。沿途大道乌拉差使，系诺们罕一人承当，出具如有阻滞迟误情愿认罪永不翻悔甘结。除百玛奚业经病故外，所有发遣各犯，均起解离巢，业已完案，等语。

臣琦善路经乍丫八站，该诺们罕率同其徒小喇嘛伊喜罗布藏丹臻嘉木磋及头人百姓等，挨站谒见。臣琦善复将该诺们罕等不遵僧规国法，私相残害，梗塞道途，屡次不法，本应剿灭尽净，我皇上念系黄教愚番，格外从宽，不忍加诛之恩意，逐处按人广为晓谕。该诺们罕及夷民俱伏地碰头，佥称仰蒙复帱深仁，格外矜怜，俱已痛悔前非，断不敢再有犯法，自外生成。查看目下情形，实已畏威怀德，似未必仍前刁狡。该噶布伦汪曲结布所办，甚属妥协，已照所拟完结。惟据禀，当日大小喇嘛师徒一寺焚修，其内外事件只设商卓特巴一人管理，迨后分居寺院，设立商卓特巴五人，以致树私植党，互相仇杀，报复相寻，梗塞道路，现已将刁唆滋事各头目，分别褫革治罪，嗣后应仍令同居一寺，只设商卓特巴一人，等语。臣等查其所禀，系循照旧规杜弊起见，应如所禀办理。惟各呼图克图名下之商卓特巴，乾隆五十七年曾奉谕旨，以后缺出，均呈送驻藏大臣与达赖喇嘛验看，不准私行拣放，五十余年来从未遵照奉行。臣琦善捡出档案，

向各呼图克图严札查询，乍丫诺们罕始知错误。第乍丫旧设之人全行革退，地土既属宽广，新收之民又多，若待拣选呈送藏中验放，不惟旷日延时，一切乏人料理。且驻藏大臣俱莅任未久，达赖喇嘛又属幼小，未谙此间情形，难保必无贻误。臣琦善不敢稍避嫌怨，当传齐诺们罕及喇嘛与头目、夷民，遍加查询，金称惟格隆喇嘛罗布藏坚参熟悉经典，办事公正，各具保结前来。臣琦善已如禀札令任事，（朱批：甚是。）以重地方。

其乍丫头人因四川委员未能断结阻滞官兵一节，据称系已故夷民改桑策垫所写。现在案已完结，驿路无阻，各委员又已回川，不值守候提质。惟委员宣瑛、姚莹等，于夷人投递大学士宝兴夷禀，辄用汉文札饬，年月又不居中，以致得以借口，殊属疏略，应请旨交部议处。

至各台粮务、游击、都司、守备，只有管理收支兵饷与训练弁兵之责，并无管理喇嘛职份，各呼图克图圆寂后，自有商卓特巴管理寺事，亦毋需奏请代办，应请嗣后各呼图克图遇有事件，径禀驻藏大臣核办，不准文武员弁干预。即呼图克图出缺，亦毋庸另委代办。其头目只准择人，不得互相袭充，以杜结纳，而祛弊端。谨照译该诺们罕师徒所具甘结及收还诺们罕地土、人户与分别褫革治罪各犯，敬缮清单，恭呈御览。

所有乍丫大小喇嘛震慑天威，倾心改悔，地方平静，驿路疏通，将各头目分别黜革治罪缘由，谨会同恭折具奏，伏乞皇上圣鉴。谨奏。

朱批：所办妥协。另有旨。

（一史馆藏宫中朱批奏折）《元以来西藏地方与中央政府关系档案史料汇编》（三）899—902 页

廉敬琦善奏请奖赏开导乍丫两活佛有功噶伦土司等折片

道光二十七年十月初三日 （1847.11.10）

再，此案两喇嘛以睚眦微嫌，致头人互相残杀，案悬十二年之久，不惟藏中文武未能断结，即大学士宝兴遵奉谕旨，两次派委明干大员前来查办，该喇嘛等亦未具遵依，转至阻滞官兵，梗塞驿路。该噶布伦汪曲结布，偕同德尔格特二品顶戴土司差来大头人江卡格勒，与察木多商卓特巴噶桑曲敦，及唐古特番目等，设法弹压开导，未经攻剿，该喇嘛等咸已感激天恩，将占据二千六百里地土人民全行退还，不法头人俱行褫革治罪，地方平静，驿路疏通，未劳内地一兵，未糜一帑，各土兵器械马匹口粮，均系该土司等捐备，实属奋勉出力。噶布伦汪曲结布已于森巴等军务蒙恩赏戴花翎，给予二等台吉，拟请再准承袭一次；德尔格特二品顶戴土司达木齐夺尔结策凌拉木结拟请赏戴花翎；其大头人江卡格勒拟请赏给五品顶戴花翎；商卓特巴噶桑曲敦不敢请达喇嘛名号，致有袭替，拟请赏给达尔汉堪布虚衔，荣及其身；唐古特二等台吉坚参欧柱、硕第巴觉尔结、六品江达营官策垫伦珠、六品作岗营官江巴克珠，均拟请以应升之缺尽先升用，以昭激劝之处，出自圣主天恩。谨合词附片陈明，伏乞训示。谨奏。

朱批：另有旨。

（一史馆藏宫中朱批奏折）《元以来西藏地方与中央政府关系档案史料汇编》（三）902 页

据廉敬琦善奏将办理乍丫案出力藏员分别给予奖赏谕

道光二十七年十月二十六日（1847.12.3）

谕内阁：廉敬等奏乍丫大小喇嘛震慑天威退还侵占地方，情愿当差，出具永不翻悔甘结，地方平静，驿路疏通，并分别革黜治罪结案一折。此案乍丫小喇嘛挟嫌残杀，争控不休，甚至阻滞官兵，梗塞道路。经廉敬、琦善等遵旨专派番目等前往该处，按照敕书、经典严行查讯，该大小喇嘛等咸知省悟，情愿痛改前非，出具甘结，当将占据地土退还，各头目分别定罪，俾各恭顺当差，不至仍前抗违。所办妥协，可嘉之至。所有前此派令查办此案之四川委员宣瑛、姚莹于投递夷禀辄用汉文札饬，以致得所藉口，办理本属疏略，均著交部议处。此后各呼图克图遇有事件，径禀驻藏大臣核办，不准文武员弁干预，即呼图克图出缺，亦毋庸委员代办。其头目只准择人，不得互相袭充，以息争讼而杜黉缘。余著照所拟办理。至另片奏，派往查办此案奋勉出力之噶布伦汪曲结布前已赏戴花翎，给予二等台吉，著再准承袭一次；德尔格特二品顶带土司达木齐夺尔结策凌拉木结著赏戴花翎；其大头人江卡格勒著赏给五品顶带、花翎；商卓特巴噶桑曲敦著赏给达尔汉堪布虚衔，荣及其身；唐古特二等台吉坚参欧柱、硕第巴觉尔结、六品江达营官策垫伦珠、六品作岗营官江巴克珠均著以应升之缺尽先用，以昭激劝。

（《宣宗实录》卷四四八）《元以来西藏地方与中央政府关系档案史料汇编》（三）903—904 页；《清代蒙藏回部典汇》34512—34513 页

琦善奏已移咨斌良等如英国差人来藏通商迅速知会筹办折

道光二十七年十月二十六日（1847.12.3）

于途次两奉寄谕：英夷在粤复递夷禀，坚请于西藏地界通商，并称伊已派员赴藏，令臣酌其可行者，通融办理。并谕知斌良等，将情形时相知会，商同具奏等因。钦此。

伏查地方有中外之分，事理有轻重之别。西藏与外番本有交易部落，该英夷既屡次恳求，未便争不毛之寸土，独令向隅。前因久待不至，时已雪降寒凝，该夷毫无消息，故臣遵照前奏，起程赴任。兹蒙圣谕，谨已恭录移咨斌良、穆腾额，如营官得有库鲁复书，或英夷差人前来，即迅速知会，商同筹办。至臣筹办一切，已向斌良等告知，所有文卷俱存衙署，其边界图形亦各行绘付。并以英夷狡诈，设备则商酌綦难，驰防必要求更甚，虽番兵皆已训练，但当慎图万全，不宜轻与角胜，亦向斌良谈及。

朱批：是。

《清代藏事奏牍》303 页

著琦善毋庸往云南办案俟剿番事竣即回省接印署成都将军谕

道光二十九年二月十七日（1849.3.11）

谕内阁：前有旨令琦善驰赴云南审办控案，惟该督现办野番事务，将总督印信交裕诚兼署，琦善著毋庸前往云南。俟剿番事竣即回省城接印，并兼署成都将军印务。所有云南控案，著裕诚交卸后驰驿前往审办。

《清实录藏族史料》（八）4138—4139 页

据琦善裕诚奏野番滋事著琦善速将该番渠首歼厥办竣谕

道光二十九年二月十七日 （1849.3.11）

谕军机大臣等：琦善、裕诚奏野番滋事一折。四川中瞻对野番工布朗结胆敢出巢滋事，各土司俱被抢掠，并杀毙民人，殊属目无法纪。外番狡逞，自相蚕食，原可置之不问。惟恃其凶顽，不惟占去各土司地方，并欲侵占里塘为埂塞大路之计。经该督出示晓谕，该野番仍负固不服。似此凶顽，自应及早扑灭，毋令养痈贻患。琦善现在驰往中瞻对，督率弁兵相机妥办，务当迅速剿灭，歼厥渠魁，勿令蔓延肆扰。至前交该督赴滇申办之案，现已明降谕旨改派裕诚办理。所有此案原委及寄信谕旨，该督检齐移交该将军查照遵办可也。将此谕令知之。

《清实录藏族史料》（八）4139 页

据琦善奏报亲督汉土官兵进剿中瞻对野番大获胜仗著
交部议叙谕

道光二十九年闰四月十四日 （1849.6.4）

谕内阁：琦善奏亲督汉、土官兵进剿中瞻对野番大获胜仗一折。此次中瞻对野番工布朗结出巢滋事，将各土司印信、号纸、土地、人民肆行抢掠，复欲侵占里塘，势将埂塞通藏大路。经琦善统带官兵，督饬将弁及土司等行抵该处，该野番头目胆敢带领贼番前来冲突，我兵开炮轰击，枪矛齐施，伤毙贼目二名及群匪二百余人。余匪逃窜，复追杀无数，并夺获牛马甚多。贼目噶罗布、恰必阿素均落崖身死。现仍详探路径，筹充粮饷，以期捣穴穷搜。所办尚好。琦善调度有方，著交部议叙。所有此次进剿之将弁等，并著择其尤为出力者酌量保奏，候朕施恩，毋许冒滥。

《清实录藏族史料》（八）4140—4141 页

据琦善奏官兵续获胜仗攻破碉卡夺取隘口
著一鼓作气使诸番望风慑服谕

道光二十九年闰四月十七日 (1849.6.17)

谕军机大臣等：琦善奏官兵续获胜仗，攻破碉卡，夺占隘口一折。览奏均悉。此次进剿中瞻对野番，我兵甫抵该处，即已大获胜仗。兹复据奏本月初二日子时，复遴选精卒分路攻击，数日之内攻毁碉卡十余处，夺占隘口四处，歼毙贼番数百人，所办甚好。乘此兵力精锐，正可一鼓作气，捣穴擒渠。惟贼巢周围皆系战墙堵塞，且碉寨坚固，必须豫度炮力足以相及，方期施放有准，夺隘摧坚。该督惟当审度形势，妥协办理，务将粮饷、军械筹备齐全，并详探路径克日进攻，扫除群丑，俾诸番望风慑服，毋稍疏虞，是为至要。将此谕令知之。

《清实录藏族史料》（八）4141—4142 页

据琦善奏中瞻对悔罪投诚并附近之卓巴塞尔塔倾心效顺
著迅速蒇功交部从优议叙谕

道光二十九年五月十四日 (1849.7.3)

谕内阁：琦善奏中瞻对野番悔罪投诚并附近中瞻对之卓巴塞尔塔野番倾心效顺各一折。又，另片奏：在事出力人员可否酌保。等语。此次中瞻对野番出巢滋事，经琦善督兵征剿，叠获胜仗，直抵巢穴。该野番工布朗结等震慑兵威，递结投诚，情愿将所夺地土、人民退还各土司，照旧各安住牧，自应宽其既往，俾得向化输忱。著仍赏给工布朗结六品长官司虚衔，以昭劝勉。至卓巴塞尔塔野番汪庆所管地方与中瞻对相距甚近，亦经该督派令护理东科长官司衮噶设法开导。该野番来营投诚，愿备征调，其归顺亦出至诚。汪庆著赏给土守备职衔，并赏戴花翎。护理东科长官司衮噶著一并赏给土守备职衔，并赏戴花翎。琦善督兵远涉，迅速蒇功，著交部从优议叙。所有在事文武员弁及各路土司等均属著有微劳，著该督择其尤为出力者酌量保奏，候朕施恩，毋许冒滥。

《清实录藏族史料》（八）4142—4143 页

据琦善奏请颁给匾额著发去御书匾额二方交该
督敬谨悬挂谕

道光二十九年五月十五日 （1849.7.4）

谕内阁：琦善奏神灵祐顺请颁给匾额一折。此次中瞻对野番滋事，经琦善督兵进剿，该处道路崎岖，且风雪弥漫，粮运维艰。该督虔祷该处各庙所供护法神，军行得无阻滞，自应酌加酬锡，以昭灵应。著发去御书匾额二方，交该督敬谨悬挂，用答神庥。

寻颁：箭头寺御书匾额曰：灵昭远徼；博底冈擦御书匾额曰：绥边敷福。

《清实录藏族史料》（八）4143 页

清代驻藏大臣奏折全集·四

据琦善奏参疏防马匹被抢之游击著即照议令罗提督
及疏防司牧各员弁分成陪缴谕

道光三十年四月十一日 （1850.5.22）

谕（内阁）：琦善奏参疏防马匹被抢之游击一折。甘肃甘州城守营参将镇标左营游击王存魁、大马营游击王玉汝疏防孳厂马匹，被贼番抢掠至二千余匹之多，均属庸懦无能，著一并革职。俟查明被抢实在情形及抢失确数，再行分别核办。提督罗应鳌未能督饬营员预为防范，亦有应得之咎，著交部照例议处。至被抢马匹，著即照议，著落提督及疏防司牧各员弁分成陪缴。

《清实录藏族史料》（八）4147—4148 页

据琦善奏搜捕柯柯乌苏群贼并剿灭雍沙番贼著遵照
前旨查明具奏谕

道光三十年十月二十一日 （1850.11.24）

谕军机大臣等：据琦善奏搜捕柯柯乌苏群贼兵剿灭雍沙番贼一折。另片奏，各犯解省，并斥革格窝，严查汉奸，各等语。据称该番连年伙抢，为西宁、甘州、凉州、肃州之巨害。该督派兵剿捕，而柯柯乌苏地方群贼先已窜去，因将雍沙番贼剿除。并讯据生擒各犯供认抢劫多案，且百户朵噜库、百总冻都噜父子纠抢戕害大员，自应严切讯究，毋任狡展。所有与贼通信令其逃避之察罕喇嘛旗下蒙古章京格窝，著即革去翎顶，一并严讯。青海大臣衙门蒙古通事何以有三十余名之多。据称有偷漏消息等情，亦应确查核办。惟前据哈勒吉那奏称，该督将海兰地方插帐雍沙番子歼毙净尽，该番等平素有无为匪，未据营员具报。该管蒙古郡王等亦称该番素无冒番行抢情事，甚至痛哭流涕恳请办理，并称恐附住之阿里克族番与察汉诺们罕旗蒙番人户心怀疑惧等语。当经降旨令该督明白回奏，著琦善遵照前旨一并查明，据实具奏，毋稍含混。将此谕令知之。

《清实录藏族史料》（八）4151—4152 页

据琦善奏著将番夷善后事宜悉心体察酌定章程具奏谕

咸丰元年三月二十日（1851.4.21）

又谕（军机大臣等）：据琦善奏遵旨历陈番夷及内地实在情形，豫筹立法一折，并将分别查询各事宜开单呈览。该处善后事宜即著该督悉心体察，酌定章程具奏。总期蒙、番杂处之区经此次筹画防维，可以久安无事，是为至要。将此谕令知之。

《清实录藏族史料》（八）4160 页

七十六、瑞元

瑞元简传

瑞元，字容堂，又字少梅，栋鄂氏，满洲正黄旗人。道光元年举人，以荫官刑部员外郎（从五品），擢福建督粮道（正四品）。九月，为山西按察使（正三品）。四年，升任福建布政使（从二品）。二十年，以副都统衔任乌什办事大臣。二十四年五月二十四日，赏二等侍卫（正四品），由哈密办事大臣命往藏办事，继钟方为驻藏帮办大臣。后任科布多参赞大臣。其与琦善合奏者，均归入琦善奏折全集内。

驻藏帮办大臣瑞元奏报校阅后藏三汛营伍尚有山路可通外番即饬该管员弁留心防范折

道光二十六年闰五月二十四日 （1846.7.17）

前任驻藏帮办大臣瑞元奏：自前藏起程赴后藏三汛校阅营伍，访询各处边界，均属安靖。惟三汛所管地方，尚有偏僻捷径数处可通外番，即分饬该管员弁，一体留心防范，毋得以山路崎岖遂行疏懈。报闻.

《清实录藏族史料》（八）4104 页

据瑞元奏乍丫为西藏进出要路断难梗塞
著廉敬等设法筹议止其争端谕

道光二十六年十一月初六日（1846.12.23）

谕军机大臣等：瑞元奏，乍丫地方因控案未结，阻滞官兵，嗣经开导，始行送出本境，并呈恳续办一折。据称：行抵察木多，查悉换防弁兵被阻情形，随将乍丫大呼图克图传至寓所，晓以利害，饬令速催各站预备乌拉。该呼图克图始悟前非，当即饬令各站将官兵速送出境。惟所称此次阻止官兵，实因本年委员查办夷案回川时给有印结为据，内称六七月间定有委员前来查办，若逾期或断路滋事，不与伊等相涉，百姓因此不肯支应乌拉，等语。旋据各头人将委员等所给汉、番字印文谕单呈验，文字又复两歧，虚实无从质证等情。乍丫地当孔道，为西藏进出要路，断难听其梗塞，著廉敬会同琦善设法筹议，拣派能事之员晓以大义，止其争端。至委员等发给汉、番文字不符之处，尤应随案查明，勿使藉口，总期该呼图克图等甘心帖服，共息忿争，毋再梗阻，以平夷情而通驿站，是为至要。其此次换防官兵阻滞两月有余，所需口粮盘费，已由瑞元饬令察木多粮员，每名借给银三两，俟到防后分作三个月扣还之处，并著照所拟办理。将此各谕令知之。

《清实录藏族史料》（八）4111页；《元以来西藏地方与中央政府关系档案史料汇编》（三）898页

七十七、斌良

斌良简传

斌良，字吉甫，又字笠耕、备卿，号梅舫、雪渔谁，晚号随莽。瓜尔佳氏，满洲正红旗人。闽浙总督玉德之子。年三十九岁由荫生掣分太仆寺行走，期满补授主事。道光十年七月内，补授户部员外郎（从五品）。十五年补放公中佐领（从四品），升补户部郎中（正五品），充则例馆提调。十九年九月内，京察一等记名。二十一年十一月内，发往江南以道员用（正四品），二十五年六月内引见，七月内召见，是月内再次召见。官累至陕西、河南按察使（正三品），兼镶红旗汉军副都统（正二品）。二十六年十二月十九日，以刑部右侍郎（正二品）斌良为驻藏办事大臣。二十七年七月抵藏，接琦善驻藏办事大臣之职。二十八年正月二十四日，卒于任所。

命斌良为驻藏办事大臣谕

道光二十六年十二月十九日（1847.2.4）

召大学士宝兴来京，赏琦善二品顶戴，为四川总督，命刑部右侍郎斌良为驻藏办事大臣。

《清代蒙藏回部典汇》第七十五册 34480 页

驻藏大臣斌良奏报抵任后情形折

道光二十七年八月初五日（1847.9.13）

寻驻藏大臣斌良奏：于七月抵任后，边界安静，库鲁部长亦无回信，仍遣人侦探彼方，有无浮动，即飞咨琦善商同核办。报闻。

《清实录藏族史料》（八）4126 页

斌良奏报处理额鲁特案僧俗等各已悦服情形折

道光二十七年八月二十二日（1847.9.30）

寻斌良等奏：查此次廓尔喀嗣王遣使纳贡，甚属恭谨，并无意外干求。奉旨俟该噶箕到藏时晓以大义，兹该噶箕早已赴京，无从宣示。至赏给该嗣王宝石顶带一节，现在飞商琦善，总期意见相同再行具奏。至唐古特僧俗具禀额鲁特不法，欲恳带领番兵剿除一案，前与琦善面商，额鲁特抗拒者不过十余人，既经晓谕，党羽已散，若操之太急，恐致激成事端。随将噶玛顿住等拟罪，先行奏结。其惑于邪说商谋抗拒之策垫仁侵等六犯，业据额鲁特固山达等拏获，按夷例定拟遣发，续经具奏结案。现在额鲁特已遵檄谕，愿出马队，唐古特僧俗等各已悦服，愿照旧例按季给予粮饷。现在均极安静。报闻。

《清实录藏族史料》（八）4127—4128 页

斌良穆腾额奏查阅夷务遵旨商同核办折

道光二十七年九月二十日（1847.10.28）

窃奴才等于九月十三日准军机大臣字寄，八月初五日奉上谕，前据耆英奏续接夷商来文，仍请于西藏指明定界，已有夷目前往一折，业谕琦善随时密探酌量办理。兹据琦善奏称，差赴边外查访之人回称，披楞界各部落如常安静，并无备办兵马消息，唐古特地方亦无披楞之人。惟据闻披楞现与续然落打仗，又克什米尔与古浪森争战，此外毫无动静。至今噶布伦向喇嘛番民设法开导，遇事早行内移，能否听从等情尚未禀覆。等语。琦善赴任，自应将从前所办各情节告知斌良、穆腾额俾以中了然。惟该夷诡谲多端，必宜预为防范，该督虽已将番土各兵教练熟悉，著仍遵前旨沿途随时密探，夷目果否前去，夷情有无动静。上年代营官寄信库鲁部长令其开导披楞，日后或有回信，斌良等接着后飞咨琦善商同核办具奏。至琦善将赴四川新任，所有藏内寻常事件仍由斌良、穆腾额自行照例妥办，如有关涉夷务及应作主张之事并须知照广东等情，著迅速知照琦善一面会同办理，一面具奏，毋得冒昧，为此各谕令知之，钦此钦遵。奴才等跪读之下，仰见圣训周详，无微不至，易胜钦佩。

奴才于七月十六日抵任后，琦善将披楞欲来西藏定地通商及夷目萨海巴尔万递前来夷信，并琦善代拟堆噶尔本营官复信各案，查明原案移交阅看，发藏中僧俗夷情、练兵防范各事向奴才告知，奴才旋即密探。据噶布伦裕依金彭错禀称，各边均属安静，照常贸易，库鲁部长亦无回信。到来以后大雪封山道路难行，今冬可期无事，节径两次奏明在案。窃思奴才才本庸愚，渥荷逾格鸿恩升以边疆重任，兢惕时深，虽前向琦善询及藏中近年办理大概，其各部落番夷强弱情形、山川险阻地势应如何羁縻筹备之方，胸中未能深悉，正切踌躇，乃蒙训谕谆谆敕令，与琦善商同核办得以有所主张，实皆仰赖提撕恩命。奴才等惟有恪遵圣旨，所有藏中寻常事件，由奴才等自行照例办理。至于该夷诡谲多端，诚如圣谕，必宜预为防范，虽土番各兵训练熟悉，奴才等未敢稍懈，仍勤加简阅以期有备无患，并遣人密加侦探其夷目果否前来，夷情有无动静，凡有关披楞交涉事件，当飞资〔咨〕琦善商同核办。一面具折奏闻并迅速知照两广总督耆英，万不敢自作主张冒昧从事，以仰副我皇上慎重边防之至意。

除照例知照四川总督琦善外，谨将接奉字寄复奏缘由，恭折具奏，伏乞圣鉴，谨奏。

道光二十七年十月二十七日奉朱批：知道了。钦此。

《清代蒙藏回部典汇》第七十五册34514—34516页

斌良奏乍丫案结道路畅通片

道光二十七年十月十二日（1847.11.19）

再，奴才等于九月二十九日接据委办乍丫之噶布伦汪曲结布禀称，所有办理乍丫诺们罕罗布藏土布丹济墨吹济嘉木磋与小喇嘛伊喜罗布藏丹臻嘉木磋推托乌拉、互争地产一案，该两造彼此愿修和好，乍丫地方均归诺们罕管理，其私产亦俱代为分剖明晰，乌拉照例供给，不敢有误，各具遵依甘结存案。其构端滋事之头目人等，分别充发德尔格特、唐古特各处定地安置。现在乍丫之案完结，道路畅通。琦善已于九月初四日自旺卡起程赴任。

其办理详悉一切情形，由琦善会同廉敬具奏外，所有乍丫办理结案，道路通畅缘由，理合附片陈明。谨奏。

朱批：知道了。

（一史馆藏宫中朱批奏折）《元以来西藏地方与中央政府关系档案史料汇编》（三）903 页

斌良穆腾额复奏遵旨办理廓尔喀入贡额鲁特抗拒二案商办完结折

道光二十七年十一月十九日^①（1847.12.26）

九月二十四日准军机大臣字寄，道光二十七年八月二十二日奉上谕：琦善等奏，据廓尔喀国王之子禀称，据派噶箕等呈进贡物及该嗣王袭爵缘由一折。又，另片查开：廓尔喀国向蒙赏给宝石顶带成案，览奏均悉。廓尔喀国王之子已遵伊父印书袭爵，现在拣派噶箕呈进贡物，足见恭顺轮忱，惟据称尚有面禀苦楚，求祈教导之事难保别无妄祈。现据该督等颁给檄谕，俟该噶箕等到藏时当为晓以大义，杜其妄念。如别无他求，著改宣示恩旨，赏给该嗣王宝石顶带，令其恪守藩规，断不可别生技节，是为至要。又，另折奏唐古特僧俗具禀额鲁特弁兵屡次不法，公恳带领番兵剿除，现在酌量办理，等语。额鲁特屡次妄为，据朗噶等面禀，商谋抗拒者不过十余人，此外多系惑于邪说，被胁勉从，尚无出剿焚据逆迹，该督等惟当随时察看情形，设法晓谕，如党羽渐散，该奸匪等仍不投诚，或带兵缉拿，或责令缚献，务须相机妥办，切勿激生事端。琦善现赴四川总督新任，所有此二案应行酌量办理之处，并著斌良等一面筹划，一面飞商琦善，总期意见相同，以绥藩一而靖边围，余著照所拟办理。将此由四百里各谕令知之，钦此钦遵。仰见圣虑周详，绥靖边围之至意，奴才等昌胜领佩。查廓尔喀国王之子苏热达热毕噶尔玛萨哈遵伊父印书袭爵，派噶箕苏热达兴奔塔等呈进贡物系七月二十七日抵藏，奴才随将所进表文详细译出，词甚恭顺并无妄续，已于八月初五日恭折具奏。旋据该噶箕面禀济咙、聂拉木营官多收税米，苦累商民，请即严革查办，奴才等因系地方应办寻常事件，随将济咙、聂拉木营官结普尔汪堆等撤任来藏听候审办，业经附片陈明在案。此次该国王遣使纳贡甚属恭谨，并无意外干求。兹奉圣谕，该噶箕到藏时即当晓以大义，如别无要求，署即宣恩旨赏给该嗣王宝石顶带，令其恪守藩服，断不可别生枝节等因。

查琦善已于八月初一日起身赴任，该贡使等于八月初七日自藏起程，所有照例筵宴犒赏、派发乌拉、知照前途妥为供应及一切应办事件系由奴才等办理，令其进京朝贡。兹该噶箕早已赴京无从宣示，至赏给该嗣王宝石顶带一节，奴才等现在与琦善飞商，总期意见相同再行具奏。惟西藏相距川省七千余里，往返需时，复奏到案计期总须腊月下旬也。至唐古特僧俗具禀额鲁特不欲带番兵剿捕一案，奴才前于七月到任时与琦善面商，额鲁特到者不过十余人，既经晓谕，党羽已散，若操之太急，诚如圣谕，恐致激成事端，随将噶玛顿住等拟罪先行奏结，其惑于邪说商谋抗距之策垫仁侵等各犯严饬缉拏获日照夷例办理，已于八月初五日会同琦善会衔具奏，旋据额鲁特固山达等拏获，并报到策垫仁侵等六犯按夷例分别定拟遣发。奴才等续于九月二十日具奏结案，均蒙圣鉴。现在额鲁特已遵檄谕愿出马队，唐古特僧俗人等已悦服，仍愿照旧例案季给予粮饷，现在均垫安静。

所有此二案俱已审办完结，谨将接奉军机字寄办理二案缘由，恭折复奏。伏祈皇上圣鉴，谨奏。

道光二十七年十一月十九日奉朱批：知道了。钦此。

《清代蒙藏回部典汇》第七十五册34516—34519页

①朱批时间。

英国委员如未至后藏著斌良确查克什米尔与西藏旧界
加意防范并咨耆英驳斥谕

道光二十七年十二月二十五日（1848.1.30）

军机大臣字寄四川总督琦、驻藏大臣斌、帮办大臣穆，道光二十七年十二月二十五日奉上谕：本日据耆英续接英夷德酋来文，仍请于西藏指明旧界一折。此事前据耆英奏称，该酋祇欲查明旧界通商，并不另议新条。又称，接据夷文，印度兵头已派夷目前往，等语。曾降旨交琦善等密探情形，酌量商办。兹又据耆英奏称，续接该酋德庇时来文，以印度兵头文称，该国业已派员前往，请中国委员立即前往，等情。该夷必欲指明加治弥耳旧界，如果系照常通商，无不可行，特恐心怀叵测，不可不防。现在屡次渎请，未便置之不答，致启衅端。著琦善、斌良、穆腾额商派妥员前往访查。如该夷实有夷目来至后藏，即眼同确查加治弥尔向与西藏通商旧界，详慎办理。若另生枝节，或别有假道诡谋，著琦善一面飞咨耆英据理驳斥，折服其心，仍一面加意防范，由驿具奏可也。将此各谕令知之。钦此。

遵旨寄信前来。

（一史馆藏军机处上谕档）《元以来西藏地方与中央政府关系档案史料汇编》（三）963—964 页

据耆英奏英国请西藏指明旧界已谕知斌良等查访办理谕

道光二十七年十二月二十五日（1848.1.30）

军机大臣字寄协办大学士两广总督耆，道光二十七年十二月二十五日奉上谕：耆英奏，英夷请于西藏指明旧界，现又续接来文，请委员前往察看一折。后藏与加治弥耳交界之处，是否旧有界址，已谕知斌良等派员密加查访。如果有旧案可循，绝无流弊，自应查照旧定界址，奏准允行。倘心怀诡谲，别有隐情，该督思虑所及，即当设法据理驳斥，以杜衅端。仍须密探该夷情形，随时具奏。俟斌良等查办复奏后，再谕该督知之可也。

将此谕令知之。钦此。

遵旨寄信前来。

（一史馆藏军机处上谕档）《元以来西藏地方与中央政府关系档案史料汇编》第3册965页

著斌良将办事拟奖各员核实秉公酌量保奏谕

道光二十七年十二月二十五日①（1848.1.30）

又谕：本日斌良奏，布鲁克巴头人②与哲孟雄部长在西藏所属地方互斗，已开导权令先后回国③一折。览奏均悉。边人等④蛮触相争，本可不必过问，惟据称：哲孟雄部长与布鲁克巴头人⑤在唐古特界内地方⑥邂逅滋闹，坚持不下，经该大臣等派员晓谕，开导再三，始肯先后回国⑦，等语。该洋人⑧诡谲多端，哲孟雄所禀将所管四处⑨隘口均交帕克哩营官管辖之言，亦难全信。第该部落与披楞毗连，自应暗加防范，著斌良等严饬各边隘侦探详情，有无动静，仍遵前旨咨商琦善⑩若其⑪事与藏地不相干涉，即可置之不问。又片奏：在事办理各员，恳恩鼓励，等语。著斌良等核实秉公酌量保奏，毋许冒滥。将此谕令知之⑫

《清实录藏族史料》（八）4132—4133页；《清代蒙藏回部典汇》第七十五册34523页

① 《清代蒙藏回部典汇》中的时间为"道光二十八年二月初五日"。
② 《清代蒙藏回部典汇》中为"夷目"。
③ 《清代蒙藏回部典汇》中为"回巢"。
④ 《清代蒙藏回部典汇》中为"该夷等"。
⑤ 《清代蒙藏回部典汇》中为"头目"。
⑥ 《清代蒙藏回部典汇》中为"唐古忒界内帕克哩地方"。
⑦ 《清代蒙藏回部典汇》中为"回巢"。
⑧ 《清代蒙藏回部典汇》中为"该夷等"。
⑨ 《清代蒙藏回部典汇》中为"四路"。
⑩ 《清代蒙藏回部典汇》中为"仍咨商琦善加意羁縻"。
⑪ 《清代蒙藏回部典汇》中无"其"字。
⑫ 《清代蒙藏回部典汇》中无"又片奏：在事办理各员，……将此谕令知之"几句。

协尔邦嘎细色为护送斌良灵枢回内地途中支差事致噶厦呈

藏历火羊年十二月三十日^①（1848.2.4）

诸具德天地自在人主公噶伦莲足尊前，卑职协尔邦嘎细色^②简要禀呈，为驻藏大臣斌良之灵枢运回内地事。

从墨竹工卡起运日期前已禀报，已于十二月二十九日抵江达。马匹、驮畜及脚力等均筹办妥当，随即可派。但因棺木已朽，在此停留三日，重做棺材。现决定于土猴年正月初二日从江达起程。前在墨竹工卡耽搁较久，一应筹办事宜，全靠江达基巧预备齐全，而觉宗则未尽其责，未向百姓下饬支派马匹、驮畜、脚力等，如不依法追究该宗本之责，则势必马道骡行。江达宗本基巧已将详情另行禀报。祈请明鉴。

（西藏馆藏　原件藏文）《元以来西藏地方与中央政府关系档案史料汇编》（四）1651—1652页

①原注：时间系编者根据档案内容推定。

②原注：嘎细色，嘎细为一贵族家名，色为公子之意。

据斌良等奏班禅为哲布尊丹巴剃发受戒著赏给物品转交谕

道光二十八年正月十四日（1848.2.18）

谕：斌良等奏，喀尔喀车臣汗阿尔他什达等请令班禅额尔德尼亲至前藏，与哲布尊丹巴呼图克图呼毕勒罕剃发受戒，等语。哲布尊丹巴呼图克图呼毕勒罕近年居住后藏，经班禅额尔德尼时常照顾，该喀尔喀车臣汗阿尔他什达等情愿将该呼毕勒汗迎至前藏剃发受戒，实为至瑞，加恩赏给该呼毕勒罕古佛一尊、黄帕一幅。其班禅额尔德尼既经照顾该呼毕勒汗，且为其受戒，亲至前藏亦属勤劳，朕心甚为嘉悦，加恩著赏给班禅额尔德尼古佛一尊、黄哈达一幅。所赏古佛、哈达于赍到时，即著斌良等特行交付，饬依议。

《清代蒙藏回部典汇》第七十五册34524页

七十八、穆腾额

穆腾额简传

穆腾额，瓜尔佳氏，满洲正白旗人。年五十六岁由佐领（从四品）拣发湖广，以游击差遣委用。嘉庆十一年十一月内，题补湖南镇镇标中军游击。十八年九月内，升陕西西风营参将（正三品）。道光元年九月内，保列一等。十二月内，为湖南衡州协副将（从二品）。十九年六月，引见，任黑龙江副都统（正二品）。二十四年，任阿勒楚喀副都统。二十六年六月十一日，由户部郎中（正五品）赏头等侍卫（正三品），命往藏办事，补文康因病解任未到职之缺，为驻藏帮办大臣。二十八年正月二十日，赏副都统衔，接斌良为驻藏办事大臣。二十九年四月十六日，为镶蓝旗蒙古副都统，仍留藏。咸丰二年六月二十三日，因病解任，并在任内病卒。

穆腾额奏驻藏办事大臣斌良病故折

道光二十七年十二月初七日（1848.1.12）

奴才穆腾额跪奏，为驻藏副都统因病出缺，恭折奏闻，仰祈圣鉴事。

窃照驻藏大臣镶红旗汉军副都统斌良，素体强壮，到藏后水土不服，不时呕逆，至道光二十七年十月初间，染患脾泻，继复转成痢疾。西藏医药两乏，难以调治，至十一月初旬病愈加剧。奴才不时亲往看视，备询一切。据斌良告称，病势恐难痊瘥，蒙国家深恩豢养，只期报称日长，讵意到任甫经数月，涓埃未效，竟染沈疴，高厚莫酬，万死难赎。奴才再三宽慰，始能解涕，犹复力疾从公。以布鲁克巴及哲孟雄在边互斗一事，现在虽经完竣，而夷情狡狯，不可不先事预防，与奴才连日筹商如何开导，如何备御，方期边境无事。即十一月十六日具奏折件，斌良尚亲为料理。讵思虑伤脾，泄泻不止，十八日奴才过署省问，见斌良奄奄一息，精神尚清，伏枕叩头，涕零感悚，随将缮出遗折一合，面交奴才代为具奏。当令其安心养息，所有一切公事暂由奴才一人办理，不必过为筹虑。乃于十一月十九日亥刻①，痰气上逆，喘息愈时，旋即出缺。奴才当即眼同斌良现在随任次子理藩院学习笔帖式庆福，及文武官员，料理棺殓毕，将驻藏大臣关防及奏事报匣等件，逐一点收。

惟奴才愚昧庸材，遽膺重责，一切事务，虽恪遵成宪，勤慎办理，而边疆钜任，时惕冰兢，仰恳皇上鸿慈，迅赐简放大员来藏，以重边防。至藏中如遇干涉夷务事件，奴才惟当遵奉谕旨，一面奏闻，一面飞咨四川督臣琦善商酌办理，以仰副圣主慎重边圉之至意。

其斌良身后囊箧萧然，奴才查照例案，在西藏粮库内动支恩赏移樏银三百两，交斌良之子庆福承领，料理扶樏自藏起程回旗，并照例拣派弁兵护送。其由川赴京应行照料之处，移咨四川督臣办理。

所有遗折一合，理合代为恭进。为此恭折具奏，伏乞皇上圣鉴。谨奏。

（一史馆藏宫中朱批奏折）《元以来西藏地方与中央政府关系档案史料汇编》（四）1650 页

①亥刻为晚 21—23 时。

赏穆腾额副都统为驻藏大臣谕

道光二十八年正月十四日（1848.2.18）

驻藏大臣斌良病故任所，谕穆腾额著赏给副都统作为驻藏大臣。

《清代蒙藏回部典汇》第七十五册 34523 页

准照穆腾额保奏驻防前后藏赏戴顶翎谕

道光二十八年三月二十八日（1848.5.1）

驻藏大臣穆腾额奏，上年哲孟雄部长与布鲁克巴部长在藏境互斗，前经派委员并开导现已安静如常。得旨：不可率忽。又另片奏，请鼓励各汉番员弁开单呈览。上年哲孟雄部长及布鲁克巴夷目在藏境互斗，经该大臣等拣派各员弁等前往开导，业已安静如常，自应酌予恩施，著照所请署江孜守备驻防前藏太平营千总马元镇，著遇有四川守备缺出，无论题推尽先升补，驻防前藏泸宁营外委陈三珠著遇有四川把总缺出尽先拔补，前藏戴琫朗结顿柱著赏加噶布伦衔，先换顶带，札什伦布四品顶带小商卓特巴宣玛顿柱著赏加一级，戴用三品虚衔顶带，以示鼓励。

《清代蒙藏回部典汇》第七十五册34525—34526页

穆腾额奏英国委员并未到藏各处边界安静情形片

道光二十八年五月二十七日（1848.6.27）

再，据派往堆噶尔本访查英夷有无夷目前来定界之噶布伦诺依金彭错禀称：该噶布伦行抵渣敦地方，接得堆噶尔本及果里三村营官递来夷禀，内称曾奉札谕，凡唐古特边界应严加防范，不时侦探边外消息，无论有无事件，随时禀报。营官等现在所属各处边界，时行探访，一切照常，并无新闻事件，亦无外夷人来往。该噶布伦不日即可行抵该处，容俟到彼，再为详细查探。等情具禀前来。

奴才伏查各处边界，虽照常安静，并无消息，而英夷距边殊远，中隔拉达克界。乾隆五十六年达赖喇嘛专人寄信前往，经一年之久始有回音，既称业已派有夷目前来，或因道远尚未抵边，抑或中途阻隔，均不可知。奴才万不敢以现在无人前来，稍涉大意，仍饬该噶布伦到彼多住数月，留心访查，一面密饬各隘口营官严为防范，随时禀报，总期有备无患，不得遽行转回。

所有现在各边界安静情形，理合附片陈明，仰慰圣怀。谨奏。

朱批：览。镇静为主，亦不可因循玩泄。

（一史馆藏宫中朱批奏折）《元以来西藏地方与中央政府关系档案史

料汇编》（三）965—966页

穆腾额代十一世达赖喇嘛为其父策旺顿柱奏请赏戴花翎折

道光二十八年六月二十七日（1848.7.27）

奴才穆腾额跪奏，为据情代奏，仰祈圣鉴事。

窃奴才接据掌办商上事务阿齐图诺们罕阿旺伊喜楚称嘉木参禀称：达赖喇嘛虽然年幼，聪明异常，现在练习经典，俱有成效。其父策旺顿柱，自道光二十一年蒙恩赏赐公爵以来，在布达拉随侍达赖喇嘛，实属小心勤慎，僧俗番众亦皆欢感。小僧昨奉达赖喇嘛面称：我父亲在此长久随侍我达赖喇嘛，并无报答，可否转恳奏明大皇帝，仿照七辈达赖喇嘛之父，八辈达赖喇嘛之兄与弟，赏戴宝石顶戴，并双眼花翎，则不独我达赖喇嘛及西方僧俗均感戴高厚鸿恩，即各外番部落闻之，亦甚体面，等语。小僧复查属实，可否奏请之处，祈请查核施行。等情前来。

奴才恐有不符，溯查成案。十辈达赖喇嘛之父罗布藏捻札，于道光二年蒙恩赏给头品顶戴，旋于道光四年出缺。九辈、八辈达赖喇嘛之父，均于达赖喇嘛未曾坐床之先，业经过去，无所恳求。至七辈达赖喇嘛之父，据称，雍正年间，曾蒙赏戴宝石顶戴，并双眼花翎。但藏中无案可查。惟八辈达赖喇嘛之兄索诺木达什，曾于乾隆四十六年蒙恩赏给公爵。出缺后，准以索诺木达什之子、系八辈达赖喇嘛之侄拉布丹那木扎勒承袭公爵，后于乾隆四十九年曾蒙特恩赏戴花翎在案。

兹达赖喇嘛之父策旺顿柱，已于道光二十一年蒙恩赏赐公爵，现戴头品顶戴。复据陈情代奏赏给宝石顶戴并双眼花翎，奴才不敢壅于上闻，可否仰恳天恩量予恩施之处，出自圣主鸿慈。

为此恭折具奏，伏乞皇上圣鉴，敕交理藩院议复施行。谨奏。

道光二十八年八月初四日奉朱批：钦此①。

（一史馆藏军机处录副奏折）《元以来西藏地方与中央政府关系档案史料汇编》（五）2167—2168页

①原注：朱批原件未录。

据穆腾额奏查明上年办理番务朦蔽著照将噶布伦
戴琫营官等分别惩处并著穆腾额派员妥办谕

道光二十八年七月初五日 （1848.8.3）

谕内阁：穆腾额奏查明上年办理番务朦蔽，请将汉、番员弁分别惩处一折。前因哲孟雄部长及布鲁克巴夷目在藏境互斗，经派往各员弁等开导安静，业已量予恩施。兹据该大臣奏称，本年哲孟雄部长复来帕克哩原旧避暑之春批地方，禀求事件。查系该营官等于上年曾出具图结，俟本年夏间禀催上司派员查办，等语。此案戴琫朗结顿柱于委办外番事宜，辄敢主使营官出具图结，致哲孟雄部长得以藉词妄请，实属冒昧自专。噶布伦衔戴琫朗结顿柱著即褫革，交噶布伦等严加管束；听从不禀之帕克哩营官策旺班觉尔、策忍汪札均著降二级调用；署江孜守备太平营千总马元镇、泸宁营外委陈三珠前给尽先升补、拔补之处均著注销，再行交部议处；前赏三品衔之扎什伦布四品顶带小商卓特巴宜玛顿柱著革去三品衔，仍戴用四品顶带，以示惩儆。所有该大臣自请议处之处，著加恩宽免。该处事务著穆腾额等小心妥办，力杜欺朦。其各隘口应遴派妥实营官前往，不得稍涉颟顸，有误边务。

《清实录藏族史料》（八）4136 页

著将假借贸易欲赴藏传教之洋人妥为解粤核办谕

道光二十八年八月初二日 （1848.8.30）

谕军机大臣等：穆腾额奏盘获咈哕晒洋人欲赴西藏传教一折。据称，盘获洋人罗启祯，假称贸易，欲赴西藏传习天主教。请即于察木多台解交四川省审讯，等语。所见甚是。该国洋人习教念经，意欲遍传内地各省及四川省，办有成案，皆系解交广东。著琦善于该案罗启祯等解到时，详细严鞫妥为解粤，咨交徐广缙核办。将此谕令知之。

《清实录藏族史料》（八）4136—4137 页

准穆腾额奏恩赏达赖喇嘛之父宝石顶戴谕

道光二十八年八月初二日（1848.8.30）

谕：穆腾额奏，达赖喇嘛代父恳恩一折。达赖喇嘛之父公爵策旺顿柱，著加恩赏给宝石顶带，双眼花翎。该部知道。

　　　　　　　　　　　《清代蒙藏回部典汇》第七十五册 34526 页

穆腾额奏四朗班足策里因病开缺请以嗣子
辖札策垫伦珠承袭折

道光二十八年八月十六日（1848.9.13）

奴才穆腾额跪奏，为台吉患病，恳请开缺，另拣合例之人，请旨承袭事。

窃据掌办商上事务阿齐图诺们罕阿旺伊喜楚称嘉木参禀称，已故噶布伦辖札敦珠卜多尔济之子二等台吉四朗班足策里，染患风病，不能供职，应请开缺。该台吉袭次未完，现查不但无子，亦无嫡亲兄弟；其承祀噶布伦汪曲结布之弟辖札策垫伦珠，系敦珠卜多尔济于族中兄弟之子，过继为嗣，应与承袭，祈请转奏。等情前来。

奴才恐有不符，调查旧卷，该已故噶布伦敦珠卜多尔济，于道光十五年因查办博窝夷务，蒙恩赏给二等台吉，承袭二次。十六年内，博窝军务出力，复蒙特恩，准其再袭一次。伊子四朗班足策里，即著戴用台吉顶戴。十八年十二月内，又钦奉上谕：关圣保等奏遵旨酌保博窝军务出力员弁一折，二品顶花翎噶布伦敦珠卜多尔济，前于十五、十六等年赏给二等台吉，并准其子嗣承袭三次。此次督办有方，著加恩准其子嗣再袭一次。钦此。钦遵。该噶布伦敦珠卜多尔济出缺后，于二十一年曾蒙恩准，其子四朗班足策里承袭。各在案。

兹据阿齐图诺们罕禀称，四朗班足策里染患风病，不能供职，恳请开缺，另拣承袭。查明该台吉不但无子，亦无嫡亲兄弟，请以敦珠卜多尔济族中过继承祀为嗣之子辖札策垫伦珠，承袭二等台吉职衔。奴才伏查该敦珠卜多尔济所得台吉，系因军务出力；前后共应承袭四次，今仅承袭一次，即无子孙兄弟，仅有族中过继承祀为嗣之辖札策垫伦珠。查理藩院则例内载：一凡国初投诚，建立军功，给与头、二、三等台吉、塔布囊，均属世袭罔替，出缺时，虽无子孙兄弟及过继养子，族众内择其近派一人袭职承祀，俾蒙古等功勋不致泯灭。至王、公诸子分例所得台吉、塔布囊职衔，出缺时，如无子孙兄弟，准于族中过继，除伊亲祖之子孙，准其承袭罔替；若非亲祖之子孙，只准承祀为嗣，不准承袭职衔，等语。西藏公、台吉等虽无专条，历经援照办理在案。兹辖札策垫伦珠系敦珠卜多尔济族中兄弟之子过继为嗣，核与袭职之例相符，可否仰恳天恩，俯准辖札策垫伦珠承袭二等台吉职衔之处，理合恭折奏闻，伏乞皇上圣鉴，训示遵行。谨奏。

朱批：该部议奏。

（一史馆藏宫中朱批奏折）《元以来西藏地方与中央政府关系档案史料汇编》（五）2168—2169 页

穆腾额奏就近将弗兰西人解川办理折

道光二十八年八月十七日 （1848.9.14）

驻藏大臣穆腾额奏，至察木多地方监获欲入西藏咈噗西人罗启祯等讯系传教并无别情，请就近解川办理。

得旨：是寻由四川总督琦善等奏明，解回广东转交该国副公使度仙收领管束。

《清代蒙藏回部典汇》第七十五册34526页

穆腾额崇恩奏总堪布罗藏甲错因病出缺请旨补放折

道光二十九年二月十四日 （1849.3.8）

奴才穆腾额、崇恩跪奏，为商上三品总堪布出缺，拣选合例番目，请旨补放事。

窃据掌办商上事务阿齐图诺们罕阿旺伊喜楚称嘉木参禀称：商上三品总堪布罗布藏甲错，因病出缺。拣选得四品森瑲堪布罗布藏热布结，熟习经典，办事认真，堪以拟正；又四品岁瑲堪布阿旺丹达尔，办事可靠，人亦端方，堪以拟陪。祈请查核转奏补放前来。

奴才等伏查该商上三品总堪布等缺出，向系由掌办商上事务之喇嘛会同驻藏大臣拣人奏请补放，历经办理在案。兹据拣选番目，出具考语，拟定正陪前来，核与例案相符。理合将该番目等履历另缮清单，请旨补放。为此恭折具奏，伏乞皇上圣鉴。谨奏。

朱批：著放拟正。

（一史馆藏宫中朱批奏折）《元以来西藏地方与中央政府关系档案史料汇编》（五）2106 页

据穆腾额奏帕克巴拉圆寂著准锡瓦拉罗布藏敦珠卜甲木瑳接办谕

道光二十九年三月十七日 （1849.4.9）

谕：穆腾额奏，帕克巴拉呼图克图圆寂请派接办事务一折，察木多寺院事务著准其以锡瓦拉呼图克图罗布藏敦珠卜甲木瑳接办，饬乎着照所拟办理。该部知道。

《清代蒙藏回部典汇》第七十五册34525 页

赏穆腾额镶蓝旗蒙古副都统谕

道光二十九年四月十六日 （1849.5.8）

以副都统衔驻藏大臣穆腾额为镶蓝旗蒙古副都统。

《清实录藏族史料》（八）4140 页

照准穆腾额奏哲孟雄部长恳赴后藏瞻礼事毕饬即回牧谕

道光二十九年闰四月二十三日 （1849.6.13）

谕内阁：穆腾额奏，哲孟雄部长恳赴后藏瞻礼，等语。哲孟雄部长来藏瞻礼本有定限，现在虽未届期，念其恳切禀请，加恩准赴札什伦布虔诚瞻礼。事毕饬即回牧，无任滋事妄求。

《清实录藏族史料》（八）4141 页

穆腾额鄂顺安奏前藏戴本札喜汪结身故遗缺请旨补放折
（附 上谕 履历清单）

道光三十年正月二十四日 （1850.3.7）

奴才穆腾额、鄂顺安跪奏①，为前藏戴琫因病出缺，拣选合例番目，请旨补放事。

窃据掌办商上事务阿齐图诺们罕阿旺伊喜楚称嘉木参禀称：前藏戴琫札喜汪结因病身故，所遗之缺，有训练番兵之责，未便久悬。今拣选番目，开列名单，拟定正陪，禀候请旨补放前来。

查戴琫缺出，向系拟定正陪，奏请补放。奴才等当即督同阿齐图诺们罕，将前藏戴琫札喜汪结病故一缺，拣选得应升之五品聂拉木营官夺结顿柱，年富才明，熟习营务，曾经拟陪一次，此次堪以拟正；应升之五品堆噶尔本营官策忍彭错，年力富强，出师著绩，堪以拟陪。谨将该员等履历缮具清单，恭呈御览，伏候钦赐简放。为此恭折具奏，伏乞皇上圣鉴。谨奏。

朱批：另有旨②。

附1　上谕

道光三十年三月初二日，内阁奉上谕：穆、鄂奏拣员请补前藏戴琫开单呈览一折，前藏戴琫员缺，著五品聂拉木营官夺结顿柱补授。该部知道。钦此。

附2　履历清单

谨将该番目夺结顿柱等履历缮具清单恭呈御览。

计开：

前藏戴琫札喜汪结病故一缺，拣选得五品聂拉木营官夺结顿柱，年二十九岁，于道光十七年充当东科尔升今职。该番目年富才明，熟习营务，曾经拟陪一次，此次堪以拟正。五品堆噶尔本营官策忍彭错，年三十岁，于道光二十年充当东科尔升今职。该番目年力富强，出师著绩，堪以拟陪。

（一史馆藏宫中朱批奏折）《元以来西藏地方与中央政府关系档案史料汇编》（五）2089—2090 页；《清代藏事奏牍》315—316 页

①《清代藏事奏牍》中无"奴才穆腾额、鄂顺安跪奏"。

②《清代藏事奏牍》中为"本年四月初八日奉御批：另有旨。钦此。"

穆腾额鄂顺安奏校阅前藏汉番官兵春操情形折

道光三十年二月二十七日（1850.4.9）

为校阅前藏汉番官兵春操情形，恭折奏闻，仰祈圣鉴事。

窃查前藏汉番官兵例应春秋两季操练，分别赏罚，以示劝惩。兹届春操，奴才等于二月十二日起，连日亲赴教场，详加校阅。合操阵式尚属整齐，各官兵马步骑射，与汉番鸟枪中靶之数，虽强弱不同，通计亦尚合式；番弁兵丁等所演刀矛亦属整齐。奴才等于校阅之时，择其技艺优娴者，当场奖赏；生疏者分别降责，仍严饬将、备、千、把及噶布伦、戴琫等，随时认真操演，务期一律精强，咸成劲旅，以仰副圣主慎重边陲、修明武备之至意。

所有校阅前藏汉番官兵春操情形，理合恭折具奏，伏乞皇上圣鉴。谨奏。

本年五月十一日奉御批：知道了，钦此。

《清代藏事奏牍》316—317 页

穆腾额鄂顺安奏驻防兵丁戳伤同伍兵丁毙命审明按律定拟折

道光三十年二月二十七日（1850.4.9）

为驻防兵丁戳伤同伍兵丁毙命，审明按律定拟，恭折具奏，仰祈圣鉴事。

窃据管理察木多粮务候补知县钱涛详称：道光二十九年八月初五日，据巡兵禀报，察木多汛兵蔡三元戳伤同伍兵丁王建邦毙命，当即亲诣毙所，将尸异放平明地面，对众如法相验。得已死兵丁王建邦，问年二十七岁，眼闭口开，仰面，右腿一伤，斜长一寸宽二分，深抵骨，骨损；合面，右腿一伤，横长一寸五分宽二分，深抵骨，骨损：右手无名指刃划伤一处，去油皮，余无故。凶刀比对伤痕相符，实系被刀戳伤身死。讯：因蔡三元向王建邦索欠起衅，理合录供按拟详报等情。奴才等以案关人命，不厌详慎，复札委管理前藏粮务什邡县知县濮诒孙提犯复讯。兹据审明，与原报相符，将人犯招解前来。奴才等亲提研讯，缘蔡三元籍隶平武县，充当龙安营守兵，与已死王建邦同营食粮，素好无嫌。王建邦陆续借欠蔡三元银八两七钱，屡讨未偿。二十九年八月初五日，蔡三元复至王建邦家中索讨前欠，时值王建邦用刀割布补衣，因无力偿还，将割布小刀掷在蔡三元身旁地上，令蔡三元将其杀害，希图抵制。蔡三元村斥其非，王建邦起身拾刀，蔡三元恐其拾起行凶，先将小刀抢拾在手，王建邦扑殴蔡三元右肩甲，蔡三元闪至王建邦身旁戳伤王建邦合面右腿，王建邦转身夺刀，并将蔡三元发辫揪住，往下揿按，蔡三元一时情急复戳伤王建邦仰面右腿。经巡兵何其源等听闻趋至，王建邦已不能言语。向蔡三元讯明情由，王建邦延至下午身死。诘非有心致死，亦无同谋帮殴之人，应即拟结。查律载：斗殴杀人者，不问手足他物金刃，并绞监候等语。此案蔡三元因索欠争闹戳伤王建邦身死，自应按律问拟。蔡三元合依斗殴杀人者不问手足他物金刃，并绞监候律拟绞监候，秋后处决。口外并无监狱禁卒，应照成案解交四川成都县监禁，入于秋审办理。巡兵何其源救阻不及，应毋庸议。尸棺暂饬掩埋，凶刀贮库。

除供招咨部外，所有审明兵丁刃毙同伍兵丁，按律定拟缘由，理合恭折具奏，伏乞皇上圣鉴，敕部核复施行。谨奏。

本年五月十一日奉御批：刑部议奏，钦此。

《清代藏事奏牍》317—318 页

据穆腾额奏达赖喇嘛等为皇太后升遐恭请圣安著传谕其皇帝大故遣派堪布一分来京即可并赏物谕

道光三十年三月二十二日 （1850.5.3）

谕军机大臣等：穆腾额等奏达赖喇嘛、呼征阿齐图诺们罕闻大行皇太后慈驭升遐不胜哀泣，叩请圣安，呈进佛尊、哈达，并率集各喇嘛尽心讽经修造善事一折。正月十四日当皇考大行皇帝大故，朕曾降旨，谕令应行来京呈进丹书克之使臣堪布等，均俟二十七月后再行来京。兹达赖喇嘛、

呼征阿齐图诺们罕闻皇祖妣大行皇太后大故，即出至诚，率集众喇嘛等于讽经毕会同班禅额尔德尼差派使臣堪布等恭请圣安，殊属可嘉。惟思皇考大行皇帝大故之信，此时计可抵藏，该达赖喇嘛闻之，自必出于至诚，差派使臣堪布等恭请圣安，呈进丹书克。著穆腾额等转行晓谕达赖喇嘛等，即将皇祖妣大行皇太后大故及皇考大行皇帝大故，遣派堪布一分来京，且将朕体恤达赖喇嘛之意转行晓谕。并著赏给达赖喇嘛珊瑚念珠一串、椰子念珠一串、大荷包一对、小荷包四个，赏给呼征阿齐图诺们罕水晶念珠一串、大荷包一对、小荷包四个，均著于抵藏之时转行赏给。

《清实录藏族史料》（八）4146—4147 页

穆腾额鄂顺安奏定日守备与番官戴琫互相禀讦审系虚诬折

道光三十年六月初七日（1850.7.15）

为定日守备与番官戴琫互相禀讦审系虚诬，恭折具奏，仰祈圣鉴事。

窃奴才等于上年九月间接据定日守备刘瀛禀报：九月十六日夜，据巡兵马胜云报称，有夷贼数人越城至汉兵冯友家抢夺，当获二贼，一系戴琫朗结策垫之子名唤任增，一贼不知姓名，被戴琫带领十余人抢去，当将任增交冯友等看管。次日，据冯友报称，系被戴琫带领十余人将任增夺回等情。并据戴琫禀讦守备克扣兵饷、需索外番，把总令伊从中取和，及兵丁酗酒滋事贿和完案等语。奴才等以两造所禀各情，均关重大，当调该守备等来藏，札委前藏粮员、游击会同审办。并札饬后藏都司就近向定日汛众兵查讯守备刘瀛有无克扣兵饷、需索外番之事。旋据后藏都司禀称：讯据定日众兵，佥供守备实无前项情弊，取具切结呈验。并据前藏粮员等讯明番民任增，系由城墙坍塌地方进城，至汉兵冯友家与冯友私娶番妇通奸，并非抢夺，戴琫亦无聚众夺犯，系兵丁王成玉挟嫌捏诬。将人证呈解前来。奴才等亲提研鞫，缘冯友系四川兵丁，道光二十七年派在定日戍防，二十八年私娶番妇边坝竹玛为妻。二十九年三月间，有定日戴琫朗结策垫之跟役长寿，与朗结策垫之子任增谈起，素与边坝竹玛熟识。任增起意与边坝竹玛通奸，随隐瞒伊父与冯友，私令长寿引与边坝竹玛奸宿几次，被冯友共爨之兵丁王成玉闻知，因系丑事，先未声张。嗣因王成玉同爨日久，与边坝竹玛说笑无忌，冯友疑有奸私，屡次寻衅与王成玉吵闹。王成玉心怀气忿，起意俟任增再至冯友家中将其捉获，张扬奸情，使冯友无颜对人，以泄其忿。先与兵丁王廷章等商令同拿，经王廷章等劝解而散。九月十六日，任增闻知冯友在守备衙门值宿，三更时分，乘醉由城墙缺处走至冯友家中，意图续旧。经王成玉瞥见，知是与边坝竹玛行奸。若伊一人前往捉拿，以伊非应捉奸之人，且恐任增挣脱，遂捏为抢夺，大声喧嚷有贼。兵丁马辅等惊醒，同声喊拿，冯友听闻，亦即赶回，当将任增拿获。王成玉随往向巡兵马胜云捏称，有夷贼数人越城至冯友家抢夺，现获二贼，一系戴琫之子名唤任增，一贼不知姓名被戴琫带领十余人抢去，令马胜云赶紧禀报。马胜云一时慌忙，未及往查，即据情转禀，守备令将任增暂交通事骆宽及冯友看管，天明再行讯问。次早戴琫闻知，以伊子犯奸，不惟伊子有应得罪名，伊亦有失察之咎。因思骆宽通晓汉语，又与汉官熟识，此事如何可以完结，与骆宽相商。骆宽想起现修武庙，经费尚未凑齐，且夷例本有罚赎之条，若认罚银两，助修武庙，或可照夷例办理。戴琫情愿认罚银十五两，又有与戴琫相好之商上头人等亦愿代出银十五两。骆宽随与队目等往向守备禀知。守备不准，定要坐堂讯问。骆宽见夷人聚集甚众，并称奸情细故，汉兵辄捏为抢夺，纷纷议论，恐一经堂讯，夷性愚蛮，恃众滋事，令中译暂将任增带开。冯友见随从人多，误为夺犯，遂以戴琫带领数十人将任增夺回具报；守备未察虚实，亦即据情转禀。戴琫闻知，以伊子犯奸属实，守备刘瀛竟以抢夺妄报，把总马元勋亦坐视不理，随以守备克扣兵饷、需索外番，把总令伊从中取和，及兵丁张腾骧、戴洪勋酗酒滋事，张腾骧许给戴洪勋银三十两将案完结等情，一并具禀，以图抵制。今逐一研讯，各供前情不讳。

奴才等查守备刘瀛果无克扣需索情弊，戴琫岂能凭空诬捏？所禀恐非无因。把总马元勋亦恐有藉案勒诈情事。复向在案人证再三严讯，据兵目等金供兵丁全赖饷银过度，守备如有克扣需索情弊，众兵岂肯甘心？外番更不能隐忍！只求详情质之原禀之戴琫，亦自认俱属诬禀，应即拟结。查戴琫朗结策垫所禀守备克扣兵饷、需索外番等情，审系全虚，又失察伊子犯奸，均有应得之咎。系番官向照夷例科断，应译行掌办商上事务之阿齐图诺们罕查照夷例办理。守备刘瀛于番民任增黉夜进城至兵丁冯友家与番妇通奸，辄据兵丁等禀报，率以任增越城抢夺，并戴琫聚众夺犯等情具禀，虽事由误听，并非有心诬陷，究属不合。又失察兵丁私娶番妇，应请

交部议处。兵丁王成玉因挟冯友疑奸之嫌，素知冯友所娶番妇与番民任增有奸，起意将任增捉获张扬奸情以泄其忿，乃于任增被获时捏以抢夺犯重情令巡兵马胜云转禀，实属诡诈，本应按例问拟，业已病故，应毋庸议。兵丁冯友奉谕看守奸犯任增，因见通事令中译将任增带走，并见随从人多，疑系戴瑺聚众打夺，虽与凭空诬禀者不同，究有不实。巡兵马胜云听信王成玉虚捏之词率行禀报，均有应得之罪。冯友又私娶番妇为妻，亦干例禁。惟该犯在道光三十年正月二十六日恩诏以前，核其情节不在不准援免之列；冯友、马胜云均请援免。通事骆宽因戴瑺惧干咎戾，与之相商，辄令戴瑺出银助修武庙，并令中译将奸犯任增带走，罪有应得。系番民，应与犯奸之番民任增、番妇边坝竹玛，勾引犯奸之番民长寿，及将任增带走之中译鲁垫，均交诺们罕查照夷例办理。余属无干，一并饬回本汛，以重边防。

除将全案供招咨送兵部、刑部外，所有审拟缘由，理合恭折具奏，伏乞皇上圣鉴，敕部核复施行。谨奏。

本年八月二十三日奉朱批：该部议奏，钦此。

《清代藏事奏牍》318—320 页

穆腾额鄂顺安接据廓尔喀王递表代奏折
（附 上谕 廓尔喀王禀）

道光三十年七月二十一日（1850.8.28）

为接据廓尔喀王递来表文，恭折代奏，仰祈圣鉴事。

窃奴才等接据廓尔喀额尔德尼王苏热达热毕噶尔玛萨哈来禀，内称：惊闻大行皇太后并大行皇帝先后升遐，该王及阖部落臣民感戴覆育重恩，同声哀恸，即于闻信之日，举哀成服，东向叩头焚香诵经，稍尽蚁忱于万一，并具恭请圣安表文一道，恳请转奏等情。

奴才等译阅该国王递来表文，情词恳切，出于至诚。理合循照旧案，据情代进，并将译出该国王表底恭呈御览，伏乞皇上圣鉴，谨奏。

本年十月初八日奉朱批：另有旨。钦此。

附 1　上谕

本年十月初八日，接军机处字寄：贵大臣等具奏廓尔喀王呈递表文一折，现奉朱批：另有旨，钦此。应俟奉有教谕，再由报便递交贵大臣祇领遵办可也。抄录表底一件，留本处备查。为此知会。九月初二日。

附 2　廓尔喀王禀

小臣廓尔喀额尔德尼王苏热达热毕噶尔玛萨哈九叩跪奏。

如天覆育，如日月照临，抚育万国，寿如须弥山坚固，至大至尊文殊菩萨大皇帝宝座前：窃小臣部落中世代投诚以来，业已六十载矣。仰赖圣主福庇，年岁丰稔，黎民安乐。小臣等惟有诚心归顺！从前历次拣派使臣，恭进方物；小臣承袭后随差小部落中噶箕头人等进贡，到京朝觐天颜，真如日月照临，不遗草木。仰蒙赏给敕书，并贵重物件，小臣深受重恩，实在感激不尽。今接奉驻藏二位大人檄谕，惊悉大行皇太后及大行皇帝先后升遐，小臣及阖部人民莫不悲哀。无奈地方遥远，不能稍尽微忱。惟有恭设神位，望东北叩头焚香穿孝念经，恭行善事，稍图报效于万一耳！谨具表文，求驻藏二位大人代为转进，恭请大皇帝圣安。伏祈俯赐鉴察，施恩教导。小臣遵照奉行。为此，道光三十年六月十六日，自阳布跪奏。

押表金丝缎一匹。

本年十月初八日奉朱批：另有旨，留中。

《清代藏事奏牍》320—321 页

清代驻藏大臣奏折全集·四

据穆腾额等奏访得哲布尊丹巴之呼毕勒罕二名著请班禅来前藏与达赖喇嘛驻藏大臣会同将二童名归入金瓶唪经以便定掣谕

道光三十年十月初一日（1850.11.4）

谕内阁：穆腾额等奏，由西藏所属地方访有应得哲布尊丹巴呼图克图呼毕勒罕聪慧幼童，请旨归入金瓶签掣，等语。哲布尊丹巴呼图克图涅槃已及二载，兹据穆腾额等奏称，访得聪慧异常、英灵夙著幼童二名，实属祥瑞之事，览奏实甚欣慰。著班禅额尔德尼来藏会同驻藏办事大臣、达赖

喇嘛及伊弟子达喇嘛罗布桑巴勒卓尔等，将此二童之名归入金瓶，敬谨唪经，以便定掣呼毕勒罕。

《清实录藏族史料》（八）4150 页

穆腾额鄂顺安奏西藏夷情德兴班满委派照料贡物入京
并委濮诒孙兼署片

道光三十年十月二十六日 （1850.11.29）

再，查驻防西藏夷情德兴将及班满，奴才等派委照料前藏巴雅尔堪布人等赴京恭进贡物，曾经咨明理藩院拣员来藏接管，嗣准理藩院咨称奉旨派郎中吉麟前来更换。查接管之员到藏尚需时日，夷情管理达木三十九族官兵，兼管赏需事务，未便乏员经理。奴才等查照成案，委令前藏粮务什邡县知县濮诒孙暂行兼署，以专责成。除檄饬遵照外，理合附片陈明，谨奏。

《清代藏事奏牍》321 页

穆腾额鄂顺安奏札萨克喇嘛出缺拣选补放折

道光三十年十二月初三日 （1851.1.4）

为第穆呼图克图所属札萨克喇嘛辞退一缺，拣人请旨补放事。

窃据掌办商上事务阿齐图诺们罕阿旺伊喜楚称嘉木参禀称：第穆呼图克图阐宗寺札萨克喇嘛伊喜凯尊具呈辞退，遗缺该呼图克图遵例自行拣选小商卓特巴工噶嘉木白移，请代为转禀。该诺们罕查明所选之人实为众所信服，禀请代奏补放前来。奴才等查西藏各呼图克图名下所设之札萨克喇嘛，经理藩院奏准，由该呼图克图等自行拣选，呈明驻藏大臣奏放在案。兹据拣人禀请前来，相应遵例请旨，将小商卓特巴工噶嘉木白补放阐宗寺札萨克喇嘛，以资帮同约束徒众。为此，恭折具奏，伏乞皇上圣鉴。谨奏。

《清代藏事奏牍》321—322 页

穆腾额鄂顺安奏噶布伦出缺拣选补放折

道光三十年十二月二十七日 （1851.1.28）

　　为噶布伦出缺拣选合例番目，请旨补放，仰祈圣鉴事。

　　窃查前藏三品顶带噶布伦诺依金彭错因病出缺，由掌办商上事务阿齐图诺们罕阿旺伊喜楚称嘉木参拣员具禀前来。奴才等检查例案，应于四品番目内拣选奏请补放。当即督同该诺们罕查有四品颇琫二等台吉坚参欧柱，于二十七年剿办乍丫案内在事出力，经前大臣琦善等保奏，遇有应升之缺，尽先升补，奉旨允准在案。今噶布伦诺依金彭错所遗之缺，应以该台吉坚参欧柱升补，谨将该员履历缮具清单，恭呈御览，伏候简放。为此，恭折具奏，伏乞皇上圣鉴。谨奏。

　　谨将四品颇琫二等台吉坚参欧柱履历敬缮清单，恭呈御览。

　　计开：

　　四品颇琫坚参欧柱，年二十八岁，由东科尔升今职。该员年力富强，办事勤慎。

《清代藏事奏牍》322 页

穆腾额鄂顺安转奏廓尔喀王来禀译文

咸丰元年正月十六日① （1851.2.16）

　　廓尔喀额尔德尼王苏热达热毕噶尔玛萨哈具禀钦差总理西藏事务二位大人台前。

　　敬禀者：窃小的于本年八月初四日接奉二位大人于道光三十年七月二十一日自藏赏来檄谕，内开：大行皇太后并大行皇帝先后计遐，尔王及阖部落人民成服念经，并呈递表文，恭请大皇帝圣安，恳请代为转进等情，本大臣已于本月二十一日代尔王转奏矣，俟朱批到日，另行谕知。再查嘉庆元年、道光元年，尔部落因大皇帝登极，理应专差噶箕赴京进贡叩贺天喜，禀请可否随同例贡一并呈进；经前任驻藏大臣奏奉谕旨，准与例贡一并呈进在案。今大皇帝登极，自应照案办理。尔王接奉檄谕后，即查照嘉庆元年、道光元年之案，禀请可否随同例贡一并呈进，听候本大臣先行代奏，俟奉到谕旨，再行谕知尔王遵照办理可也。小的接阅之下，实在欢忭钦仰之至。伏念小的世受天朝重恩，今闻大皇帝登极，应专差噶箕恭赍表贡赴京叩贺天喜。现在上紧敬备方物。再，查道光元年，小的部落中专差噶箕赴京朝贺，系将五年例贡一并呈进，咸丰二年即系小的应进例贡之期，可否即令随同此次表贡一并呈进，以示天朝柔远之仁，出自圣主鸿慈，恭候命下。

奴才等檄饬该国王遵照办理，为此缮折具奏，并将译出该国王来禀，恭呈御览，伏乞皇上训示遵行。谨奏。咸丰元年正月十六日发。

《清代藏事奏牍》322—323页

① 发文日期。

穆腾额鄂顺安奏粮员濮诒孙三年期满出具考语请奖折

咸丰元年正月十六日（1851.2.16）

为驻台粮员三年期满循例出具考语，恭折保奏，仰祈圣鉴事。

窃查定例，西藏台站各员，有能抚辑番民急公任事者，三年期满更换时，由驻藏大臣出具考语，据实保奏，仿照边俸报满之例，一体升用等因。又嘉庆十八年前任四川总督常明奏准试用丞倅州县委管藏台粮务三年班满时，核其任内如果抚辑番民、经手钱粮等事均能实心奋勉，并无贻误，分别保题以原衔尽先升用等因，历经遵办在案。兹管理前藏粮员四川什邡县知县候补同知濮诒孙，前于道光二十七年在什邡县任内拿获匪犯多名，经署四川总督成都将军廉敬保奏，钦奉上谕：廉敬奏请将缉捕匪犯出力各员鼓励等语，四川什邡县知县蓝翎同知衔濮诒孙于匪徒在土地岭聚众之时，首先访闻，会督汛弁不分畛域星夜驰捕，并能不避危险奋力进击，获犯最多，着赏换花翎以同知补用，钦此。嗣于道光二十八年派委后藏粮员，二十九年经奴才穆腾额奏调前藏，前后接算扣至咸丰元年六月三年期满，例应先期呈报，已准四川总督派员前来更换。查该员年富才优，办事勇往，在台三年，抚绥有方，汉番军民同深爱戴；经管仓库核实认真。现署拉里粮员，并兼署夷情事务，均能办理裕如。今届边俸期满，核与保奏之例相符。查该员现系候补同知，可否仰邀天恩，赏加知府衔以示鼓励之处，出自圣主鸿慈。

为此循例出具考语，恭折保奏，伏乞皇上圣鉴训示。谨奏。

穆腾额奏请准鄂顺安开缺调理片

咸丰元年正月二十四日 （1851.2.24）

再，奴才穆腾额与鄂顺安共事以来，诸事和衷。讵意鄂顺安自去岁十月感受风邪，迄今三月有余，未见痊愈。总缘西藏并无医生，不能调治之故。与穆腾额再四酌商，拟照前任驻藏大臣盛泰之案，奏请开缺，回旗调理，并将折稿给与阅看。奴才穆腾额查阅折内所叙，俱系实情，如蒙俞允，伏祈迅赐简员更换，俾奴才得有两人商办，于公实有裨益。

理合附片奏闻，谨奏。

据穆腾额奏掣得哲布尊丹巴呼毕勒罕著加恩赏物并交库伦办事大臣德勒克多尔济妥为办理谕

咸丰元年二月初五日 （1851.3.7）

谕（内阁）：穆腾额等奏将哲布尊丹巴呼图克图呼毕勒罕转世之幼童验看掣定一折。上年十二月初九日，据驻藏大臣等会同达赖喇嘛、呼征阿齐图诺们罕及伊徒达喇嘛等带领众喇嘛等唪经，由金瓶掣出番民密玛尔之子乌金策仁之名，定为呼毕勒罕。达赖喇嘛当据经理将哲布尊丹巴呼图克图之呼毕勒罕名为哲布尊阿旺吹济旺渠车拉嘉木蹉德。此事甚属吉祥，朕心殊深忻悦。著加恩赏给该呼毕勒罕黄手帕一方、佛一尊、大缎四卷，并交库伦办事大臣德勒克多尔济等转行晓谕喀尔喀四爱曼之汗王及伊徒喇嘛等知悉。所有应行办理迎接哲布尊丹巴呼图克图之呼毕勒罕事宜，著交德勒克多尔济等先行敬谨妥为办理。

据穆腾额奏班禅患腿疾著转谕其安心调理以副朕期念谕

咸丰元年二月初五日 （1851.3.7）

又谕：穆腾额等折内所称班禅额尔德尼患腿疾，举动艰难，朕心殊属惦念。班禅额尔德尼年老，且患腿疾，必须安心调理。著穆腾额等转谕班禅额尔德尼知之，以副朕期念之意。

《清实录藏族史料》（八）4159 页

穆腾额鄂顺安奏拨兑库伦四部落来藏布施银两折

咸丰元年四月初五日[①] （1851.5.5）

户部为奏明事。陕西司案呈内阁抄出前事等因一折，相应移会稽察房可也。须至移会者。右移会稽察房[②]。

奴才穆腾额、鄂顺安跪奏[③]，为拨兑库伦四部落来藏布施银两，仰祈圣鉴事。

窃照咸丰元年二月初三日接准陕甘督臣琦善咨开：道光三十年十一月初四日具奏，为遵旨筹议库伦四部落携带赴藏布施银两，酌拟存解司库报部拨用，由西藏备贮项下照数拨兑，无庸派兵护送，并抄[④]录折稿咨送等因。旋据兼署夷情西藏粮务濮诒孙详据达喇嘛罗布藏巴勒珠尔等禀称：上年进藏行至甘省，蒙陕甘总督谕令，将携带银二万三千三百二十一两一毫兑交西宁府库收存，俟至前藏时于夷情库内兑拨。今已行抵前藏，应在达赖喇嘛、诺们罕处呈递布施、熬茶散给，请将兑拨银两如数赏发。并据诺们罕及噶布伦等禀称：该喇嘛等在藏多住一日，即多一日之费，请先行给领，以示体恤。等情前来。

奴才等复查伊犁蒙古赴藏熬茶，向于西藏粮库兑借，历经遵办有案，且此项银两系该喇嘛等自出己资，以为熬茶之用，既经兑交西宁府库存贮，现已到藏，势在急需，自应仰体皇上抚恤外藩之意，未便拘泥，致令久候。当饬该署夷情濮诒孙即于夷情库备贮项下照数动拨，给发承领。

所有拨兑缘由，理合恭折具奏，伏乞皇上圣鉴，饬部核复施行。谨奏。

奉朱批：该部知道。钦此⑤。

《清季内阁档案全辑》第 15 册 5774 页；《清代藏事奏牍》324—325 页

① 《清代藏事奏牍》中时间为咸丰元年二月二十七日。

② 《清代藏事奏牍》中无以上内容。

③ 《清代藏事奏牍》中无"奴才穆腾额、鄂顺安跪奏"。

④ 《清代藏事奏牍》中为"钞"字。

⑤ 《清代藏事奏牍》中无此段。

户部移会穆腾额奏本年商上专人采买绸缎等物
已逾限期恳请仍准前往采买折

咸丰元年闰八月十九日 （1851. 10. 13）

户部移会事。

四川司案呈内阁抄出驻藏大臣穆奏达赖喇嘛本年差人赴附京黄寺地方采买缎疋等物逾限，恳请赶紧采办一折。咸丰元年闰八月十九日奉朱批：着加恩准行，嗣后不得援以为例。该部知道。钦此。钦遵。于本月二十二日抄出到部，相应抄录原奏，恭录朱批移会稽察房可也。须至移会者。右移会稽察房。咸丰元年九月日主政李。

奴才穆腾额跪奏，为达赖喇嘛本年差人赴附京（黄）寺地方采买缎疋等物迟延逾限，恳恩俯准赶紧前行采办，以备急需，仰祈圣鉴事。

窃查商上需用回答外潘〔番〕绸缎、哈达等物，向系每年赴京进贡之物布，顺带采买。道光二十年奉特旨：着每间二年入贡一次。钦此。钦遵。在案。嗣因据达赖喇嘛、班禅额尔德尼咨称回答：外潘〔番〕需用哈达、绸缎甚多，一年采办各物不足供数年之用，请嗣后若非进贡之年，商上遇有缺乏，自备骑驮前赴附京黄寺地方采买，等语。道光二十六年经前驻藏大臣琦善等具奏，并遵旨部示，酌定骑驮数目及往返限期，每次定以四月自藏前往，十一月至附京黄寺地方置办各物，事毕于十二月起身，次年九月回藏等因。奉旨：永远遵行。亦在案。连年俱系遵照办理，迄无逾限迟延。本年四月未见请照，直至六月二十日后始据噶布伦等禀请发给路照前来。奴才核与奏案不符，未便准行，且连年采办，谅不缺乏。当经逐层批驳去后，复（据）掌办商上事务阿齐图诺们罕禀称：本年专人采买绸缎等物，原应按期请照，曷敢有违奏章，自取咎戾，实因噶布伦等禀据哈拉乌苏营官禀称：该处及柴达木一带自本年二月间瘟疫流行，牲畜半多倒毙，派去系仲等以路经该处深恐骡支被瘟，势必日久迟延不能前进，未敢禀请路照，我诺们罕未将长〔此〕情先期禀明，实属错误。近如为该处瘟症已息，来岁又系达赖喇嘛亲赴三大寺及各处庙宇之年，所需绸缎较多，现存之物实属不敷，不得不再行恳请赏准路照，以便赶紧前行采办，并请将逾限缘由咨明各处办理施行，等情前来。奴才复查所请事关达赖喇嘛急需，若再行驳斥，深恐有误应用，准令前往。现已逾限数月，又与奏案不符，再四思维，惟有据实直陈，恳恩俯准赶紧采买。一面咨明理藩院、陕甘总督、青海办事大臣查照施行，一面给发路照，译行诺们罕饬该系仲等迅速前往采购，事毕即回，并令嗣后务须遵奉定章，预先禀请，断不得以长为例外。

所有本年商上专人采买绸缎等物，已逾限期，恳请仍准前往缘由，理合恭折具奏，伏乞皇上圣鉴。谨奏。

《清季内阁档案全辑》第 15 册 5775—5776 页

准穆腾额奏请达赖喇嘛前往齐齐克等寺时派恩特亨额 妥为保护谕

咸丰元年十一月初十日（1851.12.31）

谕内阁：穆腾额奏，达赖喇嘛于明年前往布啦、济绷及齐齐克塔拉[①]等寺，请派驻藏大臣一员护送，抑或另派一官护送一折。所有达赖喇嘛遵照前世达赖喇嘛前往旧建寺庙熬茶布惠，化导下人，其意出于至诚，朕心甚为喜悦。惟是该达赖喇嘛现在年幼，且齐齐克塔拉距藏较远，著照穆腾额所请，俟该达赖喇嘛明年择吉前往齐齐克等寺讲经之时，即派恩特亨额妥为保护。[②]

《清代藏事辑要》（一）453 页；《元以来西藏地方与中央政府关系档案史料汇编》（五）1816—1817 页；《清实录藏族史料》（八）4171—4172 页

①《元以来西藏地方与中央政府关系档案史料汇编》原注：按齐齐克塔拉寺在山南琼科尔结地方，每辈达赖喇嘛于及岁后，例须往朝一次，俗呼为朝南海。

② 《元以来西藏地方与中央政府关系档案史料汇编》原注：后恩特亨额因病出缺，另行委员保护。

据穆腾额奏藏属边界寺院喇嘛互斗抗断不遵著拣员妥办谕

咸丰元年十二月十七日 （1852.2.6）

谕（军机大臣等）：穆腾额奏藏属边界寺院喇嘛互斗，抗断不遵一折。唐古忒东南错拉营官所属之打旺寺内喇嘛翁则对与四朗欧柱向系同寺居住，偶因钱债小忿，纠约多人互相争斗。经派往戴琫查办，复拣派番目前往开导，何以尚敢恃强聚众不遵传审，是否另有别情，现据该大臣已与诺们罕饬令前派番目秉公查办。傥仍前抗违，即著另拣汉番各员陈禾生等前往会同妥筹办理。该喇嘛等性本愚顽，且地连边界，自当持以镇静，不可轻启兵端。著该大臣等相机妥速酌办，总期两造心服，各释旧憾，以靖边界。将此谕令知之。

《清实录藏族史料》（八）4172—4173 页

据穆腾额奏噶布年辞退出缺请旨补放著原拟陪策垫升补谕

咸丰元年十二月二十六日 （1852.2.15）

谕（内阁）：穆腾额奏噶布伦辞退出缺，请旨补放一折，并钞录诺们罕原禀呈览。噶布伦顿柱多布结年老辞退，所遗之缺，据该诺们罕等禀称乏员拣拟，请以病痊之前任戴琫策垫升补，本属与例不符。惟念该番目于前次噶布伦出缺时曾经拟陪，且屡次效力戎行，得有三品顶带，衔缺相当，既据达赖喇嘛称其办事可靠，明年随往各处瞻礼布施，可期得力。策垫著加恩免补原缺，即以噶布伦升补。

《清实录藏族史料》（八）4172—4173 页

穆腾额奏报校阅前藏官兵春操情形折

咸丰二年三月二十三日 （1852.5.11）

驻藏办事大臣穆腾额奏报校阅前藏官兵春操情形。

130

得旨：朕近闻汝心神恍惚，办事不能用心，并有称汝不见属员高卧衙斋者。若果属实，于边疆要地深有关系，可据实奏来。若有一字欺瞒，难逃朕鉴。

《清实录藏族史料》（八）4174 页

驻藏大臣穆腾额因病解职海枚为驻藏办事大臣

咸丰二年六月二十三日（1852.8.8）

驻藏办事大臣穆腾额因病解任，赏科布多帮办大臣海枚二等侍卫，为驻藏办事大臣，已革阿克苏办事大臣辑瑞三等侍卫，为科布多帮办大臣。

《清实录藏族史料》（八）4177 页

著照穆腾额奏请加恩准哲孟雄部长赴藏瞻礼谕

咸丰二年九月初二日（1852.10.14）

谕内阁：穆腾额奏，哲孟雄部长恳赴前藏瞻礼一折。哲孟雄部长向来赴藏瞻礼例有定限，现在尚未届期，念其禀请恳切，加恩准赴前藏虔诚瞻礼。事毕饬即回牧，无任滋事妄求。

《清实录藏族史料》（八）4182 页

据穆腾额奏著其详查乍丫复起衅端原因令两造相安倘不遵断即镇静弹压以绥边围谕

咸丰二年九月二十二日（1852.11.3）

又谕[①]：穆腾额奏，乍丫小喇嘛复起衅滋事，派员驰往查办一折。乍丫小喇嘛因挟夙嫌，胆敢纠集多人，将诺们罕属下大小头人杀毙十七名，敕书印信、寺院财物俱被焚抢。差人劝解，执拗不从，并抢劫塘兵马匹。现将诺们罕拘禁，复敢私拟断牌，擅盖印信，勒令遵依。似此狂悖，实属目无法纪。现在该大臣派委噶布伦策垫前往查办，并派察木多仓储巴、乍丫守备朱长春一同前往。著即饬令各该员等秉公晓谕办理，并详查此次因何复起衅端。务令两造输服，彼此相安。傥小喇嘛抗不遵断，仍将诺们罕拘禁，或致有戕伤等情，即著穆腾额查照道光二十七年琦善办法，饬令乍丫边界各属预备土兵，示以军威，镇静弹压，消其桀骜之气，俾道路不致梗阻。总期妥慎办理，以绥边圉。将此谕令知之。

（《文宗实录》卷七二）《元以来西藏地方与中央政府关系档案史料汇编》（三）904 页；《清实录藏族史料》（八）4182—4183 页

① 《清实录藏族史料》（八）又谕之后有"（军机大臣等）几字"。

据穆腾额奏委员查办打旺寺喇嘛互斗案完结著革去班垫曲丕商卓特巴交诺们罕惩办并务获在逃犯谕

咸丰二年十一月初八日（1852.12.18）

谕（内阁）：穆腾额奏委员查办打旺寺喇嘛互斗一案完结一折。此案办理乖谬。酿成巨案之班垫曲丕著革去商卓特巴并仔仲，交诺们罕惩办。仍著查拿在逃之协饶札巴务获，照例治罪。

《清实录藏族史料》（八）4183 页

据穆腾额奏委办乍丫夷务之噶布伦预筹办理著晓谕两造照旧相安支应差使傥不遵即慑以军威谕

咸丰二年十一月初八日（1852.12.18）

谕军机大臣等：穆腾额奏委办乍丫夷务之噶布伦预筹办理情形一折。前因乍丫小喇嘛复起衅滋事，经穆腾额派委噶布伦策垫等前往查办。当谕令该大臣饬令该委员等妥慎办理。兹据奏称：噶布伦策垫查照成案，请于打箭炉办买茶叶，并支领银两在藏购买各项赏需带往，俾办理不致掣肘，等语。著裕瑞、穆腾额迅即筹备应用，饬令噶布伦策垫会同各委员传集两造严切晓谕，务令照旧相安，支应差使。傥小喇嘛桀骜不遵，即仍遵前旨慑以军威，镇静弹压，毋致别生事端，以绥边境。……将此各谕令知之。

《清实录藏族史料》（八）4183 页

准照穆腾额奏班禅七旬生辰受赏呈请谢恩著交明年年班代呈谕

咸丰二年十一月二十二日 （1853.1.1）

谕内阁：穆腾额奏班禅额尔德尼七旬生辰接受赏件，呈请谢恩并呈进吉祥丹书克，乞为转奏一折。班禅额尔德尼历居后藏有年，深通经术，推演黄教，且其照顾喇嘛、黑人为年更久，兹又请进丹书克，其诚悫之忱，朕心尤为欢悦。著照所请，准其交明年年班进京之堪布代为呈进。

《清实录藏族史料》（八）4184 页

乍丫一案不难克期了结著穆腾额察看情形如该喇嘛桀骜不遵即遵前旨慑以兵威谕

咸丰二年十二月二十三日 （1852.1.31）

又谕：裕瑞奏乍丫夷务情形并廓尔喀贡使启程来省一折，据称：乍丫大小喇嘛经委员朱长春多方开导，业已照常供差，并将首犯彭错等拿获。其诺们罕已迁移王卡寺中，听候宝清顺道查办。所有应用赏需茶叶，亦经委员带往，自不难克期了结。惟该处僧俗刁悍性成，仍须随时相机妥办。海枚、谆龄到任尚需时日，仍著穆腾额察看情形，如该喇嘛桀骜不遵，即遵前旨慑以兵威。所需口粮就近在藏饷项下先行动支，以归简便。廓尔喀贡使到省，著裕瑞派员妥为护送，毋令耽延。将此谕令知之。

（《文宗实录》卷八〇）《元以来西藏地方与中央政府关系档案史料汇编》（三）905 页

著照所议完结并著穆腾额择尤为出力者酌保数员毋许冒滥谕

咸丰三年三月二十九日 （1835.5.6）

又谕（内阁）：穆腾额奏查办达旺寺喇嘛互斗夷务事竣一折。协饶札巴及霍尔冲逃至披楞、布鲁克巴等处，已据该头人出具切结，或称代为永远监禁，或称情愿代捕交出。现在边方静谧，照常相安。著即照所议完结。其查办各员弁著有微劳，自应量加鼓励。著该大臣择其尤为出力者酌保数员，侯朕施恩。毋许冒滥。

据穆腾额奏七世班禅圆寂命谆龄前往后藏祭奠
并赏银五千两及缎匹等事谕

咸丰三年四月初一日（1853.5.8）

谕：穆腾额奏，班禅额尔德尼于正月初九日圆寂一折。查班禅额尔德尼系后藏呼图克图僧众之总师傅喇嘛，且深通经典，振兴黄教，保护众生多年。前年七十生辰，朕特赏赐佛尊等件，方期伊身体倍加康健，永究经典，开导黄教，保护佛法。今忽闻圆寂，朕心深为悯恻，著加恩即派驻藏帮办大臣谆龄前往奠醊①。其布施等项共折银五千两，著再赏给小团龙妆缎大缎二十四、贡缎一百匹、大哈达二十方、小哈达三百方。除将所赏银五千两即由藏库动支，饬交札萨克喇嘛郎结曲批在班禅额尔德尼之灵前先作好事外，其缎匹、哈达等项，著交该部，仿照从前派委司员送赴西藏。再将朕亲手所带珠子一串、瑚珊珠子一串、又经一部，先由报匣内送交穆腾额等，侯抵藏时，即于班禅额尔德尼之灵前悬挂，以示朕轸念之至意。谆龄祭奠事毕，即传谕该札萨克喇嘛郎结曲批，现在班禅额尔德尼既已圆寂，尔札萨克喇嘛务须感戴大皇帝恩典，仍仿照从前班禅额尔德尼之呼毕勒罕未出事以前，将藏中一切事务，加意谨慎代办。

《清代藏事辑要》（一）456 页；《元以来西藏地方与中央政府关系档案史料汇编》（五）1941 页

① 《元以来西藏地方与中央政府关系档案史料汇编》（五）中"奠醊"为"奠祭"。

后藏扎萨克朗结曲丕能否于班禅圆寂后
妥为代办著穆腾额访察办理谕

咸丰三年四月初二日（1853.5.9）

谕军机大臣等：昨据穆腾额奏：班禅额尔德尼涅槃，已降旨照例赏赉，并加赏物件，由驿发去，派谆龄前往赐奠，其后藏事务，暂令①扎萨克喇嘛朗结曲丕代办矣。该扎萨克喇嘛平日办事能否妥协？番夷人等是否信服？藏务紧要，必须素孚众望者，方能办理得宜。著穆腾额等详细访察。谆龄现在派往赐奠，并可就近察看该喇嘛朗结曲丕，如果办理一切妥善，能惬众论，该大臣等即一面奏闻，一面传旨[②]该喇嘛，即令其妥为代办，仍查照例案，奏请给与敕谕。现在班禅额尔德尼系在后藏涅槃，与前辈班禅额尔德尼在京涅槃者不同，著穆腾额等即将向来班禅额尔德尼在藏涅槃后，所有派人代办及所奉恩旨并敕谕各事宜，查明成案，详晰开单，迅速具奏，毋稍疏漏。将此由四百里各谕令知之。

《清实录藏族史料》（八）4186—4187 页；《清代藏事辑要》（一）457 页；《元以来西藏地方与中央政府关系档案史料汇编》（五）2106—2107 页

① 《清代藏事辑要》《元以来西藏地方与中央政府关系档案史料汇编》中为"转令"。

② 《清代藏事辑要》《元以来西藏地方与中央政府关系档案史料汇编》中为"传知"。

敕谕达赖喇嘛派谆龄[①]祭奠七世班禅

咸丰三年四月初五日（1853.6.12）

奉天承运皇帝敕谕达赖喇嘛：

朕一统万邦，抚育天下，期以全土众生，各安生业，教道愈兴。尔达赖喇嘛仰体朕怀，推兴黄教，勤勉经典，虔诚维护佛法，推广经教，以济众生，朕甚嘉许。今尔专差使臣恭请朕安，进献贡物，殚竭血诚，赍捧丹书克，朕已欣览。荷蒙天恩，朕躬甚安，谅尔亦身安！甫据驻藏办事大臣穆腾额奏称，班禅额尔德尼于正月初九日圆寂，朕颇悼惜。朕派驻藏帮办大臣谆龄为班禅额尔德尼舍利祭奠，并赍送银五千两及妆缎、蟒缎、各样缎物。朕亲手交与数珠一串、珊瑚数珠一串、经一部，先行驿送穆腾额等，供设于班禅额尔德尼舍利前。班禅额尔德尼虽已圆寂，谅必感戴朕恩，其呼毕勒罕早日转世矣。在班禅额尔德尼呼毕勒罕转世之前，尔达赖喇嘛务必督促扎什伦布寺及其所属寺院之僧众虔诚诵经修法，并照管好其僧俗官员。当班禅额尔德尼呼毕勒罕转世时，尔达赖喇嘛细心教授经卷，传授教道，务使呼毕勒罕健康成长，推衍释教，以副朕愿，岂不为祥瑞而喜悦？惟尔达赖喇嘛，乃全黄教所厚望之大喇嘛，嗣后尔务当感戴朕恩，凡事皆同钦差大臣商议而行，以仰副朕维护佛法、悯恤僧俗民众之至意。勤勉经典，益发敬之勿怠。

今尔使臣返回，特问尔身安，并颁敕礼，赏给达赖喇嘛六十两重镀金银茶筒一个、镀金银壶一个、银盅一个、蟒缎二匹、龙缎二匹、妆缎二匹、片金二匹、花缎四匹、字缎四匹、大八丝缎十四匹、大哈达五方、小哈达四十方、五色哈达五十方；另增赏哈达一方、铃杵一份、佛一尊、玉如意一柄、珊瑚数珠一串、玉器一件、獐皮背垫一件、瓷盘二件、香饼一匣、珐琅盒二件、红漆盒二件、玻璃□□二件、敞口玻璃匣子一件、玻璃盘一件、大荷包一对、小荷包五对、蟒缎二匹、妆缎二匹、靠褥一份，已交尔使堪布罗卜桑嘉错赍回。赏给阿齐图诺们罕等物品，一并交尔使赍往。至时各自祇领。特谕。

（西藏馆藏　原件满蒙藏文）《元以来西藏地方与中央政府关系档案史料汇编》（五）1817—1818 页

①时驻藏大臣为穆腾额，帮办大臣为谆龄。

穆腾额谆龄查办乍丫夷务完案即将凶犯分别治罪折并将其调用之土兵分撤归牧谕

咸丰三年五月初一日（1853.6.7）

谕内阁：穆腾额、谆龄奏委员查办乍丫夷务，分别治罪完案一折。此案葛布翁甲等纠约多人，在烟袋塘寺院捆缚诺们罕，杀毙总仓储巴及头目人等，抢劫财物，私拟断牌，实属情罪重大。业据该大臣等督饬委员，将首要各犯拏获。著即照所拟分别治罪，其调用土兵四千三百名亦著分撤归牧。

《清实录藏族史料》（八）4188 页；（《文宗实录》卷九三）《元以来西藏地方与中央政府关系档案史料汇编》（三）905 页

据穆腾额等奏十一世达赖喇嘛诵经祝告速灭太平军
著赏给哈达戒珠谕

咸丰三年八月二十日 （1853.9.22）

谕：穆腾额等代奏，达赖喇嘛等因贼匪侵扰各省，念经祝告速灭一折。达赖喇嘛等因广西贼匪侵扰数省，兵民不能安堵，各愿率领呼图克图喇嘛等，在藏各寺熬茶念经祷祝，以期贼匪绝净，大功早成，实出诚心，朕甚嘉悦。著加恩赏给达赖喇嘛哈达一方、戒珠一串，著交驻藏大臣等转赏达赖喇嘛。

《清实录藏族史料》（八）4191 页；（《清代藏事辑要》一第 459 页）
《元以来西藏地方与中央政府关系档案史料汇编》（五）1818 页

准照穆腾额谆龄奏颁给呀征呼图克图名号敕书印信
并赏其管事喇嘛扎萨克喇嘛名号谕

咸丰三年十一月十九日 （1853.12.19）

谕内阁：穆腾额、谆龄奏，请援案颁给呼图克图敕书、印信，并赏给管事喇嘛名号，等语。阿齐图诺们罕前因查办番务出力，加恩赏给呀征阿齐图呼图克图名号，所有应得广衍黄法阿齐图呼图克图敕书、印信，著准其照案颁给。其原领之诺们罕印信，即著遇便缴回。至该呼图克图属下管事达喇嘛噶勒藏热布觉尔，并著加恩赏给札萨克喇嘛名号，以示优异。

《清实录藏族史料》（九）4215 页

据穆腾额谆龄奏第穆呼图克图不守僧规著撤去第穆
及其属下管事扎萨克名号并按款亲提严讯具奏谕

咸丰三年十一月十九日 （1853.12.19）

谕：穆腾额、谆龄奏，第穆呼图克图不守僧规一折。第穆呼图克图近来行事不守清规，劣迹昭著，既据呀征阿齐图呼图克图及噶布伦等查明确实，先行拏禁，禀请参奏，自应严切讯究惩办。第穆呼图克图阿旺罗布藏吉克美嘉木参及属下管事札萨克喇嘛工噶嘉木白所得名号，均著先行一并撤退。仍饬呼征阿齐图呼图克图等按款讯明，取具确供，详报该大臣等亲提秉公研讯，据实具奏。

《清实录藏族史料》（九）4215—4216 页

据穆腾额等奏七世班禅金塔寺工竣著赏给哈达念珠谕

咸丰三年十二月十三日（1854.1.11）

谕：穆腾额等奏，班禅额尔德尼涅槃后修理金塔寺工程及完竣，等语。班禅额尔德尼系后藏呼图克图喇嘛之总师长〔傅〕喇嘛，深通经艺，兴扬黄教，今伊徒众将金塔寺修理妥协，于十一月二十五日将舍利奉入于金塔，实为吉祥之事，朕心实为快悦。著赏给白哈达一幅、念珠一串，以副朕怀想有功之至意。

《清代藏事辑要》（一）461 页；《元以来西藏地方与中央政府关系档案史料汇编》（五）1941—1942 页

据穆腾额谆龄奏审明第穆等供词著将第穆及其管事
分别发往宗喀琼结交该营官管束并照达赖喇嘛吁恳
准第穆故后转世谕

咸丰三年十二月十三日（1854.1.11）

又谕（内阁）：穆腾额、谆龄奏，审明呼图克图等供词，分别定拟一折。前因第穆呼图克图阿旺罗布藏吉克美嘉木参不守清规，经呼征阿齐图呼图克图查明拏禀，当降旨交穆腾额等亲提研讯。兹据该大臣等审讯明确，分别定拟，录供呈览。该呼图克图任性妄为，有玷黄教，其管事扎萨克喇嘛工噶嘉木白隐匿不报，均属罪有应得。除所得呼图克图及扎萨克名号前经降旨撤退外，著照所拟即将阿旺罗布藏吉克美嘉木参发往宗喀地方，并将工噶嘉木白发往琼结地方，均交该营官永远管束，不准出外滋事。至前辈第穆呼图克图著有劳绩，既据达赖喇嘛代为吁恳，俟现在第穆身故后准其转世，著加恩即允所请，以顺众情。

《清实录藏族史料》（九）4216 页

据穆腾额等奏审拟呼图克图罪名其代经管人应认真体察
是否为众僧俗所信服并攒招期间务宜凯切晓谕妥为弹压谕

咸丰三年十二月十三日（1854.1.11）

谕军机大臣等：穆腾额等奏审拟呼图克图罪名一折。已明降谕旨，均照所拟办理矣。惟该呼图克图既经发遣，其所有寺院财物及所属地土、人民，自应慎选妥实可靠之人代为经管，以免别滋事端。该大臣等所称责成晓事头目究属何等职分，能否约束经理，其平日是否为番民僧俗所信服，务期认真体察，不可稍存大意。至所称，攒招期近，喇嘛云集，恐有奸匪勾结，等语。是否即指该呼图克图所辖之人，务宜凯切晓谕，妥为弹压，使僧俗人等皆知该呼图克图罪状，自能众心安帖，不至生事。总以妥慎筹办为要。将此谕令知之。

《清实录藏族史料》（九）4217 页

军机大臣会同理藩院遵旨议复穆腾额等奏西藏与廓尔喀
互争边界现已划界办结案折

咸丰三年十二月二十七日（1854.1.25）

军机大臣等会同理藩院遵旨议复：驻藏大臣穆腾额等奏，廓尔喀与唐古忒互争边界，委员查办完结，等语。臣等查理藩院则例内，并未开载廓尔喀与唐古忒分界章程。今据该大臣所奏，廓尔喀与唐古忒地方，系于乾隆五十七年经大将军福康安立定章程，以漳木铁索桥为界，桥南归廓尔喀管理，桥北归唐古忒管理。其小路附近札木曲河之外，有纪尔巴及甲玉两处地方，亦归唐古忒管理，先年租与廓尔喀百姓牧放，每年议给租钱。乾隆六十年间彼此因租钱不清，曾向前任驻藏大臣松筠等呈诉，经松筠等派员剖断完结。此次所争边界，即系此二处地方。现经该大臣商之呼征阿齐图呼图克图及噶布伦等，依委派查办此案之四品大招商卓特巴拉旺工布所

139

拟，将此二处地方嗣后归廓尔喀管理，以息争端。并从前未经声明之偏僻之路，亦同廓尔喀委员逐一分晰，各立石墙，作为鄂博，并令出具廓尔喀及唐古忒两样字迹甘结，舆图上亦令盖两处各头人图记。该大臣查办此案，尚为妥协周密，应如所奏办理。惟该夷等壤地毗连，性情反复，仍请饬下该大臣务须随时随事杜渐防微，总期相安日久，不致滋生事端，方为尽善。

至所拟将拉旺工布，遇有应升缺出，尽先升用之处，亦请恩准，以示鼓励。

得旨：拉旺工布著以应升之缺尽先升用。余依议。

《清代藏事辑要》（一）461—462 页；《元以来西藏地方与中央政府关系档案史料汇编》（三）967—968 页

七十九、崇恩

崇恩简传

崇恩，字仰之，号雨舲，别号香南居士，亦称语铃道人。爱新觉罗氏，满洲正红旗人。道光二十一年十二月，由潮惠嘉道（正四品）迁江苏按察使（正三品）。二十二年六月初二日，任山东按察使。二十三年五月二十六日，迁宁夏布政使。二十四年十月二十二日，召京陛见，由布政王笃护送。二十七年十一月十六日，解任议叙。二十八年正月十四日，赏已革山东巡抚崇恩蓝翎侍卫，为驻藏帮办大臣。十二月二十五日，降三级调用。后为奉天府尹（正三品），阿克苏办事大臣。咸丰四年三月，任山东巡抚。五月，由杭嘉湖道迁福建按察使，丁忧免。七年五月初四日，入觐。九年八月，诏京。十二月，授内阁学士，十五日降用。崇恩与穆腾额合奏的奏折，均归入穆腾额奏折全集内。

赏崇恩蓝翎侍卫为驻藏帮办大臣谕

道光二十八年正月十四日 （1848.2.18）

赏已革山东巡抚崇恩蓝翎侍卫，为驻藏帮办大臣，准其回京整理行装驰驿前往，不准具折谢恩。

《清代蒙藏回部典汇》第七十五册 34523 页

八十、谆龄

谆龄简传

谆龄，正黄旗满洲参领（三品）。咸丰二年九月初六日，赏副都统衔（正二品），为驻藏帮办大臣。三年四月初一日，派往奠故后藏七世班禅茶酒，赏银五千两治丧。四年九月，因病解任，仍留藏，毓检继之。五年三月，廓尔喀占据济咙并聂拉木地方，驻藏大臣赫特贺亲往后藏边界，留谆龄办理前藏事务。六月，清廷谕令满庆、谆龄侦探情形缓急，密为防范等。

命驻藏大臣谆龄往奠故后藏班禅额尔德尼

咸丰二年四月十九日（1852.6.6）

命驻藏大臣谆龄往奠故后藏班禅额尔德尼茶酒，赏银伍仟两治丧。

《清代藏事辑要》（一）456 页

赏谆龄副都统衔为驻藏帮办大臣谕

咸丰二年九月初六日（1852.10.18）

赏正黄旗满洲参领谆龄副都统衔，为驻藏帮办大臣。

《清实录藏族史料》（八）4180 页

谆龄奏驻藏大臣海枚行抵打箭炉病故出缺折

咸丰三年二月二十九日（1853.4.8）

驻藏帮办大臣奴才谆龄跪奏，为驻藏大臣在途因病出缺，恭折由驿驰奏，仰祈圣鉴事。

窃奴才海枚、奴才谆龄陛辞后，先后出京，行抵四川面商，奴才海枚以乍丫夷务，用兵弹压，果否得力，尚无把握；又因奴才谆龄未历外任，海枚拟先就道，相机办理，一切均可札商。是以海枚先行起程，于二月二十一日行抵打箭炉所属河口地方；二十二日巳刻忽冒风寒，以致风痰旧疾陡然复发，海枚次子豫津时进汤药罔效，函及奴才谆龄。奴才行至折多，接据来信，不胜焦灼，因前途大山积雪，不能兼程，于二十八日赶抵河口往视。讵意海枚病势沉重，神昏气微，旋于二十九日丑时因病出缺。一切身后事宜，已经伊子妥为办理。海枚留有遗折一件，伊子豫津呈递前来。

奴才谆龄伏思驻藏大臣员缺紧要，仰恳皇上天恩，迅赐简放来藏，以便穆腾额交卸回京。奴才拜折后即行起程前进，俟抵乍丫，必当镇静弹压，相机筹办，以仰副我皇上绥靖边陲之至意。

所有奴才海枚在途因病出缺缘由，理合恭折由驿驰奏，海枚遗折一件附呈御览，伏乞皇上圣鉴。谨奏。

朱批：另有旨

（一史馆藏宫中朱批奏折）《元以来西藏地方与中央政府关系档案史料汇编》（四）1652—1653 页

谆龄奏廓尔喀察木多商人索债起衅案办结请旨鼓励
承办出力官员折

咸丰四年五月初二日（1854.5.28）

先是三年四月内，巴勒布商人与察木多番商，因索债起衅，聚众械斗，各有杀伤，驻藏大臣穆腾额奏闻。得旨：知道了。

至是驻藏大臣谆龄奏：前案业已按照夷例分别罚服完结，请将在事出力人员，酌加奖励。得旨：谆龄奏巴勒布番民与察木多番商互斗一案，请将承审之粮员、噶布伦等请旨鼓励一折。承办番务之噶布伦策垫、汪曲结卜①会同粮员杨尚炳，设法半年之久，审讯完结，甚属勤劳。著照谆龄等所请，除汪曲结卜已入修理寺工鼓励外，此次承审粮员杨尚炳，著加恩赏换花翎，噶布伦策垫前乍丫案内，赏给二等台吉，准其承袭一次，著加恩即令伊子敦柱策垫带用台吉顶戴，以示鼓励。

《清代藏事辑要》（一）463 页；《元以来西藏地方与中央政府关系档案史料汇编》（三）968 页

①原注：按汪曲结卜系已故噶布伦敦珠卜多尔济之子，俗呼为辖扎噶隆。

据谆龄奏廓尔喀递表请派兵助剿著檄知该国无须派兵以绝觊觎谕

咸丰四年五月初二日（1854.5.28）

谕军机大臣等：谆龄奏廓尔喀国王呈递表文，请派兵随同剿贼。已檄谕该国王恪遵定制，毋庸派兵助剿。自应如此办理。该国王以边外小邦，情殷敌忾，其悃忱亦自可嘉。但内地小丑跳梁，从无借兵外夷之理。著谆龄再行檄知该国王，谕以表文业已上达大皇帝，亦奖其诚悃。惟念该国王久列藩封，不忍令其派兵远道跋涉。且内地匪徒滋扰，天朝兵力所加，指日即可殄灭，亦无须该国王派兵助剿。务使宽严得中，俾该国王内知感戴，外绝觊觎，自不致别有干求，所呈表底各件均著留存。将此谕令知之。

《清代藏事辑要》（一）462—463 页；《元以来西藏地方与中央政府关系档案史料汇编》（三）968—969 页

著照谆龄奏请赏给札萨克名号谕

咸丰四年五月初二日（1854.5.28）

谕：谆龄奏，遵旨查明第穆寺内办事喇嘛济克美档木垂，人尚诚实明白，所辖人众均皆心服。且办理寺内事务，亦臻妥协。著照谆龄所请，赏给济克美档木垂管事札萨克名号，以顺众情而资约束。该部知道。

《清代藏事辑要》（一）462 页

著照谆龄奏请加恩赏给帕克巴拉呼图克图等
物件交驻藏帮办大臣转行赏给谕

咸丰四年五月初二日（1854.5.28）

谕：谆龄代奏，察木多帕克巴拉呼图克图之呼毕勒罕西瓦拉呼图克图，因贼匪扰害各处，呈请祝祷颂经，以祈速灭灾匪，等语。帕克巴拉呼图克图等，因贼匪扰害各处，情愿带领众呼图克图喇嘛，在察木多地方所有庙内，专心念经，祝祷将贼匪歼除，实属出于至诚，朕甚嘉悦。著加恩赏给帕克巴拉呼图克图、西瓦拉呼图克图哈达一块。交驻藏邦办大臣转行赏给帕克巴拉呼图克图等。

《清代藏事辑要》（一）462 页

据谆龄奏给重修古寺颁赏匾额赏给汪曲结卜虚衔
公爵等项谕

咸丰四年五月初二日（1854.5.28）

谕：谆龄奏，重修藏属古寺完竣，请颁匾额，并酌将承办之噶布伦请旨鼓励一折。藏之迤南旧有敏珠尔伦吉珠布贝寺一所①原系西藏古刹，年久未经重修。今噶布伦汪曲结卜，遵奉达赖喇嘛饬谕重修此寺。今已数年，方得修理坚固，一律完竣，自达赖喇嘛以下，全藏僧俗，无不踊跃欢欣，自应颁赏匾额，以迓吉祥，著加恩赏四字②匾额，饬交谆龄敬谨悬挂。所有捐银承办之噶布伦汪曲结卜，在藏多年，乐善好施，广兴黄教，著加恩赏给汪曲结卜虚衔公爵，带用红宝石顶戴，以示鼓励。

《清代藏事辑要》（一）463 页

①原注：按夷章内称敏珠尔寺即桑耶寺，又名桑叶寺，唐时藏王曲松迭赞同王妃大臣及莲花祖师等择地修建。嘉庆二十一年毁于火，经商上派噶布伦敦珠卜多尔济前往督工修理，道光元年工竣，奉旨赏给敦珠卜多尔济花翎。

②原注：按寻赐敏珠尔寺"宗乘不二"四字，由内廷颁发到藏。

谆龄奏达赖喇嘛正师傅济隆呼图克图圆寂

咸丰四年五月初二日（1854.5.28）

驻藏大臣谆龄奏：达赖喇嘛正师傅济隆呼图克图于三月十一日圆寂。得旨：知道了。

《清代藏事辑要》（一）464页

谆龄奏总堪布罗布藏热布结因病具辞遗缺请旨补放折

咸丰四年七月十六日（1854.8.9）

奴才谆龄跪奏，为商上三品总堪布具辞出缺，拣选番目，请旨补放，恭折奏祈圣鉴事。

窃据掌办商上事务呼征阿齐图呼图克图阿旺伊喜楚称嘉木参禀称：商上三品总堪布罗布藏热布结，系四川泰宁地方生长人氏，因达赖喇嘛在泰宁科子喜家降生，该堪布亲由彼处伺候来藏，近身当差多年，兹因身体有病，恐误公事，恳请辞退仔仲及总堪布职份，已蒙达赖喇嘛允准，俾资调理，但好为抚恤，等语。我呼图克图查总堪布罗布藏热布结，原本有病，自应准如所请。除谨遵达赖喇嘛示谕，如何拨给口粮、养赡庄田，不得有负他心之处，另行饬遵办理外，所有遗缺未便乏人。兹拣选得四品岁琫阿旺丹达尔，办事勤能，熟习经典，道光二十九年请放总堪布时曾经拟陪，此次堪以拟正；又四品堪布阿旺嘉木白伊喜，当差年久，人尚老诚，堪以拟陪。祈请查核转奏补放前来。

奴才伏查定例，商上大小僧官等出缺，俱由掌办商上事务之人会同驻藏大臣拣人，奏请补放，历经遵办在案。兹总堪布罗布藏热布结因病具辞，据该呼图克图拣选番目，出具考语，拟定正陪前来，核与例案相符。理合将该番目等履历另缮清单，请旨补放。为此恭折具奏，伏乞皇上圣鉴。谨奏。

朱批：另有旨。

（一史馆藏宫中朱批奏折）《元以来西藏地方与中央政府关系档案史料汇编》（五）2107—2108页

著照谆龄奏请按所提人名分别为达赖喇嘛正副传经师傅谕

咸丰四年闰七月廿四日（1854.9.16）

又谕（内阁）：谆龄奏达赖喇嘛吁请选派传经正副师傅，祈为代奏请旨一折。著照所请。噶尔丹赤巴罗卜藏清饶汪曲著为达赖喇嘛正师傅；温结色呼图克图阿旺罗卜桑托克迈丹泽恩嘉木错著为达赖喇嘛副师傅。

《清实录藏族史料》（九）4221 页

著照所请准商上三品総堪布一缺由四品岁本阿旺丹达补授

咸丰四年闰七月二十五日（1854.9.17）

谕：谆龄奏：请补商上三品总堪布一折。著照所请，商上三品总堪布，准其以四品岁本阿旺丹达补授。

《清代藏事辑要》（一）464 页

谆龄奏十一世达赖喇嘛年已及岁宜即接管藏中事务折

咸丰四年八月十五日（1854.10.6）

奴才谆龄跪奏，为达赖喇嘛年已及岁，应宜任事，以符奏章，恭折奏祈圣鉴事。

窃查道光二十四年前大臣琦善等酌拟裁禁商上积弊章程内载：达赖喇嘛年至十八岁，应仿照八旗世职之例，由驻藏大臣奏明任事。经理藩院议复，奉旨允准，行知在案。兹查现在第十一辈达赖喇嘛本年已十七岁，来年即届任事之时，因饬掌办商上事务呼图征阿齐图呼图克图查明应办事宜，先期禀复，以凭察核办理去后。兹据禀称：查得五辈达赖喇嘛于顺治九年赴京朝见天颜事毕转回，于十年在途仰蒙赏赐金册、金印，其管事一节，并未奉有钦定章程，亦无案可稽。六辈达赖喇嘛钦遵谕旨赴京，行至青海工喀洛尔地方圆寂，并未管事。七辈达赖喇嘛年至十七岁，于雍正二年，蒙钦派达喇嘛噶足罗布藏班觉尔及夷情司员笔帖式等前来之便，赏赐金册、金印，年至四十四岁，于乾隆十六年珠尔墨特不法，将该逆夷诛灭后，当奉谕旨管理事务。八辈达赖喇嘛年至二十五岁，于乾隆四十六年钦派佐领窝土尔纳僧及郭蟒呼图克图来藏之便，赏赐金册、金印，年至二十八岁，于乾隆四十九年钦派伊大人及郭蟒呼图克图来藏之便，蒙赏玉册、玉印，年至三十岁，于乾隆五十一年奉旨将额尔德尼诺们罕阿旺楚勒齐木调京掌印，即由驻藏大人具奏奉旨，达赖喇嘛年已及岁，将藏中一切事务著令管理，彼时并无钦差来藏照料。九辈达赖喇嘛自幼圆寂，所有金册未请更换名字，亦未管理事件。十辈达赖喇嘛年至二十岁，于道光十五年将八辈达赖喇嘛所得金册缴部请换名字，金册未颁之先，业已圆寂，原册留部。现在之十一辈达赖喇嘛，年至四岁，在于布达拉山上坐床，道光二十二年钦差章嘉呼图克图来藏之便，赏赐金册、金印，其应管公事一节，道光二十四年前大臣琦、瑞任内具奏章程内注，达赖喇嘛年至十八岁，由驻藏大臣具奏，奉旨后即行管事，将代办之人撤退，方于公事妥协。现在达赖喇嘛明年即系十八岁，自宜遵照钦定章程，于来年新正拣择吉日管理事务，我阿齐图呼图克图应即交卸。再查八辈达赖喇嘛所得玉册、玉印，于在世之时遵奉谕旨，每遇庆贺大皇帝万寿及吉祥喜事，准于奏书上盖用玉印，平日即用金印。计自八辈达赖喇嘛圆寂之后，所有玉册、玉印均供奉布达拉山。明年达赖喇嘛管理事务，不日即可受格咙大戒，黄教日见兴旺，百姓自能安居乐业。一俟达赖喇嘛管事后，遇有庆贺大皇帝吉祥事件及恭请圣安奏书上遵盖玉印，平常即用金印，则阖藏均沾天恩不尽。谨将历辈达赖喇嘛管事情形，及现在达赖喇嘛应宜管事缘由，先为陈明，祈请察核转奏。等情前来。

据此，奴才复查来禀所称达赖喇嘛来年管事情形，并此后每遇吉祥喜事请于奏书上盖用玉印，寻常仍用金印，均与定章及当年所奉谕旨符合。至所陈历辈达赖喇嘛管事之际，即无钦定章程，亦未特派星使赴藏照料，虽历年久远，驻藏大臣衙门无案可稽，而察其所叙情节，似非虚谬。惟是否如禀办理之处，谨预前查明成案，专折奏明请旨。

除将届期应办事宜随时具奏，并批饬该呼图克图俟朱批到日再行饬遵外，所有达赖喇嘛年届任事缘由，理合恭折具奏，伏祈皇上圣裁训示。谨奏。

朱批：该衙门议奏。

（一史馆藏宫中朱批奏折）《元以来西藏地方与中央政府关系档案史

料汇编》（五）1818—1820 页

谆龄奏十一世达赖喇嘛等捐银熬茶念经以期早日殄灭太平军折

咸丰四年八月十五日（1854.10.6）

奴才谆龄跪奏，为据情恭折代奏，仰祈圣鉴事。

本年闰七月二十三日，据掌办商上事务呼图征阿齐图呼图克图阿旺伊喜楚称嘉木参禀称：伏思文殊菩萨大皇帝在普通天下众生灵身上施恩甚重，如日月之高，无不照临，惟于西方佛地加恩尤甚。溯自历辈先皇帝以来，即蒙阐扬黄教，特遣官兵驻防，护卫地方，弹压外番，如父母待子一般，无微不至。如此高厚鸿慈，我藏属僧俗人等，于生生世世均难图报。惟内地自上年被贼侵扰，达赖喇嘛甚为操心，时刻念诵经典，祝告三宝佛，保佑平安无事，并在于箭头寺护法神前虔诚卜卦，以期早灭贼匪，恭祝大皇帝万福万寿。所有商上除上年捐银数万两，在大、小招日夜念经，设法禳解不计外，刻下我呼图克图率领藏属公、噶布伦、札萨克台吉、文武番官等，出于至诚，复各量力捐资，在藏属大小寺院三十余所，点灯万盏，日积月累，念诵真经。念毕后，倒锅拍掌，并拣选熟习秘密经咒喇嘛十五名，分住各寺，专派头人管理念诵经咒，求神送祟，镇压仇人，期灭尽净。现在仰沾大皇帝鸿福，显有吉兆数次，知贼势极为穷蹙，指日即可殄除，从此四海升平，妖氛永靖，我西方僧俗实为欣幸之至。可否具奏之处，祈请大人查核办理，等情。据此，伏查奴才于上年抵任后，曾将前后藏商上为逆贼肆扰均各念经祷告缘由，专折奏明在案。一载以来，每遇奴才上山接见达赖喇嘛，及因公来署谒见文武番官等，靡不因询知军务未竣，志切同仇。兹据禀前情，查系达赖喇嘛等感戴国家二百余年振兴黄教深恩，共图报效微悃。奴才未敢壅于上闻，理合据情缮折代奏，伏乞皇上圣鉴。谨奏。

朱批：览奏具见达赖喇嘛等心虔念经，朕实嘉悦也。

（一史馆藏宫中朱批奏折）《元以来西藏地方与中央政府关系档案史料汇编》（五）1820—1821 页

理藩院议复谆龄所奏已革诺们罕不准仍回西藏谕

咸丰四年八月十八日（1854.10.9）

谕内阁：理藩院奏遵议谆龄奏已革诺们罕可否回西藏一折。此案已革诺们罕阿旺札木巴勒楚勒齐木，前因贪婪营私，种种不法有玷黄教，发往黑龙江，释回后仍交地方官严加管束。现在虽已免罪，而所犯情节甚重。著照该衙门所议，不准仍回西藏。至该犯是否已回洮州，并有无在外逗遛为匪不法情事，著易棠查明具奏。

《清实录藏族史料》（九）4222 页

据谆龄奏达赖喇嘛等诵经祈速殄灭太平军著赏给哈达谕

咸丰四年九月十九日（1854.11.9）

谕内阁：谆龄奏达赖喇嘛等以贼氛未靖欲为唪经，祈令迅就殄灭等因呈请代奏一折。该达赖喇嘛等衷悃实出至诚，朕甚嘉悦。达赖喇嘛著加恩赏给哈达一块、念珠一串；呼征阿奇图呼图克图著赏给哈达一块，交驻藏帮办大臣转给该达赖喇嘛等祗领。

《清实录藏族史料》（九）4222—4223 页；《元以来西藏地方与中央政府关系档案史料汇编》（五）1821 页

著照谆龄奏请即行受戒传习经咒谕

咸丰四年九月十九日（1854.11.09）

又谕：谆龄奏哲布尊丹巴呼图克图呼毕勒罕可否从呼征阿奇图呼图克图受戒之处请旨一折。哲布尊丹巴呼图克图呼毕勒罕向依达赖喇嘛受戒，惟达赖喇嘛既系现未及岁，且又未受格隆大戒，著照所请，哲布尊丹巴呼图克图呼毕勒罕著即依从呼征阿奇图呼图克图阿旺依什楚琛佳木参受戒，传习经咒。

《清实录藏族史料》（九）4223 页

驻藏帮办大臣谆龄因病解任

咸丰四年九月十九日（1854.11.09）

驻藏帮办大臣谆龄因病解任。赏大理寺卿毓检副都统衔，为驻藏帮办大臣。

《清实录藏族史料》（九）4223 页

著谆龄将军机大臣代拟檄谕及谆龄所拟业已发出檄谕仍恭录宣示谕

咸丰四年九月十九日（1854.11.09）

谕军机大臣等：前因廓尔喀国王呈递表文，请派兵随同剿贼，当即谕令谆龄檄知该国王无须派兵助剿，该大臣接奉后，自应将谕旨大意择要宣示，乃本日奏到檄谕拟底，于寄传谕旨不知慎密。全行抄录，实属糊涂，不谙体制，且所拟檄谕是否已传知该国王，折内亦未声明，更属含混，已谕军机大臣代拟檄谕一道，该大臣接奉后，即抄录晓谕该国王。倘谆龄所拟檄谕，业已发去，此道檄谕仍著恭录宣示，断不可再将寄信谕旨告知外夷也。将此谕令知之。

《清代藏事辑要》（一）464—465 页

令谆龄承办达赖喇嘛年已及岁应宜任事之一切事件谕

咸丰四年十月初十日（1854.11.29）

咸丰四年[①]十月初十日奉上谕[②]：

理藩院议复，谆龄奏达赖喇嘛年已及岁应宜任事一折。达赖喇嘛来年[③]既已及岁，一切事件令伊承办。所有赏给前辈达赖喇嘛之[④]玉册、玉印，凡遇吉祥之事准其盖用，寻常事件仍用金印，以示朕广兴黄教之至意。余依拟〔议〕[⑤]。钦此[⑥]。

（西藏馆藏）《元以来西藏地方与中央政府关系档案史料汇编》（五）1821—1822 页；《清代藏事辑要》465 页

① 《清代藏事辑要》中无"咸丰四年"。

② 《清代藏事辑要》中只有"谕"字。

③ 《清代藏事辑要》中无"来年"二字。

④ 《清代藏事辑要》中无"之"字。

⑤ 《清代藏事辑要》中为"余依议"。

⑥ 《清代藏事辑要》中无"钦此"二字。

著谆龄将所拟未行檄谕底稿即照拟发去暗地设防谕

咸丰四年十二月二十三日（1855.2.9）

又谕：谆龄奏接据廓尔喀国王来禀分别拟办，并抄录禀稿檄文呈览，及自请议处各一折。该大臣前接该国王呈递各表文并不迅速代进，办理迟误，咎有应得，已明降谕旨将谆龄交部议处。惟详阅该国王来禀，牵涉唐古忒所属营官不遵旧章征收税课，及欺负抢劫、伤毙该国民人等事。自应秉公查办，照旧贸易，不准例外浮收，任意欺压。被抢案件亦宜彻底根究，毋得偏袒，致该国有所藉口。上年察木多番商与巴勒布番民在藏斗殴，既有卷宗可稽，何以有人在该国王处唆弄是非，致令疑惑，是否唐古特番官实有办理不公之事，不难依案查究，以服该国王之心。至该国王因帮兵经费无出，要唐古特代赔一节，尤属居心叵测。该国欲派兵助剿，本与唐古特无干，况尚未有旨允准，何得藉口兵费！从前廓尔喀欲与披伦打仗，曾经具禀求赏银两，经驻藏大臣孟保等正言拒绝，旋亦相安无事。该国与披伦用兵，中国可置之不问。唐古特系我朝藏属地方，岂容该国藉端起衅！该大臣当据理开导，不可说明奏奉谕旨，即作为该大臣之意，方为妥善。所拟未行檄谕底稿，即照拟发去，务使各释猜疑，免生他变。至所请援照嘉庆二十一年旧案豫备军械等语，未免已涉张皇，转恐动其疑贰之心。谆龄只可不动声色，暗地设防，毋得稍露防备之意，致多窒碍。将此谕令知之。

（《文宗实录》卷一五五）《元以来西藏地方与中央政府关系档案史料汇编》（三）969—970 页；《清实录藏族史料》（九）4225—4226 页

谆龄著交部议处谕

咸丰四年十二月二十三日 （1855.2.9）

又谕（内阁）：前任驻藏大臣谆龄于廓尔喀国王正月内递到表文，迟至三月内始行代奏；迨接奉谕旨，又复因病延搁，并不迅速橄谕。办理实属迟延。谆龄著交部议处。

《清实录藏族史料》（九）4225 页

谆龄奏十一世达赖喇嘛遵旨接管事务日期折

咸丰五年正月二十八日 （1855.3.16）

奴才谆龄跪奏，为达赖喇嘛遵旨接管事务日期缘由，恭折复奏，仰祈圣鉴事。

窃奴才于上年八月十五日具奏，达赖喇嘛年已及岁应宜任事以符定章一折，于十月二十八日奉到朱批：该衙门议奏。钦此。钦遵。当即恭录行知在案。嗣于十二月初一日接准理藩院清字咨称：内阁钞出，咸丰四年十月初十日奉上谕：理藩院议复谆龄奏达赖喇嘛年已及岁应宜任事一折。达赖喇嘛来年既已及岁，一切事件令伊承办。所有赏给前辈达赖喇嘛之玉册、玉印，凡遇吉祥之事准其盖用，寻常事件仍用金印，以示朕广兴黄教之至意。余依议。钦此。钦遵。钞出到院，相应钞录原奏，咨行驻藏大臣查照施行。等因。遵奉之下，奴才仍钞录咨行达赖喇嘛并哹图征阿齐图呼图克图遵照办理去后。旋准达赖喇嘛预期遣人回称：谨择吉于咸丰五年正月十三日接管事务。

是日晨早，奴才率领藏中汉番文武，齐赴布达拉山照料。先将蒙恩准其盖用前辈达赖喇嘛之金册、金印、玉册、玉印展设供奉，达赖喇嘛敬行三跪九叩礼，恭谢天恩后，即行接管事务。随据哹图征阿齐图呼图克图将掌办印信赍缴前来，奴才当即会同达赖喇嘛，遵照部咨，敬谨加封，存贮商库毕。达赖喇嘛仍率领哹征阿齐图呼图克图及众喇嘛等，先念吉祥经典，恭祝万寿，次受瞻礼。是日天气清和，礼仪整肃，欢声彻地，诸事吉祥，不独西方僧俗同声钦感，佥称此皆仰赖大皇帝振兴黄教、鸿慈庇佑所致，即奴才往返之余，欣庆亦无既极。

除将达赖喇嘛等敬备叩谢天恩佛匣，及禀请照八辈达赖喇嘛之例，专差堪布赴京呈进贡物，以抒微忱之处，另折据情代奏外，所有达赖喇嘛遵旨接管事务日期缘由，理合恭折复奏，伏祈皇上圣鉴。谨奏。

（一史馆藏宫中朱批奏折）《元以来西藏地方与中央政府关系档案史料汇编》（五）1822—1823 页

据谆龄奏报情形当将所有藏属要隘密加防范处以镇静谕

咸丰五年二月十六日（1855.4.2）

谕军机大臣等：谆龄奏廓番举动情形一折。廓尔喀国，前欲唐古忒[1]认出帮兵使费，已属有意寻衅，现复私给干布康松汪堆顶翎，到济咙传集村民，欲接管营官事务；巴勒布旧头人热玛松达尔又欲进藏呈递表章，亦与由塘转递例案不符。该夷[2]居心叵测，一切举动甚属谬妄。惟先后呈递该大臣禀内并无违悖之词，此次差人赴藏呈递表章禀信，亦似尚知名分。此时办理机宜，总当不动声色，严密设防。该大臣现派噶布伦汪曲结布及粮务张祺等，先后驰往后藏定日一带，藉查办案件为名，暗为布置。如该夷呈递表文，即飞递该大臣等照例译阅，如有悖谬干求之语，一面据理驳斥，一面迅速具奏。万勿示之以弱，启该夷窥伺之心。所有藏属要隘密加防范之处，仍当处以镇静，不得过事矜张。将此谕令知之。

（《文宗实录》卷一五九）《元以来西藏地方与中央政府关系档案史料汇编》（三）970 页；《清代藏事辑要》（一）465—466 页

① 《清代藏事辑要》中为"唐古特"。
② 《清代藏事辑要》中为"该员"。

谆龄奏报廓尔喀王递呈表章及十一世达赖喇嘛咨报边情等事折

咸丰五年二月十八日（1855.4.4）

谆龄跪奏，为接据廓尔喀王先后来禀呈递表章，并达赖喇嘛咨报边界情形，恭折奏祈圣鉴事。

本年二月初六日，据廓尔喀王以唐古特屡肆欺凌，现拟五处发兵住扎边界，如唐古特能以银两、地方前来说和，即行撤回。初八日，复据前派驰赴定日之汉番委员，在途将该国派出头人热玛松达尔迎住，将所赍表章禀信转递到藏。当即照例译出，查其情词极为悖谬。并准达赖喇嘛咨：据派赴边界之噶布伦汪曲结布禀称，探得济咙、聂拉木两处边界，各来有廓兵四五百名，下立帐房扎营，勒逼唐古特百姓投降，并将探信番民二人捉住拷问，施放空枪警吓，剥去衣物释放。边界百姓稀少，兵力单微，请速催各处土兵前往，以资防守。并将译出该国噶箕寄给噶布伦等信底一件，钞送到来。

查前因廓番悖逆情形较著，复专差头人赴藏呈递表章。据呀征阿齐图呼图克图禀请，准其札饬藏属江卡、桑昂、曲宗、官觉、东台、北面工布、山南各路预备土兵候调，并派员迎阻该国派出头人。当经如禀办理，并将一切情形先后奏闻在案。

嗣于正月二十间，据派往查办之汉番委员等请将定日、后藏两处额设番兵一千五百名之内酌拨数百名，先行暗地派往各处防守。并达赖喇嘛请由奴才札饬察木多、乍丫、类乌齐、达木八旗、三十九族，一体预备土兵，听候调遣。复分别札行遵照亦在案。

兹该国王一面具禀，一面即发兵住扎边界，挟制要求，要唐古特许给地土、银两，方肯撤回。奴才查询，虽扎营在济咙、聂拉木以外并无隘口、先前未经防守之地面，居民苦遭蹂躏，势必转徙流离，情形已堪痛恨。况表文内既将发兵之故叙入，复故作不敢悖叛天朝之状，其实词语全无伦次，似此居心，尤觉诡谲，可恶之至。奴才再四筹思，此表本不应妄行呈进，惟该国王现虽驻兵边界，不过为挟制唐古特起见，犹有盼望谕旨，未敢大肆鸱张之势。然亦必有我皇上圣旨训饬，该国王始能震慑遵服。若遽行驳回，该国王又必以唐古特于中作弊，使彼有屈难伸，所驻之兵必至长驱而入。藏中派往兵力甚单，势难望其抵御。各路土兵虽已催调，一时难期齐集。是以准将表文呈进，一面拟给檄谕，逐层指驳，晓以大义，仍饬该国王务将发出之兵撤回，听候谕旨遵办。一面译咨达赖喇嘛，及札催察木多、乍丫、类乌齐、达木八旗、三十九族各处土兵，务于三月初间赶到边界，听候汉番委员调遣，勿得稍有迟误。并札饬委员等，一俟兵力齐集，倘该国之兵未敢轻动，切不可与伊开仗，只宜竭力防守，酌量相机筹办。

惟奴才上年十一月十六日初奏接据廓尔喀王来禀拟给檄谕恭呈御览请旨遵办之折，因转回赍过里塘腰卡子地方，适值夜黑人单，竟遭夹坝将折差拦路劫抢，以致报匣遗失，由该台粮务加用夹扳捆缚，于二月初四日辰刻递藏。奴才拜拆查点，原去件数尚属相符。内除奴才前奏请旨交部议处折内奉有谕旨一件不计外，其余并未奉到上谕，是否当日未蒙军机处钞发，抑或业已发来，因在途随同报匣遗失之处，均无从查考。故廓尔喀一案，迄今莫由遵循办理，五中焦灼，状无可名。除已备文由五百里咨呈军机处查办，并饬里塘文武严拿夹坝务获，加倍惩办，嗣后遇有折报过境，务须设法多派土兵护送，毋得再有疏虞，致干参究外，所有接据廓尔喀王来禀并呈递表章，现在拟办缘由，理合恭折具奏。谨将译出该国王先后来禀、表底及奴才拟给已行檄谕稿底，又照译该国噶箕寄给藏中噶布伦等信底，一并照钞，恭呈御览。

再，查来禀所称噶热窝札，奴才闻系该国银钱六百千元名色，合唐古特银钱七百千元，为内地纹银七万两。合并陈明，伏祈皇上圣鉴训示。谨奏。

朱批：另有旨。

（一史馆藏宫中朱批奏折）《元以来西藏地方与中央政府关系档案史料汇编》（三）970—972 页

照呈奏请给该呼图克图住寺恩赏匾额交谆龄等
转行领给悬挂谕

咸丰五年三月初四日（1855.04.19）

谕军机大臣等：谆龄奏，达赖喇嘛呈请于呼征阿齐图呼图克图居住寺院恳恩赏给匾额据情转奏一折。呼征阿齐图呼图克图自掌办西藏喇嘛事务以来，历经有年，于黄教一切事宜，均皆竭力尽心，妥为宣广，阖藏僧俗无不欣感，自应逾格施恩，以示鼓励。呼征阿齐图呼图克图所住寺院，著赏给御书匾额。饬交谆龄等转行颁给悬挂。

寻赐："翊赞宗源"匾额。

《清代藏事辑要》（一）466 页

著谆龄所拟撤回番兵札拿凶犯秉公讯断并随时速奏谕

咸丰五年三月初四日（1855.04.19）

谕军机大臣等：谆龄奏①，接据廓番来禀，拟先行檄谕一折②。览奏均悉。在该夷之意，不过欲与唐古特③寻衅，藉口被其欺凌，以为争闹地步，究竟是否为此二事④，几难凭信⑤。惟该夷既经以此为词，即不必别寻枝节，豫将悖逆之意道破，但当就案论案，将此二事妥为勘断。如果实系唐古特⑥人理曲，亦不宜意存袒护，恐致该夷藉端纠缠。谆龄此次所拟檄谕，一面令其撤回番兵，一面札拿行凶人犯。倘该夷遵谕静候，即赶紧为之断结，总以彻底根究，秉公讯断⑦为要。即或该夷再有渎禀，亦只能就事剖断，以期消患未萌。姑候⑧断结之后，察看该夷有何举动？再行斟酌办理。至前次所奏，已派噶布伦及粮员等先赴定日一带，暗为布置，亦宜加意严密，勿为该夷窥破，转致授之以柄。勘办情形，仍著随时速奏。将此谕令知之。

（《文宗实录》卷一六一）《元以来西藏地方与中央政府关系档案史料汇编》（三）972—973页；《清代藏事辑要》（一）466页

①《元以来西藏地方与中央政府关系档案史料汇编》（三）中该句前面有"寄谕驻藏大臣赫特贺等"。

②《清代藏事辑要》原注：按廓夷原禀内称：藏属宗喀番民，将该国经理牛厂头目及跟役砍伤。并抢劫牛只什物，又上年巴勒布商人察木多茶商械斗一案，办理不公。

③《元以来西藏地方与中央政府关系档案史料汇编》（三）中为"唐古忒"。

④《元以来西藏地方与中央政府关系档案史料汇编》（三）中为"是否为此二案"。

⑤《元以来西藏地方与中央政府关系档案史料汇编》（三）中为"尚难凭信"。

⑥《元以来西藏地方与中央政府关系档案史料汇编》（三）中为"唐古忒"。

⑦《元以来西藏地方与中央政府关系档案史料汇编》（三）中为"讯办"二字。

⑧《元以来西藏地方与中央政府关系档案史料汇编》（三）中为"姑俟"二字。

著谆龄按此次谕旨大意秉公办理及权令达赖喇嘛支应骑驮不得援以为例谕

咸丰五年三月二十三日（1855.5.8）

谕：[①]谆龄奏，接据廓尔喀国王先后来禀呈递表章及边境情形一折[②]，并抄录表底檄谕稿底等件。详细披览，总由该国前[③]此欲助兵剿贼，该大臣不及早阻止，并多收税米，阻挡商民各案，未能赶紧秉公查办，以致该国藉口与唐古特寻衅滋事。其所递表文，尚未显露悖逆之状，惟济咙、聂拉木两处边界，各有廓兵四五百名驻扎，要唐古特照噶热窝扎数目算给银两，方能说合[④]。或照噶热窝扎之数目[⑤]算给地方亦可。是该国此次动兵，不过要求唐古特给与银两，亦未言明与中国抗拒。该大臣所拟檄谕逐层指驳，自应如此办理，但措词必须得体。如违背[⑥]天朝，要将疆土让尔等语。一经说破，恐该夷转无顾忌，唐古特、廓尔喀均隶我屏藩，自来一视同仁，毫无偏袒。如果唐古特实有欺凌廓夷之事，必应迅速查办，使两造平允。该夷自不能藉端起衅，该大臣现在催调各路土兵赶到边界，但当暗地设防，不可稍露声色。定日地方，向设官兵稽查，断无另行远驻之理，仍一面密查，该夷如何举动？一面将所禀各案妥为查办，以折服该夷之心。总不得妄动兵力，致生枝节。该国所递表文，毋庸给予敕书。该大臣即按此次谕旨大意，檄谕该国，令将所派之兵，赶紧撤回，其唐古特欺凌各节，允其查办，天朝抚驭外夷，至大至公，遇有两国争竞，总以事理为断，固不袒护唐古特，亦不偏助廓尔喀，该国久隶臣藩，必能深明大义也[⑦]。

另折奏护送哲布尊丹巴呼图克图回牧一节，此次因通天河[⑧]时有游匪抢掠，是以权令达赖喇嘛支应骑驮，业经达赖喇嘛遵办骑马、驮牛，派员带往哈拉乌苏，交给汉营官兵护送前进。具见悃诚，嗣后遇有差使，不得援以为例，以示体恤。将此谕令知之。

（《文宗实录》卷一六三）《元以来西藏地方与中央政府关系档案史料汇编》（三）973—974页；《清代藏事辑要》（一）467页

① 《元以来西藏地方与中央政府关系档案史料汇编》（三）中该句前有"谕军机大臣等：寄谕驻藏大臣赫特贺等"。

② 《清代藏事辑要》原注：按谆龄原奏内称：噶热窝扎数目，闻系该国银钱六百千元，合唐

古特银钱七百千元，为内地纹银七万两。

③《元以来西藏地方与中央政府关系档案史料汇编》（三）中无"前"字。

④《元以来西藏地方与中央政府关系档案史料汇编》（三）中为"和"字。

⑤《元以来西藏地方与中央政府关系档案史料汇编》（三）中无"目"字。

⑥《元以来西藏地方与中央政府关系档案史料汇编》（三）中为"如违悖天朝"。

⑦《清代藏事辑要》原注：按谆龄时已奏调察木多土兵五百名，乍丫土兵一千名，类乌齐土兵一百五十名，三十九族土兵二千名，达木马队土兵五百名，均限三日内，由小路齐集定日，听候调遣。

⑧《元以来西藏地方与中央政府关系档案史料汇编》（三）中"此次因通天河"之后有"一带"二字。

八十一、赫特贺

赫特贺简传

赫特贺，字蓉峰，蒙古镶红旗人。道光三年进士。二十九年十月二十三日，由詹事（正三品）授通政使司。咸丰二年十二月十四日，任库车办事大臣。三年五月十四日，调任为驻藏办事大臣，接文蔚改职之缺。四年十月二十日，授镶白旗蒙古副都统（正二品），仍留藏。七年闰五月十五日，因病解任。七月初四日，由藏起程回京。八年三月，病卒。谕祭葬如都统例。谥果威。

调赫特贺为驻藏办事大臣谕

咸丰三年五月十四日（1853.6.20）

调库车办事大臣赫特贺为驻藏办事大臣。

《清实录藏族史料》（八）4189 页

赏赫特贺镶白旗蒙古副都统谕

咸丰四年十月二十日（1854.12.9）

驻藏办事大臣赫特贺为镶白旗蒙古副都统。

《清实录藏族史料》（九）4223 页

廓尔喀侵占济咙等地著赫特贺晓以大义速行撤回
听候秉公查办勿轻议征剿谕

咸丰五年四月初九日（1855.5.24）

　　谕军机大臣等：赫特贺、谆龄奏廓尔喀兵侵占唐古忒地方，并赫特贺拟亲往后藏边界，请暂留谆龄办理前藏事务各一折。廓尔喀国自上年十月屡次与唐古忒寻衅，现复拥兵数千占踞济咙，并夺去聂拉木地方，狂悖之迹渐已显露。惟详阅该国王禀底，有唐古忒人将该国草厂民人等肆行杀戮并抢去牛只之语，复求将汉兵撤回，不敢侵犯。是该国专欲与唐古忒打仗，并未声言抗拒官兵。虽夷情诡谲，未可深信，而该国既谓唐古忒欺凌，即当依案查办，妥速了结，使彼无所藉口。赫特贺现借巡阅为名，赴后藏边界查看情形，著即照所请办理。倘该国实有屈抑，即令派噶箕前来妥速剖断，使与唐古忒之人共释嫌怨。该国与唐古忒均臣服中国，素称恭顺，我朝抚驭外夷，俱系一视同仁，断不肯稍有偏袒，倘妄动兵戈，侵占中国边界，亦断难姑容。赫特贺到彼，即剀切宣示，晓以大义，使得唶咙、聂拉木两处之兵速行撤回，听候秉公查办。镇抚外夷之法总以信义为主，如能办理平允，该国具有人心，冀其感悔。所调乍丫等各路土兵，数虽盈万，但是否健勇可恃？现在只可一面防堵，一面与之理论，勿轻议征剿。并著知照达赖喇嘛、色呼本诺们罕朗结曲丕等善为设法开导，以期息事安人。全在该大臣随时体察情形，相机办理。前此谆龄于廓夷助兵一事辗转迟延，致彼得以藉端起衅，办理不善，责有攸归。今赫特贺甫经到任，正可恩威并用，折服其心也。济咙营官四朗格勒于廓兵到时辄退至宗喀，实属怯懦无能，著即革职，仍留于该处差遣，以观后效。谆龄著准其暂留办理前藏事务，俟满庆到任后再行交卸。将此谕令知之。

　　（《文宗实录》卷一六四）《元以来西藏地方与中央政府关系档案史料汇编》（三）974—975 页

赫特贺奏廓尔喀复占边地拟定断牌八款饬令遵断撤兵情形折
（附 抄录廓尔喀国王禀底 抄录断牌八款稿底）

咸丰五年五月十六日（1855.6.29）

　　奴才赫特贺跪奏，为奴才驰抵协噶尔，据报补仁、绒辖复被廓番占据，并调到该国噶箕，当面剖断，分别曲直，派令委员执持断牌前往该国交界，剀切晓谕，令其遵断撤兵各缘由，恭折奏祈圣鉴事。

　　窃奴才前在后藏，曾将拟赴协噶尔亲为查办，并差弁持檄行调该国噶箕前来听候剖断情形，于四月初九日奏明在案。拜折后，随于十一日起行，十七日行抵协噶尔，即据委员面禀，顷据补仁、绒辖营官等禀报，两处营寨于三月二十九、四月初七等日，相机〔继〕失守，藏属番土官兵伤亡甚多，等语。听闻之下，不胜骇异。该国王前禀，即有遵檄止兵，并派噶箕前来听审之语，今忽驱兵占据补仁、绒辖两处营寨，实属狡谲之至。

　　正拟一面驰奏，一面檄询该国王间，适于二十三日，外委辜建勋由宗喀带同该国噶箕兴哈毕热邦折等三名，随带从人前来。奴才初次接见，即请以前禀既称止兵，因何又将补仁、绒辖占据。当据该噶箕等回称：我国发兵五处，道途远近不一，计攻克补仁、绒辖之日，该处领兵头人尚未接到止兵知会。同辜外委一到宗喀，大噶箕藏格巴都尔即将各路之兵减撤大半，特派我等前来谒见大人，恳求公断。现在各处虽有驻扎之兵，断不敢稍为妄动，等语。并面呈该国王回禀一件，译阅情词，只系恳求断给地土，余不多及。奴才随即督饬委员，据理驳诘，晓以利害，反复开导十余日，始据该噶箕等禀诉，唐古忒欺凌情事实有不堪，此次兴兵前来侵占地土，原冀稍泄积忿，今蒙大人连日指示，亦知天威难犯，惟有仰恳施将唐古忒欺凌各款认真查办秉公剖断，若能令我国王悦服，就无事了，等语。

　　奴才复饬委员，迅将该国王两次禀控各案，除禀叙不实及情理不合者逐层指驳外，所有多收税米，阻党〔挡〕商民及杀伤抢劫各款，传齐人证，与该噶箕等当面质讯，并查照夷例从公断令唐〈古〉特赔缴浮征税米及命价、牛价等项银一万五千四百二十三两五钱。奴才详加察核，所拟俱属平允。讵该噶箕等虽以所断极公，毫无争辩，惟将断牌译给阅看，并不出具遵断图记。再三研诘，复据禀称：我国公事图章俱在管事大噶箕藏格巴都尔手内，我等此来并未携带，祈请再派汉官与伊同到边界面见藏格巴都尔，方可定议遵断。

查该番狡诈成性，反复无常，今故作不敢作主之态，似仍存借端狡展之心。惟该噶箕等既有恳派汉员同赴边界之语，自应姑允所请，免致该番有所借口，另生事端。兹将缮就断牌，交后藏都司戴廷超、外委辜建勋、岳维坦收执，护送该噶箕等前赴边界，俟与该国管事噶箕见面，俾将断牌遵奉承领。一面将济咙、宗喀、聂拉木、补仁、绒辖五处住扎廓兵撤回，退出地方；一面速为禀复，以凭办结此案。如该番仍行挟制，妄事要求，务须明白开导，谕以大义，总欲措词得体，俾该藩知感知惧，以息兵端而靖边圉。一俟该都司等转回，该国王是否遵断，另行据实驰奏。至多收税米、滥用牛只各案之营官，现已派员从严审办，俟定拟后，再行奏闻。

所有补仁、绒辖两处失守，并调到廓番噶箕剖断各案情形，理合恭折具奏。谨将译出该国王禀底及奴才拟给已行檄谕，并断牌稿底，一并照抄，恭呈御览，伏乞皇上圣鉴训示。

再，此折系奴才由协噶尔行寓拜发，除一面抄录折稿，咨明奴才谆龄知照外，合并声明。谨奏。

附1　抄录廓尔喀国王禀底

廓尔喀额尔德尼王苏热达热毕噶尔玛萨哈具禀钦差驻藏大人台前，叩请金安。

敬禀者：窃小的于本年四月十五日，接奉大人由后藏专差巡捕辜建勋、把总马升云等赍来檄谕，内开一切，均已聆悉。所有饬令小的不必与唐古特打仗，闻听大人亲赴边界查办等谕，小的遵奉之下，我廓尔喀实深感激之至。小的国内米你什札热央总管、大噶箕藏格巴都尔伏思倘若不遵查办，恐有不便。随将欲往八热漫布达热曲水河之兵三万〔百〕名，业已带回阳布，只留有兵住守。该噶箕杀过地方，倘蒙大人将该噶箕所胜地土施恩断给，嗣后俾小的得以永远保守大皇帝南方之门。况小的从前至今，均系尊敬大皇帝如同天神一般。若不能将小的所胜地方断给明白，小的仍要与唐古特争斗。今既奉大人檄谕，饬令拣派噶箕一名来至行辕候办等语，小的自当谨遵大人指示办理，随即拣派噶箕一名兴哈毕热邦折、王子总管事一名希提玛纳兴、办理部落中事务字识一名提热咱拉热兴等，前去听候大人天断。至于小的现在所占地方，或蒙大人施恩，使其不致争闹，分晰断给，或令与唐古特争闹之处，均出自大人喜欢。所有小的部落中应奏大皇帝事件，向由大人作主。此番或蒙大皇帝在小的头上施恩，及在小的头上震怒，亦由大人施恩作主。

为此，于咸丰五年四月十六日，自宗喀具禀。

附2 抄录断牌八款稿底

为给断牌事：案照廓尔喀国王前后禀控唐古特违例欺凌各款，本大臣当即札委西藏粮务张祺、后藏都司戴廷超逐件确查，秉公剖断。兹据该员等拟断禀复前来，本大臣详细察核，除禀叙不实及情理不合者均无庸议外，所有查照夷例断令罚赔各款，尚属平允。合行逐款开列，发给断牌，以息纷争而便遵守。为此，牌仰廓尔喀国王遵照。勿得藐玩，致干未便，切切凛遵毋违。特牌。

一、济咙营官不遵旧章多征税米一款。

据原禀内称：乾隆五十七年章程，凡该国贩米商民前往济咙、聂拉木一带贸易，每米一背系上税米一碗，并蒙前任大人赏有印照。今济咙地方不遵定例，擅自妄收两三木碗，祈请详察，等语。

卷查旧章内注，巴勒布商民运米在边界售卖者，每米一包抽收税课一木碗，每年约收一百数十石，以备大昭念经之用。又，道光二十六、七年该国王曾以济咙营官多取税米，禀恳赏给执照。当经前任大臣琦、斌重申旧章，两次发给该国印照各在案。今该国王复以济咙地方违例妄征，禀请究办前来。现已讯据济咙营官等供认，廓属绒巴商民贩米，按包抽取两木碗是实。自应查照夷例，核计额外多取一木碗之数，折银赔缴，断给承领，方足悦服两造之心。除将济咙历任营官革职提问外，兹断自道光二十七年前任大臣查办后为始，比照商上每年约收税米一百八十余石之数，准以街市每石纹银八两之价，按年合计，饬令唐古特赔缴银一万零八十两，交给廓尔喀承领，以作偿还浮征米价。嗣后应仍遵照定章每包抽收一木碗，并责成济咙营官年终出具并无妄征甘结，造册呈报，以备查考，如敢仍前抗违，一经查出，或被告发，定行严究不贷。

一、该国商民被济咙营官百姓等欺负，交易不公，又除应上正税外，复于每背夫名下取米三批一款。

据原禀内称：巴勒布商民背夫等，贸易事毕，向由该营官发给路票，

转回阳布。该商民等起程时，被济咙百姓聚集阻挡，云说嗣后只许与我们交易，不准与巴勒布人等通商。此系营官串同百姓等欺负。如向来市价，以廓尔喀银钱二圆所买之盐，今减去三四批，该处买该国商民扁米各物，廓尔喀银钱二圆，比前多取三四批。除应上税务外，又于每背夫名下取米三批，等语。

　　查济咙交易米盐，自查点包驮，抽收税课，以及议价给照事宜，向俱由该营官经理，原恐愚民牟利，易起争端。讵于道光二十四年间，有济咙奸民布古惟等，创为长头余利之说，乘便侵渔。如以银钱二圆买盐者，扣取批之二格，买米亦然。又有济咙百姓充当经纪，为之主持，弊窦滋生。而该营官从中分肥，反借此以营私。去年二月，济咙百姓与廓番莽噶尔商民，因争长头余利，彼此口角，遂启争端，如该国王所禀，济咙百姓聚集阻挡，云说不准与巴勒布人等通商，及于每背夫名下取米三批各等情。查讯明确，亦系因此余利而起。今调阅该处营官历年米盐出入日记簿册核计，扣取余利，自道光二十四年起至咸丰四年止，所得长头米盐已至二百六十余石之多。查边界贸易事宜，定例于抽收税课外不准丝毫多取者，原期出入均平，方属通商睦邻之道。乃不肖营官，不思洁己奉公，胆敢通同奸民营私舞弊，实属贪鄙不职。除将倡首之奸民拿获严究及济咙历任营官斥革外，即将历年所得长头余利，合以市价，断令唐古特认赔银二千一百五十两，发给廓尔喀承领，以补扣取米盐之数。所有长头余利之说，即行禁止，仍照旧日公平交易，以利贸迁而息争竞。

　　一、宗喀营官勒令该国商民背夫等买彼之盐任意克减一款。

　　据原禀内称：宗喀营官言说，伊由藏带有章程，贸易商民及背夫等，每名令以银钱一圆在彼买盐，不准在别处去买。将钱交给后，并不照街市发卖，任意克减，等语。

　　当即讯取该营官供词。缘该营官初到宗喀，听闻济咙地方凡卖银钱一圆之盐截扣批之一格，以为长头余利，遂专差替身甲错贩运银钱三千元之盐，驮赴济咙，并与济咙营官头人等议定，每年以二、五、八、十一等月为期，每次准伊按巴勒布商民、背夫等人数，每人售卖银钱一圆之盐，所有长头余利即归该营官截扣等情。查该营官私自负贩，与民争利，已属有干例禁，复因扣取长头余利，致启边衅，更属胆大妄为。兹除将该营官斥革究办外，仍照夷例罚令将私贩盐斤银三百两全数缴出，断给廓尔喀承领，以作补赔克减盐数，并为贪鄙勒卖者戒。

一、该国孔布百姓应送协噶尔营官规礼，该营官赴该处时，不遵前例，多用驮牛并估买估卖一款。

据原禀内称：该国所属孔布地方百姓，前往唐古特地方贸易时，路过协噶尔，与该营官应送成规礼物：酥油八百零一包、獐子皮一百零八张、牦牛一条。该营官到该国地方，应付骑牛二只、驮牛三十七只，转回时，亦要应付驮牛六十七只，送至咱野地方交代，均无脚价。此系向来定规。今不遵前例，竟带至三四百驮，勒令运送，并将该国民人所贩酥油、米包截去，贱价估买，不准卖与别人。复以一千、二千之货物，把持估卖，实属苦累，等语。

查上下孔布，系廓尔喀、唐古特两家地土，其属唐古特百姓，向归协噶尔营官管辖。该处百姓每年交纳酥油、獐皮、牦牛等物，一如额征租赋之例，并非成规礼物，应毋庸议。惟该营官赴孔布时，私带盐斤，曾多用驮牛三百四十五只属实。虽讯无勒买勒卖情事，但既据该营官供认多用驮牛，自应核计多用只数赔给脚价银两，方昭公允。计自咱野至孔布，凡十四站半，每只每站价银一钱，合计多用只数，断令唐古特补给脚价银五百两，发交廓尔喀承领。仍将该营官治以私贩货物、滥用驮只之罪，以警效尤，而免苦累。

一、协噶尔营之业巴夺结殴毙该国孔布民人青叠夺卡碾，并该国民人足塔热牲畜尽被抢掠一款。

据原禀内称：咸丰元年新来营官之管事业巴夺结，将该国孔布民人青叠夺卡碾殴毙，并因该国民人足塔热不安本分，逃往唐古特地方，后又回至阳布，所有牲畜尽被抢掠，等语。

查业巴夺结因征收应纳酥油、獐皮等物，前赴孔布，随带驮只，均点交孔布廓番头目，分给各背夫运送。内有青叠夺卡碾将盐包失落，惧而逃走，该头目当即如数认赔讫。后将青叠夺卡碾拿获，该头目送交业巴夺结，嘱追原赃。该业巴遂用柳条责打数十释放，不料第三日青叠夺卡碾即因伤身死。现已讯据业巴夺结供认不讳，自应按照夷例赔给命价。至足塔热被抢一节，该国王原禀何时遇盗，何处被抢，以及牲畜若干，均未叙及，殊属含混。且该民人既属不安本分，亦难保有无别故，碍难查究。除足塔热牲畜被抢之事毋庸置议外，所有业巴夺结殴毙青叠夺卡碾，兹断定唐古特认赔命价银五十两，发给廓尔喀承领了案。

一、该国民人吉巫朗咱由藏赍信回国行至更哉鲁垫地方被抢一款。

据原禀内称：前藏巴勒布头人，因巴勒布与察木多番商械斗，专差吉巫朗咱由藏送信回国。行至更哉鲁垫地方，被番民四人将随带夷信各物尽行抢去，等语。

查该番民吉巫朗咱所失物件，查讯明确，只有衣服数件，骑马一匹，及酥油、茶叶零星各物，变价估计，共值唐古特银钱五百元。兹除将抢劫各犯拿获究办外，断令唐古特将原赃变价银五十两，如数赔缴。其夷信一件，查追给领。

一、上年十一月，宗喀番民抢劫该国游牧番民牛厂杀伤人命一款。

据原禀内称：宗喀番民二十五人，将该国经理牛厂头人并跟役杀毙四名，带伤八名，抢去牦牛六百零三只，并粮食衣服什物极多，兹特开具失单，祈请查究，等语。

现已查讯，抢劫杀伤属实。所抢赃物，核与该国王所禀亦属相符。除将拿获之首要各犯依律治罪外，兹照夷例，每名赔给命价银五十两，计四名，共断银二百两。每牛一只，照市价银三两，计六百零三只，共断银一千八百零九两。粮食、帐房、珊瑚、珍珠、松绿石等件，折银估价共断银一百六十两。其余衣服、鞍屉、绳索、钢铁器皿、零星各物，共断银一百二十两。总共断令唐古特认赔计赃变价银二千二百八十九两，发交廓尔喀承领了案。

一、上年巴勒布番民与察木多番商械斗一案，唐古特番官令其赔缴两处财务并断绝巴勒布人等水火，恃势欺压，又该头人回国，行至宗喀，被乌拉将箱只挖窃，该处营官并不与伊清查一款。

查此案前经大臣谆断给入奏，并有尔王来禀及巴勒布商民甘结存案。且银钱一万三千三百三十三元，系断明赔还察木多商民之项，两造当堂交给承领，与唐古特毫无干涉。况所赔银两，除追缴原赃外，尚有不敷，仅令巴勒布折半赔缴；货物估价，只摊赔三成之一；原欠茶银，亦令承还一半。如此体恤，又何有勒令赔缴两家之事。嗣因尔国商民万分狡展，曾令各该房主设法劝解，不准卖给该番等蛮酒是实，原恐酗酒之徒另生事端。即领袖喇嘛，亦为从中说和，速了此案起见，今该国王直谓断绝水火，恃势欺压，实属过诬。且详查卷宗，所断俱极平允，并无不公之处，应毋庸议。至该头人希提纳让转回阳布，行至宗喀被窃一节，曾据该头人给宗喀营官原信内云：所失银器、银钱、躬布等物，共变价银三百四十五元，合纹银三十四两五钱，该营官并不清查，实属玩误公事。除照例惩办外，兹断令唐古特如数赔缴银三十四两五钱，交给噶〔廓〕尔喀承领，以赏乌拉娃挖窃物价。

以上八款，共断银一万五千四百二十三两五钱。内除立有定章自应仍旧遵循不准妄行增减外，其有应禁应裁及旧章未及备载者，现已饬令西藏粮务等体察情形，妥议章程，呈送本大臣察核，缮写执照，盖印后，再行分给该国王并藏属边界各营官等收执，一体遵照，永远奉行。如有仍前抗玩蔑法、违例肆行贪劣者，许该国王即行具禀来辕，以凭查办。该国王亦不得假公济私，砌词妄禀，以负本大臣格外体恤尔国之至意，是为至要。

（一史馆藏军机处录副奏折）《元以来西藏地方与中央政府关系档案史料汇编》（三）975—982 页

赫特贺奏请饬调川军著黄宗汉酌拨三千名交乐斌赴藏察看情形相机办理谕

咸丰五年五月十六日（1855.6.29）

谕军机大臣等：前因赫特贺奏，廓尔喀寻衅，占踞济咙、聂拉木两处地方，川境毗连藏界，谕令乐斌等侦探夷情，不得稍涉张皇。本日据赫特贺奏，该大臣由前藏行次曲水白地，知廓夷复于三月十四日攻占宗喀，所调乍丫、察木多、类乌齐各处土兵尚未齐集，请饬调川省五屯官兵备剿。等语。藏属额设番兵并催调各土兵，计数已有七八千名，惟隘口甚多，自应厚集兵力，以备调遣。著乐斌、黄宗汉于该省屯兵内酌拨三千名，由乐斌管带赴前藏，察看情形，再定进止。至绿营兵是否相宜，著该将军等酌量凑拨，不必拘定尽调屯兵。乐斌出省，所有成都将军印务即著副都统伊犙额暂行署理。至廓番虽侵占边地，其构衅根由起于唐古忒营官多征税课及欺负抢劫等事。现在赫特贺已赴后藏，廓夷有派噶箕藏格巴都尔约于四月中旬来宗喀听候剖断之语，已谕令赫特贺妥为开导。若该番能知感悟，退出所踞之地，兵端尚可止息。乐斌到前藏时，探知该夷情形，是否遵断，相机办理。将此由六百里谕令知之。

（《文宗实录》卷一六八）《元以来西藏地方与中央政府关系档案史料汇编》（三）983页

据赫特贺奏廓尔喀如仍要求给银让地著据理驳斥
如不知悛悔不得不摄以兵威谕

咸丰五年五月十六日（1855.6.29）

又谕：赫特贺奏接据禀报宗喀失守并廓番遵派噶箕至边界听候剖断一折。廓尔喀国前次拥兵数千占踞济咙，并夺去聂拉木地方，狂悖之迹渐已显露，现又攻陷宗喀，其势益张。经该大臣檄谕之后，虽据该夷拣派噶箕藏格巴都尔至宗喀听候剖断，但其桀骜诡诈之情，恐未能理谕。俟该噶箕到协噶尔，该大臣即将该国王上年及此次所禀被唐古忒欺凌各案逐件秉公查办，并查明该夷与唐古忒因何起衅根由，务当准情酌理，折服其心，并晓以大义，使赶紧退出宗喀、济咙等处地方。设该国仍要唐古忒算给银两，让给地方，该大臣务当据实〔理〕驳斥。至此次情愿备兵助剿，尚未有旨允准，何得云使费一切已致无著，显系藉端要挟。该大臣亦当与彼剖析明言，使该夷不致再存妄想。仍知照达赖喇嘛、色呼本诺们罕朗结曲丕等妥为开导。倘恃众抗违，不知悛悔，亦不能不慑以兵威。该大臣驰抵协噶尔后，与该噶箕会晤，如该国感悔撤兵，自毋庸轻议征剿；倘肆行猖獗，即一面奏闻，一面知照乐斌相机前进。该大臣务当体察情形，妥为办理。满庆当已到藏，著即留驻前藏调度一切。另片奏札调土兵屡催罔应，殊属不成事体，现调川兵为数无多，仍须藏属兵丁会剿。著该大臣查明所调各兵，如果有意抗延，即行分别惩办。将此各谕令知之。

（《文宗实录》卷一六八）《元以来西藏地方与中央政府关系档案史料汇编》（三）983—984页

据赫特贺奏廓尔喀反复无常已著乐斌带兵驰藏川兵未到之前著示以羁縻不得任其猖獗谕

咸丰五年六月二十三日（1855.8.5）

又谕：赫特贺奏廓番占据补仁、绒辖，现调到该国噶箕谕令撤兵一折，并抄录该国王禀底及檄谕等件。前此廓尔喀拥兵占踞宗喀等处，该国王有遵檄止兵之语，乃不候审断，复占踞补仁、绒辖两处营寨，番土官兵伤亡甚多，猖獗已极。该噶箕所称领兵头人尚未接到止兵知会，并将各路之兵减撤大半等语，殊难凭信。该夷藉口与唐古忒寻衅，先后占踞五处，并恳求断给地土，是其恃众要求，贪得无厌，已可概见。屡次所禀，貌若恭顺，而中藏叵测。所遣噶箕兴哈毕热邦折等三名前来，亦恐系探我虚实，狡诈伎俩，尤不可堕其术中。赫特贺驰抵协噶尔后，已将多收税米、阻挡商民及杀伤抢劫各案，从公断令唐古忒赔缴银一万五千余两。该噶箕既称所断极公，何以不肯出具遵断图记，种种反复无常，殊出情理之外。该夷恳派汉员同赴边界，赫特贺将断牌交都司戴廷超等前往，与该国管事噶箕见面。如遵照所断办理，并将济咙、宗喀、聂拉木、补仁、绒辖五处廓兵迅速撤回，退出地方，自可无烦兵力。倘仍肆意要求，自不能不慑以兵威。惟川兵路远，势难多调。藏属济咙等处兵丁遇寇即逃，甚不足恃。赫特贺前奏札调土兵，现在是否到齐？务须挑选得力之兵，方足以资攻剿。其有意抗延及临阵退缩者，著即从严惩办，以肃军律。本日已谕令乐斌迅速带兵驰赴前藏，相机前进。并著满庆、谆龄侦探后藏情形缓急，密为防范。赫特贺俟戴廷超等与该噶箕藏格巴都尔会晤后，将该国是否遵照断牌，并各处夷兵曾否撤退，一面奏闻，一面知照满庆、谆龄并乐斌等妥为布置。倘该夷不遵断牌，而川兵未到，藏属尚无准备，仍著赫特贺示以羁縻，不得任其肆意猖獗。将此各谕令知之。

（《文宗实录》卷一七〇）《元以来西藏地方与中央政府关系档案史料汇编》（三）984—985页

据赫特贺奏前谕调拨川兵入藏迄今未见具奏著黄宗汉
即将谕调之兵照数拨交乐斌带往迅速复奏谕

咸丰五年六月二十三日（1855.8.5）

又谕：前因廓尔喀占踞济咙、聂拉木后，复攻陷宗喀，谕令黄宗汉酌拨屯兵三千名，或与绿营兵内凑拨，由乐斌带往前藏。迄今未据该将军等将调派兵数并出省日期具奏。本日赫特贺奏驰抵协噶尔，据报补仁、绒辖两处营寨又被该番占夺一折。夷情狡谲，前次具禀该大臣等虽有遵檄止兵，并派噶箕赴藏听断之语，现又连踞两处地面，是兵端能否遽息尚未可知。据赫特贺严词驳诘，该噶箕兴哈毕热邦折等以该处领兵头人尚未接到止兵知会为词，有外委辜建勋一到宗喀，该大噶箕藏格巴都尔即将各路夷兵减撤大半，现在只求将案情公断，不敢妄动等语。及赫特贺将多收税米，阻挡商民及杀伤抢劫各款提证集质，并查照夷例，令唐古忒将浮征税米及牛价等银赔缴，该噶箕亦称所断公允，毫无争辩。惟给予断牌后，未经遵具图记，并称请派汉官同见藏格巴都尔，方可定议。现经该大臣派都司戴廷超等往与该国管事噶箕见面，令其遵奉退兵，但既占去边地五处之多，如果遵领断牌，退出占地，原无事轻劳兵力。惟该国禀内有求断给土地之语，若仍藉端要挟，则前藏一带亦宜先事预防，现已谕令满庆等暗为防备。著黄宗汉即将谕调之兵照数拨交乐斌带往。如所拨官兵已经出省，乐斌亦已由省赴藏，即将行抵前藏日期，及察看廓夷实在情形，并如何商酌进止之处迅速复奏，藉慰廑念。将此谕令知之。

（《文宗实录》卷一七○）《元以来西藏地方与中央政府关系档案史料汇编》（三）985—986 页

准乐斌奏川军暂缓启程赴藏并令赫特贺满庆熟察情形
悉心计议谕

咸丰五年七月初七日（1855.8.19）

谕军机大臣等：寄谕成都将军乐斌等，前因廓尔喀寻衅，占踞济咙等五处边隘，该处汉番官兵为数无多，赫特贺所调土兵又迟延不能得力，是以谕令乐斌带兵三千名驰赴前藏。原恐该夷始终抗违，则后藏需兵甚急，内地征调一时不能应手，不得不先事预筹，为缓急可恃之计。今据该将军等奏称：已遵旨预备屯兵一千名、营兵二千名，惟本省兵力不敷，饷需不继，沿途支应亦有掣肘，藏地寒冷，进剿非时。所奏自系实在情形。现在赫特贺自抵协噶尔后，派都司戴廷超等与该噶箕藏格巴都尔见面，令其退出占地，嗣后未据将该夷能否遵断情形奏报。该将军既谆嘱满庆，于到藏后确查函复，著准其暂缓启程，俟接到满庆确信后，再定行止。如果该夷必欲占地索银，此项川兵即不能足三千之数，可酌派屯兵一千名、营兵一千名，由该将军带往，以壮声威。至所称官兵启程时行装、裹带等项，现在各路军营均已核减支发，所有行装等项亦著酌量核减办理。此时内地军务方殷，原无暇顾及边陲，所恐藏属兵丁多不足恃，或令该夷深入藏地，将来驱逐为难，实不得已而出此。该将军、总督既熟察情形，悉心计议，自宜通筹大局，暂缓进兵。满庆函复后，情形若何，仍著迅速具奏。将此由五百里谕令知之。

（《文宗实录》卷一七一）《元以来西藏地方与中央政府关系档案史料汇编》（三）986—987 页

据赫特贺奏廓尔喀禀词愈加狂悖著示以镇静
严加防备随时察看情形奏明办理谕

咸丰五年九月二十六日（1855.11.5）

又谕：赫特贺奏廓番妄事要求请饬四川官兵进剿一折。前因廓尔喀占踞济咙等五处地方，谕令乐斌带兵驰赴前藏防剿。嗣据乐斌、黄宗汉奏称，预备屯兵一千名、营兵二千名，惟该省兵力不敷，饷需不继，且藏地寒冷，进剿非时，复谕令该将军暂缓启程。现在都司戴廷超从阳布转回，并该国噶箕呈递夷禀，情词愈加狂悖，自应示以兵威，杜其要挟。但四川与楚北接壤，办理防剿正在紧要之际，若复派兵前往后藏，诚恐转饷维难，诸多窒碍；且节近冬令，天气严寒，我兵断难深入。藏属番土各兵既有万余，挑选精壮堪用者，扼要防堵。不可擅启兵端，亦不可不预为防范。该大臣仍当据理檄谕该夷，一切示以镇静，不必遽烦兵力，使该夷转得有所藉口。其扼要地方，即就现有之兵暗地设防，毋任肆行窜扰。仍随

时察看情形，奏明办理。将此谕令知之。

（《文宗实录》卷一七八）《元以来西藏地方与中央政府关系档案史料汇编》（三）988 页

据赫特贺奏俟廓尔喀奉到第二次檄谕后再视情形具奏谕

咸丰五年九月二十七日（1855.11.6）

谕军机大臣等：前因廓尔喀借端滋扰，占据地方，当饬黄宗汉酌调川兵三千名，令乐斌统带赴藏，以备攻剿。昨据赫特贺奏，该夷所递禀词肆意要求，情词愈加狂悖，请速饬川兵前往攻剿。惟前因湖北需兵，曾谕该督调拨，又渐届严寒，揆之天时人事，尚难遽议兴兵。是以仍谕赫特贺严加防备，俟该夷奉到第二次谕后，情形如何，再行具奏。倘[①]该夷仍肆无厌之求，甚至深入藏地，所有藏属番土各兵能否堵御，川省与藏地毗连，平时多交涉事件，乐斌、黄宗汉亦须豫[②]筹布置。乐斌曾至西藏，于该处情形较为悉熟，且川省必有素谙夷务之员堪资探访，著该将军等悉心筹议。除需拨川兵前往攻剿，此外有无他策足以控制廓夷，迅速具奏。赫特贺折片并檄谕稿底及廓夷原禀，均著钞给阅看。将此由五百里谕令知之。

《清实录藏族史料》（九）4240—4241 页；（《文宗实录》卷一七一）《元以来西藏地方与中央政府关系档案史料汇编》（三）989 页

①《元以来西藏地方与中央政府关系档案史料汇编》（三）中为"倘"字。
②《元以来西藏地方与中央政府关系档案史料汇编》（三）中为"预"字。

赫特贺奏抵后藏委员查看定结并筹办防务折

咸丰五年十月二十四日（1855.12.3）

奴才赫特贺跪奏，为奴才驰抵后藏，委员查看定结，并筹办防御情形，恭折奏祈圣鉴事。

窃奴才昨将噶布伦等克复聂拉木，一面围攻宗喀，并因定结紧要，奴才移驻后藏各缘由，于十二日具奏在案。拜折后，随即起程，沿途加站行走，于十八日驰抵后藏，当即饬令外委岳维坦亲往定结，详细查看去后。

兹据禀称，查得定结地方，以山为两下边界。山以外，廓尔喀属卧龙信撒卓比等处，各有廓兵驻扎，通计不下六千名，较之春间实为增多。山以内，唐古特戴琫等官督带番土各兵三千六百余名，在彼驻扎。两营相距一站之遥，现在彼此相持，并未开仗，第该处路径纷歧，防费〔御〕极为费手，等语。

查廓夷寻衅构兵，春间即于定结界外屯住重兵者，本早有窥伺后藏之意，今又陆续增兵，其情更为显著。乃迄今竟无举动，自系因聂拉木、宗喀两处俱经失利，孤军未敢深入，须俟有间可乘而后动。惟现在两军相形，唐古特兵力甚属单薄，兼之隘口甚多，若非厚集兵力，深恐有寡不敌众之虞。奴才再四思维，是以一面严饬带兵之戴琫等，务须处处布置周到，毋得稍涉疏虞，并将廓逆有无举动情形，随时侦探飞禀；一面谕令色呼琫诺们罕于所属僧俗番民，再行挑选精壮者二千人，俾平时借示声威，有事足资保卫，似属大有裨益。

所有奴才驰抵后藏，委员查看定结，并筹办防御情形，除抄录折稿咨明奴才满庆、谆龄知照外，理合恭折具奏，伏乞皇上圣鉴。谨奏。

咸丰五年十一月三十日奉朱批：定结防堵不可稍疏。若果增夷众，密迩后藏，现虽无举动，或如汝所言乘间而发，或另有诡谋，俱不可不预为之备。惟汝此次折内，并无围攻宗喀克复消息，岂并未发探，抑不甚得手，故作两次奏报耶？钦此。

（一史馆藏军机处录副奏折）《元以来西藏地方与中央政府关系档案史料汇编》（三）989—990页

据赫特贺奏著黄宗汉速筹银两解往后藏为犒赏之需谕

咸丰五年十一月十二日（1855.12.20）

谕军机大臣等：赫特贺奏，廓夷情词愈肆狂悖，并闻增派夷兵，意图扑我营盘，经噶布伦督兵进剿，于九月二十四日接仗，杀毙番贼数百名，立将帕嘉岭贼巢平毁，现拟进攻聂拉木，等语。廓尔喀狡诈桀骜，既不将所占地方退出，复迭次违断不遵，情同悖逆。此次声罪致讨，实有不得不然之势。惟藏地窎远，山川险阻，进兵不易，终须剿抚兼施。本日已谕赫特贺，如该夷畏威退地，毋得深入贪功，致劳兵力。至前令川省预备屯营各兵三千名，既据该将军等奏称，兵力不敷，饷需甚巨，且藏地寒冷，征剿非时，难以征调，原系实在情形。但帕嘉岭既经接仗，乘胜进师，此时兵难中止，又恐力弱难支，著黄宗汉迅速筹拨银五六、万两解往后藏，交该大臣作为犒赏之需，俾藏属番土各兵，鼓舞奋兴，咸知用命，或可即仗本地兵力，以御外寇，无烦内地征调。并著乐斌等于川省文武官弁中择其熟悉番务、明白晓事者管解前往，即留与赫特贺差委。

再，九月二十七日因赫特贺奏番夷肆意要求，谕令乐斌、黄宗汉预筹布置，并因乐斌曾至西藏，当悉夷情，令其悉心筹议，广加采访应如何办理之法，迄今日久未据该将军、总督将筹议情形入奏。十月十一日复因湖北汉川失守，四川续拨赴荆兵勇究有若干，乐斌、万福二员何人可往，谕令黄宗汉筹度速奏，迄今一月亦未据奏报。此皆军务紧要事件，何以乐斌、黄宗汉置若罔闻，并不即行复奏？著即懔遵谕旨，赶紧筹办，毋再迁延，自干咎戾。将此由五百里谕令知之。

《清实录藏族史料》（九）4243—4244 页；（《文宗实录》卷一八三）
《元以来西藏地方与中央政府关系档案史料汇编》（三）990—991 页

著赫特贺晓谕朗结曲丕毋庸遣堪布入京谕

咸丰五年十一月十二日（1855.12.20）

谕内阁：赫特贺奏色呼本诺们罕闻大行皇太后升遐齐集喇嘛僧众唪经设醮，并欲特遣堪布赴京一折。色呼本诺们罕朗结曲丕自闻大行皇太后升遐，虔心出于至诚，齐集喇嘛僧众唪经，并欲特遣使臣堪布前来请安，实堪嘉尚。惟念本年年班使臣堪布就道方殷，若再遣使赴京，则驿路往来未免艰辛过甚。著赫特贺晓谕朗结曲丕毋庸特遣使臣堪布入都，以示朕曲加矜恤之至意。

《清实录藏族史料》（九）4242 页

著赫特贺扼要严防相机进剿谕

咸丰五年十一月十二日（1855.12.20）

又谕：前因廓番妄事要求，四川官兵又因道远天寒一时不能派往后藏，谕令赫特贺就现有兵力扼要防堵。本日据该大臣奏称：廓番逾限禀复，抗断不遵，情词愈加狂悖。防堵聂拉木一带之噶布伦闻廓兵陆续增添，并有乘间扑营之信，官兵各怀义愤，分路进攻，前后夹击，歼擒多名，立将帕嘉岭贼营平毁，现拟进攻聂拉木贼巢，等语。廓番占踞济咙等五处地方，妄事要求，经该大臣屡次檄谕，仍复抗断不遵。此次因我兵义愤，奋勇进剿，诚属不得已之举。惟兵力单弱，虽获胜仗，未可深恃，惟有激励该处番土各兵实力堵御。本日谕令乐斌、黄宗汉拨银数万两解赴后藏，并谕拣派熟悉藏务之员随同前往，并留藏差委。此项银两解到后，该大臣即择打仗出力弁兵优加赏赍，以资鼓励。藏属可用之兵数尚不少，若能鼓舞众心，皆知用命，即可仗本地兵力以御外寇，无烦内地征调，更为妥善。至帕嘉岭贼营为我兵平毁，现在当已进兵聂拉木。如果得手，不可深入，致堕该夷奸计。倘能连次获胜，该夷受此惩创，自知悔罪，退出占踞地方，仍当示以宽大，设法怀柔，以省兵力。若仍恃众抗拒我兵，惟有扼要严防，相机进剿。惟不可因有胜仗，稍存大意。将此谕令知之。

（《文宗实录》卷一八三）《元以来西藏地方与中央政府关系档案史料汇编》（三）991—992页；《清实录藏族史料》（九）4244—4245页

据赫特贺奏官兵迭获胜仗次第克复所失营寨著不可因此稍涉大意谕

咸丰五年十一月二十日（1855.12.28）

又谕：前因赫特贺奏官兵将帕嘉岭番营平毁，拟进攻聂拉木贼巢，当经谕知该大臣，如果进兵得手，不可深入，致堕该夷奸计。本日据奏称，攻剿续获胜仗，克复聂拉木贼巢，并围攻宗喀情形，剿办甚合机宜。此股夷匪盘踞聂拉木地方，该噶布伦等旬日之间痛加剿洗，将所失营寨次第克复，足见弁兵等俱能踊跃用命。该大臣当遵前次谕旨，俟川省解到银两后，即择其打仗出力者优加赏赍，以资鼓励。现在我兵将宗喀外城攻破，分兵三路择要驻扎，以防阳布应援之兵，布置亦尚严密。惟夷情诡谲，仍当相机进攻，不可因迭次获胜，稍涉大意。倘该夷将占踞地方尽行退出，即当示以怀柔，毋须穷兵深入。另片奏，移营后藏等语。定结地方为扎什伦布紧要门户，既有廓兵窥伺，自应严加防范，毋令乘间突入。该大臣现拟移扎后藏，居中调度，即著妥为布置，挑选得力之兵，与前派戴琫等管带番土兵丁联络声势，体察情形，相机办理，以免疏虞。将此谕令知之。

（《文宗实录》卷一八三）《元以来西藏地方与中央政府关系档案史料汇编》（三）992—993页；《清实录藏族史料》（九）4245—4246页

赫特贺奏报察看定结并筹防御情形并得旨批

咸丰五年十一月三十日（1856.1.7）

驻藏大臣赫特贺奏报驰抵后藏，委员察看定结，并筹防御廓尔喀夷情形。

得旨：定结防堵不可稍疏。现虽无举动，或如汝所言，乘间而发，或另有诡谋，俱不可不豫为之备。惟汝此次折内并无围攻宗喀克复消息，岂并未发探，抑不甚得手，故作两次奏报耶？

《清实录藏族史料》（九）4246页

乐斌等所议控制情形六条著赫特贺遵照妥办谕

咸丰五年十二月初五日（1856.1.12）

又谕：前因廓尔喀藉端滋扰，占踞地方，谕令乐斌、黄宗汉于川省素谙夷务之员悉心采访，除拨兵攻剿外，有无他策足以控制廓夷。兹据该将军等奏：遵议控制情形并酌拟六条开单呈览。廓夷与唐古忒构衅，经赫特贺屡次檄谕，有抗不遵断，肆意要求，占踞地方。此时业已用兵克复聂拉木，攻破宗喀外城，其势不能中止。惟办理外夷总宜剿抚兼施，恩威并济。该将军等奏责成喇嘛、噶布伦一条，据称：达赖喇嘛、班禅额尔德尼总理藏务，其下额设噶布伦四名，管理营官。此次廓夷因营官溢征税银及抢劫毙命，宜责成喇嘛及噶布伦等实力设法办理，等语。西藏群夷向背全藉喇嘛宣讲经典，以结亲睦，前曾谕令知照达赖喇嘛、色呼本诺们罕朗结曲丕等妥为开导。现在川兵既不能骤调，设来岁春融该夷复出，我兵不免单弱。著即谕令该喇嘛等自相联络，密为防备，以助兵力之不及。至所请派令已革之诺们罕阿旺札木巴勒楚勒齐木赴藏一节，断难准行。其噶布伦中之碧喜、已住、策垫、萨尔琼四人，既称为众夷所称仰，著该大臣等查明如果可用，即令协同办理夷务。其前藏至后藏中间江孜地方，后藏至定日汛马布加地方，均属中道要害，著赫特贺与满庆体察情形，添调番兵，以资扼守。一面严饬攻剿宗喀之噶布伦等相机筹办，不可贪功轻进，致有贻误。至该将军等所称：将生擒夷人，择其素为该夷所重者，留于营中羁縻为质，其余人等遣令回国，示以不杀之恩，启其悔罪之念，即令遣回之人往来修好，仍将前断唐古忒溢征银两再予秉公断给，等语。实为办理此事要著，著该大臣等遵照妥办，务使该夷知感知畏，不致久劳兵力。乐斌等所奏六条著钞给阅看。将此谕令知之。

（《文宗实录》卷一八五）《元以来西藏地方与中央政府关系档案史料汇编》（三）993—994 页

据赫特贺奏聂拉木官军失利著满庆调兵亲赴后藏会商妥办所请调川省土兵已谕令乐斌等商酌谕

咸丰五年十二月十二日 （1856.1.19）

又谕：前据乐斌、黄宗汉奏遵旨酌议控制廓夷六条，当经钞给赫特贺、满庆阅看，并谕令查照所议妥为办理。本日据赫特贺奏：噶布伦策垫分兵往攻绒辖尔，以致聂拉木复被廓番夺踞，请催调四川官兵及打箭炉外各土司兵丁，并已飞咨满庆调前藏兵二千名赴策垫军营，协力防堵，等语。廓尔喀前次占踞聂拉木等地方，经该噶布伦带兵克复后，方谓该夷自应畏惧悔祸，乃取聚众数万将聂拉木复行侵占，是拨兵剿办势不得已。所有前藏挑备僧俗土兵，著照赫特贺所请，调派二千名，前赴通拉山策垫军营，藉资防剿。应需口粮、铅药，即著满庆速为筹备，俾得克日启程。惟该夷情形极为猖獗，聂拉木一路既须进兵，宗喀等处复须分投防守。恐赫特贺照顾难周，满庆较为熟悉西藏情形，如前藏事务尚有妥员可以派令代拆代行，不致贻误，著满庆即将调往兵丁亲自统带，前赴后藏，与赫特贺会商一切，妥为筹办。赫特贺所请调四川土司兵丁，现已谕令乐斌等商酌。如该土兵果能得力，即派员带领，一面奏闻，一面候调。至四川兵勇，现因湖北、贵州两省纷纷调拨，酉阳、秀山逼近贼氛，应筹防堵，越嶲苗匪复行滋事，亟须剿办，势不能再行分拨赴藏。该大臣等惟当就现有之兵分拨布置，以资防剿。现当中原贼匪未平，兵饷两缺，此次藏属用兵，诚出于万不得已。而控驭外夷之道总宜恩威并济，剿抚兼施。前乐斌

等所奏六条内，如责成喇嘛设法开导，及将生擒夷人羁縻为质等语，颇中
綮要。此时虽业已用兵，是否尚有善策使该夷悔悟罢兵之处，著赫特贺、
满庆悉心筹议，如有所见，即行驰奏。噶布伦策垫贪功妄举，咎无可辞，
著即行革职，仍责令带罪自赎，以观后效。将此谕令知之。

（《文宗实录》卷一八六）《元以来西藏地方与中央政府关系档案史料
汇编》（三）994—995 页

据赫特贺奏廓尔喀来禀有恳求格外施恩之语
著即乘机开导并将侦探情形迅即驰奏谕

咸丰六年正月二十五日（1856.3.1）

谕军机大臣等：前据赫特贺奏聂拉木官军失利，当经谕令满庆挑派土
兵驰赴后藏，并亲自前往，与赫特贺会筹剿办，此时谅已启程前进。本日
据赫特贺奏，廓番投递夷禀，译出呈进。在该夷或以天气严寒，藉作缓兵
之计，或藉探我军虚实，均未可知。惟阅夷禀内于兴兵打仗均以唐古忒为
辞，不敢谓与天朝抗拒，并有恳求格外施恩之语。或因宗喀等处官兵屡
胜，心存畏惧，亦未可定。赫特贺现已拣派番目前往夷营，查探情形。满
庆到后，即著与赫特贺悉心筹酌。如该夷果知悔罪，即可乘机开导，谕以
各卡均为我地，不当占踞。如果悔悟息兵，天朝亦必令唐古忒撤兵，不相
侵犯，一面分派兵丁扼守要隘。倘该夷按兵不动，切勿先行攻击。仍声言
内地调兵甚众，即日可到，以震慑其心。若肯退出占地，并遵赫特贺前次
剖断，即可向〔相〕机办理，以息兵端。满庆奏前藏汉土官兵已准咨调派
二千余名，其四川省土司兵丁当亦拣派候调。该大臣于藏地情形素为熟
悉，廓番虽桀骜不驯，应如何驾驭使就范围，即著与赫特贺妥筹办法，以
副委任，至内地调兵赴藏，劳费难支，该大臣等谅必深悉也。此次侦探情
形，即著迅速驰奏，以慰厪怀。将此各谕令知之。

（《文宗实录》卷一八九）《元以来西藏地方与中央政府关系档案史料
汇编》（三）995 页

赫特贺满庆奏廓尔喀与西藏地方议定合同十条和息了事情形折
（附 抄录唐古特廓尔喀公同议立合同底稿）

咸丰六年六月十一日（1856.7.12）

赫特贺、满庆跪奏，为廓夷议立合同，诸涉含混。现据前后藏僧俗人众，恳准照议和息。奴才等审度时势，酌量从权办理完结，以息兵端而靖边围，恭折据实具奏，仰祈圣鉴事。

窃奴才赫特贺前将廓夷专差赍禀乞和，现在办理大概情形，于正月二十八日奏明在案。拜折后，复据噶布伦汪曲结布禀称，接据廓酋藏格巴都尔来信，内开：如今两造既已议和，即与一家无异，请派前后藏僧俗管事头目数人先赴阳布，将一切事件商议清楚，再请大人派委汉官来至边界查办。小的噶布伦仍派前赴济咙之商卓特巴宜玛顿柱、噶厦卓尼尔朗结夺结，并添派三大寺领袖喇嘛数人，同赴阳布修好，祈请札委汉官前来查办，并再行檄谕廓尔喀国王知照，等情。均经奴才赫特贺如禀分别饬知遵照各在案。

嗣于四月初十日，据委员粮务张祺、守备童星魁禀称，派赴阳布之番目、喇嘛等，于三月二十四日转回，并带回廓番头目噶南足打毕噶然玛兴塔巴，行抵定日汛。接见后，面见该国王呈递大人夷禀一合，又宜玛顿柱等前在阳布与廓酋藏格巴都尔新议合同二张。卑职等因所议合同诸涉含混，当向来使谕以此项应定一切章程〈合〉同，应当同汉官及两造头人商议妥协，再禀请驻藏大人察核饬遵，方符体制。今原议合同实未足以昭平允，而两造头人俱在此间，应即从妥另议，庶免大人驳斥，而于两造将来亦均有裨益。讵连日反复开导，该来使一味推诿，固执不遵。卑职等未便再事稽延，只得将夷禀、合同一并呈送，祈请察核。等情前来。

奴才赫特贺译阅之下，不胜骇异。查该夷合同内所议十款。如：

一议藏属商民遇有争讼事件，廓夷头目不得经管。廓尔喀在藏商民遇有争讼事件，唐古特头目不得经管。如唐古特番民与廓尔喀商民互相争讼，必须两造番目会同审讯，应收罚赎，彼此仍自行经理。

一议唐古特本系佛地，自议和以后，设有别国侵犯，廓尔喀自帮同护守。

一议两造百姓遇有杀人犯法互相逃入界内者，彼此均应查出送还。

一议两造商民财物设有不肖之徒互相抢杀者，应由各该管番目照数追还失主。一时不能追齐，即定限追究。

一议此次打仗时，两造百姓有裹去者，自和息之后，彼此均不得忌恨，扰害人财。

以上各款，系与两造有益之件，原可如议而行。

即五、六两款，将在藏贸易巴勒布头人撤去，另由国中拣派大头目经理，并该国王安设商人贩卖货物，准其随便买卖一层。奴才赫特贺详查，此议系因巴勒布商民在藏贸易，同本同利，尚且不安本分，今由该国王安设商人，并另拣廓尔喀大头目经理，核与乾隆五十七年大将军福康安奏定章程，尚无大碍。

第四条内，唐古特擒获森巴之人退还廓尔喀一层。查森番于道光二十二年侵犯藏界，经噶布伦等带兵堵剿，在多玉地方将首逆倭鲁尔歼毙，属下余贼悉数投降。嗣军务完竣，由前驻藏大臣孟保、海朴等奏明，于藏属设有营官处所，均匀摊派安置，即责成各该营官严加管束，蒙恩允准在案。去岁七月廓夷来差噶箕底毕噶热玛兴塔巴，曾向委员据情代恳。奴才赫特贺查现在留藏森番仅存数十余人，尔时以该夷如能遵断完案，即行奏请释回，当经檄知该酋，于此案完结后准令唐古特如数释回，嗣后该夷既未遵断，接奉檄谕亦未禀复，是以未便遽行入奏。今该夷列入合同，现又将擒获唐古特之人悉数交还，自应查照上年檄谕准饬遵办。

第七条内，在藏贸易之阳布卡契回民遇有争讼，廓尔喀头目审办一层。查藏中卡契回众向由驻藏大臣于回众中摊派头目管束，今议以在阳布生长之卡契回民归该国头目经理。奴才赫特贺详细查察，实有自阳布来藏贸易者，是以俯如所请，并于檄谕中叙明甲噶尔、克什米尔及藏中生长之卡契回众，与该夷毫无干涉，仍由驻藏大臣照旧办理，以杜该夷之狡赖。

此数款者，虽系该夷无厌之求，尚非大乖情理之事。奴才赫特〈贺〉体察情形，亦姑从宽允准，以示羁縻。

至第一款，只写唐古特每年交给阿乃银钱一万元，并未声叙所以交给缘故。第三款，只写廓尔喀商民税课从此唐古特不收，并不提出唐古特税课廓尔喀不收一语。核与前在济咙、宗喀时该夷诸酋与唐古特番目所议彼此免税、找补银钱各情节，两相悬殊。似此含混了结，不惟借端狡展，适贻日后之口实，且恐肆意要求，致碍天朝之体制。

奴才赫特贺当经备文咨明奴才满庆详细察核，迅速咨复，并一面译行前后藏商上知照，一面札饬委员等再行设法极力开导，务令从妥更正。并将宜玛顿柱等前在济咙所议，与此次合同因何不符之处，确切查明，一并禀复去后。

兹据委员等禀称，卑职等奉到札谕，遵即督同噶布伦面向来使谕以情理，晓以利害。讵意月余以来，极力开导，不惟始终置若罔闻，更以所议未蒙允准，刻欲回巢。察其情词，甚属疑虑。卑职等遵查此案原委，当宜玛顿柱前在宗喀、济咙之时，已将两家各免税课不收，并所得税项清算后，再行找补阿乃银钱一万元一事，与廓酋噶南咱南等反复商议，业据当面举誓，并立字据，以为此事有伊数人应承，不能违误，是以宜玛顿柱等始将此情禀明噶布伦汪曲结布，该噶布伦遂亦据情禀恳宪台恩准施行在案。讵宜玛顿柱等行抵阳布，廓酋藏格巴都尔一味狡展，即在宗喀、济咙所议彼此免税，找补银钱之件，虽经两造番目当面议定，写立字样，举誓应允，而逆酋藏格巴都尔任意反复，竟食前言，以致此次合同，与宗喀、济咙所议，前后不符。卑职等曾向宜玛顿柱详细诘询，实因逆酋藏格巴都尔肆意狡展，反复无常所致，并无捏饰妄禀情弊，等语。由该委员等禀报前来。

奴才赫特贺伏查，廓夷于上年两军对垒之余，既知遣人乞和，并当同唐古特番目议明，愿将前次具控各款仍遵前断办理完结。其嗣后两造贸易，抽收税课，彼此俱令蠲免。惟唐古特赴廓属贸易之人较多，彼此以一年所收税课通盘合算，除两相抵迭外，议定每年唐古特找补廓尔喀阿乃银一万元。奴才赫特贺亦谓该夷自行转移，自当酌量办理。惟此项银两，虽据商上查明，在该夷应收之数，然体制攸关，究恐稍未尽善，致启该夷轻玩之心，是以一面奏闻，一面复饬噶布伦详慎妥办。嗣该噶布伦派令僧俗各官前赴阳布，亦不过示讲信修睦之意，并无擅行专主之责。况该酋既已请委汉官，则一切条议章程，自应遵照前檄，拣派头目来至边界，当同委员从妥定拟，禀明驻藏大臣查核饬遵，俾两造得以永远遵行，方属为是。乃逆酋藏格巴都尔骄盈成性，诡谲为心，虽专差赍禀显示乞和之意，而阴蓄反复之心。在济咙，则原〔愿〕貌甘言而藏奸不露；抵阳布，则要求挟制而任性妄为，并敢擅拟含混之合同迫令宜玛顿柱等在彼了结。似此目无法度，实足令人发指。应即将合同掷还来使，严檄驳斥，并飞折驰奏，请旨遵办，始足以尊国体而严功令。

惟现据前藏呼征阿齐图呼图克图、后藏色勒本诺们罕并僧俗番目百姓等公同呈恳，务祈格外施恩，准照所议合同完结，不必斥驳等情，先后禀呈前来。维时奴才满庆亦据唐古特人等禀同前由，曾援情抄咨与奴才赫特贺往返函商。该夷桀骜异常，毫无情理，分应厚集兵力大加惩创，方足慑其狂悖之心，而立遏其骄纵之气。惟自办理此案以来，奴才等屡奉谕旨，以内地军务正殷，无暇兼顾及边陲，驾驭外夷之道，总宜剿抚兼施，不可过事拘泥，训诲谆谆。奴才等虽属庸愚，敢不竭力筹划，酌量善办了结，以纾皇上西顾之忧。

兹既据前后藏僧俗公同具禀，甘愿照此了结，恳求赏准，不必斥驳。奴才等再四思维，该夷万分梗顽，兼值天时和暖，驳斥固虑其愤〔债〕事，即请旨遵办，亦恐以迟延而致滋他变。当此诸涉碍难，似宜从权办理完结，以顺舆情而顾大局。现酌拟将原议合同，于商上僧俗番目盖同〔具〕图记后，即由委员发交来使专差递送回国。并将合同内狡展之处详细指出，缮给檄谕一道，见此次所以从权允准者，实系本大臣委曲成全，将来万不敢陈奏大皇帝，使该逆于和息罢兵之余，仍存顾畏天威之至意。

至来使噶南本系该逆派赴藏中管束巴勒布之头人，现已令其赴后藏行寓谒见，由奴才赫特贺再行剀切晓谕之后，即饬赴前藏任事。

其边界尚有应办一切事宜，仍责成西藏粮务张祺妥为办理。除将一切应办事件，再由奴才等详细查核，逐一妥办，随时具奏，并抄录折稿咨明成都将军乐斌、四川督臣黄宗汉知照外，所有廓番夷务，酌量从权办理完结缘由，谨合〔公〕同恭折，据实具奏。兹将译出该国王来禀及原拟合同，并前后藏僧俗番目等回禀二纸，暨上年七月、本年二月与此次缮给该国王已行檄谕三道，一并照抄，恭呈御览，伏乞皇上圣鉴训示。谨奏。

咸丰六年七月十八日奉朱批：钦此。

附　抄录唐古特廓尔喀公同议立合同底稿

廓尔喀与唐古特两造世家、僧俗头目公同列名，议定十款，和息了结事。

我两家以天、菩萨为证，自甘情愿，出具图记，两造自应仍旧恭顺大皇帝安居乐业。按照所立合同，两家自愿和好，即如弟兄一般。以后无论两家谁不遵此合同，妄自兴兵者，自有天神鉴察，即降灾祸。倘两家谁违合同，兵伐他处，即无罪过。

办理廓尔喀国中事务斯日玛达尔咱古玛热古玛让打玛咱热英米里斯乍日英噶面达因纪帕咱拉热纳藏格巴都尔古凹热然拉吉

斯日玛达尔咱古玛热古玛让达玛咱斯日米里斯乍热咱南扒木巴都尔古凹热然拉吉

斯日谷如热咱班第达达尔玛的噶热斯日毕咱叶热咱班第达足

斯日玛达尔咱古玛热古玛让达玛咱斯日噶面达因纪帕咱南格斯拉巴都尔古凹热然拉吉

斯日玛达尔咱古玛热古玛让达玛咱斯日噶面达因纪帕咱南热拉乌止兴哈古凹热然拉吉

斯日玛达尔咱古玛让达玛咱斯日噶达萨本写日降古凹热然拉吉

斯日玛达尔咱古玛热古玛让达玛咱斯日咱南的日萨木写日降吉凹热然拉吉

斯日玛达尔咱古玛热古玛让达玛咱斯日咱南扒尔达毕尔古凹热然拉吉

斯日玛达尔咱古玛热古玛让达玛咱斯日乃卜丹打咱南扒卡打降古凹热然拉吉

斯日兔邹达热雅日纳写尔萨哈

斯日噶南底里毕噶然木兴哈塔巴

斯日噶南直理兴哈扒萨乃打

斯日噶南古兔兴哈扒萨乃打

赴阳布之唐古特喇嘛各官内：

布达拉达赖佛替身卓尼尔阿旺坚参

布赍绷寺领袖堪布阿旺三柱及寺中各管事等替身罗布藏饶结

色拉寺领袖堪布罗布藏土青及寺中各管事之替身罗布藏甲木养

噶勒丹寺领袖堪布阿旺宜玛及寺中各管事之替身饶结宜玛

札什伦布寺领袖堪布罗布藏坚参及寺中各管事之替身格勒札克巴

萨迦寺池青喇嘛之替身甲木养们浪

策曲领〔岭〕寺呼毕勒罕之替身坚参顿柱

办理西藏事务公噶布伦辖札

噶布伦白伦布

清代驻藏大臣奏折全集·四

噶布伦台吉三柱颇章

噶布伦台吉札喜康萨尔

札什伦布商卓特巴宜玛顿柱

公噶布伦辖札之侄噶厦卓尼尔仲巴色等

议定合同：

一、唐古特每年与廓尔喀交给阿乃银钱十千元。

一、唐古特、廓尔喀两家本是恭顺大皇上之人，西藏地方均系喇嘛寺院，又系念经作善坐静受戒之人住所，从此以后如有别国与唐古特地方打仗者，廓尔喀自当帮同唐古特护守。

一、廓尔喀商人、百姓应与唐古特各税课，从此唐古特不收。

一、唐古特拿获森巴之人、现在藏地，及此次打仗拿获廓兵及头目、人役、番妇、炮位等项，一并唐古特交还廓尔喀。廓尔喀所获唐古特之兵暨济咙、聂拉木、宗喀、补仁、绒辖尔等处百姓之器械、牛只各物，廓尔喀一并退还。俟和息后，将补仁、绒辖尔、济咙、宗喀、聂拉木、达尔结岭山顶等处所有廓兵全行撤回，将各地方交出，退还唐古特。

一、从此藏中不安设巴勒布头人，安设廓尔喀国中头目经理。

一、藏中廓尔喀国王安设商人，贩卖珠宝、衣物、食物，并各货物，准其随便买卖。

一、唐古特商人、百姓自相争讼者，廓尔喀之官不准审办。在藏之廓属百姓与阳布生长之卡契回民争讼者，唐古特之官不得审办。如唐古特百姓与廓尔喀之人争讼者，两家官员会同审讯，应罚赎藏番之项唐古特官员经收，罚赎廓属商人、百姓、卡契之项廓尔喀官经收。

一、廓尔喀之入在廓属杀人逃往藏地者，唐古特将人交还。廓尔喀或唐古特之人在藏属杀人逃往廓属者，廓尔喀将人交还唐古特。

一、廓尔喀商人、百姓财物被唐古特百姓抢劫者，唐古特之官查明，将财物退还廓尔喀失主。如行劫之人将财物一时不能归结者，唐古特之官勒限日期，取结追还。唐古特商人、百姓财物被廓尔喀百姓抢劫者，廓尔喀之官查明，将财物退还唐古特失主。如行劫之人将财物一时不能归结，廓尔喀之官勒限日期，取结追还。

一、此次打仗时，唐古特百姓裹入廓尔喀之内，廓属百姓裹入唐古特之内者，自此和息之后，两家都不得计恨，扰害人财。

（一史馆藏军机处录副奏折）《元以来西藏地方与中央政府关系档案史料汇编》（三）996—1003 页

据赫特贺满庆奏廓尔喀与西藏所拟合同自应俯顺舆情从权处理谕

咸丰六年七月十八日（1856.8.19）

谕军机大臣等：赫特贺、满庆奏，廓夷议立合同，现据前后藏僧俗人众恳准照议和息，并钞呈檄谕禀底各件。廓夷与唐古忒寻衅，经我兵剿办，屡次获胜。遣人乞和，自应遵照檄谕，拣派头目至边界同委员妥议章程，俾得永远遵行。乃逆酋藏格巴都尔竟敢拟含混合同，迫令宜玛顿柱等在彼了结，似此居心诡谲，难保日后不别启衅端。惟既据前藏呼征阿齐图呼图克图，后藏色〈呼〉本诺们罕并僧俗番目、百姓等公同呈恳，准照所议合同完结，自应俯顺舆情，从权办理，以期息事安人。赫特贺缮给檄谕，以此次从权允准，系该大臣委曲成全，万不敢据情陈奏，所办尚为得体。廓夷顽梗异常，必须令其循照旧例，呈递表文方与和好，未可听其桀骜不驯，毫无忌惮。至息事之后所调各兵即可裁撤，一切善后事宜著该大臣等详细妥办。将此谕令知之。

（《文宗实录》卷二〇四）《元以来西藏地方与中央政府关系档案史料汇编》（三）1003 页

赫特贺奏扎什伦布扎萨克喇嘛郎结曲批禀报访获班禅转世灵童情况清单折

咸丰六年九月初一日[①]（1856.9.29）

谨将扎什伦布色呼本诺们罕郎结曲批禀报访获幼子二名灵异情形，摘缮清单，恭呈御览。

一、后藏属坠仓地方，番民丹增汪结、夷妇名札喜拉母二人，于咸丰五年八月初八日所生幼子一名拉木结汪堆嘉木参。前后所得灵异事迹，据该番民丹增汪结供称：咸丰三年班禅圆寂之后，小的之兄伊喜夺结，有一日晚上半夜过后之时做了一梦，梦见得班禅佛爷仍旧原样在于床上坐着，我前去朝见佛爷，当蒙佛爷赏给我哈达一方、银瓶一个，上画金字八宝，似觉内贮有水，我心中喜之不尽，当将此瓶装入怀中，即赴偏僻地方观看，将瓶颠倒拿出，有炒熟青稞，其时已醒。又于咸丰四年，未知何月何日，有一半夜做了一梦，耳听得铙钵声音，众人前去观看，小的亦即往视，见得干殿饶结寺迤北有一山坡，坡上喇嘛均各手持执事，向这边前来，内中执有三层大黄伞一把，伞底之下又有一小伞，系贴金五佛冠之样，似觉微微摇动，还有击鼓之声，觉得班禅亦在其内，即向坠仓家下有一房圈名彭岭楼上阴处设有大垫一个，上坐班禅之样，即时醒了，心中实在喜欢。又有幼子之父丹增江结做了一梦，梦得有一白人，身穿盔甲，头戴黄帽，就在自居房顶之上插了白旗一杆，家内设有大床一架，上放有海螺一个，交与我吹，我说吹不来，他说这个海螺系象牙做的，比不得别样，等语。我就把海螺口上打扫洁净，吹了一下，声音实在好听。又于咸丰三年三月二十五日一早，看见西边山上出有五色霞光，一直落于坠仓家下，有邻居番民白哲观见。又于四年秋间，有一日早晨，现出五色霞光，一边照着玛尼拉康庙宇，一边照着坠仓之家，随后五色霞光成为一股白光，有该处寺院喇嘛丹巴仑珠及尼玛夺结二人看见是实。次日向着众人言知，有些人言此光未知吉凶，即在免日寺内堪布处算卦，算得实系吉祥，不是凶兆。此幼子系于咸丰五年八月初八日天明时有，幼子之母无疾，降生生下时系白皮包身。是日一早又有一股白光照在坠仓院内，满屋发亮，当叫三柱康萨番民看视，次日又向铸造佛尊之人说了一遍。是日又出了三次霞光，照着坠仓家下，人人看见。后第三日，有番民扛江尼玛顿柱、策忍顿柱二人看见二股白光，连着两边均系五色，惟居中一股系白的，自初八日起至初十日止，连日出有五色霞光，该处番民以及干殿饶结寺内喇嘛群集眼见是实。又于咸丰四年内，该处孩子自攒附近孩子等，在于坠仓院内连日欢声鼓舞。又于五年，有孩子二人赴噶择柳林中采花，当时采得大菊花一朵，其根发出五枝，五枝上又加五枝，颠上发出此花，颜色鲜红，当时就问众人可曾见过此花否，众人言说不但未见此花，而自古未闻，实在奇异。又该处所栽柏杨树多半已焦，自从那年起从新开发，较前茂盛，人人观见。随后飞来白画眉二个，系五年十一月十四日飞在坠仓柳林内，有番民丹桑及邻居番民四朗顿柱等看见，向着小的说前去观看，真有此鸟。又于十二月十二日复飞前来，在于鲁顶林内住宿三日，人所共知。以上情节均系实在情形，并无虚捏。为此小的坠仓番民丹增汪结及阖家人等出具亲供切结是实。并据坠仓附近僧俗人等公同结称，亦与前情无异。由该色呀本诺们罕核实具报前来。

一、前藏属霞克巴地方东科尔名第巴策旺觉结、夷妇名策忍央金二人，于咸丰四年九月二十日所生幼子一名倾批觉尔结。所得灵异事迹，据该夷妇策忍央金供称：小番妇自从前至如今，在于殴定寺内坐静，于咸丰四年八月内仍在原寺内坐静，于九月二十日生有一子，自从怀孕起，至生幼子之日止，间或做梦，梦见人身牛头底下所穿虎皮围裙。产生此子之日，有使唤小妇拉木结策忍央宗夺结策旺纵巴等言，说天上出有五色霞光。实系真情，并无虚捏等弊。为此小番妇及阖家人等出具亲供切结是实。并据该处邻佑使役等结称，亦与前情无异。由该色呀本诺们罕查实具报前来。

朱批：览。

（一史馆藏宫中朱批奏折）《元以来西藏地方与中央政府关系档案史料汇编》（五）1942—1944 页

①原注：奉旨日期，系编者据下件考定。

据赫特贺奏班禅转世灵童现访得二名著准掣签以定呼毕勒罕谕

咸丰六年九月初一日 （1856.9.29）

谕内阁：赫特贺等奏，班禅额尔德尼呼毕勒罕现访得灵秀二童，等语。呼毕勒罕涅槃将及四载，今据赫特贺等奏称访得知觉异常灵妙二童，实属祥瑞，朕心快悦。著照所奏，即照定例将此二童之名入于金瓶内，唪经敬谨掣签，以定呼毕勒罕。俟掣定后由驿驰奏。

（《文宗实录》卷二〇七）《元以来西藏地方与中央政府关系档案史料汇编》（五）1944 页

赫特贺奏巡阅后藏核销官兵例赏片

咸丰六年十一月十一日（1856.12.8）

再，上年二月奴才赫特贺到任后，例应亲往后藏三汛巡阅，并因廓夷藉端与唐古特构怨侵占济咙等处地土，奴才请藉巡阅之便，亲赴边界查办。当将一切情形，于三月初七日奏蒙圣鉴在案。

嗣三月十六日，奴才自前藏起程，先赴江孜，次往后藏、定日。惟时各该汛汉兵并未调动，即番营额设弁兵亦仅调十分之四驰赴各隘口防堵。奴才每到一汛，先将存留汉番官兵马步、骑射、刀矛、枪炮技艺，逐一认真校阅，分别优劣，明示劝惩。其调赴边界防堵之弁兵，奴才以该番等出征在外，较之存汛过操中靶合式者倍为辛苦，今反不得仰叨恩赏，未免向隅。是以查照历年旧章，将各该汛应领赏需，除当场赏给不计外，下余银牌、缎匹、茶叶等项，均饬交该管番员，分别赍赴边界，散给该官兵等承领。

至各处边界，俱照例逐一清查，惟宗喀、济咙、聂拉木等处，是时已为廓夷所占踞，而奴才檄调该国噶箕，亦将到案听审，是以于定日阅兵后，仍回协噶尔驻扎，剖断案件。嗣由协噶尔移驻后藏。所有各该处，因奴才上年未能亲去，故于本年结案之际，札委粮务张祺驰往清查，现已一律肃清，照常安堵。

除将用过巡费赏需逐款造具清册，咨送户部核销外，所有奴才上年巡阅后藏三汛边界营伍，并酌用例赏缘由，理合附片复奏，伏乞皇上圣鉴。谨奏。

（一史馆藏宫中朱批奏折）《元以来西藏地方与中央政府关系档案史料汇编》（五）2247—2248 页

据赫特贺奏奖励办理廓尔喀侵扰案出力各员谕

咸丰六年十二月初三日（1856.12.29）

内阁奉上谕：赫特贺、满庆奏请将办理廓夷边案尤为出力、并捐备赏需文武员弁，开单请奖，等语。廓尔喀与唐古特争边构衅，经赫特贺等督率文武，慑以威德，剿抚兼施，俾该夷悔罪输诚，边界一律肃清，在事出力各员，均属著有微劳，自应量予奖励。

试用知县张祺著免补本班，仍留四川，以同知直隶州知州补用，先换顶戴，再赏戴花翎。丹棱县知县陈埙，著赏加同知衔，并赏戴蓝翎。试用知县张嗣成，著赏加同知衔。候选未入流郭镇，著免选本班，以县丞分发陕西尽先补用，并赏戴蓝翎。候补从九品马珍，著以从九品不论双单月尽先选用，并赏戴蓝翎。松潘中营游击沐恩，著赏加参将衔。维州营都司戴廷超，著以游击尽先补用，先换顶戴。泰宁营都司童星魁，著赏戴花翎。把总辜建勋，著以千总拔补，并赏加守备衔。把总岳维坦、外委叶友蕙，均著赏戴蓝翎。额外骁骑校恩续、腾辉，均著赏戴蓝翎，添赐著以骁骑校尽先补用。教习马升云，著以把总尽先拔补。学生吴国英，著以外委尽先拔补。译字房书马腾蛟，著以把总尽先拔补。额外外委彭元、马云龙，均著以外委尽先拔补。

噶布伦汪曲结布，前经赏给虚衔公爵并二等台吉，准其承袭三次，著再准其承袭二次。扎什伦布商卓特巴宜玛顿柱，著赏给三品顶戴，并戴花翎。噶厦卓尼尔朗结夺结，著赏给五品顶戴，并赏戴花翎。后藏戴琫工布彭错，著赏戴花翎。前藏戴琫期美夺结，著赏给三品顶戴。定日戴琫夺结甲布、仔琫宜玛仑珠，均著遇有噶布伦缺尽先升补。扎什伦布管马达琫顿柱策忍，著赏给三品顶戴。博窝营官滚桑格旺、堆噶尔本之营官彭错策旺夺结、大昭业尔仓巴策旺边坝、朗仔辖密琫策忍彭错，均著赏给四品顶戴。噶厦中译夺结三柱、策忍顿柱，噶厦卓尼尔朗结策垫，均著赏给五品顶戴。甲库巴桑洛布、札喜达结，均著赏给五品顶戴。如琫巴桑洛布、明足尔夺结、夺结朗结、工噶策垫、策旺朗结，均著以应升之缺升用。革职留营大昭商卓特巴拉旺工布，著开复原参顶翎。齐咙营官四朗格勒，著开复原官。

驻藏大臣赫特贺、帮办大臣满庆，业经降旨加恩，所有捐备赏需之处，著再行交部从优议叙，该衙门知道。单二件并发。钦此。

（一史馆藏军机处上谕档）《元以来西藏地方与中央政府关系档案史料汇编》（三）1004—1005 页

据赫特贺满庆奏赏乍丫掌教诺们罕禅师名号谕

咸丰六年十二月初三日 （1856.12.29）

内阁奉上谕：赫特贺、满庆奏查办廓尔喀番务出力之掌教诺们罕恳恩奖励，等语。乍丫掌教诺们罕，著赏给郭罗奇博波郭鄂布哈（旁有满文名号）禅师名号。钦此。

（一史馆藏军机处上谕档）《元以来西藏地方与中央政府关系档案史料汇编》（三）1005 页

据赫特贺奏认定掣得拉木结旺堆嘉木参为班禅
呼毕勒罕著即颁赏谕

咸丰六年十二月十九日 （1857.1.14）

又谕：赫特贺等奏详查班禅额尔德尼呼毕勒罕所遣幼子等签掣定拟奏闻一折。本年十一月二十三日驻藏大臣等亲往布达拉山会同呼征阿齐图呼图克图、色哹本诺们罕，率僧俗人等唪经，由金瓶内掣出番民丹择旺结之子拉木结旺堆嘉木参之名签，拟定为呼毕勒罕。是日天气清和，诸事祥瑞，阖藏僧俗人等皆大欢喜。呼征阿齐图呼图克图等按经理称为罗布藏班第衍垂济扎克巴丹贝旺序。实为祥瑞之事，朕心实深嘉悦。著赏给该呼毕勒罕大哈达一幅、珊瑚数珠一串、玉如意一柄；呼征阿齐图呼图克图哈达一幅、嵌玉如意一柄；色哹本诺们罕哈达一幅、嵌玉如意一柄，交该大臣等转行晓谕该呼征阿齐图呼图克图等及阖藏喇嘛，著该呼毕勒罕妥为护持，以副朕广兴黄教之至意。

（《文宗实录》卷二一六）《元以来西藏地方与中央政府关系档案史料汇编》（五）1944—1945 页

赫特贺等条陈变通西藏藏兵营制章程清单折

咸丰七年三月 （1857.4）

谨将前后藏额设番兵营制，参酌先后章程拟列六条，缮具清单，恭呈御览。

一、禁旷缺以足防额也。

查唐古特番兵，向来原有五千一百六十五名，均系各寨番民随时抽派。经前大学士福康安以兵民不分，有名无实，奏定额设番兵三千名，令戴琫等官，以次管束，交驻藏将备教演。自道光二十六年前大臣琦善奏改各管各营之后，每遇额兵缺出，该管番员任意停压，动辄累月经年。校阅届期，仍抽派番民足数，将备既不与闻，噶布伦亦视为故事，殊属不成事体。嗣后番营兵缺，应请由驻防将备及噶布伦督同戴琫等，随时秉公挑补，会禀驻藏大臣，发给免照，仍添造名册一本，存该管之游击、都司衙门，以备稽查，则兵额不致久悬，而操防益昭慎重矣。

一、广招募以壮声威也。

藏营番兵定额，只有此数，一遇夷务重大，分头防御，实觉为数无多，骤议增兵，则唐古特甫被疮痍，诚恐无从措饷。上年廓番滋事，奴才等饬令汉番一律齐团，用资捍卫，藏事后陆续裁撤，前后奏明在案。台藏迭经多故，与其临时猝办，不若先事预筹，请于前后藏各寨落，由营官挑选精壮番民，送就近汉弁教演，一俟技艺娴熟，造册申报，将备汇详，作为余丁。每年或酌给口食，或量减差徭，由商上自行办理。遇有额兵缺出，即于此项余丁内考验拔充，仍定数二千一百六十五名，以示限制，则训练有素，而征调亦不患无人矣。

一、互稽查以杜役占也。

查乾隆五十七年章程，番兵三千名俱系定额实数，该管将弁及戴琫等不得擅行役占。如官兵等或有营私舞弊，该戴琫等禀知驻藏大臣，随时严办。戴琫等操防怠惰，苦累番民，将备等亦应禀明究办。原以彼此互相钤制，庶不致日久弊生。经前大臣琦善奏改章程之后，汉官既无统属，番官益无顾忌，役占欺凌，更所不免。拟请遵照乾隆年间旧章，仍使汉番互相稽查，似为妥善。惟其间有不得不略为变易者。将备既有督率戴琫之责，即系统辖之官，如许戴琫等径自禀揭，恐挟嫌诬告之风从此而长，且亦无以一事权而肃军政。请嗣后番兵营制，责令噶布伦与将备等互相纠察，无论噶布伦、戴琫等官操防怠惰、苦累番民，应许将备等禀请究办；将备等营私舞弊，许噶布伦禀知驻藏大臣随时严办。戴琫以下等官，勿得越诉。庶上下递为节制，而役占等弊，不待禁而自除矣。

一、精器械以资利用也。

查乾隆五十七年章程，唐古特番兵所需鸟枪、刀矛，请在查抄沙玛尔巴等家产内所有器械及寺庙中收藏之件，择其坚利者，按名给予。此项军器，在乾隆年间，已请量为修整，至今更锈损不堪。上年廓番滋事，番兵等所携器械，不但残缺已甚，抑且应用不敷。拟令噶布伦等官及前后藏世家，一体捐资筹办，拣选汉营武弁熟谙式样者，督同监造。完竣之日，由将备逐件验明。新制者散给番兵，旧存者散给余丁，统归各戴琫等承领。其捐资番员，如能悉心筹备，踊跃从公，亦仿照内地炮位捐输，酌予议叙。庶技熟器精，而番兵悉成劲旅矣。

一、定巡哨以肃边防也。

查驻藏大臣巡查边境，原拟按季轮流前往。经前大学士福康安定为春秋两季，后复一年一巡，历经遵办在案。前藏迤西一带，地方辽阔，奸宄易于潜踪，兼之廓番往来通衢，稽察尤关紧要，且多系将备等本管汛地，原属分所应为，嗣后请于驻藏大臣巡阅之外，相度时势缓急，专札拣委得力将备，轻骑减从，实力巡查，兼可顺便操防，教演番兵技艺。所委将备，如能稽核严密，校阅认真，俟五年班满，届期于例保折内声明，奏请量加奖励；倘贪婪不职，苦累番民，亦即分别严参，从重治罪。不必定有年月，亦无庸报销程站赏需等银，以密事机而节糜费，而边圉可以绥靖矣。

一、严约束以弭边衅也。

查历来廓尔喀与唐古特构衅，多因微嫌细故，酿成夷务重情。上年廓番夷务，亦藉口于商上之多收税银，并边民之抢略〔掠〕牛马。虽不无藉端挟制，亦由唐古特之伊戚自贻。拟请嗣后令将备慎重操防，噶布伦等约束番众，无事不得与廓番往来交接，免致别滋事端，并求饬部严定将备及噶布伦处分，照失察汉兵律，分别定拟，以重官守，而专责成，实于营伍、台防大有裨益。

现在廓夷及各处番民俱已照常通商，藏中一切事务，奴才惟有饬令各该员，随时随事秉公妥办，内外无所偏徇，以仰副皇上一视同仁之至意，而异类共戴生成矣。

朱批：览。

（一史馆藏宫中朱批奏折）《元以来西藏地方与中央政府关系档案史

著赫特贺查明前已被参发遣之病故尸身焚化
第穆现在赴京自称未死真假具实奏报谕

咸丰七年四月二十九日（1857.5.22）

又谕（军机大臣等）：寄谕驻藏大臣赫特贺等，昨据曾望颜奏西藏喇嘛由陕赴京，讯取通事供词呈览。据称：该喇嘛系前藏第穆寺光兴黄教阿齐图呼图克图，情愿助饷，募勇平贼。因无前路公文，现在截留陕省等语。当将该喇嘛所递番字呈词交理藩院译出，内称：曾得诺们罕呼图克图名号，今被沙扎噶布伦夺去，欺灭黄教，欲求瞻仰天颜，现为西安府截留，心中委屈。如令平贼，必有功效等语。是其进京，实为控告噶布伦起见，所称助饷平贼系属耸听之词。从前第穆呼图克图阿旺罗布藏吉克美嘉木参因不守清规，经穆腾额等奏明。发往宗喀。嗣经谆龄等奏该喇嘛于四年十二月二十日不服水土，在桑喀病故，当将尸身焚化。现在该喇嘛自称未死，是否捏名冒充，虚实均应根究。已谕曾望颜将该喇嘛解至四川，由四川递回西藏，并将所递金佛、哈达一并发还。著该大臣等俟递解到日，即行确切查明。如有假冒情弊，从严惩办，傥从前谆龄等所奏不实，亦无所用其回护。即将查办情形据实具奏。将此谕令知之。

《清实录藏族史料》（九）4263—4264 页

彭蕴章等遵旨会议赫特贺等奏整饬藏兵营制章程折

咸丰七年五月二十四日[①]（1857.6.15）

臣彭蕴章等跪奏，为遵旨会议，仰祈圣鉴事。

据驻藏大臣赫特贺、满庆等奏称：窃查唐古忒番兵，从前皆于番民内遇事抽派。乾隆五十七年经前大学士福康安因其未谙操防，奏明于前后藏安设番兵三千名，作为定额，设立戴琫等官，逐层管束，交驻防将备教演，并得随时举劾，历经遵办在案。嗣于道光二十六年，经前任大臣琦善以番营官兵操练已熟，无需汉员教演，诚以军火器械及番兵口粮，一切均系商上噶布伦等自行制备，遇有军务，亦系噶布伦带兵征剿，若于操兵一事，令其置身局外，不惟兵将素不相习，即平时修制军装各项，亦恐番兵等推诿有词，是以奏明将嗣后藏营番兵一切操防事宜，均责成噶布伦经理，驻防将备只管汉营官兵操练。奉旨允准通行遵办亦在案。查该大臣之意，原为整饬番兵营制，俾得各专责成。惟因时制宜，有不能不量请更正者。上年廓番滋事，调集前后藏额设番兵及各部土兵，前赴边界堵御，不但土兵原系一时招募，步伐未娴，即番兵等亦均畏葸不前，难期得力，推原其故，盖由唐古忒性本懦怯，兼之近年驻防将备不行教演番兵，即例有春秋两操，委员等视若具文，以致技艺生疏，临阵退缩，若不及时训练，则日久更将废驰不堪。且将备与藏属弁兵，平日均无统辖之权，临时即难收指臂之助。台藏迭经多事，恐兵不用命，于防剿大局有关。奴才等蒙皇上训谕谆谆，合将一切善后事宜，妥慎筹办，仰见圣谟广远，至密且周。廓番现经悔罪输诚，若骤事更张，适足滋外夷之猜忌，惟力图整顿，庶可固藏卫之藩篱。所有番营官兵操防事宜，可否将乾隆、道光年间两次成案参酌变通，仍令驻防将备及噶布伦督同戴琫等认真经理，庶汉番视若一体，将士联为同心，似于安内攘外之图两有裨益。奴才等相时度势，详细筹商，谨参酌先后章程，拟议六条，另缮清单，恭呈御览。一俟奉到谕旨准行后，另由奴才等剀切颁给告示，将章程一同粘发，饬令前后藏三汛汉番各营，一体遵奉，务使兵归实用，饷不虚糜，边圉永远肃清，用副我皇上镇静西陲、有备无患之至意，等语。于咸丰七年四月初八日奉朱批：军机大臣会同该部议奏，单并发。钦此。钦遵。由内阁抄出到院。

臣等查该大臣所拟章程六条内，其所称唐古忒番兵，向来原有五千一百六十五名，均系各寨落番民随时抽派。经前大学士福康安以兵民不分，有名无实，奏定额设番兵三千名，令戴琫等官，以次管束，交驻藏将备教演。自道光二十六年，前大臣琦善奏改各管各营之后，每遇额兵缺出，该管番员任意停压，动辄累月经年，校阅届期，仍抽派番民足数，将备既不与闻，噶布伦亦视为故事，殊属不成事体。嗣后番营兵缺，应请由驻防将备及噶布伦督同戴琫等，随时秉公挑补，会禀驻藏大臣发给免照，仍添造名册一本，存该营之游击、都司衙门，以备稽查一条。臣等查西藏通制内载：前后藏各设番兵一千名，此外冲途要隘之定日、江孜地方，安设番兵各五百名，共额设番兵三千名。此项番兵即于安设处所就近挑补，以省调成之繁。设立戴琫四人，以二人驻扎后藏，以一人分驻定日，以一人分驻江孜，管理所设兵丁，即令各处驻防将备督率管束，教演技艺。前藏番兵归游击统辖，后藏及江孜、定日番兵归后藏都司统辖。所有挑补番兵，造具花名清册，交该管游击、都司及戴琫稽查外，另缮名册二本，一呈驻藏大臣衙门，一交噶厦公所，遇有事故，核实挑补，随时呈报，以咨考察，等语。查番兵既有定额，遇有缺出，自应随时挑补，何得任其久悬。今核该大臣所拟，系为整饬营伍，一兵得一兵之用，不至有名无实，洵足以固边防而昭慎重，应如所拟办理。

又，所称藏营番兵定额只有此数，一遇夷务重大，分头防御，实觉为数无多，骤议增兵，则唐古忒甫被疮痍，诚恐无从措饷。上年廓番滋事，奴才等饬令汉番一律齐团，用资捍卫，藏事后陆续裁撤，前后奏明。在后台藏迭经多故，与其临时猝办，不若先事预筹。请于前后藏各寨落，由营官挑选精壮番民，送就近汉弁教演，一俟技艺娴熟，造册申报，将备汇详，作为余丁，每年酌给口食，或量减差徭，由商上自行办理。遇有额兵缺出，即于此项余丁内考验拔充，仍定数二千一百六十五名，以示限制一条。臣等查额设兵丁外，可否添设余丁，西藏通制内未经开载。兵部查中枢政考内载：嘉庆五年八月内奉上谕：各省营伍，遇有名粮缺出，于余丁内挑选充补，嗣后招募余丁，务须秉公选择，将身材健壮者挑取，以备充补名粮，勤加操练。等因。钦此。历经遵办在案。惟查绿营例载：余丁向无定额。今该大臣拟请于番民挑选余丁二千一百六十五名，遇有额兵缺出，即于此项余丁内考验拔充，自系因地制宜，应如所奏办理。并令该大臣督饬将弁勤加操练，仍不得逾二千一百六十五名之数，以示限制。

又，所称查乾隆五十七年章程，番兵三千名俱系定额实数，该管将弁及戴琫等不得擅行役占。如官兵等或有营私舞弊，该戴琫等禀知驻藏大臣，随时严办；戴琫等操防怠惰，苦累番民，将备等亦应禀明究办。原以彼此互相钤制，庶不致日久弊生。经前大臣琦善奏改章程之后，汉官既无统属，番官益无顾忌，役占欺凌，更所不免。拟请遵照乾隆年间旧章，仍使汉番互相稽查，似为妥善。惟其间有不得不略为变易者：将弁既有督率戴琫之责，既系统辖之官，如许戴琫等径自禀揭，恐挟嫌诬告之风从此而长，且亦无以一事权而肃军政。请嗣后番兵营制，责令噶布伦与将备等互相纠察，无论噶布伦、戴琫等官操防怠惰，苦累番民，应许将备等禀请究办；将备等营私舞弊，许噶布伦禀知驻藏大臣随时严办，戴琫以下等官，毋得越诉，庶上下递为节制，而役占等弊，不待禁而自除一条。臣等查西藏通制内载：前后藏及定日、江孜官员、兵丁，均由四川总督拣选才技出色员弁派往分驻。如内地拨派驻藏官兵有营私舞弊、欺凌唐古忒兵丁等事，准该戴琫禀知驻藏大臣，随时严办。倘该戴琫等操防怠惰，苦累番民，亦准将备等禀明究办。所设番兵三千名，该管将备及戴琫等不得擅行役使。若于例外私行服役者，一经查出，照例治罪，等语。今核该大臣所拟，乃系改归旧制，略为变通。该兵等既免欺凌，自知感戴，洵足以作士气而成劲旅，应如所拟办理。

又，所称查乾隆五十七年章程，唐古忒番兵所需鸟枪、刀矛，请在查抄沙玛尔巴等家产内，所有器械，及寺庙中收藏之件，择其坚利者，按名给与。此项军器，在乾隆年间已请量为修整，至今更锈损不堪。上年廓番滋事，番兵等所携器械，不但残缺已甚，抑且应用不敷。拟令噶布伦等官及前后藏世家，一体捐资筹办，拣选汉营武弁熟谙式样者，督同监造，完竣之日，由将备逐件验明。新制者散给番兵，旧存者散给余丁，统归各戴琫等承领。其捐资番员，如能悉心筹备，踊跃从公，亦仿照内地炮位捐输酌予议叙一条。臣等查西藏通制内载：额设番兵三千名，每一千名定为五分鸟枪，三分弓箭，二分刀矛。所需鸟枪、刀矛，将查抄沙玛尔巴等家产内及前后藏大小寺庙中收存器械分给。所需弓箭，即照番民习用之木弓竹箭制备。所需火药，由商上差人赴贡布制办，其铅丸于边坝等处例交商上铅斤内发给，等语。今该大臣以此项军器锈损不堪，难敷应用，拟令噶布伦等官及前后藏世家捐资筹办，并请仿照内地炮位捐输，酌予议叙。该大臣系为筹备军器，俾资利用，洵足以昭激劝而期踊跃，应如所拟办理。至新制者拟散给番兵，旧存者拟散给余丁，兵部查绿营例载：直省各州县库存一切残废铜铁器械，各该督抚随时饬查，如有堪用之件，酌拨就兵管汛应用，等语。今该大臣拟请将新制军器散给番兵，旧存者散给余丁，核与绿营定例稍有未符。惟番兵与内地情形不同，应令该大臣酌量办理，以期器归实用，而杜虚糜。

又，所称查驻藏大臣巡查边境，原拟按季轮流前往。经前大学士福康安定为春秋两季，后复一年一巡，历经遵办在案。前藏迤西一带，地方辽阔，奸宄易以潜踪，兼之廓番往来通衢，稽查尤关紧要，且多系将备与

〔等〕本管汛地，原属分所应为。嗣后请于驻藏大臣巡阅之外，相度时势缓急，专札拣委得力将备，轻骑减从，实力巡查，兼可顺便操防，教演番兵技艺。所委将备，如能稽核严密，校阅认真，俟五年班满，届期于例保折内声明，奏请量加奖励；倘贪婪不职，苦累番民，亦即分别严参，从重治罪，不必定有额数，亦毋庸报销程站赏需等银，以密事机而节縻〔糜〕费一条。臣等查西藏通制内载：唐古忒兵丁，令各处驻防将备，就近督率大小番目，按期认真教演。驻藏大臣于巡查之便，亲行校阅，其练习纯熟者，酌加奖赏，并将该管之番目记名升擢；如有技艺生疏者，严行惩责，屡教不悛，即予斥革，番目亦分别责降示惩。驻防将备均以所管番兵优劣，由驻藏大臣分别等第，于驻班期满时，具咨报部，其优等者，咨送本省将军、总督、提督准与保举，照例升用；次等者咨部议叙，毋庸升用；劣等者即行参革，等语。今该大臣请于驻藏大臣巡阅之外，酌委将备实力巡查，系为慎重边防起见，应如所拟办理。惟驻藏大臣查阅边境，或季一巡，或两季一巡，或一年一巡，西藏通制内未经开载，自不得漫无定章。兵部查定例：绿营操演鸟枪分数，每兵十名，打靶三十枪，中二十枪以上者，列为一等，官弁记功，兵丁奖赏；中靶十五枪以上者，列为三等，均毋庸给予功过；不及十枪者，将管操千总、把总降二级留任，兼辖将备降一级留任；倘不肖之员，并不实心训练，令该总督、巡抚时加详查，据实参奏，将该营员弁照废驰营伍例革职，俱公罪。又定例：直省绿营操演弓箭，每兵以五箭为率，能中靶三枝以上者为一等，量予奖赏；中靶二枝者为合式。其该营将弁统计所属，每兵十名，中靶合式七名以上者记功；六名者毋庸给与功过。仅止五名，而内有二三名列为一等者，亦准其功过相抵；如合式只能及半，并无堪列一等及不及五名，将该管官弁照操演鸟枪不及分数之例，分别议处，等语。今据该大臣请酌委将备实力巡查，俟驻期班满时，由驻藏大臣分别等第，具咨报部，如能将番兵枪箭教练纯熟尤为出众，准其咨送本省将军、总督、提督酌量保举升用；其仅与记功之例相符者，咨部议叙，给与记功；不及分数者，照例议处。倘该将备等并不实心训练，即由该大臣等据实参奏，将该将备照废驰营伍例革职。至驻藏大臣查阅边境，或每季一巡，或两季一巡，或一年一巡，应令驻藏大臣体察情形，酌量办理，报部备查。

又，所称历来廓尔喀与唐古忒构衅，多因微嫌细故，酿成夷务重情。

上年廓番夷务，亦借口于商民之多收税银，并边民之抢掠牛马，虽不无借端挟制，亦由唐古忒之伊戚自贻。拟请嗣后令将备慎重操防，噶布伦等约束番众，无事不得与廓番往来，免致别滋事端，并求饬部严定将备及噶布伦等，约照失察汉兵分别定拟，以重官守，而专责成，实于营务、台防大有裨益一条。臣等查西藏通制内载：西藏地方遇有廓尔喀禀请之事，均由驻藏大臣总理。其呈送达赖喇嘛、班禅额尔德尼土物，应给谢礼回谕，亦由驻藏大臣代为酌定给发。如有关系地方事件及通问布施，均报明驻藏大臣，听候办理。其布鲁克巴素信红教，每年遣人来藏向达赖喇嘛呈递布施。哲孟雄、宗木、洛敏达等小部落差人来藏，均由边界营官查明人数，禀明驻藏大臣，验放进口，并令江孜、定日驻扎备弁实力稽查。其到藏瞻礼后，该部落差人禀明驻藏大臣，由驻藏大臣给谕。其呈达赖喇嘛等禀启，俱应呈送驻藏大臣，译出查验，由驻藏大臣与达赖喇嘛将谕帖酌定给发，查点人数，再行遣回。其噶布伦虽系达赖喇嘛管事之人，不准与各部落私行通信，即各部落有寄信噶布伦者，亦令呈送驻藏大臣，与达赖喇嘛商同给谕，仍不准噶布伦等私行发给。倘有私行来往、暗通信息之事，驻藏大臣即将噶布伦等革退，等语。是噶布伦等与各部落如有私行往来情事，例有明文，概予革退。其失察兵丁处分，应比照将备等失察兵丁例办理。至将备等自犯及失察兵丁应如何严予处分，兵部查定例：汉奸潜入土蛮地方处交通构衅，责令该管各官查拿究逐，如不实力稽察，一经发觉，将失察之该管官降一级调用，公罪；如明知徇纵，该管官革职，等语。应请嗣后驻防将备等，自犯与廓夷喀〔噶〕布伦等私行来往、暗通信息者，即援照西藏通制内载噶布伦等革退之例，议以革职；如失察兵丁与廓夷、噶布伦等私行来往、暗通信息之事，即比照汉奸潜入土蛮地方交通构衅例，分别失察、徇纵，议以降调、革职，以昭慎重，而固边圉。

　　所有臣等遵旨会议缘由，是否有当，伏祈皇上圣鉴。训示遵行。

　　再，此折系理藩院主稿，合并声明。谨奏请旨。

　　咸丰七年五月二十四日奉旨：依议。钦此。

　　（一史馆藏军机处上谕档）《元以来西藏地方与中央政府关系档案史料汇编》（五）2251—2257 页

　　①原注：朱批日期。

赫特贺因病解任驻藏大臣谕

咸丰七年闰五月十五日（1857.7.6）

驻藏大臣赫特贺因病解任，以驻藏帮办大臣满庆为驻藏大臣。赏前任英吉沙尔领队大臣安诚副都统衔，为驻藏帮办大臣。

《清实录藏族史料》（九）4226 页

著赫特贺满庆檄谕该国王嗣后但当谨守藩封自能长邀庇佑谕

咸丰七年闰五月十六日（1857.7.7）

谕军机大臣等：赫特贺、满庆奏廓尔喀呈递谢恩表文，恭赍呈览一折。前因廓尔喀甫经息兵，降旨将本年例贡免其进呈一次，以示体恤。所赏敕谕，已有理藩院颁发。谅该大臣等此时当可接奉转发该国王祇领矣。览此次所进表文，情词恭顺，具见向化之诚，自应加以褒奖。著赫特贺、满庆檄谕该国王以此次表文业经呈览，大皇帝见其悃忱，深为嘉悦，嗣后但当谨守藩封，自能长邀庇佑也。表文及钞录各件均留览。将此谕令知之。

《清实录藏族史料》（九）4266 页

著照准赫特贺满庆奏请因办事粗率交部议处谕

咸丰七年十二月二十三日（1858.2.6）

先是，驻藏大臣赫特贺、满庆奏，前议变通唐古忒额设番兵章程六条已奉议行。准招募番兵，令商上筹办口粮，制造器械，令世家捐备资费，以及更改旧章，添设巡哨等事，据前后藏僧俗大小番目等恐增苦累，恳请免行，复奏请更正。命原议大臣复议，至是奏：应如所请，将以上三条准其免行。赫特贺、满庆办事粗率，请交部议处。从之。

《清实录藏族史料》（九）4269 页

祭葬赫特贺如都统例谕

咸丰八年三月初十日（1858.4.23）

予故驻藏大臣赫特贺祭葬，如都统例。

《清实录藏族史料》（九）4271 页

八十二、满庆

满庆简传

满庆，巴里坤领队大臣。咸丰五年正月十一日，赏副都统衔（正二品）为驻藏帮办大臣。六年七月十八日，偕赫特贺回衔具奏与廓夷议立合同十条。七年二月十二日，擢镶白旗汉军副都统。闰五月十五日，以赫特贺因病解任，即升为驻藏办事大臣。在藏办理的事务有：奏准达赖喇嘛呼毕勒罕入金瓶掣定。九年十月初三日，与恩庆遵旨前往看视达赖喇嘛坐床。十年三月初一日，遵命赴后藏扎什伦布照料班禅额尔德尼坐床受戒。同治元年，办理布赍绷与噶勒丹两寺互相仇杀，并呼征呼图克图携带掌办商上印信图记潜逃案件，准著将其名号、敕印及黄缰等件一并注销，不准再令转世，并令理藩院衙门、沿边各省督、抚、口外将军、大臣、蒙古王公一体查拿究办。三年八月，命满庆于景纹到藏，即移交藏务起程回京。八月二十六日，交卸驻藏大臣关防。同治四年至十一年底仍然有驻藏事务奏折。满庆驻藏十六年之余，正是多事之秋，加之瞻对战争，奏事甚多。满庆虽然在同治三年谕令俟景纹到藏，即移交藏务回京，但直到十一年十二月，还有他的奏折和皇帝的谕旨。可见其驻藏时间之长，更为驻藏大臣中的重要一员。满庆和赫特贺合奏的奏折，均归入赫特贺的折奏全集内。

满庆谆龄奏十一世达赖喇嘛咨请拨火药铅子分发
各隘防御折

咸丰五年九月初十日 (1855.10.20)

奴才满庆、谆龄跪奏，为达赖喇嘛咨请拨借汉库贮药铅分发各隘，以备防范情形，恭折奏闻，仰祈圣鉴事。

窃于本年四月，奴才谆龄任内，准达赖喇嘛咨称，转据派赴边界办理廓番夷务之噶布伦汪曲结布禀称，廓尔喀番民无故寻衅，侵扰边界。现派前后藏番土各兵，分往各处要隘，防守堵御，应需火药、铅子二项，除由前后藏番营并商上存贮药铅内设法配带之外，势悉不敷备用，恳请在其前藏汉营库贮药铅内，暂行拨给火药八千斤、铅子一万三千斤，分发各隘，以资接济，免致临时周张。一俟夷务完竣之日，即为如数还款。等情。由达赖喇嘛咨请拨给前来。

奴才谆龄窃以西藏汉营库贮药铅原备边陲要务之需，现值廓番侵扰边界，该委员噶布伦禀请达赖喇嘛转咨拨借分发防堵各隘之处，亟应准照拨借，以应急需。当即行查藏营库贮药铅，除每年操用报销外，现在仅存火药三千六百斤，尚存五钱重铅子一百八十余颗[①]。酌量多寡数目，札饬西藏游击拨借火药二千斤，五钱重铅子照数拨借一万三千斤，发交商上专差番目等承领，转发去讫。

除俟还款之日另为奏报外，所有达赖喇嘛拨借汉营库贮药铅以资防备各隘缘由，理合恭折具奏，伏乞皇上圣鉴。谨奏。

咸丰五年十月十五日奉朱批：知道了。钦此。

（一史馆藏军机处录副奏折）《元以来西藏地方与中央政府关系档案史料汇编》（三）987—988 页

①原注：此处数字似为一万八千余斤之误。

据奏著满庆晓谕达赖喇嘛等毋庸遣堪布进京等事谕

咸丰五年十月十五日 (1855.11.24)

谕内阁：满庆奏，达赖喇嘛闻大行皇太后升遐齐集喇嘛僧众唪经修斋，并欲专遣使臣堪布赴京，呈请代奏一折。该达赖喇嘛自闻大行皇太后大事虔心唪经，并欲特遣使臣堪布等前来，可嘉之至。惟念西藏距京窎远，且后藏年班使臣堪布就道方殷，若仍令前藏使臣堪布来京，则驿路往来未免艰辛过甚。著满庆晓谕该达赖喇嘛等，毋庸特遣使臣堪布赴京，以示朕曲加体恤之至意。

《清实录藏族史料》（九）4241—4242 页

准照满庆奏严行督饬操练团练旨

咸丰六年正月二十五日（1856.3.1）

驻藏帮办大臣满庆奏：卫藏兵单，督饬汉民办理团练。

得旨：所办甚好，著严行督饬操练，不可废驰。

《清实录藏族史料》（九）4252 页

著满庆悉心察看该呼图克图能否胜任掌办商上事务
再行具奏等事谕

咸丰六年二月初四日（1856.3.10）

军机大臣字寄驻藏帮办大臣满，咸丰六年二月初四日奉上谕[1]：满庆奏达赖喇嘛圆寂，将商上事务暂交呼图克图掌管一折。据称呼征阿齐图呼图克图人尚稳妥，从前曾代办商上事务数年，均无舛错。现因达赖喇嘛圆寂，该大臣已将一切事宜令该呼图克图暂行代管。惟以后商上事务，该呼图克图掌办能否胜任，著满庆悉心察看，再行具奏。至唐古特[2]僧俗人等现在是否照常安静，并著该大臣妥为弹压，毋令滋事。将此谕令知之。钦此。遵旨寄信前来[3]。

（一史馆藏军机处上谕档）《元以来西藏地方与中央政府关系档案史料汇编》（五）2026 页；《清实录藏族史料》（九）4252 页

[1]《清实录藏族史料》（九）中为"谕军机大臣等"。
[2]《清实录藏族史料》（九）中为"唐古忒"。
[3]《清实录藏族史料》（九）中无"钦此。遵旨寄信前来"。

谕满庆奠祭十一世达赖喇嘛

咸丰六年二月二十四日（1856.3.30）

驻藏〈帮办〉大臣满庆奏，达赖喇嘛于十二月二十五日圆寂。命满庆前往奠醊，照例优眷；并谕令呼征阿齐图呼图克图掌办商上事件。

《清代藏事辑要》（一）479 页；《元以来西藏地方与中央政府关系档案史料汇编》（五）1823 页

据奏著满庆赫特贺函商斟酌熟筹妥办等事谕

咸丰六年二月二十八日（1856.4.3）

谕军机大臣等：满庆奏遵查廓番情形，请暂缓统师前进一折。前因廓番投递夷禀，情似悔罪，曾谕令赫特贺、满庆查探确情，妥为驾驭。兹据满庆奏称：廓番因天朝命将出师，中怀恐惧，有罢兵求和之意。所调前藏土兵已经赫特贺饬令截留，未便愈张声势，转启该夷疑虑。且前藏值达赖喇嘛圆寂，事务较繁，亦未遽置前往，等语。自系实在情形，满庆著准其暂缓驰赴后藏。惟夷情反复无常，仍著赫特贺确加侦探。如该夷果知畏惧，愿将占据地方悉行退出，并遵前次剖断，自应相机办理，以息兵端。倘该夷前递禀函不过为缓兵之计，春融以后复肆猖獗，则仍应慑以声威，使知震栗，以期就我范围。一切操纵机宜，并著赫特贺与满庆函商斟酌，熟筹妥办，毋得稍涉疏率。

满庆另折奏：藏台防兵请就地招募，等语。藏台防兵募补章程，著准照所拟各条暂行变通办理。俟军务告竣后，或作为定例，或仍照旧章之处，由驻藏大臣具奏请旨。将此各谕令知之。

《清实录藏族史料》（九）4252—4253 页

据满庆奏廓番求和著赫特贺办理以期日久相安为要谕

咸丰六年三月初三日（1856.4.7）

谕军机大臣等：前据满庆奏廓番有求和之意，谕令赫特贺等速筹妥办。兹据该大臣奏称：噶布伦等查明该夷实系畏罪乞和，其中并无虚伪，先行缮给檄谕，等语。廓尔喀与唐古忒等寻衅滋事已逾一载，辄敢占居地方，肆意要求。经该大臣派兵前往堵剿，宗喀等处屡次获胜。该夷震慑兵威，特差番目乞和，将所控多收税课、杀伤人命各款遵照断牌办理，以完前案。此次所禀既系实心乞和，即可乘其悔悟之机妥为筹办，以示羁縻。至廓尔喀短收税课阿乃银钱一万元，唐古忒按年补缴一节，据噶布伦查明此项银两为该夷应收之数，每年愿由商上交给承领。此项银两虽出自商上，不致有伤国体，所恐该夷因此一事，以后更肆要求。著赫特贺等谕知该夷，告以此事不敢陈奏，如尔国实心恭顺，将所占地土退还清楚，本大臣自必详加核算，谕令唐古忒遵依，使尔国得有裨益。如此办法将来该夷不敢再生枝节，方为妥善。赫特贺此次檄谕于缴银一节并不提及，颇为得体，可俟噶布伦等禀复情形酌办。驾驭外夷固不可示之以弱，亦不可过示拘泥。现在该夷乞和，虽难保其实系诚心，仍当暗中防备，然亦不可稍涉张皇，致该夷心怀疑虑，务在因势利导，以期日久相安为要。川省毗连藏地，屡次谕令乐斌等筹办。现在该夷既悔罪乞和，计日当可藏事，前调土兵自可暂缓派往矣。将此由五百里各谕令知之。

《清实录藏族史料》（九）4253—4255页

调满庆为镶白旗汉军副都统谕

咸丰七年二月十二日（1857.3.7）

调镶白旗汉军副都统文清为正白旗满洲副都统，以驻藏帮办大臣满庆为镶白旗汉军副都统。

《清实录藏族史料》（九）4263页

满庆奏噶伦策垫斥革遗缺请旨补放折

咸丰七年七月初四日（1857.8.23）

奴才满庆跪奏，为噶布伦斥革遗缺，拣选合例番员，请旨补放事。

窃据代办商上事务呼征阿齐图呼图克图阿旺伊喜楚称嘉木参禀称：窃因噶布伦策垫，于廓番夷务案内奏请斥革，所遗噶布伦一缺，有管理唐古特公事之责，未便久悬。兹于四品番目内拣选合例应升之员，拟定正陪，禀请察验，奏请升补。等情前来。

奴才当即督同该呼图克图拣选得四品颇瑲觉尔结，人极谙练老诚，办事详慎，该员曾于上年办理打旺夷务事竣，奏请以噶布伦尽先升补在案。复于咸丰六年委办孜陀寺与博窝滋闹夷案，现已完结，均经在事得力，堪以拟正；四品仔瑲宜玛仑珠，人尚明白，办事细心，该员曾在廓番夷务案内，管带士兵防堵定结军营出力，事竣奏请以噶布伦尽先升补在案，堪以拟陪。谨将该员等履历缮具清单，恭呈御览，伏候简放一员，俾资治理。为此恭折具奏，伏乞皇上圣鉴。谨奏。

朱批：著觉尔结补授噶布伦。

（一史馆藏宫中朱批奏折）《元以来西藏地方与中央政府关系档案史料汇编》（五）2057 页

满庆奏驻藏大臣赫特贺起程回京片

咸丰七年七月①（1857.8）

再，奴才前将驻藏大臣赫特贺患病情形附片奏明在案。旋于本年六月二十五日奉到谕旨：赫特贺著准其开缺回旗调理。等谕。钦此。钦遵。兹赫特贺已于七月初四日由藏起程回京讫。所有藏中一切事宜，奴才满庆一惟仰体圣恩悉心办理，合并奏闻，伏乞皇上圣鉴。谨奏。

朱批：知道了。

（一史馆藏宫中朱批奏折）《元以来西藏地方与中央政府关系档案史料汇编》（四）1653 页

①原注：日期应在七月初四日以后。

满庆奏请免行变通西藏藏兵营制章程折

咸丰七年十月二十四日（1857.12.9）

奴才满庆跪凑，为变通唐古特番兵章程，碍于时势，吁恳天恩，俯准免行，其番营一切事件，仍遵照旧章办理，以纾民力而安夷心，并请将奴才之办事粗率，交部议处，恭折奏祈圣鉴事。

窃照前任大臣赫特贺会同奴才，于本年三月内，具奏唐古特额设番兵，参酌先后章程，变通办理，并拟列六条，开单呈览一折，经军机大臣会同理藩院议奏，奉旨：依议。钦此。钦遵。行知前来。奴才遵奉之下，当即剀切颁给告示，将章程一同札发，饬令前后藏三汛汉番各营，一体遵照去后。

旋于本年十月十六日据前后藏僧俗大小番目及各寺院喇嘛，并商属四路当差百姓等，公同呈递译禀，内称：窃小的僧俗人等，接奉大人札谕，并颁发告示，始悉二位大人因变通唐古特番兵章程，已拟列六条具奏，奉旨允准在案。小的唐古特人等，当将所奏六条逐款传看，知二位大人因为整饬边防起见，如唐古特人等稍有余力，自当一体遵行，断不敢违悖谕旨。惟小的唐古特人等，自与廓尔喀构兵之后，不但将商上及班禅额尔德尼库贮一切财物，因筹办军需、口粮全行用尽，而且西藏各大小寺院并噶布伦及各世家等均皆穷苦已极，兼又连年瘟、蝗、痘症，接续而来。一切被害情形，均在大人洞鉴之中。如六条内载招募番兵，令商上筹办口粮；制造器械，令世家捐备资费；以及更改旧章，添设巡哨等事，均是与番民多增苦累。查唐古特一切事宜，自前大人琦奏定章程之后，数年以来，事事皆系禀明驻藏大臣办理，至今并无一件错误。如果有废驰营伍，停压兵粮等弊，何以博窝、森巴、廓尔喀等迭次滋事，均皆平息。小的唐古特人等乃虫蚁之辈，不过略为辨别，断不敢逐款妄行指驳。总求大人俯念唐古特甫经疮痍之后，实在无力承办此事。且汉番一切营制相沿之久，今如骤然更改，该番众人等定有观望不前之势。务请大人援情奏复，施恩请免，所有番营事务，仍照历来章程办理。如稍有错乱，小的唐古特人等自甘认罪。为此具禀，伏乞饬示遵行。等情。据此，奴才接览之余，殊深骇异，当又传集商上僧俗、番目人等来署，明白开导，谕以此系奉旨准行之件，尔等断不可违抗，等语。该商属人等，总以历年灾害，并至实系穷苦为词，再四邀恩请免。奴才伏思夷性犬羊，每遇办理该番事务，固未可听其自然，亦未便操之太蹙。是以饬令该番等，暂行听候办理，勿事琐渎。今该番等虽唯诺去后，而仰望奏免之心甚切。

奴才查前大臣赫特贺于廓番夷务完竣后，因办理善后事宜，拟列六条具奏，适值奴才赴后藏三汛春巡，斯际只匆匆书奏，未能悉心参酌。兹据唐古特僧俗、番众人等议复请免前来，奴才复又将所拟六条详细核夺，其中实有碍于时势之件。况奴才连年校阅前后藏春秋操演，详查汉番员弁，现皆督率知方，各弁兵技艺亦颇纯熟。至前奏内称恐兵额虚悬，营伍废驰等语，今回首以思，实系奴才之一时疏忽。其所拟六条如能行，自有益于边防，即不行亦无损于大局，且唐古特今昔情形不同，抚驭诚为费手。兹边境初安，人心甫定，似必以可行可止之事致动该番等如怨如诉之求。奴才身受重恩，畀以边疆重任，既不敢回护居心，更未敢因循任事。今据该番等麇集邀求，若勉强饬令遵行，势必使该番等各怀异志。奴才反复思维，与其蒙溷而激成事故，将来罹罪匪轻，曷如据实直陈，即藉此以弭边衅，或可上邀恩宥。是以不揣冒昧，援情吁恳天恩，俯念唐古特人等甫遭兵灾，又值凶年，准将奴才等前经具奏变通额设番兵六条饬部议免。

其番营一切事宜，除由奴才随时随事留心整饬外，仍照旧章遵循办理，以纾民力而安夷心。并请将奴才交部议处，以为办事粗率者戒。为此具奏，伏乞皇上圣鉴训示。谨奏。

朱批：原议大臣等议奏。

（一史馆藏宫中朱批奏折）《元以来西藏地方与中央政府关系档案史料汇编》（五）2257—2259 页

著满庆遵成例掣定十二世达赖喇嘛呼毕勒罕谕

咸丰七年十一月十七日（1858.1.1）

〈内阁〉又奉谕旨：满庆奏请达赖喇嘛呼毕拉〔勒〕罕颖悟三幼童一折。自达赖喇嘛涅槃已及二年，兹据满庆奏称，其颖悟异常显著瑞灵三幼童，实属祥瑞之事，朕心悦慕。著照所请，即遵成例将此三幼童之名附入金桶唪经，敬谨掣签，限定呼毕勒罕。嗣经掣定后，由驿奏闻。余著照所奏。

（一史馆藏内阁起居注）《元以来西藏地方与中央政府关系档案史料汇编》（五）1824 页

满庆为新定驻藏官兵乌拉章程转饬一体遵行事给噶厦札

咸丰七年十二月十八日（1858.2.1）

咸丰七年十二月十八日奉钦差总理西藏事务大人满札开：

照得□□地方，山川险阻，所有驻防官兵，跋涉艰难，始饬令番民等支应乌拉□□，以供差使。既未可格外需索，致滋苦累；更未可借故推延，抗违不给。本大臣案查历来所定乌拉章程均未妥协，在各官兵等每借差任意多用，而该番民等即因此抗不应付，以致汉番互竞，彼此纷争，实属毫无端绪。本大臣现已督同前藏汉番文武等，参酌先后章程，量为加减，既无碍于官兵，亦无损于番众。除将新定章程抄单通行外，合亟札行。为此札仰该噶布伦等即便转饬一体遵照。嗣后每遇官兵差事，务须查照章程内载数目给付乌拉，毋得擅行更改，致干重究，凛遵毋违。特札。

计开：

一、游击、夷情、粮务，原定骑马七匹、驮牛八只，今加增骑马三匹、驮牛四只、人夫四名。

一、都司，原定骑马五匹、驮牛六只，今加增骑马二匹、驮牛三只、人夫四名。

一、守备，原定骑马五匹、驮牛六只，今加增骑马二匹、驮牛二只、人夫二名。

一、千总、满印房，原定各给骑马三匹、驮牛四只，今加增骑马一匹、驮牛二只。

一、把总，原定骑马二匹、驮牛三只，今加增骑马一匹、驮牛一只。

一、外委，原定骑马二匹、驮牛二只，今加增骑马一匹，勿庸添给驮牛。

一、额外字识军功，骑马尽敷足用，今加增驮牛一只。

一、兵丁，无论远近，各给骑马一匹、驮牛一只。

一、文武官员由省来藏，或班满回省，或系饷银，或系火药，或系押解人犯等差，所有一切吃食口粮，自不能全带，又有随带赏需，势必不敷使用，骑驮必须添给，方能行开。

一、夷情，骑马十四匹、驮牛二十六只、人夫四名。

一、游击、粮务，各给骑马十四匹、驮牛二十二只、人夫四名。

一、都司，骑马九匹、驮牛十四只、人夫四名。

一、守备，骑马八匹、驮牛十只、人夫三名。

一、满印房、千总，各给骑马五匹、驮牛六只。

一、汉印房稿书所用骑驮，以前章程内未经开载，自此起，无论出远差近差，均各照满印房骑驮支给。

一、把总，骑马四匹、驮牛五只。

一、外委，骑马三匹、驮牛四只。

一、额外字识军功，各给骑马二匹、驮牛三只。

一、兵丁，无论地方远近，均各骑马一匹、驮牛一只。

一、文武大小官员及兵丁，如有紧急事件，察其夷务光景，地方之远近，不得不添骑驮者，自应随时斟酌添给。

一、廓尔喀学生二名送京当差，各给骑马五匹、驮牛五只。

一、赍折戈什哈由江达转回前藏，给骑驮马三匹，由江达外委发票。

一、各自本身名下应得骑驮内造□变通，以马一匹变牛二只，以牛二只变马一匹，以牛一只变夫二名，不得以驮牛改为马匹。

一、守备以下官员所需骑驮，按照前章程数目仅可敷用；其都司以上各官员，如有定额不敷使用，即在各处地方雇觅，照市价发给脚价，该营官、百姓等亦当好为照料代雇，不得多索，滥支滥用。

一、字识兵丁若要跟随各官出差，各有分内骑驮，自毋庸另拟章程；其家丁私人骑驮，各官分内所载，毋庸再请骑驮；其小娃子一项，永远禁止，不给乌拉；其有新闻差遣事件，守备以上准带通事一名，给骑马一匹、驮牛一只；如非兵丁、通事，即不准滥请乌拉路照，冒名顶替，私用骑驮；如系大员乘轿，给轿夫骑马八匹、驮牛六只；如未乘轿，即不准借以轿夫为名请给骑驮乌拉。

一、由藏差遣前赴各处，均遵前定章程办理，应由钦差大臣衙门请赏马牌；如系各汛专差来藏回禀公事，或请饷银，由该管文武衙门按照章程发给马牌，沿路照看，支给骑驮马牛。如违定章，多用一马一牛，许该营官等一面将多用骑驮马牛裁撤，一面禀请究办。

一、由省来藏官兵骑驮数目，亦遵章程办理，由察木多文武官员发给盖印马牌，执持前来，沿途照牌支应乌拉，彼此均无口舌，免致迟延。

一、官兵在防身故搬骸回籍，守备以上官员给驮骨骸马二匹、人夫四名；护送之人，骑马五匹、驮牛十只。

一、千、把、外委官员给驮骨骸马一匹、人夫二名；护送之人，给骑马二匹、驮牛二只；其余兵丁，给驮骨骸马一匹。

一、各塘兵丁每逢更换及由台请领饷银等差，检查嘉庆二十三年酌定章程，每兵一名给骑马一匹、驮牛一只，此次从宽议定，每兵一名给骑马二匹、驮牛二只，非因公及更换，不准多用乌拉，如实有公事及新旧更换，由该管官员发给马牌，百姓照牌支应。

一、各台文武官员若要差人来藏回禀公事，无论官兵，均各立有章程，照牌应付；如系文职专差来藏，至多给骑马三匹、驮牛三只、人夫二名，由粮务发给马牌，百姓支应，其马牌内填写因何公事，注明不得含混，亦不得因私事滥发路照。

一、饷银、火药、军器、药箱、纸札、赏需等项差使，一到察木多，由该台文武官员查点清楚，所用驮牛注载牌内，由该台起至前藏止，沿途挨查照看，随到随即应付乌拉，不准稍为迟延。事毕回汛，禀请钦差大臣衙门马牌，免致彼此推诿。其贡驮、饷银等差，均各发给库银脚价，沿途营官、百姓出具领明脚价银两甘结存查。又各台塘兵请领饷银若干数目，应由拉里、察木多、后藏等处文武官员会同查点银数，需用驮牛，牌内注明，与各处营官、百姓观看，按照牌注数目，妥为应付乌拉，不准勒掯。

一、文武官员如有多用马牛，许该营官等即行代雇，不得互相争闹；如有抗违差使，许文武官员禀请究办，不得私自责打营官、百姓，动辄持刀伤人，如违，恳请究办。来往差使，酌给酒钱，不准需索；如用羊只、米面、料豆，均请发价，令其营官、百姓代为雇买，不得勒索，多要价值。

（西藏馆藏）《元以来西藏地方与中央政府关系档案史料汇编》（五）2332—2336 页

满庆奏因重修布达拉宫等藏民苦累请恩赏银两折

咸丰八年正月二十四日 （1858.3.9）

奴才满庆跪奏，为据情代奏请旨事。

窃据代办商上事务呼征阿齐图呼图克图暨噶布伦等禀称：窃查唐古特

地方，原来褊小，番民穷苦，所有达赖喇嘛商上一切得项钱粮，本系无多，每年所得之项，除供给三大寺喇嘛及别处寺院喇嘛诵念皇经及平安经外，每年所入不敷所出。又因近年各处蒙古施主所送布施银两渐渐减少，兼以历年达赖喇嘛皆系年幼圆寂，应照旧规，在于各处大小寺内熬茶念经作善事。俟到达赖喇嘛圆寂之后，必须仍照向例修理金塔，并要理料访寻幼子事件，在于各处试验幼子灵异，使达赖喇嘛真正呼毕勒罕早为出世，黄教即可振兴。俟至访得灵敏幼子，据情恳求大人转奏请旨，入瓶签掣定准后，又有应改取法名、披剃一切事件，均照佛规逐一办妥，达赖喇嘛亲赴各处寺院讲论经典，然后再受大戒。佛家规矩不得遗漏一件，各处寺院喇嘛均要送给布施银两、哈达、绸缎等样，此系唐古特地方紧要事件。又兼从前博窝、拉达克森巴生番等寻衅滋事，酿成兵端，一切用费皆系出于商上，且连年前后藏无有收成，瘟蝗痘症络绎不绝，至今尚未止息，商上历年所积银钱，不得不动拨分散百姓，以示抚恤。上年廓尔喀滋事，在于各处寺院以及各世家人户并贸易番商等名下凑借军需口粮银钱，因恐不能接济，复又在察木多帕克巴拉寺内挪借银两，以为保护地方，彼时军需口粮幸未掣肘，刻下并无还账之款，不知如何了结。现在商上及各世家人户、交易番商、当差百姓等，均各困苦莫极，并无一家殷实，真难供给。各寺院喇嘛，一二年之内势难支持，如黄教废弛，获罪非轻。再查布达拉山上东面，上下楼房共七层，均要倒塌，若不预为修理整齐，将来又必费事，拟于本年动工修理。无事不需费用，我办事人等，日夜筹思，无法可治。前曾两次禀求大人施恩，据情代恳天恩，赏给银两，以资贴补，均经前宪谆、赫宪台以帑用浩繁，未便允准，批示斥驳。如唐古特办事人等稍有余力，断不敢再事琐渎。无如刻下藏属各处百姓，缘上年廓尔喀滋事，多半逃亡，现有招抚事件，其应还各处债账，除商上已拨给地土奖赏不计外，尚欠三大寺香资银两粮石。况现在达赖喇嘛之呼毕勒罕业经转世，所有佛家一切规矩，自应仍照向例办理，加以重修布达拉山上楼房工程浩大，商上一时无款可筹。因思唐古特受大皇帝恩典无微弗届，仍只得哀恳大人转求大皇帝，或赏给银二三万两，抑或施恩赏借，自咸丰八年年底起按年归还银一千两，以资拯救小的唐古特番民，仰望大人施恩，作速据情转奏允准，并求设法从妥办理，免致天威震怒，则阖藏僧俗番民，均沾天高地厚之恩于生生世世矣，等情。据此，查唐古特自与廓番构兵后，实系深滋苦累，该呼图克图等禀称一切，俱属实在情形，前曾节次禀恳奏邀恩赏银两，均经前大臣谆龄、赫特贺及奴才等正颜拒绝，喻以大义，盖因帑用殷繁，实未便准如所请。今又据该呼图克图等仍以前情再再邀恳代奏前来。

奴才伏思唐古特自隶版图，无事不上蒙庇佑，今既叠次恳求，若阻之过甚，又恐负我国家数百年抚恤外番之意。因查西藏夷情库现经备存察木多、拉里、西藏三台盈余生息银一万三千余两，如蒙恩准所请，似可于此款内动拨银一万两，其余即由西藏粮库支给。但时值经费支绌之际，奴才既未敢擅行专主，亦未敢壅于上闻，理合援情专折代奏。可否施恩俞允，以及或赏银、或借银之处，均出自圣主逾格鸿慈。为此具奏，伏乞皇上圣鉴，训示遵行。谨奏。

朱批：另有旨。

（一史馆藏宫中朱批奏折）《元以来西藏地方与中央政府关系档案史料汇编》（五）2336—2337 页

著准照满庆所请办理札萨克喇嘛因病告休各项事务谕

咸丰八年三月初一日 （1858.4.14）

又谕（内阁）：满庆奏札萨克喇嘛因病告休呈请转奏一折。扎什伦布之札萨克喇嘛朗结曲丕，前因班禅额尔德尼之呼毕勒罕尚未出世，赏给色呼本诺们罕名号，并颁给印敕，使管理地方公事，多资裨益。今因病请休，著即照所请，仍留色呼本诺们罕名号，以终其身，其印敕俟伊故后再行缴销。所遗扎什伦布之札萨克喇嘛缺，著拟正之四品曲瑲堪布罗布藏郎结补授。所放札萨克喇嘛，亦著加恩赏给印敕，以昭信守。其应赏印敕，著该衙门照例办理。

《清实录藏族史料》（九）4269—4270 页

著满庆妥办达赖喇嘛呼毕勒罕及岁后坐床之一切事务谕

咸丰八年三月初一日（1858.4.14）

又谕①：满庆奏，查验达赖喇嘛之呼毕勒罕②出世之幼子掣定奏闻一折。本年正月十三日，驻藏大臣会同呼征阿齐图呼图克图、堪布喇嘛率同众喇嘛唪经，由金瓶将番民朋错测旺之子明珠尔丹测加木错之名掣出。定呼毕勒罕之时，因班禅额尔德尼之呼毕勒罕尚未及岁，不能命名，是以呼征阿齐图呼图克图按佛道伊师达赖喇嘛之呼毕勒罕，即以阿旺罗布藏丹贝加木灿琛呼加木错③命名。甚属吉祥④，朕心不胜欣悦。惟该呼毕勒罕年甫三岁，现住布达拉山附近寺内，著呼征阿齐图呼图克图留心善事。俟及岁后应坐床之一切事务，著满庆妥为办理，照例具奏。

《清实录藏族史料》（九）4252 页；（一史馆藏内阁起居住）《元以来西藏地方与中央政府关系档案史料汇编》（五）1824 页

① 《元以来西藏地方与中央政府关系档案史料汇编》（五）中为"〈内阁〉又奉谕旨"。

② 《元以来西藏地方与中央政府关系档案史料汇编》（五）中均为"呼毕尔罕"。

③ 《元以来西藏地方与中央政府关系档案史料汇编》（五）中为"阿旺洛布桑丹巴加木赞琛呼加木错"。

④ 《元以来西藏地方与中央政府关系档案史料汇编》（五）中为"此甚属吉祥"。

著满庆奏重修布达拉宫唐古忒番民苦累赏银一万两谕

咸丰八年三月初一日（1858.4.14）

又谕①：满庆奏，唐古忒②番民苦累据情代奏一折。唐古忒因重修布达拉山上楼房工程，并办理达赖喇嘛呼毕勒罕事宜，情形甚属苦累。著加恩即在备存察木多、拉里、西藏三台盈余生息银内赏给一万两，毋庸按年归还，以示体恤。其余著照所请，由粮库支给，仍按年扣还归款③。

《清实录藏族史料》（九）4271 页；（一史馆藏内阁起居注）《元以来西藏地方与中央政府关系档案史料汇编》（五）2338 页

① 《元以来西藏地方与中央政府关系档案史料汇编》（五）中为"又奉谕旨"。

② 《元以来西藏地方与中央政府关系档案史料汇编》（五）中为"唐古特"。

③ 《元以来西藏地方与中央政府关系档案史料汇编》（五）中此后有"该衙门知道"几字。

据满庆奏假第穆已身故前辈第穆有劳绩著准其转世谕

咸丰八年五月十五日 （1858.6.25）

谕内阁：满庆奏，审明由川解藏之夷犯喇嘛，取供定拟，并查实上年参办之第穆喇嘛先后情形一折。所有假冒第穆之喇嘛既经在川出痘身故，应毋庸议。其由藏同行之喇嘛箕噶、诺从二名即照所拟递至打箭炉，发交原牧土司、第巴等具结收领，永不许出外滋事。嗣后如有假冒第穆名号之番僧，一经发觉即著就地从重惩办，以警愚蒙。至前辈第穆呼图克图著有劳绩，现在第穆已在萨喀地方病故，仍遵前旨，准其转世，以顺众情。

《清实录藏族史料》（九）4272—4273 页

满庆奏请准令阿旺益西楚臣坚赞继续掌办商上事务
并赏给敕书折

咸丰八年八月初四日 （1858.9.10）

奴才满庆跪奏，为查明呼征阿齐图呼图克图掌办商上事务诚能胜任，吁恳天恩敕放，以重职守，恭折奏祈圣鉴事。

窃查上年第十一辈达赖喇嘛圆寂之际，所有商上事务曾经奴才奏请暂交呼征阿齐图呼图克图代管，能否掌办，再由奴才查明请旨敕放。当奉寄谕，呼征阿齐图呼图克图掌办能否胜任，著满庆悉心察看，再行具奏。钦此。钦遵在案。

兹查该呼图克图自代办商上事务以来，不但大小公件至今毫无错误，且该呼图克图深通经典，赋性纯良，尤为阖藏僧俗共所瞻仰，实胜掌办之任。此时达赖喇嘛之呼毕勒罕虽经转世，而年龄尚幼，商上一切事宜，尤专赖该呼图克图留心经理，庶免紊乱。合无仰恳圣恩，准令呼征阿齐图呼图克图掌办商上事务，并赏给敕书，以重职守，实于地方公事均有裨益。谨恭折具奏，伏乞皇上圣鉴训示。谨奏。

朱批：另有旨。

（一史馆藏宫中朱批奏折）《元以来西藏地方与中央政府关系档案史

料汇编》（五）2026—2027 页

满庆奏噶伦汪曲结布辞退遗缺请旨补放折

咸丰八年八月初四日 （1858.9.10）

奴才满庆跪奏，为噶布伦辞退，遗缺拣拟合例番目请旨补放事。

窃据虚衔公爵噶布伦台吉汪曲结布因年老患病，恳请辞退，由代办商上事务呼征阿齐图呼图克图拣员具禀前来。

奴才查系请旨补放之缺，例应于戴琫、仔琫、商卓特巴等项四品番目内拣选，奏请补放。当即督同该呼图克图拣选得四品商卓特巴拉旺工布，人极老练，办事勤能，曾于办理廓番夷务案内在事出力，奏准以应升之缺尽先升补在案，上次噶布伦缺出，该员著有劳绩，即应拟正，因斯时该员患病沉重，未便拣选，今已病愈，仍照常勤奋供职，谨以拟正；四品戴琫夺纪甲布，人尚老诚，办事细心，曾于办理廓番夷务案内在事出力，奏准以应升之缺尽先升用在案，谨以拟陪。敬将该员等履历缮具清单，恭呈御览，伏候简放一员，俾资治理。为此恭折具奏，伏乞皇上圣鉴。谨奏。

朱批：著拉旺工布补授。

（一中馆藏宫中失批奏折）《元以来西藏地方与中央政府关系档案史料汇编》（五）2057—2058 页

据满庆奏著阿旺益西楚臣坚赞办理商上事务谕

咸丰八年九月初九日 （1858.10.15）

〈内阁〉又奉谕旨：满庆奏查明呼征阿齐图呼图克图堪以办理商上事务一折。前世达赖喇嘛涅槃后，呼征阿齐图呼图克图办理商上事务甚属妥协，著照所请，商上事务著呼征阿齐图呼图克图敬谨办理。现在达赖喇嘛之呼毕勒罕尚未及岁，著该呼图克图留心照管，俟先辈圆寂达赖喇嘛送布彦之便，即将敕书发给。

（一史馆藏内阁起居注）《元以来西藏地方与中央政府关系档案史料汇编》（五）2027 页

满庆奏噶伦四郎各吉辞退遗缺请旨简放折

咸丰九年正月二十七日 （1859.3.1）

奴才满庆跪奏，为噶布伦辞退，遗缺拣拟番目请旨补放事。

窃据噶布伦四郎各吉，因年老多病，实系不能办公，恳请辞退。由掌办商上事务呼征阿齐图呼图克图查明属实，拣员具禀前来。

奴才查系请旨补放之缺，例应于戴琫、仔琫、商卓特巴等项四品番目内拣选，奏请补放。当督同该呼图克图详加遴选，除上次噶布伦缺出，曾经拟陪二次之四品戴琫夺纪甲布现在患病，未便拣拟外，兹拣得四品仔琫拉木结汪堆多尔济，年壮差勤，办事奋勉，谨以拟正；四品商卓特巴罗布藏达尔结，人尚明白，供差勤慎，谨以拟陪。敬将该员等履历缮具清单，恭呈御览，伏候简放一员，俾资治理。为此恭折具奏，伏乞皇上圣鉴。谨奏。

咸丰九年三月初三日奉朱批[①]。

附单：

谨将拉木结汪堆多尔济、罗布藏达尔结履历，敬缮清单，恭呈御览。

计开：

拟正：四品仔琫拉木结汪堆多尔济，年三十三岁，于道光二十二年充当东科尔，洊升近职。该员年壮差勤，办事奋勉、

拟陪：四品商卓特巴罗布藏达尔结，年五十六岁，于道光八年充当东科尔，洊升今职。该员人尚明白，供差勤慎。

朱批：览。

（一史馆藏军机处录副奏折）《元以来西藏地方与中央政府关系档案史料汇编》（五）2058—2059 页

①原注：朱批原件未录。

著准满庆保奏驻藏粮员循例量予奖叙谕

咸丰九年四月二十三日 （1859.5.25）

谕内阁：满庆奏，粮员驻藏期满，循例保奏，并请留办粮务一折。同知衔四川丹稜县知县陈埰自接管前藏粮务以来，办理悉臻妥协。该员驻藏

三年期满，自应量予奖叙，陈埥著以四川同知直隶州升用，并准留驻一班，接管察木多粮台事务，以资熟手。其所遗前藏事务，即著以同知衔候补知县李玉圃调管，毋庸由四川拣员赴藏。

《清实录藏族史料》（九）4277 页

著派满庆恩庆前往看视十二世达赖喇嘛坐床谕

咸丰九年十月初三日 （1859.10.28）

〈内阁〉又奉谕旨：达赖喇嘛呼毕勒罕于明年七月初三日坐床，著派满庆、恩庆前往看视，所有颁给敕书、赏赍等件，著理藩院拣派司员二人驰驿赍往。其沿途经过直隶、山西、陕西、西川等处地方，著各该督抚派委道、府、副、参大员，妥为护送。并著有凤于司库提银一万两，挨该司员等到省时交给带往，一并赏给达赖喇嘛。至打箭炉以西，著该督知会前途，照例预备马匹，勿致迟误。

（一史馆藏内阁起居注）《元以来西藏地方与中央政府关系档案史料汇编》（五）1825 页

特派驻藏大臣看视达赖喇嘛呼毕勒罕坐床谕

咸丰九年十月十一日 （1859.11.5）

奉天承运皇帝敕谕达赖喇嘛之呼毕勒罕：

朕抚临天下，率土之民，各安生业，弘扬道统。顷据驻藏大臣满庆奏称，尔呼毕勒罕自出世以来，吉兆祥瑞，慧性湛探，举止端庄，谙习经典，稔知前辈达赖喇嘛祭佛用物。全藏僧俗所见所闻，皆倾心向化。择正月十三日，热振呼图克图等虔诚祝祷诵经之后，会同驻藏大臣于布达拉寺供奉高宗纯皇帝圣像前叩拜，由金本巴瓶抽中尔名。等情。朕甚愉悦。即降旨将尔作为达赖喇嘛之呼毕勒罕，特遣驻藏办事大臣满庆、恩庆于咸丰十年七月初三日共同看视，扶尔呼毕勒罕于布达拉寺坐床。随敕赐尔各项什物，除着理藩院司员置办以外，并遣使缮汉文清单交满庆等赍往，至时祗领。今呼毕勒罕适值聪慧抚育之际，理应感戴朕之鸿恩，所有经典，善自研习，以推兴黄教，安抚僧俗众生。勉之勿怠。特谕。

219

（西藏馆藏　原件满蒙藏文）《元以来西藏地方与中央政府关系档案史料汇编》（五）1825—1826 页

据满庆奏著派呼征阿奇图呼图克图赴扎什伦布
照料八世班禅坐床受戒谕

咸丰十年三月初一日（1860.3.22）

又奉谕旨①：满庆等奏，班禅额尔德尼坐床受戒请派照料一折。班禅额尔德尼呼毕勒罕现届坐床，又值受戒之期，达赖喇嘛尚属年幼，未能前往。前班禅额尔德尼披剃更取法名时，经呼征阿齐图呼图克图前往办理，甚属吉祥，仍著派令前赴扎什伦布照料坐床、受戒，以示朕振兴黄教至意。

（一史馆藏内阁起居注）《元以来西藏地方与中央政府关系档案史料汇编》（五）1945—1946 页；《清实录藏族史料》（九）4282 页

① 《清实录藏族史料》（九）中为"又谕（内阁）"。

著满庆将察木多工布汪曲仇杀案中全案人证
押赴藏中秉公审断谕

咸丰十年三月十七日（1860.4.7）

又谕（内阁）：满庆等奏，察木多两造逞兵仇杀，委员带兵弹压息事并现办情形一折。工布汪曲与察木多因案控讦，结连博番，抗不赴传，复与察木多互相仇杀，兵联不息。经满庆等派令委员候补知县李玉圃前往丹达，带同噶布伦宜玛仑珠亲赴两造营盘开导。该番目阳奉阴违，仍于附近居夷处所焚抢。博窝境内之宿木宗、宇茹棍、噶朗三处第巴，复添派番兵至巴里郎地方，助工布汪曲滋事。经该委员檄调硕板多、工布江达等处土兵分布要隘，扎营控制。随与噶布伦带兵赴巴里郎，面谕博番头目退兵。该番目仍肆鸱张，经该委员与噶布伦等派兵设伏，于该番目来营要挟时，将各番目立时捆缚，并砍毙从番五人，余众及被捆缚番目始悔罪乞命，聚众扑营之番众亦经伏兵截回。其噶朗等三处各第巴亦经该委员等预派弁兵，赉带赏件，檄谕撤兵。该第巴等旋即遵檄，令巴里郎番目撤兵出境，各归牧所。察木多两造番众现已震慑兵威情愿退兵，归案听审。办理尚属妥协。所有全案人证，著即派兵押赴藏中，秉公审断，以昭慎重。

《清实录藏族史料》（九）4282—4283 页

著准满庆所奏班禅专差由川进京谕

咸丰十年三月十七日 （1860.4.7）

又谕：满庆等奏，喇嘛专差进贡，恳请援案由四川进京一折。班禅额尔德尼呼毕勒罕于本年十月坐床后，专差巴雅尔堪布呈进丹书克、贡物，具见悃忱。著准其援照成案，仍由四川进京，以示怀柔远人至意。

《清实录藏族史料》（九）4283 页

准满庆奏察木多与工布汪曲仇杀案完结永不再肇衅端谕

咸丰十年十一月初三日 （1860.12.14）

驻藏帮办大臣满庆等奏结察木多与工布旺曲互相仇杀一案。

得旨：著照所议完结，永不准各相争执，再肇衅端。

《清实录藏族史料》（九）4285 页

以办理察木多出力各员赏叙谕

咸丰十年十一月初三日 （1860.12.14）

以办理察木多夷案出力，赏噶布伦拉旺工布二等台吉，承袭一次；札萨克顿柱宇结头等台吉；朗结策忍、噶厦卓尼尔宜喜三柱等花翎；外委秦玉贵等蓝翎。余升叙有差。

《清实录藏族史料》（九）4286 页

四噶伦为认定并派驻藏大臣看视十二世达赖喇嘛
坐床谢恩奏书稿

藏历铁猴年（1860 年）

普天众生之顶饰文殊大皇帝赤金莲座尊前，卑职噶伦尼玛伦珠、拉旺贡布、朗杰旺堆多吉、洛桑达杰，恭设香案，望阙叩奏：

天神文殊大皇帝对普天生灵与雪域佛教众生格外恩慈，为认定达赖喇嘛呼毕勒罕，特降圣旨，恩德无量。西藏官民僧俗上下人等曾虔诚占卜祈祷，仰赖文殊大皇帝之鸿恩。达赖呼毕勒罕阿旺洛桑丹白坚赞赤列嘉措贝桑布，金瓶掣中，为历世达赖喇嘛未尽之善业，得以有主。文殊大皇帝施恩无量，并饬世间法身怙主达赖喇嘛坐床，特派驻藏大臣赏赐金册、金印之厚礼，恩重如山，世代难报于万一，惟有虔诚祈祷大皇帝万岁，万寿无疆。

卑职噶伦诚挚恭献：洁白哈达四方、莲座带幕无量佛像一尊、珊瑚念珠一串、琥珀念珠一串、盛满藏红花根木碗四只、印度上等织锦缎一匹、红黄藏香四十束、团花点子氆氇三十五匹等。祈请嗣后扶助黄教，赐福于普天一切众生。伏乞圣鉴。谨奏。

（西藏馆藏　原件藏文）《元以来西藏地方与中央政府关系档案史料汇编》（五）1826 页

满庆恩庆奏请旨简放八世班禅经师并赏加名号折

咸丰十一年十一月初九日（1861. 12. 10）

奴才满庆、恩庆跪奏，为据情请旨简放传习班禅额尔德尼经典之师傅，恭折奏祈圣鉴事。

窃据札什伦布札萨克喇嘛罗布藏朗结禀称：遵查班禅额尔德尼自上年十月初二日坐床，即已裁撤呼毕勒罕，并受小戒。本年六月初四日，复照历辈旧规，登坐大昭经床，以期早为学习经典，率领僧众恭祝大皇帝万寿无疆，民安国泰。应于札什伦布寺众僧内挑选人品端方、经典深沉喇嘛，方能充当班禅额尔德尼之师傅。兹据四家札仓领袖并各管事僧人及办事僧俗番目于格习喇嘛内公举深通经典喇嘛二名，拟定正陪，呈请查验前来。小的札萨克喇嘛查验得，推桑领喇嘛噶青罗布藏丹巴坚参，深通经典，心性诚实，人亦端方，堪以拟正；噶青罗布藏丹坚，经典深沉，人亦良善，堪以拟陪。合无禀请照例具奏请旨简放一名，俾得传授班禅额尔德尼经典。再六辈班禅额尔德尼之师傅罗布藏曲勒批，于乾隆四十六年蒙恩赏加班第达达尔罕名号；七辈班禅额尔德尼之师傅荣垫嘉勒参，于乾隆五十四年蒙恩赏加班第达诺们罕名号；又前辈班禅额尔德尼之师傅罗布藏顿柱，于嘉庆二年亦蒙恩赏加诺们罕名号。今选充当此辈班禅额尔德尼师傅之喇嘛二名内，恭俟钦定一名后，仍恳大皇帝赏给名号，得以敬谨传习经典，深沾德便。等情。据此，奴才等查该札萨克喇嘛罗布藏朗结选举喇嘛噶青罗布藏丹巴坚参及噶青罗布藏丹坚，吁恳简放一名，作为教习班禅额尔德尼经典之师傅，并照案恳请赏加该师傅名号，系慎重班禅额尔德尼学习经典课程起见。理合据情奏闻，祗候圣裁。

为此循例恭折具奏，伏乞皇上圣鉴训示遵行。谨奏。

议政王、军机大臣奉旨：另有旨。钦此。

（一史馆藏宫中朱批奏折）《元以来西藏地方与中央政府关系档案史料汇编》（五）1946—1947 页

据满庆等奏达赖喇嘛等为咸丰帝逝世念经修福
著准遣堪布来京并分别赏赐谕

咸丰十一年十二月初九日 （1862.1.8）

又谕（内阁）[①]：满庆等奏，达赖喇嘛、班禅额尔德尼、慧能呼征阿齐图呼图克图闻大行皇帝升遐，不胜哀恸，具呈请安，呈进佛尊、哈达，聚集僧众念经修福，等语。达赖喇嘛、班禅额尔德尼、慧能呼征阿齐图呼图克图闻皇考文宗显皇帝大故，即输诚聚集僧众念经，并请差堪布进京请安，实属可嘉。著满庆等传谕达赖喇嘛等，俱准其差遣堪布来京。颁赏达赖喇嘛珊瑚念珠一串、椰子念珠一串、大荷包一对、小荷包四个。颁赏班禅额尔德尼玻璃小朝珠一串、菩提念珠一串、大荷包一对、小荷包四个。颁赏慧能呼征阿齐图呼图克图玻璃念珠一串、大荷包一对、小荷包四个。俟赍到时转令祗领。其应行来京呈递丹书克使臣堪布等，均俟二十七个月后再行来京。

（《穆宗实录》卷一二）《元以来西藏地方与中央政府关系档案史料汇编》（五）1826—1827页；《清实录藏族史料》（九）4289—4290页

① 《元以来西藏地方与中央政府关系档案史料汇编》中只有"又谕"二字。

著照满庆所拟选定噶青罗布藏丹巴坚参为班禅师傅
并赏给名号留心教习经典谕

咸丰十一年十二月十七日（1862.1.16）

又谕（内阁）：满庆等奏选择班禅额尔德尼教经师傅拟定正陪请简一折。著照所拟，列名第一之噶青罗布藏丹巴坚参著作为班禅额尔德尼之巴喀什喇嘛，并赏给诺们罕名号，留心教习经典。

《清实录藏族史料》（九）4290页

准满庆奏请察木多案出力各员分别选用奖励谕

同治元年正月二十九日（1862.2.27）

谕内阁：前因满庆等奏西藏粮务候补知县李玉圃等于办理察木多案内出力，当经奉旨优奖。旋据吏部按照章程以该员不应越级保升奏驳，复经奉旨依议。兹据满庆等奏：该员等于察木多与工布汪曲互相仇杀一案多方开导，消患未萌，并能制服博番，不得乘间滋扰，恳仍予优奖，等语。李玉圃仍著免补知县本班，留于四川，以同知直隶州知州不入班次，无论何项缺出即行补用。稿书陈克新著仍以府经历县丞不论双单月尽先选用，以示奖励。此系因该员等勤劳迭著，破格施恩，嗣后不得援以为例。

《清实录藏族史料》（九）4292页

著准满庆等奏于劝捐京饷项下弥补归款并派妥员做好劝捐谕

同治元年正月二十九日（1862.2.27）

又谕（议政王军机大臣等）：满庆等奏：遵照部咨劝捐京饷，并拟弥补办理洋务费用，等语。据称：前委李玉圃办理工布汪曲与察木多仇杀一案，赏项口粮及抚恤等项共合实银一万八千九百余两。除收到捐项一万三千四百余两，尚不敷银五千四百余两。拟于藏台汉、番捐助京饷汇齐后，将前项不敷银两照数拨填，各等语。著准其于劝捐京饷项下弥补归款。其采买各物，准遵照成案免其造册报销。捐助茶叶、青稞人等尚属急公好义，著准其开具衔名，奏请奖叙。并准将所捐实银五十两作银一百两，以示体恤。惟劝捐京饷系实万不得已，藏台地面汉、番杂处，该大臣等务须派委廉明勤干之员前往劝导，以免侵蚀。且须察看该汉、番等情形是否乐输，不许稍有苛派，致失国体。如体察实有不便，即行停止。并俟有成数，即行报解，不得滥行开支，以重帑项。将此谕令知之。

《清实录藏族史料》（九）4292—4293 页

著满庆等奏西藏僧俗请派员审办喇嘛布施争讼派京中
喇嘛接替热振掌办商上事务著审断此案谕

同治元年五月初五日（1862.6.1）

谕议政王、军机大臣等：满庆等奏，喇嘛因布施争讼等情一折。据称，布赉绷寺洛赛领札仓二十二家班次喇嘛，因值年管理日札布施之堪布伊喜降巴，通同五家堪布作弊，减收〔放〕布施，慧能呼征呼图克图不为剖断，所住惜德寺内供差孜仲反将催请批示之喇嘛咒骂，以致两造启衅，各执一词，互相讦告，并各调僧俗土兵，扣留僧俗番目，势将械斗，且番营弁兵僧俗人等，均称不愿慧能呼征呼图克图掌办商上事务，请派员来藏审办此案，并由京中持〔特〕简能事喇嘛，随往接办商上事务。等语。前据满庆奏称：达赖喇嘛圆寂，将商上事宜令呼〔呀〕微〔征〕呼图克图暂行代管。续经满庆奏称，呼图克图赋性纯良，僧俗共仰，克胜掌办商上之任，并请赏给敕书。如果该呼图克图办事公允，何至将减放布施之案延不剖断，且任听寺中仔仲将催请批示之喇嘛咒骂，致启衅端，以致各集兵众，互相抵御。迨该大臣委员①查断，该呼图克图又请追究洛赛领属喇嘛多人。现在番营弁兵僧俗人等先后禀称，均不愿该呼图克图掌办商上事务，是该呼图克图之不能服众，已可概见，著即将印信图记，饬令呈交，不得任听仍前抗违。惟达赖喇嘛及班禅额尔德尼均尚年幼，未能管事，自应另拣喇嘛掌管。京中印务处喇嘛距藏遥远，且于该处情形生疏，势难拣派前往，著满庆等即责令藏中僧俗人等，公举一素所信服之人，令其代办商上事务，以绥众志，而息纷争。至布赍绷寺喇嘛于大臣等查断此案后，复会合噶勒丹寺喇嘛添款禀控，又聚众执械，附藏椰〔柳〕林，并把守大招及布达拉山门户，守候该大臣向呼征呼图克图追取印信图记，并惜德寺、椰〔柳〕林两处，各将僧俗扣留，逼令出具遵奉达赖喇嘛图记，人情汹汹，势将酿成巨案[2]。该大臣于慧能呼征呼图克图既已滥保于前，自上年八月该喇嘛寺启衅后，又未能及早审断了结，直至滋蔓难图，始将情形入奏，并请派员赴藏审断，希图卸责。西藏途程甚远，所派之员岂能即行到彼，仍著该大臣等将此案妥为审断，务宜秉公办理，自可及时了结。所有惜德寺、椰〔柳〕林两处所聚人众，均著妥为晓谕，俾令及早解散；其所拘僧俗人等，亦责令放归本处，以释衅端。满庆务将此案审断完竣后，始准回京，不得因景纹接任，即行启程。至景纹于行抵前藏后，即会同满庆等将此案妥为筹办。该大臣甫经到任，无所用其迴护，并著切实查明起衅根由，秉公办理，毋稍瞻徇。将此由五百里各谕令知之。

《清代藏事辑要》（一）497—498 页；《元以来西藏地方与中央政府关系档案史料汇编》（三）1006—1007 页

①《清代藏事辑要》原注：按委员即粮务李玉圃、游击唐〔怀〕怀〔唐〕武，后均因此获咎。

②《清代藏事辑要》原注：按是时乱象已成，汉属军民人等，齐集驻藏大臣衙门，请领军械，经满庆等开导始散。

满庆恩庆奏哲蚌寺喇嘛布施争讼并不愿热振掌办事务等情折

同治元年五月初八日[①]（1862.6.4）

奴才满庆、恩庆跪奏，为布赍绷寺喇嘛因布施争讼，以致商属僧俗不愿慧能呼征呼图克图掌办事务，恭折具奏，仰祈圣鉴事。

窃奴才等上年八月二十四日据布赍绷寺洛赛领扎仓二十二家班次喇嘛公禀，值年管理日扎布施之堪布伊喜降巴，通同五家堪布作弊，减半放散布施，呈请慧能呼征呼图克图惩办，久未奉到如何剖断。八月十六日始赴该呼图克图所住惜德寺催请批示，因寺内供差仔仲用恶言咒骂启衅。稍有错为，有当改悔认罪，但呼图克图催调土兵及世家民兵甚紧，想是要与大寺院作对。若不蒙照禀究，小的等只得各回原籍。等情前来。奴才等即札委噶布伦、总堪布、噶勒丹池巴会同办理，至十一月初间，尚无端倪，而慧能呼征呼图克图又将拟给洛赛领断牌抄呈到案，内注八月十六日洛赛领僧众至惜德寺口出恶言，手持石木器械，将大殿门内顶棚扯坏，打损窗户，并殴打卓尼尔及管门仔仲；又掀启楼梯之门，欲赴呼图克图住所，且布赘绷寺喇嘛在寺预备石木军器，调集寺属僧俗香火庄子百姓操演，欲行抵对。各语。奴才等因两处暗行集兵属实，尤应及时阻息，免致自想（相）鱼肉。再札派第穆、济咙两呼图克图之札萨克喇嘛及商上办事僧目，帮同前委僧俗，竭力理解。延至腊月，迭催仍未了结。复札委西藏粮务李玉囿、游击唐怀武前往查断。本年正月据该文武委员抄呈所发断牌，禀请转行慧能呼征呼图克图查照完结。殊该呼图克图又请返究洛赛领属喇嘛定卡各青等三十人。奴才等因株累人众，爰将粮务、游击原断革罚罪名，量为减免，以平两造之气，而辑众心。乃布赘绷寺又会合噶勒丹喇嘛添款禀控，并改装易服，执持器械，聚集附藏柳林分援喇嘛，把守大招及布达拉山门户守候。奴才等追取慧能呼征呼图克图掌办商上事务印信图记，以致色拉寺之结巴扎仓喇嘛功亦至惜德寺帮同护卫，甚至惜德寺与柳林两处将噶布伦、戴璋、仔璋、商卓特巴、僧俗番目各自扣留同住，逼令出具齐心遵奉达赖喇嘛图记。迭经奴才等驾驭开导，置若罔闻。兼之番营弁兵僧俗人等先后禀呈，均称不愿慧能呼征呼图克图掌办商上事务。三月初八日总堪布由惜德寺赴布达拉山，被布赘绷寺喇嘛截拥至柳林，即禀称总堪布带有马步僧兵，由布达拉山北面向上放枪；慧能呼征呼图克图亦禀称，彼时布赘绷寺喇嘛在山上东面向下放枪，互相推卸。奴才等以事出非常，即饬粮务、游击先往查看，旋据回称，达赖喇嘛并未受惊，仅据山上当差人等将拾得铅子呈验。迨卑职等饬取夷结，该僧俗又遽行缮交，惟称总堪布从人放枪是实。奴才等复往查看伊结情由，均与粮务、游击所查无异。揆彼当差人等心意，非借此重大罪名，难追掌办事务之印。奴才等察其人心瓦解，滋蔓堪虞，即援情译饬慧能呼征呼图克图，著将掌办事务印信图记呈交来署，听候请旨拣人代理，以便收拾人心，并饬两处各将拘留僧俗放出，俾得照常办公。据呼图克图复称，伊自办事以来，并未违法，若因僧俗〈一〉面之言，受此重过，誓死不肯交出印信图记。以结巴扎仓喇嘛亦以刁恶之词，直为该呼图克图左袒。虽彼此未经械斗，而两处所聚人众仍前未散，所拘僧俗亦不令其各归办事处所，汉番军民惊惶靡定。现在藏中又无堪胜掌办商上事务之人，竟使奴才等呼应不灵。若以威镇吓，而驻防官兵为数无几，数月〔百〕番兵，半系伊等亲友，只得派人开导抚慰，以免激成巨端。据实恳恩派员兼程来藏审办此案，并于京中喇嘛印务处特简能事喇嘛一人，随同差员前来接办商上事务。

其奴才等庸懦无能克绥靖一隅，实属有负委用，恳敕部将奴才等先行议处，用示炯戒，不胜惶悚待命之至。为此恭折具奏，伏乞两宫皇太后、皇上圣鉴训示。谨奏。

同治元年五月初八日，议政王军机大臣奉旨：钦此。①

（一史馆藏军机处录副奏折）《元以来西藏地方与中央政府关系档案史料汇编》（三）1008—1010 页

①原注：奉旨时间。

满庆恩庆奏十二世达赖喇嘛等为咸丰帝逝世讽经受赏谢恩折

同治元年六月十六日（1862.7.12）

奴才满庆、恩庆跪奏，为代谢天恩，恭折奏闻事。

窃恭奉上谕：达赖喇嘛、班禅额尔德尼、慧能呼征阿齐图呼图克图闻皇考文宗显皇帝大事，即聚僧众讽经，并欲差堪布来京请安等事，俱属出自至诚，殊堪嘉尚。着满庆等转谕达赖喇嘛等及所差之各堪布知之，将此赏达赖喇嘛之珊瑚珠一串、椰珠一串、大荷包一对、小荷包四个；赏班禅额尔德尼之玻璃小念珠一串、菩提珠一串、大荷包一对、小荷包四个；赏慧能呼征阿齐图呼图克图之玻璃珠一串、大荷包一对、小荷包四个，到藏之际，转行分赏祇领。凡应行呈递丹书克之贡使堪布，着俟二十七月后再行来京。钦此。钦遵在案。奴才等当即转行檄知分赏祇领讫。

兹据呈称：达赖喇嘛等叩谢天恩，伏思小喇嘛等素蒙文宗显皇帝宠渥频施，受恩深重，自歉报称无地。惊闻大事，虽于大、小招各寺院聚众讽经，以尽微忱。复蒙大皇帝重恩，特赏珊瑚珠、荷包等物，诚为逾格鸿施，顶感莫极，惟有每日讽经，祝祷大皇帝万福万寿，以期仰报深厚之恩耳。所有小喇嘛等叩谢天恩呈进奏书、哈达各三份、佛三尊，恳为转进，等语。

今将达赖喇嘛、班禅额尔德尼、慧能呼征阿齐图呼图克图等所呈进奏书、哈达、佛尊，奴才等敬谨装固，代为转进。为此谨奏。

议政王、军机大臣奉旨：知道了。钦此。

（一史馆藏宫中朱批奏折）《元以来西藏地方与中央政府关系档案史料汇编》（五）1829—1830 页

据满庆等奏喇嘛互斗酿成巨案满庆等办理不善著遵前旨
秉公审断若不听禁约即咨骆秉章拨兵弹压谕

同治元年六月二十二日 （1862.7.18）

谕议政王、军机大臣等：满庆等奏[①]，呼征呼图克图禀称，布赍绷寺所聚人等，向惜德寺掷石，于附近该寺各处放枪[②]；而商属僧俗，亦欲将呼征喇嘛及此案串谋主使之人[③]一同扫灭[④]，竟从布达拉山军械库内取出炮位、药铅，调集前后藏、江孜番营官兵[⑤]，将惜德寺围攻。〈因惜德寺竭力守御，〉[⑥]杀毙商民〔属〕僧俗不少[⑦]。呼征呼图克图忿极，拟调果洛克野番来藏助战，〈虽是否听从，尚难逆料，惟西藏系达赖喇嘛驻扎处所，西、南、北三面均与外番毗连。该僧俗等同室操戈，不受汉官约束[⑧]，〉经满庆等面嘱萨迦喇嘛，向两造往来劝解，并札调已辞噶布伦汪曲结布来藏，从中理说[⑨]，而两造皆知藏台饷乏兵少，肆行无忌，〈以致藏中汉兵汉民俱恐误遭杀害[⑩]，〉请饬由川委员派兵数百名[⑪]，并[⑫]应用饷银军火，兼程来藏，等语[⑬]。本日已谕骆秉章由川酌调兵丁数百名[⑭]，交景纹管带赴藏弹压[⑮]，若因川省有事，藏路遥远未能调拨[⑯]，即咨行景纹酌调达木蒙古官兵及夥尔[⑰]三十九族番兵，交其统带赴藏矣[⑱]。藏中喇嘛互斗，何至不能劝解，任令残杀商民，酿成巨案？满庆等办理不善，实属咎无可辞，著仍遵前旨，将此案秉公审断，妥为办理，能使两造帖服，自可无庸重烦兵力；如不听禁约，即与骆秉章咨商，拨兵弹压，并催令景纹迅速赴藏，妥筹办理，毋再迁延，致干重咎[⑲]。另折奏请颁给廓尔喀国王敕书等语，已照所请，颁给奖谕该国王恭顺敕书，准其俟丁卯年再行进贡，赏件亦照所请，此次无庸颁给。俟此项敕书递到，满庆等即敬谨传知，钦遵办理可也。其遗失赏件，已照所请补发，交兵部即递，著即转发该国王祇领。各件究系由何处遗失，并著满庆等按站查明，据实参奏[⑳]。将此由五百里谕令知之。

《清代藏事辑要》（一）499—500 页；《元以来西藏地方与中央政府关系档案史料汇编》（三）1011—1012 页；《清实录藏族史料》（九）4297—4299 页

① 《清实录藏族史料》（九）中为"据满庆等奏称"。

② 《清实录藏族史料》（九）中为"随于附近该寺各庙宇房屋放枪"。

③ 《清实录藏族史料》（九）中为"亦以呼征喇嘛居心叛逆达赖喇嘛，阖藏僧俗均声称要将呼征此案串谋主使之人"。

④ 《清实录藏族史料》（九）中"一同扫灭"之后还有"等情。经满庆等分饬两造不得妄肆，惟当静候谕旨办理，两造藐不听信。商属僧俗"几句。

⑤ 《清实录藏族史料》（九）中该句之后有"药铅、所属百姓等"。

⑥ 《清代藏事辑要》和《元以来西藏地方与中央政府关系档案史料汇编》中无"因惜德寺竭力守御"几字。

⑦ 《清实录藏族史料》（九）中为"商属僧俗兵民不少"。

⑧ 《清代藏事辑要》和《元以来西藏地方与中央政府关系档案史料汇编》中无"是否听从，尚难……不受汉官约束"几句。

⑨ 《清实录藏族史料》（九）中无"从中"二字。

⑩ 《清代藏事辑要》和《元以来西藏地方与中央政府关系档案史料汇编》中无"以致藏中汉兵汉民俱恐误遭杀害"几字。

⑪ 《清实录藏族史料》（九）中为"恳饬由川委员管带文武官员兵丁数百名"。

⑫ 《清实录藏族史料》（九）中为"及"字。

⑬ 《清实录藏族史料》（九）中为"兼程来藏弹压审办，等语"。

⑭ 《清实录藏族史料》（九）中为"著骆秉章由川酌调妥干文武官数员及兵丁数百名"。

⑮ 《清实录藏族史料》（九）中为"探明景纹行抵何处，即交管带赴藏，以资弹压"。

⑯ 《清实录藏族史料》（九）中为"且距藏路途稍远"。

⑰ 《清实录藏族史料》（九）中为"伙尔"。

⑱ 《清实录藏族史料》（九）中"交其统带赴藏弹压，务使两造畏服听断。至此事满庆等前派慧能呼征呼克图掌办商上事务有无情弊，商属僧俗均与不洽，何由启衅，该督见闻较确，著详细查明具奏，并将如何筹办之处，会商景纹为要"几句。

⑲ 《清实录藏族史料》（九）中"藏中喇嘛互斗，何至不能劝解，……妥筹办理，毋再迁延，致干重咎"为另谕，即之前有"又谕：满庆奏，请饬由川委员派兵数百名，并应用饷银、军火，兼程来藏，等语"。其中"毋再迁延，致干重咎"为"以息争端"。

⑳ 《清实录藏族史料》（九）中无"另折奏请颁给廓尔喀国王敕书等语，……著即转发该国王祗领。各件究系由何处遗失，并著满庆等按站查明，据实参奏"这段内容。

据满庆所奏两寺斗杀著景纹驰赴藏中秉公办理查明
有无滥保徇庇情弊谕

同治元年六月二十二日 （1862. 7. 18）

又谕：满庆等奏称布赍绷、噶勒丹两寺喇嘛与呼征呼图克图斗杀不休，请饬四川委员带兵赴藏弹压一折。该处僧俗同室操戈，不受汉官约束，势必邻番乘机侵侮，贻患无穷。景纹前已据报由库车起程，著即迅驰赴藏，将此案秉公剖断，并查明启衅根由，及满庆等有无滥保徇庇情弊，切实具奏。如果持平办理，足以服商属僧俗之心，自可晓谕解散。著景纹于行抵川省时，即向骆秉章筹商，并将所调兵丁迅速管带赴藏。如所调兵丁一时未能齐集，景纹即当先行驰赴藏中，毋得藉词迁延。倘畏葸不前，致令藏中事务日坏，恐景纹不能当此重咎也。将此由五百里谕令知之。

《清实录藏族史料》（九）4299 页

著照满庆恩庆所奏准将带印逃去之呼征查拿究办注销名号
并由汪曲结布协理藏务并赏名号谕

同治元年八月初五日 （1862. 8. 29）

谕内阁：满庆、恩庆奏呼征呼图克图带印逃走，请饬查拏究办一折。另片奏：请赏加旺曲结布名号，等语。呼征呼图克图阿旺伊喜楚称嘉木参自咸丰八年掌办商上事务，不思维持地面，辄因布施小事激怒众僧，致与布赍绷、噶勒丹两寺互相仇杀。呼征呼图克图一味负气，扬言已调果洛克野番来藏助战。布赍绷等两寺喇嘛互相攻击，呼征呼图克图见势力不敌，携带掌办商上印信图记潜逃，实属辜恩怙恶，有玷黄教。所有从前赏给阿旺伊喜楚称嘉木参慧能名号、广衍黄法阿齐图呼图克图敕印及黄缰等件，均著一并注销，不准再令转世。仍著理藩院衙门、沿边各省督、抚、口外将军、大臣、蒙古王公一体查拏究办，追出携带之掌办印信图记送交西藏，以免招摇。达赖喇嘛公事紧要，既据藏中僧俗大众公举已辞噶布伦汪曲结布堪以辅佐办理，著照满庆等所请，即以汪曲结布协理西藏事务，并赏给诺们罕名号。

满庆等奏人情稍定众心是否悦服汪曲结布著景纹一并具奏谕

同治元年八月初五日（1862.8.29）

又谕：满庆等奏：呼征呼图克图业已逃走，僧俗人情稍定，地面安靖，已公举汪曲结布协理商上事务。是藏中人情已安，毋须再行派兵弹压。所有前谕调拨番兵饷银，均著骆秉章即行停止。此时虽据满庆等奏称事已安定，而呼征呼图克图既为僧俗所恨，何以任令逃逸？其中恐别有情节。满庆前保呼征呼图克图代办商上事务，何以并不审择众心悦服之人，致令僧俗激变，其滥保已可概见，恐尚有受贿等情。计此旨到日，景纹已行抵西藏，即著严密查办，务得实情，详晰具奏。断不准稍有瞻徇，以致僧俗心怀不服。此次所举汪曲结布是否众心悦服之人，呼征呼图克图去后，人情是否安定，并著景纹一并具奏。事关边疆重务，谅景纹不敢含混自干罪戾也。将此由五百里各谕令知之。

字寄满庆恩庆热振潜逃著革去名号通饬查拿
并准汪曲结布协理商上事务谕

同治元年八月初五日（1862.8.29）

议政王、军机大臣字寄前驻藏大臣满、帮办大臣恩：同治元年八月初五日奉上谕：满庆、恩庆奏呼征呼图克图带印潜逃请饬查拿究办，及遴选僧人协理藏务，恳赏名号各折片，已明降谕旨，将阿旺伊喜楚称嘉木参革去呼征等名号，通饬各衙门及将军、督抚、蒙古王公等一体查拿务〈获〉，并准将汪曲结布协理商上事务，赏加诺们罕名号矣[①]。呼征呼图克图任性妄为，因布施细小事故，激成僧俗互斗重案，复敢携带印信私自逃走，自应严拿务获，从重究办。惟两寺僧重〔众〕调兵争杀，于欲得而甘心之人，岂容任令潜逃，且回寺居住三日，僧众岂毫无知觉。满庆等所奏情节支离，显有不实不尽之处。著将确切情形，据实具奏，不准稍有回护粉饰。此次汪曲结布已准协理商上事务，既据满庆奏称诚实可靠，且名号仅止协理，自不至如掌办者之恃权妄作。现在藏地危而复安，僧俗各安生理，即著满庆等妥为抚绥安辑。嗣后如有别项事端，致边地骚然不靖，惟满庆等是问，毋谓宽典可以倖邀也。至呼征呼图克图现在逃往何处，业已明降谕旨，通饬查拿，仍著满庆等赶紧追缉，并行文知照沿边各省督抚、口外将军、大臣、蒙古王公一体查拿，毋许松懈。发出照缮汉文、清字谕旨一道，宣示而安众心[②]。将此由五百里谕令知之。钦此。

遵旨寄信前来。

《清实录藏族史料》（九）4301—4302页；（西藏馆藏）《元以来西藏地方与中央政府关系档案史料汇编》（三）1013页

① 《清实录藏族史料》（九）中以上内容仅为"又谕：满庆、恩庆奏，呼征呼图克图带印潜逃，请饬查拏各折片"几字。

② 《清实录藏族史料》（九）中无"至呼征呼图克图现在逃往何处，……清字谕旨一道，宣示而安众心"这段内容。

满庆恩庆奏代十二世达赖喇嘛请赏正师傅名号并另拣副师傅请旨折

同治元年闰八月二十八日（1862.10.21）

奴才满庆，恩庆跪奏，为据情吁恳天恩，恭折仰祈圣鉴事。

窃准达赖喇嘛咨：据布赍绷寺洛赛领札仓领袖喇嘛公同禀称，从上年起传习达赖喇嘛经典之正师傅旧噶勒丹池巴罗布藏青饶汪曲、副师傅纹结色呼图克图罗布藏妥墨丹增嘉木瑳，均系咸丰四年前大臣谆奏奉谕旨钦定传习第十一辈达赖喇嘛经典之正、副师傅。近虽接续传习达赖喇嘛经典，而呼征掌办事务时，以伊等不善逢迎，竟未禀请具奏。今年三月纹结色呼图克图因病辞退，亦置不拣人接充，实系轻师慢道。昨奉饬选副师傅前来，随查呼图克图册档内，并无年已及岁、深通经典之人。惟有沙布咙普尔觉呼毕勒罕罗布藏楚称甲木巴勒嘉木瑳，现年三十八岁，人极老成，经典纯粹，且伊前辈普尔觉喇嘛阿旺甲木巴曾经充当第八辈达赖喇嘛幼小时之师傅。今以该呼毕勒罕充当达赖喇嘛副师傅，实堪胜任，此外亦无人可以拟陪。其罗布藏青饶汪曲自充噶勒丹池巴七年期满，讲演佛法，始终如一，且充当两辈达赖喇嘛正师傅，历今数年，费尽辛苦，尤应恳请奖励，以尊师傅而重黄教。等情前来。查正师傅罗布藏青饶汪曲，自我达赖喇嘛坐床后，即住山上，朝夕传诵经典，未尝稍旷功课。惟有仰邀我皇上恩典，准照第七辈达赖喇嘛之正师傅阿旺却垫蒙赏阿齐图诺们罕名号准其转世，并九辈、十辈达赖喇嘛及此辈班禅额尔德尼师傅等均蒙赏诺们罕名号之例，施恩与我正师傅罗布藏青饶汪曲赏加名号，准其转世，以彰宠异。并准普尔觉呼毕勒罕罗布藏楚称甲木巴勒嘉木瑳接充副师傅，以资训迪，沾感无既。相应咨请据情转奏请旨。等由。准此，奴才等未敢雍于上闻，理合恭折据情具奏，伏乞两宫皇太后、皇上圣鉴训示。谨奏。

议政王、军机大臣奉旨：另有旨。钦此。

（一史馆藏宫中朱批奏折）《元以来西藏地方与中央政府关系档案史料汇编》（五）2170—2171页

满庆恩庆奏二等台吉策垫边觉尔病辞请允其子策忍汪曲承袭折

同治元年十月二十八日（1862.12.19）

奴才满庆、恩庆跪奏，为台吉因病辞退，所遗职衔请以伊子接袭，援情恭折具奏，仰祈圣鉴事。

窃准达赖喇嘛咨：据噶厦转呈二等台吉策垫边觉尔夷禀内称，小的之叔旧噶布伦汪曲结布，前于道光二十二年剿办拉夷森巴，及二十七年办理乍丫大小喇嘛互斗，咸丰三年办理打旺协饶扎克巴斗杀，六年办理廓尔喀与唐古特构兵等案完竣，先后荷蒙大皇帝赏给二等台吉，共准子嗣承袭五次。小的随于咸丰三年遵旨承袭。无如近来多病，难以供职，恳准将前袭台吉及东科尔一并辞退，其所遗台吉赏给小的亲子策忍汪曲承袭，现年十六岁，并令充当商上东科尔。恳求转咨二位大人俯念小的前辈功勋，允准施行，等情前来。查所禀均属实情，已批准策垫边觉尔辞退东科尔，令伊子策忍汪曲充当东科尔。其所遗二等台吉恳祈给与伊子策忍汪曲承袭之处，相应咨请，照例援情转奏。等因。准此，奴才等复查无异，谨援情吁恳天恩，俯准策忍汪曲承袭伊父所遗二等台吉，以便供职。

所有台吉策垫边觉尔因病辞退，请以伊子承袭缘由，理合恭折具奏，伏乞两宫皇太后、皇上圣鉴训示。谨奏。

同治二年四月二十三日议政王、军机大臣奉旨：已有旨。钦此。

（一史馆藏军机处录副奏折）《元以来西藏地方与中央政府关系档案史料汇编》（五）2171 页

满庆恩庆复奏奉查热振携印逃走未及追获缘由折

同治元年十月二十八日（1862.12.19）

奴才满庆、恩庆跪奏，为遵旨查询援具实情，明白复奏，仰祈圣鉴事。

窃奴才等前因呼征呼图克图带印逃走，恭折参办，附据僧俗官目公举汪曲结布协理商上事务一片，又于闰八月十八日钦奉批回，并清汉谕旨各一道。同日承准议政王军机大臣遵旨寄字一件。奴才等跪聆后，当即知会达赖喇嘛，传集商属僧俗官目及三大寺领袖喇嘛等，齐集布达拉山，静候奴才等恭赍谕旨前往山上，当同大众宣读毕，藏属僧俗等莫不欢欣鼓舞，咸聆圣训之辉煌，共戴天恩之高厚。复经奴才等会同达赖喇嘛恭录谕旨，叙成汉夷告示，分发东西台站张挂，使汉番人等一体钦遵外，至谕旨内指称呼征呼图克图任性妄为，因布施细小事故，激成僧俗互斗重案，复敢携带印信，私自逃走，自应严拿务获，从重究办。惟两寺僧众调兵争杀，于欲得而甘心之人，岂容任令潜逃，且回寺居住三日，僧众岂毫无知觉。满庆等所奏情节支离，显有不实不尽之处，著将确切情形据实具奏，不准稍有回护粉饰，等因。钦此。钦遵之下，不但奴才茅塞顿开，自惭疏虞，益征我皇上睿虑周详，指驳至当。

伏查西藏今春之变，在两寺喇嘛及僧俗官民，虽与呼征因公结仇，查其居心行事，不过假以僧俗齐心，估令交印善退，本无自相残害之心，更不欲居此犯上之名，皆被呼征激之使变，僧俗实出万不得已之举。若该僧俗果认〔任〕性妄为，始即不遵汉官剖断，继亦不请奴才等追交印信。况当两比〔造〕互相攻打之日，经奴才等谕令息兵，仍听萨迦喇嘛等从中理论，以靖地面，该僧俗等遵即息兵，听候查办，并对萨迦直言，只要呼征交出印信图记，退居本寺，所有后手应议事宜，仍听奴才等定夺，绝不刁难。此言呼征亦已闻知，奈呼征依恃〔恃〕结巴喇嘛帮助之力，偏信私人怂恿之言，不但将奴才二人及文武各官劝戒之言全置不从，竟使蒙古喇嘛十数人，假冒蒙古王公名色，捏具呈词，侮谤奴才等不与呼征出力，治服僧众。即萨迦喇嘛为呼征素所深信之人，此次来藏苦口劝令交印，以安人心。在呼征将有悔悟，又为结巴喇嘛阻止，誓死不交此印，反要将萨迦劝解之人拘留寺中，与同生死。

奴才等因思地方之安危，关系众心之得失。今呼征如此怙恶，人心已离。奴才等再不将人心设法收回，何以绥靖斯土。当将两造情形，一面奏参，随谕令该僧俗等将惜德寺四面围住，先将助恶之结巴喇嘛按名擒拿，兼绝呼征潜逃之路，并将在藏兵民齐集奴才衙门，复调达木八旗兵丁三百名，刻期来藏，帮同汉兵汉民接应山上，保护达赖喇嘛，免受惊恐。只以两寺喇嘛虽有万余，虽与呼征有欲得而甘心之势，究系出家之人，原无冲锋之力，且攻打数日停止数日，究不忍一鼓成功者，犹望呼征少有悔悟，事可善结。嗣经后藏工布各处蛮民，先后来藏，奋勇当先。呼征见力不能敌，遂于五月二十，一日携带掌办印信图记，乘夜潜逃。奴才等闻信之下，当即督饬僧俗，刻即派兵跟踪追缉，勿令远扬，并派汉营官兵分堵要隘，防其反噬，及查究呼征逃走情弊。

始据该僧俗禀称：呼征是夜潜逃，实由惜德寺北面戴璋朗结顿柱营前经过，禀请究办前来。奴才等除将戴璋先行革职，交该僧俗看押，听候派员严究外，查呼征由寺逃出后，先匿色拉寺中，该僧俗虽登时知觉，因色拉寺与噶勒丹、布贲绷为黄教总汇之地，何敢妄施枪炮，误伤大寺。只得放开一路，纵之使逃。迨其由色拉奔至凝禧寺中，所以得住三日者，实以距藏三站之彭多，隔距大河，并无渡船，向有铁索桥一座过往行人。今呼征逃过此河，已将索桥拆断，无路可通，只得由山中绕过前途，庶可截其远窜。

延至六月中旬，接据僧俗等转据追兵禀称：彼等绕路三日，将抵凝禧寺地面，始知呼征在寺住居三日，随带从人骡马，联〔连〕夜由小路向西面草地逃遁。更以跟追之喇嘛，全系步行，不能得力。及追至哈拉乌苏边界，该处百姓全行搬移藏匿，无人支应夫马。查询缘由，始知呼征至彼，该处蛮民既恐扰害，又无力阻挡，只得纵令过境，又恐商上治罪，遂先期远遁。幸派去蛮兵喇嘛一千数百名不肯甘心，仍分两路追拿。一股追至七站之茶乌拉山，遇有伙聚蛮民，牛马甚多，疑为呼征在彼，用枪攻打，相持一日有余，始知系章谷五家土司携带男妇避难来此。询问呼征踪迹，言三日前已由此经过，联〔连〕夜趱行，焉能追及；一股追至厦尔拉山，有马上前探四十余人与呀征相遇，两相抵御，杀死呀征为首喇嘛一名，此边仅伤一人，恐寡不敌众，当折回催兵速进，及两股共抵茶乌拉山，已踪影全无，拟欲再向前进，此外旷野无边，道路纷岐，又无人户借资查访，因此折回。随后访查，全无影响。此呀征潜逃回凝禧寺，得以小住三日，而商属僧俗未及跟踪拿获之实在情形如是。

因前折头绪纷繁，未将此节声叙。奴才等疏忽之咎，已无可辞。今蒙查询，理应援具实情，随时登复，何敢再肆粉饰，益增咎戾。惟瞻对逆夷工布朗结占据里塘，凡遇出进文报，定要拆看。现饬员由巴塘差人绕道递送至炉，方敢拜发此折，以此迟延，合并声明。

所有奉查呀征携印逃走，未及追获缘由，理合恭折复奏，伏乞两宫皇太后、皇上圣鉴训示。谨奏。

议政王军机大臣奉旨：另有旨。钦此。

（一史馆藏宫中朱批奏折）《元以来西藏地方与中央政府关系档案史料汇编》（三）1015—1018 页

满庆恩庆奏为审明不称职僧俗革罚安置并缉在逃喇嘛折

同治元年十月二十八日（1862.12.19）

奴才满庆、恩庆跪奏，为审明不称职守之僧俗，分别革罚、安置，并请旨敕缉在逃喇嘛，以示法戒，恭折具奏，仰祈圣鉴事。

窃奴才等前于六月曾将被呀征拘留之噶布伦及各当差番目等数十人，虽得生还，其中有无与呀征串谋情弊，俟查明再行分别定拟，声明在案。嗣即陆续接据僧俗大众禀呈，查询噶布伦、总堪布、仔琫、大昭商卓特巴、戴琫、台吉各番员供词，恳祈复审等情。随委西藏粮务李玉圃、协理商上事务诺们罕汪曲结布会同逐名隔别研讯，以昭核实。旋据禀复前来，据称查噶布伦拉旺工布、罗布藏达尔结、白玛结布及总堪布罗布藏称勒拉木结四人，均系番目大员。当去秋布贲绷寺喇嘛先后赴惜德寺邀求斥革堪布之日，该噶布伦、总堪布等明知众僧负屈，应向呀征明白劝谏，以作安上全下之计，迨大众滋闹后，既对众立誓准革堪布，于见呀征时，又一味回护堪布，责众喇嘛无礼，并不思堪布串谋立结是否有罪？众僧滋闹因何而起？只知附和呀征，始而主谋调兵，以失众心，继又商同总堪布于硕里附近安设防兵，据言虽无攻打之事，若不禁买卖人等赴布赍绷寺贩卖食物，该寺喇嘛未必即形情急，即噶勒丹寺喇嘛亦不至群生公愤，与布赍绷寺立生死相顾之誓。嗣经两寺喇嘛呈控呼征七款，该员等奉委查办，已知此案实因堪布六人通同作弊，克减布施而起，虽将承手之结巴堪布拿问，其余堪布五人已有誓结，并盖有呼征掌办事务之图记，其同谋舞弊，罪已难辞，即将此五人分别斥革，亦可少释众怒。今查该噶布伦等所发断牌，缮稿虽由总堪布，其实仍照呼征分示而拟，总要保全堪布五人于无罪，是布赍绷寺众僧之不遵，亦非无因。若该寺喇嘛原有玩法之心，何以卑职同游击怀唐武于今年正月遵札往办此案，往返二次，即将全案判结，其该寺僧众实无滋事之心，即此可见。且大众遵断具结后，职等抄呈断牌底稿，当蒙发交该员等四人同看，据云只有如是判断，亦极公道，请照此行知呼征，如彼不遵，有我四人劝令遵断。孰料大人札行前去，该员等目睹呼征发气，又言此牌本属不公，尤怂恿呼征禀请追究布赍绷寺喇嘛三十余人，以致僧俗官民闻知呼征回护堪布五人，视两寺万余喇嘛直如草芥，益想起呼征平日作事一味听信私人，废驰公事，目前达赖喇嘛年纪尚幼，权在呼征之手，将来僧俗均无容身之地，因而聚集柳林，同议后事。如该噶布伦、总堪布等能乘时竭力周全，犹可挽回人心。殊该员等当此纷争之际，犹复安详自若，视为泛常。随被呼征将该噶布伦，总堪布及山上大中译并伊之亲戚私人概行拘禁惜德寺中，一面调兵护卫该寺，竟置年幼之达赖喇嘛于不顾，是以两寺喇嘛与僧俗大众恐呼征、噶布伦、总堪布等心怀不测，始派喇嘛千余在布达拉山保卫达赖喇嘛，以防他变。次日即见总堪布带领多人拥赴山上，众喇嘛不解来意，即放枪阻御。该总堪布既见山上放枪，即应退回，何以亦令从人向山上放枪。况总堪布之职原为随侍达赖喇嘛而设，以随侍达赖喇嘛之人不知日住山上，甘心与噶布伦等拘住呼征处所，实出情理之外，今虽讯无歹意，而呼征已逃，难以质辨主使。核其此案起衅根由，实因该员等不善办理而起，亦由该员等朦混拖延而成。兹既各具供招，情甘认罪，自当分别轻重治罪，以服众心，而警效尤。

复查噶布伦三人，惟拉旺工布任事日久，拟将噶布伦之职革去，并请撤销恩赏二等台吉，仍拔去所赏花翎及注销商上所赏东科尔名目，其任内新得商上庄田地土饬令交还商上经管，即回原牧江觉地方，安静居住，永不准干预公事。其该革员有无亏空商上公项及罚赎款项，仍由商上据实查办，以免遗漏。至罗布藏达尔结虽升补噶布伦未久，查其原供，亦咎无可辞，拟革去噶布伦职分，拔去恩赏花翎，即回原牧补许地方，安静居住，永不准干预公事。该革员虽无新得商上地土，而应纳差徭一切，仍由商上分别办理。惟噶布伦白玛结布，尚知大体，有劝阻之言，无挑唆之弊，且番官办事向拘位次，白玛结布系后进之员，遇事不得专主，虽被呼征拘禁，迫于势不得已，礼〔理〕从未减，以示区别，拟罚银钱二千五百两，以作商上修理河堤之费，仍责令实心任事，以观后效。

至总堪布罗布藏称勒拉木结，虽前已斥革，尚未追究，所作不法之事，从重惩治，惟念该喇嘛衰弱不堪，恳请从宽发落，拟将上年蒙恩赏给达尔罕堪布名号并商上所赏仔仲名目与一切奖励，一并撤销，交商上于藏属附近墨竹宫地方择寺安置。所有该革堪布自有之地土、房屋、家资及原得商上之地土并经收商上财物，均令交代清楚，再行出藏，其服役从人等口食之资，即由商上酌给，以终余年。

又，四品大昭商卓特巴拉旺彭错，以身受达赖喇嘛豢养之人，荐升今职，胆敢辱骂黄教，且自认帮同呼征主持调兵要灭大寺，以致激怒众僧，几败藏地，实属罪不容诛。但众僧慈悲心重，今仍为彼乞命，拟革去大昭商卓特巴职分，并拔去恩赏花翎，发往琼结烟瘴地方，交营官管束，永不释回，亦不准与外人往来、私通信件及干预别事，如敢故违，立即处死。其原有地土、房舍、财物，除拨给伊母及伊子妹养赡外，其余俱抄归商上收管。

又，四品仔琫世袭扎萨克顿柱宇结，始而立意调兵，取悦呼征，继又捏写书信，煽惑人心，今已自甘认罪，拟革去仔琫，并拔去恩赏花翎，饬令取保具结，在家闭门思过，永不准干预他事。其伊祖所遗札萨克职分及东科尔名目，准其伊子承袭。

又，二等台吉顿柱策垫，本系呼征俗家外甥，又系为首助恶洛桑之弟，虽亦被拘禁惜德寺中，实无合谋定计情弊，缘洛桑在逃未获，法难曲宥，拟将所袭台吉并东科尔名目一并撤销，其余事体交商上自行办理。

又，前藏戴琫朗结顿柱，始而帮同呼征主谋调兵，冀灭大寺，嗣又随同众僧率兵诸御呼征，不使党类脱逃，而呼征终由该戴琫扎营路口逃走，举动狡猾，已属显然，况已具结认罪，拟革去戴琫，并销除东科尔及管理达赖喇嘛车轿执事名目，取保具结，即回原牧通巴地方，安静当差，不准再滋他故，仍饬商上清查有无应交罚赔款项。

又，色拉结巴堪布并党恶头目共数十人，除已随呼征潜逃为首主谋之色拉堆巴旧堪布罗布藏吐布青及假冒僧王名号之吐运喇嘛倾则洛桑、并他尔色巴、萨木洛业尔巴，朱窝他卜起、格昔降巴、乍丫格隆、朱窝根登、朱窝扒尔擦、甲热纳日喇嘛、萨木洛阿贵坚参、腔仔乍喀、中译洛巴擦瓦、阿热噶尔布等十四名，情罪虽重，惟业已在逃，恳祈奏请敕下各省督抚、西宁办事大臣一体查拿务获，解藏归案究办外，至现经结巴寺众僧送出归案查办之堪布索巴伊喜与首人哈尔洞察洞、蒙古白玛斯底、洛厦尔四人，始而怂令呼征调兵示威，激变众心，继而怙始呼征抗不遵断，即令本寺喇嘛改装佩带军器，在街横行，以致两寺众僧及当差僧俗官民与呼征结成仇恨。嗣经宪台饬令萨迦喇嘛与班禅额尔德尼差来之堪布岁瑃，随同职等往来理论，冀息纷争，而该喇嘛等把住惜德寺，不准呼征听从理说，并扬言要调果洛克番数千马步大兵来灭藏地，又假捏蒙古王公二十余家名号煽惑众心。虽四人供称以上不法各情，均由在逃之罗布藏吐布青及吐运喇嘛主使而成，惟现已各具认罪夷结，自应分别定拟。因据色拉买巴札仓、上下温都逊四家札仓、江隆班第达、众喇嘛等再再恳求以全黄教体面，是以拟将索巴伊喜革去堪布，发往离藏一千五百里之协噶尔寺安置；将哈尔洞察洞发往离藏五百里之朗领噶勒垫曲科尔寺安置；将白玛斯底发往离藏五百里之江孜摆科尔曲德寺安置；将洛厦尔发往离藏五百里之仁本甲木青寺安置。均交各该处营官、附近戴瑃、本寺喇嘛头目等严加管束，永不准与外人私相往来，出外滋事。如有轻纵情弊，为〔惟〕该番目等是问。

以上十八名所遗财物，即由商上派人清查，不拘多寡，均点交结巴札仓承领，添补原亏常、熟〔熬〕公项及偿所欠各寺帐目。其为从滋事之萨木洛格干札克巴热布结等十八名，即交达赖喇嘛查照佛规办理。

又，查轮流办理放散日札布施之堪布六人，原系本案祸胎，既将回护之呼征参革，并将附和呼征之僧俗分别惩治，而该堪布六人岂容幸逃法网，拟将起衅时即经呼征斥革之结巴堪布伊喜降巴发往工布沃隆地方，交该处营官永远禁束，不准出外滋事，所有财物抄归该寺充公；其廓莽堪布罗布藏松饶、读凹堪布隆日甲克错、德养堪布楚称捻札、洛赛领堪布罗布藏降养、厦科尔堪布降巴改垫五名，弊虽未行，惟既已同立私结，即属设有成心，均拟革去堪布，由商上派人将经手常、熟〔熬〕公项逐一交代清楚，即发往藏属迤东五百里外之工布、则冈、觉木宗、硕卡等处安置，交各营官管束稽查，以昭炯戒。

又，色拉寺结巴札仓喇嘛向额二千二百余名，今只存一千六百六十二名，均系安分守法、日夜诵经之人，且与此案毫无干涉，现与买巴、阿克巴两札仓均同一心，又与布赉绷、噶勒丹二寺亦和睦，互递哈达，同在达赖喇嘛座前具结盟誓，以图共兴黄教。即前被防兵拿获结巴札仓滋事喇嘛八十七名，查明并无破戒犯规等事，亦即点交管事喇嘛领回，而该札仓僧众益复感愧无既。复据僧俗回称，今赖我佛慈悲，大皇上福庇，幸获人心安静，地面肃清，但藏中向于每年正、二两月有攒集大小召之典，前因呼征逞忿示威，各处喇嘛不敢来藏攒召，并使内外礼佛之人不得申其善念。公拟于九月初一日起补行攒召，内祝皇上无疆之福，外彰达赖喇嘛普济之仁，等语。足见僧俗大众照常恭顺，出自至诚。各等情前来。

奴才等随即亲提噶布伦拉旺工布及各僧俗世职番目，按名复讯，均各供认前情不讳，复核该汉番委员所拟革罚、安置情形尚属平允。况西藏自隶版图以来，上下僧俗莫不感戴皇仁，即此次呼征为宵小舞弄，逼令僧俗几不安生，而甫经完结，随以兴旺黄教为念，若不及时整饬，难期长治久安。合无仰邀天恩俯准，将三品噶布伦拉旺工布及罗布藏达尔结二员革去噶布伦，均拔去花翎，并撤销拉旺工布前蒙恩赏二等台吉，不准承袭；三品总堪布罗布藏称勒拉木结革去总堪布，并撤销宣宗成皇帝恩赏该喇嘛达尔罕堪布名号；四品大召商卓特巴拉旺彭错，革去商卓特巴，拔去花翎；四品仔琫顿柱宇结，革去仔琫及本身世职，并拔去花翎；二等台吉顿柱策垫，撤销所袭二等台吉，四品前藏戴琫朗结顿柱，革去戴琫；堪布索巴伊喜、喇嘛蒙古白玛斯底、喇嘛哈尔洞察洞、喇嘛洛厦尔、堪布伊喜降巴、罗布藏松饶、隆日甲克错、楚称捻札、罗布藏降养、降巴改垫、噶布伦白玛结布，均如拟安置、罚赎。俟奉到谕旨后，再行译咨达赖喇嘛钦遵办理追收庄田、罚项，点交应抄财物，销除各东科尔及执事名目，发遣回牧，安置僧俗人等事件。其被参番员所遗噶布伦、总堪布、商卓特巴、戴琫各员缺，及荫袭札萨克，另为照例具折奏请简放，以资治理。仍祈饬下各省督抚及西宁办事大臣一体查拿前随呼征逃走之罗布藏吐布青等十四名，务获解藏，以便究办，庶刁顽者知所警畏，奉法者均得相安。

除将取据供结存卷，并咨明各督抚、大臣、将军、都统外，所有审明不称职守之僧俗分别革罚，安置，并请饬缉在逃喇嘛，以示法戒缘由，理合恭折具奏，伏乞两宫皇太后、皇上圣鉴，训示遵行。谨奏。

议政王军机大臣奉旨：另有旨。钦此。

（一史馆藏宫中朱批奏折）《元以来西藏地方与中央政府关系档案史料汇编》（三）1018—1023 页

满庆奏请赏达赖喇嘛师傅著福济景纹抵藏后详查情形据实具奏谕

同治元年十一月初七日（1862.12.27）

又谕（议政王军机大臣等）：满庆等奏请赏达赖喇嘛师傅一折。据称准达赖喇嘛咨，据布赉绷寺喇嘛等公同禀称，从上年起传习达赖喇嘛经典之正副师傅均系咸丰年间奏奉谕旨钦定。近虽接续传习，而呼征掌办事务竟未禀请具奏，本年春间纹结色呼图克图病退后，亦不拣人接充。现奉饬选副师傅，惟有沙布咙普尔觉呼毕勒罕罗布藏楚称甲木巴勒嘉木瑳人极老成，经典纯粹，充当达赖喇嘛副师傅实堪胜任。其罗布藏青饶汪曲讲演佛法始终如一，请照第七辈达赖喇嘛之正师傅阿旺却垫蒙赏阿齐图诺们罕名号，并九辈、十辈达赖喇嘛及此辈班禅额尔德尼师傅等均蒙赏诺们罕名号之例，施恩赏给正师傅罗布藏青饶汪曲名号，准其转世，并准普尔觉呼毕勒罕罗布藏楚称甲木巴勒嘉木瑳接充副师傅，以资训迪各等情，由该大臣据请转奏，等语。著福济、景纹于抵藏后，按照该喇嘛所咨情节，详细查看，满庆等代为奏请，是否出于秉公，应如何办理之处，酌夺具奏。原折著抄给阅看。将此谕令知之。

《清实录藏族史料》（九）4307—4308 页

满庆恩庆奏为杜绝弊窦因时制宜筹议变通章程五款折

同治元年十二月初四日（1863.1.22）

奴才满庆、恩庆跪奏，为变通旧章，追查印照，以抒〔纾〕蛮力而杜弊窦；更因粮库支绌，暂拟裁减，以补川饷之不及，恭折奏祈圣鉴事。

窃奴才等前因呼征呼图克图带印逃走后，当经札委西藏粮务李玉圃，会同协理商上事务诺们罕汪曲结布，先行招安喇嘛，抚辑蛮民，以靖地面。并将呼征所以取怨蛮民如此之深者，必平日有苦累蛮民之处，饬令切实查明，随时禀复，以凭核办各等情札行后。嗣据粮务李玉圃会同汪曲结布连日清查，呼征自近年以来，所行事件，实有不利商上、不惜民力、为目前亟应更正查办、亟应明立章程者，拟具数条，禀请核夺前来。奴才等接阅之下，因思安边之道，抚夷为先，今该委员等所拟各情，均系因公便民起见，若不量为变通，据情转奏，何以示怀柔而广皇仁。今具汉蛮事在可行者，拟具五条，敬为我皇上陈之。

一、各项公所征收财赋毫无定限，以致有妨农务也。

查口外蛮民供纳财物，与内地不同。内地百姓既供地丁，即不能再应差役。此地不然，既供财物，又征钱粮，犹要出人应差，尚需支应牛马，此中苦累，已难言喻。其尤要者，凡商上念经作善应需财物各项，既分摊于各庄蛮民供应，又责成于各项公所经收。而各项公所于每年征收各物，全无定期，随便派人前往督催。此所既拟争先，彼所又恐落后，纷集一处，既要征收各物，又要派应口食，百般催呼，信〔任〕意苛索，蛮民敢怒而不敢言。迨住居日久，蛮民无门告贷，非以牛马作抵，十不值五，即需典卖田地，听人盘剥。纵有少积银茶之户，核计正数不敷，先要以此孝敬来人，名曰背手，不过求其暂缓数月，而正供仍缺，不久催差又至，更甚于前。以此蛮民流离失所者甚多，商库之缺欠日益甚。上年汪曲结布同四郎各吉充当噶布伦时，洞悉其弊，拟立章程，会同前任总堪布阿旺丹达尔，具情面求掌办之呼征呼图克图，彼时已经批允施行，蛮民闻之，无不欣喜乐从。只以呼征信用私人，心怀疑忌；而汪曲结布与四郎各吉及阿旺丹达尔三人，先后辞退，遂将此举寝息。呼征之失人心者在此，而蛮民之衔恨呼征如此其深者亦在此。今呼征潜逃，汪曲结布现膺协理事务之职，以此前后藏所属十八处营官头目百姓，公同来藏历诉苦情，恳求仍照前案批行，以苏民困。奴才等提取原立章程，拟于每一公所，应于某庄征收钱粮若干，牛羊价若干，差钱若干，豆价、柴草价若干，造香价、听差人夫工价与粮石半价若干，以及番兵生息运米脚价，氆氇税塘马半价，并各处营官每年应纳填仓青稞等项，为数虽多，分别造册，一并点交。各该处营官照数催征，按季送藏。如有不齐，下季补送。凡一处营官，只认一处公所交纳，别项公所不得干预。纵再有不齐，亦只准某一公所仅派一人赴营官寨内督催，更不准去役需索蛮民，尤不准营官苛派蛮民。如有前项弊窦，许蛮民禀控将需索之官役从重治罪，遇蛮民实在苦累、不能应差供物者，准由各营官据实呈明，量予减免。如营官蒙混，指富为贫，亦重治其罪。如营官派人来藏呈纳钱物，各公所亦要随到随收，亦不准格外需索使费，故意勒掯。如此拟立，则蛮民无催迫之警，既得安心筹备财赋，又得余力应差，而商库定日有起色。奴才等查所拟虽属周详，仍宜责成协理之人悉心定拟，总期于民力、商库两有裨益，方可日久不敝。

一、民力疲敝，粮库空虚，请将巡阅章程量为变通，以抒〔纾〕民力而裕度支也。

查巡阅之举，原以藏卫界口毗连外番部落者甚多，故自乾隆五十七年平定廓番后，始立巡阅三边．以彰我朝兵威，使外番知有所惧，而不敢轻生窥视之心。既立案于前，焉敢废驰于后。只以目睹番民苦累情形，实难差赋兼供。虽巡阅一次，例领经费银二千余两，蛮民原无供应之累。而穷山旷野护送需人，例定经费尚不敷脚价口食之用，近因内地军需浩繁，川饷不接，数年以来，所有前后藏弁兵应支盐折一切，每年需银五六万两，全靠前藏粮务李玉圃向番商出利挪借，一力维持，以全大局，而供支放。当此弁兵糊口维艰之际，正项无出，又以巡阅经费再向番商筹借，未免不情。奴才等悉心筹商，拟自今年起，改作三年一巡，前此二年之中，即由前后藏商上拣派番目大员，随带蛮兵，亲往三边，挨查一周。无事则具结存案，遇有不靖，即由派去之员飞禀来藏，奴才等再行相机定拟。亦不必拘以三年之说，此后三边地面始终如是静谧，而库款民力仍未充裕，纵届三年临期，犹可查照时势另定行止，更不必拘以三年之限。所以拟作三年者，以三年之中，隔有二年空闲，番民之力即可以抒〔纾〕，而粮库亦不致倍形掣肘，即巡阅之典终亦不至废驰。总使安边与抚夷之道，二者相辅而行，外可弭边庭之隙，内不失抚辑之仁，是为上策。

一、呀征在任之日，擅给印照，附益私人，滥设番目，虚糜库款，理合清查更正也。

查商上地土差徭，原系达赖喇嘛养赡众僧之资，纵遇有因公出力之人，或应拨地土以示奖励，或应免差徭以示体恤，亦应掌办之人当同大众公议，由达赖喇嘛发给印照，方昭凭信。奈呀征自近年以来，一味擅专，非将商上地土山厂随便拨给私人，即将他人抄产，擅行给予私亲，且均钤用自己印信与商上颁发图记。上年噶勒丹寺为此争讼，今岁布赉绷寺又以此借口。兹又带印逃走，该寺原存案卷，一概无存。若不饬令协理之人及早清查，恐其在外再用此印招摇，势必纷乱难查。且其前发印照之中，或以此人差徭摊派别人承当，或以商上财物添作亲故费用，情弊既多，日久定滋他故。更闻呼征前发各案断牌，均随私人受贿买嘱，本多不公。至于商上所设僧俗官目，向有定额，不准虚悬，亦不准格外多设，而呼征不然，只要此人取其喜悦，无此缺亦多设一官，即令公所发给口食，遇有实心办事番目应给顶戴或才可录用者，为彼私人所不喜悦，宁悬此缺，亦不拣人补放。以此虚设之员既多，漏报之缺亦复不少。若不将滥发印照全行追出，饬令协理之人会同噶布伦、总堪布公同核议，果实系因公者，即于原照批明，上盖达赖喇嘛小图记，以垂永久。一有徇私之处，即将原照涂销。如有隐匿不交，查出重惩。至于执事番目，亦宜一体清查，虚设者裁之，漏报者叙之，务须推贤任能，以实原额，方期整顿。此间商上公事，总以达赖喇嘛印信图记为凭，不准协理之人随便私钤擅用，违者奏参。只以汪曲结布初膺重任，虽欲实心效命，不避嫌忌，力除积弊，以图报称，又恐施之过激，转招物议。所以请旨遵行者，职是故耳。

一、协理事务之人费用一切，亦须明立章程，不使虚糜商上财物也。

查呼征掌办事务时，凡遇所属及四处部落与达赖喇嘛呈递布施，无论多寡，呼征先收一半，商上仅得一半。其回赏一切，均系商上自备。此项进益，为数亦多，而掌办之人，除每年正月攒招与每喇嘛一名散给银钱半元外，其余所得，尽归私室。其使用人役等辈，每年口粮食用一切，尚妄费用商上银钱四千五百余两之多，均由各项公所支领。以此商上日见竭蹶，掌办之人日益富厚。今汪曲结布既与达赖喇嘛合家，其本人食用一切，自由达赖喇嘛膳房发给，无须另外增添，其进项一切，均要归商库收存。但既协理事务，其酬应私费亦势所必有，若不明定章程，何以昭限制而示区别。今据汪曲结布自行拟定，呈请核议前来。奴才等查其所拟，凡遇有四处布施之时，分作三股，商上收取二股，以实库存，以一股存作协理之人私费。至各公所应给协理之人，例领从役口粮银钱四千五百余两，只准汪曲结布于此项内先领银钱一千五百两，存放大招仓储巴公所，以作每年攒招散放每僧一名银钱半元之用；再提银钱一千八百两，作伊手下当差奴役人等衣履口食之资；尚余银钱一千二百余两．仍由各公所提存商库。如协理之人蓄养骒马应用草科，亦准商上供给二十匹之需，此外不得多领，更不准协理之人恃权妄为。再有苦累蛮民，苛派乌拉情弊，凡呼征从前妄为例外苛派之事，一概销除，仍照历来奏定章程办理。即此后再有他人协理事务，亦照此奉行，不准格外多增。如此拟立，协理之人办公有资，而商库之款亦无作耗之虞。

一、粮库拮据，兵食维艰，拟停止就地募补守兵，暂减额数，以补川饷之不及也。

查藏台粮库拮据，已非一年，弁兵饥寒之苦，更非一日。除前后藏营汛弁兵，按月得领盐折银一半，犹可借资糊口，目前所最关心者，察、拉二台耳。该处地属偏隅，人力又无，各兵缺饷日久，当卖一空。且盐折多寡不一，食物又属昂贵，有饷尚难敷衍，况经年累月未领饷矣。虽各台告苦文禀雪飞云集，每一阅及，徒滋惨然，奈无法接济。拟援情咨催川中赶紧拨解银两，又明知督臣为腹心之患，需用浩繁，已万分艰滞，势难兼顾。奴才等坐守蛮疆，每于堂齐之日，向各文武熟商妥议，力求撙节。奈各台月报之款，盐折居其八九，而各兵月支盐折，自上年核减以来，已减之无可再减。为今之计，与其减成，不如减人。多一官不能多收一官之力，少一兵即少一兵之费。承平之日，足兵足食，固足以彰国威；无饷之秋，有兵无实，亦觉有伤体制。目前虽停止招募守兵，所省无几。现在告恳回营之丁尚不乏人，即借此成名，择驻防年久者，拟每一台准以四成告恳，六成存防，再将塘马酌量抽裁，每年足可省及一半。至文武官数，除前藏一营额缺无多，差遣需人，仍宜照常设立，惟外台文武，尚可变通裁撤。此不过奴才等一时权宜之计，至于某台实在应减兵马若干，某缺可裁，某官可以改大安小之处，敬俟命下之日，另为开单恭呈御览。仍祈敕令川督会商妥议，庶期有济。

以上五条，均系奴才等因时制宜，愚昧之见，是否有当，理合恭折具奏，伏乞两宫皇太后，皇上圣鉴。如蒙俯准，即祈明降谕旨，俾得钦遵照办。为此谨奏。

议政王、军机大臣奉旨：另有旨。钦此。

（一史馆藏宫中朱批奏折）《元以来西藏地方与中央政府关系档案史料汇编》（三）1025—1030页

满庆恩庆奏噶伦拉旺工布等员斥革遗缺请旨补放折

同治元年十二月初四日（1862.3.22）

奴才满庆、恩庆跪奏，为斥革噶布伦、总堪布、戴琫所遗员缺，拣拟僧俗番目，请旨补放事。

窃奴才等前将三品噶布伦二员拉旺工布及罗布藏达尔结、三品总堪布一员罗布藏称勒拉木结并四品前藏戴琫一员朗结顿柱等所犯事由，参革在案。昨准达赖喇嘛咨称：该僧俗遗缺，均系办理紧要公事之员，是以拣选合例番目，咨请验看，以凭分拟正、陪，奏恳按缺补放。等由前来。

奴才等看得，应升噶布伦之四品仔琫彭错策旺夺吉，人尚明白，办事勤能，及四品后藏戴琫夺结顿柱，人尚精明，办事勤慎，谨以拟正；四品管理生息颇琫策旺边坝尔，人亦可靠，尚能办事，及四品前藏戴琫期美夺结，人亦明白，办事出力，谨以拟陪。又应升总堪布之随侍达赖喇嘛四品大堪布罗布藏汪垫，人品端方，办事谙练，谨以拟正；四品森琫降白曲批，人尚老诚，熟悉事务，谨以拟陪。又应升戴琫之五品乃东营官策旺洛尔布，人尚诚实，办事稳练，谨以拟正；五品江卡营官四郎汪堆，人亦能事，心地明白，谨以拟陪。敬将该僧俗各员履历缮具清单，恭呈御览，伏候简放噶布伦二员、总堪布一员、戴琫一员，俾资治理。

再，前项斥革员缺，应俟钦奉谕旨后，始行拣员请补。惟藏中人心甫定，公事殷繁，若事拘泥，必致贻误，故不揣冒昧，谨据实陈明。为此恭折具奏，伏乞两宫皇太后、皇上圣鉴。谨奏。

议政王、军机大臣奉旨：另有旨。钦此。

（一史馆藏宫中朱批奏折）《元以来西藏地方与中央政府关系档案史料汇编》（五）2059—2060 页

据满庆奏已革热振阿旺益西楚臣坚赞潜逃等情著
文祥秉公审办谕

同治二年正月二十三日（1863.3.12）

谕：满庆等奏，审明不称职守僧俗，分别革罚安置。又奏遵查已革呼征呼图克图携印潜逃情形各一折。著仍交文祥会同都察院堂官汇案秉公审办。

《清代藏事辑要》（一）505 页；《元以来西藏地方与中央政府关系档案史料汇编》（三）1030 页

据满庆奏请拣员督领番众清剿瞻逆著福济景纹遵旨查明办理谕

同治二年二月二十日（1863.4.7）

又谕（议政王军机大臣等）：满庆等奏请拣员督领番众剿办瞻逆，破格录用粮员，由川拨运火药、饷银各折片。瞻对逆匪久围里塘，梗塞驿路。该酋工布朗结复令期美工布大股逆贼行抵三坝地方，劫去粮员行李，抢夺由藏发出折报公文；其格吉地方亦有告急夷信。该逆前于道光年间滋事，前任川督琦善带兵往办，并未力攻，仅以敷衍了事，以致该逆毫无畏惧，将附近各土司任意蚕食。现在川藏商贾不通，兵饷转运维艰，汉番均有饥馑之虞。若巴塘再为吞并，则江卡亦难坚守。自应力筹攻剿，以靖逆氛。满庆等现经派委番员征兵借饷，并约会三十九族调集各处土兵防剿瞻逆西、北两面，其东、南两面必须川省派员调集土兵四路进攻，方可收事半功倍之效。该逆势甚鸱张，非口舌晓谕所能了事。骆秉章现派道员史致康督饬打箭炉及里、巴二台文武各员办理。著即迅饬该员星夜前往，并督同明正土司及大小金川等处土兵，约会藏中委员四路夹击，并添派得力知兵大员前往督剿，以期速行扫除。粮员李玉圃既据满庆等奏称督办剿抚瞻逆军务才可胜任，即著责令该员统率西路汉番官员及番土各兵前往乍丫、察木多一带，与川中委员会合攻剿。将来如有成效，自可量予恩施，此时未便遽行超擢。诺们罕汪曲结布于征剿事宜既经熟悉，即著满庆等饬令在藏坐办，与李玉圃遥为筹商。至藏中调集各处土兵已有一万三百余名之多，止能备办四个月口粮，该处库款既竭，火药、铅丸尤缺，亟须川中接济。著骆秉章速拨饷银四、五万两并火药三、四万斤，酌带铅弹，派员由会理州绕道滇省之维西厅至藏巴交界之南墩，或至察木多所属之擦瓦冈地方，相继前进，毋得稍稽时日。至藏地西、南两面及西、北界外各部落，已多归附披楞，廓尔喀又屡为披楞助兵，侵占各处土地，所有抚绥番众以广招徕，毋令再为披楞诱惑之处，著满庆等会同妥商办理。其藏中边备更宜预为筹画，满庆等务当咨会骆秉章，速将瞻对股匪先行剿除，以清内患。仍一面留意边防，严申警备，毋稍大意。粮员李玉圃参案既据满庆等奏称系川中委员捏禀该督所致，著福济、景纹即行绕道迅速赴藏，遵照前奉谕旨查明办理。并著景纹将地方军务于抵任后妥行筹办。将此由六百里各谕令知之。

《清实录藏族史料》（九）4310—4312 页

文祥等奏会同都察院查核满庆奏报热振呼图克图各情形碍难拟结缘由折

同治二年三月二十八日（1863. 5. 15）

军机大臣工部尚书臣文祥等跪奏，为遵旨会审已革呼征呼图克图，并查核驻藏大臣满庆先后奏报各情，谨将碍难拟结缘由，据实具奏，请旨饬交详查核办事。

同治二年正月初六日奉上谕：理藩院奏已革呼征呼图克图现已解送到京一折，著派文祥会同都察院堂官秉公审办。钦此。又，正月二十三日奉上谕：满庆奏审明不称职守之僧俗分别革罚安置，又奏遵查已革呼征呼图克图携印潜逃情形各一折，仍著交文祥会同都察院堂官汇案秉公审办。钦此，又，二月初八日奉上谕：满庆等奏，酌拣僧俗番目，请补噶布伦等缺、开单呈览，及筹议变通旧章五条各一折，著仍交文祥会同都察院堂官汇入前案，秉公查核办理。钦此。钦遵抄录到臣等衙门。臣等遵即遴派军机章京、司员、京畿道御史会同审讯，并咨理藩院饬传唐古忒学生通事、喇嘛等传供译写。

兹据讯取供词内开：

已革呼征呼图克图阿旺译喜楚称嘉木参，现年四十五岁，咸丰六年经满大人保奏，奉旨赏给掌商上事务印信。缘西藏每年散放布施，系堪布六人轮管。此次堪布伊喜兴巴放银，并无亏欠，因有未来攒招僧众未给布施银子，他们借此滋事。缘咸丰八年，有噶布伦汪曲结布（即璧喜）谋充副印，我将他禀革具结，永不来藏，至去年三月，满大人叫他来藏，想夺我印。我将藏中滋事情形禀过满大人数次，并未办理。后来僧俗兵丁围住惜德寺，汪曲结布派兵杀伤我多人，并将达赖喇嘛父亲捆去。我听说满大人

249

受过汪曲结布八十个元宝，系通事张喇嘛告诉的。我走之后，有追兵杀伤我多人，不知何人派来的。我带印来京，系为申冤起见。西藏地方不能安身办事，是以奔赴西宁，自行投到，并非逃走，等语。此呼征自认藏中滋事缘由，及带印出走之大概情形也。

臣等督同派出各员，复将满庆迭次奏报各情逐加研讯。据呼征供：我在藏遵守王法，不敢打仗。满大人叫萨迦喇嘛来向我说，你交了印可以和事。我回说，此印系奉旨的，不敢乱交。我携印由本寺北边走的，并未看见带兵官。行至朋土格地方，有座小铁锁〔索〕桥，我坐牛皮船过来的，并未拆桥。青则罗桑系西藏喇嘛，并无假冒僧王名号。顿柱策垫是我俗家外甥，跟着噶布伦当差。总堪布等系满大人叫他来的，并非将他拘留。我向住惜德寺，如有事上布达拉山，不过住两三天。山上银库，有人经管，由管事人回明我酌办。有蒙古人来朝我的，送银不拘多少，系我使用，回赏也由我给；有朝达赖喇嘛的，送银比我多加一倍，回赏即用库款。至赏给办事人地亩，系由噶布伦、总堪布回明，合例方能赏给，我并没私自赏过，亦无将抄产给亲戚之事，各等语。

并据呈递夷字节略等七纸，臣等公同查核，该已革呼征呼图克图掌办商上印务，不能约束僧俗兵众，辄因布施小事，致滋衅端，自有应得之咎。惟据称，已革噶布伦汪曲结布即璧喜，系满庆调来，想夺印信，杀伤多人，并有纳贿情事，虚实均当彻底根究。

查驻藏大臣满庆原参呼征专权任性，骄横溺职，首先调兵，自起争端，在藏拘禁番目，沿途抢掠居民，拟投野番，借兵报仇。并续据该大臣奏称，呼征使蒙古喇嘛假冒王公名色，具呈侮谤，及由朗结顿柱营前经过，于距藏三站之彭多地方拆桥逃遁，各等语。均与呼征现供不符。其另折具奏审明不称职守之僧俗，分别革罚安置，并酌拣番目请补噶布伦等缺，及筹议变通旧章五条，臣等逐款详查，皆满庆转据李玉圃、汪曲结布二人查核禀报之词，原不能据以为信。内除变通巡阅、裁省台兵二条，与呼征原案无涉外，其定限征收财赋一条，如果各公所实有需索苛派等弊，自当随时禁止，应由接任驻藏大臣查明核办。又，清查印照一条，据呼征供，伊掌印时，并未私自赏给，殊难悬揣核断。又，酌定协理之人费用一条，据呼征声称，达赖喇嘛极其尊贵，向与诺们罕异居，其呈送达赖喇嘛银两之人，与呈送诺们罕银两截然两项，而满庆奏称，汪曲结布与达赖喇嘛合家，其布施分作三股，以一股存作协理之人私费等语，恐其中别有不实不尽，碍难核准。其革罚拣补各员，应俟本案审明定结后，再行核办。至呼征呈诉汪曲结布贿送满庆元宝一节，据供，传说之张喇嘛业已身故，无凭提质。但细查满庆前后各折，始则奏请派员查办，并请京中能事喇嘛赴藏接办印务，继又奏请停止，恳派汪曲结布辅佐达赖喇嘛，实属自相矛盾。又屡次奏报，均称两造斗杀，该大臣极力开导，不时劝解；迨奉旨查询呼征带印逃走情形，该大臣复称，谕令僧俗将惜德寺四面围住，将助恶之喇嘛擒拿，并于呼征走后，派兵追缉，防其反噬。等语。是则围攻惜德寺之兵，及追杀呼征从人，皆由满庆主持调派，尤与前后情节大相悬绝。又据呼征呈出夷字节略声称，汪曲结布前在噶布伦任内，私立合同，不遵王法，经呼征禀明满庆斥革，曾经满庆回文内称，办理甚善在案。现据满庆折保汪曲结布人实忠诚，外番信服，如果属实，则当呼征禀革之时，该大臣何以不为保留？又，前据骆秉章奏，查饬西藏启衅情形一折，亦与满庆奏报情形迥异。种种疑窦，诚难保无别项情弊。京城距藏窎远，似难饬调汪曲结布等前来集讯，又未便仅就呼征一面之词，率行拟结。

臣等恭查前奉上谕：福济著赏给副都统衔，会同景纹办理西藏事务。钦此。计期早已由川前进。所有臣等现在讯取呼征供词，并查核满庆奏报先后不符各情节，可否请旨饬下福济，会同景纹及四川总督就近提传人证，秉公逐款讯明办理，庶足以昭折服，而示怀柔。其呼征及随从人等，应否解往备质之处，恭候命下，由臣等咨明理藩院查照办理。除呼征供词并续递夷字节略译出汉文等件，均封送军机处备查外，谨将臣等会审查办未能遽结缘由，据实具奏，伏乞圣鉴训示。

再，此折系都察院主稿，合并声明。谨奏。

（一史馆藏军机处录副奏折）《元以来西藏地方与中央政府关系档案史料汇编》（三）1030—1033 页

文祥等奏热振不能约束僧俗实有应得之咎惟伊称
满庆纳贿著福济等详讯不准稍有回护谕

同治二年三月二十八日（1863.5.15）

又谕[①]：前因已革呼征呼图克图解送到京，特派文祥会同都察院堂官审办，并令将满庆先后奏报情形汇案秉公查核。兹据该大臣等查明复奏，据称呼征不能约束僧俗，致因布施小事启衅，实有应得之咎。惟据供称满庆调汪曲结布来藏，曾收受元宝八十个，案关徇私纳贿，虚实均应彻底根究。至满庆所奏呼征专权骄横，调兵滋事，并使蒙古喇嘛假冒王公名色，及拆桥逃遁各情，均与呼征现供不符，请饬福济会同景纹遂款讯办，等语。呼征呈诉汪曲结布贿送满庆元宝一节，虽据供称传说之张喇嘛业已身故，无凭提质，惟满庆前后各折，始则奏请京中能事喇嘛赴藏，继又恳派汪曲结布辅佐达赖喇嘛，已属自相矛盾。又屡次奏报，均称两造斗杀，该大臣开导劝解；追奉旨查询呼征逃走情形，又称谕令僧俗围住惜德寺，并派兵追缉呼征，是此事皆由满庆主持调派，尤与前后情节不符。且汪曲结布果系外番畏服，何以当呼征禀革之时，满庆不为保留，且回文内称，办理甚善。前据骆秉章奏查访西藏启衅情形一折，亦与满庆奏报情形迥异。种种疑窦，诚难保无别项情弊。著福济、景纹提集人证，秉公逐款详讯。一俟得有确实情形，定拟具奏，不准稍有回护瞻徇，自干咎戾。至满庆所奏酌拣番目请补噶布伦等缺及筹议变通章程五条，皆系转据李玉圃、汪曲结布二人禀词办理，有无情弊，并著福济、景纹查明核办。呼征呼图克图等如令其赴川对质，道途多梗，恐致耽延时日，已交理藩院转饬喇嘛印务处看管矣。原折著钞给阅看，将此各谕令知之。

《清实录藏族史料》（九）4312—4313页；（《穆宗实录》卷六二）
《元以来西藏地方与中央政府关系档案史料汇编》（三）1033—1034页

①《清实录藏族史料》中"又谕"之后有"（议政王军机大臣等）"几字。

藏军前奉旨会同攻剿瞻对而甫入其境即肆行抢掠伤毙人命
著满庆等严为备御并福济景纹赴藏后严行惩办谕

同治二年五月初七日（1863.6.22）

又谕①：前因瞻对野番滋事，满庆、恩庆奏派粮员李玉圃统带汉番官员及番土各兵前往剿办，当谕饬令该员会合川中委员协力攻剿。乃本日据崇实、骆秉章奏，藏中所派土兵已到巴塘，甫经入境即肆抢掠，将火药局侧民房及桥梁并行拆毁；递送公文塘兵皆被剥衣夺食，又因需索夫马围攻巴塘土司住寨，开放枪炮伤毙人命，且防剿甚不得力。等语。李玉圃本系奏参查办之员，满庆等前奏称其迭著劳绩，才堪胜任，并恳破格录用，乃该员于甫抵川境，即敢纵兵滋扰，肆行抢劫，行同盗贼，是瞻对之患未除，台站已被骚动，为患曷可胜言。满庆等于该粮员毫无觉察，乃复捏词粉饰，欲以剿办瞻对为词，派令督带土兵，为冒功掩罪地步，实属昏愦，殊堪痛恨。现在川中军务未竣，筹饷亦绌，此项土兵一万三百余名防剿既不得力，何得以有限之帑金供无益之边费，且恐藉端寻衅，贻误地方。著满庆、恩庆迅将李玉圃及此项土兵赶紧全数撤回，各归本境，严加约束。倘因循贻患，必惟满庆等是问。其藏中边备，并著满庆等严为备御，不准稍有疏虞。李玉圃本有参案应行查办，此次复围攻土司住寨，伤毙人命，岂容任逃法网。著福济、景纹于绕道赴藏后，遵照前奉谕旨迅将该粮员参案查明，并会同崇实、骆秉章将此次纵兵抢杀各情一并查明，严行惩办，以肃法纪。至瞻对与里塘土司构衅，本系蛮触相争，骆秉章所奏无烦劳师远涉，惟有派员开导，使之敛兵归巢等语，实为动中窾要。即著骆秉章饬令道员史致康及该处文武各员妥为办理，务当剀切晓谕，使之各释嫌怨，敛兵归巢，疏通驿路，方为妥善。如果不遵理谕，必须慑以兵威，即由骆秉章酌量调派，迅图藏事，以副委任。将此由五百里各谕令知之。

《清实录藏族史料》（九）4313—4315 页；（《穆宗实录》卷六六）《元以来西藏地方与中央政府关系档案史料汇编》（四）1262 页

①《清实录藏族史料》中"又谕"为"又谕（议政王军机大臣等）"几字。

著满庆传知粮员李玉圃迅即来京质对并赴川各兵撤回防守藏地谕

同治二年五月十八日（1863.7.3）

又谕：呼征呼图克图携印潜逃来京控诉，多系一面之词，未可凭信，惟必得李玉圃来京质证，方足以折服其心。著满庆、恩庆即行传知该粮员，务即迅速来京质对，毋任迟延。前谕满庆等将李玉圃及赴川汉番各兵撤回，著即懔遵前旨，将各土兵一律撤回，防守藏地，毋得滋扰川省边界。川省饷项缺乏，恐亦未能协济，此项土兵宜量加撤遣，毋任恃众扰害。将此由六百里各谕令知之。

《清实录藏族史料》（九）4316 页；（《穆宗实录》卷六七）《元以来

满庆崇实骆秉章史致康等所奏各项事著福济景纹
速进藏各臣遵旨办妥谕

同治二年十月十一日（1863.11.21）

　　谕议政王军机大臣等：前因满庆等奏瞻对野酋纠众围困里塘正土司官寨等情，当照所请谕令骆秉章酌调土兵援剿，并协拨兵饷。旋据崇实、骆秉章奏西藏土兵沿途滋扰，请令撤回，并密陈呀征呼图克图与汪曲结布构衅情形，及李玉圃挟制主使，请调开以离其党。均经照所请饬办。又，文祥等奏：审办呀征呼图克图一案，当将满庆等先后奏报自相矛盾之处，复谕令福济、景纹秉公逐款详讯。迄今数月之久，土兵曾否撤回，瞻对情形若何，道员史致康等前往开导，能否遵谕解散，未据该将军等复奏。而福济竟以路梗折回成都，杳无赴藏消息，朝廷正深廑念。兹据满庆等历陈呀征捏具冤词，声明原案始末，并委员李玉圃起程驰赴乍、察，相机办理瞻逆事务。参劾拉里粮务严清荣任性乖张，并为达赖喇嘛、汪曲结布代进奏书各折片。览满庆等所奏，如呀征冤词内有两寺喇嘛与彼送银五十两、哈达一个，令其进京告状一节。满庆等则称：该喇嘛闻知呀征有苛派银两之事，故意送银形容，以示羞辱，殊出情理之外。所称总堪布胆敢向山上放枪，系奉呀征之命而来，等语。无论呀征未必果有此事，而总堪布一经放枪，即被执事人等捆缚，所带土兵何竟无一人援救？满庆等既知汪曲结布与呀征有切齿之仇，何以将伊调藏？汪曲结布既系僧众及办事大臣调来，而满庆折内则称呀征求调汪曲结布来藏，并非好意，有半途劫杀之心，亦未免有心文致。汪曲结布曾充噶布伦台吉，于咸丰八年辞退，曾经满庆奏明。惟呀征供称，汪曲结布系有罪革退之人，史致康言伊即系解回配所之璧喜。究竟汪曲结布有无发遣案据，均应逐一查究。著福济、景纹于抵藏后，迅将呀征与汪曲结布呈诉各情、前后谕旨内驳诘各节确切查明。如满庆等有与汪曲结布朋比为奸，捏词饰奏情弊，即著据实严参，并将汪曲结布撤退，断不可令其把持藏务。如满庆等所奏并无虚捏，汪曲结布果为僧众所信服，其辩冤奏书所列济咙呼图克图众头目出具图记之处，均系情真事实，即可俯顺舆情，令汪曲结布协理藏务，用示羁縻。是在福济等斟酌妥为办理，以安藏地。

至汪曲结布于道员史致康等禀称：瞻对台藏东路滋扰已非一年，蛮触相争，非同侵犯内地，等语。哓哓置辩，谓天朝有外之之意。史致康等此禀，不过因川省军务未平暂缓进兵起见，骆秉章何遽咨行驻藏大臣衙门，致僧俗得以互相传播，藉为口实，未免疏忽。满庆等接到此咨，未将汉文义理向僧俗明白解说，致令惊疑，亦属不合。本日已严谕满庆等妥为宣布安抚。土兵既不得力，而瞻对又不可理谕，岂可任其恣意侵犯，致梗驿路。川中兵勇甚多，现在属境亦颇安谧，著骆秉章迅即调派得力将领，酌派劲旅，剿洗瞻对匪徒，务令藏路疏通，而明正土司等得以各安生业，以副朝廷怀柔远方之意。

至所称：东路法国罗勒拏、肖法日等于今春派无赖刘姓由炉城运来茶包，在巴、里一带散给汉兵，要结人心，并捏造谣言，诱惑巴塘正副土司投赴瞻逆。是否有此情事，著崇实、骆秉章查奏。又，罗勒拏等声言：景纹奉有谕旨，将前藏所属之擦瓦博木噶地方赏交伊等永远管理，凡有天主教之人进藏者，不准阻止等语。如果属实，是该教士假传诏旨，殊属可恶。除谕令总理衙门向法国住京公使据理驳斥外，著崇实、骆秉章严饬沿边各属认真查察。如有内地传教之人潜赴藏地者，概行截回，毋令乘间偷越。披楞因法国有入藏传教之信，亦欲来藏通商，其意实属叵测。廓尔喀于去冬遣人来藏复修旧好，其西北各小部落亦愿与藏永作藩篱。著福济等乘势利导，饬令廓尔喀等永敦旧好，严密防范，以杜披楞窥伺之心。粮员严清荣有无与罗勒拏暗中勾结情事，是否将由藏截回川省之教民吴姓留住江达署中，擅将由藏发出折报停压六个时辰，捏称有蛮子二人来抢此折，种种纰缪，不可不严切根究。著骆秉章即将严清荣撤回，秉公查办。另选贤能之员前往接管粮务。

据满庆奏：委员李玉圃带领把总马腾蛟等及汉、番兵丁人等驰赴乍、察一带，相机办理剿抚瞻逆事务，等语。所调土兵前已有旨撤回，李玉圃曾否遵旨来京，抑或尚在乍、察，著骆秉章查明奏闻。李玉圃系呀征案内待质要证，本日已谕令满庆等仍遵前旨，饬该粮员迅速来京矣。

福济等折回成都时，声称藏中事务随时与将军等面商。今既数月，试问所商何事、作何办法？又云：一俟驿路疏通，即速赴藏，以副委任。现据满庆等奏：藏中僧俗大众盼望福济、景纹二人来藏，将各案办结，以安人心。已饬商上特派晓事番目，持达赖喇嘛夷札赴炉，面见明正土司，谕令按站迎送。是驿路不患梗阻。且满庆等奏报可以东来，福济等行李岂不可以西去？福济前因规避云南省分，延不赴任，获咎甚重。经朝廷弃瑕起用，复敢安坐锦城，不思设法驰赴藏中，将交查案件迅速办结，竟是故态复萌，大不晓事。著即恪遵迭次谕旨，会同景纹星速前进，不准再事耽延。倘仍以路梗为辞，致藏众日久生心，藉端滋事，而满庆等反得倚恃汪曲结布等为藏身之固，定将福济、景纹重治其罪，毋谓言之不预也。

满庆等折片五件、代进达赖喇嘛等奏书四件，均著抄给崇实、骆秉章、福济、景纹阅看。将此由六百里各谕令知之。

《清实录藏族史料》（九）4319—4323 页

据满庆恩庆奏代进达赖喇嘛奏书各事著福济早日
入藏妥速办结谕

同治二年十月十一日 （1863.11.21）

又谕：满庆、恩庆奏呀征捏词诬控声明原案始末，并剿办瞻对各折片。又，代进达赖喇嘛等奏书四件。前因呀征控诉各语均系一面之词，万难凭信，谕令满庆、恩庆传知李玉圃迅速赴京质对。此次满庆等沥陈呀征捏词妄控各情，是李玉圃被诬冤抑，事必有因。惟案关藏地构衅，非李玉圃亲来质对，不足以折呀征案内一干人证之心。即著恪遵前谕，饬令该粮员迅速来京，毋任迟误。

至道员史致康禀内有蛮触相争等语，此系指瞻对等而言。汪曲结布等何得即以弃同化外、众心疑惧等词遽形呈诉。满庆等于此等咨文何以不将汉文义理向其解说，致令惊疑，殊属不知大体。著即宣布朝廷德意，妥为拊循，告以我朝抚有中外，一视同仁。况尔等受累朝豢养之恩，岂可因委员禀词怀疑越诉。惟当静候钦差赴藏，秉公查办，一切冤抑断无不申之理。

至藏中土兵，仍应遵旨斟酌遣撤。如瞻对野酋不遵理谕，即由满庆等酌留驯良兵练扼守藏界，仍咨明川督剿办。川省大军剪除群逆，自当无坚不摧。凶悍如石达开一股，亦且歼灭无遗，矧兹瞻对，岂能螳臂当车，大兵一到即可解散，藏内人民何必妄生惊畏。如此明白开导，必能照旧相安。

此次汪曲结布等违例擅递奏书，本应查究，姑念其向化情殷，是以谕令福济等赶紧赴藏，持平妥办，以示体恤。嗣后除应行呈递奏书照例呈递外，余俱不准呈递，以符定制。

至罗勒拏等意欲入藏传教，西藏官民力阻其行，具见悃忱。本日已谕知崇实、骆秉章等遵照条约设法拦阻矣。

其披楞西入之语，尤宜先事预防。现在廓尔喀虽已修好，其西北各小部落亦甘与藏永作藩篱，而边备仍不可一日懈驰。著满庆等督饬汪曲结布等妥筹防范，不得稍涉大意。

粮员严清荣既据满庆等因其不洽番情，撤任候审，已谕知骆秉章将该员撤回查办。色拉寺喇嘛刁玩，恐生事端，著满庆等相机妥办，宽严合宜，以杜后患。

满庆等折内有派人晓谕明正土司安站通道之语，并著妥速办理，疏通道路，庶福济等可以早日抵藏，将此案早日办结，永息争端，以副维持黄教之意。将此由六百里各谕令知之。

《清实录藏族史料》（九）4323—4325 页

照准满庆恩庆奏请达赖喇嘛专差赴京沿途各地照料谕

同治二年十月十一日（1863.11.21）

又谕：满庆、恩庆奏：达赖喇嘛专差赴京，请饬沿途照料，等语。本年轮应西藏达赖喇嘛专差年班堪布、囊素等呈进贡物，由西宁、陕西一带赴京。现在甘肃、西宁地方回匪尚未捕灭，陕西虽渐就肃清，而余逆未净，道路均难免梗塞。该堪布等必须绕路前进，庶免阻隔。著熙麟、刘蓉、玉通、恩麟、张集馨俟该堪布班垫曲扎、囊素沙克嘉降白等行至境内，即各饬地方官妥为照料，应付前进，不得将该贡使截回，亦不可任令阻滞。其行抵直隶时，著刘长佑一体照办，以示怀柔。将此谕知刘长佑、熙麟、刘蓉、玉通，并传谕恩麟、张集馨知之。

《清实录藏族史料》（九）4325—4326 页

满庆恩庆奏办理商上事务诺们罕汪曲结布呈请严禁法国教士入藏传教折（附 上谕二则）

同治二年十月二十一日（1863.11.31）

（办理商上事务诺们罕）汪曲结布呈请代奏内称：藏界东路法国罗勒拿、肖法日等为恨西藏官民，不令其来藏，与瞻逆工布朗结勾成一气。该罗勒拿于今春派刘姓由炉城运来茶包，在巴理一带散给汉兵，要买人心，并言瞻对工布朗结原与前藏蛮家为仇，并不敢欺凌汉官汉兵，且四川总督亦无攻打瞻对之文，此系西藏汉番官员假冒圣旨，要除瞻逆，你们全不可听信等语。巴塘正副土司被其诱惑，已投瞻逆。该罗勒拿又至江卡，声言景大人处已奉谕旨，前藏所属之擦瓦博木噶地方，赏交罗勒拿永远管理，凡有天主教之人进藏，一概不准阻止。后派刘姓仍往炉运茶，以买人心。据江卡营官禀报前来。因此藏地人心不安，是罗勒拿之故违和约谋取前藏，已有证据。再查罗勒拿自道光二十六年即由西宁混入，经前驻藏大臣琦〈善〉由藏解交川省，转递广东，令其自回本国。不料罗勒拿又由广东绕至云南，潜入藏属之们空地方居住。嗣该国与我朝讲立和约，虽准其各处传教，未准其干预公事。该罗肖二人，由们空出首，即在巴塘、江卡、察木多一带自称大人，更带有四川无赖之徒刘姓等，假充官长，帮同作威，既藉故讹诈蛮民，又估令汉官与他治服蛮民。所以西藏僧俗官民闻知罗肖二人如此恃势横行，若听其来藏，势必贿买汉蛮人等均随他教。西藏本系国朝广兴黄教之地，而藏界西南所属哲孟雄、拉达克各处均与披楞相连，披楞即英国之别名。前因法国传教之人有由川入藏之信，该披楞即在哲孟雄各处竖旗聚兵，定要来藏通商，只候法国之人由东至藏，披楞即由西南而入。细查该罗肖二人誓要来藏之意，名为传教，实欲善取西藏。彼二国所要取西藏者，其意不在西藏，彼一得西藏，至炉万里山河均归他人。彼等得与四川联界，一令其与连界，内地恐无安静之日。所以阖藏官民誓死不令其来藏之本心，非敢故违和约，实为国家保全地面。仍望赏准设法阻挡，不令罗姓一干人众来藏，方免后患。况法国来藏传教一事，业经驻藏大臣奏奉谕旨不准来藏，川督亦通行各台，遇有法国进藏之人，务要善言劝阻，令其自退。为此合词叩恳达赖喇嘛，转邀天恩，俯念西藏僧俗愚蠢无知，饬下四川督臣，并转饬炉厅文武，日后遇有领票赴藏之汉人，及随差来藏之兵役人等，务要严密稽察。如有已入天主教之人，一概不准给票出口。

附1 上谕一

谕：议政王军机大臣等，满庆等所称东路法国罗勒拿、肖法日等，于今春派无赖刘姓，由炉城运来茶包，在巴理一带散给汉兵，要结人心，并捏造谣言，诱惑巴塘正副土司投赴瞻逆，是否有此情事，著崇实、骆秉章查奏。又罗勒拿等声言景纹奉有谕旨，将前藏所属之擦瓦博木噶地方赏交伊等永远管理，凡有天主教之人进藏者，不准阻止，等语。如果属实，是该教士假传诏旨，殊属可恶。除谕令总理衙门向法国住京公使据理驳斥外，著崇实、骆秉章严饬沿边各属认真查察，如有内地传教之人潜赴藏地者，概行截回，母令乘间偷越。披楞因法国有入藏传教之信，亦欲来藏通商，其意实属叵测。廓尔喀于去冬遣人来藏复修旧好，其西北各小部落亦愿与藏永作藩篱。著福济等乘势利导，饬令廓尔喀等永敦旧好，严密防范，以杜披楞窥伺之心。

附2 上谕二

又谕：满庆、恩庆奏罗勒拿等意欲入藏传教，西藏官民力阻其行，具见悃忱。本日已谕知崇实、骆秉章等遵照条约，设法拦阻矣。其披楞西入之语，尤宜先事预防。现在廓尔喀虽已修好，其西北各小部落亦甘与藏永作藩篱，而边备仍不可一日懈驰。著满庆等督饬汪曲结布等妥筹防范，不得稍涉大意。

《清代藏事奏牍》328—329 页

据满庆恩庆奏著福济等星驰赴藏著骆秉章委员接管粮务俾李玉圃交卸起程并派兵前往瞻对剿办谕

同治二年十一月二十八日（1864.1.7）

又谕：前因满庆、恩庆奏，历陈呀征捏具冤词，声明原案始末等情，当经谕令福济、景纹赶紧赴藏，不准再事耽延，迄今月余，尚未据福济等奏报起程，实属不知缓急。本日复据满庆等缕陈近日台藏情形，并达赖喇嘛以商属僧众日盼钦差来藏查办事件咨请代奏，请饬催福济等兼程前来，察看台站及藏中情形，如所奏事情一有虚伪，从重治罪。等语。福济等一日不到藏地，藏众即一日不安，满庆等转得与汪曲结布互相勾结，朋比为奸。福济等久已奉命赴藏，尚待满庆等及达赖喇嘛再三奏请，催令前来，已属不成事体。著福济、景纹迅即遵照前旨星驰前进，如再自耽安逸，托故不前，则是昧良丧心，万难宽宥，岂谓朝廷不能执法从事耶？福济等其凛之。

呼征前已病故，满庆等佯为不知，请押解来藏质对，殊属狡诈。已严饬满庆等仍令李玉圃迅速赴京。丁忧之拉里粮员陈廷杰已准满庆等暂留差委，仍著骆秉章选派委员接管粮务及乍、察防堵事宜，俾李玉圃得以交卸起程，不至藉词狡展。并著骆秉章商同崇实，另派明干员弁随同福济等赴藏，审办一切案件，较为有益。

驻藏大臣衙署向在城外，兹据满庆等奏，因藏中防范奸细，修砌墙垣，遂将官兵移扎正街，并该大臣等亦移居商上官房，殊出情理之外，是否满庆等被汪曲结布挟持，一切不能自主？崇实、骆秉章必有所闻，即著据实详奏。并著福济、景纹于到藏后，将衙署因何迁徙之处，一并查明具奏。

瞻对夷匪扰及站路，关系甚大，不可不调兵剿办。据满庆等奏称西俄洛塘兵李宗胜接递报匣、佛匣，行至麻格宗三道桥地方，被崇喜土司之弟任争格纳抢去，有无别情，是否属实，著骆秉章查明办理。并著恪遵前旨，挑派得力兵勇前往瞻对，将滋扰逆夷痛加剿洗，务令驿路疏通，附近土司各安生业，以副朝廷抚绥远方至意。

至廓尔喀愿助唐古特防剿瞻逆一节，业经满庆等婉词拒绝，惟现已借用该国大小炮位、铅药，不可不酌给价银，俾免异日藉口。著骆秉章咨行满庆等，将廓尔喀所开炮位、铅药价值清单照数拨给银两，以敦和好而示大方。廓尔喀素性狡诈，福济等务当明示羁縻，密加防范，毋得稍涉大意。

崇实本由驻藏大臣改任将军，藏事败坏至此，该将军亟须商同骆秉章、福济、景纹设法办理。如福济、景纹办理不能妥协，惟有仍令崇实前往，断不准该将军卸责也。

原折片六件并断牌、信函、檄谕共四件，均著钞给崇实等阅看。将此由五百里各谕令知之。

《清实录藏族史料》（九）4327—4329 页；（《穆宗实录》卷八六）
《元以来西藏地方与中央政府关系档案史料汇编》（三）1035—1036 页

著满庆等列陈藏务情形各节务遵旨办理谕

同治二年十一月二十八日（1864. 1. 7）

又谕（内阁）[①]：满庆等奏缕陈藏务情形，请准粮员宽限赴京；又藏中因防范奸细，修砌墙垣；廓尔喀愿助唐古特防剿瞻逆；夷匪抢去报匣、佛匣，现在饬缉；请留丁扰之拉里粮员差委；请催查办藏务大臣递解呼征呼图克图来藏各折片，并钞录断牌，照译藏格巴都尔夷信及檄文底稿呈览。览奏不胜诧异。李玉圃一员，迭经有旨令其迅速来京与呼征质对，而满庆等乃欲将呼征解藏质对，请将李玉圃留藏备质；且以该粮员经手挪汇帐目接济兵食，藉词挟制。李玉圃若不来京，要案何能讯出。著懔遵迭次寄谕，仍饬李玉圃迅速来京，毋得再涉迁延，至干重咎。

藏中因防范奸细，修砌墙垣，现将官兵移扎正街。向来驻藏大臣衙署建盖城外，当日必有深意，满庆等何以欲移建城内？即有不法番民来藏勾结，何至不能严拿惩办？岂移居城内，遂可为藏身之固耶？此等办法殊不可解。廓尔喀愿助唐古特防剿瞻逆，该大臣等将其大小炮位、铅药借用，已令四川总督酌拨价银。惟满庆等折内既有廓尔喀素性狡诈之语，此次因其致信来藏，辄行借用炮位等件，但恐将来需索无厌，亦须妥为防范，以弭嫌隙。夷匪将报匣、佛匣抢去，著即督饬江有福迅速带兵严拿，已谕令骆秉章派兵清理驿路，及时整顿，以免文报阻滞。

丁忧之拉里粮员陈廷杰著准其暂留帮办防堵事务，俟瞻对事竣，即饬回籍守制。福济等赴藏迟延，已经严旨申饬，并催令克日前进。满庆、恩庆惟当就现在情形妥为办理，并派兵弁疏通道路，俾福济等早日抵藏，以息争端。将此由五百里谕令知之。

《清实录藏族史料》（九）4326—4327 页；（《穆宗实录》卷八六）
《元以来西藏地方与中央政府关系档案史料汇编》（三）1037 页

① 《元以来西藏地方与中央政府关系档案史料汇编》中无"内阁"二字。

满庆恩庆代奏八世班禅为简派经师并赏加诺们罕名号谢恩折

同治二年十二月十八日（1864.1.26）

奴才满庆、恩庆跪奏，为班禅额尔德尼感叩天恩，代为转奏事。

窃于去岁恭奉谕旨：满庆等奏班禅额尔德尼教习之缺拟定正陪请旨简派一折。满庆等照例奏请，著罗卜藏丹巴坚参赏加诺们罕名号，作为教习喇嘛，俾得班禅额尔德尼学习经典。钦此。钦遵。当即恭录行知讫。

今据班禅额尔德尼呈称：感激大皇帝逾格鸿施，著罗卜藏丹巴坚参作为教习，赏加诺们罕名号，特为我辈学习经典之至意。该教习喇嘛于一切经典颇为纯熟，小僧仰体大皇帝仁慈，于一切经典专意学习，虔心祝祷大皇帝万万寿永固无疆，以报重恩。今小僧并教习喇嘛罗卜藏丹巴坚参等叩谢天恩，呈递吉祥哈达、佛尊，恳请转进，等语。具信前来。为班禅额尔德尼呈进哈达、佛尊，奴才等敬谨装固，代为转进。为此谨奏。

该议政王、军机大臣奉旨：知道了。钦此

（一史馆藏宫中朱批奏折）《元以来西藏地方与中央政府关系档案史料汇编》（五）1950 页

著满庆恩庆所奏呼征捏词诬控剿办瞻对委员妄禀等
各折片遵旨办理福济等即速赴藏谕

同治三年正月初三日（1864.2.10）

谕议政王、军机大臣等：前因满庆、恩庆奏称，呼征捏词诬控，并剿办瞻对，及委员妄禀等各折片。当经谕令满庆等以呼征控诉各语万难凭信，令其传知李玉圃迅速赴京质对，并晓谕明正土司安站通道，粮员严清荣撤回川省查办矣。呼征失察堪布克扣布施，不能秉公办理，致令藏中滋事，断难复令回藏，所控情节亦难凭信。汪曲结布既为藏中僧俗所服，即著满庆等责令协同达赖喇嘛掌办藏务，令其抚辑僧俗，务使各寺相安，永息争端，不准区分党类，恃强陵弱，再行滋事，倘能全藏底定，尚当破格加恩。所有呼征前控各情，并著无庸查办。此系朝廷为安辑全藏起见，特降此旨，即著满庆等传谕汪曲结布知悉，令其益知感激，倍加奋勉。

前据骆秉章奏，瞻对匪众现已回巢，此时所调藏兵自无庸再行进剿，以省兵力而示体恤，著满庆即将此项兵丁撤退，仍归藏地本境，毋庸越境会剿；并著崇实、骆秉章饬令史致康派拨兵丁查拿夹坝，以次疏通驿路。前据满庆等奏称李玉圃在川候补十年，未得署缺，并声叙该员劳绩，请破格录用。当以该员现办军务，俟有成效，再行奏奖。现在瞻对既无须进剿，著满庆等即将该员前次劳绩查明，会同崇实、骆秉章、福济、景纹保奏，令其赴川，由骆秉章送部引见；并由骆秉章察看该员才具，酌量委用。

其严清荣被参之案，即著福济等将该员撤回内地查办。其明正等土司，仍由满庆等晓谕，令其照常安设驿站。呼征事现在虽可无庸查办，瞻对土匪回巢能否与明正等土司日久相安，及洋人传教能否阻止各节，事关紧要，福济曾任封疆，办理较满庆等更当老练，福济到藏后即帮同景纹将该处实在情形办理，一面迅速奏闻。其福济行止，著俟藏务办竣后再行请旨。满庆本系任满赴京人员，著仍遵前旨起程回京。福济等仍遵前旨迅速赴藏，毋稍延缓。将此由六百里各谕令知之。

《清实录藏族史料》（九）4329—4331 页

满庆恩庆奏十二世达赖喇嘛择期延师传授小戒折

同治三年正月二十五日（1864.3.3）

奴才满庆、恩庆跪奏，为达赖喇嘛择期受戒，恭折奏祈圣鉴事。

窃准达赖喇嘛咨称：年已九岁，应受小戒之时，今择吉本年四月十三日，在大招释迦佛前延师传授格隆小戒。惟班禅额尔德尼尚在年幼，未便照案迎请，查有现与我达赖喇嘛教习经典正师傅旧噶勒丹池巴罗布藏青饶汪曲，堪以授戒。我达赖喇嘛仍照向规，于四月初三日先赴大招，以便届期受戒。相应咨请据情代为具奏。等由前来。准此，奴才等查达赖喇嘛年至九岁，即应传授小戒，实与成案、佛规均属相符。其拟向罗布藏青饶汪曲受戒，亦因班禅额尔德尼及第穆、济咙各呼图克图等俱系年幼起见。理合援情恭折具奏，伏乞两宫皇太后、皇上圣鉴。谨奏。

议政王、军机大臣奉旨：该衙门知道。钦此。

（一史馆藏宫中朱批奏折）《元以来西藏地方与中央政府关系档案史

据满庆恩庆奏已革总堪布脱逃案毋令再生事端及粮员暂依所请余均俟福济等到藏后速办谕

同治三年三月初九日（1864.4.14）

又谕（议政王军机大臣等）：满庆、恩庆奏买巴扎仓喇嘛抢去已革待审之总堪布，照缮夷匪抢去折件呈览，改委陈堉暂署拉里粮务，请饬催议补僧俗番目并催四川饷项各折片。据称：二年八月十一夜间，已革总堪布罗布藏称勒拉木结带喇嘛数百名脱逃。经官兵拿获同逃之喇嘛洛桑曲扎，据供罗布藏称勒拉木结由色拉寺行抵噶纳山，有喇嘛二人将该已革总堪布从马上抱放平地，余众及骡马概令前行，惟吐多卜降巴等十余人在彼耽延多时，将该已革总堪布之骑马空牵至噶纳山打尖，云罗布藏称勒拉木结行至山顶已死。又，硕第巴等报称，十八日在噶纳山东北寻见石板围圈，有罗布藏称勒拉木结尸身兀坐其中。现将尸身搬回，当经派员查验，棺殓寄埋。旋经官兵在达木属毕纳地方追杀逃犯沙克嘉尽巴等六十七名，生擒吐多卜降巴等一百六十五名，押解回藏，查明首从照夷例惩治，等语。色拉寺现已将不法喇嘛交出，呈缴军械。其寺中误受拖累之领袖及众僧均在神前盟誓具结，永远不敢妄为。即著满庆、恩庆迎机开导，妥为弹压，毋令再滋事端。福济、景纹务当星速起程前进，不得任意迁延，致干咎戾。前被夷匪抢去之满庆等折件，业已照缮呈览。所有遗失佛匣，著满庆等饬知班禅额尔德尼无庸补具。拉里粮务严清荣撤任后，经满庆等扎委巴塘粮务张启昌署理。该员因巴塘事件尚难交卸，一时未能前赴署任，著骆秉章迅选贤能之员，前往接管拉里粮务。其未到任以前，即照满庆等所请，准其以卸任察木多粮务陈堉暂行署理。总理商上事务各员，现在止有噶布伦白玛结布一人系实授之缺，其余均属署任。据满庆等奏：呼应不灵，深恐别滋事端，请饬催议补僧俗番目，等语。自系实在情形，著福济、景纹于到藏后迅速办理。将此由六百里各谕令知之。

《清实录藏族史料》（九）4335—4337 页

据满庆恩庆奏已革总堪布身死等项著崇实严密访查
并遵旨办理谕

同治三年三月初九日 （1864.4.14）

又谕：满庆、恩庆奏买巴扎仓喇嘛抢去已革待审之总堪布，改委陈堉暂署拉里粮务，请饬催议补僧俗番目各折。满庆等所奏该已革总堪布身死情节甚属含糊支离，难保非被人谋害毙命，满庆等捏词入告，亟应彻底根究，以期水落石出。著崇实、骆秉章、福济、景纹将罗布藏称勒拉木结身死情形严密访查，据实具奏。其所称生擒吐多卜降巴等并色拉寺之领袖僧众具结永远不敢妄为，亦未必尽皆确实，并著一并查奏。

满庆等奏请饬呼征呼图克图及随伊犯众仍递解回藏，以便将两造互相讯究，万无如此办法。并著该将军等仍遵本年正月初三、二月十四等日密谕妥为办理。福济、景纹务当星速起程前进，以弭藏中祸患。寄谕严催业已至再至三，毋再迁延推诿，致干咎戾。满庆等前将拉里粮务严清荣撤回，扎委巴塘粮务张启昌署理。该员因巴塘事件尚难交卸，现在改委已经交卸之察木多粮务陈堉署理，已照满庆等所请，准以陈堉暂署。仍著骆秉章迅选贤能之员前往接管，以重责守。

据满庆等奏称：现在止有噶布伦白玛结布一人系实授之缺，其余均属署任，呼应不灵，请饬催议补僧俗番目，等语。著福济、景纹酌量情形，或懔遵前旨，于到藏后查明核办，或权衡缓急，预行拣补，均著妥筹办理。藏地饷项万分支绌，本日满庆等奏请拨饷，已于另行寄谕内催令该督筹拨。惟此项饷银可否拨给，应否解交满庆、恩庆，抑由福济等赴藏时带往，著骆秉章斟酌情形，妥为办理。将此由六百里各谕令知之。

《清实录藏族史料》（九）4337—4338 页

著满庆恩庆所报刑赏事宜俟福济景纹到藏后再请旨办理谕

同治三年六月初三日 （1864.7.6）

又谕（议政王军机大臣等）：满庆、恩庆奏称：将达赖喇嘛送到首犯吐多卜降巴及色拉寺买巴、结巴、阿克巴三札仓各供词详核，虽首从犯众均经讯明惩治，惟吐多卜降巴造意纠众，先夺已革总堪布人财，继又胁众拒捕，请即在藏正法。又，色拉寺僧众滋事时，有在该寺学艺之僧人深知佛教大体，并未附和，请将该僧人滚多尔呼毕勒罕甲木巴勒丹增拉木结以呼图克图列名册档，每届帕克巴拉呼图克图年班贡期，附同呈进贡品，仍颁给印敕，俾资遵守，及赏加坚隆琫呼图克图名号，等语。吐多卜降巴罪状既据满庆、恩庆逐一讯明，自应明正典刑。至该寺僧既知佛教大体，不肯附和滋事，尤应量予恩施，以昭激劝。惟朝廷既派钦差前往查办事件，此时福济、景纹尚未到藏，若一切刑赏各事宜不候钦差先行办结，恐无以折服众心。著满庆、恩庆会同崇实、骆秉章、福济、景纹悉心筹商，先将该犯吐多卜降巴羁禁，俟福济、景纹到藏后，再行请旨办理。至应行奖励之滚多尔呼毕勒罕甲木巴勒丹增拉木结等，亦俟福济、景纹到藏后，再行奏请奖叙。原折一件、供词、信函七件著抄给崇实、骆秉章、福济、景纹阅看。将此由五百里各谕令知之。

《清实录藏族史料》（九）4340—4341 页

据满庆恩庆奏刑赏二人事著崇实骆秉章密筹并催福济景纹迅速赴藏办结各事谕

同治三年六月初三日（1864.7.6）

又谕：据满庆、恩庆奏称：将达赖喇嘛送到首犯吐多卜降巴及三札仓供词详核。吐多卜降巴造意纠众，先夺已革总堪布人财，实为此案渠魁，请即在藏正法，等语。该已革总堪布从前身死情节甚属含糊支离，此次满庆、恩庆欲将吐多卜降巴正法，难保非因该已革总堪布被人谋害颠末，为吐多卜降巴所深悉，故欲致死灭口，以期含混了结。著崇实、骆秉章、福济、景纹将吐多卜降巴有无不法，并所犯罪状是否应行正法之处严密访查，据实具奏。

满庆、恩庆又请将滚多尔呼毕勒罕甲木巴勒丹增拉木结等奖励，所称该僧人深知佛教大体，并未附和色拉寺，且能设法脱身之处，恐满庆、恩庆为该寺僧所挟制，不得不捏词请奖，欺罔朝廷，亦应彻底根究，以归核实，并著一并查明具奏。唐古特业已借到廓尔喀国大小炮位、药铅，并所用该国夫役应给口粮，据满庆、恩庆奏称均照议定价值合作汉银。惟炮位如无损坏拟仍退还一节，廓尔喀系属外夷，似须示以大方，不宜吝惜，可否如此办理，即著骆秉章酌量妥办。

此次另寄满庆等谕旨一道，仍将崇实、骆秉章、福济、景纹衔名叙入，以安其心。藏事败坏已极，福济、景纹屡经有旨催令赴藏，何以尚未前进？殊属任意迟延，著崇实、骆秉章迅派妥员，设法疏通道路，福济、景纹等星弛赴藏，将交办各事迅速秉公办结，毋再稽延。将此由五百里各密谕知之。

《清实录藏族史料》（九）4341—4342 页

著照满庆等奏报恩赏达赖喇嘛物件并谕知其祗领谕

同治三年七月二十五日 （1864.8.26）

又谕（内阁）：满庆等奏达赖喇嘛从伊正师傅罗布藏青饶汪曲受格隆小戒，呈进佛尊、哈达等物一折。本年四月十三日达赖喇嘛从伊正师傅受格隆小戒，实有吉祥之事，朕心甚为喜悦。达赖喇嘛嗣后尤应专习经咒，谨守黄教，永受朕恩。著加恩赏给达赖喇嘛黄哈达一个、椰子念珠一串、玉盌一个、大荷包一对、小荷包二对，著满庆接奉此旨，谕知达赖喇嘛照数祗领。

再，达赖喇嘛仍将照例应进贡物，交班禅额尔德尼年班堪布来京呈进。即照所请办理。

《清实录藏族史料》（九）4344—4345 页

著照准满庆恩庆所拟呀征前管寺院土地等归达赖喇嘛收管
俟景纹到藏即回京等情谕

同治三年八月初一日 （1864.9.1）

又谕（议政王军机大臣等）：满庆、恩庆奏：接奉寄谕遵饬汪曲结布抚辑僧俗，现据协理商上事务诺们罕汪曲结布禀称，遵查三大寺启衅根由实因呀征徇私作弊，与色拉寺众僧无涉。现在三大寺甚属和睦，藏地亦安静肃清。惟当谨遵谕旨协办商务，随同达赖喇嘛抚绥僧俗等情，并恳转进

267

哈达、佛匣暨钞录商属僧俗番众切实甘结呈览，请将呀征并其从人在京作何发落，及呀征寺院土地、人民应否归达赖喇嘛收管，降旨遵办，各等语。前因呀征克扣布施，办理不善，致僧俗激成事端，汪曲结布素为众情所服，谕满庆等饬令协办商务。兹据满庆等奏：汪曲结布遵谕抚绥僧俗，全藏安静，办理甚为妥协。著满庆等传旨嘉奖。仍责令将商上事务并合藏僧俗番众人等随同达赖喇嘛妥为绥辑，以期永远相安。倘此后办理未尽合宜，或致别启衅端，即惟满庆、恩庆等及达赖喇嘛、汪曲结布是问。呀征业已在京病故，其从人等如令即行回藏，恐其复行造言生事，反致煽惑人心，是以仍令在京居住。至呀征所管寺院、土地、人民，著照满庆等所拟，归达赖喇嘛收管，即由满庆等传知妥办。前经迭谕福济驰赴西藏，帮同景纹勘办瞻对与土司互斗情形，日久尚未前往，著俟道路疏通，各土司均已安设驿站，即行懔遵前旨迅速前进，毋得再有稽留。满庆俟景纹到藏，即将藏务移交，起程回京。并著崇实、骆秉章选派委员接管拉里粮务，以便李玉圃交替回川。俟该员到川后，即由崇实、骆秉章会同满庆等，将该员劳绩查明保奏，候旨录用。

《清实录藏族史料》（九）4345—4346 页

满庆恩庆奏达赖喇嘛咨请严禁外人由打箭炉等地入藏传教折

同治三年十月初九日（1864.11.7）

奴才前于五月二十七日将阻止洋人传教情由陈明圣鉴。昨准达赖喇嘛咨称：上年天主教二三人，藉贸易为名来藏传教，曾经劝令转回。嗣有洋人又由堆里及布鲁克巴、哲孟雄、夺宗各边界前来者，随即报明二位大人，业由边界阻挡回牧。目今藏属地面并无外来天主教之人，嗣后仍严密防范，不至有失察越入藏界之事。惟以前自云南及打箭炉行至擦瓦扪孔置业之天主教罗勒拿、肖法日等，在彼数年，任意传教，已扰乱番民数人心意，现在设法将该从者分别查办，并不准彼处人等擅行来藏。今虽只有罗勒拿一人尚住扪孔，而扪孔距打箭炉甚近，恐汉人差使自炉出口时，另有天主之人，身穿汉衣，混杂其中，暗传彼教，则番民难以稽查，致酿事端。应请援情奏明大皇帝饬由打箭炉地方官，认真清查出关兵民，方免洋人潜越藏地，实于黄教大有裨益等因。奴才等查所拟尚中肯綮，除咨明理藩院、总理各国事务衙门、成都将军，及扎打箭炉厅外，理合具奏。

御批：该衙门知道。

《清代藏事奏牍》329—330 页

满庆恩庆为奏请以罗布藏青饶汪曲掌办商上事务事致达赖喇嘛咨（附 奏折抄件）

同治三年十月十九日（1864.11.17）

本大臣同治三年九月二十八日奏，西藏民众公举一僧人任协理商上事务，待奏准后另告。现将奏折抄件咨送达赖喇嘛大师，祈请明鉴！

附　奏折抄件

奴才满庆、恩庆跪奏，为西藏僧俗公举僧人一名办理商上事务，恭折具奏，仰祈圣鉴事。

窃奴才近接达赖喇嘛咨称：因协理商上事务诺们罕汪曲结布[①]因病出缺，曾着令僧俗慎重商议。兹据诸噶伦、总堪布、新老二公[②]、西藏僧俗头人，色拉、哲蚌、甘丹三大寺等各寺堪布执事、僧俗民众禀称，汪曲结布熟悉政务，知识渊博，一切政务均与大众商议办理，从无舛误。今该诺们罕病逝，四噶伦中，郎杰旺都多吉之遗缺尚未补放，除白玛结布外，余均无官衔，且两噶伦暨总堪布均系署理。曾降旨饬令钦差大臣福济、景纹至拉萨后办理。然两位大人至今未抵拉萨。西藏地区，多与外国毗邻，诸事繁杂，尤边外各族，更属刁顽，惯于无端生事。今办事官员多系署理，实难办理诸务，故公推达赖喇嘛之正师傅卸任甘丹池巴罗布藏青饶汪曲办理商上事务。该僧精通黄教教义，熟悉政务，为阖藏僧众素所推服，堪以继任汪曲结布之遗缺。为此恳请，一面速酌颁给该僧任职凭照，一面具奏大皇帝封赐名号。如获恩准，便执掌政务有为首之人。至于该僧正师傅一缺，另行拣选委补，亦与制相符。据实咨请，等情前来。

奴才窃查罗布藏青饶汪曲卸任甘丹池巴已久，目下充任达赖喇嘛正师傅。值此西藏急切用人之际，众心所向，公举该僧办理商上事务，并另选代理正师傅。案据此类事，道光二十四年前驻藏大臣琦善业经奏请允准在案。今请饬下理藩院颁给凭照，以遂民愿。至罗布藏青饶旺曲赏给名号事，系格外鸿恩，奴才上年奏请该僧补任正师傅时，曾恩请赏给名号、俸禄及额外赏赐，旋即奉旨：著福济、景纹办理。今该僧既任达赖之正师傅，又将办理商上事务，事无巨细，集于一身，故再恳施恩赏给罗布藏青饶汪曲名号、俸禄或额外赏给封爵，俾西藏民众信服，政令畅行。

来咨又称：请驻藏大臣考核该僧之人品、才学是否称职，具实奏闻，以不贻误达赖喇嘛事务。同时僧俗百姓恳请委任噶伦、总堪布，亦皆以稳定政局计，绝非藉故妄言，等语。奴才前折内，曾恳请按僧俗民众公推之正陪两名加以遴选，以利政务。

所有请补放罗布藏青饶汪曲办理商上事务缘由，是否有当，伏乞皇太后、皇上圣鉴训示。谨奏。

（西藏馆藏　原件藏文）《元以来西藏地方与中央政府关系档案史料汇编》（五）2028—2030 页

①原注：汪曲结布，于同治元年八月初五日奉旨协理商上事务（见第五册第1087件），其前任掌办商上事务之热振呼图克图阿旺益西楚臣坚赞，因西藏内部矛盾，逃往内地。

②原注：新老二公，指十一、十二世达赖家族中封授之公爵。

满庆恩庆奏转呈十二世达赖喇嘛谢赏匾额之奏书及哈达等物折

同治三年十月二十日（1864.11.18）

奴才满庆、恩庆跪奏，窃为转奏叩谢天恩事。

适据达赖喇嘛具称：乃蒙圣主恩施，赏赐福田妙果匾额，赍到之时，当即恭设香案，望阙叩谢天恩，敬谨祗领。即此，达赖喇嘛欢感无既，但声称圣主皇上万万寿，永固无疆，不时讽经虔祝，以期报答万一耳。敬备叩谢天恩奏书一分、吉祥哈达一方、古佛一尊。奴才等敬谨封妥，另匣装固，恭为转奏。为此恭折奏闻。谨奏。

议政王、军机大臣奉旨：知道了。钦此。

（一史馆藏宫中朱批奏折）《元以来西藏地方与中央政府关系档案史料汇编》（五）1831—1832 页

敕谕罗布藏青饶汪曲著办理商上事务并赏给诺们罕名号

同治三年十一月三十日（1864.12.28）

奉天承运皇帝敕谕罗布藏青饶汪曲：

兹据满庆、恩庆奏称，协理商上事务诺们罕汪曲结布因病出缺，无人办理达赖喇嘛商上事务。查正师傅罗布藏青饶汪曲，人甚明白，办事谨慎，为阖藏僧众素所推服，若令该喇嘛办理商上事务，实于藏中事务有裨。著照所请，并赏给诺们罕名号。达赖喇嘛现在年幼，尔罗布藏青饶汪曲务当妥为照料，敬谨办理商上一切事务。若秉公办事，始终黾勉，再予奖励。钦此。

（西藏馆藏　原件藏文）《元以来西藏地方与中央政府关系档案史料汇编》（五）2030 页

满庆恩庆代奏十二世达赖喇嘛因受小戒蒙赏谢恩折

同治四年正月二十六日（1865.2.21）

奴才满庆、恩庆跪奏，为达赖喇嘛叩谢天恩，代为转奏事。

窃因达赖喇嘛由正师傅传授格咙小戒，乃蒙圣主宠渥优施，赏赐黄哈达、念珠、玉碗、玉盒、大小荷包等物，奉到之际，当即达赖喇嘛望阙跪谢天恩，敬谨祗领。伏思小喇嘛夙荷大皇帝重恩稠叠，复叨珍异锡赉便蕃，洵属欣悦，感戴无既，惟有日每勤习经典，固守黄教，以期仰报于万一。敬备叩谢天恩吉祥哈达一方、古佛一尊，递送前来。奴才等另匣装妥，敬谨封固，代为转进，恭折奏闻，伏祈圣鉴。为此谨奏。

军机大臣奉旨：知道了。钦此。

（一史馆藏宫中朱批奏折）《元以来西藏地方与中央政府关系档案史料汇编》（五）1832 页

满庆恩庆代奏八世班禅谢赏三摩正觉匾额呈递奏书及哈达等物折

同治四年三月初十日（1865.4.5）

奴才满庆、恩庆跪奏，为叩谢天恩，代为转奏事。

窃适据班禅额尔德尼呈称：荷蒙皇上恩施，赏赐三摩正觉匾额。奉到之际，班禅额尔德尼当即望阙叩头，跪谢天恩，敬谨祗领。于是班禅额尔德尼不甚欢感之至，乃叩宠锡自天，悚切报称无地。今小喇嘛但声称大皇帝万万寿永固无疆，只有虔诚祝祷，讽诵长寿经，用申仰答于万一耳。敬备叩谢天恩奏书一份、吉祥哈达一方、古佛一尊，奴才等另匣装妥，敬谨封固，代为转进，理合恭折奏闻。为此谨奏。

军机大臣奉旨：知道了。钦此。

（一史馆藏宫中朱批奏折）《元以来西藏地方与中央政府关系档案史料汇编》（五）1955 页

满庆恩庆奏前藏差人赴川承领炮位药铅等价银折

同治四年三月初十日（1865.4.5）

奴才满庆、恩庆跪奏，为唐古特专差赴川承领炮位、药铅价银，援情恭折奏祈圣鉴事。

窃奴才等于同治三年十月初七日，准兵部火票递到议政王、军机大臣字寄，同治三年八月初一日奉上谕内开：据骆秉章奏，唐古特借用廓尔喀炮位。等因。钦此。并准川督恭录，咨行前来亦在案。奴才等伏思西藏粮库及夷情库，因历年兵饷不获接济支放，久已将银垫用罄尽，实系无银拨给唐古特归还炮位等价。惟圣恩高厚，只得恭录咨行，俾番众咸知感激。嗣惟〔准〕达赖喇嘛咨称，借用廓尔喀炮位并药铅、夫役、口粮，共计银七千四百九十二两，钦奉谕旨，饬由驻藏大人筹给，曷胜沾感。奈藏地褊窄，商上财帛无多；又因瞻对夷务，应备官兵军需、口粮，兼有汇兑支放汉营官兵月饷等项，世家、商贾均较上年艰难。所有前项炮位各价银两，既由川中搭解，不若派人往领，得以接济目前急需。兹据委署协理事务及噶布伦、总堪布会商，专差噶尔璘夺结汪堆至四川省城，投文领银。恳请援情咨复，并请转奏大皇帝，及咨明四川总督，仍赏给去差路照，以免内地关隘阻止，等由。准此，奴才等复查，所称各情属实，未便驳置，俾生觖望。

除缮给去番往回路照，并咨会四川总督，以凭饬司弹〈核〉发银两外，理合援情恭折奏闻，伏乞两宫皇太后、皇上圣鉴。谨奏。

同治四年五月初七日军机大臣奉旨：知道了。钦此。

（一史馆藏军机处录副奏折）《元以来西藏地方与中央政府关系档案史料汇编》（五）2261 页

满庆恩庆奏代达赖喇嘛谢将热振寺院地土人民赏其收管事折

同治四年三月初十日 （1865.4.5）

奴才满庆、恩庆跪奏，为据情代奏，叩谢天恩事。

窃奴才等于同治三年十月初七日，准兵部火禀递到议政王军机大臣字寄，同治三年八月初一日奉上谕，内开：呼征所管寺院地土人民，著照满庆等所拟，归达赖喇嘛收管，即由满庆等传知妥办。等因。钦此钦遵。恭录咨行去后。兹准达赖喇嘛咨称：荷蒙大皇帝将呼征寺院地土人民赏准我达赖喇嘛收管，实与商上有益，惟有仰体圣恩，勤加讽诵皇经，爱恤该处僧俗人民。今恭备谢恩哈达一方、铜镀金释迦古佛一尊，用匣装固包妥，请烦代为奏进，等由。准此，奴才等理合将佛匣附呈，并据情恭折具奏，伏乞两宫皇太后、皇上圣鉴。谨奏。

（一史馆藏宫中朱批奏折）《元以来西藏地方与中央政府关系档案史料汇编》（三）1040—1041 页

满庆恩庆奏布鲁克巴与披楞交战藏地边境已妥为防御折
（附 上谕）

同治四年四月初七日 （1865.5.1）

同治三年十二月十六日，准达赖喇嘛咨，据江孜值班戴琫禀：据帕克里营官递到哲孟雄部长来禀，披楞已将布鲁克巴所属甲昔地方占夺，布鲁克巴拟即备兵追取甲昔。又有驻扎夺结地方萨海托递藏中书信一封，因系外国书信，不敢违犯钦定章程，当即退回，故未递藏。是以抄录各信，及所拟暗为防范事宜，咨请核复。奴才等查披楞与布鲁克巴构兵，本无干于西藏，但哲孟雄、布鲁克巴皆为西藏南方屏障，设或事出意外，藏属边界人民竟成束手待毙，爰准如拟，即以派兵赴瞻对为名，责成江孜戴琫，并附近边界各营官，及时调集土兵，认真操练，庶内可以固藩篱，外可以免疑忌，迄咨令饬办后。又据布鲁克巴头目终萨奔洛禀报：披楞又夺去布属巴桑卡及栋桑等处地方，亦经达赖喇嘛钞送原禀及所拟复信底糕〔稿〕复信底稿前来。甫行核复，而布鲁克巴掌教沙布咙，又专差来藏，与达赖喇嘛呈禀，并噶厦等处信。又云两家交战，彼此各多伤亡兵目情形，并求唐古特于兵目财帛三项内须帮助一项，以好堵御披楞。且披楞头目面言，要借路赴藏通商，亦将原来禀信及复信稿咨请核夺。复经奴才等详细指示妥办各在案。

伏思披楞即英国，既与我国和好，而唐古特番众又不愿彼国之人至藏贸易传教。今据哲孟雄、布鲁克巴同称，该国必欲借布鲁克巴道路赴藏，虚实虽未立判，究非寻常蛮触相争可以置之不理。饬唐古特照前拟妥为防范，仍密探情形，随时禀报，以凭转奏。[1]

附　上谕[2]

谕军机大臣等：满庆等奏：披楞声言借路赴藏，与布鲁克巴构兵，现筹办理情形一折。披楞欲假道布鲁克巴赴藏贸易传教，已将布属之甲昔、巴桑卡、栋桑等处地方占夺。两家交战，各多伤亡。虽系蛮触相争，惟哲孟雄、布鲁克巴皆为西藏南方屏蔽。布鲁克巴既有与披楞构兵之事，藏属边防必须预筹布置。满庆等已责成江孜戴琫并附近边界各营官，以派兵赴瞻对为名，调集土兵操练，即著认真训练，严密布防，不可稍涉张皇，致动外夷猜忌。其布鲁克巴欲求唐古特于兵目、财帛三项内帮助一项，以御披楞，及披楞头目禀称欲借路赴藏各情，亦经满庆等详细指示达赖喇嘛妥办。究系如何办理之处，陈奏殊未清晰。披楞即系英国，虽与中国相安，而唐古特番众又不愿彼国之人至藏贸易传教，是巴属求助，披楞赴藏，两事均属窒碍。该大臣等务须细心斟酌，妥筹至善，即将办理之法，备细奏闻。景纹久已有旨饬令赴藏任事，如已抵藏，即著满庆、恩庆会商妥办③。

《清代藏事奏牍》330—331 页；《清实录藏族史料》（九）4356—4357 页

① 《清实录藏族史料》（九）中无此正文部分。

② 《清实录藏族史料》（九）中上谕日期为"同治四年五月初七日"。

③ 《清实录藏族史料》（九）中该句之后有"将此各谕令知之"几字。

满庆恩庆奏掣定乍丫呼图克图呼毕勒罕折

同治四年四月二十七日（1865.5.21）

奴才满庆、恩庆跪奏，为掣定乍丫呼图克图，恭折奏闻事。

窃据达赖喇嘛咨称：乍丫呼图克图之徒众呈报，小僧等经此数年前往各处地方求访我们师傅，今在西藏宇乡地方访得番民策垫欧柱之子名洛桑朗结策忍一名，又在札序地方访得番民吐多卜云垫之子名尼玛结布一名，俱年三岁。观其形象，俱似我们师傅一样，皆各有吉祥应兆，恳为乍丫呼图克图之呼毕勒罕，等语。咨报前来。

奴才等即于本年三月二十四日赴布达拉寺，会同达赖喇嘛，率领僧俗人等，将此二子名目书定二签，众僧于时讽经诵祷，奴才恩庆敬谨奉签入瓶，迨各僧虔诵经成后，奴才满庆跪于瓶前启掣，谨将宇乡番民策垫欧柱之子洛桑朗结策忍掣出，定为乍丫呼图克图之呼毕勒罕。兹经达赖喇嘛遵照经典，取名阿旺隆多丹贝坚参，定为法名。当即奴才等札行该徒众等遵照讫。理合缮折奏闻，伏祈圣鉴。为此谨奏。

军机大臣奉旨：该衙门知道。钦此。

（一史馆藏宫中朱批奏折）《元以来西藏地方与中央政府关系档案史料汇编》（五）2172 页

满庆恩庆代奏升补噶伦彭错策旺夺吉等谢恩折

同治四年闰五月初八日（1865.6.30）

奴才满庆、恩庆跪奏，为叩谢天恩，代为奏闻事。

窃适因恭奉上谕：满庆等奏噶布伦及喇嘛等所出各缺拟定正陪请旨简

放一折。此经满庆等循例奏过，这拉旺工布并罗布藏达尔结所出三品噶布伦之缺，著拟正之四品仔琫彭错策旺夺吉、四品戴琫夺结顿柱升补。罗布藏称勒拉木结所出达尔罕堪布之缺，著拟正之四品达喇嘛罗布藏汪垫升补。钦此。钦遵。奉到之日，当即恭录，行知达赖喇嘛，钦遵办理讫。

兹据达赖喇嘛咨称：新升噶布伦并新升达尔罕堪布等，叩谢天恩，敬备吉祥哈达三方、古佛三尊，请祈转进。等因前来。

奴才等谨将哈达、佛尊另为装妥封固，恭代转进，理合恭折奏闻，伏祈圣鉴。为此谨奏。

军机大臣奉旨：知道了。钦此。

（一史馆藏宫中朱批奏折）《元以来西藏地方与中央政府关系档案史料汇编》（五）2060 页

满庆恩庆奏噶伦拉木结汪堆多尔济病故遗缺请旨补放折
同治四年闰五月二十八日（1865.7.20）

奴才满庆、恩庆跪奏，为噶布伦病故遗缺拣拟番员，请旨补放，恭折奏祈圣鉴事。

窃准达赖喇嘛咨：三品噶布伦拉木结汪堆多尔济，上年因病出缺，应即拣员拟定正陪咨请循例奏恳简放一名，以资治理，等由前来。

奴才等查四品管理番兵生息颇琫策旺边坝尔，人尚老诚，熟悉公事，谨以拟正；四品大招商卓特巴朗结夺吉，人亦明白，办事可靠，谨以拟陪。理合照缮该员等年岁履历清单，恭呈御览，祗候简放一名，俾资治理。为此恭折具奏，伏乞两宫皇太后、皇上圣鉴训示。谨奏。

军机大臣奉旨：另有旨：钦此。

（一史馆藏宫中朱批奏折）《元以来西藏地方与中央政府关系档案史料汇编》（五）2061 页

满庆恩庆奏戴本夺吉顿珠升补噶伦遗缺请旨补放折
同治四年闰五月二十八日（1865.7.20）

奴才满庆、恩庆跪奏，为戴琫升补噶布伦遗缺，拣目恳请简放戴琫，

恭折奏祈圣鉴事。

窃准达赖喇嘛咨：四品戴琫夺结顿柱升补三品噶布伦，所遗后藏戴琫一缺，应即拣选合例之员，拟定正陪，咨请援情恳恩简放一名，以便管理操练番营弁兵技艺事务。等由前来。

奴才等查五品纳仓营官顿柱策忍，办事实心，谨以拟正；五品江卡营官四朗汪堆，人尚稳练，谨以拟陪。理合照缮该员等年岁履历清单，恭呈御览，祇候简放一名，以资办理番营事件。为此恭折具奏，伏乞两宫皇太后、皇上圣鉴训示。谨奏。

军机大臣奉旨：另有旨。钦此。

（一史馆藏宫中朱批奏折）《元以来西藏地方与中央政府关系档案史料汇编》（五）2090 页

著满庆恩庆所有扎什伦布扎萨克喇嘛进贡俟下届呈进谕
同治四年七月初三日 （1865.8.23）

又谕（内阁）：满庆、恩庆奏扎什伦布扎萨克喇嘛呈进年班贡物一折。本年轮应扎什伦布呈进贡物之期，惟现在西宁一带道路尚未疏通，所有该喇嘛此次年班贡物，著俟下届年班时一并呈进，以示体恤。

《清实录藏族史料》（九）4358 页

著满庆恩庆将吐多卜降巴妥为羁禁俟景纹到任后遵旨办理谕
同治四年七月十九日 （1865.9.8）

谕军机大臣等：前因满庆、恩庆奏讯明造意纠夺已革总堪布人财、胁众拒捕之首犯吐多卜降巴，请即在藏正法，当谕令俟福济、景纹到藏后再行请旨办理。兹复据满庆等奏：以福济业已奉旨回旗，景纹又无自炉出口确信，未便使讯明要犯久稽显戮，等语。此案虽经满庆等讯明确情，惟前既有令福济、景纹查办之旨，若不候讯结先行正法，恐无以折服该犯之心。现在福济虽已回京，而景纹前次奏报已行抵里塘，不久当可到藏，仍著满庆等将吐多卜降巴妥为羁禁，不得稍涉疏虞。并著景纹于抵任后，即亲提研讯，请旨办理。将此各谕令知之。

著满庆等将掌办商上印信会同达赖喇嘛封存商库谕

同治四年七月二十三日（1865.9.12）

又谕（军机大臣等）：前因满庆等奏请颁给诺们罕罗布藏青饶汪曲敕印，谕令理藩院查案妥议具奏。兹据奏称：罗布藏青饶汪曲并非曾经转世，亦非奉特旨颁给，核与成案均未相符。惟查西藏商上原有承办藏务掌管黄教额尔德蒙额诺们罕印信一颗，历任掌办商上事务呼图克图等均经钤用，嗣经西宁办事大臣将此印呈交到院。今罗布藏青饶汪曲已经协理商上事务，可否即将掌办商上印信颁给，等语。即著照理藩院所议，将掌办商上印信先行解交四川总督衙门，著骆秉章会同崇实暂行封存。至罗布藏青饶汪曲是否为徒众所服，其于事务能否胜任并应否接用商上事务印信，著景纹详细察看，确查罗布藏青饶汪曲如能胜任服众，堪以发给商上事务之印，即据实奏闻，再行就近派员赴川承领此印，转交诺们罕罗布藏青饶汪曲祗领。仍俟达赖喇嘛及岁接任时，立予撤退，所遗掌办商上印信，即由该大臣等会同达赖喇嘛封存商库，以符定制。将此各谕令知之。

《清实录藏族史料》（九）4360 页

满庆奏交卸驻藏大臣关防折

同治四年八月二十六日（1865.10.15）

奴才满庆跪奏，为交卸关防事务，恭折奏闻事。

窃前经接准兵部咨开：奉旨，满庆著回京当差，等语。钦此。钦遵在案。当即敬谨望阙叩谢天恩讫。现今奴才景纹已于本年八月十九日行抵西藏，是日奴才满庆谨将驻藏大臣关防事件捧送移交接管。惟奴才满庆谨遵前奉谕旨，饬商会办防范披楞一切事宜，稍俟商妥之时，迅即束装就道回京当差。

谨将交卸关防事务日期，理合恭折奏闻，伏乞皇上圣鉴。为此谨奏。

军机大臣奉旨：知道了。钦此。

（一史馆藏宫中朱批奏折）《元以来西藏地方与中央政府关系档案史

料汇编》（四）1653—1654 页

满庆恩庆奏藏军已分布各边防御折（附 上谕）

同治四年九月二十六日（1865.11.14）

窃奴才等于本年六月初三日，承准军机大臣字寄，同治四年五月初七日奉上谕：满庆等奏，披楞声言借路赴藏，与布鲁克巴构兵，现筹办理情形等因，钦此。遵查披楞边界，自西藏东南隅连界之野番珞巴及白马贵边界起，绕至正南之布鲁克巴，西南之哲孟雄，及廓尔喀正西之拉达克各外番边界止，其间可通西藏路道颇多。是以复咨达赖喇嘛，饬令协理事务诺们罕及噶布伦，将调派土兵认真操练情形，照实开单，呈请察核，如有未妥，以凭指示。兹据单开：西藏东南面由布鲁克巴境内，可通披楞边界之打隆寺、打旺寺，已饬错拉营官、仑仔营官，并打隆、打旺二寺所属百姓，共派土兵一千二十名保守打旺寺，扼其险要。又西南面由哲孟雄境内，可通披楞边界之帕克里营官地方，已饬该处营官并江孜、巴朗、堆冲、汪垫、朗岭、甲错、纳布、岭、噶尔、拉噶孜十处营官，各拣精壮百姓，共派土兵六百八十六名，保守帕克里，扼其险要。仍责成江孜戴琫，稽查各处操练事宜，设有不虞，再以江孜留营番兵三百五十五名专为接应帕克里。复饬夺宗、僧宗、岭、仁本、聂母、夺、贡噶尔、曲水、达尔玛、拉康、琼结、扎溪、直谷、颇章、乃东、文札卡、沃卡、桑叶、琼科尔结十九处营官，共派土兵二千五十八名，以备接应打旺及帕克里之用。其西南隅邻近拉达克、廓尔喀、披楞边界，且有路道可以往来，为藏属通商总区之堆噶尔地方要路。德格桥隘口各山，即责成堆噶尔、宗喀、聂拉木、济咙、绒辖尔、杂仁、达坝噶尔、补仁、茹妥九处营官，称打、绒琼两处庄头，各按向来所备土兵，守望相助。复饬后藏戴琫、管带如琫、甲琫、定琫、番兵四百四十四名，会同定结、仁孜、协噶尔、昔孜四处营官，所派土兵四百七十二名，防范定结一带，以备接应堆噶尔及宗喀等处之用。其定日汛戴琫、如琫、甲琫、定琫，并存营番兵，仍照常驻扎，认真操练，非有紧急，不准擅离汛地。以上各处新派土兵应用刀枪弓箭长矛器械，皆已一律备办齐全。仍派委妥实番目，不时潜赴各处巡查操练，免致疏懈。至推辞帮助布鲁克巴一节，只照平时往来信函应答，所有馈送金两，仍以请诵经典为名，亦未明言助彼军需各等情前来。

奴才等复查该僧俗番员所办上项事务，借布鲁克巴之力以御披楞，又能免披楞妄生猜测，不但尚属妥贴，且无虚捏情弊，如能日久不驰，实堪自固边围。除俟驻藏大臣景纹抵藏接印后，奴才等再行筹商，总期妥善，以副圣主廑念边陲至意。[①]

附 上谕

御批：览奏均悉[②]。所陈防范披楞及暗助布鲁克巴各节，尚为妥协。著即随时咨令达赖喇嘛，饬令派出土兵及带兵番员，扼要严防，认真操练，以备不虞。该衙门知道[③]。

《清代藏事奏牍》331—332 页；《清实录藏族史料》（九）4363 页

① 《清实录藏族史料》（九）中无此奏折正文。
② 《清实录藏族史料》（九）中"御批：览奏均悉"为"驻藏大臣满庆等奏：遵调土兵防范披楞。得旨："几字。
③ 《清实录藏族史料》（九）中无"该衙门知道"。

八十三、恩庆

恩庆简传

恩庆，蒙古正黄旗人。咸丰七年七月十六日，以古城领队大臣（从二品）赏副都统衔（正二品），为驻藏帮办大臣。十年二月二十二日，遵旨会同呼征诺门汗赴后藏看视班禅额尔德尼呼毕勒罕坐床。同治元年五月初八日，恩庆与驻藏大臣满庆以审断喇嘛诉讼案办理不善，下部议处。恩庆驻藏六年之久，年逾七旬。同治四年十二月初九日，在藏住所病逝。恩庆与满庆同奏的奏折，均归入满庆奏折全集内。

著派恩庆等前往看视班禅坐床并颁给敕书赏物及银万两谕
咸丰十年二月二十二日（1860.3.14）

谕内阁：班禅额尔德尼呼毕勒罕于本年十月初二日坐床，著派恩庆会同色呼本诺们罕前往看视。所有颁给敕书、赏赉等件，著理藩院拣派司员二人驰驿赍往。其沿途经过直隶、山西、陕西、四川等处地方，著各该督、抚派委道、府、副、参大员妥为护送。并著曾望颜于司库提银一万两，俟该司员到省时交给带往，一并赏给班禅额尔德尼。至打箭炉以西，著该督知会前途，照例预备马匹，勿致迟误。

《清实录藏族史料》（九）4281—4282 页

八十四、崇实

崇实简传

崇实，字朴山，又字适齐，完颜氏，满洲镶黄旗人。父麟庆，南河河道总督。

道光三十年进士，改翰林院庶吉士。咸丰三年十二月初七日，由翰林院侍讲学士（正四品）迁通政使司通政使（正三品）。四年二月，擢内阁学士（从二品）。七月，赴陕。五年四月二十七日，由礼部侍郎升迁工部侍郎（正二品）。六月，降三级调用，授镶蓝旗蒙古副都统（正二品）。九年三月，由太仆寺少卿（正四品）迁詹事（正三品）。十月，再迁内阁学士（从二品）。二十六日，命赴藏为办事大臣。十年正月初二日，为镶黄旗汉军副都统，途次奉旨驰赴四川查办事件。七月十五日，署四川总督。盖身未入藏。十一年七月二十日，改任成都将军（从一品），并接办川陕交界防堵事宜。光绪元年，改盛京将军、刑部尚书（从一品）。二年，卒。

赏崇实为镶黄旗汉军副都统谕

咸丰十年正月初二日（1860.1.24）

以驻藏办事大臣崇实为镶黄旗汉军副都统。

《清实录藏族史料》（九）4281 页

以崇实署四川总督谕

咸丰十年七月十五日 （1860.8.31）

以驻藏大臣崇实署四川总督。

《清实录藏族史料》（九）4285 页

据崇实等奏情形著福济驰藏会同景纹查办布赛绷喇嘛
挟制事件谕

同治元年八月十七日 （1862.9.10）

又谕（议政王军机大臣等）[1]：崇实、骆秉章奏，拉里等处粮员来禀，接据前藏兵民公呈，佥谓满庆信任私人，受其愚惑，为布赛绷寺喇嘛挟制，擅起兵衅，呼征呼图克图虽暂时出避，后患方长，各等语。似此情形，是满庆等前奏危而复安等语，殊不足信。必须持平办理，方能久远相安。本日已降旨赏给福济副都统衔，著即驰赴西藏，会同景纹秉公查办。务令两造曲直各得其平，庶足安黄教而靖疆圉。至满庆等办理不善情形，及有无受贿情弊，并著确切访查，据实具奏。福济以屡经获咎之员，此次委以边疆重务，该员具有天良，想断不敢粉饰瞻徇，自干罪戾也。将此由五百里各谕令知之。

《清实录藏族史料》（九）4304—4305 页；（《穆宗实录》卷三七）《元以来西藏地方与中央政府关系档案史料汇编》（三）1015 页

[1]《元以来西藏地方与中央政府关系档案史料汇编》中无"（议政王军机大臣等）"几字。

据崇实骆秉章密陈西藏情形著福济景纹遵前旨
赴藏密速查办谕

同治二年五月十八日 （1863.7.3）

又谕（议政王军机大臣等）[1]：崇实、骆秉章奏密陈西藏实在情形一折。据称：汪曲结布即系前充噶布伦之璧喜，历来把持藏务。现复由配所潜回，勾结李玉圃，簧惑满庆札调，藉得明目张胆，必欲屠灭呼征呼图克图。复藉剿办瞻对为名，征调各处土兵，其意盖恐福济等进藏认真查办，故大张声势，以为要挟抗拒地步。请令撤回土兵，并先将李玉圃调离西藏，等语。汪曲结布与李玉圃狼狈为奸，满庆等事事受其挟制，代为蒙混奏请，实堪痛恨。本日已谕令将土兵撤回，保守藏地。如瞻对夷酋入境，即为剿办，不得滋扰内地。惟该土兵能否不恃众滋扰，殊未可知，著骆秉章饬各该地方妥为防范。如有滋扰情事，即行严拿惩办。瞻对野番近日情形如何，并著该督饬令史致康等妥为办理，毋任延蔓。藏中政务毫无端绪，亟须待人经理。福济、景纹仍当遵照前奉谕旨，绕道赴藏，将交查各案件密速妥办，毋得迟延观望。将此由六百里各谕令知之。

《清实录藏族史料》（九）4315—4316 页；（《穆宗实录》卷六七）《元以来西藏地方与中央政府关系档案史料汇编》（三）1034—1035 页

① 《元以来西藏地方与中央政府关系档案史料汇编》中无"（议政王军机大臣等）"几字。

据崇实骆秉章密陈著济福景纹迅速赴藏暗中查明陈奏谕

同治三年正月初三日（1864.2.10）

又谕：崇实、骆秉章奏密陈西藏情形，请权宜办理一折。据称：满庆、李玉圃、汪曲结布互相固结，李玉圃怂恿满庆蒙混具奏，以汪曲结布掌办藏务，复奏请将李玉圃破格录用，汪曲结布奏书中复力剖满庆、李玉圃之冤，并满庆、李玉圃藉瞻对天主教为名，种种欺诈要挟，请暂筹权宜办理，等语。满庆等挟私怀诈，把持藏务，已成固结难解之势，非权宜办理，不足以释藏中之疑而离其势，本日已照所请寄谕满庆等办理矣。满庆等寄谕内仍将崇实、骆秉章、福济、景纹四人衔名叙入，以释满庆等疑虑。著崇实等催令满庆、李玉圃迅即来京，并晓谕汪曲结布令其抚辑僧俗，毋令再生事端。傥能全藏底定，尚当破格加恩，俾免疑惧。仍晓以前次加恩系出自特旨，非由满庆等奏请，以散其固结之心。一面催令李玉圃迅速来京，催满庆等到川，再将李玉圃押解赴京。罗勒拏于道光年间既已入藏，彼时未经藏中驱逐，此时弛禁之后，藏中僧俗未必即至惊疑。满庆等前奏藏中因洋人传教人心惶惑，是否实在情形，著福济、景纹于到藏后查明酌办。瞻对土匪前已回巢，且系满庆、李玉圃藉剿办该土司为名虚词恫喝，为要挟固结之谋。即著福济等飞速行文，将满庆等前调藏兵撤回，

毋庸越境会剿，以弭边衅。仍著骆秉章等饬令史致康督令派出卓和协兵五百名，扎驻河口，查拿夹坝。并晓谕明正、里塘各土司照常安设驿站，以期疏通道路。惟藏中正当多事之秋，此时福济等赴藏，势更难缓。且满庆等既可由藏来川，福济、景纹何独不可由川赴藏？著仍凛遵前旨，即速由川起程，驰赴西藏，认真查办，毋得藉词推诿，致干重咎。至李玉圃诡谲异常，未必肯即行来京质对案情。前据满庆等奏称：该员自到川以来，候补十有余年，在口外苦累，未得一署本缺，恳请破格录用，等语。是其志在躁进，亟图回川署缺，早已情见乎词。此次寄谕满庆等，令其会同骆秉章等查明李玉圃劳绩保奏请奖。骆秉章等正可行文满庆会商酌保。一面将李玉圃檄调回省，令其署缺，俾该员有所欣羡，迅速回川，以绝藏中勾结煽惑之端，亦系权宜一法。总之，藏中之治乱，惟以福济、景纹到藏之迟速为断。如果能迅速赴藏，俾满庆等及早交卸，则李玉圃自无所用其煽惑。福济、景纹当识此意，赶紧由川起程，不得一味畏葸，致误大局。至福济此次赴藏仍当以帮同景纹专勘瞻对为词，以释满庆等疑惧。俟到藏后，仍将呼征等一案暗中查明，据实具奏。此次寄谕崇实等当加意慎密，即将来复奏时，缮写折件之人亦当慎择，毋令稍有宣露。将此由六百里各谕令知之。

《清实录藏族史料》（九）4331—4333 页

准照崇实骆秉章密奏所请办理并著迅即行文满庆等知照谕

同治三年二月十四日（1864.3.21）

谕议政王军机大臣等：前因崇实、骆秉章奏密陈西藏情形，请权宜办理，当经密谕崇实等，催令满庆等到川即令李玉圃迅速来京，并谕福济、景纹赶紧赴藏。兹据福济奏：遵旨起程，行抵雅郡。据史致康禀称在炉城竭力开导明正土司，已允设站支应乌拉。里塘土司因藏中复派粮员李玉圃带兵出剿瞻对，据里塘土司呈出藏中来信，现有大兵来剿瞻对，复狡恳调兵助剿，又执拗不即设站等情。现在由炉城以至乍、察惟递送文报夷人可以单身往来，中间夹坝横行，商旅裹足，即文报亦常被劫失，实难只身前进。惟藏事败坏由于李玉圃暗为主谋，满庆任听愚弄，该二员如不即离藏，必仍藉剿办瞻对以逞狡谋。不特土司撤站有所藉口，驿路终难疏通，更恐瞻对边衅愈启愈大。李玉圃与汪曲结布朋比为奸，兵权在手，其意更不可测。请饬满庆速将李玉圃所带藏兵撤回，并谕满庆、李玉圃迅速赴京，等语。满庆等怀私挟诈，把持藏务，福济、景纹一日不能到藏，祸患一日不了。著福济、景纹仍遵前旨，赶紧由川起程前往，毋再迁延推诿。若仍一味畏葸，置大局于不顾，恐福济、景纹不能当此重罪也。前次寄谕恐崇实等尚未接到，著再钞给阅看。前照崇实、骆秉章所请，另有寄满庆等谕旨一道，仍将崇实、骆秉章、福济、景纹四人衔名叙入，以释满庆等疑虑，亦未识曾否奉到？并再一并钞给阅看。此次仍有另寄满庆等谕旨一道，著崇实等迅即行文知照。将此由六百里各密谕知之。

《清实录藏族史料》（九）4333—4335 页

著崇实骆秉章福济景纹满庆恩庆遵照前旨速妥办理谕

同治三年二月十四日 （1864.3.21）

又谕：前因呼征控诉各语难以凭信，并办理藏务不能秉公，断难复令回藏，谕令满庆等责成汪曲结布协办藏务，剿办瞻对之藏兵即行撤回。查明李玉圃劳绩，会同崇实等保奏，送部引见。并令满庆回京，催福济、景纹迅速赴藏。兹据福济奏：遵旨起程，行抵雅郡，因里塘土司不肯设站未能前进，等语。藏中事务关系紧要，福济等亟应星驰前往，以资安辑。著福济、景纹仍遵前旨赶紧赴藏。并著满庆等晓谕明正等土司照常安设驿站，毋令再有阻滞。所有一切办法已于本年正月初三日寄谕内详细指示，著崇实、骆秉章、福济、景纹、满庆、恩庆懔遵前旨迅速妥为办理，即行奏闻，毋再稍涉迁延。将此由六百里各谕令知之。

《清实录藏族史料》（九）4335 页

著崇实骆秉章福济景纹查明各情具奏并将原禀抄崇实等阅看谕

同治三年五月十三日 （1864.6.16）

又谕（议政王军机大臣等）：前因崇实等先后陈奏西藏情形，并满庆等奏买巴扎仓喇嘛抢去已革待审之堪布等情，迭经谕令崇实等查明办理，并催福济、景纹迅速赴藏。兹据福济、景纹奏称：由炉城以至乍、察，道途仍难行走，等语。由川赴藏道路现在仍前梗阻，福济等尚难前进，惟藏中祸患日深，福济、景纹一日不到，变乱一日不了。著崇实、骆秉章、福济、景纹严饬史致康向明正等土司妥为开导，即令迅速设站，以期疏通驿路。福济、景纹仍一面设法前进，懔遵迭次密谕妥速查办。若专以道路未通为词，一味迟延推诿，置大局于不顾，朝廷法纪具在，福济、景纹其能当此重罪耶？所拣补僧俗番目等缺，既据奏称尚未身历其境，虚实难以悬揣，即著福济、景纹于抵藏后赶紧办理，一秉至公，毋稍迁就。拉里粮务严清荣所禀李玉圃、马腾蛟与璧喜等狼狈为奸各情，其言是否确实，著崇实、骆秉章、福济、景纹查明具奏。严清荣原禀著钞给崇实、骆秉章阅看。将此由五百里各谕令知之。

《清实录藏族史料》（九）4339—4340 页

著崇实骆秉章饬藏中先筹款拨给唐古特银两俟解饷到藏后归款谕

同治三年八月初一日（1864.9.1）

本日据崇实、骆秉章奏：唐古特借用廓尔喀炮位并药铅、夫役、口粮等项共需银七千余两，现因道途通塞靡常，川省势难克期解到，请饬藏中先行筹给，等语。著满庆、恩庆于藏库现存无论何项先行筹款拨给，俟道路疏通，即由骆秉章于拨解藏饷时搭解归款。将此由五百里各谕令知之。

《清实录藏族史料》（九）4346 页

崇实骆秉章所奏已革总堪布身死案著俟福济景纹入藏后再将有关人等解藏质对谕

同治三年十一月初一日（1864.11.29）

又谕：崇实、骆秉章奏：前奉谕旨饬查已革总堪布身死情节，因川中距藏窵远，不特此案无从悬揣，即藏中实在情形亦难知悉。现据史致康禀称，明正、里塘各土司现已具结安站，由打箭炉以至里塘大路可通，惟一到乍丫即入藏地，福济等能否前进尚未可知。且恐番官与各土司串通，故为设站，俟福济等到后，任其要挟。此时汪曲结布等已成固结莫解之势，请暂予羁縻，将从前各案暂缓深求，俟满庆、李玉圃进关再行查办，等语。本日又据满庆等奏：接奉寄谕，饬令汪曲结布协理商上事务，该达赖喇嘛及汪曲结布均各感激并商属僧俗公同出结，永远和睦，各等语。西藏情形本非内地可比，朝廷所重惟在全藏乂安。是以历次所降谕旨，虽暗谕崇实、骆秉章、福济、景纹将从前各案密行查办，而于满庆等寄谕内仍将汪曲结布暂示羁縻，令其协理商上事务，并将李玉圃嘉奖，令满庆等会同骆秉章保奏送部引见，原以安藏俗之心而撤满庆、李玉圃之权，令其离藏以便查办。骆秉章所奏各情，即系朝廷命意所在。本日复将呼征在京身死一节谕知满庆，所有商上事务即责成汪曲结布妥为抚辑，永息争端，仍将崇实等衔名叙入，以释其疑。惟满庆、李玉圃把持藏务，狼狈为奸，已成滇省之势，非调令进关无从办理。满庆本日折内复称：李玉圃应俟川派接管粮务之员到来，并景纹等抵藏，再会同该将军、总督声叙劳绩保奏，并该大臣亦即交卸回京，等语。是景纹等一日不能抵藏，满庆等反得以交卸无人，藉词延宕，藏务终无了期。现在各土司均已具结安站，是由川赴藏道路业已疏通，福济、景纹屡经有旨严催，尚复任意迁延，畏首畏尾，实属不知缓急，著即星驰前进。抵藏后宣布朝廷德意，将僧俗人众妥为安抚，以便满庆交卸回京。一面将交查各案严密访查，会同崇实、骆秉章复奏办理。并著骆秉章迅速拣派接管粮务之员，星驰赴藏，令李玉圃交卸回川，使该二员无所藉口。呼征虽死，其随从人等若令其即行回藏，恐为满庆等谋害灭口，此时仍暂羁京师，俟福济、景纹抵藏后，如有应行对质之处，再将该随从人等递解回藏，以凭质讯。将此由五百里各密谕知之。

《清实录藏族史料》（九）4346—4348 页

著崇实骆秉章责令速将瞻对案办理完结谕

同治三年十二月初八日（1865.1.5）

又谕（议政王军机大臣等）：崇实、骆秉章奏西藏暨瞻对现在情形，无需大员前往查办一折。前因满庆等奏，汪曲结布病故，已将罗布藏青饶汪曲赏给诺们罕名号，协理商上事务，并谕满庆等勖令勤慎办公，务协舆论。著满庆、恩庆仍遵前旨，饬令罗布藏青饶汪曲凡事秉公办理，以期僧俗相安，俾藏地日臻静谧。景纹系特简驻藏大臣，责无旁贷，著即遵照前

旨，赶紧驰往西藏赴任，将应办事宜妥协办理，以重职守。道员史致康赴
打箭炉安设台站，疏通大路，崇实等派令随同福济赴藏，该道员藉词推
诿，而于各土司地方设站有无梗阻，又不禀复，办理殊未妥协。史致康著
暂行革职。著崇实、骆秉章责令速将瞻对之案办理完结，以赎前愆。将此
由五百里各谕令知之。

《清实录藏族史料》（九）4352 页

著崇实骆秉章查明从前成案现在出兵回疆是否相宜
均奏明候旨办理谕

同治四年正月十八日 （1865.2.13）

谕议政王军机大臣等：从前道光年间办理洋务，咸丰年间向荣督师江
南，均曾檄调四川屯兵，临阵冲锋向称骁勇。嗣以南方水土不服，该屯兵
等均多物故。又上年石达开巨逆窜扰川省，败经紫打地等处，为各土司兵
诱入绝地，官军卒获歼擒，此项土司兵是否即系从前所调屯兵？又有土练
番兵名目，是否即系此种？现在回疆军事孔亟，南北两路警报频闻，甘肃
回氛急切未能藏事，出关之兵穆图善所部无多，专恃鲍超旧部及调募川兵
川勇为大支劲旅。新疆贼势蔓延，兵力尤资厚集，该屯兵等现在能否得
力？其征发檄调自与内地官兵不同，如调派千名出关剿贼，一应军装器械
需费若何？其按月支放口粮，较之内地兵勇赢绌奚似？又此兵调赴他省是
否同于雇募？须先给身价银两每名若干？均著崇实、骆秉章查明从前檄调
屯兵成案及现在应如何办理情形，详细具奏。至该屯兵等均系步队，登山
涉险乃其长技，关外地方辽阔，平原广漠，利在用骑，此兵出关于地利是
否相宜，当不至用其所短，并著崇实、骆秉章体察情形，奏明候旨办理。
将此由五百里各谕令知之。

《清实录藏族史料》（九）4354—4355 页

著崇实骆秉章遵前旨妥办土司等具结息争速办完竣等事谕

同治四年三月二十六日 （1865.4.21）

又谕（军机大臣等）①：崇实、骆秉章奏，藏兵深入土司地方，已近川边，现饬防范一折。西藏前派李玉圃统带土兵剿办瞻对，曾据骆秉章奏，该土兵甫抵巴塘即肆抢掠，围攻土司住寨，伤毙人命各情。当经谕令满庆等迅将李玉圃及此项土兵赶紧撤回，严加约束。兹据骆秉章奏，瞻对已与明正土司具结息争，现未出巢，并未与明正土司构兵，而藏兵已至道坞，将近明正土司地方，声言欲攻瞻对老巢，其为藉图需索、骚扰内地，已无疑义。瞻对具结息争一事，如尚不可靠，未必永弭衅端，自当仍由骆秉章遵照前旨，饬令史致康妥为晓谕，使之敛兵归巢。如早已相安无事，又何烦藏兵从中生事，致蛮触又复相争？著骆秉章严饬史致康及打箭炉文武确加侦探，严密防范。仍责成该员将该土司等具结息争一事迅即办理完竣，务期永远相安，疏通驿站，毋致再启边衅。一面查明统带藏兵之员是否即系李玉圃。该革员罪恶昭著，本有旨令其赴川，以凭查办，著骆秉章即将该革员设法调令赴省。景纹如尚未起程，著即迅速取道前进，一面饬令李玉圃赴川，一面接统其兵。如该兵尚遵约束，不至如前骚扰，尚可会同史致康等将土司事务办竣再行撤回。若竟漫无纪律，贻害地方，即由景纹迅带回藏，不准阑入川疆，致生他变。将此由六百里各谕令知之。

《清实录藏族史料》（九）4355—4356 页；（《穆宗实录》卷一三四）
《元以来西藏地方与中央政府关系档案史料汇编》（四）1263 页

① 《元以来西藏地方与中央政府关系档案史料汇编》中无"（军机大臣等）"几字。

崇实骆秉章前奏与景纹所奏瞻对情形互异著查探确情具奏谕

同治四年七月初七日 （1865.8.27）

谕军机大臣等：前据崇实、骆秉章迭奏藏兵抢掠骚扰，围攻土司住寨等情，先后谕令景纹将此项土兵压令折回。兹据景纹奏：瞻酋侵占各土司边界，扰塞川藏大道，久为边患。今经被害难夷约会藏兵，收复土司各地，围攻瞻酋老巢，剿办正在得手，碍难遽行撤回，现派员弹压。等语。骆秉章前奏瞻对已与明正土司具结息争，景纹又称藏兵攻打瞻匪正在得

手，不日可以剿灭，所奏情形互异。现在瞻对究竟是否尚在构兵，史致康系熟悉情形之员，其所禀现在情形与景纹有无异词，著崇实、骆秉章查探确情，据实具奏。此项藏兵既据景纹奏称暂难撤回，即著该大臣饬令派出各员前往弹压，妥为开导，务令该兵各安本分，恪遵约束，毋令滋生事端，扰害地方。该兵人数众多，若驾驭失宜，恐滋尾大不掉之虞，景纹惟当督饬委员设法防维，不可稍涉大意。该大臣现由里塘前进，即著星速遄行，趱程赴藏，毋稍逗遛，以副委任。将此由五百里各谕令知之。

《清实录藏族史料》（九）4358—4359 页；（《穆宗实录》卷一四七）《元以来西藏地方与中央政府关系档案史料汇编》（四）1264 页

据崇实等奏瞻对善后事宜著令史致康妥为办理毋令别滋事端谕

同治四年八月十二日（1865.10.1）

谕军机大臣等：崇实等奏里塘夷案办理完竣，所辖台站均已安设，并饬藏兵暂缓折回各折片。里塘夷案经崇实等督饬史致康办理完竣，当招回各土司所管百姓复业，一面饬令正土司与堪布格桑喇嘛等，公举头人另充副土司暨崇喜土司，以绝葛藤。并将勾结瞻酋藉快私忿之副土司拉旺策励、土把总衔任曾工布一并斥革，发往前藏充当苦差。均著照所拟办理。在逃之崇喜土司拉旺任曾，著崇实等饬属严拿，务获究办，毋任漏网。其应办善后事宜，即著饬令史致康妥为办理，以便景纹起程前进，迅赴新任。前因藏兵骚扰，谕令崇实等即行撤回。兹据奏称：藏兵与各土司现已逼近瞻酋老巢，若即行撤退，瞻酋恐又鸱张，请饬暂缓折回，等语。此项藏兵如由该将军等饬令会同众土司剿灭瞻对，则藏兵藉口向内地索饷自系意中之事，诚不可不预为之防。著照崇实、骆秉章所拟，暂缓札饬折回，姑听其与各土司自行攻剿瞻酋，俾免另生枝节。里塘善后一经办理葳事，即著檄令史致康驰赴瞻对境内体察情形，妥为驾驭，毋令别滋事端。……

《清实录藏族史料》（九）4361 页

崇实骆秉章奏瞻对剿平著赏给达赖喇嘛派堪布管理
并拟奏奖励史致康等谕

同治四年十二月十四日 （1866.1.30）

又谕（内阁）：崇实、骆秉章奏剿平瞻对，官军凯撤一折。瞻对逆酋工布朗结自道光二十八年以来强梁自逞，侵占各土司地界，复敢围攻里塘，窥伺藏界。经崇实、骆秉章派令道员史致康激励麻书土司四朗汪结等协力接引藏兵节节进剿，明正土司甲木参龄庆亦派兵会剿。史致康由里塘驰赴瞻对，调派弁兵分路环攻，将瞻对新旧两寨全行攻克。逆酋工布朗结及其二子均被焚诛，并将擒获头人六谷玛、罗布扎喜正法。其生擒之东登工布及其亲属押解回藏。官兵陆续凯撤，办理甚属得手。瞻对逆酋以边隅小丑胆敢逞其不轨，蚕食各土司，久为藏边之害。此次捣穴擒渠，洵足以快人心而申天讨。所有瞻对上、中、下三处地方，即著赏给达赖喇嘛，派堪布管理，建庙焚修，并著驻藏大臣查明奏请办理。收复各土司地方均著饬令各安住牧，妥为安插。其卓巴塞尔塔土司既无正支可袭，即著将该处地方责成麻书土司四朗汪结兼管。道员史致康督率员弁汉、土、藏兵攻剿两年，收功尚速，著崇实、骆秉章酌请奖励，出力员弁一并择尤保奏。藏中番官、喇嘛等，并著驻藏大臣查明请奖。

《清实录藏族史料》（九）4365—4366 页

据崇实等奏瞻对事竣善后事宜著饬史致康悉心办理谕

同治四年十二月十四日 （1866.1.30）

谕军机大臣等：崇实、骆秉章奏剿平瞻对善后事竣，汉兵、藏兵凯撤，西疆一律肃清一折。道员史致康督同番官暨各土司会合藏兵攻克瞻对，将逆酋工布朗结及其二子焚诛。各土司暨难夷等均已各复故地，得安住牧。卓巴塞尔塔土守备汪庆已故，无正支可以承袭，责成四朗汪结兼管。所筹均极妥协。瞻对三处地方已赏给达赖喇嘛，即著景纹、恩庆宣示该喇嘛等派堪布妥为管理，毋任再有构衅。在逃之拉旺任曾闻拿投首，著景纹等照例办理。此次瞻对剿平之后，三千余里地方，一百余年边患，立

见廓清。惟善后事宜必须认真经理，以期久安长治。著崇实、骆秉章督饬史致康等悉心妥办，务使民夷相安，争端永息，方为妥善。将此由六百里各谕令知之。

《清实录藏族史料》（九）4366—4367 页

骆秉章崇实奏剿平瞻对善后事竣官兵一律凯撤疏

同治四年十二月（1866.1.17—2.14）[①]

窃臣等前将剿灭瞻酋大概情形附片陈明在案。兹据委办夷务盐运使衔候补道史致康禀称：所派文武委员督同番官暨各土司会合藏兵攻克瞻对新旧两寨，将瞻酋工布朗结及其二子焚诛，擒获头人六谷玛、罗布扎喜立即正法，并将生擒之东登工布及其亲属押解回藏，分别办理。各土司均已安插，所有藏兵酌发犒赏，现已陆续起程回藏等因。

查中瞻对自乾隆十年来屡启边衅。自罗布七力，既伏冥诛而工布朗结贪狠性成，势复鸱张，侵占各土司地界，抢夺印信号纸，强梁自逞。道光二十八年前任督臣琦善督兵剿，挟川省之全力，未能得手，不数年间，工布朗结蚕食鲸吞，竟将霍尔等五家土司与德格土司并西宁迭齐二十五族地方，全行侵夺。上年并扰及藏界，围攻里塘，烧毁台站，意在窥伺藏界。经藏中派番官带兵堵剿，未挫凶锋。迨麻书土司四朗汪结亲至打箭炉城，面请委办夷务候补道史致康调兵助剿。当经史致康密示机宜，多方激励，该土司愿效前驱，约会被害各土司，同时反正，合谋出力，并接引藏兵节节进攻，屡获大胜。明正土司甲木参令庆亦派头人带领土官出境会剿，经文武委员督率藏土官兵，遂将瞻酋新旧两寨围困。臣等已接史致康密禀，知筹办得手，机会大有可乘，因飞饬由里塘夷务办结后，即驰赴瞻对，并调派弁兵运送大炮，分路环攻，乃得捣穴歼巨，除此巨恶，实足大快人心。被害各土司及难夷等流离失所，一旦得复旧地，无不欢欣鼓舞，各安住牧。惟卓巴塞尔塔系土守备汪庆住牧地方，自被瞻酋侵占后，现查土守备汪庆既故，已无正支可以承袭。各土司中惟麻书土司四朗汪结，尤为出力，应将卓巴塞尔塔地方，责成该土司兼管，番民亦皆悦服。其瞻对上中下三处地方，经达赖喇嘛派番官带领藏兵会同汉土官兵剿灭瞻酋，未便没其微劳，仰恳天恩，将瞻对三处地方，赏给达赖喇嘛，派堪布管理，建庙

293

焚修，应请敕下驻藏大臣查明请旨遵照办理。其里塘案内在逃之崇喜土司拉旺任曾闻拿自行投出，已交番官赴藏中办理，藏兵现已起程回藏，所调汉兵暨各土兵均于十月三十日凯撤。

臣等查此次剿平瞻对，焚诛首逆，收复侵占各土司地方，纵横三千余里，一百余年边患，永绝根株，并未劳师糜饷，此皆仰赖天威，即臣等亦不料收功如此之速。前此藏路屡撤台站，虽由瞻对扰害，而各土司借词要挟，亦所不免。经此剿灭尽净之后，均皆震慑，各土司恪遵断牌，远陲自此可期靖谧。史致康督饬文武委员及汉土藏兵在边徼出力两载有余，均属著有微劳，容臣等查明，择尤酌保。仰恳鸿施，以资鼓励。至藏中番官喇嘛等应请饬下驻藏大臣查明奏奖。

同治四年十二月谕内阁：崇实、骆秉章奏剿平瞻对官军凯撤一折……即著驻藏大臣查明奏请办理。

《清代藏事奏牍》1599—1600 页

① 时间为奉谕日期。

八十五、景纹

景纹简传

　　景纹，正黄旗汉军旗人，为佐领锡庆之次子。咸丰八年，署理正红旗汉军副都统。九年，任乌鲁木齐领队大臣，转英吉沙尔领队大臣。十年，调库车办事大臣。十一年七月，命往藏办事，接崇实为驻藏办事大臣。同治元年九月，行抵打箭炉时瞻对工布郎结为乱，阻路不能前进，辗转拖延。同治四年八月十九日，始抵拉萨就职。同治八年二月初九日，景纹以上年西藏办理瞻对事竣，达赖喇嘛认为商上及在事汉番各员均得到奖励、升职，唯独驻藏大臣未奉恩旨，而公同具奏，代为景纹请奖。皇上览奏后，甚为诧异。景纹以交卸之先自行陈请奖叙，实属卑鄙无耻，令交部严加议处。三月，被降四级调用。

景纹为驻藏办事大臣谕

咸丰十一年七月二十二日（1861.8.27）

　　调乌里雅苏台蒙古参赞大臣阿尔塔什达为库伦办事大臣，库车办事大臣景纹为驻藏办事大臣。

《清实录藏族史料》（九）4287 页

景纹奏行抵川省接奉寄谕并筹备饷需以冀早结布施争讼案折

同治元年六月二十日 （1862.7.16）

新调驻藏办事大臣奴才景纹跪奏，为行抵川省，接奉寄谕，并现在筹备饷需缘由；恭折驰奏，仰祈圣鉴事。

窃奴才前于咸丰十一年十一月二十四日，由库车启程赴藏，曾经恭折奏闻在案。兹奴才于本年六月初六日行抵川省，准督臣骆秉章移交军机大臣字寄，钦奉谕旨二道，军机处原封一件。奴才当即敬谨拆阅。同治元年五月初八日奉上谕：满庆等奏喇嘛因布施争讼等情，著景纹于抵前藏后，即会同满庆等将此案另为筹办。该大臣甫经到藏，无所用其回护，并著切实查明起衅根由，秉公办理，毋稍瞻徇。将此由五百里谕令知之。等因。钦此。遵旨寄信前来。

伏思奴才荷蒙天恩，简任西藏重地，自当竭力图报。况又值喇嘛等互相构难，奴才亟应遵旨赶紧前往，秉公剖断，设法抚辑，方不负委任之意。惟正在访闻藏中情形之际，适据西藏粮务李玉圃、游击怀唐武、拉里粮务严清荣等先后通禀，现在西藏僧众，骄傲成性，各仗人多，妄逞兵威，枪炮齐施，互相轰击，各有损伤。藏中汉番军民人等，惊惶靡定，交易全无。且又在陆续调派工布、竹笆二处番兵，赴藏助恶。驻藏官兵为数无几，实不足以资弹压。各等情。奴才景纹细察禀中情词，该喇嘛等既经构难逞兵，互有伤残，加以外番蠢助，必须先以声威，怀以恩信，使之震慑畏惧，或可消其贪妄之念。

查拉里地方距藏较远，所有一切情形，尤必见闻真确。奴才即一面先行飞饬拉里粮务、西藏粮务、游击等，严加开导，务使两造先息争端。奴才赶紧筹备饷糈赏号，启程前往查办。惟川省现因军务未竣，需用浩繁，应解藏兵饷已积至三十余万两，未经拨解。奴才景纹到藏时，必须借资驻藏兵力弹压暨秉公剖断，以冀及早了结。虽川省库款万分支绌，而驻藏兵饷亦属紧要。奴才再四思维，殊深焦灼，惟有仰恳天恩，敕下川督、藩司，无论何项，暂为凑集银数万两，派委妥员随同解往，稍济饷需，俾奴才得以兼程前进，会同奴才满庆等切实查明，相机筹办，总期迅速藏事，不致酿成夷务，以仰副皇上抚绥边陲之至意。

所有奴才行抵川省，筹备饷需及接阅禀词缘由，理合恭折先行驰奏，伏乞皇上圣鉴训示。谨奏。

议政王军机大臣奉旨：另有旨。钦此。

（一史馆藏宫中朱批奏折）《元以来西藏地方与中央政府关系档案史料汇编》（三）1010—1011 页

著景纹迅即调齐兵丁驰赴藏中相机筹办谕

同治元年七月初六日 （1862.8.1）

谕议政王、军机大臣等：景纹奏行抵川省筹备饷需，并在川接满庆等咨报情形各折片。据称见在西藏僧众互相残杀，驻藏官兵不足以资弹压，请饬川省暂为凑银数万两，以备饷粮，并调拨番汉官兵，拣派文武干员，随同前往，等语。前据满庆等奏，藏中僧俗斗杀不休，当经谕令骆秉章由川酌调妥干官员及兵丁数百名，交景纹管带赴藏，如川省兵力未能分拨，即咨行景纹酌调达木蒙古官兵及夥尔三十九族番兵就近带附〔往〕，并谕令景纹于抵川时，与骆秉章筹商，将所调兵丁迅速带往。见在景纹已抵川省，著骆秉章督饬藩司，凑集银数万两，以备饷需军火之用，如一时或形支绌，即著先备若干解交，余再源源接济，并拣派能干文武数员，随同景纹前往弹压办理。并著景纹迅即调齐番汉兵丁驰赴藏中，相机筹办，及早竣事，并仍遵前旨，查明此案起衅根由，秉公剖断。满庆等有无徇情滥保情弊，亦著查明，切实具奏，毋许瞻徇。将此由五百里各谕令知之。

（《清代藏事辑要》一第 500 页）《元以来西藏地方与中央政府关系档案史料汇编》（三）1012—1013 页

著景纹抵藏后查明骆秉章满庆所奏喇嘛互斗案启衅
迥异原因并迅速具奏谕

同治元年八月初十日 （1862.9.3）

又谕：骆秉章奏查访西藏喇嘛启衅情形一折。据称布赍绷寺直年堪布克减布施，呼征呼图克图已将该堪布革退。布赍绷寺喇嘛十七支，内有洛塞岭巴一支，素本桀骜，藉口众心犹未餍服，拥至呼征呼图克图处滋闹。

满庆等派粮务委员李玉圃、游击怀唐武、把总马腾蛟查办。李玉圃等偏徇布赍绷寺，私发断牌，以致两造不服。布赍绷寺复约同噶勒丹寺番众，私取布达拉山武库枪炮轰击。该呼图克图屡向满庆等衙门投诉，均为李玉圃、马腾蛟蒙蔽不办，呼征呼图克图遂开枪拒敌，汉番均怀惊恐。布赍绷等两寺复纠众赴满庆等署喧闹要挟，并串通李玉圃，将素本狡诈之参革发遣噶布伦璧喜①向满庆面请调回调停。璧喜遂逞私忿，必欲将呼图克图屠灭，合藏兵民皆为不平。等语。与满庆等迭次所奏情节迥异。现在呼征呼图克图虽经去藏，而兵民俱为之称冤，满庆等何以并未奏及？且目睹该寺喇嘛构衅互讧及布赍绷寺僧众强取库械、哄署喧闹要挟各情，何以任听李玉圃等始终蒙蔽，毫无觉察？且满庆等前次奏称有李玉圃等钞呈所发断牌，禀请转行呼征呼图克图查照完结等语。李玉圃等断牌既系私发，何以满庆等并不讯究，且将此事入奏？情节尤属支离。是否满庆等袒护布赍绷寺僧众，并授意李玉圃等偏断，以致酿成巨案，著景纹于抵藏后即将确情详细查明，据实具奏，毋得稍事徇隐，代人受过。李玉圃、马腾蛟二员既为兵民怨谤，其办理不善已可概见，并著景纹将该员等先行撤退，仍将蒙蔽把持劣迹查明严参，从重治罪；其璧喜一犯，即著解回配所，毋令盘踞藏地，致生枝节。如查有主谋构衅实据，仍著严行治罪，以儆凶狡。满庆等现保之汪曲结布是否堪以协理西藏事务，并藏地情形曾否安谧，均著迅速具奏。将此由四百里谕令知之。

（《穆宗实录》卷三七）《元以来西藏地方与中央政府关系档案史料汇编》（三）1014—1015 页

①原注：璧喜，bshad-sgra，或译夏札，是家族名，此人实际上就是已旨准协理商上事务的汪曲结布。

著福济景纹抵藏后将喇嘛起衅情由查明秉公办理
并著骆秉章密访具奏谕

同治元年十月二十八日（1862.12.19）

议政王、军机大臣字寄四川总督骆、副都统福、驻藏大臣景：同治元年十月二十八日奉上谕：前因满庆等奏喇嘛因布施争讼等情，当以该大臣所奏情节支离，恐有纳贿激变情事，谕令景纹于抵藏后详细确查，据实具

奏。嗣据骆秉章奏，访闻喇嘛起衅根由，系因布赍绷寺堪布克减布施，致起争端，满庆等为粮务李玉圃、游击怀唐武等偏徇蒙蔽，兵民均为不平，与满庆等历次所奏各情迥异，是满庆等之有意欺饰，已可概见。兹据文志奏称，拿获呼征呼图克图呈递冤词译汉呈览一折，览其呈词，因布施银两起衅，满庆既不为办理，又纳汪曲结布之贿，以致酿成事端。等语。与骆秉章访闻各情大略相同，虽其中不免该呼图克图一面之词，而满庆等办理失当，已无疑义。该罗沙族等有无恃强欺凌，满庆何以不为持平办理，汪曲结布既因事革退，何以又令代办商上事务，难保非受贿徇庇。该呼图克图有无冤抑，事关边疆要务，必须彻底根究。著福济、景纹于抵西藏后，将喇嘛起衅情由切实查明，秉公办理。倘满庆有办理偏私及受贿情事，即行据实严参，候旨惩办，以服众心。该呼图克图现在解京，无难审出情实，福济等断难徇隐。倘以事越万里，朝廷不能觉察，稍涉欺蒙，别经发觉，惟福济等是问。西藏事务与川省关涉甚多，若藏中不能安谧，则川省亦难免缮征之劳，并著骆秉章随时密访，据实奏闻。呼征呼图克图呈词著抄给阅看。将此由五百里各谕令知之。钦此。

遵旨寄信前来。

（一史馆藏上谕档）《元以来西藏地方与中央政府关系档案史料汇编》（三）1024 页

藏犯吐多卜降巴仍著景纹研讯请旨并应行奖励僧人亦交查明具奏谕

同治四年七月十九日[①]（1865.9.8）

军机大臣字寄驻藏大臣景纹、前驻藏大臣满庆、帮办大臣恩庆，同治四年七月十九日奉上谕[②]：前因满庆、恩庆奏讯明造意纠夺已革总堪布人财，胁众拒捕之首犯吐多卜降巴，请[③]在藏正法，并请将深知佛教之僧众奖励[④]，当谕令俟福济、景纹到藏后，再行请旨办理。兹复据满庆等奏，以福济业已奉旨回旗，景纹又无自炉出口确信，未便使讯明要犯久稽显戮，前保僧众，仍请照拟给奖[⑤]，等语。此案虽经满庆等讯明确情，惟前既有令福济、景纹查办之旨，若不候讯结先行正法，恐终[⑥]无以折服该犯之心。现在福济虽已回京，而景纹前次奏报，已行抵里塘，不久当可到藏，仍著满庆等将吐多卜降巴妥为羁禁，不得稍涉疏虞。并著景纹于抵任后，即亲提研讯，请旨办理，其应行奖励之僧人滚多尔呼毕勒罕甲木巴勒丹增拉木结一并交景纹查明奏请奖叙⑦，将此各谕令知之，钦此。遵旨寄信前来⑧。

《清代藏事奏牍》351—352 页；《清实录藏族史料》（九）4359 页

①时间为上谕日期。

②《清实录藏族史料》中"军机大臣字寄驻藏大臣景纹、前驻藏……七月十九日奉上谕"为"谕军机大臣等"几字。

③《清实录藏族史料》中"请"字后有一"即"字。

④《清实录藏族史料》中无"并请将深知佛教之僧众奖励"几字。

⑤《清实录藏族史料》中无"前保僧众，仍请照拟给奖"几字。

⑥《清实录藏族史料》中无"终"字。

⑦《清实录藏族史料》（九）中无"其应行奖励之僧人滚多尔呼毕勒罕甲木巴勒丹增拉木结一并交景纹查明奏请奖叙"等句。

⑧《清实录藏族史料》中无"钦此。遵旨寄信前来"几字。

景纹恩庆代奏新放噶布伦策汪边坝尔谢恩折

同治四年八月初三日（1865.9.22）

奴才景纹、恩庆跪奏，为代谢天恩；恭折奏闻事。

前据满庆等奏三品噶布伦拉木结汪堆多尔吉遗缺拟定正陪请旨拣放一折，于同治四年九月十二日接奉谕旨：噶布伦缺著四品破〔颇〕瑵策汪边坝尔补放。钦此。钦遵。随即恭录传知在案。

兹据诺们罕具详前来：新放噶布伦策汪边坝尔呈称，小的荷蒙大皇上恩施，赏给噶布伦一缺，奉到之间，当即望阙叩谢天恩。伏思小的毫无报称之处，惟于商上事务尽心办理，以期仰报于万一。并叩谢天恩，呈进吉祥哈达一方、古佛一尊，恳请代为转进。等情。据此，查得与例相符，是以奴才等将哈达、佛尊敬谨另匣装固代为呈进。理合恭折奏闻，伏祈圣鉴。谨奏。

军机大臣奉旨：知道了。钦此。

（一史馆藏宫中朱批奏折）《元以来西藏地方与中央政府关系档案史料汇编》（五）2061—2062 页

据景纹奏报著就近体察情形相机妥办俾藏地得以安谧
并将应办事件查明复奏谕

同治四年八月二十三日（1865.10.12）

又谕（军机大臣等）：景纹奏藏兵攻剿瞻对大胜，派员督催迅剿老巢一折。据称：藏兵于六月间攻毁瞻逆碉房大寨多处，各寨贼匪均已投诚。惟工布朗结父子所居新旧贼寨暨业尔巴六谷玛牙玛顿柱贼寨尚未攻破，现在设法赶紧进攻老巢，等语。此次藏兵同心进攻瞻对，甚为出力。业经景纹犒赏茶包等件，并筹款添补军火，俾番兵等踊跃进攻，迅图剿灭，办理甚是。即著严饬史致康迅由道坞北路督催汉、土兵勇、反正各夷设法进逼巢穴，毋稍松劲。察木多粮员童沛霖、游击庆衡既于地利熟悉，著饬令该员等认真弹压督催，以期早为藏事。景纹现已由察木多起程赴藏，著就近体察情形，相机妥办，俾藏地得以安谧。抵藏后即将应行查办事件迅速查明复奏。将此谕令知之。

《清实录藏族史料》（九）4362 页

景纹奏抵藏接印任事日期及谢赏福字等物折

同治四年八月二十六日（1865.10.15）

奴才景纹跪奏，为到藏接篆日期，恭折奏闻，叩谢天恩事。

窃前经恭奉谕旨：驻藏办事大臣员缺，著库车办事大臣景纹调补，即今驰驿前赴新任，等因。钦此。钦遵在案。惟时奴才取次前进，兹于本年八月十九日抵藏。奴才满庆等率领文武员弁以及各呼图克图、噶布伦并番员官众跪请圣躬万安毕，奴才顺道前赴布达拉山叩谒圣容，复往罗布岭岗寺院看视达赖喇嘛。该喇嘛向东跪请皇上圣安。是日奴才景纹入署，恭设香案，望阙叩谢天恩，接篆任事。

再，叠蒙圣主恩施，赏赐福字、荷包、银锞、莲子等物，今由奴才恩庆转移赏交前来，敬谨祗领讫。伏思奴才景纹一介庸愚，受恩深重，则感戴实无涯矣。惟有谨遵圣训，于藏中一切事件，循例秉公认真办理，竭尽愚诚，以期图报，仰体皇上抚绥外番、镇靖边围之至意。

谨将奴才到藏接篆日期，叩谢天恩缘由，理合恭折奏闻，伏乞皇上圣鉴。为此谨奏。

军机大臣奉旨：知道了。钦此

（一史馆藏宫中朱批奏折）《元以来西藏地方与中央政府关系档案史料汇编》（四）1654 页

据景纹奏著饬令史致康督催藏兵进攻以期早日蒇事
并著克日赴藏谕

同治四年八月二十八日（1865.10.17）

又谕（军机大臣等）：景纹奏藏兵攻剿瞻逆获胜，克复地方一折。藏兵攻剿瞻逆迭次获胜，生擒瞻逆长子东登工布父子、次子僧人四朗生格等。东登工布等自愿寄信与工布朗结，带领番众投诚，先将萨伽喇嘛、德尔格特土妇母子等放回。乃工布朗结得信后，将德尔格特长子、长女等放回，将萨伽喇嘛、德尔格特土妇等仍留在寨，亦未率众投诚。是其怙恶不悛，即准投诚，难保不意存反复。著即饬令史致康督催藏兵迅速进攻，乘瞻逆穷蹙之时一鼓殄除，以期早日蒇事。将来善后事宜均则成史致康妥办。景纹著克日赴藏，妥筹办理一切，以副委任。将此由五百里谕令知之。

《清实录藏族史料》（九）4363 页

景纹恩庆奏掣定察木多锡瓦拉呼图克图折

同治四年九月初一日（1865.10.20）

奴才景纹、恩庆跪奏，为掣定察木多锡瓦拉呼图克图，恭折奏闻事。

窃适据达赖喇嘛咨称：察木多呼图克图之徒众呈报，小僧等连年趋赴各处地方访求我们师傅，今在乍丫之旺卡地方访得番民该桑之子名札喜丹增一名，又在噶斯地方访得番民柱玛棍之子名披充养摆一名，俱年二岁。观其相貌，与我们师傅俱是一样，诞生之际，皆各有吉祥应兆。恳为转请驻藏大人们俯准，由金瓶签掣一名，以凭遵定，等语。具信字呈报前来。

奴才等即于本年八月初六日赴大招，会同诺们罕，将此二幼子名目分书二签，众僧于时讽经祝祷，奴才恩庆敬谨奉签入瓶，迨讽经典成，奴才满庆跪自瓶内谨将噶斯番民柱玛棍之子披充养摆掣出，定为锡瓦拉呼毕勒罕。兹据达赖喇嘛遵依经典，更名阿旺济克美青饶丹增称勒，定为法名。当即奴才等札饬该徒众等知悉遵照讫。是以理合缮折奏闻，伏乞皇上圣鉴。谨奏。

军机大臣奉旨：知道了。钦此。

（一史馆藏宫中朱批奏折）《元以来西藏地方与中央政府关系档案史料汇编》（五）2173 页

景纹奏到任接印查明西藏僧俗相安情形折

同治四年九月初一日（1865.10.20）

为到任接印后，查明西藏僧俗现在相安各情形，恭折驰驿具奏，仰祈圣鉴事。

窃奴才于同治四年八月十九日接管西藏办事大臣印务，惟有奋勉供职，勤慎趋公，仰副宸衷西顾之至意。

查西藏地方历受豢养之恩，至厚且隆。前因慧能呼征呼图克图一案，阖藏僧俗，几致酿成巨案。虽大众不合，以布施细故，擅起衅端，究由呼征居心偏袒，激成其变。嗣经奴才满庆、恩庆在布达拉山宣读德音，张贴告示，该僧俗等顶戴天恩，无不鼓舞感惧。以此各愿出具图记甘结，僧俗永远相安。奴才视事后，宣扬威惠，重申约束，宽其已往之咎，开其自新之路，阖藏僧俗，莫不心悦诚服。

且查前次新派掌办商上事务诺们罕罗布藏青饶汪曲，行年六十有六，老诚持重，经典深沉，素为阖藏僧俗敬礼。经奴才详细开导一切，彼感激我皇恩高厚，力图报称，所有应办一切公事，遵依约束，仍照例办理。

此藏地底定，僧俗相安之实在情形，理合恭折具奏，伏乞皇太后、皇上训示。谨奏。

《清代藏事奏牍》337 页

景纹奏委冯会署拉里粮务陈堉接署后藏粮务片

同治四年九月初一日（1865.10.20）

再，前奉谕旨，饬将藏中已革粮员李玉圃札饬迅速回川听候查办等因。奴才于八月十九日到任视事后，确查李玉圃系前藏粮员，前因案参革，现在新任前藏粮务许觐光业经到任，接管视事，奴才等即当饬令李玉圃迅即回川，不准在彼逗留。

再，查撤任拉里粮员严清荣，相应饬令该员回川听候质讯。惟新委拉里粮员候补知县田秀栗前经奴才在理塘，因藏兵已攻进瞻酋老巢，正在吃紧，碍难撤退，奴才已奏委该员前往道坞一带弹压藏兵，抚辑难夷，一时未能抵任。

查拉里粮务一缺，有经管拉、江两营粮饷之责，方此库款支绌，迟速不济，非先行拣委干员接署，不足以资筹办。查有新派后藏粮员试用通判冯会，人尚精明，办事可靠，堪以委派，暂行署理拉里粮务。所遗后藏粮务一缺，查有前署察木多粮务候补同知直隶州陈堉，现因经手事件，尚未起程回川。查该员前在后藏粮务任内，办事实心，官声甚好，堪以委令，暂行接署后藏粮务，俟瞻酋事竣，田秀栗抵任后，再行各回本任。俾粮务员缺，不致乏人，而撤任粮员严清荣亦可克期起程回川。

奴才等实因台防乏员，慎重粮储起见，是否有当，伏乞两宫皇太后、皇上训示。谨奏。

《清代藏事奏牍》337—338 页

景纹奏以驻藏游击怀唐武暂署西藏夷务片

同治四年九月初一日（1865.10.20）

再，现在兼署西藏夷情李玉圃，该员系因案饬令回川候质之员，前蒙简派文衡接驻西藏夷情事务，该员业已告病回京，至今新派之员尚未出口。

查西藏夷情，有专管达木八旗官兵操防之责，最为紧要员缺，合无仰恳天恩，饬令新任夷情迅即赴任，俾专责成。惟现在新任夷情既未能一时抵任，而兼署夷情又系撤任之员，相应由藏暂行拣员接署，洵于公事有济。兹查驻藏游击前补维州协副将怀唐武，该员于同治二年十二月内在西藏游击任内丁艰开缺，现在新任黎、雅营游击王虎臣已经到防接管游击事务。伏查怀唐武现年四十六岁，正黄旗满洲头甲喇人，年力富强，熟习边防，奴才等因夷情员缺紧要，又值乏员之际，相应请旨，可否令该员暂行署理，俟新任抵藏之日，即行饬令该员回旗守制。是否有当，伏乞两宫皇太后、皇上训示。谨奏。

《清代藏事奏牍》338 页

景纹奏藏兵攻剿瞻对擒获工布朗结地方肃清折

同治四年九月初一日 （1865.10.20）

为藏兵攻剿瞻酋，连获胜仗，前于七月十九日经奴才由察木多具奏在案。今藏兵攻进瞻酋老巢，大获胜仗，并将元恶歼灭，逆穴焚毁，地方一律肃清各情形，恭折驰驿，由六百里具奏，仰祈圣鉴事。

窃奴才等于八月二十六日据带兵噶布伦策旺彭错夺结报称，七月二十日我兵围困紧守，逆酋工布朗结势已穷蹙，差遣伊子锁达工布至邦日营盘邀恳免伊死罪，并求准其照旧收管地土等情。小的噶布伦本拟就地擒拿该子，因思屡奉钦差大人钧札，总须设法救全德尔格特土妇母子暨萨迦喇嘛、白利头人等，不能不暂行承认。嗣于二十三日陆续将土妇母子等交回大营，因复用计串通逆巢之人，于二十四日由内自相争杀，我兵乘势攻扑，擒获该逆头人业尔巴约勒策垫及众头目等六十余名，并将各处作档之人二百余名全行救出，安置大营，只剩工布朗结夫妻子嗣数十人，仍死守不出。小的噶布伦亲至夥稞地方督战，是日戴琫期美夺结报称，于七月二十七日已将工布朗结之子锁达工布并该逆头人领各思之子即该酋之婿均经擒获。小的噶布伦复同汉番委员暨粮务等前至买许营盘，即据前后藏戴琫同办事僧俗文武各员，递到夷禀内称，叛逆工布朗结父子三人，不但不见面，反诱哄我兵中枪伤亡甚多。于三十日夜间该酋父子势迫难守，自将旧营寨用火焚毁，复窜入新营寨内，仍拒守不降。小的噶布伦同汉番各员，再再商筹，本拟生擒巨恶以正天诛，第恐该酋漏网扬去，难于收拾，只得同各委员连日督战。伊父子轮流放枪，相持两日之久，我兵伤亡五十余名，当用火器焚毁逆寨，迨我兵攻进之时，该酋父子三人、子嗣家丁等三十余名，人财房屋，全行烧灭。只有驱美工布之子及伊女三人从室内飞绳下地，亦已擒获。惟逆子锁达工布，及初起谋反为首紧要头目折沃洛赛等三人罪大恶极，当会同文武委员商酌，就地即行正法，首级递解进藏。所有前次擒获逆子东登工布、喇嘛四郎生格暨家室人等，并业尔巴六谷玛等，拣派妥人，即速解藏，由奴才等审明正法各等情，禀报前来。旋据文武各委员先后禀报，均属相符。

奴才等伏查工布朗结父子自道光、咸丰年间侵占各土司地面，渐至滋扰川藏大道，黎元受害，茶道梗塞，已成台藏心腹之患。奴才前在理塘、察木多一带已确查该酋父子种种不法各情，又兼藏兵剿办瞻酋大为得手，奴才不得不相机筹办，是以奏请添派文武各员，督同剿办。兹藏兵围攻逆巢，未及两月之久，即将积年巨恶尽绝根株，是皆仰赖我皇上天威深重，得以迅速藏事。奴才等现饬文武汉番各员，确查现焚工布朗结之尸骨，着令询问伊子东登工布、四郎生格，详加查看，取据实供，即由该汉番各员加结禀报。所有应办一切善后各事宜，奴才等已札令史致康、田秀栗、童沛霖、马腾蛟等会同汉番各员，妥为筹办。至此次在事出力汉番各员，由奴才等详细斟酌，查明再行汇案奏恳天恩奖励。

所有藏兵攻剿瞻酋，地方一律肃清各情形，理合恭折具奏，伏乞两宫皇太后、皇上圣鉴。谨奏。

《清代藏事奏牍》338—339 页

景纹奏布鲁克巴与披楞启衅东南藏边严密防范片

同治四年九月初一日（1865.10.20）

再，查唐古特所属布鲁克巴部落，去藏十余站之程，紧与披楞地界接壤。今春二月间两造擅启衅端，杀伤披楞人数甚重。嗣经该商上拣派番官前往办理，而披楞人众业已退回。查藏属边界各隘口，东南两面，紧接披楞地面极大，人烟稠密，虽一时暂行退去，将来必图报复。奴才查知此情，当饬诺们罕暨噶布伦等凡靠披楞隘口之处，调派士兵严密防范，万勿令其入境。现在藏营汉番官兵，奴才仍令常常操练，所以慎重边防之至意。

奴才查明两造大概启衅情由，相应恭折片奏，伏乞两宫皇太后、皇上圣鉴。谨奏。

《清代藏事奏牍》339—340 页

景纹恩庆奏后藏戴本策旺彭错病故遗缺请旨补放折
（附 上谕 拟定清单）

同治四年十月初九日（1865.11.26）

奴才景纹、恩庆跪奏[①]，为后藏戴琫病故遗缺，拣拟番目请旨补放，恭折仰祈圣鉴事。

窃准达赖喇嘛咨，四品后藏戴琫策旺彭错病故出缺，应即拣员拟定正陪，请循例奏恩简放一名，以便管理操练番营弁兵技艺事务等由前来。

奴才等查四品商上商卓特巴滚桑格旺，人尚诚实，熟悉公事，堪以调补后藏戴琫，谨以拟正；五品江孜营官巴桑斯塔尔，当差勤慎，办事可靠，谨以拟陪。理合照缮该员等年岁履历清单，恭呈御览，祗候简放一名，以资办理番营事件。奴才等理合恭折具奏，伏乞两宫皇太后、皇上圣鉴训示。谨奏。

军机大臣奉旨：另有旨。钦此。

附[②]1　上谕

于同治五年正月二十二日奉到谕旨，军机大臣奉旨：另有旨。钦此。

同日准军机大臣于同治四年十二月初四日内阁奉上谕：景纹、恩庆奏后藏戴琫病故，开单请简一折。后藏戴琫员缺，著即以拟正之滚桑格旺补授，该衙门知道，单并发。钦此。

附2　拟定清单

谨将四品商卓特巴滚桑格旺、五品营官巴桑斯塔尔二员年岁履历，敬缮清单，恭呈御览。

计开

拟正滚桑格旺年三十七岁，道光二十九年充当东科尔，荐升今职，当差年久，熟悉公事。拟陪巴桑斯塔尔年四十三岁，道光三十年充当东科尔，荐升今职，人尚稳练，办事可靠。

《清代藏事奏牍》（一）340 页；（一史馆藏宫中朱批奏折）《元以来

西藏地方与中央政府关系档案史料汇编》（五）2090—2091 页

① 《清代藏事奏牍》中无"奴才景纹、恩庆跪奏"几字。
② 《元以来西藏地方与中央政府关系档案史料汇编》（五）中无此两个附件。

景纹恩庆奏审讯要犯吐多卜降巴请处决并请赏给夷喜罗布汪曲公爵折（附 上谕）

同治四年十月初九日（1865.11.26）

为审据要犯吐多卜降巴供词情形，理合恭折据实具奏，仰祈圣鉴事。

窃奴才等于九月十四日承准军机大臣字寄：同治四年七月十九日奉上谕：著满庆等将吐多卜降巴妥为羁禁，不得稍涉疏虞，并著景纹于抵任后，即亲提研讯，请旨办理。其应行奖励之僧人滚多尔呼毕勒罕甲木巴勒、丹增拉木结一并交景纹查明奏请奖励，将此各谕令知之等因。钦此。钦遵在案。奴才当饬令噶布伦等将吐多卜降巴解送前来，奴才于二十日亲提该犯当堂审讯。据吐多卜降巴供称，年四十七岁，系江卡地方人，曾在色拉、买巴寺充当格斯贵，因色拉、买巴扎仓攒集僧众，传唤小的议将已革总堪布罗布藏称勒拉木结接回寺院。小的为首主谋，于五月十四日夜间带领喇嘛八九人，将罗布藏称勒拉木结自藏接回色拉寺。又于十五日夜间派令买巴寺喇嘛七百余人，身佩鸟枪、刀矛，手执木棒、石块。小的吐多卜降巴严饬催令前行搬运罗布藏称勒拉木结家财什物，嗣恐商上人众，先将掌办商上事务及紧要之人杀拿，方好行事，备兵抗拒。又聚会色拉结巴堪布及翁则喇嘛纪锁等各领袖，邀恩帮助，并令众僧在护法前盟誓出具图记，各出军器，并应派总管僧兵及粮食等项事宜，买巴寺公派喇嘛五名，就有小的吐多卜降巴。至色拉寺背后山顶，及夺得娘占仁青、择巴热等处，应设防堵僧兵，并分派战敌建设卡子，饬令老幼僧众，均要出城抵御，如不出城，定要处治。小的吐多卜降巴身佩枪刀，管带僧兵，严令出力拒敌。后议赴扎什城库局借药。众人议论未定，已派有大老爷同汉兵防守，又派戴琫巴栽及番兵等分头堵守，故不得前往。嗣奉达赖喇嘛札文四道，二位大人寄来札谕八次，令将罗布藏称勒拉木结，及主谋为首滋事正犯，一并交案，实系小的吐多卜降巴格昔勒彼洛巴各青罢的格斯贵卡起等所作信底，不愿交人。后结巴札仓众僧等云及此事，善为邀恩则可，不然

只得仍投商上。后六家班次管事喇嘛数人，复言好歹务要一同相助，不必退悔。后因势孤，商议同将罗布藏称勒拉木结带护逃走。即于八月十一日天明，令买巴寺喇嘛齐至妥沃工卡尔护法庙，如不到，定即处治。后来齐集喇嘛八百余名，将罗布藏称勒拉木结抱至马上，由娘占一带起程。奈总堪布年老，又因病，至噶纳山顶已死，当时众喇嘛皆躲在深山。小的随带只有二百余人，将总堪布尸身过山放在石板围圈内，同众行至达木毕纳山，被追兵赶获，虽众喇嘛出力抵御，奈人少难敌，当被杀毙五十余名，逃脱八九名，其余叩头投顺。小的吐多卜降巴势孤，亦被众兵擒获，当经官兵即将小的一并解藏交案。前次商上僧俗官员审讯之日，小的吐多卜降巴已经照实回供，出具指记。今蒙讯问，小的不敢虚词欺哄，总求格外施恩，所供是实等情。据此，奴才复再四研讯，所供无异，当讯问噶布伦等，此案尔僧俗大众所获喇嘛一百五十八名，均已先后发落，独余该犯，必请明正典刑，殊不能无疑。据噶布伦白玛结布、夺结顿柱、策旺边坝尔等回称，罗布藏称勒拉木结之案事连呼征。前案已奉圣谕，此案著毋庸查办，阖藏僧俗感戴天恩高厚，无不感泣，自应敬谨恪遵，曷敢再行多事。只以该吐多卜降巴肆行不法，擅劫奏明要犯，并敢主谋要先杀拿掌办事务及各紧要番官，复又派兵抗拒，商上僧俗缉获之日，凌迟分身，尤不足以蔽其辜。但此案若不留此质讯明确，使全案无从查办，大众何以明心？今蒙当堂审讯明白，俾此案始末，皆得明达天听，大众生死感戴等情，回称前来。

奴才复查已革总堪布罗布藏称勒拉木结，系奏明候讯之要犯，该吐多卜降巴身为格斯贵，已在喇嘛领袖之列。当买巴扎仓众喇嘛攒集传唤之时，即当正言劝解，开导弹压。不但不能弹压，反为首倡谋，于十四日夜间竟将罗布藏称勒拉木结擅行接回色拉寺院，于次夜复敢纠聚僧众七百余名，各佩枪刀器械进藏搬运财帛什物，更属目无法纪。迨衅端已成，复经达赖喇嘛同奴才满庆、恩庆数次札谕，令将已革总堪布及为首滋事之人交案惩办。该犯复出信底，不肯交人，并且派兵筑卡，率众抗拒，以致祸及无辜，地面震动。且奴才于当堂审讯之时，并未施以刑吓，该犯自行吐供承认，核与前供无异，该犯实属罪无可逭，应否请旨，允如前议，就地正法之处，奴才未敢擅定，理合将审讯各情形，据实具奏。伏候饬下遵循办理。

至僧人滚多尔呼毕勒罕，奴才到任后，该僧业已回至察木多寺院。奴才既未识其人贤否，经典如何深沉，不敢仅以一面之词，遽邀天恩，俟该僧人下届进藏时，饬令协理事务诺们罕查其经典品行，再由奴才确查，该僧前在色拉寺时，果否知其大体，再当恭折奏闻。

所有审讯吐多卜降巴供词缘由，并查僧人滚多尔呼毕勒罕各情形，奴才谨会同奴才恩庆合词恭折具奏，伏乞两宫皇太后、皇上训示。谨奏。于同治四年十月初九日具奏。

五年正月二十二日奉到谕旨，军机大臣奉旨：另有旨，钦此[①]。

附　上谕

同日准军机大臣字寄驻藏大臣景纹、帮办大臣恩庆，同治四年十二月初四日奉上谕：景纹、恩庆奏审据要犯吐多卜降巴供词，并恳请赏给夷喜罗布汪曲公爵各折片，览奏已悉[②]。该犯吐多卜降巴于买巴扎仓众喇嘛攒集传唤之时，不能弹压僧众，反为首谋，将罗布藏称勒拉木结擅行接回色拉寺院。次夜复敢纠聚僧众七百余名，各佩枪刀器械，晋藏搬运财物，已属不法。衅端已成[③]，经达赖喇嘛同满庆等数次札谕，令将已革总堪布及为首滋事之人交案惩办。该犯不肯交人，并派兵筑卡率众抗拒，更属目无法纪。该犯现已据实供认，实属罪无可逭。吐多卜降巴一犯，著即就地正法，以昭炯戒。

至所请恳将达赖喇嘛之胞兄[④]夷喜罗布汪曲赏给公爵之处，前据满庆等奏请，旋经理藩院议准，将达赖喇嘛之父彭错策旺所遗公爵赏给达赖喇嘛之兄夷喜罗布汪曲，业经降旨允准。该大臣未据理藩院行知，故有此奏，本年六月十一日清字谕旨，著钞给景纹等阅看，即著宣示达赖喇嘛遵照。所有商上僧俗事务，仍著该大臣等妥为经理，毋稍大意，将此由四百里各谕令知之。钦此。遵旨寄信前来[⑤]。

《清代藏事奏牍》340—343 页；《清实录藏族史料》（九）4364—4365 页

① 《清实录藏族史料》（九）中无以上正文内容。
② 《清实录藏族史料》（九）中无"览奏已悉"。
③ 《清实录藏族史料》（九）中"衅端已成"前有一"迨"字。
④ 《清实录藏族史料》（九）中为"之兄"。
⑤ 《清实录藏族史料》（九）中无"钦此。遵旨寄信前来"几字。

景纹奏酌拟奖励僧俗捐输京饷等情片

同治四年十月初九日 （1865.11.26）

再，奴才前奉上谕：理藩院核议察木多帕克巴拉呼图克图额尔德尼诺们罕换给帕克巴拉额尔德尼呼图克图印信敕书，前藏四品戴琫期美夺结赏给统辖前后藏各戴琫事务，四品大昭商卓特巴朗结夺结以噶布伦尽先升用，商上四品大中译罗布藏云垫请赏给达喇嘛名号四条，请旨饬令奴才于赴藏后详细查明，按类酌拟，于同治三年三月二十八日具奏。奉旨：依议。钦此。钦遵在案。奴才于到任后，详查上年僧俗办理捐输及捐输京饷一案，固属著有微劳。惟前藏四品戴琫期美夺结请赏给统辖前后藏各戴琫事务，奴才伏查前后藏设立戴琫六员，各有专管番兵之责，今加以统辖之人，不惟与例不符，实无此统辖职名。期美夺结现统带藏兵在瞻对军营数月之久，不为无劳，拟俟军务完竣，凯撤回藏之时，奴才查其劳绩，再行奏请天恩奖励。其四品商上大中译罗布藏云垫、大昭商卓特巴朗结夺结二员，现在察木多一带办理军粮，统俟军务完竣之日，奴才详细查明该员等劳绩，再为并案恭折奏闻。至帕克巴拉呼图克图请赏换印信敕书一节，奴才查该帕克巴拉呼图克图上年捐输京饷案内，办理尚属妥速。此次该处办理防剿瞻酋事件，派兵备粮及支应夫马，一切尚知大体，惟目前瞻酋军务业已告竣，奴才拟俟军务善后一律肃清之日，奴才详细酌拟，奏恳天恩奖励，庶可以昭核实而杜冒滥。

所有遵旨酌拟僧俗捐输京饷情由，理合附片复奏，是否有当，伏乞两宫皇太后、皇上圣鉴训示。谨奏。于同治四年十月初九日具奏。

五年正月二十二日奉到谕旨，军机大臣奉旨：知道了。钦此。

《清代藏事奏牍》343—344 页

景纹代奏达赖喇嘛之兄请承袭公爵片

同治四年十月初九日 （1865.11.26）

再，奴才等准达赖喇嘛咨称：咸丰九年蒙文宗显皇帝赏给我父彭错策旺公爵衔名顶戴，不料于同治四年正月二十一日因病身故。曾经咨请据情奏恳，将我父公爵职衔顶戴赏准我达赖喇嘛之胞兄夷喜罗布汪曲承袭，并请后辈之人接辈承袭，随准驻藏大臣译咨，七月二十五日奉到谕旨：满庆等奏达赖喇嘛之父彭错策旺因病出缺，所遗公爵职衔，请赏给达赖喇嘛之兄夷喜罗布汪曲承袭，及后辈之人接辈承袭等语一折，著理藩院议奏，钦此。钦遵译咨前来。我达赖喇嘛自应静候谕旨遵行，曷敢再肆琐渎。惟思布达拉山每年吉祥喜事甚多，所有阖藏僧俗番官及各部落头目，皆须齐集伺候，现在我胞兄尚未蒙恩赏准承袭公爵职衔，是与常人无异，既不敢越班行礼，更不敢妄行僭坐，每至吉祥喜事之日，各番官头目在坐，皆有不自安之意，是以咨请代奏，复恳天恩，逾格赏准我胞兄承袭之处，不独我达赖喇嘛同生母感戴皇恩高厚，所有西方生灵，咸感圣德无既矣等由咨请前来。奴才等于同治四年八月二十九日承准理藩院遵旨议奏达赖喇嘛之父彭错策旺病故，请赏给达赖喇嘛之兄夷喜罗布汪曲承袭等因，经理藩院详查例存档案，自七辈达赖喇嘛之父病故，伊子贡噶丹增仍授辅国公，至十一辈达赖喇嘛止，均系声明请旨，并非例定承袭，是以查照成案，将满庆等奏恳以彭错策旺病故所遗之缺，请赏给达赖喇嘛之兄夷喜罗布汪曲之处，声明请旨办理等因，承准在案。奴才等自应恭候命下之日遵循办理，惟现在达赖喇嘛敬重兄弟，情切殷殷，并据协理事务之诺们罕及噶布伦等合词禀恳，达赖喇嘛之兄现未蒙恩赏准承袭公爵职衔，凡遇布达拉山吉祥喜事，一切行礼，皆属不便，实无以壮观瞻，而商属僧俗各部落之人，不能无觖望之心，是以公恳奏邀天恩俯准各等情。据此，奴才等伏查商上僧俗番官等叠次代为邀恳，只以夷喜罗布汪曲系属达赖喇嘛之胞兄，虽为彼邀求，实亦尊崇达赖喇嘛之至意。且查夷喜罗布汪曲随侍达赖喇嘛，小心谨慎，又能辑睦番众，可否允准承袭之处，出自天恩逾格。如蒙俞允，俟命下之日，仍由吏部颁给敕书递藏转饬钦遵。

奴才等不揣冒昧，理合据情代奏，是否有当，伏乞两宫皇太后、皇上圣鉴训示。谨奏。

《清代藏事奏牍》344—345 页

景纹恩庆代奏阖藏安静谢恩呈进佛匣折

同治四年十月初九日 （1865. 11. 26）

为据情代奏，叩谢天恩事。

　　窃准达赖喇嘛咨据协理商上事务诺们罕，率同三大寺及商属供职僧俗大小官员全藏人众公同合词禀称：西藏前因呼征一案，虽蒙驻藏大臣屡次具奏分析，更蒙大皇帝破格鸿恩，不行查究，毕竟阖藏僧俗终怀不能自明之意，以致阖藏各寺院喇嘛攒住三大寺，日日盼望钦差大人至藏查看下情，俾知僧俗大众万分苦楚。今蒙大人到任后，开导一切，事事秉公判结，阖藏僧俗如拨云见天，并蒙将阖藏情形复经详细具奏，并将咨来折稿当同僧俗大众宣读文内情形，众皆欢心。前蒙钦差大人景纹在里塘一带查知瞻酋历年滋害各地方情形，大人一力主持详细奏请剿办，现在已将百余年不可除之老贼，一旦尽绝根株，台藏阖家老幼僧俗人民，感戴如枯木逢春，皆得生路。又蒙将要犯吐多卜降巴传集噶布伦等，当堂亲提审讯，该犯于众目昭昭之地，已自行吐供承认，益见僧俗大众等不敢违悖圣训，甘犯不法，兹该犯已自行服罪，俾大众是非自明，所有大人条示各款，阖藏僧俗大众，惟有敬谨遵依，自协理事务诺们罕及三大寺，并商属供职僧俗大小官员全藏人众，公同出具永远相安无事甘结，相应咨送备案存查。至应办一切公事，惟有更加小心，不敢稍涉大意，其各寺院之喇嘛，当日即饬令各回寺院安静焚修，不得再怀疑虑。所有三大寺呼毕勒罕同各领袖僧众暨商属僧俗官员，感谢全藏事务完结，藏地人心皆安，公同呈递谢恩佛匣、吉祥哈达，用匣装固包妥，由达赖喇嘛咨送前来。

　　奴才等查该僧俗大众，实在出于至诚虔切，理合将佛匣附呈，并据情恭折具奏，伏乞两宫皇太后、皇上圣鉴训示。谨奏。于同治四年十月初九日具奏。

　　五年正月二十二日奉到谕旨，军机大臣奉旨：知道了。钦此。

《清代藏事奏牍》345—346 页

景纹恩庆奏请领商上承办藏务印信折（附 上谕）

同治四年十月二十五日（1865.12.12）

　　为遵旨酌拟请领西藏商上承办藏务，掌管黄教额尔德蒙额诺们罕印信，仍归商上，以符旧制，俾资办理，恭折具奏，仰祈圣鉴事。

　　窃奴才于十月初十日承准军机大臣字寄，同治四年七月二十三日奉上谕：前因满庆等奏请领颁给诺们罕罗布藏青饶汪曲敕印，谕令理藩院妥议具奏。兹据奏称：西藏商上原有承办藏务掌管黄教额尔德蒙额诺们罕印信一颗，历任掌办商上事务呼图克图等均经钤用，嗣经西宁办事大臣将此印呈缴到院，可否即将掌办商上印信颁给等语，即著照理藩院所议，将掌办商上印信，先行解交四川总督衙门，著骆秉章会同崇实暂行封存。罗布藏青饶汪曲是否为徒众所服，并应否接用商上事务印信，著景纹详细察看，确查罗布藏青饶汪曲如能胜任服众，就近派员赴川承领，转交罗布藏青饶汪曲祗领等因，钦此。钦遵在案。随于十月十七日准理藩院抄录前因，并将商上印信一颗封固，由驿咨送四川总督衙门暂行封存，一体遵照谕旨办理等由。准此。

奴才于八月十九日接印视事后，即留心详查密访。罗布藏青饶汪曲前充当达赖喇嘛正师傅时，已为商属僧俗大众敬服，是以公举协理商上事务。自蒙恩赏准后，该僧益力思报称，凡遇商上一切事件，秉公办理，甚惬番情，奴才等前经具奏在案。现在藏属各寺院僧俗，暨商属供职大小番官，咸遵约束，互相和睦办事。奴才确查罗布藏青饶汪曲协理商上事务，既为僧俗等深服，其才堪胜任，可否将商上原存承办藏务掌管黄教额尔德蒙额诺们罕印信一颗，请赏给罗布藏青饶汪曲掌管之处，奴才未敢擅便，如蒙俞允，俟命下之日，奴才再行派员赴川承领，转交罗布藏青饶汪曲祗领。对于商上一切公事，仍归旧制，俟达赖喇嘛及岁时，立予撤退，并即会同达赖喇嘛封存商库，以符定制。

所有遵旨酌拟请领商上印信各缘由，奴才谨会同奴才恩庆合词恭折复奏，是否有当，伏乞两宫皇太后、皇上圣鉴训示。谨奏。于同治四年十月二十五日具奏。

五年二月初八日奉到谕旨，军机大臣奉旨：另有旨。钦此。

附　上谕

同日奉上谕：前据理藩院奏请西藏商上原有承办藏务掌管黄教额尔德蒙额诺们罕印信一颗，颁给诺们罕罗布藏青饶汪曲，当经谕令将印信先行解交四川总督衙门封存，由景纹察看罗布藏青饶汪曲如能胜任，再行承领转交。兹据景纹、恩庆奏称，确查罗布藏青饶汪曲协理商上事务为僧俗等所深服，其才堪以胜任等语，所有商上承办藏务掌管黄教额尔德蒙额诺们罕印信一颗，即著景纹等派员前赴四川总督衙门承领到藏，赏给罗布藏青饶汪曲祗领掌管，以符旧制，余著照所议办理。钦此。

《清代藏事奏牍》346—347 页

景纹恩庆奏以五品营官济克美曲觉尔升补颇琫折

同治四年十二月初三日 (1866.1.19)

为补放管理番兵生息银两之颇琫，循例具奏，仰祈圣鉴事。

窃准达赖喇嘛咨管理番兵生息银两颇琫罗布藏坚参因案降革，遗缺拣拟应升番目，咨请验放前来。奴才等查验得五品哈拉乌苏营官济克美曲觉尔人尚明白，办事可靠，堪以升用四品管理番兵生息银两颇琫。除缮发执照，令其接管任事外，所有准咨补放颇琫缘由，理合循例恭折奏闻，伏乞两宫皇太后、皇上圣鉴训示。谨奏。

五年三月十三日奉到谕旨，军机大臣奉旨：知道了。钦此。

《清代藏事奏牍》347 页

景纹恩庆遵旨复奏热振骨殖回藏掩葬其徒众在藏安置折

同治四年十二月初三日 (1866.1.19)

奴才景纹、恩庆跪奏①，为遵旨复奏，恭折仰祈圣鉴事。

窃奴才等于同治四年十二月②初三日，承准军机大臣字寄，同治四年八月初九日理藩院等会奏，据已故哷征呼图克图之徒众③罗桑图庆等呈称：自同治元年随同哷征呼图克图来京，徒众共五十名，内因不服水土，病故九名，仅存四十一名，在京二年有余，盘费用尽，实无养赡，恳乞恩施，准其携带已故哷征呼图克图骨殖回藏，等情。当经臣理藩院查哷征呼图克图虽将商上事务印信呈交到院，此外尚有该呼图克图所领本身敕印，未见呈缴。讯据罗桑图庆等供称：已故哷征呼图克图原领敕印，实不知现在何处。等因。结报到院。除哷征呼图克图所带掌办商上事务印信，已由理藩院奏交四川总督衙门暂存，听候办理，及已故哷征呼图克图原领敕印，理藩院咨行驻藏大臣，查明送院缴销外，查哷征呼图克图并诺们罕汪曲结布两造均已病故，今据已故哷征呼图克图之徒众罗桑图庆等，在京二年有余，盘费用尽，实无养赡，且徒众内现已病故九名，恳请携带已故哷征呼图克图骨殖回藏，等情。相应请旨，可否饬令罗桑图庆等四十一名，携带已故呼征呼图克图骨殖前赴四川，听候四川总督酌夺，咨行驻藏大臣景纹等办理之处，谨会同都察院合词恭折具奏，伏乞圣鉴训示遵行④。本日奉旨：依议。等因。钦此。钦遵字寄前来，臣⑤等当即恭录译咨达赖喇嘛，转饬一体钦遵办理。

兹准达赖喇嘛咨据协理事务诺们罕、噶布伦等公同禀称：所有呼征一案，已蒙皇上明降谕旨，毋庸查办。再呼征从人，亦毋庸令其先行晋藏⑥。各等因。钦奉在案，兹奉札饬内开，现在呼征徒众罗桑图庆等⑦四十一名，仍请携带已故呼征呼图克图骨殖回藏，经理藩院会同都察院具奏，已蒙俞允各等因，钦遵行知在案，自应敬谨遵依。惟查已故呼征呼图克图，前掌办藏务之时，不思所以抚辑番众，反与黄教为仇，致使阖藏僧俗均受苦累。虽蒙皇上破格鸿恩，不行查究，毕竟人心未安。今幸蒙钦差景宪至藏，将各案禀公⑧判结。各处张贴告示，剀切晓谕，人情始得安洽，阖藏僧俗自愿出具从此永远和好相安无事图记甘结。今闻呼征徒众四十一名，仍送已故呼征骨殖回藏，人心各怀猜疑。虽彼人数无多，但已经得罪黄教，如仍晋藏⑨聚住一处，恐其复萌坏心，必致又生枝节。若一力拒绝不令来藏，实负大皇帝⑩重恩。此事总求宪台⑪善为裁夺，明白指示。至呼征原领敕书，彼潜逃之时已全行带去，前商上清厘呼征遗物，并无人见此敕书。且罗桑图庆等既为呼征心腹徒众⑫，焉有自己师傅紧要之物，不知下落各等由，准咨前来。

奴才等复查罗桑图庆等四十一名，此次仍请携带呼征骨殖晋藏⑬，人数固属无多，惟前与商属构衅，仇隙固在，若仍令晋藏⑭，聚住一处，则两造之心，均难逆料。奴才等再四筹商，复传集噶布伦暨商属供职僧俗各官等，譬解开导，俟该罗桑图庆等出口，行抵藏界，该商上拣派晓事番目一二名前往，将罗桑图庆等或三人、或二人，分派藏属各寺院，及各营官寨安插居住，按月优给口食，听其终老处所，该商上不得克减口食，亦不准挟嫌暗害。如此项人等倘有不法情事，仍须禀候查讯，以官法处治。仰副我皇上深仁厚德，无微不被，益见该商上广大慈悲，不念旧恶。其呼征骨殖，仍著罗桑图庆等眼同择地妥为掩葬⑮。该商上僧俗经奴才详细开导之后，遵循办理，并取具夷结附卷⑯外，惟呼征原领敕书，奴才等详加查讯，称系呼征自行带去，现已遍查西藏地方，实无此敕书。该僧俗等情愿出具甘结是实。

所有遵旨议奏缘由，是否有当，理合恭折复奏，伏乞两宫皇太后、皇上圣鉴训示。谨奏。

军机大臣奉旨⑰：依议。该衙门知道。钦此。

（一史馆藏宫中朱批奏折）《元以来西藏地方与中央政府关系档案史料汇编》（三）1041—1043 页；《清代藏事奏牍》348—350 页

① 《清代藏事奏牍》中无"奴才景纹、恩庆跪奏"几字。
② 《清代藏事奏牍》中为"十一月"。
③ 《清代藏事奏牍》中为"徒"。
④ 《清代藏事奏牍》中该句之后还有"谨奏"二字。
⑤ 《清代藏事奏牍》中为"奴才"。
⑥⑨⑬⑭《清代藏事奏牍》中为"进藏"。
⑦ 《清代藏事奏牍》中无"等"字。
⑧ 《清代藏事奏牍》中为"秉公"。
⑩ 《清代藏事奏牍》中为"皇上"。
⑪ 《清代藏事奏牍》中无"台"字。
⑫ 《清代藏事奏牍》中为"徒从"。
⑮ 《清代藏事奏牍》中为"安葬"
⑯ 《清代藏事奏牍》中为"券"字。
⑰ 《清代藏事奏牍》中之前还有"五年三月十三日奉到谕旨"几字。

景纹复奏帕克巴拉诺们罕换给呼图克图敕印
并前藏戴琫请奖俟并案酌拟片

同治四年十二月初三日（1866.1.19）

再，奴才于同治四年十一月初四日准理藩院咨复奏，察木多帕克巴拉额尔德尼诺们罕因捐助京饷，经该大臣拟请换给帕克巴拉额尔德尼诺们罕呼图克图敕印，核与呼征阿齐图诺们罕查办番务出力，颁给呼征阿齐图呼图克图敕印成案，虽稍有未符，惟凡属呼图克图喇嘛等，无论何事何时，均得仰邀恩沛，臣等公同商酌，应如该大臣所拟，准其换给帕克巴拉额尔德尼呼图克图敕印。乍丫诺们罕既已出世，经该徒众等访获掣定呼毕勒罕，应该赏给乍丫诺们罕呼毕勒罕匾额一道，四品大招商卓特巴朗结夺吉亦应如所请，以噶布伦尽先升补。至花翎虚衔台吉前藏四品戴琫期美夺结请以统辖前后藏各戴琫事务，事权均属一人，与例未符，并大中译罗布藏云垫请赏达喇嘛名号，臣院例无专条，亦无办过，似此成案未便拟准。以上二名相应请旨饬下新任驻藏大臣景纹等另行详查核实，妥议酌给奖叙，以昭激劝。所有臣等遵旨议奏缘由，是否有当，伏乞圣鉴训示遵行。于同治四年八月初九日具奏。本日奉旨：依议。钦此。钦遵移咨前来。奴才等当即恭分行各该呼图克图番官等敬谨遵依，惟帕克巴拉额尔德尼呼图克图已蒙俞允准颁给呼图克图敕印，奴才等现谕令该呼图克图俟察木多年班贡差，将原领诺们罕印信赍缴，再请颁给呼图克图印。

至前藏戴琫期美夺结请统辖前后藏各戴琫事务，奴才等于前折内曾经申明，不惟与例不符，且无此统辖职名，是以未敢妄行拟议。惟该戴琫期美夺结暨大中译罗布藏云垫等二名，前在于劝捐京饷案内，既经出力，此次在瞻对案内，复经各著劳绩，奴才等以瞻对善后完竣在迩，拟俟一律办结之日，再由奴才等详加核实，并案酌拟具奏，邀恳天恩奖励，以昭激劝。

所有遵旨议奏缘由，是否有当，伏乞两宫皇太后、皇上圣鉴训示。谨奏。

五年三月十三日奉到谕旨，军机大臣奉旨：依议。该衙门知道。钦此。

《清代藏事奏牍》347—348 页

景纹奏驻藏帮办大臣恩庆病故折

同治四年十二月十八日 （1866.2.3）

奴才景纹跪奏[1]，为驻藏帮办大臣因病出缺，恭折奏祈圣鉴事。

窃照驻藏帮办大臣正黄旗蒙古副都统恩庆，驻藏六年，因水土恶劣，每至春冬时倍觉气喘。奴才到任后，见其精神饮食甚属健旺，与之商酌公事，措置一切，意见相同，方谓该大臣年逾七十，气体就衰，势所必然，若加意调养，尚望安痊。讵意于十二月初七日夜间邪火熏灼，病势益剧。奴才当即过署省视，见其精神委顿，当今极力医治，两三日间迄无效验。迨至初九日，奴才复往省问，病势转剧。奴才再四劝慰，见恩庆奄奄一息，伏枕流涕，自称蒙皇上眷养深恩，身膺边疆重任，六载以来，涓埃未报，一旦病以至此，势难望痊，辜负天恩，万死难赎，随将所缮遗折一合，面交奴才代为转进。当慰以安心养息，不必过虑。延至是夜子时，痰壅气喘，精神耗散，旋即因病出缺。奴才眼同恩庆随任之长子候选同知瑞麟．及其侄瑞新，并驻藏文武官员等，料理棺殓及身后一切事宜，均各妥协。奴才惟查西藏地处极边，与各外番毗连，责任綦重。奴才自揣庸愚，时切警惕，惟有仰恳皇上鸿恩，迅赐简放大员来藏协同办理，以重边防。

再，恩庆身后囊箧萧然，奴才因路途万里之遥，是以查照例案，在②西藏粮库内动支恩赏移樑银三百两，交恩庆之子瑞麟承领，料理扶樑回旗，并照例拣派弁兵护送。其由川赴京应行照料之处，移咨四川督臣办理外，所有遗折一合代为恭进。为此恭折具奏，伏乞两宫皇太后、皇上圣鉴训示。谨奏。

五年四月初三日奉到谕旨：军机大臣奉旨：知道了。

（一史馆藏宫中朱批奏折）《元以来西藏地方与中央政府关系档案史料汇编》（四）1654—1655 页；《清代藏事奏牍》350 页

① 《清代藏事奏牍》中无"奴才景纹跪奏"几字。
② 《清代藏事奏牍》中为"在于"。

达赖喇嘛为瞻对基巧噶伦平措次旺多吉不能胜任请以次旺边巴接任请速转奏补放事致驻藏大臣①咨

藏历木牛年（1866.1.27—2.29）

据四品颇本次旺边巴禀呈摄政、诸噶伦内详：遵照驿使递来内府饬令，硕、达、洛三地至石渠……②祈请批准。等情。经本达赖喇嘛与摄政、噶伦等商议，前据中瞻对军事基巧噶伦彭错策旺夺吉禀报，曾两次向驻藏大臣呈报，鉴于军务不能胜任，请准予噶伦朗杰旺堆多吉之缺由颇本次旺边巴接任在案。复奉批：未经向皇上奏准，补任噶伦之职，不符惯例，未恩准前不得补任。等因。奉批：甚是。望速转奏补放为感。未恩准前请委任代理噶伦，以应政务。谨此。

（西藏馆藏　原件藏文）《元以来西藏地方与中央政府关系档案史料汇编》（五）2062 页

① 本文中所指的驻藏大臣，为同治四年在职的景纹、恩庆。
② 原注：此处原件即省略。

景纹奏补放管理番兵生息银两颇瑋折

同治五年正月二十四日 （1866.3.10）

为补放管理番兵生息银两之颇瑋，理合循例恭折具奏，仰祈圣鉴事。

窃准达赖喇嘛咨，管理番兵生息银两颇瑋策旺边坝尔升补三品噶布伦遗缺，拣拟应升番目咨请验放前来，奴才查验得五品协尔帮策忍班垫人尚明白，办事可靠，堪以升补四品管理番兵生息银两颇瑋。除缮发执照令其接管任事外，所有准咨补放颇瑋缘由，理合循例恭折奏闻，伏乞两宫皇太后、皇上圣鉴训示。谨奏。

于本年五月 日奉到批回，奉旨：知道了。

《清代藏事奏牍》351 页

景纹奏布鲁克巴与披楞构衅披楞大股压境边界震动
并仍巡阅春操亲到隘口相机筹办折

同治五年三月初七日 （1866.4.21）

为布鲁克巴与披楞构衅，擅启兵端，两造已相持一年有余，互相杀伤。现值雪凌消化，山无险阻，披楞大股业已出巢，边界震动，人心均各惶乱，奴才体察各情，非亲到隘口相机筹办不足以昭安慎，恭折具奏，仰祈圣鉴事。

窃查布鲁克巴与披楞构衅，及唐古忒派兵防范各情形，前经奴才满庆等详细奏明在案。嗣奴才到任后，即查知该两造前已开仗数次，杀伤披楞甚众，奴才抵任，即将大概情形附片陈明，当一面饬令噶布伦等，凡于隘口之处，多派土兵，严密防范，并令随时查探具报。旋据协理事务诺们罕罗布藏青饶汪曲暨噶布伦等叠次禀称：披、布两家，已成军务情形，布鲁克巴上次杀伤披楞数千余众，并夺获雌雄大炮二尊，布鲁克巴虽一时获胜，而披楞究属势大，所以布鲁克巴常虑其报复，屡次与商上来禀索要金银，并求添派土兵，若不俯准，实在难以抵御，只好投诚披楞而已。商上僧俗番官等连日会议，若允帮兵助饷，当此瞻对军务将已平定，唐古忒地方，力尽精衰不但力不能抵，且恐披楞知道无故结怨，以唐古忒弹丸之地，何能当披楞万分之一。如置若罔闻，布鲁克巴与唐古忒实有唇齿相依之势，彼一旦力不能支，唐古忒即有累卵之危，应当如何办理之处，总求指示等情。

奴才再四思维，披、布互相争斗，总以和抚为是。讵布鲁克巴一勇之气，不思万安之计，杀伤披楞甚众，擅开边衅，现在两造已成不解之势，非唐古忒派人从中说合不能解此兵端。据噶布伦等同称：布鲁克巴平素贪婪无厌，该部落无事之时，即时常差人来藏需求财帛，或藉天灾水旱求给赏需，唐古忒已不堪其烦索。当此之际，唐古忒即专人前往说合，纵使披楞遵依敛兵回巢，而布鲁克巴无厌之求，即竭尽商库之资，亦难饱其溪壑之欲，此两造办理情形之难，势实如此。

奴才正与诺们罕商筹之间，突于二月二十八、九等日据帕克里、江孜及后藏各隘口营官等告急夷禀雪片而至。据称披楞乘此冰雪消化之际，大股业已出巢，诈称数十余万，大约三月中旬可以齐抵布鲁克巴隘口，声称报复前仇。其军火粮食等项，连营数十里，声势甚大，所有各隘口人心均各惶乱。当日布鲁克巴亦专差头目格什咱赶站来藏，呈递告急夷禀，甚称披楞势大，难以抵御。该商上僧俗供职大小番官，齐集奴才衙门，求其妥筹办理之法。奴才复查披、布两造，虽系蛮触相争，惟布鲁克巴实乃唐古忒之门户，当此披楞大股压境，已成岌岌之势，彼若不能支持，于唐古忒关系甚大。奴才见事势已急，若仍责成该商上前往办理，深恐一误再误，当饬令噶布伦等将隘口土兵，传檄催齐，其枪刀器械，均宜齐整，非奴才亲到隘口相机查办不足以资妥慎。惟夷性犬羊，虽明示以合，而暗中不得不予为防备。查前藏汉营番营因上年派兵防剿瞻酋，驻藏兵数无多，是以前任大臣奏请将春秋操演暂行停止，迄今已届五年之久。兹值边防多事之秋，而武备尤不可不加整顿，况防剿瞻对之兵，业已陆续凯撤回藏。奴才拟于三月十七、八等日仍照向例，校阅汉番两营春操演阵，并照例仍调达木八旗官兵前来会合操演，以示声威。即一面暗中挑备精壮可靠者，听候调遣。并拟带噶布伦一员，守备一员，并办公满汉印房等，轻骑减从，拟于三月二十日后随带驻藏大臣关防一颗，自藏起程，先查后藏三汛隘口，仍暗中挑备，密授防范机宜，布置妥协，奴才即当赶站至布鲁克巴隘口相机妥办，总期设法使令两造解释旧怨，敛兵回巢，各守边疆，以期仰副我皇上抚绥柔远之道。

第现在披、布事务已急，若稍羁时日，诚恐贻误事机，是以奴才于拜折后，即行由藏兼站起程，其藏中应办日行事件，已委中军游击王虎臣代行代拆，如遇紧要事件，仍包封递至行营，奴才自行妥为斟酌办理。

所有奴才亲巡各隘口暗中挑备兵弁缘由，相机筹办披、布两造各情，俟办理如何之处，再行详细复奏。理合恭折奏闻，伏乞两宫皇太后、皇上圣鉴训示。谨奏。

于本年六月　日奉到批回，奉旨：另有旨。

《清代藏事奏牍》353—355 页

景纹奏要犯吐多卜降巴正法阖藏安静片

同治五年三月初七日（1866.4.21）

再，奴才于同治五年正月二十二日戌刻，恭奉上谕：景纹等奏审据要犯吐多卜降巴供词各折片，览奏已悉，该犯现已据实供认，实属罪无可逭，吐多卜降巴一犯著即就地正法，以示炯戒。等因。钦奉之下，即于次日辰刻传集噶布伦等，将该犯吐多卜降巴提至，当即恭请王命，就地正法，并悬首示众。当日协理事务诺们罕罗布藏青饶汪曲率同商上供职大小番官，暨三大寺呼毕勒罕，并各札仓领袖喇嘛等齐来奴才衙门，望阙叩谢天恩，并称嗣后各寺院喇嘛及商上供职大小番官等，惟有恪守供职，安静焚修，凡有应办一切公事，益加小心敬谨遵依，断不敢稍涉妄为，以期仰副大皇帝眷念西方生灵之恩有加无已各等情。

为此复奏，伏乞两宫皇太后、皇上圣鉴训示，谨奏。

本年六月　日奉到批回奉旨：知道了。

《清代藏事奏牍》351 页

景纹奏咘征寺财产等赏给诺们罕噶勒丹池巴罗布藏青饶汪曲片

同治五年三月初七日（1866.4.21）

再，准达赖喇嘛咨：现在协理事务诺们罕罗布藏青饶汪曲自幼勤习经典，屡次讲经，得以充当噶勒丹池巴，自登坐宗喀巴佛床，讽诵一切真经，甚是尽心，嗣充当我达赖喇嘛师傅，传受佛法，教习一切经典，日夜尽心，实在难以感恩。前因三大寺及阖藏僧俗番官等，同心公举协理商上事务，办事极为认真，僧俗番众莫不悦服，凡事尤为敬重。我达赖喇嘛此次竭力办理瞻逆军务，昼夜劳心，查从先历辈达赖喇嘛师傅，均得仰邀大皇帝天恩奖励，或赏给名号，或赏拨寺院庄田，均属有案可稽。惟现在罗布藏青饶汪曲并无栖身寺院，实系孤独无依，我达赖喇嘛心实难安，所有呼征寺院财帛地土一项，已蒙大皇帝赏给我达赖喇嘛收管，合无恳请将呼征寺院拉章财物等项一并转赏诺们罕罗布藏青饶汪曲历辈掌管，所有该寺一切念经资费，自当酌量公拨，以备恭祝大皇帝万福万寿、国泰民安等情，咨请前来。

奴才查罗布藏青饶汪曲前教读达赖喇嘛经典数年，甚属尽心，自协理商上事务以来，办理一切公事，日夜辛勤，不辞劳瘁。兹达赖喇嘛请以呼征寺院地土财帛等项赏给罗布藏青饶汪曲掌管，系酬其夙昔劳苦，以昭激劝之意，办理尚属妥协，奴才理合据情附奏。是否有当，伏乞两宫皇太后、皇上圣鉴训示。谨奏。

于本年六月　日奉到批回，奉旨：着照所请，该衙门知道。

《清代藏事奏牍》352 页

景纹奏将遗漏上谕未经发传之满庆及满印房帖写苏赛等三名惩治片

同治五年三月初七日 (1866.4.21)

再，奴才接奉上谕，所请将达赖喇嘛之兄夷喜罗布汪曲赏给公爵之处，前据满庆等奏请，旋经理藩院议准将达赖喇嘛之父彭错策旺所遗公爵赏给达赖喇嘛之兄夷喜罗布汪曲承袭，业经降旨允准，该大臣未接见理藩院行知，故有此奏。本年六月十一日清字谕旨抄给景纹等阅看，即着宣示达赖喇嘛遵照等因。钦奉之下，实深惶悚，奴才当即清查满汉印房档案内，逐加详细确查于满档案内，察出清字上谕一道，系于六月十一日由理藩院恭录转行前来。奴才不胜骇异。伏查此件上谕，系在奴才满庆任内，已于八月初三日奉到，奴才于八月十九日接管任事，该大臣于移交文内，并未移交此件上谕，而驻藏旧满印房四人，亦未回明奴才，该满印房旋即起身回省，奴才所带满印房帖写四名，又系由省新派，奴才实无从稽考，达赖喇嘛亦以伊兄未蒙允准承袭公爵，叠次咨恳复奏，该商上僧俗番官等，亦再再邀求，奴才不能不据情代为奏恳。兹奉上谕，系已蒙俞允之案，奴才惶悚无地，复查奴才满庆等奉到谕旨之日，即应转行钦遵知照，该商上如果奉有行知，何致再再邀求？是该大臣已疏忽于前，迨卸任之际，于移交文内复不叙出，致使重复琐渎，是非寻常疏忽可比。相应请旨，可否将奴才满庆交部议处，伏候皇上圣裁。惟奴才恩庆业已因病出缺，合无吁恳免其置议。至前驻藏满印房四名除迈拉松阿业经途次病故，其苏赛、扎克逊、穆精额等三名，实有应得之咎，惟该帖写等均是候补人员，并无实在官阶，应如何分别惩儆之处，恭候命下，饬令成都将军遵循办理。

所有遵奉谕旨后，察出前任遗漏上谕，未经发传缘由，理合恭折据实复奏，是否有当，伏乞两宫皇太后、皇上圣鉴。谨奏。

于本年六月　日奉到批回，奉旨：满庆着交部议处，苏赛、扎克逊、穆精额均着交崇实，酌量惩治。

《清代藏事奏牍》352—353 页

据景纹奏布置尚属妥协均著照所拟办理俾两造消释旧怨永息争端谕

同治五年四月二十四日 （1866.6.6）

军机大臣字寄驻藏大臣景纹，同治五年四月二十四日奉上谕[1]：景纹奏布鲁克巴与披楞构衅，亲历隘口相机筹办一折。布鲁克巴前经杀伤披楞数千人，已成不解之仇。现在披楞大股出巢，号称数十万，三月中旬可齐抵隘口，意在报复前仇。布鲁克巴虽一时获胜，究难与披楞相敌。若令唐古特从中说合，既恐布鲁克巴逞其无厌之求，如听其自然，于唐古特关系甚大，自应计出万全以弭衅端。该大臣现拟亲历隘口查办，一面藉校阅春操为名，暗中挑备精壮听候调遣，布置尚属妥协，均著照所拟办理。景纹抵布鲁克巴后务当不动声色将各隘口密为防范，仍相机筹办，俾两造消释旧怨，敛兵回巢，永息争端，方为妥善。将此由五百里谕令知之。钦此，遵旨寄信前来[2]。

《清代藏事奏牍》363—364 页；《清实录藏族史料》（九）4369—4370 页

① 《清实录藏族史料》（九）中为"又谕'军机大臣等'"几字。

②《清实录藏族史料》（九）中无"钦此，遵旨寄信前来"几字。

景纹奏会剿瞻对在事出力汉番文武员弁请奖折

同治五年四月二十六日（1866.6.8）

为川藏会合剿平上、中、下三瞻对地方，并将善后一切事宜均已办理完结，所有在事出力汉番文武员弁，吁恳天恩奖励，以昭激劝，恭折具奏，仰祈圣鉴事。

窃奴才前将督饬各路汉番委员，带兵分道攻进瞻酋老巢，用火焚烧逆巢新旧寨房，立将元恶工布朗结焚灭，并生获逆子，地方一律肃清各情形，曾经详细具奏在案。所有应办善后事宜，遵照谕旨，责成道员史致康督同汉番各员，商酌妥办。兹据史致康同文武各员及噶布伦彭错策旺夺结等先后禀称：遵查上次大兵攻破瞻对逆巢，是否将元恶工布朗结焚灭，务当确查明白，由该员等加结具报，以备存查等因在案。

卑职等复查火焚逆巢攻破碉房之时，即拣验得工布朗结尸身，虽系被火焚烧，其配带金饰腰刀等物，大概形状尚可辨认，且当时已令所获逆子东登工布、四郎生格等详视，实系伊父尸身。今复讯问各土司，均称工布朗结实系被火烧死，并无舛错等情，各出切实甘结，卑职等复核无异，理合加结具报。惟上、中、下瞻对及五家土司等处地方百姓，遭兵之后，流离失所，惨不可言。现在均已设法招回，酌给赈济，俾令各安住牧，其应当一切差徭，已量为从宽减免，以示体恤。但瞻对地面初定，人情尚未安洽，达赖喇嘛所派堪布，又未能及时到来。是以暂留番官彭热巴策忍班垫带番兵五百名，权行分戍，以资弹压地方。其余藏土各兵，均已酌加犒赏，分起陆续撤退，沿途行走颇称安静。至擒获逆子及老幼眷口人等，已派番目押解进藏，听候审讯办理。所有安抚各事宜，及留兵暂行戍守缘由，理合具报各等情由，该汉番委员禀报前来。

奴才复查中瞻对自乾隆十年瞻逆之祖滚卜丹倡乱之初，经大兵剿办投诚，至嘉庆二十年伊父罗布七力又与土司构衅滋事，前任督臣常明进剿之时，该逆父子先已逃匿，大兵撤后，旋复回巢，与上、下瞻对积怨更深。迨至道光二十九年逆酋工布朗结日益猖獗，侵占上、下瞻对，抢夺各土司地方，其势逾大，经前任督臣琦善奏请进剿，该逆悔罪投诚。于咸丰元年该逆怙恶不悛，复行叛乱，蚕食土司，侵占地方，如明正、麻书、孔撒、章谷、德尔格特、白利、鱼科、朱窝、纳妥、灵葱、东科、革什咱、绰斯甲等十三部落，或暂结姻好，需索求质，或勒逼从逆，旋复杀害，迤东至打箭炉地界，南至西藏所属察木多，北至理番厅所属绰斯甲，西至西宁所属二十五族，横亘万余里，无不遭其荼毒。于同治元年又复围攻里塘，扰害川藏大道，阻塞茶路，各土司及康巴、西藏一带，实不堪其苦，咸皆志切同仇，达赖喇嘛不忍生民陷于涂炭，措置饷糈，实力防剿，嗣奴才行抵里塘，接奉上谕，着将藏兵压令撤回等因，钦奉在案。奴才因查藏兵业已进逼瞻酋老巢，屡次获胜，正在得手之际，若遽行撤退，不惟尽弃前功，且将来地方遗害更大。奴才目睹其情，是以不自揣摩，曾将各情据实奏明，即一面通行各路军营。迨奴才行抵察木多一带营盘，番土各兵咸知奏请剿办，欢声震动，奴才复加犒赏茶包，添补番营火器，俾令踊跃进攻，早期藏事，当派随行拉里粮务田秀栗由北路督兵攻其两翼，察木多粮务童沛霖由南路督兵攻其后面，又饬道员史致康同噶布伦督率汉番大队，由东分三股迎头急攻，四面夹击，该逆实无逃窜之路。幸荷皇上洪福，将三瞻对地方立即剿平，尽绝根株，百余年之元恶，一旦扫除，万余里之夷疆，全行底定。查达赖喇嘛共调防剿土兵一万三千有奇，自于同治二年六月由藏出师，已逾二年有余，所费益巨，竟未能克期奏效，实因人心不一，各怀观望。自经奴才奏请剿办，并又添派委员督兵，人心鼓舞，莫不奋勇争先，是以未致糜饷老〔劳〕师，即行荡灭丑类，是皆仰赖我皇上天威，得以克期藏事。惟瞻对地方，蛮荒烟瘴，风雪无时，更兼水土恶劣，天道寒冷，所有川藏文武员弁兵丁，皆系裹粮露宿，渡雪履冰，夺碉破寨，殄除元恶，均属不辞艰险，异常出力。至于善后安插土司，招集流亡，以及随营办理文案，乘风冒雪，昼夜辛勤，办理一切，诸征妥协，不无微劳。除川省所派文武员弁由成都将军会同四川督臣酌保外，所有由藏委派汉番文武员弁兵丁暨喇嘛头目等，奴才遵奉谕旨，敬谨择其尤为出力之文武各员弁，另缮清单，恭呈御览，仰候恩施，以示鼓励。

所有遵保瞻对军务在事出力汉番人员各情由，理合恭折具奏，伏乞两宫皇太后、皇上圣鉴训示。谨奏。

于本年八月　日奉到批回，奉旨：该衙门速议具奏，单二件、片二件并发。

《清代藏事奏牍》355—357 页

景纹奏田秀栗李赞元童星魁王虎臣等分别保奏片

同治五年四月二十六日 （1866.6.8）

再，奴才于同治四年在里塘途次，曾经奏派随行拉里粮务田秀栗驰赴道坞弹压藏兵，并令相机会同办理，又派委员李赞元、都司童星魁由北路带兵会合剿办，均经具奏在案，嗣复添派驻藏游击王虎臣督率各兵分道攻剿。查此次藏兵剿平中瞻对，全赖该员等调度有方，深入巢穴。粮员田秀栗精明稳练，动合机宜，屡破碉寨，生获逆子东登工布，继破酋寨房，首先抛放火弹，身带枪子重伤，尤复裹疮力战，歼毙巨恶，洵属战功卓著，尤为出力之员。委员李赞元夺碉破隘，奋勇争先，此次深入夷巢，先焚旧寨，立擒逆子东登工布，在事三年，洵属始终出力之员。王虎臣、童星魁身先士卒，迭挫凶锋，此次破寨，该员等先开大炮。轰倒寨楼，众兵得以入巢，扫穴擒渠，实属在事出力。查该员等均能不避危险，剿灭元恶，得以迅奏肤功。奴才未便没其微劳，合无吁恳天恩，破格优奖以资鼓励。同知用拉里粮务候补知县田秀栗请以知府交军机处记名，遇有四川缺出，请旨简放，并赏戴花翎。花翎候选直隶州李赞元请以知府记名简放。花翎驻防西藏黎雅营游击王虎臣请免补参将，以副将留川补用。先换顶戴泰宁都司童星魁请免升游击，以参将留川尽先补用，并请赏加副将衔。

奴才为鼓励人才起见，是否有当，理合附片具奏，伏乞两宫皇太后、皇上圣鉴。谨奏。

本年八月 日奉到批回，奉旨：览。

《清代藏事奏牍》357—358 页

景纹奏各处呼图克图暨在藏诺们罕噶布伦等据情
奏请分别奖励片

同治五年四月二十六日 （1866.6.8）

再，准达赖喇嘛咨：此次剿办瞻对逆案，所有各处拉章寺院呼图克图等，筹捐军需口粮，并调派头目土司，暨在藏协理事务诺们罕、噶布伦等，筹办防剿一切军需，在事三年之久，始终奋勉，均属著有微劳，开具清单，咨请分别奖叙。奴才复核无异，理合缮具清单，恭呈御览。

乍丫诺们罕阿旺隆多丹贝坚参于同治二年调派头目土兵四千余名，自备军火器械，复捐备防兵一万三千余名，两个月口粮，功绩昭著，该掌诺们罕请赏加呼图克图名号，并请赏换敕印。办事总仓储巴请赏承袭达尔罕名号，头目坚参达结在营带兵，颇著战功，请赏四品顶戴。察木多帕克巴〈拉〉呼图克图阿旺洛桑济克美丹贝坚参，在所属拉章各寺院派出土兵头目三千余名，并捐备防兵一万三千余名，三个月口粮，以助兵食，实属急公好义，该帕克巴〈拉〉呼图克图请赏加靖远禅师名号，并请赏给匾额一道。办事总仓储巴帕克巴丹增请赏袭达尔罕名号，头目改桑在营屡著劳绩，请赏换四品顶戴。类伍齐阳棍寺及沙布伦所属各寺院，派出土兵头目八百名，并捐备防兵一万三千余名，半个月口粮，均属著有微劳，惟该两寺呼毕勒罕先后均已圆寂，目下未便拟请奖叙，请颁赏匾额一道。西藏协理事务诺们罕罗布藏青饶汪曲在藏筹办一切防剿事务，日夜辛勤，且自协理商上事务以来，公正勤能，诸征妥慎，尤为僧俗敬服，恳请赏给呼图克图印信一颗，并准接辈承袭，以资鼓励。噶布伦白玛结布、夺结顿柱，总堪布罗布藏汪垫等三员在藏协心，与诺们罕筹办军需，支应防营口粮，办理三年之久，并无贻误，均属著有微劳，噶布伦白玛结布请赏戴花翎，夺结顿柱请赏二品顶戴，总堪布罗布藏汪垫请赏加呼毕勒罕名号。噶布伦策旺边坝尔、四品大招商卓特巴朗结夺结等二员，派在硕板多、洛隆宗一带总管夫马及经理驮运口粮事件，转运数十站，并无迟误，均各著有微劳。噶布伦策旺边坝尔请赏戴花翎，商卓特巴朗结夺结请赏换顶戴。二品顶戴台吉策忍汪曲，四品仔琫足美夺结派赴大窝及三十九族一带筹办口粮，由小路转运大营，日夜奔驰，不避艰险，均属不辞劳瘁，台吉策忍汪曲请赏戴花翎，四品仔琫足美夺结请赏换三品顶戴。

以上各处呼图克图暨西藏诺们罕、噶布伦、番官等，均经查明，或急公捐备口粮，或筹办防剿军需，在事三年，各有微劳，理合缮具清单，伏候恩施。至达赖喇嘛、扎什伦布班禅额尔德尼此次筹捐军需口粮，为数甚巨，俟接准为咨，如何办理之处，再为恭折具奏。合并声明。

《清代藏事奏牍》358—359 页

景纹奏查办披布两造大概情形并报起程日期及捐廉赏给布番物件片

同治五年四月二十六日 （1866.6.8）

　　再，奴才前将亲赴隘口查办披、布两造构衅一案，曾经奏明在案。正料理起程之际，值噶布伦彭错策旺夺结由军营赶站回藏，面请核夺瞻对善后各事件，奴才因查再再均关紧要，必得稍羁数日，又恐贻误隘口事件，当于四月初二日先派噶布伦白玛结布、署守备秦玉贵带同汉番办事可靠数员，漏夜赶站，前往隘口，以资弹压。并令相机开导，劝息兵端，随时禀报。兹于十六日据噶布伦、署守备等由六百里禀称：现于初八日赶抵布鲁克巴、甲昔地方，确查两造现在情形，披楞人数虽有十余万之众，而布鲁克巴山形险恶，林木丛杂，枪炮无所施展，以致屡次失利。但布鲁克巴人贫地瘠，口粮艰难，终有畏惧，难以日久抵御，噶布伦等查知此情，尚可设法与两造劝息。因查得两界毗连之处，有松追呼毕勒罕品行高洁，素为披楞敬服，当密令该呼毕勒罕赴披楞萨海营中婉言祸福，劝其两下息兵，依然和好。该萨海经劝息开导之后，亦有悔悟之心，但云必得将前失雌雄两炮交出，和议可成。该布鲁克巴掌教总管沙布笼等亦愿交还炮位，两相息兵。第此重件，噶布伦等未敢擅便，专候按临之日核夺办理。

　　再，该掌教沙布笼、头目终萨奔洛等面称：连年与披楞打仗，所有布属地方口粮银钱，耗费已尽，现在众兵口粮已断，皆系杀马度日，猎兽充饥，当此强敌在前，大众实在难以枵腹抵御，务求早为赏发数千石口粮，茶叶酥油数百包，以资暂时度活。

　　噶布伦等复查缺乏口粮一节，均是实在目睹情形。又据署守备秦玉贵等密禀：布鲁克巴以唐古忒不发一兵，不助一饷，咸有愤恨商上之心，此次若再不俯从所请，人心解体，必致贻误大事各等情，飞禀前来。

　　奴才复查该员等禀称，两造相持日久，均有息争欲和之意，自是实在情形。俟奴才赶赴隘口，再当妥为斟酌筹办。惟布鲁克巴恳求先为赏发口粮一节，奴才再四思维，若令商上筹办此款，上年商上因瞻对事务，耗费三十余万之多，每称商库告竭，所以布鲁克巴屡祈无应，现在两造既有欲和之意，尤当乘此以安布众之心，奴才思念及此未敢倚靠该商上筹办此款。但现在藏库空虚，支发无项，至今藩库尚欠藏饷二十万两之多，奴才再四思维，是以自行捐买青稞一千五百石，茶叶一千甑，酥油五十包，大缎四件，天锦袍料四十件，小刀火镰各四十件，并五色布匹哈达等物，克日制办齐全，即拟解往分赏。

因思布鲁克巴赋性贪婪，若知奴才所赏，必起无厌之求，当此库款支绌，焉能饱其所欲，再再熟思，只可暗中发交商上，专差解交噶布伦白玛结布处，仍作为商上所给，既于军需稍有小补，并可使布鲁克巴始终感戴商上究竟有顾惜之意。奴才复商同诺们罕、噶布伦等咸皆鼓舞称是，当于二十日将各物点交番目，同营弁连夜押解前往。奴才于二十六日拜折后，即由藏起程，其藏中事件，已嘱令诺们罕会同文武，凡事和衷共济，俟奴才行抵隘口，办理如何之处，再为详细恭折奏闻。

再，奴才此次捐赏布鲁克巴青稞、酥油、茶叶等物，共计合银三千余两，惟藏库现在空虚，支发无项，奴才以边圉重地，既查知两造有欲和之意，未敢以库中无项稍肆羁延，致误边情，是以自行捐办各物，饬令迅速解往抚赏，早弭衅端。至此次所赏各物，奴才受恩深重，不敢仰邀天恩，合并声明。

所有现查披、布两造大概情形及奴才起程日期各缘由，理合附片具奏，是否有当，伏乞两宫皇太后、皇上圣鉴训示。谨奏。

于本年八月　日奉到批回，奉旨：览奏均悉。披楞、布鲁克巴既有息争之意，景纹自当于行抵隘口后，相机妥办，以靖边徼，所捐赏给布鲁克巴银，着交部从优议叙。

《清代藏事奏牍》359—361 页

景纹代奏十二世达赖喇嘛为堪布赍回敕书赏项事谢恩折

同治五年五月十六日（1866.6.28）

奴才景纹跪奏，为代谢天恩，恭折奏闻事。

窃奴才适准达赖喇嘛咨开：于咸丰十年间，因小僧坐床后专差巴雅尔堪布罗布藏称勒赴京进贡，叩谢天恩。今巴雅尔堪布回藏，恭赍颁赏敕书，御赐珍物等项，当即小僧谨敬跪领。伏思小僧以叠受大皇上恩施，毫无报称之处，惟有感叩天恩，呈进吉祥哈达一方、古佛一尊，恳请代为转

进，等情前来。是以奴才将哈达、佛尊用匣装固，代为呈进，理合恭折奏闻。为此谨奏。

（一史馆藏宫中朱批奏折）《元以来西藏地方与中央政府关系档案史料汇编》（五）1832 页

据景纹奏披楞布鲁克巴既经息争即当予行抵隘口后相机妥办以靖边徼谕

同治五年六月十五日（1866.7.26）

驻藏大臣景纹奏：委员先赴隘口，劝谕披楞与布鲁克巴罢兵息争，均知悔悟。

得旨：披楞、布鲁克巴既有息争之意，景纹自当于行抵隘口后相机妥办，以靖边徼。

《清实录藏族史料》（九）4370 页

景纹奏亲赴帕克里地查办披楞与布鲁克巴构衅及犒赏两造息兵回牧并请奖出力人员折

同治五年七月二十六日（1866.9.4）

为奴才亲赴帕克里地界，查办披楞与布鲁克巴构衅一案，经奴才设法开导后，两造均各遵依敛兵回巢，现在地方肃清，谨将办理情形，恭折具奏，仰祈圣鉴事。

窃奴才前于四月二十六日由藏起程，赴三汛较阅营伍边界，并暗中挑备土兵各缘由，曾经详细具奏在案。

兹奴才沿路赶将三汛营伍逐加较阅，所演阵式及汉营马步骑射番兵鸟枪准头，尚属联络整齐，已当场酌加奖赏，仍责令该管将弁戴琫等随时勤加训练，俾期一律纯熟，以昭有备，而固边围。奴才即于三汛番营内暗挑精壮番兵一千名，令其密为预备，听候调遣。

奴才详查定日西南各隘口，与廓尔喀地界接壤，而披楞亦与廓尔喀毗连，但中有大河阻隔，披楞纵欲从布属地面窜入定日边界，非由廓尔喀地面不能越。至济咙、聂拉木，现在廓尔喀已派有防兵数千沿河一带堵御，最为严密，若由东北两路，则干坝、定结一带，已有防兵堵守，其定日各隘口，尚可暂缓添兵。奴才仍责成该汛戴瑝留心防范，不得稍涉懈忽。奴才本拟亲赴各隘口查阅，因恐羁延日久，贻误事机，当委定日守备薛占超驰赴各隘口，取据舆图各甘结，所有驻藏大臣巡边例赏各隘口赏需，仍如数发交薛占超照例分赏，以示体恤而顺番情。

奴才随于五月初十日由定日起程，于十六日折回拜折后，次日即由干坝、定结一带绕出帕克里地界。奴才周历各隘口，查其所办防堵事件，尚属严密。值噶布伦白玛结布同汉番委员等均至帕克里地方迎候，当讯及现在办理情形，据称前次蒙专差发来酥油、茶包、青稞、绸缎各项赏需，当即按户分赏布众，咸皆踊跃感激。目下披、布两造并未交兵，但披楞条拟数款，其词张大，必令布鲁克巴先行交还炮位，再议退兵之事，且言此次披楞伤亡甚众，今欲抚和息兵，其应赔命价及犒军之礼作何办理，而布鲁克巴不但不能承认，必令披楞将兵全行撤退，始交炮位，且要披楞将先后所占地全数退出，又言布属以前租与披楞地土，因连年打仗，披楞即未付给租价，今请按年照数找补，两造持此狡展，实有难合之势各情，回称前来。

奴才正踌躇间，于六月十七日接奉谕旨：景纹奏布鲁克巴与披楞构衅亲历隘口相机筹办一折，著照所拟办理，景纹抵布鲁克巴后，务当不动声色，将各隘口密为防范，仍相机筹办，俾两造释旧怨，敛兵回巢，永息争端，方为妥善等因。钦奉之下，仰见我皇上指示边计，训诲周详，奴才遵奉之下，钦感钦佩，惟当竭力设法筹办，早弭兵端，必以期仰副朝廷抚绥怀柔之至意。奴才即与噶布伦等午夜密议此案，仍当责成该松追呼毕勒罕等相机妥办。彼深明黄教大体，以生灵为念，且该呼毕勒罕接辈转世于唐古忒地方，此时披、布交兵，攸关唐、布安危，该噶布伦晓之以大义，加之以抚赏，使其尽心办理，事必有成。因密授该噶布伦等一切机宜，令其速回甲昔地方，妥为筹办，但须严嘱该呼毕勒罕等不可泄露有汉番在此办理等情。谕令去后，旋于七月初二日据噶布伦等差员禀称：已将松追呼毕勒罕同甲尔桑领呼毕勒罕等暗调至行营，遵照所拟，层次开导，令其先往萨海营中，说以退兵之后，其炮位自有噶布伦一手交还，必不使从中撮合之人为难，至条约各事，自当商酌办理，并嘱令万不可泄漏汉番在此。该呼毕勒罕等颇知大体，刻即驰赴萨海营盘，多方劝说，令其先行撤兵，自有该呼毕勒罕等交还炮位，当即对天盟誓，该萨海始行将兵分为数起撤退，由布属探差禀报撤兵各情前来。噶布伦等始督令布鲁克巴掌教头目，交出炮位二尊，仍由该呼毕勒罕等转交萨海收讫。该呼毕勒罕同蒙巴僧俗人等连日两下劝说，始于六月二十七、八、九等日约会布众大小头目及披楞带兵各官，在于该呼毕勒罕寺院见面，大众以礼劝说，逐款剖断，惟披楞连年杀伤甚众，要赔偿命价一节，现布属伤亡者亦复不少，而两造均要偿赔命价，是无了期，均请免议。至于犒兵之礼，布属连年争战，已是穷苦万分，势难措办，即由大众劝说之人，捐备牛二百只，羊四百只作为犒兵之用。至披楞所占布属地土，除此次打仗新占之地退出，其以前租佃布属之地，仍照前按年交纳租价，披楞连年尚应补交布属租价一项，既免布属犒师之礼，亦当免披楞找补租价，此项银两算明后，亦由撮合之人照数捐出，以结此案。其余条内琐碎事件，奴才饬令噶布伦等密商该呼毕勒罕等，持平剖断，务使两造折服其心，永无后患。两造均各出结遵依完案，又复当凭大众盟誓，两相息兵，照前和好，永无侵犯。现在披、布之兵均各撤退回牧，地方照常安静各情，禀报前来。

奴才复查披、布两造擅启兵端三年之久，几至酿成不解之祸，若不设法与两造释怨解和，则边境无宁静之日，商属地面有累卵之危。况唐古忒办理瞻对之案，已极筋疲力竭，万难再行调兵备粮，若置之不顾，彼布鲁克巴有失，唇亡必及于齿寒。奴才再四思维，不得已密令噶布伦筹办牛羊犒赏披楞，算还租价，以安布众，使两造稍服其心，即可易于完案。奴才非不欲彻底究办，第恐兵端一交，愈无底止，以布属众寡之不敌，而商上现在筋疲力尽，实有难与力争之势。奴才再再商同该汉番各官等，惟有审时度势，权宜办理，俾省兵力而苏民困。但查披楞犬羊成性，阴谋奸险，即租地纳价一节，是布属贪得小利，自启乱阶，但历年已久，势难挽回，虽目下两相和好息兵，更难保其异日无患。奴才惟当严饬商上，随时暗修武备，以防未然，平日抚驭布众，厚结其心，俾得使其实力捍卫，洵于商属地面少可无虞。其善后尚须应办一切事宜，奴才远行日久，未便再羁，已责成噶布伦会同汉番僧俗等从妥商办，仍令随时禀候酌夺。奴才即由帕克里起程，已于七月十二日回至前藏。至此次随同在事汉番文武员弁，均能不辞劳瘁，深入不毛，解息兵端，使两造敛兵回巢，不无微劳，相应请旨，可否准其奖励之处，出自皇上逾格鸿仁。

所有奴才亲到隘口查办披、布两造遵断情由，现在均各敛兵回巢，地方肃清，及奴才起程回藏日期，理合恭折具奏，是否有当，伏乞两宫皇太后、皇上圣鉴训示。谨奏。

于本年十一月　日奉到批回：另有旨。

《清代藏事奏牍》361—363 页

景纹奏瞻对案内除达赖认捐不敷外请由川省筹拨片
（附 上谕）

同治五年七月二十六日（1866.9.4）

再，准达赖喇嘛咨：此次出师瞻对阵亡各处番目土兵共计二千二百余名，因伤病故六百余名，其余均各力竭阵亡，殊堪悯恻。该商上已酌拨款项，派令妥实番官，同班垫顿柱亲赴各处查其家口之贫富，人丁之多寡，量加抚恤，庶可以慰幽冥而昭激劝。并称前次剿办瞻对夷务至凯撤止五年之久，商上共垫发口食钱粮军伙药铅等项，除瞻对逆产不计外，商上实用银三十余万两之多。又此次赈恤各处阵亡家口，共用银二万一千余两之多。查前项银两，皆系商上预备各寺院每年常熟布施之资，今已耗尽，库内实为拮据，现因内地军务未靖，饷项支绌，我达赖喇嘛自应仰体大皇帝天恩，情愿捐银十五万两弥补外，其余所亏之项，惟有恳请据实代奏，仰大皇帝天恩作主办理，俾各寺院不致缺乏常熟布施，出自逾格鸿仁，咨请在案。

奴才查此次瞻对案内，前后所费军需，为数甚巨，奴才再再开导，达赖喇嘛始承认已捐银十五万两，其余所亏尚多，现在内地逆氛未靖，需饷孔亟，焉能筹拨此款。但查商上之项，皆系各寺院每年常熟之资，若置之不顾，未免咸生觖望。奴才再四思维，合无仰恳皇上天恩，俯念该商上势难全数弥补，可否饬下四川督臣酌量筹拨银数万两，以作弥补布施之资，其余不敷之项，仍责成达赖喇嘛设法筹办，俾得少遂众僧俗人等期望之心，亦见我皇上恩惠西方，有加无已。

奴才愚昧之见，理合附片具奏，是否有当，伏乞两宫皇太后、皇上圣鉴训示。谨奏。

于本年十一月　日奉到批回，奉旨：另有旨[1]。

附　上谕

军机大臣字寄成都将军兼署四川总督崇实、四川总督骆秉章、驻藏大臣景纹，同治五年九月十四日奉上谕[2]：景纹奏查办披、布构兵一案完结，地方肃清，并请饬四川拨银各折片。披楞与布鲁克巴连兵构衅，震及后藏边陲，经景纹亲赴定日、帕克里等处，令噶布伦白玛结布责成松追呼毕勒罕等赴萨海营盘，多方开导，令其先行撤兵，并令布鲁克巴交出炮位，转付萨海，仍捐办犒兵牛羊租田价银，俾两造释怨息兵，现在地方照常安静，办理尚属妥协。惟披楞性多阴险，难保日后不复起争端，所有善后及一切防堵事宜，景纹仍当随时认真经理并严饬该商上暗修武备，以备不虞，不可稍涉大意。至藏中用兵日久，前次出师瞻对，给发兵丁钱粮、军火并抚恤阵亡番官、头目家属，各款共用银三十余万两，均商上垫办，现经达赖喇嘛认捐十五万两，所余亏项尚多，着崇实、骆秉章即由川省筹拨银数万两，派员解赴景纹处交纳，以资弥补。事关极边[3]，毋稍推诿，将此由五百里各谕令知之。钦此。遵旨寄信前来。

《清代藏事奏牍》364—365 页；《清实录藏族史料》（九）4370—4371 页

[1]《清实录藏族史料》（九）中无以上奏折内容。

[2]《清实录藏族史料》（九）中"军机大臣字寄成都将军兼署四川总督崇实、四川总督骆秉章、驻藏大臣景纹"为"又谕（军机大臣等）"几字。

[3]《清实录藏族史料》（九）中"事关极边"后有"要需"二字。

景纹奏瞻对案内戴琫顿柱策忍带兵不力请降五品营官片

同治五年七月二十六日（1866.9.4）

再，奴才去岁道经巴塘，访查上年在巴滋事一案，实因瞻对逆众逼近巴塘地界吃紧之际，该处正副土司叠请戴琫顿柱策忍带兵赴巴救援，迨藏兵到时，该土司等未能支应柴草，至藏兵滋事，几至酿成事端。

查该戴琫实有专管统带之责，并不约束兵丁，虽系该土司等未及支应柴草，究属不合，纵兵拆毁房屋，抢掠民间，该戴琫实属咎无可辞，奴才查明后即拟据实参办。惟时瞻对军务吃紧之际，该戴琫现在噶布伦军营带兵，力赎前愆，兹瞻对藏事后，各兵凯撤回藏，奴才详加查访，该戴琫仍未能临阵自奋，杀贼立功，实不知愧奋，应即从严参办，以肃功令，当将各情咨行商上，将顿柱策忍先行摘去顶戴，听候奏参。

旋准达赖喇嘛咨称：顿柱策忍先后所为不法各情，已蒙摘去顶戴，据实参办，实在平允，嗣后于商上公事，各番官等均知畏惧，断不敢再行效尤。但求姑念该番官于同治元年即派令带兵前往防堵，已历五年之久，今瞻对事竣，所有出师各汉番，均蒙核其功绩优劣酌加保奏，该顿柱策忍固无尺寸之功，并有种种罪过，念其在事已历五载，惟有咨恳从宽办理等因，准此。

查戴琫乃番营官兵之员，该顿柱策忍平日既不能严束土兵，复不能临阵当先，实属不称职守。姑念五年在事，稍有辛勤，相应请旨，将顿柱策忍四品戴琫开缺，可否准照达赖喇嘛所请，暂留五品营官，随营当差，以观后效。

奴才未敢擅专，理合附片据实奏参，是否有当，伏乞两宫皇太后、皇上圣鉴训示。谨奏。

于本年十一月　日奉到批回，奉旨：著照所请，该衙门知道。

《清代藏事奏牍》365—366 页

景纹奏廓尔喀贡使行抵前藏恭报起程日期折

同治五年九月二十六日　(1866.11.3)

为廓尔喀国王敬遣正副贡使，行抵前藏，照例派员护送起程日期，恭折具奏，仰祈圣鉴事。

窃奴才前奉谕旨：所有廓尔喀应进年班例贡，著于丁卯年呈进等因，钦遵之下，当经恭录檄谕该国王钦遵知照。旋据该国王禀称：所有该国应呈进大皇帝例贡，已蒙免过二次，兹接奉上谕，著于丁卯年呈进，钦奉之下，阖国大小官员无不欢感。惟阳布距京程途遥远，必得预期敬谨遣使护送贡物起程，方不致违误朝觐日期，今仍查照咸丰二年之例，专差噶箕咱噶达写热等，恭赍年班例贡，及庆贺登极表贡，于六月二十日自阳布起程。奴才当即饬知经过地方将所需骑驮马牛、食物预备齐全，拣派班满回川后藏粮务陈埙及通晓廓尔喀字话把总吴国英等，带领兵丁并唐古忒番官

清代驻藏大臣奏折全集·四

赴聂拉木边界迎护。兹该贡使于八月十六日行抵前藏，奴才谨将表文译阅，该国王感戴天恩，情词恳切，随将所进贡品逐一点验装贮，妥为包固。

奴才查看该噶箕等人尚诚实，当将入觐仪制明白指示，照例筵宴，分赏噶箕及头目人等绸缎、银牌、皮衣、皮靴、荷包、小刀、茶叶、羊只、米面等物，并照例酌给盘费银一百两，令其歇息数日，仍令班满回川后藏粮务陈埙带领通晓廓尔喀字话把总吴国英等，于九月十八日由前藏照料起程。其由藏至川仍照例派兵十名，小心护送，并饬知沿途文武，逐段经理前进。

奴才现已咨明四川督臣及经过之陕西、河南、直隶各省分查照向例，一体妥为应付，至丁卯年春间即可至京。奴才谨将译出表文二道及该国王所进贡品二分，并噶箕头目随从人名另缮清单，恭呈御览。

再，该国王呈送奴才土仪数包，查照向例收受，奴才回赏绸缎等物，以为酬答，该噶箕等甚为欢忭。

所有廓尔喀国王遣使行抵前藏，奴才派员护送起程日期，恭折具奏。〈伏乞〉皇太后、皇上圣鉴。谨奏。

于同治六年正月　日奉到批回，奉旨：知道了，单二件并发。钦此。

《清代藏事奏牍》366—367 页

景纹奏拿获抢劫首犯先行正法余俟缉获再拟片

同治五年九月二十六日 （1866.11.3）

再，据察木多粮务童沛霖详称：咸丰十一年八月内有陕西鄠县人朱元，往来察、硕贸易，至边坝二道桥，路遇博番三人，将朱元杀毙，劫去鹿茸、骡马、行李等物。当有同路民人商玉成扑河逃脱，赴边坝汛报明在案。经前任粮务陈埙验明该故民受伤身死情形，令该故民之侄朱长春眼同安葬。并饬硕板多千总、边坝外委带同兵丁赴博窝巢穴拿获为首凶犯一名噶丫，并将所失赃物已全数追出。经粮务陈埙讯明该犯实系为首凶犯，惟同伙凶犯二名尚未拿获，当将各供抄录禀请在案。经前任驻藏大臣严饬商上，务将凶犯二名缉拿到案，并将此案情形咨明刑部，俟将凶犯全数获齐，再行定拟。卑职接任后，复提讯该凶犯噶丫供称：杀毙朱元抢劫货物各情，核与前供无异，惟同伙二犯未获，使该讯明凶犯久羁显戮等情，详情前来。

奴才查例载：白昼抢杀人者，斩立决。该凶犯噶丫既经拿获，追出赃物，又复当堂供认，岂容久羁显戮。奴才照例将该犯噶丫就地正法，并严饬商上查拿在逃凶犯。兹据诺们罕、噶布伦等禀称，前次派去番官，现已回藏。据称亲赴博窝地方，查明该凶犯翁鸡实系中风，因病身死，倘嗣后查出有隐匿等情，该番官头目等情甘认罪，均各出具图记夷结。惟凶犯噶玛一名，本系乍丫人，闻风先已逃遁远飏。但查草地毗连外洋野番之处极多，又未设有捕役，惟有严饬各路营官上紧查拿，候缉捕到案审明定拟，再为恭折奏闻。

所有正法凶犯情由，理合附片具奏，伏乞两宫皇太后、皇上圣鉴。谨奏。

于同治六年正月　日奉到批回，军机大臣奉旨：知道了。钦此。

《清代藏事奏牍》367 页

景纹奏剿办博窝劫匪获胜生擒凶犯台站肃清 并请将出力人员奖励折（附 上谕）

同治五年十二月初八日（1867.1.13）

为博窝野番出巢牧放，盘踞大道，掳抢村庄，伤害行人，胆敢擅劫折匣，砍伤赍折塘兵，经奴才派员查办，生获为首滋事凶犯，讯明就地正法。现在台站一律肃清，将尤为出力之粮员汛弁番目等，吁恳天恩鼓励，以昭激劝，恭折仰祈圣鉴事。

窃于五年七月内叠据察木多文武、硕板多千总等禀称：本年博窝出巢牧放，较之往年人多数十倍，自硕板多至浪吉宗一带共扎牛毛帐五十余处，恣意抢夺，查现派汛弁五十一员名，实在难以弹压，恳请速即添拨防兵，以资防堵。奴才正与协理商上事务呼图克图筹商添派土兵之际，于八月初十日据察木多粮务马玉堂、硕板多千总杨得春等禀称：七月二十六日由藏发出奏折报匣至边坝，经该差塘兵李永泰、白维升等带同小娃数名，赍送前进。至纳孜大石包，路遇博番数十名，将塘兵李永泰等砍伤在地，其折匣公文行李鞍马，全被夺去，随行小娃见势凶野，扑河沿山逃回边坝。该汛署外委陈廷春当即带同防堵各兵及土兵等，各执器械，跟踪追至大石包，见李永泰等受伤甚重，卧地不起，该番等业已散回帐房。该署弁当令小娃将李永泰等背负回塘，复四面找寻折匣，于深岩涧边找出折匣，所幸令牌部文，随同折匣坚固，未致损坏，其余随行公文册籍六十余角，皆被扯毁，该署弁另派塘兵赍送前进，已耽延一日之久。而该番等均系明火执枪，盘聚帐房，旁若无人。该弁等以人数无多，未敢轻动。现在居民纷纷迁避，大道梗阻，恳请迅调土兵按名严拿，若再稍肆姑息，各塘兵不惟不敢递送折报，且恐性命不保。并据边坝、硕板多营官禀报各情，大略相同。当据协理事务呼图克图、噶布伦等回称：博番每年出巢牧放，商属百姓无不受害，咸以外番，每示以宽典，而该番等益肆鸱张。此次该番出巢牧放，胆敢聚集数百余众，盘踞大道，恣意抢劫，以折匣重件，尚敢如此，其居民行人受害，不问可知。此次万难姑宽，务恳檄饬调集土兵，按名严拿，即可一劳永固，各等情。

据此奴才复查，博番向于四五月间出巢牧放，至十冬始行回巢，届时即由察属四汛，拣派汛弁兵丁五十一员名，在巴里郎一带巡防，以资弹压，历经办理在案。惟该番等凶野成性，每每恃其人众，在大道掳抢劫掠，而防堵兵丁人数单弱，莫敢如何。该番等滋害地方已非一年，近年凶焰愈炽，聚党益多，竟敢擅劫折匣，砍伤塘兵，实属目无法纪，若再施以宽典，何以安人心而肃邮传。当经檄饬粮务马玉堂，带同汛弁营官等，酌调土兵数百名相机办理去后。

旋于十一月二十七日据马玉堂禀称：卑职奉札后，一面调集土兵，先差得力通事，查探为首滋事凶犯，系博番罗布札喜弟兄三人等，每年出巢，专在大道抢劫杀人，历经查拿，未能获案。该番等探知卑职调有土兵，已将各处帐房贼匪攒集入日沟内，势有抗拒之意。卑职复差通事前往开导，令将为首滋事凶犯均各交出，差去之人又被伊等所伤，益见该番并无悔罪之意。卑职于十月十二三等日清点土兵，在该番住处山后扎营，示以虚张声势。讵该番罗布扎喜猝领千余番众，直扑营前，卑职分队出迎，鏖战多时，把总署千总杨得春首先擒斩多名，贼众始退。嗣于二十五、六等日，卑职点集土兵，分三路进发，甫至入日山口，该番蜂拥扑来，卑职亲身督队，土兵奋勇争先，枪炮齐施，轰毙野番数十名，至未刻该番始退。当日将原失塘马夺回数匹，并夺获牛马数十匹，器械无算，土兵受伤十余名，当即逼近山口扎营。于十一月初八九、十二三等日，卑职探明路径，即行拣派署千总杨得春带同营官土兵四百名，由西面进山夜行两日，绕出入日后暗伏。卑职自领勇敢兵丁头目，由山口进击，约定时刻，直抵贼营。该番指挥各处帐房番贼齐出，卑职督兵直前，乘风抛放火弹，当将各路帐房烧着，山后伏兵望见火光齐出，两下夹击。该番等出其不意，均各鼠窜奔逃，坠岩落涧死者，不计其数。卑职乘胜督兵，分头追捕，生擒贼目罗布扎喜、扎压择登郎吉、岗郎土麦等十余名，并将各处帐房全行烧毁。当即讯明罗布扎喜兄弟三人等，实系积恶如山，凶悍异常，随即营前就地正法，以彰天讨，而快人心。其岗郎土麦等数名另行研讯办理。计点土兵，阵亡十余名，带伤汉土官兵八十余名。次日，入日等处住牧，及上中下七十余处野番大小头目，均诣营前罗拜，叩求生路，均各当天盟誓，出具夷结，嗣后博窝头目番民，永无抢劫之事，倘再有不法情事，上中下三处头目，自甘认罪。

卑职伏思巨恶授首，天威已彰，野番均各畏罪投诚，正宜宣布皇仁恩威并济，实足以感化其心。虽不能永远无事，卑职揣情度势，数年之内，保无他虞。复逐处按户取据永不滋事甘结，附卷存查外，所有叠次大获胜仗，生获凶犯，地方肃清，并招抚七十余处野番投诚各情，理合飞禀等情前来。

奴才查得博番每届出巢，百姓不安住牧，行人裹足，道路梗塞，已成台站之患。该粮务等奋不顾身，亲冒矢石，生擒巨恶，宣扬兵威，使七十余处化外野番，咸畏天威，纾诚纳款，永不敢再行抢劫，从此人民乐业，台站肃清，并且禀保数年无事。该员等办理实属妥速，合无仰恳天恩，请将尤为出力之花翎知府衔同知直隶州用察木多粮务马玉堂请归知府，遇缺班前尽先补用；署硕板多千总杨得春请加五品衔，并请赏戴蓝翎；边坝营官策忍扎喜请赏戴蓝翎以示鼓励。其余在事出力汛弁兵丁营官头目，由奴才核实，再行斟酌鼓励。

所有生获野番，就地正法，地方一律肃清，并吁恳天恩各情，理合恭折据实具奏，是否有当，伏乞两宫皇太后、皇上圣鉴训示。谨奏。

于六年三月　日奉到批回，军机大臣奉旨：另有旨。钦此。

附 上谕

理藩院为咨行事，内阁抄出，同治六年正月二十七日内阁奉上谕：景

纹奏剿办博窝番匪，请将出力员弁奖励一折。博窝番匪时行出巢，向察木多路劫掠行旅，伤害弁兵，经景纹派兵往剿，迭获胜仗，将该匪巢帐房全行烧毁，擒获匪首罗布扎喜等就地正法，收降入日等处番目多名，办理尚属妥速。所有在事出力之同知直隶州知州马玉堂著归知府，遇缺班前尽先补用；千总杨得春著赏加五品衔，并赏戴蓝翎；边坝营官策忍扎喜著赏戴蓝翎，以示鼓励，余著照办理。该部知道。钦此。钦遵抄出到院，相应恭录谕旨，咨行驻藏大臣遵照办理可也。须至咨者。

《清代藏事奏牍》368—370 页

景纹奏瞻对案内保奏陈廷杰等三员折（附 吏部奏折）

同治五年十二月初八日（1867.1.13）

为部议瞻对案内单保各员，与奏定章程不符，应令另核请奖各等因，遵驳复核，恭折具奏，仰祈圣鉴事。

窃奴才于同治五年十月三十日准吏部咨开，谨将核与奏定章程不符，应行议驳之运同衔前补理番厅同知陈廷杰，同知用候补知县田秀栗，花翎候选同知直隶州知州李赞元等三员，保奏请旨，记名简放之处，均核与章程不符，应令另核请奖等因，遵奉之下，奴才曷敢再行渎陈。

惟查瞻逆工布郎结叛乱已及百余年，蚕食疆土，荼毒生灵，并敢扰及里塘，烧毁驿站，以致大道阻塞，实属罪大恶极。幸赖我皇上鸿福，一鼓荡灭，永靖边陲。其在事出力人员，裹粮露宿，冒雪冲锋，异常辛勤，更兼草地天气寒冷，山路险恶，该员等均能奋不顾身，殄灭元恶，是以奴才将该三员保以知府记名。现准部驳，查照奏定章程，无论何项劳绩，保到班次，无可再加者，只准切实声叙，果有非常功勋，自必仰蒙特旨，交军机处记名，概不准督抚大臣指定记名保奏。惟查田秀栗、陈廷杰、李赞元等三员，自督兵进剿以来，均系亲冒矢石捉生戮死，战功昭著，实非寻常劳绩可比，相应请旨。同知用候补知县田秀栗，补同知后，以知府用，先换顶戴。运同衔前补理番厅同知陈廷杰请仍留四川，以同知直隶州归军功班，遇缺前尽先即补，俟补缺后以知府用。以上二员，并请赏戴花翎。候选直隶州李赞元请以知府，不论双单月归升班，到班之前尽先选用。奴才为军营鼓励人才起见，是否有当，伏候皇上圣裁。谨将奏保剿平瞻对案内各员，遵驳复核缘由，理合恭折具奏，伏乞两宫皇太后、皇上圣鉴训示。谨奏。

于同治六年三月 日奉批回，军机大臣奉旨：田秀栗等著照所请奖叙，该部知道。钦此。

附　吏部奏折

吏部为知照事，内阁抄出景纹跪奏，为部驳瞻对案内单保各员，与奏定章程不符，应令另核请奖事。

窃奴才于同治五年十月三十日准吏部咨开，谨将核与奏定章程不符，应行议驳之运同衔理番厅同知陈廷杰，同知用候补知县田秀栗，花翎候选同知直隶州知州李赞元等三名，保奏请旨，记名简放之处，核与章程不符，应令另核请奖等因，遵奉之下。

奴才惟查田秀栗、陈廷杰、李赞元等三名自督兵进剿以来，均系亲冒矢石，捉生戮死，剿功昭著，实非寻常劳绩可比。相应请旨，将同知用候补知县田秀栗补同知后，以知府用，先换顶戴。运同衔前补理番厅同知陈廷杰请仍留四川，以同知直隶州归军功班遇缺前尽先即补，补缺后，以知府用。以上二员，并请赏戴花翎。候选直隶州李赞元，请以知府，不论双单月归升班，到班之前，尽先选用。谨奏。

同治六年正月二十七日奉旨：田秀栗等均著照所请奖叙，该部知道。钦此。此件钦奉谕旨允准，即钦遵注册。

《清代藏事奏牍》370—371 页

景纹奏第穆呼图克图所属札萨克喇嘛遗缺拣员请旨简放折

同治五年十二月初八日（1867.1.13）

为第穆呼图克图所属札萨克喇嘛，因病出缺，拣人请旨补放，恭折奏祈圣鉴事。

窃准达赖喇嘛咨称：第穆呼图克图阐宗寺札萨克喇嘛罗布藏济克美得染劳伤水肿，医药罔效，于同治五年八月初四日因病出缺。自行拣拟合例之人，移请转咨驻藏大臣奏放，以资接充办事。兹据该寺公同拣选得第腔巴罗布藏扪浪，现年四十岁，人尚明白，办事公正，恳请代为转咨。我达

赖喇嘛率同协理商上事务呼图克图罗布藏青饶汪曲，查所选之人实为该寺僧众信服，是以援情咨请代奏补放等由前来。奴才查与成案相符，相应遵例请旨，将第腔巴罗布藏扪浪补放阐宗寺札萨克喇嘛，以资帮同约束徒众。为此恭折具奏，伏乞两宫皇太后、皇上圣鉴训示。谨奏。

于同治六年三月　日奉到批回，军机大臣奉旨：著照所请，该衙门知道。钦此。

《清代藏事奏牍》372 页

景纹奏委许觐光兼署后藏粮务片

同治五年十二月初八日（1867. 1. 13）

再，调管后藏粮务陈埔，现委护送廓尔喀贡差进省，所遗后藏粮务一缺，西藏现在乏员可委，奴才檄饬前藏粮务许觐光暂行兼署，以重地方，而慎库储。并咨催四川督臣迅即拣派粮务一员，饬赴后藏接管任事，以资治理。理合片奏，伏乞两宫皇太后、皇上圣鉴训示。谨奏。

于六年三月　日奉到批回，军机大臣奉旨：知道了。钦此。

《清代藏事奏牍》372 页

景纹奏赴京换班堪布等改由川道行走片

同治五年十二月初八日（1867. 1. 13）

再，前准理藩院咨据总管京城喇嘛班第之札萨克喇嘛罗布藏桑结呈称：案查雍和宫四学坐床之缺，慈都寺、达赖喇嘛寺各达喇嘛缺，五台山扎萨克喇嘛缺，热河总管堪布缺，布达拉寺院坐床堪布缺，伊犁普化寺堪布缺，俱系由前藏选调之堪布补放，热河、扎什伦布寺院堪布达喇嘛之缺，系由后藏选调之堪布补放，曾经历办在案。今有堪布出缺，并无前后藏应补之人，相应遵照前案，由院转奏，并行咨知驻藏大臣，于年力富强、经典熟习者咨送四人，于后藏堪布内，咨送一人，所有拣妥饬令来京，以备补放。至该喇嘛等应带随从徒众，着照定例，毋得逾数等因，于同治三年九月初八日具奏。本日奉旨：依议。钦此。钦遵恭录前来。经前任大臣译咨商上，令其照例拣派，奴才于同治四年八月接任后，复行咨催，旋准达赖喇嘛咨送赴京换班堪布，内布赉绷寺二名：降养楚称、降养沃色尔，色拉寺一名达结甲错，噶勒丹寺一名称勒桑布，又扎什伦布寺院应派堪布一名噶青伊喜丹增。以上派定堪布五名，由达赖喇嘛率同协理事务呼图克图及扎什伦布札萨克喇嘛等，查明该堪布等均属年富力强，深通经典，且均出过痘症，堪以送京当差。并开具该堪布等年岁及徒众花名清单，咨复前来。

奴才复当堂查验该堪布等均属年富力强，诚实可靠，当经饬令克日束装起程。旋据该堪布等禀称：向例该堪布等应由西宁一带草地进京，近因逆回滋扰，甘肃道路梗塞，所有商上前派噶瑃苦竹巴等，现滞留西宁，不克前进，再再筹思，恳请查照同治二年派赴进京教习唐古忒字话之喇嘛等，均由四川大道赴京当差，俾免途次羁滞等情，由协理商上事务呼图克图代为禀称前来。

奴才卷查同治二年由藏派赴京教习唐古忒字话喇嘛等，由四川大道赴京当差，曾经理藩院请旨办理在案。兹该堪布等已派定年余不能起身，因甘肃道路梗阻，一时难以抵京，恐其贻误差使，自是实在情形。理合据情代为请旨，所有此次赴京换班堪布等五名，可否准照同治二年成案办理之处，出自逾格鸿仁。

谨附片代奏，是否有当，伏乞两宫皇太后、皇上圣鉴。谨奏。

于六年三月　日奉到批回，奉旨：著照所请。该衙门知道。钦此。

《清代藏事奏牍》372—373 页

景纹奏协理商上事务罗布藏青饶汪曲因赏给呼图克图谢恩呈进贡物据情代奏折

同治五年十二月初八日（1867.1.13）

为协理商上事务呼图克图罗布藏青饶汪曲屡沐天恩高厚，所有感戴下忱各情，恳请据情转奏，奴才理合据实代奏，恭折仰祈圣鉴事。

窃准达赖喇嘛咨：据协理商上事务呼图克图罗布藏青饶汪曲禀称：小僧仰蒙大皇帝鸿恩，赏准协理商上事务，并又赏给呼征寺院地土财帛，钦遵之下，自惭图报无地，今复蒙赏加呼图克图名号，并印信一颗，复准接辈承袭。似此重恩，生生世世，万难图报，惟有朝夕诚诵真经，虔祝大皇帝万福万寿，国泰民安。凡商上应办一切公事，咸皆仰体达赖喇嘛尽心妥协，少酬鸿恩于万一。兹值差人进京承领敕书印信，小僧是以虔备贡物数品，敬谨交差赍京呈进，稍申犬马微忱，务恳咨请代为具奏。

我达赖喇嘛查上年济咙呼图克图、第穆呼图克图等蒙恩赏准呼图克图入寺坐床时，均经咨请二位大人代为奏请，呈进贡物，历经办理有案。今协理商上事务呼图克图罗布藏青饶汪曲屡沐天恩，深重感激无地，兹因差人赴京请领敕印之便，诚心制办贡物数品，用申该僧犬马微忱，我达赖喇嘛自应援例咨请代为具奏，等因。

准此。奴才查罗布藏青饶汪曲自仰蒙皇上天恩以来，凡应办商上一切公事，矢勤矢慎，力思图报，兹值差人赴京请领敕印，该僧虔心备办贡物数品，其感激之意，出于至诚，且核与各呼图克图入寺坐床后成案相符，例应请旨，可否仰邀赏准之处，出自逾格鸿仁。

所有该呼图克图感戴下忱，奴才理合恭折代为具奏，是否有当，伏乞两宫皇太后、皇上圣鉴训示。谨奏。

于六年三月　日奉到批回，军机大臣奉旨：知道了。钦此。

《清代藏事奏牍》373—374 页

景纹奏呼征寺仓储巴札克巴协捻援案请赏给札萨克名号片

同治五年十二月初八日（1867.1.13）

再，准达赖喇嘛咨，据协理商上事务呼图克图禀称：窃查商上各寺院，蒙恩赏给呼图克图名号后，均得仰邀天恩，赏给札萨克名号管家一名，俾得一归统率，以好约束阖寺僧众及经理作善念经一切事务，庶不致废驰。今小僧前蒙大皇帝天恩赏给呼征寺院地土，复蒙赏加呼图克图名号，似此重恩，小僧生生世世实难图报，惟小僧现蒙天恩赏派协理商上事务，所有本寺呼征庙宇距藏遥远，一切事务实难分身前往料理。查呼征凝喜寺实兴旺黄教，自古即有，原为讽诵大皇帝平安经典之庙，时需培修，因前辈呼征时庙宇渐见坍塌，并未随时修理，以致目下毁败不堪。小僧现拟捐资，一律培修打扫洁净，以便饬令本寺僧众照常虔心讽诵真经，恭祝大皇帝万福万寿，国泰民安，俾小僧得以稍尽犬马之心。所有一切事务，再再需人主持经理。小僧伏思商上事务责任重大，既不能分身前往料理，更未便任听僧众漫无统率，效尤废驰，合无仰恳咨请大人，俯念寺院念经作善均系紧要事件，祈请查照前案代为奏恳，赏派札萨克名号喇嘛一名，俾得有所统率。如蒙俞允，现有本寺管事仓储巴喇嘛札克巴协捻，人极明白，经典深沉，且随小僧办事多年，稳练诚实，堪以胜任，如荷赏准，小僧顶感无既等语，禀称前来。

我达赖喇嘛查前辈呼征曾蒙天恩，赏加该呼图克图之管事喇嘛札萨克名号，原为寺院有所统率，以免废驰作善念经等事。兹该呼图克图罗布藏青饶汪曲前蒙赏给寺院地土，复又赏加呼图克图名号，恳请赏派札萨克名号喇嘛一名，实系慎重寺院起见，查与成案相符，且该仓储巴札克巴协捻在商上办事多年，实为可靠，应即咨请代为具奏各情，由达赖喇嘛咨称前来。

奴才查商属济咙、第穆及前辈呼征呼图克图均蒙赏派札萨克名号喇嘛一名，即为该寺呼图克图替身，其统率僧众主持寺院一切事务，皆由该札萨克办理。查照前案，均得仰邀天恩，赏加札萨克名号，实为统率弹压起见。该呼图克图所请，尚属合例。奴才复当堂查验该仓储巴札克巴协捻，人尚可靠，才堪胜任，相应请旨，可否以札克巴协捻赏给札萨克喇嘛名号之处，出自皇上天恩。

所有准咨代奏各情，理合附片奏闻，是否有当，伏乞两宫皇太后、皇上圣鉴训示。谨奏。

于六年三月　日奉到批回，军机大臣奉旨：知道了。

《清代藏事奏牍》374—375 页

景纹代奏十二世达赖喇嘛谢赏匾额贡进哈达等物折

同治六年正月二十七日（1867.3.3）

奴才景纹跪奏，为达赖喇嘛叩谢天恩，恭折代奏事。

窃奴才据达赖喇嘛咨称：于同治五年十一月初五日，由驻藏大臣恭录清字译汉上谕一道内开，荷蒙大皇上恩施，赏赐我达赖喇嘛振锡绥疆匾额，等因前来。小喇嘛当即望阙叩谢，敬谨祇领。伏思小喇嘛叠受殊恩，毫无报称，惟有朝夕率领僧众讽诵经典，恭祝大皇上万福万寿，国泰民安，以期仰报鸿慈于万一。今小喇嘛感叩天恩，呈进吉祥哈达一方、长寿

古佛一尊，恳请代为呈进，等情。据此，奴才将哈达、佛尊敬谨用匣装固，代为呈进，理合恭折奏闻。为此谨奏。

（一史馆藏宫中朱批奏折）《元以来西藏地方与中央政府关系档案史料汇编》（五）1834 页

景纹奏拿获劫盗就地正法片

同治六年二月二十日 （1867.3.25）

再，据署理西藏夷情怀唐武详称：据霍尔族总百户专差番目朗穷杂吗、扎里等二名禀称：于同治五年十月内由该族来藏上纳正赋银两，因将随带驮牛雇与果洛克番顺便驮脚回族，当令属下番民结噶、布穷二名，赴偏坡地方，与果洛克番交代牛只。于十二月十五日天明时，该番民等行至扎什城老坟园被贼将该番民二人杀毙，其随身所带银钱十二两、白银二两，并各带左插刀二把、小刀二把，均被抢去等情，恳请前往查验，并祈严拿凶犯治罪。该署夷情当即前赴老坟园地方验看，该番民等均各身受刀矛重伤，立时毙命，卑职除将验明伤痕录送外，并饬该番目暂将尸身安理，听候详情办理等情详报前来。

奴才以劫财戕命，案情重大，当饬噶布伦同该管地方番官硕第巴等，勒限务将该凶犯严拿到案，以凭按律定拟。兹据该番官等回称：奉谕之下，当即派人四处昼夜查拿，于藏属地面拿获盗犯协饶曲批、协饶桑垫等二名，经该番官等审询，供词闪烁，情形可疑，恳请饬交汉员审办等情。

奴才当委署夷情怀唐武、粮员许觐光传集该番官等，会同严讯，务得实据，以凭定拟。嗣据该员等会详，卑职等连日会同审讯拿获杀毙霍尔族番民之凶犯协饶曲批、协饶桑垫等二名，当堂研讯。该犯等初犹抵赖，经卑职等反复究诘，该犯等情虚，已当堂供认。二人实系为劫财起见，戕毙二命，当堂交出所抢银钱十二两，白银二两，左插刀二把、小刀二把。卑职等当令霍尔族番目详看赃据，回称果系被杀结噶等二人之物，已当堂具结承领讫。卑职等除将供词具册详送外，惟该犯等已经当堂供认，系为首正凶，并追出赃据，实属罪无可逭，恳请查照新疆拿获劫盗之例，审实追出赃据，一面即请就地正法，一面具折奏闻各情，详称前来。

奴才于本年二月十七日传集汉番各官，亲提该犯协饶曲批、协饶桑垫等二名，当堂审据，所供一切，核与原供无异。复查老坟园地方距藏密迩马蹄之下，该番等胆敢杀人劫财，实属目无法纪，今既拿获审实，追出赃据，若不照例严办，何以惩凶顽而安地方。奴才是以遵照新疆拿获劫盗之例，当于是日恭请王命，立将该二犯就地正法，悬首示众。并严饬该管地方番官，嗣后轮流派人巡查，遇有不法之人，随时查拿，分别惩办，以安地面。

除将该犯等供词抄录咨部备查外，所有拿获劫盗就地正法缘由，理合附片具奏，伏乞两宫皇太后、皇上圣鉴训示。谨奏。

于本年　月　日奉到批回，军机大臣奉旨：知道了。钦此。

《清代藏事奏牍》376—377 页

景纹奏下瞻对番目暗投云南杜文秀纠众谋衅当即扑灭片

同治六年二月二十日（1867.3.25）

再，奴才上年在炉城访查得下瞻对番目莫吹觉洛结即大盖折布已暗投云南逆匪杜贼，并授伪都指挥，许以缓急出兵相救。惟时形迹未露，未便加罪无辜。迨瞻对平定后，每密饬驻守瞻对地方三品顶戴之番官策忍班垫，令其务须留心详查动静。去岁该番官因派百姓修理营官寨，该番乘时煽惑三瞻对愚番数百人，围攻番官寨房，藉以苛派差徭，纠众起衅。幸该番官屡接奴才密札，早有准备，该番虽围攻一月之久，缘百姓等无心为乱，各怀观望，以致未能破寨直入。奴才接禀后，当即飞饬五家土司头目前往解和，勿许妄伤一人。百姓等见各土司到日，即行解散，地方当即底定。该番见势已孤，连夜奔逃。经该番官于大盖折布住房内抄出伪铜印一颗，伪牌三张，均系杜贼所发，禀缴前来。

奴才查大盖折布胆敢暗投逆贼，甘受伪职，当此瞻对平定后，不知改恶为善，共乐升平，乃敢藉有贼助，怙恶不悛，若不及时拿获，明正其罪，恐无知愚番相率成风。奴才当经飞饬番官策忍班垫跟踪查拿，勿许幸漏法网。兹据该番官禀称：于去岁十月三十日亲带土兵追赶该番于达喜地方，已将大盖折布主仆拿获，禀请来藏准其就地正法，枭其首级。现在地方肃清，百姓安堵如故，并将首级解赴来藏。奴才除将该番贼首级悬竿示众外，并严饬紧靠云南边界各处头目，密查有无番民与杜贼私通等情，均著随时查拿，以免窜入藏界。其抄出该番贼伪铜印一颗，伪牌三张，或缴部验看铸销，抑或就藏销毁之处，伏候饬下遵循办理。

所有从逆番贼纠众谋为起衅当即扑灭各情由，理合附片具奏，伏乞两宫皇太后、皇上圣鉴训示。谨奏。

于本年 月 日奉到批回，军机大臣奉旨：知道了。所有伪印等件，着即行销毁。钦此。

《清代藏事奏牍》377—378 页

景纹奏后藏戴琫顿柱策忍因案降革遗缺请旨补放折（附 拟定清单）

同治六年二月二十七日① （1867.4.1）

奴才景纹跪奏②，为四品戴琫因案开缺，应即拣员，拟定正陪，咨请循例奏恳简放一名，以便管理操练番营弁兵技艺，恭折具奏，仰祈圣鉴事。

窃准达赖喇嘛咨称：后藏四品戴琫顿柱策忍③因案降革开缺，应即拣员，拟定正陪，咨恳循例具奏，等由前来。

奴才查④五品硕第巴策忍顿珠，人尚明白，办事可靠，谨以拟正⑤；五品⑥博窝营官明足夺结，当差勤慎，公事细心，谨以拟陪⑦。理合照缮该员等年岁履历清单，恭呈御览，祗候简放一名，以资办理番营事件。为此恭折具奏，伏乞两宫皇太后、皇上圣鉴训示。谨奏。

军机大臣奉旨：另有旨。钦此⑧。

附 拟定清单⑨

谨将五品硕第巴策忍顿珠，五品博窝营官明足夺结二员年岁履历，敬缮清单，恭呈御览。

计开

拟正策忍顿珠年三十六岁，咸丰元年充当东科尔，荐升今职，人尚明白，办事可靠。拟陪明足夺结年二十五岁，咸丰九年充当东科尔，荐升今职，当差勤慎，公事细心。

于本年 月 日奉到批回，军机大臣奉旨：另有旨。

会同理藩院咨内阁抄出，奉上谕：著拟正之策忍顿珠补授。钦此。

（一史馆藏宫中朱批奏折）《元以来西藏地方与中央政府关系档案史料汇编》（五）2091页；《清代藏事奏牍》375—376页

① 《清代藏事奏牍》中为同治六年二月二十日具奏。
② 《清代藏事奏牍》中无该句。
③ 《清代藏事奏牍》中为"策忍顿柱"。
④ 《清代藏事奏牍》中"查"字后有"拟正"二字。
⑤ 《清代藏事奏牍》中无"谨以拟正"四字。
⑥ 《清代藏事奏牍》中"五品"之前有"拟陪"二字。
⑦ 《清代藏事奏牍》中无"谨以拟陪"四字。
⑧ 《清代藏事奏牍》中无该句。
⑨ 《元以来西藏地方与中央政府关系档案史料汇编》中无此附件。

景纹奏噶伦白玛结布因病辞退遗缺请旨补放折
（附 拟定清单）

同治六年二月二十七日① （1867.4.1）

奴才景纹跪奏②，为噶布伦因眼目不明辞退，遗缺拣拟番员，请旨补放，恭折奏祈圣鉴事。

窃准达赖喇嘛咨：三品噶布伦白玛结布因眼目不明，难以办公，应即拣员拟定正陪，咨请循例具奏，恳祈简放一名，以资治理，等由前来。

奴才查商上四品商卓特巴密玛策忍，人甚明白，熟悉公事，谨以拟正；后藏四品戴琫贡布彭错，人亦可靠，办事稳练，谨以拟陪。除缮具该员等年岁履历清单，恭呈御览，祗候简放一名，俾资治理。为此恭折具奏，伏乞两宫皇太后、皇上圣鉴训示。谨奏。

军机大臣奉旨：另有旨。钦此③。

附 拟定清单④

谨将商上四品商卓特巴密玛策忍、四品戴琫贡布彭错二员年岁履历。敬缮清单，恭呈御览。

计开

拟正密玛策忍年三十八岁，咸丰元年充当东科尔，荐升今职，人甚明白，熟悉公事。

拟陪贡布彭错年四十六岁，道光十九年充当东科尔，荐升今职，人亦可靠，办事稳练。

于本年　月　日奉到批回，军机大臣奉旨：另有旨。

（一史馆藏宫中朱批奏折）《元以来西藏地方与中央政府关系档案史料汇编》（五）2062—2063 页；《清代藏事奏牍》378 页

①《清代藏事奏牍》中为同治六年二月二十日具奏。

②《清代藏事奏牍》中无"奴才景纹跪奏"几字。

③《清代藏事奏牍》中无此句。

④《元以来西藏地方与中央政府关系档案史料汇编》中无此附件。

景纹奏粮员许觐光等捐输青稞还仓片

同治六年四月二十日（1867.5.23）

再，查西藏仓贮青稞三千石，原为年岁丰歉，以备接济兵食之项，久经存贮在案。溯查上年呼征在藏滋事之时，各处衙门均调有土兵练勇，护卫衙署。惟时库款支绌，兵勇口食无项发给，经前任大臣将此项青稞提出，散给兵勇，作为口食，嗣后又未设法买补还仓。奴才以边防地方，兵食最为先务，若不设法买补还仓，设遇年岁歉收，官兵等何以资其接济？第现在藏库万分支绌，势难骤然提出数千两垫发采办，左右筹思，是以商同驻藏粮员许觐光、游击王虎臣等设法筹办还仓，以符旧制。该员等倡率在藏文武员弁等，均各量力捐输，月余之内，已捐足青稞三千五百石，均已缴存粮库。且称此捐输青稞文武各员，上次出师瞻对案内，均各蒙天恩奖励，该员等情殷报效，并不敢再邀议叙。奴才以该员等踊跃乐捐，报效情切，未敢壅于上闻，理合附片具奏，是否有当，奴才未敢擅便，伏乞两宫皇太后、皇上圣鉴训示。谨奏。

本年　月　日奉到批回，军机大臣奉旨：知道了。钦此。

《清代藏事奏牍》378—379 页

景纹奏接陕抚咨折匣途次被掳情形折

同治六年四月二十七日 （1867.5.30）

为奴才由藏拜发奏折报匣，驰驿递至陕西省属潼关之阳化铺地方，被发逆连人并马全行掳去各情，恭折奏祈圣鉴事。

窃奴才于同治五年八月十六日辰时由藏拜发清文折六合，内恭请圣安清文折三合，跪叩慈皇太后万寿天禧清文折一合，并叩谢天恩，赏将奴才交部从优议叙清文折一合，又达赖喇嘛暨协理商上事务呼图克图罗布藏青饶汪曲叩谢天恩呈进佛匣二个，奴才照例恭缮清文，代为呈进。以上清文折六合，奴才敬谨粘贴印花，装贮报匣驰递前进。

前于本年正月二十日接奉批折回藏，系奴才九月二十八日由藏发出之折，而八月十六日所发折匣，并未奉到朱批，奴才不胜骇异，当即加限行文各直省，转饬府厅州县，查明八月十六日折匣究系何处迟发。兹准陕西抚臣乔松年咨：据华阴县知县章桂芬禀称：九月二十九日子时八刻，接华州夫马送到驻藏大臣八月十六日由藏发出令牌一张，奏折报匣一个，皮包佛匣二个，投兵部理藩院公文二角，当差马夫雷振魁、屈拜转递潼关，不料至阳化铺地方被发逆分路四面拥至，将人马全行掳去，至今查无踪迹等情。该抚臣查明实系被贼掳去，并无别情，咨复另请补发等因，准此。

奴才当即译咨达赖喇嘛将应递谢恩佛匣另行补进外，所有接准抚臣来咨，折匣途次被掳情形，理合恭折据实具奏，伏乞两宫皇太后、皇上圣鉴训示。谨奏。

于本年 月 日奉到批回，军机大臣奉旨：知道了。钦此。

《清代藏事奏牍》379 页

景纹奏保奏披布构衅案内出力各员片

同治六年四月二十七日 （1867.5.30）

再，去岁拣派汉番文武各员，赴布鲁克巴地方，办理披、布两造构衅一案，该员等现在先后回藏，禀称：善后各事宜，均已一律办理完竣，各处土兵分起均各撤退回牧，隘口肃清，流民各复原业。又据商上禀请，所有在事出力汉番文武僧俗番目等，在事一年之久，异常艰辛，使地面转危为安，不无微劳，应如何分别奖励之处，伏候酌夺办理各等情。据此，奴才查披、布斗杀已届三年之久，两造伤亡不计其数，已成不解之势。当披楞大股压境之时，前后藏均各震动，人心惶乱。奴才以事在吃紧，不能不亲赴隘口，相机筹办，是以拣派汉番文武各员，随同奴才昼夜兼程，将各隘口防堵情形布置妥协，赶赴布鲁克巴地界查看情形，密授机宜。幸赖我皇上鸿福，不动声色，使披楞敛兵回巢，布众俯首听断，边界肃清，人民安堵。其在事出力汉番文武、僧俗、番目等均系自备资斧，深入蛮荒，往来一年之久，并无村庄住牧，均各裹粮露宿，又兼山路崎岖，天时寒冷，实属异常艰辛，并能遵授机宜，和衷共济，解释两造兵端，潜消边祸，洵属著有微劳。可否仰恳天恩，准其将出力人员，择优奏保之处，奴才未敢擅便，理合附片具奏，伏乞两宫皇太后、皇上圣鉴训示。谨奏。

于本年 月 日奉到批回，军机大臣奉旨：准其择优保奏，毋许冒滥。钦此。

《清代藏事奏牍》379—380 页

景纹奏校阅前藏汉番官兵春操情形折

同治六年四月二十七日（1867.5.30）

为校阅前藏汉番官兵春操情形，恭折奏闻，仰祈圣鉴事。

窃查前藏汉番官兵，例应春秋二季操演，分别赏罚，以示劝惩。兹届春操，奴才预饬将备戴琫调集番兵，一体操演。奴才自四月初十日起，逐日亲赴较场，详加较阅。所演阵式，尚属整齐，操演排枪，声势联络，演试藤牌刀矛等技，以及行阵攻山夺卡，施放火弹，俱属矫捷。复将汉番官兵马步骑射逐一详较，弓用六力八力不等，中箭四枝五枝者居多，马箭亦尚纯熟，鸟枪每十人一排，一排中靶者十有八九，合计八成有余。奴才于校阅后，择其弓马优娴者，存记拔补，次则酌加赏赉，以示鼓励。间有技艺生疏者，亦即立时分别降责，俾知警诫。仍严饬将备戴琫等实力操演，勤加训练，务期一律精锐，咸成劲旅，仰副圣主慎重边陲，修明武备之至意。

所有奴才较阅前藏汉番官兵春操情形，理合循例恭折具奏，伏乞两宫皇太后、皇上圣鉴谨奏。

于本年　月　日奉到批回，军机大臣奉旨：知道了。钦此。

《清代藏事奏牍》380—381 页

景纹奏章嘉呼图克图抵藏学经代呈谢恩佛匣折

同治六年六月二十六日（1867.7.27）

　　为章嘉呼图克图带领徒众，由西宁草地行抵前藏，现已入寺学经，虔备谢恩佛匣，代为呈进，恭折仰祈圣鉴事。

　　窃准达赖喇嘛咨：据章嘉呼图克图及伊师管家扎萨克喇嘛罗布藏丹增宜玛禀称：该呼图克图因由西宁、丹噶尔一带进藏，途次道路梗阻，以致绕道羁迟，幸于本年二月二十五日安抵西藏，遵即归于大寺学经，惟当矢勤矢慎，尽心习学，以期仰副大皇帝鸿恩各情，禀称前来。我达赖喇嘛查该呼图克图，品性慈良，心地明白，讲经学法，实深勤谨，当即迎入布赍绷寺、廓蟒扎仓寺中讲演真法，仍令原师扎萨克罗布藏丹增宜玛随侍，并委噶勒丹寺降仔曲吉主教，又喇嘛丹增饶布结熟悉经咒，作为该呼图克图之师傅，我达赖喇嘛率同噶勒丹池巴呼图克图等随时实心传教，比照历辈章嘉呼图克图进藏学经，一般尽心传授佛法，仰副我大皇帝振兴黄教有加无已。惟查嘉庆六年前辈章嘉呼图克图进藏学经，均由商上拨给庄田，以资养膳，今将冻噶尔庄田地土赏给该呼图克图兼管，俾资养膳。兹该呼图克图及伊师扎萨克等行抵前藏，并入寺学经情由，谨备叩谢天恩哈达二方，古佛二尊，我达赖喇嘛咨请代为转进各等因，咨称前来。

　　奴才查前辈章嘉呼图克图进藏习学经典，曾经驻藏大臣代为具奏，奴才查与前案相符，理合将佛匣哈达用匣敬谨包固恭折代为呈进，伏乞两宫皇太后、皇上圣鉴训示。谨奏。

　　于本年　月　日奉到批回，奉旨：知道了。钦此。

《清代藏事奏牍》381—382 页

景纹代奏罗布藏青饶汪曲等请准达赖喇嘛坐床后仍用前辈金册折

同治六年七月初三日① (1867.8.2)

奴才景纹跪奏②，为据情代奏，仰祈圣鉴事。

窃据协理商上事务呼图克图罗布藏青饶汪曲率同噶布伦、总堪布并三大寺各领袖，及商上供职大小番目等，公同禀称：历辈达赖喇嘛坐床后，应将大皇帝原赏金册缴存驻藏大臣衙门，由藏专差赍送四川，由四川派员赍送进京更换，始请颁赏新册十三页或十六页不等。兹现在达赖喇嘛已于咸丰十一年七月初三日坐床，应即按照旧章办理。但现值内地军务未靖，道路多阻，辗转羁迟，途次或有疏虞，深恐有负大皇帝重恩。复查第十辈达赖喇嘛阿旺洛桑甲木巴勒丹增楚称甲错，原有九辈达赖喇嘛金册、金印，曾经前任驻藏大臣奏明，准其照旧钤用，未经请换。今现在达赖喇嘛领有十一辈达赖喇嘛金册十三页，以此商上同三大寺僧俗供职③大小番目等，公同合词，仰恳天恩逾格，赏将前辈达赖喇嘛阿旺洛桑丹贝卓密凯珠甲木磋④原领金册十三页，自此辈达赖喇嘛起，照旧掌管，嗣后接辈，均请免其更换，俾免往返。如蒙俞允，则阖藏僧俗顶戴无既，各等情。

据此，奴才查该商上因现在内地军务未靖，道路梗阻，恐专差往返羁迟，或途次稍有疏虞，致负皇上天恩。奴才复与十辈达赖喇嘛未经请换金册成案相符，是以据情代奏。是否有当，伏乞两宫皇太后、皇上圣鉴训示。谨奏。⑤

(一史馆藏宫中朱批奏折)《元以来西藏地方与中央政府关系档案史料汇编》(五) 1834—1835 页;《清代藏事奏牍》381 页

①《清代藏事奏牍》中具奏日期为同治六年六月　日。

②《清代藏事奏牍》中无"奴才景纹跪奏"几字。

③《清代藏事奏牍》中为"供职僧俗"。

④《清代藏事奏牍》中为"阿旺洛桑丹贝卓密凯珠嘉木错"。

⑤《清代藏事奏牍》中此后另行有"于同治六年　月　日奉到批回，奉旨：着照所请，该衙门知道。钦此"几句。

景纹代奏新补噶伦密玛策忍谢恩折

同治六年八月初六日（1867.9.3）

奴才景纹跪奏，为代谢天恩，恭折奏闻事。

窃奴才于同治六年六月二十四日，承准军机处咨开，恭奉上谕：白玛结布噶布伦一缺，著拟正密玛策忍补放。钦此。钦遵。相应恭录行知达赖喇嘛，转饬遵照在案。

兹据达赖喇嘛咨行前来，新放噶布伦密玛策忍呈称：小的承蒙大皇上恩施，赏给噶布伦一缺，奉到之间，当即望阙叩谢天恩。伏思小的毫无报称之处，嗣后惟于商上事务尽心办理，以期仰报于万一。今小的密玛策忍叩谢天恩，呈进吉祥哈达一方、长寿古佛一尊，恳请代为呈进。等情。据此，奴才将哈达、佛尊用匣装固，代为呈进，理合恭折奏闻。为此谨奏。

军机大臣奉旨：知道了。钦此。

（一史馆藏宫中朱批奏折）《元以来西藏地方与中央政府关系档案史料汇编》（五）2063 页

景纹奏保奏截获下瞻对逆贼并出力之夷喜罗布汪曲及策忍班垫赏给翎衔片

同治六年十一月初六日（1867.12.1）

再，准达赖喇嘛咨：据协理事务呼图克图罗布藏青饶汪曲暨噶布伦总堪布等禀称：上次下瞻对逆贼大盖折布暗投云南回匪，在瞻对地方煽惑愚番，谋为作乱。幸蒙宪台密授一切机宜，商上公议，以我达赖喇嘛之兄夷喜罗布汪曲声望素著，藉以前往化导弹压，令其轻骑减从，星夜前往，会合住扎瞻对商上颇琫策忍班垫密将吩示一切机宜，暗为详细指陈。该员等密为布置，恩威并济，使百姓等利害咸知，感畏敬服。适该逆临期倡乱，百姓莫肯上前，该逆见事败露，其势已孤，料难遂意，只得连夜奔逃。夷喜罗布汪曲深恐该逆窜入云南地方，异日为祸更大，当饬策忍班垫督兵跟踪追杀，自带一队，分截隘口。该逆势穷，果带死党几次突围，不能窜逃，而追兵复至，策忍班垫首先生获巨恶大盖折布，其余党并无一名漏网，当即就地分别枭首，实足以申天讨而快人心，此情已蒙奏明大皇帝圣鉴。复查该倡乱之初，其意欲勾引云南贼匪，乘势引兵入境，先占据巴塘、里塘，截断西藏大道，其居心尤为可恶。幸赖大皇帝鸿福，地方不遭其害，生灵不受荼毒，元凶指日荡除，逆党诛绝净尽，实由宪台机谋深远，布置周妥。现在三瞻对及压伙一带鸷悍愚番，咸皆畏惧王法，敬礼佛教，地方肃清，生灵安乐。该番官在事两年之久，懋著勤劳，应行禀明我达赖喇嘛，转请将夷喜罗布汪曲、策忍班垫二员，恳求大皇帝天恩从优奖励，以昭激劝各等情，由达赖喇嘛咨请前来。

奴才查逆贼大盖折布暗投云南回匪，已授伪职，恃其有助，欲乘势作乱，将三瞻对地方据为己有，并图引进云南回匪，先占巴、里塘阻截大道，彼此声势相依，该逆之包藏祸心，其志不小。奴才早有访闻，本拟檄饬各路，申明天讨，第恐震惊百姓，涂炭生灵，是以密授该番官等机宜，妥为布置，令其严密暗图，万不可伤害无辜良民。该番官等均能恪遵布置，不动声色，使逆党全数歼毙，洵属谋勇兼优，实为番官中出色之员，自应吁恳天恩鼓励，以顺番情。现袭公爵夷喜罗布汪曲恳请赏戴花翎三品顶戴，颇琫策忍班垫请赏给二品虚衔。奴才因殄除巨恶，鼓励人材起见，可否之处，出自逾格鸿仁。再，抄出大盖折布私受伪牌一项，禁物遵旨就地销毁，合并声明。

理合附片具奏。伏乞两宫皇太后、皇上圣鉴训示。谨奏。

于同治七年三月二十九日奉到批回：另有旨。

《清代藏事奏牍》382—383 页

景纹奏连年丰收阖藏僧俗人等公恳十二世达赖喇嘛下山攒招折

同治六年十一月初六日 （1867.12.1）

奴才景纹跪奏[①]，为西藏连年雨畅时若，稞麦大收，又无瘟灾病疫，人民欢乐，牛马蕃息[②]。以此三大寺暨藏属各寺院呼毕勒罕，率同执事喇嘛、僧俗人等，公恳达赖喇嘛于同治七年正月下山攒招，念诵真经，大放布施，恭谢皇恩，以广圣德而顺舆情，恭折奏闻，仰祈圣鉴事。

窃准达赖喇嘛咨：据藏属各寺院呼毕勒罕率同僧俗人等禀称，西藏地处极边，虽经开垦地亩，播种稞麦，资养民生③，因地土寒冷，风雪无时，每籽粒一克④播种之后，迨秋收成熟，计收粮食七八克，即称为年岁丰收。今自同治四年起至六年止，每籽粒一克，计收净粮二十余克，甚至三十克不等，是一年已得三四年之粮，西藏自来未有之事。当此藏地兵灾⑤之后，各处地方又无瘟灾病疫，人民安乐，牛马蕃息⑥，阖藏僧俗莫不鼓舞欢庆⑦，实由大皇帝⑧圣德广大、黄教振兴之时〔赐〕，使穷边绝壤得此丰年大有。该僧俗人等公恳我达赖喇嘛亲身下山攒招，念诵真经，大放布施，酬谢皇恩，用彰圣德，实一时之盛事，留万载之佳传。我达赖喇嘛自应俯如所请，以顺舆情，谨⑨择于同治七年正月望五日，自布达拉山亲赴大招，攒集僧众，大放布施，敬谨念诵经⑩真经，恭祝大皇帝万福万寿，国泰民安，从此天下生灵永享升平，西方黄教长沐圣泽。各等因。请奏前来。

奴才查西藏地方寒冷异常，风雪无时，所种稞麦向来无此丰收，今蒙皇上鸿福，连年雨畅时若，使极边地方连岁丰收大有，又无瘟疫流行，生民安乐，牛马蕃息⑪。该僧俗等以恭逢圣世，仰荷天庥，是以合词公恳达赖喇嘛下山攒招，念诵真经，其感戴之心具见出于至诚⑫。且查与道光十六年十辈达赖喇嘛亲身下山攒招成案亦属相敷〔符〕⑬。奴才未便阻其向义之心，壅于上闻。所有阖藏僧俗人等，公恳达赖喇嘛下山攒招各情由，理合恭折具奏，伏乞两宫皇太后、皇上圣鉴训示。谨奏。

军机大臣奉旨：另有旨。钦此⑭。

（一史馆藏宫中朱批奏折）《元以来西藏地方与中央政府关系档案史料汇编》（五）1835—1836 页；《清代藏事奏牍》383—384 页

① 《清代藏事奏牍》中无"奴才景纹跪奏"。
② 《清代藏事奏牍》中为"蕃庶"二字。
③ 《清代藏事奏牍》中为"生民"二字。
④ 《清代藏事奏牍》中为"每克籽粒"。
⑤ 《清代藏事奏牍》中为"兵燹"二字。
⑥ 《清代藏事奏牍》中为"蕃庶"二字。
⑦ 《清代藏事奏牍》中为"腾欢"二字。
⑧ 《清代藏事奏牍》中为"皇上"。
⑨ 《清代藏事奏牍》中无"谨"字。
⑩ 《清代藏事奏牍》中无"经"字。
⑪ 《清代藏事奏牍》中为"富庶"二字。
⑫ 《清代藏事奏牍》中"感戴之心"为"忱悃"二字。

清代驻藏大臣奏折全集·四

⑬《清代藏事奏牍》中为"相符"。

⑭《清代藏事奏牍》中此句为"于同治六年十一月初六日具奏。"另行有"于同治七年三月二十九日奉到批回：另有旨"几句。

景纹奏审结里塘案内各犯并请宽东登工布等死罪折

同治六年十一月初六日（1867.12.1）

为委员解到里塘案内各犯，及东登工布等均已押解至藏，叠准达赖喇嘛暨属僧俗人等咨恳代为吁恳天恩，从宽办理，以广皇仁，而昭激劝，恭折代奏，仰祈圣鉴事。

窃准达赖喇嘛咨称：窃查里塘案内各犯，上年该处夷务完结时，已蒙四川督臣定拟，将案内一干人犯发往西藏，充当苦差，并蒙奏明大皇帝圣鉴在案。当时惟崇喜土司拉旺仁增、仁增工布未能到案，嗣经商上番官策忍班垫开导后，旋即自行投案，其悔罪投诚之心尚可矜全，所有该二犯合无仰恳大皇帝天恩逾格，念其自行投案，尚知畏罪，请照案内各犯一律办理，由商上发交五百里外营官严加管束，永远拘禁，断不致再滋别事。至东登工布一犯，虽属工布朗结之子，因其父所为不法，该番早已分居日鲁寨房。上年藏兵进攻之时，该番屡劝其父及早退出所占国家地土各享安乐。其如伊父怙恶不悛，始终不听，该番只得与带兵噶布伦暨各营头目等通信，如能赦其杀身之罪，自愿归命朝廷，投诚达赖喇嘛。噶布伦等因见逆党众多，若不许其投诚，是绝敌人自新之路，使逆党亦得死命抗拒，当与汉番委员商议，收抚该番，并同众引至三宝佛前，与之互相盟誓具结，如果始终真心投诚，许以免其死罪。该番当将日鲁寨房财帛粮食，全数献出，当由噶布伦等分散各营土兵，作为口粮之资，我兵莫不鼓舞等情，飞禀来藏。

我达赖喇嘛仰体皇上好生之德，佛法慈悲之意，念该番自知悔罪投诚，去逆效顺，情已可原，且又首献家资，充作兵饷，尤为能知大体，当经飞檄噶布伦等，令将该番好为抚驭收留，如果始终真心，免其死罪，以示黄教慈悲之意。上年瞻对事竣后，噶布伦回藏，面呈逆巢坚固情形，若以兵力，断难一时成功，幸得东登工布屡次寄信劝慰其中得力头目，均已陆续投诚大营，逆势稍孤，官兵奋勇得以一鼓扑灭。时值该番患病，未能随押晋藏等情，益见该番恭顺之心，始终无二。兹该番病已痊愈，由委员押解至藏，我达赖喇嘛念其始终真心恭顺，首先出具保结，并盖用图记，次及协理事务呼图克图罗布藏青饶汪曲、噶布伦总堪布等暨三大寺僧俗人等，公同出具保结邀恩，援情代为转达圣聪，俯念该番畏罪投诚之时，业由我达赖喇嘛免其死罪，惟有仰恳天恩，法外施行，将东登工布发交一千里之外，饬令营官围筑高墙，圈入囚房，一生拘禁，自毕余年，实出圣主鸿慈逾格，亦见黄教不失信义。倘该犯如有逃亡别故，惟以商上所保僧俗等是问各等因，并据呼图克图、噶布伦暨三大寺僧俗人等公同递到保结情词，大略相同。

奴才查里塘案内各犯，前经四川督臣曾已定案发藏，充当苦差，自应按名遵照办理。惟崇喜土司拉旺仁增同仁增工布二犯，奴才前奉谕旨交奴才严加审办等因，钦遵在案。又东登工布一犯，亦应严讯，核其情罪，分别办理，以昭核实。兹据理藩院员外郎恩承于本年八月初二日将里塘案内各犯及东登工布等押解来藏，随准达赖喇嘛同藏属僧俗人等各出保结，并沥陈前情，邀恩代为具奏等情。

奴才复查拉旺仁增、仁增工布二犯，前虽在逃，未能到案，嗣闻各处查拿，又经番官策忍班垫开导，亦即自行投案，其罪名请勿庸别行置议，援照案内各犯一律办理发往藏属五百里外交营官严加管束，核与前次四川督臣定案，尚属相符。惟东登工布一犯系属工布朗结之子，自应分别办理，第查该投诚时即首献家资粮秣充作兵饷，其时口粮尚未运到营盘，藏兵得此口粮接济，人心大快，此举尚属急公，能知大体。兹达赖喇嘛暨阖藏僧俗人等叠次邀恩奴才，因舆情诚恳至切，不能不援情代为具奏，相应请旨，可否仰蒙恩允，俯如达赖喇嘛所请，将投诚东登工布一犯，发往一千里之外，交营官将该犯一生圈禁，严加管束，使得终老囚房之处，出自圣主逾格鸿慈。除将协理商上事务呼图克图并噶布伦总堪布等公同递到原结，谨附折恭呈御览。其余僧俗出具图记各结，均已附卷备查。

所有阖藏公保各犯情由，理合恭折具奏，是否有当，伏乞两宫皇太后、皇上圣鉴训示。谨奏。

《清代藏事奏牍》384—386 页

景纹奏帕克巴拉呼图克图进藏受戒入寺开用印信片

同治六年十一月初六日（1867.12.1）

再，准达赖喇嘛咨称：察木多帕克巴拉呼图克图带管事及徒众人等，照例进藏受戒学经，已于本年七月二十三日平抵西藏，现已迎入色拉寺院居住，其该呼图克图应行一切事件，我达赖喇嘛均按照旧章办理。惟据该呼图克图禀称：现年十八岁，即应掌办该台寺院事务，所有前蒙大皇帝鸿恩赏给呼图克图印信，今该呼图克图现已及岁办事，应即遵用此印各情，禀称前来，均属与例相符，自应咨请代为具奏各等因。准此。

奴才查察木多帕克巴拉呼图克图现年十八岁，应行掌办事务，请即遵用呼图克图印信及进藏受戒传经，一切事务，核与成案相符，俟该呼图克图经典讲习明白，应行回寺之日，奴才再行查案办理。

所有察木多帕克巴拉呼图克图照例进藏受戒传经及入寺各缘由，理合附片具奏，伏乞两宫皇太后、皇上圣鉴训示。谨奏。

《清代藏事奏牍》386 页

景纹奏管解瞻对案内要犯出力请将恩承赏加知府衔片

同治六年十一月初六日（1867.12.1）

再，奴才前据驻扎瞻对商上四品颇瑈策忍班垫禀称，所有里塘案内各犯，应行发往西藏充当苦差，现在均已按名催齐。又东登工布一犯，业已病痊，不日即拟将各犯押解起行。第路途遥远，必得恳请拣派得力可靠委员，沿途留心管解，庶免疏虞各情，禀请批示前来。

奴才因查驻藏夷情理藩院员外郎恩承现奉四川督臣札委，恭送西藏掌办印信，将次出口，当即檄饬该夷情留心押解各犯进藏，以免派员往返羁迟，并勒限两个月将一干人犯解藏，勿稍疏虞。该员于里塘途次接奉札谕，因知人犯众多，均系案内要犯，恐一身照料不周，于番官策忍班垫处借派土兵五十名，沿途藉资护解，所有人犯土兵口粮及经过地方一切赏需，均系自行垫办给发，沿途秋毫无犯。以此行走甚速，兹于八月初二日该夷情行抵西藏，当将掌办印信送至奴才衙门，其原解一干人犯，均已按名点交硕第巴锁押看守，并无一名不齐。随准达赖喇嘛咨称：此次夷情恩承由川恭送商上印信，并又奉扎管解一干人犯，所过地方颇能严束土兵人犯，沿途甚属安静，与地方百姓秋毫无犯，各处营官实为感激，先后均各禀报来藏。似此实心为我商上办事，不辞劳瘁之员，自应咨请奏明，以昭激劝等因，咨称前来。奴才查员外郎恩承才具开展，在理藩院当差日久，一切番情较为熟悉，于里塘点解各犯之日，即首请借派土兵护解，具见深悉草地情形，沿途并无监卡禁狱可以拘束，非此不足以昭慎重，且一切口粮赏项，均系自行垫办给发，并未在各台支领，尤能急公办事。查里塘距藏七千余里，该员依限两个月内将一干人犯全数解到，洵属著有微劳，并准达赖喇嘛咨请奖励前来，合无仰恳天恩，量予鼓励，以昭激劝。驻藏夷情理藩院员外郎恩承可否请赏知府衔，以示鼓励之处，出自逾格鸿慈。

为此附片具奏，伏乞两宫皇太后、皇上圣鉴训示。谨奏。

于同治七年三月二十九日奉到批回，军机大臣奉旨：恩承著赏加知府衔。该衙门知道。钦此。

《清代藏事奏牍》386—387 页

景纹奏奏请驻藏帮办大臣恩麟迅速赴藏片

同治六年十二月十八日 （1868.1.12）

再，奴才前于八月内接奉廷寄：恩麟赏给三等侍卫，作为驻藏帮办大臣等因，钦此。至今已逾数月，尚未见该大臣抵川确音。伏念西藏乃边疆重地，其总理外番一切公事，在在均关紧要，目下各处边隘虽称宁静，西藏汉番僧俗亦极相安，但边疆重任，奴才材具庸愚，每每留心详慎，常恐不克胜任。惟有请旨饬催帮办大臣恩麟迅速赴藏接任，俾奴才凡事得有商酌之处，洵于一切公事不致贻误。奴才为慎重边疆起见，是否有当，谨附片具奏，伏乞两宫皇太后、皇上圣鉴训示。谨奏。

《清代藏事奏牍》387—388 页

景纹奏商同达赖喇嘛等择吉讽经恭设覆锅大会折
（附 上谕）

同治六年十二月十八日（1868.1.12）

为因现在各处逆氛未靖，更兼丁卯年直隶京都一带旱灾，民不复安，是以商同达赖喇嘛等择吉在于三大寺攒集僧众，恭设覆锅大会，祈求逆氛早灭，五谷丰收，以安生民而纾微忱，恭折奏祈圣鉴事。

窃奴才于本年夏间恭读邸抄，知京都直隶一带地方，春夏以来，雨泽稀少，农田苦旱，我皇上夙夜不安，叠降温谕，广求直言，并且虔诚亲诣各坛庙祈祷拈香，其为生民求福之心，仰见圣躬万分操劳。嗣以雨泽愆期，我皇上至于寝食不安，奴才恭读之下，终日焦灼，行坐难安。伏思方今逆氛未靖，正朝廷夙夜忧勤治理之时，兼以本年天时旱灾，农田失望，其轸念灾区一切，均属忧伤圣体，窃维君父不安于位，凡属内外臣工何颜供职。奴才忝膺边疆，心更难安，午夜焦灼，报称毫无。因思西方黄教经典，丕著灵应，上年西藏兵燹之后，深恐瘟疫流行，达赖喇嘛同呼图克图等攒集众僧，日夜虔心诵经，不惟瘟疫消弭，并且连年雨旸时若，年登大有，其黄教经典已昭然灵应。奴才因将京都各情，与达赖喇嘛同协理事务呼图克图详细指陈，商议攒集僧众，设坛诵经。该僧等咸称历辈身受天恩尤为深重，当此内地逆氛不靖，又兼天时不顺、圣心不安之时，该僧等忧虑之心，具见形于颜色，其报效之心，与奴才意见相同。该呼图克图因查经典内有将熬茶大锅覆盖于地，众僧卸帽敲手讽经咒，诚心念诵四十九日，各处逆氛自然日渐消弭，天下农田皆得丰收。奴才以西方经典素著，威感中外，莫不笃信，且奴才供职边疆，徒怀惭感，实无报称之处，因之商议，择吉于十一月二十八日在于三大寺攒集僧众万余，开卷诵经四十九日。该呼图克图亲身掌教设坛，奴才每日敬谨竭诚，亲赴各寺虔心叩祷，其布施供果，即由奴才同呼图克图罗布藏青饶汪曲自行捐廉布施，俾得仰赖皇上鸿福，感蒙天贶。从此逆氛殄灭净尽，农田咸获丰收，该僧同奴才等稍报豢养之恩于万一，奴才亦藉申犬马微忱。

所有商同达赖喇嘛呼图克图攒集僧众，恭设覆锅大会各缘由，谨恭折具奏，伏乞两宫皇太后、皇上圣鉴训示。谨奏。

于同治七年四月二十九日奉到批回：另有旨。[①]

附　上谕

军机大臣字寄驻藏大臣景纹：同治七年二月二十三日奉上谕②：景纹奏商同达赖喇嘛等择吉讽经一折。前因西藏僧俗人等公请达赖喇嘛念诵真经，为国祈福，朝廷嘉其忱悃，业经颁给黄哈达等件，交达赖喇嘛祇领，用昭恩赉。兹据景纹奏称：因现在内地逆氛未靖，兼以上年京畿雨泽愆期，该达赖喇嘛等忧虑之心见于颜色，商议攒集僧众，择吉开坛，恭设覆锅大会，其布施供果均系自行捐办。该达赖喇嘛梵修有素，报效出于至诚。此次率众讽经，著景纹妥为照料，并发去黄哈达一个、银曼达一个、铃杵一分、椰子念珠一串、玉碗一个、玉碟一个、黄缎二卷，传谕该达赖喇嘛令其祇领，用示恩赉频加至意。将此谕令知之。钦此。遵旨寄信前来。③

《清代藏事奏牍》388—389 页；《清实录藏族史料》（九）4375 页

① 《清实录藏族史料》中无此奏折正文部分。

② 《清实录藏族史料》中此句为"又谕（军机大臣等）"几字。

③ 《清实录藏族史料》中无"钦此。遵旨寄信前来"几字。

景纹奏世袭札萨克台吉妥美占堆患病改请以其弟
汪青占堆承袭折

同治六年十二月十八日（1868.1.12）

奴才景纹跪奏①，为世袭札萨克台吉因病辞退，并无子嗣，请以胞弟汪青占堆承袭，俾资办公，恭折奏祈圣鉴事。

窃准达赖喇嘛咨称：世袭札萨克台吉顿柱宇结，前因案斥革，曾经咨保该革员长子妥美占堆承袭在案。兹该妥美占堆忽得疯痰之病，不能当差。惟该札萨克台吉向系接辈世袭，今妥美占堆患病已久，并无子嗣承袭。查该员胞弟汪青占堆，年力富强，堪以承袭札萨克台吉名号、顶戴，咨请援情转奏请旨。等因前来。

奴才溯查扎萨克之祖诺运和硕齐，仰蒙高宗纯皇帝赏给札萨克特尔棍二品台吉名号，准其世袭罔替。今该世职因病辞退，所遗札萨克台吉名号、二品顶戴，请以胞弟汪青占堆接辈承袭，与例尚属相符。合无吁恳天恩，俯准汪青占堆承袭札萨克台吉名号、顶戴，照旧关领俸银、俸缎之

处，出自逾格鸿慈，理合援情恭折具奏，伏乞两宫皇太后、皇上圣鉴训
示。谨奏。

军机大臣奉旨：另有旨。钦此②。

（一史馆藏宫中朱批奏折）《元以来西藏地方与中央政府关系档案史
料汇编》（五）2173—2174 页；《清代藏事奏牍》389—390 页

① 《清代藏事奏牍》中无此句。
② 《清代藏事奏牍》中无此句。

里塘案中各犯均已分别办理外东登工布一犯由景纹发交
一千里外严饬营官照例圈禁以示朝廷法外之仁谕

同治七年正月十三日（1868.2.6）

又谕（军机大臣等）：景纹奏里塘案内各犯均已押解至藏，并达赖喇
嘛等公同具结恳请将东登工布一犯从宽办理一折。东登工布系工布郎结之
子，核其情罪本难宽宥，惟据该达赖喇嘛暨藏属僧俗人等结称东登工布当
藏兵进攻之时，屡劝工布郎结退出所占地土并献家赀充作兵饷，尚知悔罪
去逆，不无一线可原。除里塘案内解到各犯业经由景纹照案办理，崇喜土
司拉旺仁增、仁增工布二犯并照案发往藏属五百里，交营官严加管束外，
东登工布一犯著从宽贷其一死，由景纹发交一千里外，严饬营官照例圈
禁，以示朝廷法外之仁。将此谕令知之。

《清实录藏族史料》（九）4373—4374 页

据景纹奏西藏丰收安乐公请达赖喇嘛下山诵经著景纹
妥为照料并发去御物多件传谕祗领谕

同治七年正月十三日（1868.2.6）

又谕：景纹奏西藏丰收安乐，僧俗人等恳请达赖喇嘛下山诵经一折。
西藏连岁以来，雨旸时若，年谷丰登，沴疠消除，民安物阜。该僧俗人等
以身逢其盛，鼓舞欢欣，公请达赖喇嘛下山念诵真经，为国祈福，具见出
于至诚，洵堪嘉尚。该达赖喇嘛梵修有素，向义情殷，此次下山讽经，著
景纹妥为照料，并发去黄哈达一个、银曼达一个、铃杵一个分、嘎巴拉念

珠一串、玉碗一个、玉盘一个、黄缎二卷，传谕该达赖喇嘛令其祇领，用昭恩赍。将此谕令知之。

《清实录藏族史料》（九）4374 页

兵部咨据景纹奏饬催帮办大臣赴任奉旨咨照文

同治七年二月二十二日（1868.3.15）

兵部为咨行事，车驾司案呈：据当月司付内阁抄出，景纹奏请饬催帮办大臣赴任一折。同治七年二月二十二日奏上谕[1]：景纹奏请饬催帮办大臣赴任，等语。驻藏帮办大臣恩麟自简放以来，为期已久，尚未抵川，着沿途各督抚查明恩麟现在行抵何处，催令迅速赴任，以重职守。钦此。钦遵抄出到部，除由驿行文直隶、山西、陕西、四川各督抚查明该大臣现在行抵何处，饬令钦遵谕旨，迅赴任所，毋再迟延外，相应行文驻藏大臣查照可也[2]。

《清代藏事奏牍》388 页；《清实录藏族史料》（九）4374—4375 页

[1]《清实录藏族史料》（九）中无"兵部为咨行事，车驾司案呈：据当月司付内阁抄出，景纹奏请饬催帮办大臣赴任一折。同治七年二月二十二日奏上谕"几句。

[2]《清实录藏族史料》（九）中无"钦此。钦遵抄出到部，除由驿行文直隶、山西、陕西、四川各督抚查明该大臣现在行抵何处，饬令钦遵谕旨，迅赴任所，毋再迟延外，相应行文驻藏大臣查照可也。"几句。

理藩院咨景纹奏承袭台吉遵旨知照文

同治七年二月二十二日[1]（1868.3.15）

理藩院为咨行事，内阁抄出驻藏大臣景纹奏请承袭台吉等因一折。于同治七年二月二十二日内阁奉上谕：景纹奏请承袭台吉一折，世袭札萨克台吉妥美占堆因病乞退，所遗扎萨克台吉名号二品顶戴，着准其以汪青占堆承袭，该衙门知道。景纹折内台写处有误字，非寻常疏忽可比，著交部严加议处，钦此。钦遵抄出到院，相应咨行驻藏大臣遵照可也。

《清代藏事奏牍》390 页

[1]时间为奉谕日期。

景纹奏后藏戴本滚桑格旺因病辞退遗缺请补放折

同治七年二月二十九日 （1868.3.22）

奴才景纹跪奏，为后藏番营四品戴琫因病辞退，遗缺拣选应升番目，循例奏恳简放，以便管理番营操防兵技事务，恭折具奏，仰祈圣鉴事。

窃准达赖喇嘛咨称：后藏番营四品戴琫滚桑格旺因病辞退，应即拣员，拟定正陪，咨请循例奏恳简放一名，俾资管理番营操防兵技事务，等因。咨称前来。

奴才查后藏番营五品如琫札喜达结，在番营办事年久，熟悉操防，谨以拟正；五品聂拉木营官贡布夺吉，人亦可靠，办事勤慎，谨以拟陪。理合照缮该员等年岁履历清单，恭呈御览，祗候简放一名，以资办理番营事件。为此恭折具奏，伏乞两宫皇太后、皇上圣鉴训示。谨奏。

军机大臣奉旨：另有旨。钦此。

（一史馆藏宫中朱批奏折）《元以来西藏地方与中央政府关系档案史料汇编》（五）2092 页

景纹奏前藏戴本期美夺结因案革职遗缺请旨补放折

同治七年二月二十九日 （1868.3.22）

奴才景纹跪奏，为前藏番营戴琫因案革职，拣选应升番目，循例奏恳简放，以便管理番营操防兵技事务，恭折具奏，仰祈圣鉴事。

窃准达赖喇嘛咨称：前藏番营四品戴琫期美夺结因案革职，曾经咨请具奏开缺在案。惟现值春操在迩，所有经管番营操防兵技一切事务，均关紧要，应即照例拣员，拟定正陪，咨请循例奏恳简放一名，俾专责成，各等因咨称前来。

奴才查戴琫一缺，有专管操防兵技之责，现值春操在迩，未便乏员经理。兹查五品达噶尔营官策忍汪曲，年富力强，熟悉番营事件，谨以拟正；五品堆噶尔营官策垫仑珠，人亦可靠，办事谨慎，谨以拟陪。理合照缮该员等年岁履历清单，恭呈御览，祗候简放一名，以资办理番营事件。为此恭折具奏，伏乞两宫皇太后、皇上圣鉴训示。谨奏。

军机大臣奉旨：另有旨。钦此。

（一史馆藏宫中朱批奏折）《元以来西藏地方与中央政府关系档案史料汇编》（五）2092—2093页

景纹奏参噶伦彭错策旺夺吉等侵吞公项折

同治七年二月二十九日（1868.3.22）

奴才景纹跪奏①，为查出噶布伦同前藏番营戴琫、如琫侵吞公项②，既经达赖喇嘛同协理事务呼图克图查出，该员等复敢以达赖喇嘛年幼，任性渎辩，并敢出言触犯，相应据实奏参，以肃功令，而儆效尤，恭折仰祈圣鉴事。

窃准达赖喇嘛咨称：上年因工布朗结③侵占朝廷疆土④，蚕食五家土司⑤地面，杀害生灵，扰乱商属地界。我达赖喇嘛是以由商库发出饷糈，调集各路土兵，复蒙景宪亲历军营，指受机宜，饬令川藏会合攻剿，连获胜仗。幸赖大皇帝鸿福，将百余年之巨恶一旦净绝根株，地方一律肃清，生灵重享安乐。其带兵之员，即派委噶布伦彭错策旺夺吉，并派戴琫期美夺结、如琫工却丹巴，一同带兵前进。当逆巢灭灾之后，乃戴琫期美夺结、玉〔如〕琫工却丹巴⑥，将逆产、财帛、牛马一手收受⑦，约计呈缴十分之三，其余尽行侵吞入己。适凯彻〔撤〕回藏时，计算此项用兵，商库所费饷糈三十余万两之多。商库所费甚钜⑧，我达赖喇嘛同协理事务呼图克图屡次询问该噶布伦彭错策旺夺结，令将工布朗结逆产、财帛、牛马缴归商上，变价弥补亏空。该噶布伦只知袒护其兄期美夺结，言语支吾，屡催罔应，其挟同⑨隐匿之情，已可概见。适将番营出师⑩大小头目传集询问，均各供出工布朗结逆产、财帛、牛马，开具大略清单，并言均系戴琫期美夺结、如琫工却丹巴一手收存，大众并未沾染分毫⑪。众口同音，各出图记夷结。商上复经传询⑫该噶布伦同期美夺结等，将大众供词令其详看各情，该员等并不低首服罪⑬。复敢以我达赖喇嘛年幼，众目之地，肆行渎辩，并敢言语触犯我达赖喇嘛属下。似此不法之人，若不尽法惩办，大众难免观望效尤。姑念该噶布伦上次督兵尚有微功，请将彭错策旺夺结职衔台吉一并革去，饬令闭门思过，永不准再管商上事务。戴琫期美夺结、如琫工却丹巴，一并革职，发交营官严加管束。其戴琫家产查封，由我商上派人经理，变价充公，各等因。请奏前来。

奴才查该噶布伦等督兵攻剿瞻酋，虽属著有劳绩，业经奏请天恩，从优奖励。该员等宜如何激发天良，凡事一秉大公。况此次用兵，达赖喇嘛措饷筹粮，商库共用三十余万两之多，所亏甚钜[14]。其逆产、财帛、牛马无论多少[15]，均应缴归商上，弥补库款。该戴琫期美夺结等，胆敢侵吞入己；而彭错策旺夺结身为带兵之员，袒护伊兄，挟同[16]隐匿。适[17]经番营大小头目各官供出，传询对质，既已承认，并不低首服罪，复敢以达赖喇嘛年幼，肆行冒渎，实属目无法纪。查西藏汉番一切事件，奴才自到任后，力加整顿，微功必录，小过必罚，所以力除积习，而策励人心。兼之协理事务呼图克图罗布藏青饶汪曲，老诚持重，心地明白，凡事与奴才和衷共济，力求整顿，近年西藏汉番僧俗莫不循分供职。该噶布伦等恃其剿贼微功，竟敢于大廷众目之地，触犯达赖喇嘛、呼图克图，若不从严参办，何以明赏罚而服人心，并恐将来相率效尤，地方仍蹈故辙。相应请旨，将噶布伦彭错策旺夺结噶布伦、台吉一并革去，饬回原郡[18]闭门思过；戴琫期美夺结、如琫工却丹巴，一并革职，交营官严加管束。其戴琫产业、庄田，均系呼图克图一手派人经理，变价弥补商库，奴才同满汉文武各员，均不应经手此事。

再，戴琫一缺有经管番营操防技艺之责，目下春操在迩，未便乏员经理，已由达赖喇嘛拣送合例应升之员，拟定正陪，咨请补放，俾专责成。奴才仍照例具折，奏请简放[19]。

所有准咨奏参各番官缘由，理合据实具奏。是否有当，伏乞两宫皇太后、皇上圣鉴训示。谨奏。

同治七年四月二十六日军机大臣奉旨：著照所请。该衙门知道。钦此[20]。

（一史馆藏宫中朱批奏折）《元以来西藏地方与中央政府关系档案史料汇编》（五）2064—2065 页；《清代藏事奏牍》393—395 页

① 《清代藏事奏牍》中无此句。

② 《清代藏事奏牍》中为"公款"。

③ 《清代藏事奏牍》中为"上年因瞻酋"。

④ 《清代藏事奏牍》中为"边疆"。

⑤ 《清代藏事奏牍》中为"王家土司"。

⑥ 《清代藏事奏牍》中无"一同带兵前进。当逆巢灭灾之后，乃戴琫期美夺结、玉〔如〕琫工却丹巴"几句。

⑦《清代藏事奏牍》中为"接受"。

⑧⑭《清代藏事奏牍》中为"甚巨"。

⑨《清代藏事奏牍》中为"扶同"。

⑩《清代藏事奏牍》中为"迫将出师番营"。

⑪《清代藏事奏牍》中为"分厘"。

⑫《清代藏事奏牍》中为"复经商上传询"。

⑬《清代藏事奏牍》中为"认罪"。

⑮《清代藏事奏牍》中为"多寡"。

⑯《清代藏事奏牍》中为"扶同"。

⑰《清代藏事奏牍》中"适"为"迫"。

⑱《清代藏事奏牍》中为"原籍"。

⑲《清代藏事奏牍》中为"奏请补放外"。

⑳《清代藏事奏牍》中为"于同治七年五月二十七日奉到批回,军机大臣奉上谕:着照所请。该衙门知道。钦此。"

景纹奏遵旨酌核办理披布和约案内出力人员折
(附 上谕 清单)

同治七年二月二十九日 (1868.3.22)

为遵旨酌核办理披楞与布鲁克巴和约案内,在事尤为出力汉番文武僧俗头目,吁恳天恩鼓励,以昭激劝,恭折仰祈圣鉴事。

窃奴才因上年披楞倾队出巢,已至布鲁克巴地界,连营数十里,声势甚大,边界震动,两藏人心均各惶乱。奴才是以带领汉番文武员弁土兵,亲赴隘口查办,曾将先后办理各情均经具奏在案。迨善后一律完竣,奴才恳将在事出力人员,可否仰邀天恩,择优保奏。于同治六年奉到朱批:准其择优奏保,勿许冒滥等因,钦此。仰见我皇上慎重边圉,微劳必录,奴才自应详加核实,何敢稍肆冒滥。复查披、布互相仇杀,已及三年之久,所有商属各隘口,连年袛知添兵堵御,并未筹其弭兵之法。奴才到任后,查知此案启衅情由,深以为虑,当将大概情形奏报在案。突于同治四年十月内布鲁克巴头目恃其一勇之气,率领布众,袭杀披楞数千余人,夺获雌雄大炮二尊,以此两相仇恨,愈成不解之势。次年春间披楞倾队出巢,共集十万余众,诈传数十万,口称报复前仇,直抵布鲁克巴地界连营数十里,声势甚大,当时不独布鲁克巴人心惊惶,即前后藏均各震动惶乱。奴才查知事势吃紧，当即拣派得力汉番文武员弁，赶赴隘口，相机筹办。途次接奉上谕：景纹奏布鲁克巴与披楞构衅亲赴隘口相机筹办一折，著照所请办理。景纹抵布鲁克巴后，务当不动声色，将隘口密为防范，仍相机与两造解释旧怨，敛兵回巢，永息争端，方为妥善等因。钦此。钦遵。奴才自应仰体圣训，设法维持，总期与两造解怨和好，消弭兵端，用副我皇上训诲之至意。

惟时披楞恃其势众粮足，深恨布众袭杀之仇，誓欲踏平布鲁克巴地面，并且实有乘便觊觎两藏之心，为害更甚。该布鲁克巴不但人力单薄，更兼钱粮缺乏，早已不能支持。此两造强弱之实在情形。当此之际，欲求与两造解怨和好，消弭干戈，办理诸多掣肘。此案奴才得以不动声色，成此和约，实皆自皇上鸿福，暨汉番各员不避艰险，始终并未折兵费饷，两造敛兵回巢。其在事出力汉番文武各员，虽未临阵杀贼克复地方，然口外蛮荒，均系羊肠鸟道，终日冒雪履冰，备极艰险，均能奋不顾身，成此和约，消灭已成之军务，和息不解之兵端，生灵免于涂炭，地面危而复安。查该汉番各员，自委派以来，均系自备资斧，裹粮露宿，日夜艰辛，深入蛮荒野地，往返数月之久。当奴才行抵隘口之时，正值贼势猖獗，奴才头次委派该员等，设法绕路赴松追呼毕勒罕寺院约会和议。该员等知事在吃紧，恐绕道耽延，当夜改装易服，越过披楞连营，不意猝被游兵所困，马匹行李掳掠一空。追呼毕勒罕知信急救，该员等均各身带重伤，洵属奋勇任事，不避生死，始终赞成和约，消灭边祸，实属著有微劳。自善后完竣至今，已逾年余，两造和好愈固，边情日益安堵，具见办理一切，诸臻妥善。自应吁恳天恩，破格奖励，以昭激劝。

惟此案尤为出力之噶布伦白玛结布因夜过敌营，受伤甚重，兼之军营积受湿热，眼目失明，动履维艰，业经辞职安居调养，自称不敢以病躯仰邀奖励，已由达赖喇嘛查照番例，拨给庄田，厚恤其家，奴才捐廉，重加抚赏，以资表揭。其余汉番僧俗尚多，奴才未敢稍肆冒滥，连日会同呼图克图详加核实，减之又减，谨将始终在事、尤为奋勉出力汉番数员，敬缮清单，恭呈御览，伏候恩施。其次番营出力人员，由达赖喇嘛赏给庄田，酌减差徭，其汉营兵弁，由奴才存记应升之缺，随时拔补，俾得以示鼓励。

所有遵旨酌保出力汉番人员各情由，理合恭折具请皇太后、皇上圣鉴训示。谨奏。

附1　上谕

于本年五月二十七日奉到批回，军机大臣奉旨：许以增等均着照所请奖励，余依议。该衙门知道。钦此。

附2　清单

谨将在事尤为奋勉出力汉番文武僧俗头目，敬缮清单恭呈御览。

候选同知许以增，同知衔凤伸，尽先骁骑校祥清，候选县丞黄铠，候选典史马锡缙，当披楞抵境之时，人心惶乱，奴才深虑布众恃勇轻动，非先拣派得力可靠之员，星往弹压，不足以安人心。因查该各员练达番情，晓畅戎机，是以将此重任，责成该员等同噶布伦随带赏项，不分星夜赶赴甲昔地方，先将人心稳住，尤当设法阻止两造动兵。该员等兼程七昼夜赶抵营盘，日夜设法开导，折服两造之心，均各遵依，暂时息兵，人情始安。奴才赶抵隘口，详查披、布两家凶焰正炽，该员等能以阻止两造停兵，不令动兵相攻，其才识胆勇，均堪嘉奖。奴才以松追呼毕勒罕应承主持和议。奴才初到之际，自应先派委员赴该寺通好，并可就近令该呼毕勒罕赴萨海营盘查看情形，当密授一切办理之法，总期迅为办结。惟时披楞连营数十里，往来道阻。奴才因派该员同噶布伦，设法绕路赴松追寺院。该员等以事在吃紧，更兼披楞阴险，时刻变改前言，若再绕路耽延，一经动兵开仗，全局皆误。当一面知会该寺，即于是夜轻骑减从，改易服色，直冲营盘经过。不意于达坝地方猝逢游兵，不容分说，枪刀围攻，迨呼毕勒罕遣人急救，该员等马匹行李尽被夺去，均各身带重伤。至寺之日，即遵照奴才所授机宜，先以善言抚驭该呼毕勒罕，得其欢心，然后密议办理之法，其间均属用尽心力，始得成此和约，永息干戈。查披、布两家兵端已开，安危在于呼吸，若非该员等设法阻住两造开仗，则兵连祸结，愈无底止。嗣委派约会和议，复不敢绕路耽延，奋勇冒险，成此和约，实属急公任事，奋不顾身。蓝翎候选同知许以增请以本班同知，不论双单月遇缺前尽先选用，请赏加运同衔并请赏换花翎；同知衔凤伸请赏戴花翎蓝翎军功班前；尽先骁骑校祥清，请以守备留于绿营尽先补用；六品顶戴蓝翎军功班前即选县丞黄铠，请以知县，不论双单月遇缺即选，并请赏加同知

衔；候选典史马锡缙请以县丞，不论双单月遇缺前先选用，并请赏戴蓝翎，留川补用。县丞伍什杭阿，候选县丞马来宾，尽先千总萧占先，经奴才派令该员等轮流在各隘弹压土兵，不得妄动，均各不辞劳瘁，日夜亲历各营弹压，藉资得力，嗣派赴哲孟雄地方采办犒赏牛羊，往来蛮荒鸟道，冒雪履冰，备极艰辛，均能依限如数缴齐。复派令清算租价，勘明两造界限，尤能折服其心，在事数月之久，始终奋勉任事，洵属著有微劳。蓝翎军功班前留川补用县丞伍什杭阿，俟补缺后请以知县用；候选县丞马来宾请以县丞归军功班前尽先选用；花翎尽先千总萧占先请以守备尽先补用。译字房书张日昶派随委员赴松追寺翻译字话，途遇游兵，受伤甚重，办理此次和约，机宜布置，虽出奴才所授，其中抚驭开导，非折服其心，和约焉能速成，实皆翻译得力，办事可靠。六品顶戴译字房书张日昶请赏戴蓝翎。松追呼毕勒罕罗布藏丹增，几次亲赴萨海营盘设法开导，约会该头目至寺，委员等得以见机办理，始有成效，洵属深明大体，为众敬礼，呼毕勒罕罗布藏丹增请赏加福慧禅师名号。甲尔桑领呼毕勒罕罗布藏楚称嘉木结带领蒙巴僧俗头目至松追寺帮同劝导，和议赖以有成，并约会布鲁克巴各头目与萨海见面，两造各释猜疑，和议始定，在事不无微劳。呼毕勒罕罗布藏楚称嘉木结请赏加靖远禅师名号。布鲁克巴大头目终萨奔落，当披楞抵境之日，人心惶乱，咸欲奋勇一战，如其不敌，大众各自逃散求生，该头目一力维持劝阻，嗣委员等到营，该头目屡次严禁布众，不准轻动，使遵约束，静候办理，均属深明大体。大头目终萨奔落请赏给四品花翎，以示鼓励，而资弹压。

以上单保各员与部定新章稍有未符，伏念口外蛮荒与内地不同，山多崎岖羊肠，又无住牧村庄，皆系自带干粮，随处歇宿，实属异常艰辛。兼之近年藏库支绌，每遇差遣，皆令自各资斧，以此人多视为畏途。此次所派各员，不但辛勤赔累，并且因公受伤，始终不辞劳瘁，成此和约。且查各员均经在事叠著劳绩，皆由奴才核实存记，始敢列入保单。合无吁恳天恩，俯念边防重地差委之员，此案可否仰蒙俞允。将来遇有紧急，夷务人员咸知自奋，洵于边务一切公事均沾裨益，奴才愚昧之见，合并声明。

《清代藏事奏牍》390—393 页

景纹奏粮员许觐光三年期满循例保奏折

同治七年二月二十九日（1868.3.22）

为粮员三年期满，循例出具考语，恭折保奏，仰祈圣鉴事。

窃查定例，西藏台站各员，有能抚辑番民急公任事者，三年期满更换时，由驻藏大臣出具考语，据实保奏，仿照边俸报满之例，一体升用等因。又嘉庆十八年，前任四川督臣常明奏准试用丞倅州县委管藏台粮务三年班满时，核其任内，如果抚辑番民，经手钱粮等事，均能实心奋勉，并无贻误，分别保题以原衔尽先补用等因，历经遵办在案。兹查管理前藏粮务同知衔候补知县许觐光，调管拉里粮务军功班前尽先补用；同知直隶州知州冯会，该员等于同治三年奉派管理台藏粮务。适值奴才督兵攻剿瞻酋，将该员等派委管带汉番兵弁攻拔老巢，在事尤为奋勇出力。事竣后，奴才曾经奏保，同知衔候补知县许觐光请以本班知县归军功班前遇缺即补，并请赏戴花翎；盐提举衔试用通判冯会请免本班，以同知直隶州知州，留川归军功班前尽先即补，请赏戴花翎。嗣经吏部核准。奏奉谕旨：依议等因，钦此。兹该员等于同治四年八月内到台接管任事，扣至同治七年八月三年期满，例应先期呈报，除咨明四川督臣拣员更换外，查该员等年富才优，办事勇往，当此库款支绌之际，该员等均能设法接济兵食。且在台三年，抚绥有方，汉番军民，同深爱戴，经管仓库，核实认真，洵属办事勤能可靠之员，今届边俸期满，核与保奏之例相符。前藏粮务花翎同知衔军功班前补用知县许觐光可否仰恳天恩，赏加知府衔拉里粮务花翎，捐升知府衔四川军功班前尽先补用；同知直隶州知州冯会仍请归军功班前，专以直隶州知州用，以示鼓励之处，出自圣主逾格鸿施，为此循例出具考语，恭折保奏，伏乞两宫皇太后、皇上圣鉴训示。谨奏。

于本年五月二十七日奉到批回，军机大臣奉旨：该部议奏。钦此。

《清代藏事奏牍》395—396 页

景纹代奏十二世达赖喇嘛因准其使用前辈金册谢恩折

同治七年闰四月十八日（1868.6.8）

奴才景纹跪奏，为达赖喇嘛叩谢天恩，代为转奏事。

窃准达赖喇嘛咨称：查得我达赖喇嘛于坐床后，应将前辈金册赍京换领新册，以符定制。惟现因内地军务未靖，道路阻塞，恳将前辈金册免其更换，照旧使用等情，当由驻藏大臣具奏在案。兹于本年正月十五日奉旨：著照所请。该衙门知道。钦此。钦遵。恭录译咨前来，当即望阙叩谢天恩。伏思我达赖喇嘛历辈以来，屡蒙圣恩逾格，报称无地，惟有率领帮办商上事务呼图克图每日虔诵经典，祝祷我大皇帝万寿无疆，国泰民安。今叩谢天恩，敬备吉祥哈达一方、古佛一尊，恳请代为呈进。等因。准此，奴才今将哈达、佛尊用匣装固，代为呈进，理合恭折奏闻。为此谨奏。

（一史馆藏宫中朱批奏折）《元以来西藏地方与中央政府关系档案史料汇编》（五）1836—1837 页

景纹奏总堪罗布藏汪垫因病辞退遗缺请旨补放折
（附 拟定清单）

同治七年闰四月二十七日 （1868.6.17）

奴才景纹跪奏[①]，为商上三品总堪布因病辞退，拣员循例请旨补放[②]，恭折奏祈圣鉴事。

窃准达赖喇嘛咨称：商上总堪布罗布藏汪垫，时常患病，恐其误公，恳请辞退总堪布职衔[③]，俾资调治。我达赖喇嘛查该罗布藏汪垫，患病不能当差，均是实情，自应准其辞退，以便[④]安心调理。所有遗缺，未便乏员经理，兹拣得达尔罕大堪布班垫顿柱，办理商务[⑤]，实为得力可靠，谨以[⑥]拟正；又达喇嘛大中译罗布藏荣垫，经理商上文案，人亦可靠，谨以拟陪。祈请查复请旨补放[⑦]，等因。咨请前来。

奴才伏查[⑧]定例，商上大小僧官等出缺，俱由达赖喇嘛会同驻藏大臣拣员，奏请补放，历经遵办在案。兹该罗布藏汪垫因病具辞总堪布职衔，由达赖喇嘛拣选番目，出具考语，拟定正陪，咨请前来，核与定案相符。除将该番目等年岁[⑨]履历敬缮清单，恭候简放一名[⑩]，俾资办公，为此循例恭折具奏，伏乞两宫皇太后、皇上圣鉴训示。谨奏。

军机大臣奉旨：另有旨。钦此。

附　清单⑪

谨将拣选正陪番目达尔罕班垫顿柱、达喇嘛罗布藏荣垫二名年岁履历敬缮清单，恭呈御览。

计开

拟正达尔罕大堪布班垫顿柱，年四十三岁，由仔仲荐升今职，心地明白，办事勤能。

拟陪达喇嘛大中译罗布藏荣垫，年三十六岁，由仔仲荐升今职，人尚可靠，办事细心。

于本年八月日奉到批回。

（一史馆藏宫中朱批奏折）《元以来西藏地方与中央政府关系档案史料汇编》（五）2109—2110页；《清代藏事奏牍》396页

① 《清代藏事奏牍》中无该句。
② 《清代藏事奏牍》中为"遗缺循例拣选番目，请旨补放。"
③ 《清代藏事奏牍》中为"职分"。
④ 《清代藏事奏牍》中为"听其"。
⑤ 《清代藏事奏牍》中为"随同办理商务"。
⑥ 《清代藏事奏牍》中为"堪以"。
⑦ 《清代藏事奏牍》中为"祈请查核转奏，请旨补放"几字。
⑧ 《清代藏事奏牍》中为"复查"。
⑨ 《清代藏事奏牍》中无"年岁"。
⑩ 《清代藏事奏牍》中为"恭呈御览，祗候简放一名"。
⑪ 《元以来西藏地方与中央政府关系档案史料汇编》（五）中无此附件。

景纹奏生母在旗病故请先行回旗穿孝折

同治七年闰四月二十七日（1868.6.17）

为奴才接准部咨生母在旗因病身故，吁恳天恩逾格，可否准其先行回旗穿孝，俾得稍尽人子私情，恭折具奏，仰祈圣鉴事。

窃于本年闰四月初十日接准兵部咨：武选司案呈准正黄旗汉军旗分咨称，现任副都统衔、驻藏办事大臣景纹之生母，本年十二月初一日在京病故。查该员系已故公中佐领锡庆之次子，过继与已故胞叔印务参领联庆为嗣，该员系属降服不承重，俟回京之时，照例补行承服六十日，咨部转咨该大臣任所，遵照等因前来。相应行文该大臣查照可也等因。接准之下，

奴才哀毁流涕，寝食俱废。

伏思奴才虽经过房承继，应照降服不承重。惟奴才之母萨克达氏，系奴才生身之母，年八十六岁。奴才于咸丰八年蒙皇上天恩，署理正红旗汉军副都统，九年蒙恩补放乌鲁木齐领队大臣，是年转补英吉沙尔领队大臣，十年调补库车办事大臣，十一年调补驻藏办事大臣，奴才出外十年之久，并未亲身侍奉，今忽然闻因病身故，于生前久违奉养，今故后又未能亲身成殓，上违国家教孝之至意，下负养育之深恩，人子问心，情实难安。伏思奴才驻藏任内，至本年七月已经三年期满，合无仰邀天恩，可否赏准先回旗穿孝，稍尽人子之心。如蒙恩允，拟俟帮办大臣恩麟至藏时，奴才请将驻藏大臣关防移交恩麟暂行署理，奴才即可由藏起程回旗穿孝。惟西藏乃边疆重任，奴才焉敢妄渎，所幸藏属地界及各边隘口，均各安静，两藏僧俗，颇称相安，驻番亦极和睦，并无应办未完事件，奴才始敢以乌私之情，上渎圣聪。如荷天恩俯准，奴才先行回旗穿孝，俟六十日服满，奴才即具折恭请圣安，叩谒天颜，跪聆圣训后，即行赴藏接任，断不敢稍耽安逸，自外生成。

所有奴才接准部咨生母病故，拟请先行回旗穿孝各情由，理合恭折具奏，是否有当，伏乞两宫皇太后、皇上圣鉴训示。谨奏。

《清代藏事奏牍》396—397 页

噶厦为驻藏大臣奉旨赏十二世达赖喇嘛之兄
益西诺布旺秋等顶戴事致达赖喇嘛咨

同治七年六月七日 （1868.7.26）

咨怙主达赖喇嘛：

钦命驻藏大臣景纹札称：窃查去岁接怙主达赖喇嘛咨文，掌办商上事务呼图克图与诸噶伦报称，承袭佛父公爵之佛兄益西诺布旺秋，向来奉侍达赖喇嘛，恭顺效力，且能与政府官员共事和睦，深得僧俗信赖，具名上奏奖叙。同时四品署涅科颇本策仁拜登，自平息涅格事端，驻防该地，至今已两年余，致力防区百姓之生计，尽职尽责，且于去岁巴勒布再行唆使反叛之时，彼等官员率师追剿匪寇，全部捕杀，无一逃脱，出师告捷，应特施恩嘉奖。请求上奏大皇帝施恩奖赏，以期策励，不使失望，已有定制。

去年本大臣十一月初六日上奏请赏事，同治七年三月二十九日奉朱批：另有旨。钦此。是日接军机大臣传谕：奏称益西诺布旺秋和颇本策仁拜登等，谙练内外大小事务，成就显著，奏请格外施恩嘉奖，以资鼓励。兹赐赏益西诺布旺秋孔雀花翎，颇本策仁拜登二品双眼花翎顶戴。特敕遵行。为此译咨，敬请怙主达赖喇嘛依旨下达指示。谨咨。

（西藏馆藏　原件藏文）《元以来西藏地方与中央政府关系档案史料汇编》（五）2174 页

景纹代奏十二世达赖喇嘛为领到御赐熬茶赏项谢恩折

同治七年六月初九日^①（1868.7.28）

奴才景纹跪奏^②，为据情代奏，叩谢天恩，恭折仰祈圣鉴事。

窃准达赖喇嘛咨称：前因文宗显皇帝大事，荷蒙大皇帝钦派侍卫、札萨克达喇嘛等，于同治二年赴藏熬茶。惟时道路梗阻，不克来藏，经四川督臣奏明，将御赐各物暂留川库，俟道路疏通，再行解运，等因^③。行知在案。嗣商上专差仔仲罗布藏协饶赴炉城办茶之便^④，令其就近承领回藏，以免久延迟误。但川藏路途遥远，虽经派差承领，一时难以迅速^⑤回藏，若再住候御赐赏项，羁延日久，商上僧众实在问心不安，因商同驻藏大臣景宪，拟由商库先行垫办。即择于去岁三月初一日起，在于布达拉山大招内并三大寺攒集僧众，开坛诵经，熬茶布施。届期复蒙驻藏大臣亲至各寺，经理一切，我达赖喇嘛每日率同协理事务呼图克图、济咙呼图克图等亲身敬谨诵经，祈求诸佛，恭祝先皇帝早登仙界。其余前后藏所属各处寺院，共计二千一百九十七处，皆分派番官，随带布施，赴各寺经理念诵一切经典，均属敬谨办理，俾得稍申下忱于万一。兹该仔仲罗布藏协饶于本年五月内，护送前项御赐^⑥敕书等件至藏，我达赖喇嘛^⑦率同协理事务呼图克图暨驻藏大臣、文武各官等恭迎上山，敬谨跪领，当即九叩跪谢天恩^⑧。其御赐班禅额尔德尼各件，当经派人^⑨送赴后藏讫。所有我达赖喇嘛此次恭领御赐各件，查照道光三十年成案，尚应呈进奏书各物，均经照例敬谨办妥，交下届进贡堪布带京呈进外^⑩，今将我达赖喇嘛同呼图克图领到御赐^⑪，先行敬备叩谢天恩佛尊、哈达，分用两匣包封，咨请代为呈进，各等因前来。

奴才查上年御赐尚未至藏之时，该商上请由商库先行垫办，在于各寺熬茶诵经，具见图报之心出于至诚。奴才未便阻止，届期奴才均经亲赴各寺，敬谨照料⑫，其放散一切布施，念诵经典，均系查照成案⑬办理。兹该达赖喇嘛等领到御赐⑭，先行⑮叩谢天恩，核与成案相符。理合将佛匣包封妥固，恭折代为呈进，伏乞两宫皇太后、皇上圣鉴训示。谨奏。

（一史馆藏宫中朱批奏折）《元以来西藏地方与中央政府关系档案史料汇编》（五）1837—1838 页；《清代藏事奏牍》400—401 页

① 《清代藏事奏牍》中无月、日。
② 《清代藏事奏牍》中无该句。
③ 《清代藏事奏牍》中无"等因"。
④ 《清代藏事奏牍》中为"嗣商上专差办茶仔仲罗布藏协饶赴炉城之便"。
⑤ 《清代藏事奏牍》中为"速即"。
⑥ 《清代藏事奏牍》中"护送前项御赐"为"护送前项恩赏御赐，并"几字。
⑦ 《清代藏事奏牍》中"达赖喇嘛"后有"当即"两字。
⑧ 《清代藏事奏牍》中为"敬谨跪聆，望阙叩谢天恩"。
⑨ 《清代藏事奏牍》中为"专差"。
⑩ 《清代藏事奏牍》中"带京呈进外"为"带呈进行"。
⑪ 《清代藏事奏牍》中为"今将我达赖喇嘛同协理事务呼图克图领御赐"。
⑫ 《清代藏事奏牍》中"敬谨照料"前有"常川"二字。
⑬ 《清代藏事奏牍》中"成案"后有"敬谨"二字。
⑭ 《清代藏事奏牍》中"御赐"后有"恩赏"二字。
⑮ 《清代藏事奏牍》中"先行"后有"备办佛匣"四字。

景纹奏以试用通判何炳曦调管拉里粮务片

同治七年九月初二日（1868.10.17）

再，现在委管拉里汛台站粮务冯会已经驻台三年期满，奴才曾经咨催四川督臣拣员来台接驻在案。惟查该汛路当孔道，经理进出差使，督催各处乌拉并抚辑三十九族各部番民，在在均关紧要，非熟悉夷情能耐劳苦之员，不足以资治理。兹查委管后藏粮务试用通判何炳曦年富才长，练达番情，最为番民爱戴，以之调管拉里粮务，实与地方公事大有裨益，奴才檄委该员暂行接管拉里事务。所遗后藏粮务一缺，檄委驻藏夷情恩承暂行兼署。仍咨催四川督臣迅饬委员来藏接管，俾得各专责成。

奴才实因人地相当起见，是否有当，理合附片具奏。伏乞两宫皇太后、皇上圣鉴训示。谨奏。

《清代藏事奏牍》397 页

景纹奏西藏僧俗为瞻对案内于藏臣及办理出力请奖据情代奏折

同治七年十二月十八日 （1869.1.30）

为据情代奏，叩谢天恩，并沥陈西藏僧俗感戴各情形，恭折仰祈圣鉴事。

窃准达赖喇嘛率同协理事务呼图克图、噶布伦、总堪布等，公同递到夷禀，译称：上年西藏办理瞻对事竣后，所有各寺院常熟念经之资，均已亏短。当经将各情咨请驻藏大臣代为具陈，荷蒙大皇帝天恩，饬下四川总督酌量筹拨等因，钦遵在案。前于同治六年八月内商上拣派五品卓尼尔降养工噶赴川承领，兹该差于七年八月内回藏，领到二两砝恩赏银一万两，当蒙驻藏大臣验封后，传集噶布伦等，当堂承领存收商库。我达赖喇嘛率同僧俗番官等，望阙九叩跪谢天恩，似此重恩，实在难以图报。惟查西藏上年派兵办理瞻对军务，实因瞻酋父子蚕食东台地土，生灵遭其荼毒，实属违悖大皇帝王法，罪恶昭著。我达赖喇嘛始筹办饷糈，派兵分道三处夹攻，大兵业已行抵瞻对地界，不料四川总督具奏，将藏兵撤回，勿庸攻打瞻对，恐其滋扰，各台一力阻止等谕。当时据各营带兵头目禀报，藏兵业已深入敌境，现奉川谕不准进攻，若遵行撤退，不惟藏兵受害，即乍丫、察木多一带地土，皆非国家所有。并且各营粮饷无多，利在速战，当此进退两难之时，人心均各惶惶，实属难以弹压等情。我达赖喇嘛日夜焦灼，寤寐难安，莫知所措。此时幸得钦差景宪接奉廷寄，查办夷务，赶站出口，至里塘地方，即将各土司数年不结之夷案，于十八日之内，一律判结。各土司莫不倾心折服，驿站依然安设，大道一律疏通，均蒙奏明在案。复由小路驰至军营，查看情形，始将藏兵并未滋扰台站，及攻打瞻对正在得手之际各情据实奏陈，荷蒙大皇帝允准进兵，又蒙景宪亲历各营查看地形，密授战攻之法。数月之内，始得迅奏肤功。复荷大皇帝论功行赏，奖励汉番各员，并将三瞻对地土赏归商上掌管，又蒙恩赏常熟银一万两，我商上僧俗及在事汉番各员，无不仰蒙鸿恩奖励。惟驻藏大臣副都统衔景纹至今尚未奉到恩旨，我达赖喇嘛溯查咸丰五年办理廓尔喀夷务完竣后，前任驻藏大臣赫特贺、满庆均蒙赏给军功花翎副都统，此次瞻对军务，情形既殊，任事亦难，数月之内，得以攻破坚巢，擒获元恶，皆由驻藏大臣不辞艰险，调度有方，始能迅速成此大功。以此我达赖喇嘛同僧俗大众，前经叠将各情咨请驻藏大臣代为转陈大皇帝圣聪，可否仿照廓尔喀之案，给以奖励，抑或另行优奖。无如该大臣批驳不准，现在驻藏大臣已奉旨回旗穿孝，不日交卸，束装起程。我商属大众，感念前功，并思在藏三年之久，办理藏务，日夜辛勤。

查西藏自呼征滋事后，僧俗各怀疑惧，汉番皆不相安，大人至藏接事之日，正值地方鼎沸之时，皆赖一力维持判断僧俗控案三十余条，莫不一秉大公，地方得以安静无事，皆由措置得宜，实属不忍没其微劳。况道员史致康等均系随营当差之员，均得仰蒙恩奖。惟有联名合词禀恳，将此情形，务求据实奏请大皇帝优奖，以资激劝中外办事之员。若再批驳碍难，我达赖喇嘛惟有率众备具夷折，交进京堪布代呈，并照例递来叩谢天恩佛匣一个，吉祥哈达一方等情，咨请代为具奏各等因，准此。

奴才复查此项情由，上年瞻对善后即据商上叠次禀恳具奏，该达赖喇嘛不过为表叙奴才稍有微劳，激劝后任办事大臣之意，但此事是奴才职守分内应办事件，实不敢仰邀议叙。兹新任驻藏大臣恩麟已抵川省，于十月二十六日已抵炉城，现催备夫马，定于十一月初六日出关，不日即可至藏接任。奴才兹值交卸在迩，此情已批驳数次，今仍不顺该番等舆情，未免辜负活佛僧众爱戴旗员一片好心。奴才因边防重地，以抚绥为要，实不能不代为具奏，惟有仰求天恩，俯念外番性愚，恳免申饬，以顺番情之处，出自逾格鸿仁。

除据情咨复达赖喇嘛，理合将佛匣用匣包固，援情代为恭进外，为此恭折具奏，伏乞两宫皇太后、皇上圣鉴训示。谨奏。

《清代藏事奏牍》398—399 页

景纹奏西藏堪布专差请领敕印并恭赍贡物奏报起程日期折

同治七年十二月十八日（1869.1.30）

为西藏协理商上事务呼图克图专差请领敕印，并便道恭赍贡物赴京呈进，该堪布已于七年十一月十七日自藏起程，理合恭折具奏，仰祈圣鉴事。

窃准达赖喇嘛咨称：协理商上呼图克图罗布藏青饶汪曲仰蒙大皇帝赏给呼图克图名号，并准颁赏敕印，该呼图克图感戴天恩，实在难以图报。兹特拣派堪布甲养达木曲随带徒众六名，赴京请领敕印，并照例虔备贡物，敬谨交该堪布顺道赍京呈进，俾得稍申该呼图克图犬马微忱，前经仰蒙大皇帝允准在案。兹拣派堪布已于同治七年十一月十七日自藏起程赴京。惟该呼图克图禀称：前蒙圣恩俯准，以扎克巴协捻充当该呼图克图寺院管家札萨克喇嘛，复查第穆吉仲各呼图克图蒙恩赏派札萨克管家喇嘛，均经邀恳天恩赏颁札萨克图印一颗，以资办理寺院一切公事。兹该呼图克图罗布藏青饶汪曲现在西藏协理商务，所有本庙一切公事，难以分身照料，现责成札萨克扎克巴协捻经理，合无仰恳仿照第穆吉仲各呼图克图管家札萨克喇嘛之例，奏恳大皇帝天恩赏给扎萨克图印一颗，俾昭信守，而资办公等情，由达赖喇嘛咨请据情代奏前来。

奴才除照例委员点验贡物驮只造册分咨，并照抄奏书底稿，暨贡物人名清单，恭呈御览外，查该呼图克图禀恳代为奏请，赏颁札萨克喇嘛图印一颗，系为慎重本庙公事起见，核与办过成案尚属相符，合无仰恳天恩，可否俯准饬部办理之处，出自逾格鸿仁。

所有专差堪布自藏起程日期各情由，理合恭折具奏，伏乞两宫皇太后、皇上圣鉴训示。谨奏。

《清代藏事奏牍》399—400 页

景纹代奏十二世达赖喇嘛八世班禅因坐床御赐封号赏物谢恩折

同治七年十二月十八日 （1869.1.30）

奴才景纹跪奏，为达赖喇嘛、班禅额尔德尼叩谢天恩，恭折代奏事。

窃准达赖喇嘛及后藏班禅额尔德尼咨称：前因小僧等坐床之时，荷蒙大皇上恩施，钦颁御赐封号，赍至四川，前因道路梗塞，未能进藏，暂交炉库收存。今委调管拉里粮务何炳曦将御赐护解到藏，当由驻藏大臣捧缴前来，小僧等敬谨祇领，望阙叩谢天恩。伏思小僧等历辈以来，叠荷大皇上天恩，御赐珍物，毫无报称，实属惶悚无既，惟有朝夕讽诵黄经，恭祝大皇上万福万寿，国泰民安，以期仰报于万一。今小僧等感叩天恩，各呈进吉祥哈达一方、古佛各一尊，恳请代为呈进。再，查得此次委员护解御赐，并无水湿损折短少，沿途洵属异常经理赔累，除另文咨请奏奖外，相应移知，等因。准此，奴才查达赖喇嘛及班禅额尔德尼所进哈达、佛尊，与例相符，用匣封固，代为呈进，理合恭折奏闻。为此谨奏。

军机大臣奉旨：知道了。钦此。

（一史馆藏宫中朱批奏折）《元以来西藏地方与中央政府关系档案史料汇编》（五）1838 页

景纹代奏新补总堪布班垫顿柱谢恩折

同治八年正月二十七日 （1869.3.9）

奴才景纹跪奏，为代叩天恩，恭折奏闻事。

窃据总堪布班垫顿柱详称：前因罗布藏汪垫总堪布缺出，当由驻藏大臣拟定正陪，具折请旨简放。嗣于去岁十月二十八日奉到谕旨：罗布藏汪垫总堪布遗缺，著拟正班垫顿柱补放。钦此。钦遵之下，小僧当即望阙叩谢天恩。今小僧班垫顿柱敬备吉祥哈达一方、古佛一尊，恳请代为呈进，以期仰报天恩于万一，等情。据此，奴才查得与例相符，谨将哈达、佛尊用匣包固，代为呈进。为此谨奏。

军机大臣奉旨：知道了。钦此。

（一史馆藏宫中朱批奏折）《元以来西藏地方与中央政府关系档案史料汇编》（五）2110 页

景纹于交卸之先自行乞恩陈请实属卑鄙无耻著交
部严加议处谕

同治八年二月初九日 （1869.3.21）

谕内阁：景纹奏沥陈西藏僧俗爱戴情形，代请奖励一折。据称上年西藏办理瞻对事竣，该达赖喇嘛等以商上僧俗及在事汉番各员均邀奖叙，惟驻藏大臣未奉恩旨，公同具呈，代为景纹请奖，等语。览奏甚为诧异。景纹身为驻藏大臣，办理藏务本属分内之事，乃以俯顺番情为词，自行乞恩，向来无此体制。且据称新任驻藏大臣恩麟即日可以到任，如果该达赖喇嘛等爱戴情真，何不呈请恩麟具奏。景纹虽托词批驳数次，仍于交卸之先自行陈请，实属卑鄙无耻。景纹著交部严加议处。

寻兵部议：景纹应降四级调用，无庸查级纪议抵。从之。

《清实录藏族史料》（九）4377—4378 页

景纹奏噶伦彭错策旺夺吉因案革职遗缺请旨补放折（附 拟定清单）

同治八年三月初四日（1869.4.15）

奴才景纹跪奏①，为噶布伦因案革职，遗缺拣拟番员，请旨补放，恭折奏祈圣鉴事。

窃准达赖喇嘛咨：三品噶布伦彭错策旺夺结，前因侵隐瞻对逆产财帛，曾经咨请具奏革职在案，所遗噶布伦一缺，应即拣员，拟定正陪，循例②奏请简放一名，俾资治理。等因前来。

奴才查前藏四品戴琫台吉策忍汪曲，年富才强，办事勤能，谨以拟正；后藏四品戴琫夺吉结布，人亦可靠，办事稳练，谨以拟陪。除缮具该员等年岁履历清单③，恭候④简放一名，俾资治理，为此⑤循例恭折具奏，伏乞皇太后、皇上圣鉴训示。谨奏。

军机大臣奉旨：另有旨。钦此⑥。

附　清单①

谨将前藏四品戴琫台吉策忍汪曲、后藏戴琫夺吉结布二员年岁履历，敬缮清单，恭呈御览。

计开

拟正策忍汪曲，年三十二岁，咸丰二年充当东科尔，荐升今职，年富才强，办事勤能。拟陪夺吉结布，年四十一岁，咸丰二年充当东科尔，荐升今职，人亦可靠。

（一史馆藏宫中朱批奏折）《元以来西藏地方与中央政府关系档案史

384

料汇编》（五）2066 页；《清代藏事奏牍》401 页

① 《清代藏事奏牍》中无此句。

② 《清代藏事奏牍》中无"例"字。

③ 《清代藏事奏牍》中此处还有"恭呈御览"四字。

④ 《清代藏事奏牍》中为"伏候"二字。

⑤ 《清代藏事奏牍》中为"如此"二字。

⑥ 《清代藏事奏牍》中无"军机大臣奉旨：另有旨。钦此"。

⑦ 《元以来西藏地方与中央政府关系档案史料汇编》（五）中无此附件。

景纹奏粮员管解藏饷并护送御赐箱只至藏交收援案请奖折

同治八年三月初四日（1869.4.15）

为粮员管解藏饷并护送御赐各物，依限至藏交收并无贻误，援案奏恳天恩，量加鼓励，以昭激劝，恭折奏祈圣鉴事。

窃据四川试用通判何炳曦，经四川督臣委解藏饷三万两，并护送御赐达赖喇嘛暨班禅额尔德尼各件进藏。该员于同治七年四月十二日由炉城禀报出口，旋于是年七月二十四日行抵至藏，当将原解藏饷三万两，如数弹兑交存西藏粮库，由西藏粮务禀报收清银数前来。奴才随将御赐前后藏商上各物，点验明白，带同委员恭送至罗布林岗，达赖喇嘛率同商上大小番官迎至大殿，开包点收，均各并未损坏短少，当即敬谨祗领，望阙九叩，跪谢天恩。除由达赖喇嘛、班禅额尔德尼另备佛匣叩谢皇恩外，惟查此次管解藏饷护送御赐委员何炳曦由炉出口，九十余日即行抵至藏中，所解御赐箱只，沿途均系亲身照科，不惜赏项，雇觅人夫，逐日背运，以致御赐各物，不但各色绸缎未有水湿，即玉器磁器亦未损折一件。当时藏中缺饷万分孔亟，该员依限至藏，得以接济要需，不无微劳足录。复查上年候补知县沈金管解藏饷四万两，依限至藏交收，经前任大臣奏请，以本班知县无论繁简缺出不入班次，遇缺即补，并加五品衔，均经奉旨允准在案。此次委员何炳曦管解藏饷三万两，并又护送前后藏商上御赐各物，箱只甚多，均能依限至藏交收，并无短少贻误，核与上次沈金管解藏饷劳绩稍有区别，自应援案奏恳天恩，量加奖励。四川试用通判调管拉里粮务何炳曦，请以本班通判无论繁简缺出，归候补班前先遇缺即补，并请赏加同知衔。奴才实因边防重地，鼓励人才起见，可否之处，出自逾格鸿施。

所有委员管解藏饷，护送御赐箱只至藏交收日期，并援案请奖各情由，理合恭折具陈，是否有当，伏乞皇太后、皇上圣鉴训示。谨奏。

于同治八年六月　日奉到批回。

《清代藏事奏牍》403—404 页

景纹奏培修扎林喀舒尔古塔完工商上捐资报效并免造册报部折

同治八年三月初四日① （1868.4.15）

为遵旨酌议培修扎林喀舒尔古塔工程完竣，恭折复奏，仰祈圣鉴事。

窃准理藩院咨棍噶扎拉参另片奏，藏卫西南向有扎林喀舒尔古塔头层角有损坏之处，应请旨饬下驻藏大臣查明方向，应否修理，即由该大臣酌量情形，奏明办理等因行知前来。

奴才查此项工程，于同治六年七月内，已据协理商上事务呼图克图罗布藏青饶汪曲禀称：西藏西南隅，距阳布城四十里，向建有扎林喀舒尔古塔一座，傍有四座小塔。自兴设黄教之初，建修此塔未能完工。后至莲花祖师出世，始一律修理完竣。素称仙塔，灵应昭著。因历年已久，金顶脱落，头二层砖石损坏，有坍塌之势，更兼周围石脚均已朽坏，若不尚紧培修，一经毁败，实非人力所能重修。查黄教经典所注，此塔关系国家之治乱，黄教之兴衰，工程实属紧要，未便任其倒塌。叠次禀请派员查勘估计，以便赶紧承修等情。奴才因藏库支绌，经费难筹，一时无从募办，未便因此上烦圣怀。正商办间，接准理藩院咨行前因，益见此项工程实难再缓，奴才当即咨行商上，拣派汉番委员，星往勘验，估计工程，据实禀明。旋据定日守备同商上所派僧俗番官等禀称，查得扎林喀舒尔大塔一座，高二十余丈，塔脚宽阔二十四五丈，塔上金顶脱落，头二层砖石损坏，必得另自铸顶，两层砖石均宜揭去大半，另添砖石补修。其周围石脚朽坏甚多，均须一律补砌。傍有四座小塔，亦有损坏之处。约计动用砖石人夫工价饭食等项，非七千余两不能一律补修坚固，等情前来。奴才当与呼图克图详加筹商。该商上以此塔工程实系与黄教、国家有益，且又奉旨查修，情愿由商上筹出款项，赶紧培修。当即拣派四品僧俗番目前往督工赶修，一面飞饬各隘营官，采办砖石，督催人夫，即于七年六月初三日午时动工，均由该商上一手派人经理，昼夜督工赶修。兹于本年二月十五日一律培修完竣，商上实在用去银七千八百两有零，由达赖喇嘛咨请派员前往查勘，奴才当派候选知县黄铠一同前往查验工程，详细禀报。兹据该员禀称，查验商上此次培修扎林喀舒尔古塔工程，除金顶系新铸外，其头二层周围补修十一丈，均系新添砖石，下层塔座二十余丈，均各新添砖石补修坚固，共大小五座塔，一律培修完竣，均属工坚料实，可垂永久，所费银数现已逐款查明，并无浮冒等情，由该员加结具报前来。奴才以现在藏库空虚，兵饷无银筹划办理，一时焉能有此款项拨给商上，奴才时常与呼图克图谈论此节，该僧颇晓大体，伊云：商上世受皇上天恩至重，所有此次培修古塔动用银七千八百余两，情愿一并报效，稍申微忱，不敢仰求赏发银两，已准达赖喇嘛咨复请奏前来。奴才查该达赖喇嘛同呼图克图以世受天恩，毫无报称，此次奉旨培修扎林喀舒尔古塔，动用商库银七千八百之多，情愿一并报效，洵属深明大体。奴才未敢辜其向义之心，壅于上闻，从此寿国福民，时和岁稔，天下共乐升平之世，中外同庆无疆之庥。

所有培修扎林喀舒尔古塔工程完竣，及商上捐资报效各情由，理合恭折复奏，是否有当，伏乞皇太后、皇上圣鉴训示。

再，此次动用银数，均系商上支发，情愿报效，请免造册报部，合并声明。谨奏。

《清代藏事奏牍》402—403 页

①原无日期，为编者根据文档前后日期均以同治八年三月初四日考订。

景纹奏廓尔喀贡使回国日期片

同治八年三月初四日[①]（1868.4.15）

再，廓尔喀贡使正副噶箕头目人等，已于去岁九月二十日自四川回至前藏，所过口外各台汛尚属安静，惟该噶箕人等，咸以此次由本国跋涉万里，未能亲身进京朝觐天颜，不能无触望之心。奴才再再开导，宣扬国家体恤外番之恩有加无已，奴才于照例筵赏之外，复按名酌量加赏，以期仰副我皇上抚绥外番之至意。该噶箕人等始定期于十二月二十八日起程回国。奴才照例拣派文武官兵，沿途妥为照料，护送至济咙边界掣取收飞外，俟该国王将谢恩表文递至前藏，奴才再当代为恭进。

为此附片具奏，伏乞皇太后、皇上圣鉴训示。谨奏。

于同治八年三月初四日具奏。于同治八年六月　日奉到批回。

《清代藏事奏牍》404 页

①原稿中时间为"同治八年三月初八日"，但文档最后有"同治八年三月初四日具奏"等字，故以三月初四日为准。

八十六、恩麟

恩麟简传

恩麟，字君锡，一字诗樵，又字天放，蒙古正黄旗人。道光十八年进士。同治元年赏任甘肃布政使。六年三月二十二日，赏三等侍卫（正五品），为驻藏帮办大臣。七年六月十七日，赏副都统衔，升为驻藏办事大臣。八年，整顿藏务。十一年七月十六日，据帮办大臣德泰奏恩麟擅赏戴琫花翎及巡阅营伍并未亲到，蒙混入奏各节。兵部议复，将恩麟照不应重仗八十，私罪，例降三级调用。十二年七月二十七日，复赏给恩麟副都统衔，俟驻藏大臣承继到任后，护送哲布尊丹巴之呼毕勒罕前赴库伦，再行回京。案查七月初十日，承继抵藏；十二日，恩麟离藏回京。八月二十一日，令恩麟懔遵前旨，俟交卸藏务并车林桑都布暨库布堪布、喇嘛等到藏后，即速护送起程。十三年五月二十七日，承继、恩麟奏请革职查办匿名冒领饷银之员将。八月二十九日，恩麟护送呼毕勒罕回库伦坐床，行至通天河沿地方，突遇骑马番夷拥众数百，声称求赏箱包、驼马等，肆行抢掳。光绪元年正月十八日，赏给正黄旗汉军副都统衔。

赏恩麟三等侍卫为驻藏帮办大臣谕

同治六年三月二十五日（1867.4.29）

驻藏帮办大臣瑞昌因病解职，赏前任甘肃布政使恩麟三等侍卫，为驻藏帮办大臣。

《清实录藏族史料》（九）4372 页

赏恩麟副都统衔为驻藏办事大臣谕

同治七年六月十七日（1868.8.5）

赏驻藏帮办大臣恩麟副都统衔，为驻藏办事大臣。以副都统衔正红旗汉军参领德泰为驻藏帮办大臣。

《清实录藏族史料》（九）4376 页

恩麟奏报抵藏接任日期折

同治八年四月十三日（1869.5.24）

驻藏办事大臣奴才恩麟跪奏，为恭报抵藏接任日期，叩谢天恩，仰祈圣鉴事。

窃奴才于本年四月初七日抵藏，旋准前办事大臣景纹将关防文卷委员赍送前来，当即恭设香案，望阙叩谢天恩接印讫。

伏念奴才材同樗栎，质类驽骀，由部曹而擢任道员，膺藩司而暂权督篆，方愧涓埃之未效，正深凤夜之滋惭，兹复仰荷殊恩，畀以斯任，省躬自反，兢惕弥深。查西藏地处极边，番夷杂处，抚循驾驭，似须宽猛兼施。奴才惟有竭虑殚精，勉图报效，以期仰副圣主柔远外番、绥靖边疆之至意。

所有奴才抵藏接任日期，并感激下忱，理合恭折叩谢天恩，伏乞皇太后、皇上圣鉴。谨奏。

军机大臣奉旨：知道了。钦此。

（一史馆藏宫中朱批奏折）《元以来西藏地方与中央政府关系档案史料汇编》（四）1655—1656 页

据恩麟奏著务当妥为驾驭毋使别生枝节等情谕

同治八年六月初一日（1869.7.9）

谕军机大臣等：恩麟奏密陈抵藏查明大概情形等语。据称诺们罕年近七旬，不甚讲求公事，著恩麟随时留心察看，据实具奏。前岁廓尔喀贡使回藏颇露不逊情状，该夷恭顺已久，恩麟务当妥为驾驭，毋使别生枝节，尤宜不动声色密为防闲。披楞、廓尔喀等国毗连藏地，往来贸易，日久相安，何以该夷等与唐古特不甚相洽，时存挟制之心？傥任其积不相能，致开边衅，于大局亦有关系。著恩麟体察情形，随时于交涉事件妥为区画，以期消患未萌，毋稍大意。该大臣整顿藏务，如番官中有不妥协者，即与该诺们罕商量更换。傥另有别情，著即密为奏闻，毋稍徇隐。将此谕令知之。

《清实录藏族史料》（九）4378 页

照恩麟奏请著吴棠于每年额解饷银如数报解
以应西藏急需谕

同治八年六月初一日（1869.7.9）

又谕：恩麟奏请饬催四川应解藏饷一折。西藏僻处边陲，地方瘠苦，四川每年额解藏饷六万余两，连年积欠已至三十三万余两之多。该处各塘兵丁甚为困苦，亟应力筹接济，著吴棠于每年额解饷银如数报解，毋稍短绌。其连年积欠之饷，并著每年带解三、四万两，以济要需。将此由五百里谕令知之。

《清实录藏族史料》（九）4378—4379 页

据恩麟奏收存银五万两俟达赖喇嘛到藏时如数给发应用谕

同治八年六月二十六日（1869.8.3）

又谕（军机大臣等）：张廷岳等奏，图谢图汗等部落因哲布尊丹巴呼图克图圆寂，援案赴藏熬茶，请将银两解交户部，俟达赖喇嘛到藏后，由驻藏大臣库内发给，等语。所有此项银五万两，著张廷岳、阿尔塔什达即行派员解交户部兑收。此时西藏库款未必有余，著崇实、吴棠于川省应解京饷内提银五万两，迅即派员解交恩麟收存。俟该达赖喇嘛罗布桑伊什等到藏时，即由恩麟如数给发应用。将此由四百里各谕令知之。

《清实录藏族史料》（九）4379—4380 页

据恩麟奏派员抚谕三岩并拟亲往交界禁约著于巡阅后
将详细情形具奏谕

同治八年六月二十九日 （1869.8.6）

又谕（军机大臣等）：恩麟奏筹办三岩野番并廓夷情形一折。三岩野番屡次出巢抢劫，大道几至不通，景纹仅以纸上空言搪塞属吏，其不达事理，甚可痛恨。恩麟既知景纹之谬，派员剿捕，即著实力筹办，以期绥靖边疆。廓尔喀与唐古特既有猜嫌，又因未遂其入贡之计，与唐古特书信语多挟制，亟应设法解释，毋任别启衅端。恩麟已派员前往抚谕，并拟俟德泰到后，借巡阅后藏之便，前赴廓番交界亲自禁约，所办甚是。但该大臣务当不露声色，于开诚布公之中仍不失统驭外夷之意，方为得体。并著于巡阅后将详细情形确探具奏，以慰廑系。将此由五百里谕令知之。

《清实录藏族史料》（九）4380 页

著恩麟前往边界妥为筹办潜消衅隙以安边境
藏中事务著德泰妥慎办理谕

同治八年十一月十二日 （1869.12.14）

又谕（军机大臣等）：恩麟奏巡阅后藏起程日期并亲历边隘妥筹安抚一折。前因廓尔喀与唐古特颇有猜嫌，谕令恩麟前往边界妥为筹办，恩麟现已定期起程巡阅后藏，即赴廓番交界亲自禁约。该大臣务当懔遵前旨，不动声色，于开诚布公之中，仍不失长驾远驭之意，以期潜消衅隙边境乂安。恩麟起行后藏中一切事宜，即著德泰妥慎办理，毋稍疏虞。将此由五百里各谕令知之。

《清实录藏族史料》（九）4380—4381 页

据恩麟奏班禅例贡准照达赖喇嘛进贡例改道由
川陕晋直隶赴京谕

同治八年十二月十八日 (1870.1.19)

又谕（内阁）：恩麟奏班禅额尔德尼呈进年班例贡，请改道赴京一折。班禅额尔德尼差派堪布呈进年班例贡，现因西宁道途梗阻，著准照达赖喇嘛呈进贡物之例，改道由四川、陕西、山西、直隶赴京。

《清实录藏族史料》（九）4381 页

据恩麟奏著派干员妥为开导以申旧约并德泰于藏中事宜
认真筹办谕

同治八年十二月十八日 (1870.1.19)

谕军机大臣等：恩麟奏，披楞侵占哲孟雄等处地方，廓尔喀与唐古特构衅情形，各等语。披楞占去哲孟雄部落之独结岭及甲昔地方，难保不复来侵占。即著照恩麟所拟，饬令该文武员弁前赴哲番住牧，或暗募土兵，或潜竖墩台，务于险要隘口严密防维，以期有备无患。布鲁克巴屡拒披楞，历年攻战，因众寡不敌，亦被占踞地面。去年布番来藏，唐古特不加抚恤，遂至布番解体。该番现在互相攻击，且有陆续投赴披楞纳款之说，亟应加意拊循，以弭边患。恩麟务当督饬该委员将布番内难先行解释，一面设法抚绥，仍令不动声色，自固疆圉。廓尔喀以唐古特上年借过炮位尚未还清，负约欺陵，调兵报仇。若不预为排解，势将兵连祸结。著恩麟遴派干员妥为开导，一面将后藏汉、番营伍操练整齐，即亲赴定日边隘凯切晓谕，以申旧约而息争端。德泰务将藏中一切事宜认真筹办，不可稍有疏虞。将此各谕令知之。

《清实录藏族史料》（九）4381—4382 页

据恩麟德泰奏著吴棠先行拨银十余万两解交恩麟收用谕

同治九年三月十六日 (1870.4.16)

　　谕军机大臣等：恩麟、德泰奏藏饷久缺，请饬筹拨一折。据称：四川每年额解西藏饷银六万余两，自上年以来，仅据该省解到银一万五千两。又，吴棠派粮员縻鸿铨等带解银一万两，尚未抵藏。即以此项并计，一年之中亦仅收川省拨解银二万五千两，其历年欠解之三十三万余两分毫未解。现在饷项支绌，请饬迅速筹拨，等语。著吴棠无论何款先行筹拨银十余万两，解交恩麟等收纳应用，以济急需。其历年积欠之饷，并著源源筹解，不得再有蒂欠。将此由四百里各谕令知之。

《清实录藏族史料》（九）4382—4383 页

据恩麟等代奏达赖喇嘛讲经熬茶请旨著随时妥为照料谕

同治九年四月二十三日 (1870.5.23)

　　谕内阁：恩麟等代奏达赖喇嘛呈请前往布赉绷两寺讲经、熬茶请旨一折。达赖喇嘛系遵照向例前往旧建寺院布施熬茶，并化导所属，具见忱悃，朕心深为嘉悦。达赖喇嘛本年选定吉期前赴布赉绷两寺讲经时，著恩麟等随时妥为照料。

《清实录藏族史料》（九）4383 页

恩麟等奏陈巴塘地震现在筹办赈恤折

同治九年九月十七日 (1870.10.11)

　　驻藏大臣恩麟等复陈巴塘地震情形，现在筹办赈恤。报闻。

《清实录藏族史料》（九）4384 页

据恩麟等奏达赖喇嘛至大招唪经是否赏物著查明从前
循例速报谕

同治十年二月初十日 （1871.3.30）

谕军机大臣等：本日据恩麟等奏，达赖喇嘛由布达拉山亲至大招唪经，并据声称每于藏地清平，按年于正月内循例下山，攒招唪经，等语。前于同治七年正月间，经景纹奏称，西藏僧俗人等因丰收安乐，恳请达赖喇嘛下山诵经，当经降旨赏给哈达等物。此次达赖喇嘛唪经虔祝，既据奏称按年于正月内循例下山，是否与前案事同一律，抑或年例应有之事，著恩麟、德泰详悉复奏，并著将从前循例唪经奏案及有无颁赏物件，一并查明迅速奏闻。将此各谕令知之。

《清实录藏族史料》（九）4385 页

据恩麟德泰奏噶布伦密玛策忍不遵节制著革去噶布伦
并东科尔交达赖喇嘛按例严惩等情谕

同治十年三月二十九日 （1871.5.18）

谕内阁：恩麟、德泰奏噶布伦不遵节制请旨惩处一折。噶布伦密玛策忍在藏办理一切公务诸多把持，遇事阻挠，不遵诺们罕约束，实属咎有应得。密玛策忍著革去噶布伦并东科尔，仍交达赖喇嘛按例严惩，并饬令该营营官严加管束，不准出外别滋事端。

《清实录藏族史料》（九）4385—4386 页

恩麟德泰奏先行革去总堪布班垫顿柱等人职名折

同治十年四月十八日 （1871.6.5）

奴才恩麟、德泰跪奏，为僧俗番官串通喇嘛，把持商上公务，谋害处死已革番目，分别奏参，以肃功令而儆效尤，恭折仰祈圣鉴事。

窃奴才等接据布赍绷寺领袖喇嘛、众僧等具控，协理商上事务诺们罕呼图克图罗布藏青饶汪曲属下管家札萨克喇嘛札克巴协捻、折窝喇嘛策忍桑结二人，素行在藏通同作弊，有乖体制一案，当即抄录原呈，译咨达赖喇嘛，转饬认真严查所控实在情节，核实咨复，以凭究办去后。

兹准达赖喇嘛复称：转据协理商上事务呼图克图暨噶布伦等，遵奉饬查布赉绷寺领袖喇嘛、众僧等具控札萨克喇嘛札克巴协捻、折窝喇嘛策忍桑结二人，系归本寺所管，由该管领袖喇嘛派人即行拘拿到案，再三研讯确供。据称，达尔罕总堪布班垫顿柱，勾通噶勒丹寺首证喇嘛阿丹及僧等共计四人，初于本年正月内，在厦札之寨总堪布寄寓处所，设计同谋，转使札萨克喇嘛先令诺们罕呼图克图辞退协理商上事务之职，然后定拟谋害商上办事僧俗番官，权归四人，以遂心愿。定于二月初一日起，密差喇嘛分往各处，将已革赎罪之普隆噶布伦彭错旺夺结父子、池们戴瑞期美夺结、大昭仓储巴江洛拉旺彭错、通巴戴瑞朗结顿柱及现参催果噶布伦密玛策忍等六人，先后概行暗地处死，皆系总堪布班垫顿柱一人为首主见，并欲贻害我达赖喇嘛亲族人等。举动之间，泄漏机闻，露出情节，被布赉绷寺领袖喇嘛看破，当将札萨克喇嘛、折窝喇嘛二人拘拿，讯问确供，均系实情，等情。转呈核办前来。我达赖喇嘛即饬令协理商上事务诺们罕呼图克图等，迅速逐一研讯，与前供如一，矢口不移。正在查办间，该总堪布系噶勒丹寺僧人，闻知情虚畏罪，同伊党类，随带喇嘛，身佩军械，已于本年三月二十七日突然潜回该寺。不忆〔意〕噶布伦策忍汪曲，不思祖上功绩，信听总堪布之言，私离职守，随即同行，住扎噶勒丹寺。况该寺乃佛教正宗之地，胆敢在彼调集喇嘛、百姓抗拒，不遵商上札调，实属辜恩昧良，目无法纪，有玷黄教清规。除由商上饬派前后藏、江孜以及各处土兵，合力兜拿为首不法总堪布等到案，即行咨请照例究办。并请将达尔罕总堪布、噶布伦、札克巴喇嘛三人，迅速先行具奏参革，以安众心，等情。译咨前来。

奴才等复即详加查核，总堪布班垫顿柱、札萨克喇嘛扎克巴协捻、折窝喇嘛策忍桑结、擦瓦班次喇嘛阿丹等四人，同恶相济，联络把持，主谋定计，处死已革番目六人，一切等弊，种种不法，罪难宽宥。四人之中，总堪布班垫顿柱厥罪为首。该噶布伦策忍汪曲身任三品番官，不思图报，竟敢信听总堪布班垫顿柱煽惑，私离职守同往，咎亦难辞。若不从严奏请参办，何以明赏罚而服众心。将来相率效尤，仍蹈前辙，所关匪浅。理应先行请旨，将班垫顿柱原授达尔罕总堪布职名，并扎克巴协捻现授四品大

堪布连札萨克名号，策忍汪曲曾授台吉、噶布伦连东科尔，一并斥革，以肃功令。奴才一面饬派驻藏官兵前往布达拉山护卫达赖喇嘛，并一面准照商上来咨，转调番营官兵严拿，飞札毗连交界地方各要隘口，派令精壮土兵防范，协力截拿，毋任逃窜，致免意外之虞。容俟拿获押解来藏，奴才等即行会同达赖喇嘛，详细审讯确供定拟，即行恭折奏闻。

除咨明达赖喇嘛转饬外，所有准咨奏参各僧俗番目一切情形缘由，理合据实具奏，是否有当，伏乞皇太后、皇上圣鉴训示。谨奏。

军机大臣奉旨：另有旨。钦此。

（一史馆藏宫中朱批奏折）《元以来西藏地方与中央政府关系档案史料汇编》（五）2111—2112 页

据恩麟德泰奏著将总堪布班垫顿柱等职名一并斥革
并会同达赖喇嘛讯明确供具奏谕

同治十年六月初八日（1871.7.25）

谕军机大臣等：恩麟、德泰奏僧俗番官谋害已革番目，分别奏参一折。据称：达尔汉总堪布班垫顿柱勾通噶勒丹寺喇嘛阿丹及札萨克喇嘛扎克巴协捻、折窝喇嘛策忍桑结，谋令诺们罕呼图克图辞退协理商上事务，并定计密差喇嘛分往各处，将已革赎罪之普隆噶布伦彭错策旺夺结父子、池扪戴琫期美夺结、大昭仓储巴江洛拉旺彭错、通巴戴琫朗结顿柱及现参催果噶布伦密玛策忍等六人先后谋死。班垫顿柱旋因畏罪潜回噶勒丹寺，噶布伦策忍汪曲听信该总堪布之言，私离职守，同往噶勒丹寺集众抗拒，不遵札调，等情。此案班垫顿柱谋夺商上之权，辄敢勾通各该喇嘛，谋害多人，不法已极。策忍汪曲听信班垫顿柱煽惑，擅离职守，情亦可恶。班垫顿柱原授达尔汉总堪布职名，扎克巴协捻现授四品大堪布连札萨克名号，策忍汪曲曾授台吉、噶布伦连东科尔，著即一并斥革。并著恩麟、德泰派拨番营官兵将该犯等拿获，会同达赖喇嘛讯明确供，定拟具奏。该犯等既经纠集僧俗，意图抗拒，恩麟等尤当妥为弹压。一面严拿首要各犯，一面解散胁从，以免滋生事端。

另折奏，遵查达赖喇嘛下山唪经，援案声明，等语。本年达赖喇嘛亲至大昭唪经攒招，为国祈福，忱悃可嘉。著发去黄哈达一个、银曼达一个、铃杵一分^①、菩提念珠一串、玉碗一个、玉盘一个、黄缎二卷，交恩麟等转给达赖喇嘛祗领，用昭恩赉。将此由四百里各谕令知之。

《清实录藏族史料》（九）4386—4387 页；（《穆宗实录》卷三一三）

《元以来西藏地方与中央政府关系档案史料汇编》（五）2113 页

① 《元以来西藏地方与中央政府关系档案史料汇编》中为"一份"。

恩麟德泰奏噶伦密玛策忍因案革职遗缺请旨补放折

同治十年七月十五日 （1871.8.30）

奴才恩麟、德泰跪奏，为噶布伦因案革职，遗缺拣拟番员，请旨补放，恭折奏祈圣鉴事。

窃准达赖喇嘛咨称：三品噶布伦密玛策忍前因不遵节制，遇事把持，但凡办理商上巨细公务，种种欺朦，曾经咨请具奏，已奉谕旨革职，钦遵在案。所遗噶布伦一缺，有管理唐古特一切公务，责任甚重，未便虚悬，兹于四品番目内，拣选合例应升之员，拟定正陪，开列名单，咨请拣选，请旨补放前来。

查噶布伦缺出，向例拟定正陪，奏请补放有案。奴才等当即会同达赖喇嘛，将噶布伦奏参革职一缺，拣选得四品前藏戴琫策旺洛布，年富才明，办事稳练，谨以拟正；四品后藏戴琫贡布彭错，办事熟悉，才具安详，谨以拟陪。敬将该员履历缮具清单，恭呈御览，伏候钦赐简放一名，以专责成。为此恭折具奏，伏乞皇太后，皇上圣鉴训示。谨奏。

军机大臣奉旨：另有旨。钦此。

（一史馆藏宫中朱批奏折）《元以来西藏地方与中央政府关系档案史料汇编》（五）2067—2068 页

恩麟德泰奏总堪布班垫顿柱因案革职遗缺请旨补放折

同治十年八月二十六日 （1871.10.10）

奴才恩麟、德泰跪奏，为商上三品总堪布因案革职，循例拣选合例应升僧目，请旨补放，恭折仰祈圣鉴事。

窃准达赖喇嘛咨称：商上总堪布班垫顿柱因案奉旨革职，所遗员缺，

未便乏人经理。兹拣选得四品大中译达喇嘛罗布藏荣垫，人极诚实，办事精详，堪以拟正；四品大岁璓罗布藏尊坠，心地明白，办事熟悉，堪以拟陪。祈请查核，转奏请旨补放前来。

奴才等伏查定例，商上大小僧官等缺出，俱由达赖喇嘛会同驻藏大臣拣员奏请补放，历经遵办在案。今总堪布班垫顿柱因案革职，遗缺由达赖喇嘛拣选合例应升僧目，出具考语，拟定正陪，咨请具奏，核与定案相符。除将僧目等年岁履历敬缮清单，恭呈御览，祈候简放一名，俾资办理。为此循例恭折具奏，伏乞皇太后、皇上圣鉴训示。谨奏。

军机大臣奉旨：另有旨。钦此。

（一史馆藏宫中朱批奏折）《元以来西藏地方与中央政府关系档案史料汇编》（五）2114 页

恩麟德泰奏头等台吉坚参欧柱出缺请以其长子洛布占堆承袭并请赏二品顶戴折

同治十年九月初四日（1871.10.17）

奴才恩麟、德泰跪奏，为请旨事。

窃准达赖喇嘛咨：据协理商上事务呼图克图罗布藏青饶汪曲呈称，头等台吉具辞噶布伦坚参欧柱得染寒症，调治不愈，于本年三月十七日出缺。查得坚参欧柱现有二子，长子洛布占堆，次子洽多。可否将头等台吉赏给长子洛布占堆承袭，并请赏给二品顶戴之处，伏乞查照，转奏大皇帝恩施，等因前来。

奴才等查坚参欧柱之高祖索诺木达尔札，原系七辈达赖喇嘛之父，雍正七年，由理藩院条奏，奉旨：院议是理，虽应允准，但索诺木达尔札究系生七辈达赖喇〈嘛〉者。今达赖喇嘛业经圆寂，索诺木达尔札之公爵，伊子孙已系过两辈。札喜那木札勒将来出缺，尽行裁撤，不准稍微袭职，朕心亦属不忍，若准世袭罔替公爵，例由未便准行。朕轸思前辈达赖喇嘛，嗣札喜那木札勒出缺时，削其公爵，著加恩赏给头等台吉世袭罔替，永著为例遵行。钦此。钦遵。

奴才等伏查道光十一年十月内前任驻藏大臣兴科、隆文片奏，世袭头等台吉向蒙颁发敕书，未奉戴用顶戴明文不敢擅用，请将坚参欧柱承袭头等台吉恳恩可否赏给顶戴之处一片，承准军机大臣字寄，道光十一年十一月二十三日奉旨：据兴科等奏，西藏之头等台吉色伦彭错病故，遗缺给伊长子坚参欧柱承袭，等语。请旨前来。著照兴科等奏，色伦彭错所遗头等台吉之缺，给伊长子坚参欧柱承袭。惟此世袭罔替台吉，向无顶戴，今既常委台吉办理商上事务，若赏有顶戴，于公事有益，著加恩赏给坚参欧柱二品顶戴。该院知道。钦此。钦遵在案。今坚参欧柱既经病故，将此头等台吉恳祈给伊长子洛布占堆承袭，并请赏给二品顶戴之处，出自圣主逾格天恩。如蒙俞允，将其应得新敕书，咨行理藩院照例办理。为此谨奏，伏乞皇太后、皇上圣鉴训示。谨奏。

军机大臣奉旨：另有旨。钦此。

（一史馆藏宫中朱批奏折）《元以来西藏地方与中央政府关系档案史料汇编》（五）2175—2176页

著照恩麟德泰所奏对各犯照拟办理治罪并对出力伤亡人员分贝奖恤谕

同治十年九月初四日（1871.10.17）

又谕（军机大臣等）①：恩麟、德泰奏剿办西藏逆番现已藏事一折。逆首班垫顿柱等纠合噶勒丹寺喇嘛僧众，恃险抗拒，经恩麟等调兵进剿，并会商达赖喇嘛，催令汉番文武剿抚兼施，生擒喇嘛阿丹及已革噶布伦策忍汪曲等二十五名，并将班垫顿柱枪毙。既据恩麟等奏称，质审各犯，情词相符，所有阿丹、策忍桑结及现获从逆各犯，均著照所拟，分别办理。至扎克巴协捻、策忍汪曲二犯，并著恩麟等照例治罪。在逃从逆人犯，恩麟等当咨会达赖喇嘛彻底清查，务获究办，毋任漏网。投诚之喇嘛僧众，仍责成各该寺领袖喇嘛妥为管束，不准再滋事端。此次在事出力汉、番文武僧俗官兵并伤亡兵练，著恩麟等查明，分别奏请奖恤。将此由五百里各谕令知之。

《清实录藏族史料》（九）4388页；（《穆宗实录》卷三一九）《元以来西藏地方与中央政府关系档案史料汇编》（五）2114—2115页

①《元以来西藏地方与中央政府关系档案史料汇编》中无"（军机大臣等）"。

据恩麟等奏访出哲布尊丹巴呼图克图呼毕勒罕
著会同达赖喇嘛敬谨掣定谕

同治十年十月十三日 （1871.11.25）

驻藏大臣恩麟等奏，访出哲布尊丹巴呼图克图呼毕勒罕灵异幼童，例应掣瓶，惟现在班禅额尔德尼患病，不克前赴前藏，可否会同达赖喇嘛照例敬谨掣瓶。

得旨：哲布尊丹巴呼图克图呼毕勒罕业经访出，不可久稽，即著恩麟等会同达赖喇嘛敬谨掣定。

《清实录藏族史料》（九）4388—4389 页

据恩麟德泰奏四川积欠银三十三万余两著吴棠遵旨
先拨十余万两解藏应用谕

同治十年十月十九日 （1871.12.1）

又谕（军机大臣等）：恩麟、德泰奏藏饷支绌，请饬拨解一折。前据恩麟等奏四川欠解西藏饷银积至三十三万余两之多，当经谕令该督先行拨银十余万两，并将积欠饷银筹解。兹据奏称：续经吴棠拨银五万五千两。现在藏库支绌，所解之项止属杯水车薪，尚难济急。该藏兵丁困苦，亟须接济，以资镇抚，等语。著吴棠恪遵前旨，无论何款先行筹拨银十余万两，派员解交西藏应用。仍一面查照定章将应解饷项按年筹拨，不得再有蒂欠。至川省解运藏饷委员，即由吴棠妥议章程，知照恩麟等，查核劳绩等次，分别奏请升衔奖励。将此由四百里各谕令知之。

《清实录藏族史料》（九）4389 页

恩麟德泰奏噶伦策忍汪曲因案革职遗缺请旨补放折

同治十年十一月十六日 （1871.12.27）

奴才恩麟、德泰跪奏，为噶布伦因案革职，遗缺拣选番目请旨补放，以重职守，恭折奏祈圣鉴事。

窃奴才等接准达赖喇嘛咨称：三品噶布伦策忍汪曲因案咨请具奏，已奉谕旨革职，钦遵在案。所遗噶布伦一缺，有经管办理唐古忒出入一切公务，责任綦重，未便虚悬，兹于四品番目内拣选合例应升之员，拟定正陪，开列名单，咨请拣选，请旨补放前来。

查噶布伦缺出，向例拟定正陪，奏请补放有案。奴才等当即会同达赖喇嘛，将噶布伦策忍汪曲奏参革职一缺，拣选得四品商上商卓特巴仑珠策垫，才具优长，办事精详，谨以拟正；四品前藏戴琫拉旺夺结，心地明白，办事熟悉，谨以拟陪。敬将该员履历缮具清单，恭呈御览，伏候钦赐简放一名，以专责成。为此恭折具奏，伏乞皇太后、皇上圣鉴训示。谨奏。

军机大臣奉旨：另有旨。钦此。

（一史馆藏宫中朱批奏折）《元以来西藏地方与中央政府关系档案史料汇编》（五）2068 页

恩麟德泰代奏新授噶伦策旺洛布谢恩折

同治十年十一月十六日（1871.12.27）

奴才恩麟、德泰跪奏，为恭折代奏，叩谢天恩，仰祈圣鉴事。

窃奴才等于本年十月二十二日，承准军机处字寄：同治十年九月初四日内阁奉上谕：恩麟、德泰奏拣员请补噶布伦一折，三品噶布伦员缺，著拟正之策旺洛布补授。该衙门知道。单并发。钦此。钦遵。等因前来。奴才等当即恭录谕旨，咨行在案。

兹据达赖喇嘛咨称：转据新授噶布伦策旺洛布呈称，小的荷蒙大皇帝鸿施，赏补噶布伦员缺，闻命自天，感激无地，当即恭设香案，望阙叩谢天恩讫。伏念小的愚鲁外番，知识毫无，今蒙大皇帝厚恩，赏补斯职，惟有于商上一切公事随同诺们罕尽心办理，以期仰报高厚鸿慈于万一。谨敬备吉祥哈达一方、古佛一尊，恳请代为转进。等情前来。

奴才等除将哈达、佛尊用匣装固代进外，所有叩谢天恩缘由，理合恭折代奏，伏乞皇太后、皇上圣鉴。谨奏。

军机大臣奉旨：知道了。钦此。

（一史馆藏宫中朱批奏折）《元以来西藏地方与中央政府关系档案史

料汇编》（五）2068—2069 页

恩麟德泰奏戴本策旺洛布升补噶伦遗缺请旨补放折

同治十年十一月十六日（1871. 12. 27）

奴才恩麟、德泰跪奏，为前藏戴琫升补噶布伦，所遗员缺，拣选合例番目请旨补放，恭折仰祈圣鉴事。

窃奴才等准达赖喇嘛咨称：前藏戴琫策旺洛布升补三品噶布伦，所遗之缺，开列名单，咨候拣选请旨补放前来。

查戴琫缺出，向例拟定正陪奏请补放有案。奴才等当即会同达赖喇嘛，将前藏戴琫策旺洛布升补噶布伦一缺，拣选得堪以调补之四品仔琫汪青洛布，年力富强，办事可靠，谨以拟正；应升之五品前藏番营如琫丹巴明足尔，年力精壮，熟悉操防，谨以拟陪。敬将该员等履历缮具清单，恭呈御览，伏候钦赐简放一名，以资办理番营事件。为此恭折具奏，伏乞皇太后、皇上圣鉴训示。谨奏。

军机大臣奉旨：另有旨。钦此。

（一史馆藏宫中朱批奏折）《元以来西藏地方与中央政府关系档案史料汇编》（五）2094 页

恩麟德泰代奏协理商上事务罗布藏青饶汪曲谢颁敕书印信折
（附 罗布藏青饶汪曲奏书）

同治十一年二月十三日（1872. 3. 21）

奴才恩麟、德泰跪奏，为恭折代奏叩谢天恩，仰祈圣鉴事。

窃奴才等适准达赖喇嘛咨称：转据协理商上事务呼图克图罗布藏青饶汪曲呈称，窃小僧前差卓尼尔甲养达木曲进京进贡，恭请圣安。差竣于同治十年十二月初一日回藏，赍到大皇帝恩施颁赏小僧呼图克图罗布藏青饶汪曲敕书二道、印信一颗，又札萨克喇嘛印信一颗，并御赐诸物。小僧当即叩谢天恩，敬谨祗领讫。伏念小僧屡受大皇帝厚恩，毫无报称，时切滋惭。今复颁赏敕印，御赐诸物，实属逾格之殊恩。惟有恪遵圣训，尽心侍奉达赖喇嘛，竭力协理商上事务，每日率领徒众虔诚讽诵经典，恭祝大皇帝万福万寿，国泰民安，以期仰报高厚鸿慈于万一。谨敬备叩谢天恩奏书一分、吉祥哈达一方、长寿佛一尊、释迦牟尼佛一尊、珊瑚珠一串、密腊珠一串，恳请代进，等因。咨行前来。

奴才等除将哈达、佛尊、珠子等项，用匣装固代进外，并将奏书另行译汉，恭呈御览。所有叩谢天恩缘由，理应恭折代奏，伏乞皇太后、皇上圣鉴。谨奏。

同治十一年四月初一日军机大臣奉旨：知道了。钦此。

附　罗布藏青饶汪曲奏书

小僧协理事务呼图克图罗布藏青饶汪曲，望阙焚香，合掌九叩跪奏，如天地诚、抚育万国、至大至尊文殊菩萨大皇帝宝座前：

伏思文殊菩萨大皇帝爱惜达赖喇嘛，亦与西方佛教群生，朝夕施恩甚重。复蒙派委小僧辅佐协办商务，奖赏诺们罕名号。嗣因剿办瞻酋贡布朗结父子党类，珍诛尽净，军务遂获一律荡平，事事均得仰符大皇帝及达赖喇嘛圣意。荷蒙天恩，逾格超奖，加封呼图克图名号，钦颁印信，赏准接辈袭职转世，早经奉旨允准。兹有小僧派京呈进恭请圣安贡使专差卓尼尔甲养达木曲旋回差便，即将呼图克图敕印，并与管家札萨克喇嘛优加厚恩，赏给印信，均已于十二月初一日领赍至藏。是日小僧亲往跪迎，望东九叩跪谢天恩。伏思大皇帝素与小僧加恩奖励，似此高厚鸿仁，于生世万难图报，惟有仰体圣意，办理达赖喇嘛一切公务，自当小心谨慎奉行，每日勤习经典，恭祝文殊菩萨大皇帝万寿无疆，朝政畅兴，国泰民安。今谨备叩谢天恩吉祥哈达一方、长寿佛一尊、释迦牟尼佛一尊、珊瑚珠一串、密腊珠一串。

小僧呼图克图罗布藏青饶汪曲跪奏

军机大臣奉旨：览。钦此。

（一史馆藏军机处录副奏折）《元以来西藏地方与中央政府关系档案史料汇编》（五）2032—2033 页

据恩麟等奏著加赏物件迎接哲布尊丹巴呼毕勒罕事宜
均照例办理谕

同治十一年四月初一日 （1872.5.7）

谕内阁：恩麟等奏察看转世之哲布尊丹巴呼图克图之呼毕勒罕灵异幼童掣定奏闻一折。上年十二月二十一日，驻藏大臣会同达赖喇嘛、呼图克图罗布藏青饶汪曲并伊徒达喇嘛等，率领众喇嘛讽经，由金瓶掣出番民贡确策仁之子阿旺罗布藏成勒迥奈丹贝甲木参之名定为呼毕勒罕。当经达赖喇嘛遵依经文哲布尊丹巴呼图克图之呼毕勒罕名之曰阿旺罗布藏吹叽呢码丹增旺楚克。洵属祥瑞之事，朕心甚为欣悦。著加恩赏给该呼毕勒罕黄哈达一个、佛一尊、大缎四匹，并著库伦办事大臣传谕喀尔喀四部落汗王等，使相庆幸。所有迎接哲布尊丹巴呼图克图之呼毕勒罕一切应办事宜，均著张廷岳等照例妥为办理。

《清实录藏族史料》（九）4390 页

据恩麟德泰奏仍著恩麟等随时弹压妥为驾驭弭边
衅靖地方谕

同治十一年四月初一日 （1872.5.7）

谕（军机大臣等）：恩麟、德泰奏伙色两族互斗，现已办理完竣一折。伙色两族因控地启衅，经恩麟等派员前往弹压，该两族胆敢抗拒戕兵，委员恩承等当带所部将两族不法头目歼毙，并将控案断清，两造均已悦服，边境现在肃清，办理尚为妥协。惟该夷众素称勇悍，难保不再滋生事端，仍著恩麟等随时弹压，妥为驾驭，以弭边衅而靖地方。将此各谕令知之。

《清实录藏族史料》（九）4390—4391 页

恩麟德泰代奏新授噶伦仑珠策垫谢恩折

同治十一年五月二十八日 （1872.7.3）

奴才恩麟、德泰跪奏，为恭折代奏，叩谢天恩，仰祈圣鉴事。

窃奴才等适准理藩院咨开：内阁钞出，同治十一年正月初五日内阁奉上谕：恩麟、德泰奏拣员请补噶布伦一折，著拟正之商上商卓特巴伦珠策垫补授。该衙门知道。单并发。钦此。钦遵。等因咨行前来。奴才等当即恭录谕旨，咨行去后。

兹据达赖喇嘛咨称：转据新授噶布伦伦珠策垫呈称，小的微末外番，荷蒙大皇帝鸿恩，赏补噶布伦员缺。闻命自天，感激无地，当即恭设香案，望阙叩谢天恩讫。谨恭备哈达一方、佛一尊，恳请代进，等情。

奴才等除将哈达、佛尊用匣装固，由驿代进外，所有叩谢天恩缘由，理合恭折代奏，伏乞皇太后、皇上圣鉴。谨奏。

军机大臣奉旨：知道了。钦此。

（一史馆藏宫中朱批奏折）《元以来西藏地方与中央政府关系档案史料汇编》（五）2069 页

恩麟德泰代奏新授总堪布罗布藏荣垫谢恩折

同治十一年五月二十八日 （1872.7.3）

奴才恩麟、德泰跪奏，为达赖喇嘛咨请恭折代奏叩谢天恩，仰祈圣鉴事。

窃奴才等承准军机大臣字寄，同治十年十月十三日奉旨：恩麟等奏总堪布一缺拟定正陪恳请拣放一折，著照恩麟等所奏。班垫顿柱所遗总堪布一缺，著拟正之达喇嘛罗布藏荣垫补授。钦此。钦遵。等因前来。奴才等当即恭录谕旨，咨行去后。

兹据达赖喇嘛咨称：转据新授总堪布达喇嘛罗布藏荣垫呈称，小的仰蒙大皇帝鸿恩，补授总堪布员缺，闻命之下，感激莫名，当即望阙叩谢天恩讫。谨恭备吉祥哈达一方、古佛一尊，恳请代进，等情前来。

奴才等除将哈达、佛尊用匣装固代进外，所有叩谢天恩缘由，理合恭折代奏，伏乞皇太后、皇上圣鉴。谨奏。

军机大臣奉旨：知道了。钦此。

（一史馆藏宫中朱批奏折）《元以来西藏地方与中央政府关系档案史料汇编》（五）2115 页

恩麟德泰奏德泰查阅后藏三汛起程日期折

同治十一年五月二十八日（1872.7.3）

奴才恩麟、德泰跪奏，为恭报循例查阅后藏三汛营伍，并巡防隘口边界情形起程日期，恭折仰祈圣鉴事。

窃照后藏、江孜、定日等处营务，隘口、边界，例系驻藏大臣二人按年轮班前往校阅巡防一次在案。兹查本年春间，准布鲁克巴部长来禀内称：达赖喇嘛年例回赏各物，不堪应用；披楞诡计多端，布番寡难众抵，又祈转饬达赖喇嘛等助银元宝二千个修理寺院佛像，并求奏邀僧官俸廉；且称哲孟雄之人枉法，招引外教人等入境，任自往来，朋比为奸，等因。今所有求请助银赏俸一切，如不俯如所请，此地毗连披楞，就近有何事故，势不能不照哲孟雄一体裹协，各等语。内隐情词，颇有蠢动自骄〔骄渐〕挟制。又据后藏、定日官弁并达赖喇嘛等叠报，定日、聂拉木边界，时有廓尔喀头人等到边，等情。伏思江孜、后藏、定日三汛，乃哲孟雄、聂拉木隘口紧要门户，若非实力前往巡查，则不足以期整顿。再，查藏署成案卷开：乾隆五十九年，前驻藏大臣和琳等具奏，嗣后驻藏大臣每年于五六月间农闲之时，阅边看兵一次，既不致营伍废弛，亦不致有妨农业。奉到朱批：是。钦此。钦遵，等语。亦在案。

恭查本年轮应奴才德泰前往巡阅之班。现在藏内地方平静，民情安堵。至前藏春操，业经看毕，而应阅秋技，尚距有期。兹奴才德泰谨拟于本年六月二十二日束装，即自前藏起程，前往后藏三汛，校阅汉番技艺。巡防边界，力求整顿，以期仰副圣主严肃边防、有备无患之至意。其一切日行公件，即由奴才恩麟在藏照常循例悉心办理。若遇紧要事件，奴才等仍往返札商，公同酌办，以期妥协。

除俟奴才德泰巡阅事毕，旋回前藏，再将一切情形另行据实奏闻外，所有奴才德泰循例查阅营伍边界起程日期缘由，理合恭折具奏，伏乞皇太后、皇上圣鉴。谨奏。

同治十一年七月十六日军机大臣奉旨[①]：钦此。

（一史馆藏军机处录副奏折）《元以来西藏地方与中央政府关系档案史料汇编》（五）2262—2263页

①原注：奉旨文字原件未录。

据恩麟德泰奏著照成案免予廓尔喀进贡一次并达木蒙古连年被灾先行挪用军饷核实散放赈灾谕

同治十一年七月初七日（1872.8.10）

谕（军机大臣等）：恩麟、德泰奏廓尔喀国王例贡届期，援案恳免暨达木蒙古、番族被灾，请拨款抚恤各一折。廓尔喀国王例贡届期，恳请赴京呈进。现在陕南一带陇回未靖，道路通塞靡常，若准其来京，致该贡使阻滞中途，徒劳跋涉，殊非柔远之道。所有此次该国王应进贡物，著照上届成案免予呈进一次，以示体恤。至达木蒙古官兵及三十九族番民，据恩麟等奏称：于同治九、十年间迭遭大雪，人畜冻毙，游牧乏所，藏库无款挪济，请饬川省先行拨银三、四千两，等语。达木一带连年被灾，自应速筹赈恤，著恩麟等即于藏库军饷项下先行挪用，派委妥员前往该处，查明被灾重轻，核实散放，毋令一夫失所。其挪用饷项若干，由恩麟等核明，行知吴棠，迅速照数筹拨，解藏归款。将此由五百里各谕令知之。

《清实录藏族史料》（九）4391—4392 页

据恩麟德泰奏著于巡阅事毕据实具奏所有应办事件仍认真经理谕

同治十一年七月十六日（1872.8.19）

谕（军机大臣等）：恩麟、德泰奏循例查阅后藏三汛营伍一折。据称：布鲁克巴部长来禀，欲求达赖喇嘛助给银两，并恳赏给僧官廉俸，且以毗连披楞，隐跃其词，意存挟制。定日、聂拉木边界时有廓尔喀人入境，等语。江孜、后藏、定日三汛为哲孟雄、聂拉木隘口紧要门户，自应加意防范。布鲁克巴部长禀求助银赏俸究竟是何意见。德泰现已起程，前往后藏三汛校阅营伍，著即将边界情形详细访察，并将布鲁克巴及哲孟雄部众设法防闲，毋滋他患。其定日、聂拉木边界营伍，务须力求整顿，以资镇压。一切办理情形，著于巡阅事毕据实具奏。本日已有旨将恩麟交部议处，令其来京当差。新任驻藏大臣未到任以前，所有应办事宜仍著认真经理，不得稍涉大意。将此由四百里各谕令知之。

《清实录藏族史料》（九）4392—4393 页

据恩麟德泰奏定日汉营防兵额缺著挑补足数
实力操防并仍著将应办事宜务宜妥善谕

同治十一年十月二十三日（1872.11.23）

谕（军机大臣等）：恩麟奏遵查藏界情形，德泰奏巡阅边境现筹办理一折。布鲁克巴部长禀求助银赏俸，业经恩麟等檄谕开导，廓尔喀人已由聂拉木边界折回，藏境尚属安靖。惟据德泰奏：聂拉木边外与廓尔喀毗连各隘口防守空虚，拟于聂拉木左右各隘口以至定日、后藏、江孜各汛添设番兵，责成噶布伦等实力整顿，等语。所奏自为慎重边防起见，承继现已起程，到任后即著该大臣等彼此妥商，将所拟各节实力办理。所有添设番兵约二百名，每月应需口分，著承继、德泰知照达赖喇嘛，转饬协理商上事务呼图克图罗卜藏青饶汪曲妥拟章程，由达赖喇嘛咨明核办，并严饬罗卜藏青饶汪曲暨噶布伦、总堪布等将边防事务认真整顿，不得视为具文。其定日汉营防兵缺额，著即挑补足数，饬令实力操防，以固边圉。承继未到以前，仍著恩麟、德泰将应办事宜和衷商榷，务臻妥善。将此由五百里各谕令知之。

《清实录藏族史料》（九）4394 页

著恩麟于新任驻藏大臣未到前仍认真办事并
德泰逼索关防等件著革职即行回旗谕

同治十一年十二月十三日（1873.1.11）

谕内阁：前因驻藏大臣恩麟擅赏戴珲花翎，并巡阅营伍未经亲到，当经降旨将恩麟交部议处，令其来京当差。并谕知恩麟于新任驻藏大臣未到以前，仍将应办事宜认真经理。兹据恩麟奏：德泰逼索关防，请旨遵行。德泰奏与恩麟意见未合，照缮移会文稿呈览各一折。德泰于特饬恩麟谕旨，谬为讲解，固执己见，催令恩麟将关防等件克日移交，起程回京，实属庸妄糊涂，不胜帮办之任。德泰著革职即行回旗。

即著恩麟等前往布达拉山妥为照料并发去
赏物多件传谕达赖喇嘛祇领谕

同治十二年二月初六日（1873.3.4）

谕（军机大臣等）：恩麟等奏达赖喇嘛下山哞经，并改期掌管任事一折。现在藏地清平，达赖喇嘛拟于本年二月间下山，率领众僧亲赴大招，攒招哞经，为国祈福，具见出于至诚，洵堪嘉尚。即著恩麟等前往布达拉山妥为照料，并发去黄哈达一个、银曼达一个、铃杵一分、菩提念珠一串、玉盌一个、玉碟一个、小卷五丝缎二卷，传谕该达赖喇嘛令其祇领，用昭恩赉。将此各谕令知之。

《清实录藏族史料》（九）4397—4398 页

恩麟为开炉鼓铸银钱事复十二世达赖喇嘛咨

同治十二年三月（1873.3—4）

本大臣查从前成案，西藏开炉鼓铸银钱，例应先行具奏，进呈式样，奉旨允准，然后铸造藏钱，始得上注国〔年〕号，永远遵行。今因藏铸空乏，需用孔急，请照同治六年之案，由商上开炉鼓铸，用斡垫颇章巧勒朗结式样，自应变通准行。除出示晓谕外，合行咨复。①

（《清代藏事辑要》一第 554 页）《元以来西藏地方与中央政府关系档案史料汇编》（五）2279 页

①原注：此件该书作为注文收录。

赏恩麟副都统衔并承继到任后护送哲布尊丹巴之呼毕勒罕
前赴库伦再行回京谕

同治十二年七月二十七日（1873.9.18）

谕（内阁）：……前任驻藏大臣恩麟著赏给副都统衔，俟驻藏大臣承

清代驻藏大臣奏折全集·四

继到任后，护送哲布尊丹巴之呼毕勒罕前赴库伦，再行回京。

《清实录藏族史料》（九）4398 页

据恩麟奏著提同革员王来仪等按照指供各情按律定拟
具奏并俟交卸藏务即遵前旨起程赴库伦谕

同治十二年八月二十一日（1873.10.12）

又谕：恩麟奏查明革员纵番滋闹，请将抗违不到之僧俗番官、噶布伦等革职审办一折。革员王来仪私通外番、结盟滋事一案，有牵连番目重情，乃供出之噶伦布〔噶布伦〕策旺边坝觉尔、四品中译依喜冲批等屡传不到。此案既经众供确凿，岂容该噶布伦等延不到案，任意抗违？必须严行提讯，以期水落石出。现在商上噶布伦策旺边坝觉尔并僧官四品中译依喜冲批等，均著即行革职，由该大臣等提同革员王来仪并门丁高升等，按照指供各情详讯明确，按律定拟具奏。前有旨令恩麟护送哲布尊丹巴之呼毕勒罕前往库伦，著恩麟懔遵前旨，俟交卸藏务并车林桑都布暨库伦堪布、喇嘛等到藏后，即速护送起程，毋稍延缓。将此由五百里各谕令知之。

《清实录藏族史料》（九）4399 页

据恩麟奏著护送呼毕勒罕回库坐床沿途小心照料并饬令
哨探勤加侦探稳慎行走谕

同治十三年八月二十九日（1874.10.9）

谕军机大臣等：恩麟奏护送呼毕勒罕行抵西宁，途遇野番抢掳一折。恩麟护送、照料呼毕勒罕回库坐床，行至通天河沿地方，突遇骑马番夷拥众数百，声称求赏箱包、驼马各节，胆敢围放枪铳，肆行抢掳，实属不成事体。恩麟现已护送呼毕勒罕行抵西宁，将来出口赴库，道路尚遥，著该前驻藏大臣沿途小心照料，饬令哨探弁兵勤加侦探，稳慎行走，毋得再有疏虞。将此由四百里谕令知之。

《清实录藏族史料》（九）4401 页

赏恩麟正黄旗汉军副都统谕

光绪元年正月十八日 (1875.2.23)

（前略）以前驻藏办事大臣恩麟为正黄旗汉军副都统。

《清实录藏族史料》（九）4403 页

八十七、德泰

德泰简传

德泰，同治七年六月十七日，以副都统衔（正二品）正红旗汉军参领（正三品）为驻藏帮办大臣。十一年十二月十三日，据恩麟奏，谕令德泰逼索关防，请旨遵行。德泰与恩麟意见不合，照缮移会文稿呈览各一折。德泰于特饬恩麟前旨，谬为讲解，固执己见，催令恩麟将关防等件克日移交，起程回京，实属庸妄糊涂。因此，被革职，即行回旗。德泰与恩麟合奏的奏折，均归入恩麟奏折全集内。

德泰奏抵藏任事日期折

同治八年七月二十二日 （1869.8.29）

驻藏帮办大臣奴才德泰跪奏，为奴才抵藏任事日期并谨领恩赏物件，恭折叩谢天恩，仰祈圣鉴事。

窃奴才于同治七年六月十七日蒙恩简放驻藏帮办大臣，当即泥首宫门，叩谢天恩。嗣于跪聆圣训陛辞后，赶紧束装起程，随于八年七月十六日抵藏，十八日接任视事讫。当即恭设香案，望阙叩谢天恩。旋准奴才恩麟将前蒙恩赏荷包、银锞、银钱、食物等项，赉送前来，奴才复即望阙叩谢天恩，敬谨祗领。伏念奴才世受鸿恩，至深极渥，涓埃未报，惶悚正深。今于未及抵任，复叨恩赐多珍，尤荷鸿施逾格。奴才感激血诚，自问难报，惟有于一切公务，矢慎矢勤，尽力办理，以期仰报高厚生成于万一。查卫藏地处边隅，番夷杂处，抚驭操防均关紧要，所有应办事宜，奴才惟是随时随事与恩麟和衷商榷，竭力办理，断不敢稍耽安逸，以期仰副圣主廑念边陲之至意。

所有奴才抵藏任事日期并感激下忱，理合恭折具奏，叩谢天恩，伏乞皇太后、皇上圣鉴。谨奏。

军机大臣奉旨：知道了。钦此。

（一史馆藏宫中朱批奏折）《元以来西藏地方与中央政府关系档案史料汇编》（四）1656 页

据德泰参奏恩麟各事著恩麟按所奏各节据实回奏谕

同治十一年四月初一日（1872.5.7）

谕：德泰奏，驻藏办事大臣恩麟于戴捧〔琫〕拉旺夺结剿办不法总堪布班垫顿柱一案，并不查照达赖喇嘛咨报，违例擅赏拉旺夺结花翎。上年巡阅三汛营伍，恩麟并未亲到，于旋回前藏时蒙混奏称逐一查竣，且于巡捕戈什哈等擅行赏戴翎支，各等语。恩麟与德泰同办一事，理应会商办理，何以于戴琫等擅行赏戴翎支，且该办事大臣于阅伍未到之处何以蒙混具奏逐一校阅，即著恩麟按照德泰所奏各节据实明白回奏，毋稍隐饰。原折片著钞〔抄〕给阅看，将此谕令知之。

《清实录藏族史料》（九）4391 页

据德泰参奏恩麟各节著将恩麟交部议处并即来京当差谕

同治十一年七月十六日（1872.8.19）

谕（内阁）：前据德泰奏驻藏办事大臣恩麟擅赏戴琫花翎，及巡阅营伍并未亲到，蒙混入奏各节。当经降旨令恩麟明白回奏。兹据奏称：上年剿办不法总堪布班垫顿柱，因戴琫拉旺夺结带队奋勇，赏给翎支，当经咨明达赖喇嘛。其巡阅后三汛营伍一节，因番民苦瘠，由各番官呈请免往，从前奏报漏未声叙。至巡捕戈什哈等酌给翎支，并未给与印照，各等语。恩麟于所奏各节虽系事出有因，究属不合，恩麟著交部议处，即著来京当差。

寻兵部议：恩麟照不应重仗八十私罪例降三级调用。从之。

《清实录藏族史料》（九）4392—4393 页

德泰复奏巡视边隘查明防守疏懈并陈管见折

同治十一年九月初十日（1872.10.11）

驻藏帮办大臣奴才德泰跪奏，为将巡阅一切办理情形，遵旨据实复奏，并亲到边界隘口，查明防守疏懈，管见尽虑，整顿为急，恭折密陈，仰祈圣鉴事。

窃照前后藏卫乃云南、四川、青海之屏壁，欲弭外患，必当筹划堤〔提〕防。其所首要时须加防者，则伊披楞、廓尔喀为虑也。其所极切日使掣肘者，则我兵单饷虚为虞也。近年以来，前藏番官贤愚不同，或因自骄耽逸于事，畏难苟安，不知预防，日至隘口疏懈，此亦非一朝一夕因循情形矣。

查唐古忒番情现虽渐骄，奴才等仰赖天威，加以行止端方，于事无所求番，相机镇抚兼行，日冀改过自新，似属易治。惟邻封外夷暗而难知之深意，时刻不可不防。现在廓尔喀每有公务，所禀词句极为谦逊。察其恭顺，似出至诚。然该夷所属来藏各处贸易之人，名曰别蚌子，已有三千上下之众。其人贸易为名，难保不无暗探藏内情事，而又难保必无深意也。况闻廓夷素好修武，而与披楞、布鲁克巴各夷均属毗连，颇能交接邻封，自系廓夷善处，而又难保必无深意也。至查廓夷与披楞，虽闻素有互相不睦之称，而其间尚恐暗中彼此相助，以势藉势，而又难保必无深意也。

奴才本年巡阅定日，因念春间据报廓夷头人无故前到聂拉木边界等情。昨于六月间虽经复报该夷到边转回，并无事故，究觉悬揣，彷徨不能自已。是以看毕定日汉番操技，于七月三十日轻骑减从，前往聂拉木隘口一带实力稽查。乃自定日迤西起，一派荒凉，人烟稀少，经行通拉大山，烟瘴恶厉，山雪甚寒，奴才幸带口粮、皮衣，勉力前行。复过达尔结岭、帕嘉岭等处，始抵聂拉木隘口边门。即见帕嘉岭、达尔结岭两山相连，对面帕哲、日纳却各山，峭壁险峻，中俯深涧，水厉声狂。惟涧右山坡中间数尺宽路，于路首扼要处所设有土石堆筑边门。其门洞高约八尺，宽约六尺，进深约有八尺，连头停约有一丈数尺之高。其门只有门洞，并无门

415

扇，而亦无守门官兵。出此门外，行约二里许，即有营官寨楼，房尚高，驻有守隘营官二员，并无番兵。营官寨前即系外夷前来贸易街市，现在居此贸易者，有别蚌子五十余家，其邻封各处之人前来贸易者，均系随来随往，至本处百姓，现有九十余户以上，诸人均尚安静，并无滋生事端。惟查此处时有廓尔喀遣来贩货负盐之人，络绎甚伙，乃因廓尔喀专以唐古忒地面所出之盐为首要必需之物也。

奴才于到聂拉木隘口时，即张贴告示，宣布圣主天威大公，以期镇压，声述复育柔远鸿德，冀其诚感。至复加详询今春廓夷到边实在情形，即悉聂拉木边界之外，乃与廓尔喀地面边界毗连，今春实有廓人修路，由阳布至聂拉木界外附近之热水塘地方，旋有廓夷头人等来塘查看，在彼稍住，即行返回，并无别生事端。等情是实。伏思夷性难揣，伊等既有到界修路情形，尤当预为密防，以期有备无患。奴才原拟由聂转查济陇各隘，乃据报涧水涨发，横流阻路，沿途实无栖身之所，又无向导之人，再四诘询，均无异词，是以由聂即行旋回。

今见一隘防守之虚空，足露各隘严密之缥缈矣。伏思隘口固则外患不侵，整持严则骄逸自息，与其临事费手，何如未雨绸缪。疆界大局攸关，敢伸管见尽虑，其应即挽化番情骄逸、整顿兵单饷虚各节，谨拟实力妥为办理，并俟新任驻藏大臣指日抵藏，和衷商榷，以期全善外，所有奴才本年巡阅，亲到隘口实力查明疏懈情形，即须力加整顿，始冀密防。

恭查各处隘口，原设营官一二员不等，其番兵或有或无，均未相同。原乾隆年间廓夷大经惩创后，各隘外夷不侵，是以聂拉木等处未设番兵防守在案。今非昔比，自当因时制宜。奴才愚昧管见，即应于聂拉木以左之绒辖、喀达、定结、干坝、帕克哩，聂拉木以右之济咙、宗喀、萨喀首要隘口各处，务饬营官亲身实力在防。除向来设有番兵防守各隘不计外，其向无番兵隘口之处，即应添修卡房，每处添设得力番兵或十名、或二十名驻防。且应由隘而至定日、后藏、江孜各汛，沿途于向无番兵处所，每计八十里许，择地添修卡房，每处添派得力番兵五名，侦探驻防，以冀遇事络绎飞速传信之用。其添设番兵所需口分，应照向设另处防兵、塘兵，由商上筹划公摊章程办理，并应照向章，该兵免其徭役。除营官仍照向例年限更换外，其新设防隘以及沿途防守各番兵等，拟于一年一换，庶免日久疲懈，而期劳绩平匀，并应责成噶布伦等实力整顿，督饬营官，层次随时禀报。仍由噶布伦于各隘如有可虞情形，刻即飞报驻藏大臣，并报达赖喇嘛暨协理商上事务呼图克图知悉办理。如各隘平静如常，即于每月禀报驻藏大臣暨达赖喇嘛并协理商上事务呼图克图各一次，存案备查。该噶布伦等乃管理操防表率之员，务须实力认真，不准稍事疏懈。再查所拟首要各处隘口以及沿途添设番兵，计数共约在二百名上下之多，每月应需口分青稞共约在四五十石之谱，在商上实力筹办，似属不至掣肘。而于严密隘口，预防外侵，络绎传音，深有裨益。谨拟请旨，饬下达赖喇嘛，转饬协理商上事务呼图克图罗卜藏青饶旺曲，妥拟章程，由达赖喇嘛咨明驻藏大臣查核办理，并严饬协理商上事务呼图克图罗卜藏青饶旺曲暨噶布伦、总堪布等，认真整顿，实力奉行，务使隘口严密无患，藏卫清平有常，以期仰副圣主慎重边防有加无已之至意。

奴才九月初二日旋回前藏，正在恭缮折间，于初四日承准军机大臣字寄，同治十一年七月十六日奉上谕：恩麟、德泰奏循例查后藏三汛营伍一折，据称布鲁克巴部长来禀，欲求达赖喇嘛助给银两，并恳赏给僧官廉俸；且以毗连披楞，隐跃其词，意存挟制。定日、聂拉木边界，时有廓尔喀人入境，等语。江孜、后藏、定日三汛，为哲孟雄、聂拉木隘口紧要门户，自应加意防范。布鲁克巴部长禀求助银赏俸，究竟是何意见，德泰现已起程前往后藏三汛校阅营伍，着即将边界情形详细访察，并将布鲁克巴及哲孟雄部众设法防闲，毋滋他患；其定日、聂拉木边界营伍，务须力求整顿，以资镇压。一切办理情形，着于巡阅事毕，据实具奏。本日已有旨，将恩麟交部议处，令其来京当差。新任驻藏大臣未到以前，所有应办事宜，仍着认真经理，不得稍涉大意。将此由四百里各谕令知之。钦此。钦遵，等因前来。恭读之下，无任钦感。

伏查布鲁克巴部长禀求助银赏俸一节，奴才等会拟委员前往查办。旋据达赖喇嘛来咨，内称已将进边外番逐回，并无事故，勿庸委员前往查办；并称以讽经作善用费向繁，所有该布鲁克巴部长例外禀求助银等事，无力照办，等情。奴才等已经据情善言橄驳该部长，未便擅改章程，有乖体制，等因在案。今奴才巡阅之便，悉心查访，并在定日途次，偶见该布鲁克巴头目桑松夺吉彭错暨从役共十人，前往阳布拜塔瞻庙，当即示以圣朝德威，使该番诚心感畏。察看形色，尚知恭懔。至查布鲁克巴部长禀求助银赏俸，究竟是何意见，奴才悉心究访，系因唐古忒瓮天小见，历年轻视保障，不知厚爱属部，该布鲁克巴概有另夷相诱，意存挟制刁难。此其意见也。

至布鲁克巴、哲孟雄部众应如何设法防闲毋滋他患一节，查该部众原在唐古忒界外居处，奴才已经严饬唐古忒番官等密防隘口，和睦邻封，且于各汛张贴告示，敬宣圣主至公天威，使其懔畏，谨布皇上复育大德，俾众感服。然欲防外侵，必当根本充实。奴才惟有相机镇抚，督饬操防，宜威则威，宜惠则惠，宽小过总大纲。此其设法防闲，免滋他患也。日后倘有可虞之风，奴才惟当一面竭力设法安抚，一面据实陈情训示，断不敢稍涉隐匿，致负生成。

其定日、聂拉木边界营伍，务须力求整顿以资镇压一节，奴才已经亲往，除严整营伍，实力阅操外，尚在聂拉木隘口认真稽查，羁縻教化，并张告示，开诚布公，俾其和睦，晓以利害，戒其生端，且拟添设防兵，以期严密。此其力求整顿，以资镇压也。再，查定日乃极边，相距外夷较近之汛，所有汉营额设防兵四十名，现除事故各兵外，实有防兵十二名，亦属兵单，不足以壮声威，谨拟设法足额，方于操防有裨也。

所有奴才谨将巡阅一切办理情形，遵旨据实复奏，并亲到边界隘口，查明防守疏懈，管见尽虑、整顿为急各缘由，愚昧之见，是否有当，谨此恭折密奏，伏乞皇太后、皇上圣鉴训示。

再，此折事关预防外夷，是以办为封奏，合并陈明。谨奏。

军机大臣奉旨：另有旨。钦此。

（一史馆藏宫中朱批奏折）《元以来西藏地方与中央政府关系档案史料汇编》（五）2263—2267 页

德泰奏请拨银著吴棠如数筹拨并藏中事务承继
未到前仍著恩麟认真筹办谕

同治十一年十二月十三日（1873.1.11）

谕军机大臣等：德泰奏整顿藏务，请饬拨饷银，并定补饷章程各折片。据称：连年藏饷短绌，辄向商上借垫，番情不无挟制，弁兵仅放半饷，亦行苦累。所奏自系实情。西招远处边陲，关系紧要，需用饷银必应照额筹解，方足以资整顿。川省积欠藏饷为数不少，德泰核计明年饷需，及酌还欠款，请由川库拨实银九万两，著吴棠如数筹拨，务于来年三、四月间解到，嗣后每年额饷六万两，限于春初解到，以资接济，毋稍迟误。其察木多、拉里一带汛塘弁兵，并著严饬打箭炉同知设法拨给足饷，毋令缺乏。德泰庸妄糊涂，本日已降旨革职。所有藏中应办事件，著承继实力整理。承继未到任以前，仍著恩麟认真筹办，毋稍大意。德泰所称：补发驻藏弁兵尾饷，请责成粮员等核实办理。自为杜弊起见，著承继、恩麟明定章程，饬令承办各员遇有请咨赴川补领尾饷，务须查明确数，不得稍涉含糊，致滋弊混。至所称：弁兵应发实银，不准易钱散放，商上人等以钱居奇，应行查禁，等语；并著承继等体察情形，妥为办理。原折片著分别钞给阅看。将此由五百里各谕令知之。

《清实录藏族史料》（九）4395—4396 页

八十八、承继

承继简传

承继，同治十一年七月十七日，赏通政使司副使（正四品）副都统衔（正二品），为驻藏办事大臣。十二年七月初十日抵藏，补恩麟降级之缺。十三年正月初十日，令承继等前往布达拉山妥为照料。七月初四日寅时，病卒。九月初三日，加赏已故驻藏大臣承继银三百两治丧。光绪二年三月初八日，豁免前驻藏大臣承继欠还四川藩库银两。

承继为驻藏办事大臣谕

同治十一年七月十七日 （1873.8.20）

赏通政使司继承副都统衔，为驻藏办事大臣。

《清实录藏族史料》（九）4394 页

承继奏抵藏接印任事日期并领恩赏物件谢恩折

同治十二年七月二十二日 （1873.9.13）

驻藏办事大臣奴才承继跪奏，为抵藏接印任事并谨领恩赏福字等物，恭折叩谢天恩，仰祈圣鉴事。

窃奴才于同治十一年七月十七日蒙恩简放驻藏办事大臣，当经具折叩谢天恩。嗣于跪聆圣训陛辞后，赶紧束装起程，于本年七月初十日行抵西藏，经前驻藏大臣奴才恩麟率领文武各官及各呼图克图等，跪请皇上圣安。奴才承继即赴布达拉山瞻拜圣容，十一日往罗布岭冈寺院看视达赖喇嘛，该达赖喇嘛跪请皇上圣安。十二日由奴才恩麟将钦差大臣关防、奏事报匣、文卷等项并恩赏福字、荷包、银锞、银钱、莲子等物，委员一并赍送前来。奴才恭设香案，望阙叩谢天恩，谨领任事讫。

伏念奴才承继，觉罗世仆，受恩深重，毫无报称，时深渐惧。兹荷鸿慈，由部曹擢升斯职，凛冰渊而增惕，益循省以难安。奴才尚未到任，复蒙赏赐珍物，天恩愈厚，仰答愈难。查西藏地处极边，汉番杂处，所有一切安边抚夷之方，练兵筹饷之宜，在在均关紧要。奴才惟有会同奴才恩麟随事和衷，矢勤矢慎，尽心商办，万不敢稍涉疏懈，以期仰副皇上绥怀外番、静谧边疆之至意。

所有奴才抵藏接印任事并谨领恩赏各物，感激下忱，理合恭折叩谢天恩，伏乞皇上圣鉴。谨奏。

朱批：知道了[1]。

（一史馆藏宫中朱批奏折）《元以来西藏地方与中央政府关系档案史料汇编》（四）1657 页

[1]原注：朱批原系满文。

承继恩麟代奏十二世达赖喇嘛及岁任事遣专差贡物谢恩折

同治十二年八月二十七日 （1837.10.18）

奴才觉罗承继、奴才恩麟跪奏，为恭折代奏叩谢天恩，仰祈圣鉴事。

窃奴才等适准达赖喇嘛咨称：我达赖喇嘛自幼以来，叠荷大皇帝鸿恩深重，复蒙频赏珍物，寸心感激，五夜难名。本年我达赖喇嘛现及十八岁，应即遵照奏定章程接管西藏教政一切公事，曾于上年经驻藏大臣具奏，奉旨允准。等因。钦遵行知前来。我达赖喇嘛已择于本年二月十七日，谨将玉册、玉印恭设香案供奉，望阙九叩，跪谢天恩，接管任事讫。是日荷蒙大皇帝洪福、三宝佛恩佑，诸臻吉祥，西藏僧俗人等无不叩沐圣恩，共深欢戴。我达赖喇嘛惟有仰体大皇帝振兴黄教之恩，于西藏僧俗一切公务，矢勤矢慎，尽心办理，并率领喇嘛等每日讽诵经典，恭祝我大皇帝万福万寿，国泰民安，天下群生永享乐利于无穷，以期仰酬高厚鸿慈于万一。我达赖喇嘛此次任事，叩谢天恩，恭祝万寿，呈进贡物，除专使堪布由四川取道赴京赍进外，今备吉祥哈达一方、铜镀金古佛一尊、琍玛观音佛一尊，恳请代为转进前来。

奴才等恭查乾隆四十六年第八辈达赖喇嘛及岁，蒙恩颁赏玉册、玉印，叩谢天恩，并咸丰五年第十一辈达赖喇嘛及岁掌管教政，叩谢天恩，均由四川取道专使堪布赴京进贡，经前任驻藏大臣具奏，奉旨允准。各在案。今达赖喇嘛现已及岁，亲管任事，叩谢天恩，呈进贡物，遵照旧章，已于本年闰六月初六日，专使堪布仍由四川赴京赍进。除由奴才等行知沿途经过地方一体遵照外，谨将哈达、佛尊用匣装固，代为转进。

所有达赖喇嘛叩谢天恩缘由，理合恭折代奏，伏乞皇上圣鉴。谨奏。

朱批：知道了。

（一史馆藏宫中朱批奏折）《元以来西藏地方与中央政府关系档案史料汇编》（五）1839—1840 页

承继恩麟代奏十二世达赖喇嘛及其正师傅谢恩进物折

同治十二年十一月二十二日（1874.1.10）

奴才觉罗承继、奴才恩麟跪奏，为恭折代奏叩谢天恩，仰祈圣鉴事。

窃奴才等适准达赖喇嘛咨称：转据新授达赖喇嘛正师傅噶勒丹池巴札克巴顿柱呈称，小僧于本年七月蒙恩赏授达赖喇嘛正师傅，实属感激无涯，当即恭设香案，望阙叩谢天恩。伏念小僧赋性庸愚，别无报称，惟诵经典，恭祝我大皇帝万福万寿，国泰民安，并于达赖喇嘛应行传习一切经咒，尽心竭力，详细讲解，断不敢稍涉疏懈，以期仰副大皇帝振兴黄教之至意。兹我达赖喇嘛恭备叩谢天恩哈达一方、琍玛古佛一尊，新授正师傅噶勒丹池巴札克巴顿柱恭备哈达一方、镀金观音佛一尊，恳请代为转进前来。

奴才等除将哈达、佛尊用匣装固，代为转进外，所有达赖喇嘛并新授正师傅噶勒丹池巴札克巴顿柱叩谢天恩缘由，理合恭折代奏，伏乞皇上圣鉴。谨奏。

朱批：知道了①。

（一史馆藏宫中朱批奏折）《元以来西藏地方与中央政府关系档案史料汇编》（五）1840 页

①原注：朱批原文系满文。

承继恩麟奏前藏戴本拉旺夺结升补噶伦及后藏 戴本夺吉结布辞退请旨分别补放折

同治十二年十二月十六日（1874.2.2）

奴才承继、恩麟跪奏，为前藏戴琫升补噶布伦，后藏戴琫因年老具辞，所遗员缺，拣选合例番目请旨补放事。

窃准达赖喇嘛咨称：四品前藏戴琫拉旺夺结升补三品噶布伦，四品后藏戴琫夺吉结布因年老具辞，所遗戴琫二缺，有操练番兵技艺之责，未敢虚悬。兹将合例应升番目拟定正陪，开列名单，咨请拣选请旨补放前来。

查戴琫缺出，向系拟定正陪，奏请补放有案。奴才等当即会同达赖喇嘛，将前藏戴琫拉旺夺结升补噶布伦一缺，拣选得应升之五品前藏如琫丹巴明足尔，年壮技优，出师著绩，谨以拟正；应升之五品协尔帮期美汪堆，年富力强，勤于任事，谨以拟陪。又后藏戴琫夺吉结布年老具辞一缺，拣选得应升之五品大招业尔仓巴策丹朗结，年力精壮，胆识勇敢，谨以拟正；应升之五品大招业尔仓巴彭错达尔结，年力正强，勇于任事，谨以拟陪。谨将该员等年岁履历开具清单，恭呈御览，仰邀天恩，赏准简放，以专责成。为此恭折具奏，伏乞皇太后、皇上圣鉴训示。谨奏。

朱批：另有旨。

（一史馆藏宫中朱批奏折）《元以来西藏地方与中央政府关系档案史料汇编》（五）2094—2095 页

照承继等奏即著前往布达拉山妥为照料并将恩赉各物转谕祇领

同治十三年正月初十日（1874.2.26）

又谕（军机大臣）：承继等奏达赖喇嘛下山唪经一折。现在藏地清平，达赖喇嘛拟于本年正月间下山，率领僧众亲赴大招，攒招唪经，为国祈福，具见悃忱，洵堪嘉尚。即著承继等前往布达拉山妥为照料，并发去黄哈达一个、银曼达一个、杵铃一分、菩提念珠一串、玉盌一个、玉杯一个、小卷丝缎二卷，传谕该达赖喇嘛祇领，用昭恩赉。将此各谕令知之。

《清实录藏族史料》（九）4400 页

穆宗皇帝为十二世达赖喇嘛亲赴大昭攒招啡经为国祈福加恩赏赐谕

同治十三年正月初十日（1874.2.26）

奉天承运皇帝诏曰：

朕抚驭环海，普视同仁，合内外为一家，联汉番为一体，以期群生共沐升平，永享乐利于无穷也。兹尔达赖喇嘛下山亲赴大昭攒招啡经，为国祈福，具见悃忱，洵堪嘉尚。著赏去黄哈达一个、银曼达一个、铃杵一份、菩提念珠一串、玉碗一个、玉杯一个、小卷五丝缎二卷，交驻藏大臣承继转给达赖喇嘛祇领，用昭恩赉，以示朕振兴黄教之至意。特诏。

（西藏馆藏）《元以来西藏地方与中央政府关系档案史料汇编》（五）1841 页

承继恩麟代奏新授噶伦拉旺夺结谢恩折

同治十三年二月初十日（1874.3.27）

奴才觉罗承继、奴才恩麟跪奏，为恭折代奏，叩谢天恩，仰祈圣鉴事。

窃奴才等适准理藩院咨称：内阁抄出，同治十二年闰六月十七日奉上谕：恩麟奏拣员请补噶布伦一折，噶布伦员缺，著拟正之戴琫拉旺夺结补放。该衙门知道。单并发。钦此。钦遵。等因咨行前来。奴才等当即恭录谕旨，咨行去后。

兹据达赖喇嘛咨称：转据新授噶布伦拉旺夺结呈称，小的外番愚鲁，荷蒙大皇帝鸿恩，赏补噶布伦员缺，闻命之下，实属感戴难名，当即恭设香案，望阙叩谢天恩。今恭备吉祥哈达一方、释迦牟尼佛一尊，恳请代为转进，等情前来。

奴才等除将哈达、佛尊用匣装固代进外，所有该噶布伦叩谢天恩缘由，理合恭折代奏，伏乞皇上圣鉴。谨奏。

（一史馆藏宫中朱批奏折）《元以来西藏地方与中央政府关系档案史料汇编》（五）2070 页

著照承继恩麟奏将冒领饷银之员革职家产查封讯明定拟具奏谕
同治十三年五月二十七日 （1874.7.10）

谕内阁：承继、恩麟奏请将捏名冒领饷银之员革职查办一折。管理西藏粮务候补通判周长龄与署西藏游击平安营都司李鸣仕通同舞弊，借用兼署后藏粮务等衔名钤记捏词具文，令李鸣仕之侄李朝春前赴四川，冒领后藏饷银至五千两之多。迨经承继等查追，始据李鸣仕供称：所领银两已交周长龄寓所银二千两，余银恳请四川措缴。案关粮务人员侵冒饷项，亟应严行惩办，以儆贪婪。周长龄、李鸣仕均著先行革职，由承继等将全案认证，解交吴棠彻底根究，秉公严讯明确，定拟具奏。并将李朝春拏获备质。周长龄、李鸣仕家产著先行查封备抵，以重帑项。

《清实录藏族史料》（九）4400—4401 页

八十九、希凯

希凯简传

希凯，同治十一年十二月十四日，赏内阁侍读学士（从四品）、头等侍卫（正三品），为驻藏办事大臣。十三年五月十九日，抵藏接任视事。光绪二年四月十三日，驻藏帮办大臣希凯因病乞休。由镇国公、副都统衔桂丰继任希凯之缺。九月，加赏已故驻藏大臣希凯银三千两治丧。

编者按：希凯自到职视事及此后的所有奏折中，均自称帮办大臣，以至因病乞休，仍为帮办大臣。而同治十一年十二月十四日的任命为办事大臣，光绪二年九月，也为加赏故驻藏大臣希凯。从希凯未到任以前，驻藏办事大臣恩麟兼署看，希凯确任命为办事大臣，而非帮办大臣，还是另有原因？赏治丧银三千两，为二百零二年间所有驻藏帮办大臣、大臣中，除为国捐躯的傅清等以外，实所罕见。

赏希凯头等侍卫为驻藏办事大臣谕

同治十一年十二月十四日（1873. 1. 12）

赏内阁侍读学士希凯头等侍卫，为驻藏办事大臣。未到任以前，驻藏办事大臣恩麟兼署。

《清实录藏族史料》（九）4396 页

希凯奏抵藏接任视事日期折

同治十三年六月二十日（1874.8.2）

驻藏帮办大臣奴才希凯跪奏，为抵藏接任视事日期，恭折叩谢天恩，仰祈圣鉴事。

窃奴才于同治十一年十二月十四日蒙恩简放驻藏帮办大臣，前经具折叩谢天恩。嗣于跪聆圣训陛辞后，赶紧束装起程，于本年五月二十九日行抵西藏，当即恭设香案，望阙叩谢天恩，接任视事讫。

伏念奴才蒙古世仆，受恩深重，毫无报称，正切悚惶，乃荷逾格鸿慈，擢内阁之微末，膺边陲之重寄，抚躬循省，覆餗是虞。查卫藏地方，远处极边，毗连诸夷，举凡安边抚夷，练兵筹饷，在在均关紧要。奴才惟有会同奴才承继，和衷商酌，矢慎矢勤，断不敢稍涉疏懈，以期勉竭下忱，仰酬高厚于万一。

所有奴才抵藏接任视事缘由，理合恭折叩谢天恩，伏乞皇上圣鉴。谨奏。

朱批：知道了[①]。

《光绪朝朱批奏折》第一一六辑69页；（一史馆藏宫中朱批奏折）《元以来西藏地方与中央政府关系档案史料汇编》（四）1658页

① 《元以来西藏地方与中央政府关系档案史料汇编》原注：朱批原系满文。

据希凯奏即著前往布达拉山妥为照料并发去赏物传谕达赖喇嘛祗领用昭恩赏谕

光绪元年二月十五日（1875.3.22）

谕（军机大臣等）：希凯奏达赖喇嘛下山讽经一折。现在藏地清平，达赖喇嘛拟于本年正月间下山，率领僧众亲赴大招攒招讽经，为国祈福，具见悃忱，洵堪嘉尚。即著希凯前往布达拉山妥为照料，并发去黄哈达一个、银曼达一个、铃杵一分、菩提念珠一串、玉碗一个、玉碟一个、小卷五丝缎二卷，传谕该达赖喇嘛祗领，用昭恩赏。将此谕令知之。

《清实录藏族史料》（九）4403—4404页

希凯奏祇领赏物谢恩折

光绪元年三月初十日 （1875.4.15）

奴才希凯跪奏，为叩谢天恩，仰祈圣鉴事。

窃奴才适准军机处咨开：钦奉内廷赏出荷包、银锞、银钱、莲子食物等项，由驿驰递前来。奴才当即恭设香案，望阙叩谢天恩，敬谨祇领。伏念奴才自抵藏以来，毫无报称，时深惭惧，兹荷逾格鸿慈颁赏珍物，实属感戴难名。奴才惟有于任内一切公事尽心筹划，竭力办理，断不敢稍涉疏懈，以期仰酬高厚生成于万一。

所有奴才感激下忱，理合恭折叩谢天恩，伏乞皇上圣鉴。谨奏。

军机大臣奉旨：知道了。钦此。

《光绪朝朱批奏折》第一一六辑 57 页

希凯奏报十二世达赖喇嘛圆寂折

光绪元年四月二十八日 （1875.6.1）

奴才希凯跪奏，为达赖喇嘛圆寂，恭折奏闻，仰祈圣鉴事。

窃本年三月十五日据噶布伦、总堪布等禀称：达赖喇嘛于是日偶染痧症，身体不安，饮食减少，等情。奴才当即亲往看视，见达赖喇嘛面容稍减，精神如常。询据达赖喇嘛面称：肠腹偶痛，唤番医僧调治，据云感受痧症，现在服药，不思饮食，只饮糌粑汤、酥油茶，等语。奴才婉劝达赖喇嘛安心调养，不日即可痊愈，并谕噶布伦、总堪布及通晓医道番僧人等，加意经理医治。奴才随时遣人探问，据噶布伦、总堪布等禀称：达赖喇嘛病势渐好，每日能饮稀粥二三碗，干饭亦可稍进，等语。奴才复往看视，见达赖喇嘛语言举止照常，且年方少壮，谅不致有他虞。讵于三月二十日午刻，据噶布伦策旺洛布仑珠、策垫拉旺夺结、总堪布罗布藏荣垫等差人报称，本日晨早，达赖喇嘛病势陡增，医药不效，辰刻痰壅气促，即于巳时圆寂。奴才随往布达拉山查看，达赖喇嘛跌坐禅床，垂头圆寂，即在灵前祭奠。所有身后事宜，饬令噶布伦、总堪布等照唐古忒旧章妥为料理。奴才一面将御赐玉册、玉印、金册、金印及达赖喇嘛平日随用图记逐一点验，用木匣装贮，粘贴印花封条封固，照常存库，随谕总堪布留心看

清代驻藏大臣奏折全集·四

守，勿得疏忽。

因思达赖喇嘛气体素强，任事不久，何致偶染微疴遽成坐化，密饬噶布伦、总堪布等详细确查，有无别故。旋据禀称：达赖喇嘛实系因病圆寂，并无别项情弊。商上大小番官及僧俗人等，各具切实甘结，呈请查复，等情。

奴才查达赖喇嘛自咸丰十年坐床后，年虽幼稚，秉性聪明，学习经典，即能领会。迨掌管任事以来，办理诸务悉臻妥协，唐古忒僧俗人等均顶礼爱戴，兹闻圆寂，悲感同深。惟近年商上情形诸多掣肘，僧俗番官安分晓事者固不乏人，而桀骜不训者亦复不少。奴才于去岁巡阅旋藏后，会商达赖喇嘛，设法弹压抚绥，尚觉相安无事。现在达赖喇嘛猝然涅槃，前派协理商上事务之诺们罕未及撤退，早经圆寂，向章应于各呼图克图中选择一人代理商务，当饬噶布伦等迅速公同议举，俾免漫无统率。叠据禀称：一时匆促，难得其人，俟四十九日服满后，再行妥议保送，等语。不得已暂令噶布伦、总堪布等会同办理，遇事禀商奴才核夺。诚恐该番官等固执性成，不知大体，奴才于办公之暇，传噶布伦、总堪布等到署，旁引曲喻，化其愚蒙，沥胆披肝，详细开导。谕以驾驭番众，修好外夷，勤习武备，和衷共济为急务，以仰副朝廷振兴黄教，慎重边陲之至意。迩来藏中僧俗照常安静，请释圣怀。

除俟商上公举明白晓事呼图克图一名前来，再由奴才查看奏请代办外，所有达赖喇嘛圆寂日期缘由，理合恭折具奏，伏乞皇太后、皇上圣鉴。谨奏。

军机大臣奉旨：另有旨。钦此。

《光绪朝朱批奏折》第一一六辑 57—59 页

希凯奏僧俗番官等念经熬茶布施并呈进哈达佛尊代进折

光绪元年四月二十八日（1875.6.1）

奴才希凯跪奏，为恭折代奏，仰祈圣鉴事。

窃奴才适据噶勒丹锡勒图堪布札克巴顿柱等呈称：小僧等顷闻大行皇帝龙驭上宾，无不同深悲悼。当经噶勒丹锡勒图堪布札克巴顿柱、济咙呼图克图阿旺巴勒垫曲吉坚参、第穆呼图克图阿旺洛桑称勒热布结等率领众喇嘛在本寺院各点灯、熬茶、念经、布施二十一日；第十一辈达赖喇嘛之兄公夷喜洛布汪曲、达赖喇嘛之兄公朗结绷及噶布伦策旺洛布、伦珠策垫、拉旺夺结等在大招集聚喇嘛五百名，各点灯、熬茶、念经、布施五日；商上总堪布罗布藏荣垫、札萨克喇嘛罗布藏扣浪、札萨喇嘛丹巴坚参、札萨喇嘛罗布藏彭错、辅国公札喜饶垫、札萨克汪青占堆、台吉朗结策忍、洛布占堆、戴琫汪青洛布、丹巴明足尔夺结、贡布彭错、札喜达结、朗结策忍、策垫朗结等，各在大招点灯、熬茶、念经、布施一日，并各呈递哈达、佛尊，恭请大皇帝圣安，恳请代为转进前来。

奴才除将哈达、佛尊分匣装固代进外，所有该僧俗番官等念经、熬茶、布施，并呈进哈达、佛尊缘由，理合恭折代奏，伏乞皇上圣鉴。谨奏。

军机大臣奉旨，知道了。钦此。

《光绪朝朱批奏折》第一一六辑59—60页

希凯代奏十二世达赖喇嘛等为同治帝逝世念经熬茶进贡请安折

光绪元年四月二十八日（1875.6.1）

奴才希凯跪奏，为恭折代奏，仰祈圣鉴事。

窃奴才适准达赖喇嘛、班禅额尔德尼咨称：小僧等接奉驻藏大臣来咨，惊悉大行皇帝于上年十二月初五日龙驭上宾，捧诵之下，均各不胜涕零。钦维大皇帝自必痛悼莫极，伏乞代为奏请安慰，善保圣躬，以副中外臣民之望。谨备哈达、佛尊，恭请圣安，烦为转进。再，小僧等叨沐大行皇帝厚恩，至优极渥，毫无报称，兹闻遽尔升遐，五中感恋，寝食难安，当于二月二十七日为始，亲身在布达拉、札什伦布并大小招及各寺院，集聚众喇嘛等，讽诵经典，点灯熬茶，作善布施，以期稍效微忱而奠先灵。容俟完竣，谨照文宗显皇帝大事，再行专使堪布赴京呈进贡物，恭请大皇帝圣安，等因前来。

奴才查与旧例相符，谨将达赖喇嘛、班禅额尔德尼所呈哈达、佛尊装固代进外，理合恭折代奏，伏乞皇上圣鉴。谨奏。

军机大臣奉旨：另有旨。钦此。

《光绪朝朱批奏折》第一一六辑60—61页；（一史馆藏宫中朱批奏

折)《元以来西藏地方与中央政府关系档案史料汇编》(五)1842—1843 页

希凯为已革诺们罕阿旺降白楚臣转世须待奏闻遵办事致噶厦札

光绪元年五月二十四日[①] (1875. 6. 27)

札诸位噶伦:

前接达赖喇嘛来咨内称:色麦札仓执事、僧众一致向本达赖喇嘛先后禀称,额尔德尼诺们罕阿旺楚臣及其二世阿旺降白楚臣嘉措,奉大皇帝谕旨,赏管西藏事务,出任第二文殊怙主佛[②]之法座传承甘丹池巴,以及第八任和第十任先主[③]之经师等,广利佛教善业。然因政教受难,阿旺降白楚臣嘉措被流放黑龙江。现扎仓极端贫穷,故请赐准认定转世活佛,并将上述二代活佛之权益,按策门林上中下历次册文所载,照旧赏还,等语。据查阿旺降白楚臣嘉措掌管西藏事务时,贪婪财物等事,已于道光二十四年由驻藏大臣琦善转奏,恩准褫革公职,流放黑龙江,其所属房地牛羊等,均已退回本达赖喇嘛。然额尔德尼诺们罕阿旺楚臣其二世阿旺降白楚臣嘉措,在掌管西藏事务,出任甘丹池巴及次第任先主之经师等,诚如所禀,为黄教广利善业,确系真情。故从策门林主、支寺,扎仓及近亲所属房产、谿卡、牲畜、林卡等内拨给适当权益。对此,本达赖喇嘛已在呈上加了眉批。至于赐准寻访认定转世灵童之事,本达赖喇嘛祈请转奏大皇帝,请钦差大人明察,等语。

窃查阿旺降白楚臣嘉措生前掌管西藏事务,贪婪财物等事,已由前任琦善大臣于道光二十四年奏准,不仅褫革掌管西藏事务之职衔,同时还革去萨玛第巴克什、诺们罕及达尔罕等名号和爵位。对此,经本大臣认真查阅全部文卷后,本无赐准认定转世灵童之规定。现该诺们罕已去世多年,地方政府亦无要求此事之来文,前接达赖喇嘛来咨称,可认定转世灵童等语。经查文卷,未见具文在案,须奏请皇上。为此特发此文,札尔诸噶伦,务须立即晓谕,遵照办理。(五月二十四日收文)

(西藏馆藏 原件藏文)《元以来西藏地方与中央政府关系档案史料汇编》(五) 2176—2177 页

①原注:噶厦收文时间。

②原注:第二文殊怙主,指宗喀巴。

③原注：先主，此处指甘丹池巴。

希凯奏恭奉恩诏曷胜欢感折

光绪元年六月初一日（1875.7.3）

驻藏帮办大臣奴才希凯跪奏，为恭奉恩诏，曷勝欢感事。

窃奴才于光绪元年四月二十九日，准兵部颁发皇上御极鸿禧恩诏，由驿驰递前来，奴才当即率领在藏文武各官，并唐古忒公、台吉、噶布伦、戴琫等跪迎至藏，恭设香案，望阙叩谢天恩，阖藏汉番官军无不同深额颂钦。惟我皇上崇登大宝，寅绍丕基，亶天纵之，聪明臻日新之，德誉景命，诞膺于丹陛，嘉麻延逮夫，乌斯恺泽，覃施率土忭庆。奴才欣奉泰运，幸际昌期，添边徼之远守，无任瞻天益依恋之，惟殷有怀仰圣。

除将恩诏译行前藏商上，并咨班禅额尔德尼转饬所属一体钦遵外，所有奴才恭奉恩诏，曷胜欢感缘由，理合恭折具奏，伏乞皇上圣鉴。谨奏。

军机大臣奉旨，知道了。钦此。

《光绪朝朱批奏折》第一一六辑61—62页

希凯奏噶伦等遵十二世达赖喇嘛遗嘱将其生前供奉佛尊等物代进折

光绪元年七月二十八日（1875.8.28）

奴才希凯跪奏，为恭折代奏，仰祈圣鉴事。

窃奴才适准噶布伦、总堪布等呈称：本年三月十五日达赖喇嘛染患痧症，当经延医调治，不意病势增剧。于十九日小的等面遵遗嘱云，达赖喇嘛自幼以来，叠荷大皇帝逾格鸿慈，至优极渥，毫无报称，现今及岁掌管西藏教政一切公事，方期竭尽愚诚，以酬万一。讵料偶染微疴，医药罔效，势难再起，惟冀将来出世再行仰报厚恩。所有平日供俸〔奉〕佛尊、经书、铃杵等件，务须恭进大皇帝，藉祝万寿。又嘱令妥办商上公事，等语。言毕，遂于次日巳刻圆寂，阖藏僧俗人等，无不同深悲悼。小的等惟有于西藏一切公事，尽心竭力，和衷商办，并饬令喇嘛等每日虔诵经典，祝祷达赖喇嘛之呼毕勒罕早为出世，以慰圣廑。今遵遗嘱，谨将达赖喇嘛生前亲供琍玛释迦牟尼古佛一尊、观音古佛一尊、铜镀金长寿佛一尊、金书文殊经一部、金书集纂藏经一部、金书陀吉举巴经一部、古袭铃杵全分[①]、佛鼓一个、菩提珠一串、哈达等件，恳请代为转进。等情前来。

奴才除将佛尊、经书等件用匣装固外，理合恭折代进，伏乞皇太后、皇上圣鉴。谨奏。

军机大臣奉旨：另有旨。钦此。

《光绪朝朱批奏折》第一一六辑62—63页；（一史馆藏宫中朱批奏折）《元以来西藏地方与中央政府关系档案史料汇编》(五)1845—1846页

① 《元以来西藏地方与中央政府关系档案史料汇编》中为"全份"。

希凯奏校阅前藏汉营官兵春操情形折

光绪元年七月二十八日（1875.8.28）

奴才希凯跪奏，为校阅前藏汉营官兵春操情形，恭折奏闻，仰祈圣鉴事。

窃查前藏汉番官兵例应春秋二季操演，分别赏罚，以示劝惩。兹届春操，奴才预饬将备戴瑏调集汉番官兵一体操演，示期于四月二十二日起校阅汉番官兵春操各项技艺。该噶布伦等面禀，现奉牌示，校阅春操乃国家大典，曷敢不遵，因达赖喇嘛圆寂，番众均有四十九日服制，请服满后示期补看等情。奴才查该噶布伦等情出至诚，未便拘泥固执，准如所请，以顺番情。随即于四月二十二日起亲赴教场，先阅汉营操演，所演阵式、步伍均属整齐联环，排枪声势联络，至藤牌刀矛杂技均能矫捷。复将官兵、马步、骑射逐一详校，俱属可观，乌枪、抬炮、中靶亦尚合式。虽强弱不等，牵计尚在七成以上。奴才于校阅后择其技艺优娴者，当场优加奖赏，以示鼓励。间有技艺生疏者，立即分别责惩，俾知激劝。仍严饬将备等，勤加训练，实力操演，务期一律精锐咸成劲旅。

再，番营官弁于五月中旬届满四十九日之服，应补看春操，旋接准理藩院来咨，奉到谕旨：大行皇后崩逝，例应恪遵典制，设位成服二十七日，率领汉番官弁等，穿孝举哀，未便校阅，敕令番营戴瑏等认真操练纯熟，俟秋操时再行校阅，以期仰副圣主慎重边陲，修明武备之至意。

所有校阅前藏汉营官兵春操情形，理合恭折具奏，伏乞皇太后、皇上圣鉴。谨奏。

军机大臣奉旨：知道了。钦此。

《光绪朝朱批奏折》第一一六辑 63—64 页

希凯奏拟保呼图克图代办商上事务折

光绪元年九月十五日 （1875.10.13）

奴才希凯跪奏，拟保呼图克图代办商上事务，恭折具奏，仰祈圣鉴事。

窃奴才前因达赖喇嘛圆寂，商务无人统率，饬令噶布伦等迅速公举明白晓事之呼图克图暂行代理，曾经奏明在案。兹据噶布伦等禀称：传集色拉、布赍绷、噶勒丹三大寺及商属供职大小僧俗人等迭次公同会议，在各呼图克图并各寺院大喇嘛内秉公遴选。惟济咙呼图克图阿旺班垫曲吉坚参，人品端方，深通经典，番众素所信服。以之协理商上事务，实堪胜任，合词保送，恳请奏委等情前来。

奴才随亲赴大招验看得济咙胡图克图阿旺班垫曲吉坚参通晓黄教，明白公事，自应据情上达，以慰众望，合无仰恳天恩，将阿旺班垫曲吉坚参赏准代办商上事务，于唐古忒地方深有裨益。如蒙俞允，俟奉到谕旨，奴才即赴布达拉山，督同噶布伦等，将库存诺们罕印信一颗，发交该僧接管，代理商务。仍由驻藏大臣察看一年后，如果实能胜任，再行奏请掌办，以符旧案，而专责成。

所有拟保呼图克图代办商上事务缘由，理合恭折具奏，伏乞皇太后、皇上圣鉴训示。谨奏。

军机大臣奉旨：另有旨。钦此。

《光绪朝朱批奏折》第一一六辑 64—65 页

希凯奏请因患病赏假调理折

光绪元年九月十五日 （1875.10.13）

奴才希凯跪奏，为现在患病，赏假调理，恭折具陈，仰祈圣鉴事。

窃奴才自上年请训后，遵即起程，驰抵川省。因途次寒暖不时染患头目眩晕，咳嗽呕吐之症，延医诊视。据云脾胃虚弱，不服水土所致。奴才自恃气体尚称强壮，未以为意，随整装由打箭炉厅出口，于同治十三年六月初八日抵藏任事。未久前办事大臣承继因病出缺，奴才尽心筹划，力图报称，不敢稍耽安逸。嗣于九月内巡查后藏三汛边隘，由羊八井小道行走山路奇险，兼无房舍棲止，天寒风劲，卧雪履冰，勉力亲赴各隘口。查看行至作木汤地方，陡觉头目眩晕，失足坠马。经家人等呼唤良久方醒，彼时差次医药两难，幸奴才由内地带来丸药数种，勉强支持事竣。旋藏后每每时发，时愈今年，自夏历秋，又患湿气，两腿浮肿，腰肢作痛，精神甚觉困惫，稍涉筹思，即头昏目眩，往往夜不能寐。

伏思奴才受恩深重，何敢爱惜微躯，无如新放办事大臣松溎尚未抵藏，兼之西藏地方蛮夷杂处，镇抚一切均关紧要。特虑奴才病体日颓，心力不能兼到，设稍有遗误，关系非轻，不得已据实沥陈，仰恳天恩府赐赏假两个月，俾得安心调理。出自逾格鸿慈。至办理日行事件，即照奴才去年巡阅后藏时暂委驻藏夷情章京铁魁代拆，代行，其紧要公务仍由奴才酌核办理。一俟病体稍痊，即行销假，曷敢稍耽安逸，有负生成。

所有奴才患病请假调理缘由，理合恭折具奏，伏乞皇太后、皇上圣鉴。谨奏。

军机大臣奉旨，希凯着赏假两个月。钦此。

《光绪朝朱批奏折》第一一六辑65—66页

希凯奏校阅前藏汉番官兵秋操情形折
光绪元年十月初八日（1875.11.5）

奴才希凯跪奏，为校阅前藏汉番官兵秋操情形，恭折代奏，仰祈圣鉴事。

窃查前藏汉番官兵向系春秋二季操演，其达木官兵只于秋间行调来藏入伍演试。兹届秋操，奴才预饬将备达木协领番营戴琫等调集汉番官兵，拟期于九月初八日起，连日亲赴教场，详加校阅，所演阵式步伍均属整齐，联环排枪，声势联络，至藤牌刀矛杂技亦能矫捷，演放抬炮、劈山炮位、中靶尚称合式。复将官兵马步骑射逐一详校，均属可观，虽强弱不等，牵计七成有余。奴才于校阅后择其技艺最为优娴者，当场奖赏，间有技艺生疏者，分别责惩，俾昭激劝。仍严饬将备戴琫等时加训练，勤慎操防，务期一律纯熟咸成劲旅，用副圣主整饬戎行，慎重边陲之至意。

所有校阅前藏汉番官兵秋操情形，理合恭折具奏，伏乞皇太后、皇上圣鉴。谨奏。

军机大臣奉旨：知道了。钦此。

《光绪朝朱批奏折》第一一六辑 66—67 页

希凯奏委员代阅后藏三汛边伍片

光绪元年十月初八日（1875.11.5）

再，查阅后藏三汛营伍边界向由驻藏大臣二人按年轮往查看。去岁，奴才查阅后藏三汛，本年轮应办事大臣松溎前往。兹届节交冬令，新任驻藏大臣松溎尚无抵藏，确信藏中仅奴才一人，现在患病未痊，势难分身兼顾，而巡边要件未便固执因循，自应查照成案，奏明委员代巡，已严武备，而重边防。查驻防后藏都司四川潼川营都司庆山，晓畅营伍，操防认真，堪以委派。奴才当饬该员于十月中旬轻骑减从，就近前往三汛，将汉番官兵技艺认真校阅，各处边隘实力巡查，毋得稍形懈弛，以仰副圣主慎重边陲有备无患之至意。所有该都司应带官兵，较奴才等每年巡阅所带仅止一半，应领骑驮脚价盘费等银，仍照前案，由西藏粮库减半发给，并将恩赏绸缎、布疋、茶叶等项一并带往，照例分赏。俟该都司事毕旋藏后，再将查阅情形由奴才据实奏闻。

所有委员查边阅伍缘由，理合附片陈明，伏乞圣鉴。谨奏。

军机大臣奉旨：知道了。钦此。

《光绪朝朱批奏折》第一一六辑 67—68 页

希凯奏请以阿旺班垫曲吉坚参代办商上事务折

光绪元年十一月初一日（1875.11.28）

西藏办事大臣希凯[①]奏，请以济咙呼图克图阿旺班垫曲吉坚参代办商上事务。

允之。

《清实录藏族史料》（九）4407 页；（《德宗实录》卷二一）《元以来

西藏地方与中央政府关系档案史料汇编》（五）2033 页

①希凯在藏任职期间，未任过办事大臣。可以参见光绪二年四月十三日的上谕，亦为"驻藏帮办大臣希凯"，而非驻藏办事大臣。

希凯奏商上总堪布因病辞退循例拣选番目请旨补放折

光绪元年十一月十五日（1875.12.12）

奴才希凯跪奏，为商上总堪布因病辞退，循例拣选番目，请旨补放，恭折仰祈圣鉴事。

窃据噶布伦等禀称：商上三品总堪布罗布藏荣垫染患痨弱之症，延医调治，一时难期就痊，恳请辞退，俾资调理等情。奴才当饬该噶布伦等认真查验，旋据禀称：罗布藏荣垫患病属实，诚恐误公禀请辞退所遗之缺，现当办理达赖喇嘛金塔事件，未便乏员经理。兹保送得四品大堪布青饶洛坠济克美熟悉经典，办事精详，堪以拟正。又大堪布降波取披人尚明白，办事实心，堪以拟陪，禀请拣选具奏请旨补放前来。

奴才查总堪布一缺，向由该噶布伦等将应陛番目出具考语，禀请拣选，核与历办成案相符。除将该番目等履历拟定正陪敬缮清单，恭候简放一名，俾资办公。为此恭折具奏，伏乞皇太后、皇上圣鉴训示。谨奏。

军机大臣奉旨，知道了。钦此。

《光绪朝朱批奏折》第一一六辑 68 页

希凯乞休赏桂丰副都统衔充驻藏帮办大臣谕

光绪二年四月十三日（1876.5.6）

驻藏帮办大臣希凯因病乞休，赏镇国公桂丰副都统衔，充驻藏帮办大臣。

《清实录藏族史料》（九）4410—4411 页

希凯奏报由藏起程回京折

光绪二年八月初七日（1876.9.24）

奴才希凯跪奏，为奏报由藏起程回京，恭折叩谢天恩，仰祈圣鉴事。

窃奴才适准理藩院咨开：内阁钞出光绪二年四月十二日内阁奉上谕，希凯奏假期已满，病难就痊，恳请开缺一折，希凯著准其开缺回旗调理。钦此。钦遵咨行前来，当即望阙叩谢天恩。伏思奴才蒙古世仆，谬膺封疆，渥荷宠荣，恃深悚惧，涓埃未报，何期猝染斯疾，奏请开缺回旗调理，奉旨允准，洵属逾格鸿施。奴才遵即定于本年七月十九日由藏起程，容俟抵京后上紧调理，傥赖恩光庇护，渐能就痊。即当泥首宫门求赏差使，断不敢稍耽安逸，有负生成。

所有奴才由藏起程回京，叩谢天恩缘由，理合恭折具奏，伏乞皇太后、皇上圣鉴。谨奏。

军机大臣奉旨，知道了。钦此。

《光绪朝朱批奏折》第一一六辑86—87页

图书在版编目（CIP）数据

清代驻藏大臣奏折全集．四/牛创平主编；拥巴，
王巨荣副主编．—北京：中国藏学出版社，2024.9.

ISBN 978 - 7 - 5211 - 0547 - 6

I. K249.065；K297.5

中国国家版本馆 CIP 数据核字第 2024DY0907 号

清代驻藏大臣奏折全集(四)

主编：牛创平　　副主编：拥巴　王巨荣

责任编辑	永　红　董天歌
封面设计	翟跃飞
出版发行	中国藏学出版社
印　　刷	北京隆昌伟业印刷有限公司
版　　次	2025 年 2 月第 1 版
印　　次	2025 年 2 月第 1 次印刷
开　　本	787 × 1092 毫米　1/16
印　　张	31
字　　数	524 千
书　　号	ISBN 978 - 7 - 5211 - 0547 - 6
定　　价	108.00 元